SCHATTENSPIEL

W0307646

Schriftenreihe der Beauftragten des Landes Brandenburg zur Aufarbeitung der Folgen der kommunistischen Diktatur
Band 12

Marianne Subklew-Jeutner

SCHATTENSPIEL

Pfarrer Eckart Giebeler zwischen Kirche, Staat und Stasi

METROPOL

ISBN: 978-3-86331-498-9
ISBN: 978-3-86331-948-9 (E-Book)

© 2019 Metropol Verlag
Ansbacher Str. 70
D–10777 Berlin
www.metropol-verlag.de
Alle Rechte vorbehalten
Druck: buchdruckerei.de, Berlin

Inhalt

1. Schattenspiel

„Das Vergangene ist nicht tot; es ist nicht einmal vergangen.
Wir trennen es von uns ab und stellen uns fremd.“[1]
Christa Wolf

Am Donnerstag, dem 9. Oktober 1992 beendet das Brandenburger Justizministerium (MdJ) in Potsdam mit sofortiger Wirkung und für den Betroffenen völlig unerwartet eine einzigartige, vierzigjährige Berufstätigkeit.

Am Morgen jenes Herbsttages hatte Ministerialdirigent Christian Dertinger, Abteilungsleiter im Brandenburger Justizministerium und verantwortlich für den Bereich Strafvollzug des Landes Brandenburg, den Sechsundsechzigjährigen, immer noch aktiv tätigen Gefängnisseelsorger Eckart Giebeler, der beim Brandenburger Justizministerium angestellt ist, angerufen, um ihn zu einem dringenden Gespräch nach Potsdam 45 Minuten später zu bitten. Aufgrund der Verkehrslage kann Giebeler, der aus der Stadt Brandenburg anreist, den vorgeschlagenen Termin am Vormittag nicht einhalten, sodass das Gespräch erst um 14.30 Uhr[2] stattfinden kann.

Der von Dertinger geladene Pfarrer hatte fast genau 43 Jahre zuvor, am 1. Oktober 1949 – wenige Tage bevor die DDR am 7. Oktober 1949 gegründet wurde –, im Brandenburger Gefängnis seine Tätigkeit als evangelischer Gefängnisseelsorger begonnen. Diesen besonderen pfarramtlichen Dienst übte er ununterbrochen bis zum Ende der DDR aus, bevor er 1990 als Pfarrer in den Dienst des neu gegründeten Brandenburger Justizministeriums übernommen wurde. Eckart Giebeler war somit schon Gefängnisseelsorger, als es noch keine DDR gab, und arbeitete als solcher immer noch, als die DDR bereits Eingang in die Geschichtsbücher gefunden hatte. Die weltpolitischen Zäsuren, wie die Staatsgründungen von BRD und DDR, der stets präsente Kalte Krieg, die Friedliche Revolution 1989/90, der Mauerfall und die deutsche Einheit hatten

1 Christa Wolf, Kindheitsmuster, Berlin 1976, S. 9.
2 Christian Dertinger im Telefoninterview mit Verf. am 11.7.2015.

zwar Einfluss auf die Situation in den Gefängnissen, z. B. durch unterschiedliche Rechtsformen und Gesetzgebungen, die Arbeitsorte allerdings blieben für Giebeler über vierzig Jahre dieselben.

Die Unterredung zwischen dem Juristen Dertinger und Pfarrer Giebeler an jenem 9. Oktober 1992 dauert nicht lange, denn was zu sagen ist, wird gezeigt: Akten des Ministeriums für Staatssicherheit (MfS), die in der Behörde des Bundesbeauftragten für die Unterlagen des Staatssicherheitsdienstes der ehemaligen DDR (BStU) archiviert wurden und die die Zusammenarbeit von Pfarrer Eckart Giebeler mit dem MfS, der von diesem als inoffizieller Mitarbeiter (IM) „Roland" geführt wurde, belegen. Die Dokumente, die Dertinger vorliegen, können aufgrund von Registriernummern und Unterschriften, Erklärungen und Einschätzungen zweifelsfrei Pfarrer Eckart Giebeler zugeordnet werden. Ministerialdirigent Dertinger war am Abend vor dem Gespräch mit Giebeler, also am 8. Oktober 1992, von den Journalisten Regina Kusch und Andreas Beckmann auf die Sendung „Zu verkündigen den Gefangenen die Freiheit. Wie die ostdeutschen Kirchen die politischen Häftlinge betreut haben; eine Spurensuche",[3] die am nächsten Tag, am 9. Oktober,[4] ausgestrahlt werden sollte, hingewiesen worden. In dem Film werde es auch um die Verbindungen des Gefängnisseelsorgers Eckart Giebeler zum MfS gehen, und da Giebeler beim Brandenburger Ministerium der Justiz angestellt sei, solle der Arbeitgeber vorab über diese Sendung informiert werden.

Die Journalisten legen Dertinger die entsprechenden MfS- und Staats-Akten vor. Dertinger empfiehlt Giebeler daraufhin in der Unterredung in dessen eigenem Interesse, sofort einen Aufhebungsvertrag mit dem Justizministerium zu unterschreiben. Mit diesem Schritt könne Giebeler sich selbst schützen und unangenehmen Fragen der Öffentlichkeit aus dem Wege gehen. Giebeler unterschreibt den Aufhebungsvertrag. Und als er am 9. Oktober 1992 das Justizministerium verlässt, ist seine mehr als vierzigjährige Tätigkeit als Gefängnis-

3 Andreas Beckmann / Regina Kusch, Zu verkündigen den Gefangenen die Freiheit – Wie die ostdeutschen Kirchen die politischen Häftlinge betreut haben, D 1992.

4 Der Film wird nicht wie geplant am 9. 10. 1992 gesendet, wegen des Todes von Willy Brandt an diesem Tag und der aus diesem Anlass aktuellen Berichterstattung wird die Ausstrahlung auf den 10. 10. 1992 verschoben.

seelsorger abrupt beendet. Zwei Tage später wird er sich gleich mit zwei Briefen, in denen er auf die im Film geäußerten Vorwürfe eingeht, an den Berlin-Brandenburger Propst Hans-Otto Furian wenden und ihm außerdem eine Kopie des Aufhebungsvertrages zusenden. In beiden Briefen versucht Giebeler, die Vorwürfe zu entkräften, und beklagt den Umgang des Brandenburger Justizministeriums mit ihm. Giebeler legt zudem dar, unter welchen besonderen und schwierigen Umständen er als einziger hauptamtlicher Gefängnisseelsorger in der DDR zu arbeiten und auch zu leiden gehabt habe.

Giebeler hatte seinen Dienst als Seelsorger im Gefängnis am 1. Oktober 1949 als Vikar bei dem damaligen nebenamtlichen Brandenburger Gefängnispfarrer Werner Marienfeld im Auftrag der Berlin-Brandenburger Kirche begonnen. 1953 schafft allerdings die Hauptverwaltung der Deutschen Volkspolizei (HVDVP), die dem Ministerium des Innern (MdI) der DDR angegliedert ist, neue Fakten, indem sie den Pfarrern Eckart Giebeler und Heinz Bluhm Verträge als hauptamtliche, beim MdI angestellte Gefängnisseelsorger anbietet. Bluhm und Giebeler unterschreiben die Verträge, die Kirche allerdings lehnt ihrerseits eine kirchliche Berufung der beiden Seelsorger auf diese Stellen ab. Neben Pfarrer Hans-Joachim Mund beschäftigt das MdI nun drei hauptamtliche Gefängnisseelsorger. Nachdem Ersterer 1959 in die Bundesrepublik geflohen und Bluhm 1966 verstorben war, blieb Eckart Giebeler der einzige – vom Staat angestellte – hauptamtliche Seelsorger der DDR mit diesem besonderen und einmaligen Status. Mit seiner Anstellung beim MdI saß Giebeler letztlich zwischen allen Stühlen. Er arbeitete im Strafvollzug der DDR und war einerseits – wie alle anderen Strafvollzugsbediensteten auch – beim Ministerium des Innern der DDR, Abteilung Strafvollzug angestellt und wurde von diesem bezahlt, war aber andererseits als evangelischer Pfarrer im Gefüge des DDR-Strafvollzuges ein Fremdkörper, misstrauisch betrachtet vom Personal des Strafvollzuges. Aufgrund seiner besonderen und die Pfarrerkollegen irritierenden Stellung als beim MdI der DDR angestellter Pfarrer begegneten ihm wiederum zumindest einige seiner Amtskollegen im Brandenburger Pfarrkonvent, dem monatlichen Treffen aller Pfarrerinnen und Pfarrer des Kirchenkreises Brandenburg, mit Skepsis. Giebeler verwaltete nebenamtlich eine kleine Pfarrstelle in Briest in der Nähe von Brandenburg (Havel), wodurch er berechtigt war, am

Brandenburger Pfarrkonvent teilzunehmen. Anders als im Brandenburger Pfarrkonvent wurde Giebeler im Konvent der Gefängnisseelsorger der DDR, der sich seit 1961 regelmäßig traf und dessen Vorsitzender Giebeler seit 1984 war, von den nebenamtlichen Gefängnisseelsorgern wegen seiner großen Erfahrungen im Bereich des Strafvollzuges der DDR geachtet, konnten sie doch an seinen Kenntnissen partizipieren und seine Hinweise aufnehmen.

Nach der deutschen Einheit und der Neuordnung der Justiz wurden die Strafvollzugsanstalten – wie schon bis 1950 – wieder den Justizministerien unterstellt und somit 1990 auch Pfarrer Eckart Giebeler vom DDR-Innenministerium ins Brandenburger Justizministerium übernommen.

Da die Kirche 1953 eine kirchliche Berufung von Giebeler und Bluhm abgelehnt hatte, unterstand Giebeler bis 1990 als Angestellter eines DDR-Ministeriums bzw. ab dem 3. Oktober 1990 des Brandenburger Justizministeriums ausschließlich einer staatlichen Dienstaufsicht. Als das Brandenburger Justizministerium Giebeler 1992, 36 Jahre nach der Weigerung der Kirche, ihn auf die hauptamtliche Gefängnispfarrerstelle zu berufen, nahelegt, einen Aufhebungsvertrag zu unterschreiben, wiederholen sich die Dissonanzen zwischen Staat und Kirche, die sich auch schon 1953 bei der Anstellung von Giebeler gezeigt hatten, in einer merkwürdigen reziproken Parallelität. Das Justizministerium in Potsdam hatte Giebeler den Aufhebungsvertag vorgelegt, ohne vorher die Berlin-Brandenburger-Kirche zu konsultieren, worüber die Kirche wiederum irritiert und verärgert[5] war.

Mit ihrer eindeutigen Ablehnung der kirchlichen Berufung von Giebeler 1953 hatte die Kirche – zumindest juristisch – ihr Recht verwirkt, in dieser Personalie noch mitreden zu können. Umso erstaunlicher ist es, dass die Berlin-Brandenburger Kirche 1992 gegen den Aufhebungsvertrag des MdJ mit Giebeler protestieren wird. Obwohl sie 1953 das kirchliche Ja zu der staatlichen Anstellung von Giebeler verweigert, will sie 1992 das staatliche Nein verhindern. Aber das eine ist die Bedingung für das andere. Hätte die Kirche Giebeler 1953 in sein Amt berufen, wäre der kirchliche Anspruch, bei seiner Entlassung mitreden zu wollen, verständlich gewesen. So aber hat das MdJ formal richtig

5 Vgl. Kapitel 9.

gehandelt, zumal das Ministerium auch keine Personalinformationen an Dritte hätte weitergeben dürfen.

Eckart Giebeler hat als Gefängnisseelsorger unter kompliziertesten politischen Bedingungen Tausende Häftlinge in den unterschiedlichen Strafvollzugsanstalten der DDR besucht, hat Ortspfarrer über inhaftierte Gemeindeglieder informiert und Kontakt mit Angehörigen von Inhaftierten aufgenommen. Er hat Bibeln und geistliche Literatur für die Haftanstalten organisiert, Ehepartnern, die in unterschiedlichen Haftanstalten einsaßen, Informationen zukommen lassen und in unzähligen Seelsorgegesprächen und Gottesdiensten den Gefangenen die Botschaft des Evangeliums nahegebracht. Zudem hat er seit 1966 jährlich alleinverantwortlich zu Weihnachten für die Gefangenen ein Heft mit weihnachtlichen Meditationen, Gebeten und Texten erstellt.

Aber Eckart Giebeler hatte auch eine – bis 1992 unbekannte, streng verborgene – Schattenseite als inoffizieller Mitarbeiter des Ministeriums für Staatssicherheit. Als IM „Roland" schrieb er seit 1959 Berichte über Inhaftierte, besprach Tonbänder mit Informationen über Pfarrkonvente und Pfarrerkollegen und übergab dem MfS Dokumente, die „nur zum innerkirchlichen Dienstgebrauch"[6] bestimmt waren.

6 Hinter dieser Formulierung stand die am 20.7.1959 in der DDR erlassene „Anordnung über das Genehmigungsverfahren für die Herstellung von Druck- und Vervielfältigungserzeugnissen", DDR-GBl. I 46/1959, S. 640–642. Damit sollten alle Veröffentlichungen in der DDR kontrolliert werden können. Nach Paragraf 1 dieser Anordnung konnte theoretisch keine Einladung, kein Handzettel, kein Schaukastenplakat, kein Liedblatt usw. ohne staatliche Genehmigung veröffentlicht werden. „Zur Herstellung von Druck- und Vervielfältigungserzeugnissen ist unabhängig von der Zahl der gefertigten Exemplare sowie von der Art der zur Herstellung benutzten Maschinen, Apparate, Geräte oder Gegenstände eine staatliche Genehmigung erforderlich." (§ 1, (1) „Anordnung über das Genehmigungsverfahren für die Herstellung von Druck- und Vervielfältigungserzeugnissen.") Druckgenehmigungen erteilten das Ministerium für Kultur und die Räte der Bezirke und Kreise, Abteilungen Inneres. Diese wurden allerdings nur erteilt, wenn der „Inhalt der Druck- oder Vervielfältigungserzeugnisse den gesetzlichen Bestimmungen, den Grundsätzen des sozialistischen Aufbaues sowie den kulturpolitischen Erfordernissen entspricht". Von dieser Genehmigung waren allerdings Dienstanweisungen, Rundschreiben u.a., die für den inneren Dienstgebrauch auf betriebseigenen Maschinen und Apparaten hergestellt wurden, ausgenommen. Damit sollte die innerbetriebliche

Eckart Giebeler hat noch 1992 – wenige Monate vor seiner Enttarnung als IM „Roland“ – seine Erinnerungen und Bewertungen jener Jahre als Gefängnisseelsorger unter dem Titel „Hinter verschlossenen Türen. Vierzig Jahre Gefängnisseelsorger in der DDR“ im Brockhaus-Verlag publiziert. Nach der Veröffentlichung folgten Auftritte von Giebeler im Fernsehen und im Rundfunk, in denen ihm viel Bewunderung für sein aufrechtes und mutiges Verhalten in der DDR entgegengebracht wurde. In zwei weiteren, von Giebeler später verfassten Texten, die er einer begrenzten Öffentlichkeit zur Verfügung gestellt hat (1999 „Christus im Gefängnis der DDR“ und 2001 „Der gefährliche Balanceakt“) bleibt Giebeler bei seinem eigenen Narrativ, das ihn als einen im Umgang mit dem MfS und im Sinne der Kirche „vorbildlichen Seelsorger“[7] darstellt.

Die von Eckart Giebeler publizierten Erinnerungen sind die eindrücklichen Selbstzeugnisse eines mutigen Pfarrers, der den Weg „durch die Hölle“[8] nicht scheute. Giebeler deutet an keiner Stelle innerhalb seiner autobiografischen Texte ein vom kirchlichen Ansatz des Umgangs mit dem MfS abweichendes Handeln an. Innerhalb der Kirchen war die Regel bekannt, dass, wenn das MfS an kirchliche Mitarbeiter herantreten würde, Gespräche nie unter vier Augen und nicht an einem neutralen Ort, sondern im Amtszimmer geführt werden sollten. Zusätzlich sollte dem MfS-Mitarbeiter mitgeteilt werden, dass die kirchlichen Vorgesetzten, der Superintendent oder der Bischof, über das Gespräch informiert werden würden.

Kommunikation ermöglicht und aufrechterhalten werden. Obwohl diese Ausnahme sich nur auf „Organe der staatlichen Verwaltung, der staatlichen Einrichtungen und Institutionen, der volkseigenen und ihr gleichgestellten Wirtschaft, sowie der demokratischen Parteien und Massenorganisationen“ bezog, verfuhren auch die Kirchen nach dieser Regelung und betrachteten sich selbst sozusagen als eine Institution mit innerinstitutionellem Kommunikationsbedarf.

7 Ulrich Schröter / Dieter Mechtel, Beiträge zum Umgang mit der Staatssicherheits-Vergangenheit. Dokumentation einer Diskussion in der Zeitschrift „Zwie-Gespräch“ zwischen 1991 und 1995, Berlin 1996, S. 109.

8 Eckart Giebeler, Christus im Gefängnis der DDR, o. O. 1999, S. 13.

Nicht nur die kirchlichen Mitarbeiter kannten diese Regeln, sondern auch das MfS, wie eine Abschlussarbeit an der Juristischen Hochschule (JHS) des MfS[9] in Potsdam zeigt. In seiner Arbeit mit dem programmatischen Titel „Wie kann nach erfolgter Werbung eines evangelischen Theologen für die inoffizielle Zusammenarbeit das Vertrauensverhältnis zum MfS und zum IM-führenden Mitarbeiter entwickelt werden?" schreibt der Verfasser Jürgen Lenz: „Es ist bekannt, dass in jeder Landeskirche die offizielle Weisung, zumindest jedoch die nachdrückliche moralische Verpflichtung, besteht, jeden Kontakt eines Theologen zum MfS der Kirchenleitung zu melden. In der Phase der Kontaktgespräche sowie bei der Werbung wird dem IM zugesichert, dass der Schutz seiner konspirativen Zusammenarbeit mit dem MfS für den operativen Mitarbeiter oberstes Gesetz ist. Der Theologe-IM achtet stets genau darauf, dass dieses Versprechen durch das MfS eingehalten wird."[10]

In einem unüberbrückbaren Widerspruch zu Giebelers Narrativ stehen die Akten des Ministeriums für Staatssicherheit sowie die der Hauptverwaltung Deutsche Volkspolizei (HVDVP), Abteilung Strafvollzug. Diese Akten beinhalten zum einen das archivierte Herrschaftswissen von Staat und MfS *über* Eckart Giebeler, zum anderen werden auch von Giebeler selbst verfasste Texte, Briefe sowie Transkriptionen seiner von ihm besprochenen Tonbänder dokumentiert. Dieser Widerspruch zwischen veröffentlichter Erinnerung und Aktenlage ist im Fall Giebeler einerseits hochgradig irritierend. Andererseits beschreiben

9 Die Hochschule des Ministeriums für Staatssicherheit war seit 1951 eine Ausbildungseinrichtung für Mitarbeiter des Staatssicherheitsdienstes der DDR. Als „Schule des MfS" gegründet, bekam sie 1965 den Status einer „Hochschule für die juristische Ausbildung". Die Hochschule war eine Geheimeinrichtung des MfS, zu der nur hauptamtliche MfS-Mitarbeiter zugelassen wurden. Über 3000 Personen wurden ausgebildet. Vgl. Internetseite Die Juristische Hochschule des MfS (JHS) 1965 bis 1990, https://www.uni-potsdam.de/de/standortgeschichte-golm/mfs-juristische-hochschule.html [2.10.2019]. Die dort erworbenen Titel behielten auch nach der deutschen Einheit ihre Gültigkeit, sodass die dort ausgebildeten MfS-Juristen heute u.a. als promovierte Rechtsanwälte arbeiten.

10 Ulrich Schröter, „Die Staatssicherheit im kirchlichen Raum. Ein schwieriges Kapitel der DDR-Kirchengeschichte", Vortrag am 15.5.2013 im Theologischen Konvikt, in: Jahrbuch Berlin-Brandenburgische Kirchengeschichte 20 (2015), S. 291–306.

autobiografische Texte die erlebte und wahrgenommene Wirklichkeit immer aus einer subjektiven Perspektive. Dennoch vermitteln solche Texte wertvolle Sichtweisen auf geschichtliche Vorgänge. Um aber ein möglichst umfassendes Gesamtbild geschichtlicher Vorgänge erstellen zu können, müssen autobiografische Texte kritisch zu anderen geschichtlichen Zeugnissen in Bezug gesetzt werden.

Autobiografische Texte sind deshalb konstruierte Texte, die von einem *gegenwärtigen* Standpunkt *vergangene* Zeiten und die damit verbundenen Erfahrungen beschreiben und in einen für den Verfasser geltenden und plausiblen Sinnzusammenhang stellen. Jede Erinnerung hat somit ihren Bezugsrahmen, der einerseits bestimmt wird durch die eigene Sicht auf die Geschichte, andererseits auch durch die Erwartungen derer, die Betrachter, Zuschauer, Hörer oder Leser eines Lebenstextes werden. Der Autor entscheidet *nachträglich*, also aus der Perspektive der Gegenwart, welche Ereignisse beschrieben, inszeniert und geteilt werden, interpretiert sein eigenes Leben und rekonstruiert eine für sich überzeugende Wirklichkeit. Insofern sind autobiografische Texte nicht als Rekonstruktion der vergangenen Wirklichkeit zu verstehen, sondern als eine Vergewisserung des eigenen Selbst und die Konstruktion einer individuellen, sinnvollen Rolle in einem bestimmten historischen Kontext sowie die Verortung in diesem. Der amerikanische Neuropsychologe Daniel Schacter betont: „Erinnerungen sind die hinfälligen, aber machtvollen Produkte dessen, was wir aus der Vergangenheit behalten, über die Gegenwart glauben und von der Zukunft erwarten.“[11]

Wenn zwischen Erlebtem und der Erinnerung daran ein politischer Systemwechsel stattgefunden hat, wird die persönliche Erinnerung zusätzlich durch den – oftmals unausgesprochenen – Konsens einer kollektiven Erinnerungskultur bestimmt. Deshalb ist nicht nur das Erzählte, sondern auch das Beschwiegene davon abhängig, wie die gegenwärtige Deutung des Vergangenen in einem gesamtgesellschaftlichen Zusammenhang, im sozialen Bezugsrahmen der Gegenwart betrachtet wird. Der französische Soziologe Maurice Halbwachs prägte

11 Daniel Schacter, Wir sind Erinnerung: Gedächtnis und Persönlichkeit, Reinbek b. Hamburg 1999, S. 496.

dafür vor fast 100 Jahren den Begriff des *kollektiven Gedächtnisses.*[12] Er verwies darauf, dass jede Erinnerung einen Bezugsrahmen hat. Somit werden Erinnerungen manchmal stärker von der Gegenwart als von der Vergangenheit bestimmt. Zu den Bezugsrahmen, innerhalb derer sich erinnert wird, gehören u. a. die vertrauten Milieus, wie Familien, Nachbarn, Freundeskreis, Kolleginnen, Sport- oder Kleingartenverein, Kirchengemeinde oder Theaterklub. Adressatin von autobiografischen Texten ist damit weniger die geneigte Leserschaft, sondern der Autor selbst, der einen für sich sinn- und identitätsstiftenden Text auf die Bühne der Öffentlichkeit trägt.

Die Rekonstruktion eines individuellen Selbstbildes muss deshalb die Aspekte vernachlässigen, die diesem sowohl beim Autor als auch in der sozialen Geprägtheit des gesellschaftlichen Konsenses widersprechen. Insofern sind autobiografische Erinnerungen fast immer Schattenspiele, und der Schattenspieler *entscheidet*, welche Bilder wie gezeigt werden und welchen Text er den Figuren in den Mund legt. Die Betrachter freilich gehen meist davon aus, dass das Gezeigte die Realitäten abbildet. Allerdings verändert sich die Größe der Bilder je nach Abstand zur Lichtquelle. Je größer der Abstand zum Licht, umso kleiner und unschärfer werden die Schattenbilder. Die Figuren, die direkt vor der Lichtquelle platziert werden, erscheinen in der Projektion übergroß. Ein Schattenspieler muss die Nähe des Lichtes suchen, wenn er größer erscheinen will. Aber anders als in Platons berühmtem Höhlengleichnis,[13] in dem Gefangene, die so gefesselt sind, dass sie weder Kopf noch Körper bewegen können, an eine Wand starren und die dort vorbeiziehenden Bilder für die Realität halten, weil sie aus eigener Erfahrung nicht wissen können, dass hinter ihnen ein Feuer lodert, vor dem Gegenstände und Figuren hin- und hergetragen werden, welche die Schatten an die Wand malen und die für die Gefangenen die einzig wahrnehmbare Realität sind, kann sich ein freier Zuschauer umdrehen und die Schattenbilder als solche erkennen, nach dem Motto: Nur wer sich umdreht, erkennt die Täuschung.

12 Maurice Halbwachs, Das Gedächtnis und seine sozialen Bedingungen, Frankfurt a. M. 1985, S. 20.

13 Gunther Eigler (Hrsg.), Platon: Politeia, Der Staat, 2. Aufl., Darmstadt 1990, S. 554–567.

Eckart Giebeler hat als Gefängnisseelsorger in der zum Teil undurchschaubaren Gemengelage zwischen SED-Staat, seinen Verwaltungsorganen und dem MfS sowie den evangelischen Kirchen versucht, seine Rolle als Pfarrer und Seelsorger in den DDR-Gefängnissen zu finden. Er befand sich somit in einem permanenten Loyalitätskonflikt zwischen Staat und Kirche, deren Verhältnis in den unterschiedlichen zeitlichen Phasen mehr oder weniger konfliktbehaftet war. In diesem Spannungsfeld und auch nachdem er 1953 von seiner Kirche schwer enttäuscht worden war, suchte Eckart Giebeler seinen Ort der Zugehörigkeit und der Beheimatung. Er wurde zum Schattenspieler, der versuchte, seinem staatlichen Arbeitgeber gerecht zu werden, dabei aber die für das Amt eines Pfarrers unabdingbaren Konstanten wie das Beichtgeheimnis und die Amtsverschwiegenheit missachtete.

Giebelers Erinnerungen wurden in einer Zeit veröffentlicht, als sich Menschen, die in der DDR gelebt hatten, gegenseitig – oftmals auch schweigend – fragten und gefragt wurden, wie sie sich in der DDR verhalten hatten. Wie groß war das Maß an Anpassung, welche Kompromisse wurden geschlossen und wo wurde widerständiges Verhalten gelebt? Die ostdeutschen evangelischen Kirchen wurden durch die Erkenntnis erschüttert, dass auch Pfarrer, denen u. a. aufgrund ihres Amtes unhinterfragt vertraut wurde, mit dem Ministerium für Staatssicherheit in einer nicht zu rechtfertigenden Weise zusammengearbeitet hatten. In diese Verunsicherung der Kirchen wegen der massiven und teilweise unberechtigten Vorwürfe einer über die Maßen praktizierten „Kumpanei“[14] mit dem DDR-Staat und dem MfS fiel die Offenbarung der IM-Tätigkeit von Pfarrer Giebeler. Dementsprechend harsch reagierten Vertreter der verunsicherten Kirche, indem sie sich hinter „ihren“ Pfarrer stellten.

Die Geschichte von Eckart Giebeler ist in ihren individuellen Dimensionen die Geschichte einer persönlichen Tragik. Aber sie ist auch eine Geschichte von Schuld und Verrat, ungeklärtem kirchlichen Leitungsverhalten und letztlich eine Geschichte der Suche nach Zugehörigkeit, die Eckart Giebeler auf seine Weise beantwortet hat.

14 So Gerhard Besier / Stefan Wolf, Pfarrer, Christen und Katholiken. Das Ministerium für Staatssicherheit der ehemaligen DDR und die Kirchen, Neukirchen-Vluyn 1992, S. 42.

2. Schatten der Vergangenheit – Der Vater Erich Giebeler

Der Vater von Eckart Giebeler, Erich Giebeler, hat sich nach 1945, ebenso wie sein Sohn Eckart nach 1990, autobiografisch erinnert. Beide verfassen ihre Narrative in Abhängigkeit von ihrem Selbstbild und dem soziokulturellen „common sense", der die zeithistorischen und gesamtpolitischen Debatten in den jeweiligen Transformationsgesellschaften nach den Systemumbrüchen bestimmte. Nach dem Ende des Zweiten Weltkrieges und auch nach dem Ende der DDR ließ sich in der deutschen Gesellschaft eine eigentümliche, klar definierte Dichotomie beobachten: Auf der einen Seite standen die Täter, die als Systemträger durch die neuen Machtverhältnisse mehr oder weniger gezwungen wurden, Verantwortung für ihr Tun zu übernehmen. Auf der anderen Seite erinnerten sich die Opfer, die die Zumutungen des Systems erlitten oder diesen auch widerstanden hatten. Oftmals findet sich gerade nach politischen Systemumbrüchen ein seltsames zahlenmäßiges Ungleichgewicht zwischen diesen beiden Gruppen, da es leichter ist, sich als Opfer der Zumutungen des vergangenen Systems zu verstehen, als die eigene Rolle in eben diesem kritisch zu reflektieren. Die Übernahme von Verantwortung für das eigene Tun lehnt Vater Erich Giebeler genauso ab wie später sein Sohn Eckart Giebeler. Beklemmend ist, dass sich die Rechtfertigungsmuster beider sehr ähneln. Vater und Sohn widersprechen den offensichtlichen Fakten und nehmen als – ihren Widerspruch begründendes – Argument auch ihren christlichen Glauben zur eigenen Verteidigung in Anspruch. Beide betonen, dass ihr Christsein verhindert habe, das ihnen Vorgeworfene zu tun.

Über seine Herkunftsfamilie hat Eckart Giebeler größtenteils geschwiegen. Seinen Vater erwähnt er nur im Zusammenhang mit dessen Beerdigung,[1] seine Mutter nur im Zusammenhang mit einem Interview 1990.[2]

1 Eckart Giebeler, Der gefährliche Balanceakt. Ein Gefängnispfarrer der DDR erzählt, o. O. 2001, S. 45.

2 Günter Wirths, Gefängnisseelsorge – ein Interview nach 15 Jahren, in: Standpunkt. Evangelische Monatsschrift (1990) 1, S. 13–15, hier S. 13.

Eckart Giebelers autobiografische Zeugnisse beginnen 1949 mit dem Eintritt in sein Berufsleben als Gefängnisseelsorger. Über seine Kindheit und Jugend, über Krieg und Gefangenschaft äußert er sich nicht, außer in spröden Angaben in offiziellen, nüchternen Fragebögen, die er im Zusammenhang mit seiner Einstellung beim MdI ausfüllen musste. Über die Kriegszeit hat nicht nur Eckart Giebeler geschwiegen, sondern eine ganze Generation, die den Nationalsozialismus aktiv erlebt hat. Viele derjenigen, die im Krieg „nur" ihre Jugend und nicht das Leben verloren hatten, fanden nach dem Krieg darüber keine Sprache. Eine verunsicherte, desillusionierte und enttäuschte Generation suchte ihren Platz im Nachkriegsdeutschland. Einer dieser Suchenden war der bei Kriegsende 19 Jahre alte Eckart Giebeler.

Giebeler wird am 13. Oktober 1925 in Berlin-Lichterfelde als erstes Kind von Erich und Anneliese Giebeler, geb. Messing, geboren und am 29. November 1925 in Berlin Lichterfelde getauft. Der Beruf des Vaters ist im Kirchenbuch,[3] in dem die Taufe von Eckart Giebeler verzeichnet ist, mit Kaufmann angegeben. 1928 und 1938 kommen die beiden Schwestern von Eckart Giebeler zur Welt. Die jüngere verstirbt 1940 im Alter von nur zwei Jahren, Eckart Giebeler ist zu dem Zeitpunkt 15 Jahre alt. 1932 wird Eckart Giebeler in Berlin-Lichterfelde eingeschult. Aufgrund des Berufes des Vaters muss die Familie mehrfach umziehen, was verschiedene Umschulungen von Sohn Eckart zur Folge hatte.[4] Eckart Giebeler besucht Schulen in Döberitz, Mölln-Lauenburg und Soltau in der Lüneburger Heide. Ab 1937 ist Eckart Schüler der Ober-Realschule in Berlin-Zehlendorf. Da „die Schulen der ‚Reichshauptstadt' wegen Bombengefahr 1943 geschlossen" wurden, habe seine Mutter dafür gesorgt, dass er „am Stadtrand bei einem alten sozialdemokratischen Gymnasiallehrer mit ein paar anderen ‚Außenseitern' Schulunterricht"[5] erhalten habe, erklärt Giebeler 1990 in einem Interview. Wie lange Eckart in Zehlendorf zur Schule gegangen ist und in welchem Zeitraum er am Berliner Stadtrand „Privatunterricht" be-

3 Kirchengemeinde St. Paulus Lichterfelde, Getaufte im November 1925, Auszug aus Kirchenbuch, Kirchengemeinde Lichterfelde.

4 Eckart Giebeler, Lebenslauf, 16. 8. 1949, ELAB, 35 / 409.

5 Eckart Giebeler im Interview mit Wirths, in: Standpunkt (1990) 1, S. 13.

kam, ist unklar. In dem Personalfragebogen der Landesregierung Brandenburg, den Giebeler im Vorfeld seiner Vikariatsstelle, die er im Oktober 1949 im Gefängnis Brandenburg antritt, ausfüllen musste und der „der lückenlosen Offenbarung unserer Vergangenheit dienen [sollte], schließlich lag die teuflische Hitlerära erst vier Jahre zurück",[6] schreibt er 1949,[7] dass er Oberrealschulen in Zehlendorf und in Wannsee von 1937 bis 1944 besuchte. Einen Privatunterricht erwähnt er nicht. 1944[8] wird Eckart Giebeler zur Wehrmacht eingezogen und macht als Achtzehnjähriger die „Bekanntschaft mit den Schlachtfeldern des Ostens und des Westens".[9] Giebeler kommt am 3. Mai 1945 in englische Kriegsgefangenschaft, aus der er im April 1946, nunmehr zwanzigjährig, entlassen wird.[10]

Spätestens ab 1974 wird Giebeler bestreiten, je Soldat in der Wehrmacht gewesen zu sein, und erklärt in einem MfS-Fragebogen, dass er „mit Hilfe einer kommunistischen Ärztin durch Atteste"[11] bis zum 7. April 1945 von dem Kriegsdienst in der Wehrmacht befreit und nur von April 1945 bis Mai 1945 – zum Volkssturm – verpflichtet worden sei.[12]

An dieser Version wird er festhalten und begründet 1993 damit, dass er schon frühzeitig in seinem Leben gegen große Widerstände habe kämpfen müssen, so z. B., als er sich der Einberufung zur Wehrmacht entzogen habe.[13]

6 Giebeler, Christus im Gefängnis der DDR, S. 7.

7 Landesregierung Brandenburg, Personalfragebogen, 9. 9. 1949, ELAB, 35 / 409.

8 Giebeler, 16. 8. 1949, Lebenslauf, ELAB, 35 / 409.

9 Ebenda.

10 Nach Auskunft der Deutschen Dienststelle für Angehörige der Wehrmacht (WASt) kam Giebeler am 3. 5. 1945 als Grenadier in Neuhaus bei Hamburg in Gefangenschaft und wurde am 8. 2. 1946 entlassen, WASt an Verf., 28. 9. 2015.

11 MfS, IM „Roland", ohne Datum, Auskunftsbogen, BStU, MfS, BVfS Potsdam, Abt. VII Nr. 5, Teil I, Bd. 1, Bl. 108.

12 Vgl. dazu auch MfS, 20 .9. 1974 Auskunftsbericht, BStU, MfS, BVfS Potsdam, Abt. VII Nr. 5, Teil I, Bd. 2, Bl. 14.

13 Eckart Giebeler, Schreiben an Linke, 27. 11. 1993, Archiv der Verf.: „Leider mußte ich mein Leben mit Ungerechtigkeiten leben. Es begann, als ich nicht in die HJ eintrat und mich der Wehrmacht entzog."

Vielleicht hatte Giebeler tatsächlich versucht und gehofft, mit Attesten die Einberufung in den verheerenden Krieg vermeiden zu können. Dies ist ihm – trotz gegenteiliger Angaben – nicht gelungen. Auf die Frage nach dem Beruf seines Vaters antwortet er 1949,[14] dass dieser ohne einen Beruf gewesen sei. Gegenüber dem MfS wird er Jahre später diese Antwort in der Weise korrigieren, dass sein „Vater zuerst selbständiger Kaufmann (bankrott) später Angestellter“[15] war.

Das von Eckart Giebeler beschwiegene und ihn vielleicht auch beschämende Erbe seines Vaters Erich ist im Staatsarchiv Ludwigsburg, Baden-Württemberg, archiviert. Dort ist von den Alliierten das Berufsleben von Erich Giebeler während der NS-Zeit dokumentiert, womit sich auch die vielen Umzüge der Familie erklären.

Erich Giebeler, von Beruf Kaufmann, seit der Weltwirtschaftskrise 1928 arbeitslos, tritt im Frühjahr 1933 in die Nationalsozialistische Deutsche Arbeiterpartei (NSDAP) ein. Er tat dies, wie er *nach* 1945 betonen wird, nicht aus Überzeugung, sondern weil die NSDAP „eine umfassende Werbung“ für die Partei gemacht habe.[16] Das genaue Eintrittsdatum in die NSDAP gibt er unterschiedlich an. In dem von ihm 1934 verfassten Lebenslauf schreibt er, dass er seit dem 1. April 1933[17] der NSDAP angehört habe.[18] Dieses Datum wird er später gegenüber den alliierten Anklägern korrigieren. Im „Meldebogen auf Grund des Gesetzes zur Befreiung von Nationalsozialismus und Militarismus vom 3. 5. 1946“ gibt er 1947 als Eintrittsdatum den 1. Juli 1933 an.[19]

Zwei Jahre nach seinem Eintritt in die NSDAP wird Erich Giebeler am 2. Mai 1935 Mitglied der Schutzstaffel (SS) und macht dort schnell Karriere. Er wird

14 Landesregierung Brandenburg, Personalfragebogen, 9. 9. 1949, ELAB, 35 / 409.

15 MfS, IM „Roland“ Auskunftsbogen, ohne Datum, BStU, MfS, BVfS Potsdam, Abt. VII Nr. 5, Teil I, Bd. 1, Bl. 108.

16 Erich Giebeler, Vorläufige Verteidigung, 11. 7. 1947, StA Ludwigsburg, EL 903 / 3_Bue 1912.

17 Dieses Datum wird er auch gegenüber der Spruchkammer der Interniertenlager korrigieren.

18 Erich Giebeler, Lebenslauf 1934, SS-Offiziers-Personal-Akten, 11-A, BArch (ehem. Berlin Document Center).

19 Meldebogen, 25. 6. 1947, StA Ludwigsburg, EL 905 / 4 Bue 1362.

am 1. Juni 1936 zum SS-Obersturmbannführer,[20] am 1. März 1940 zum SS-Obersturmbannführer der Waffen-SS und am 9. November 1941 von Heinrich Himmler, Reichsführer der SS, zum Standartenführer[21] der Waffen-SS befördert.[22]

Giebeler arbeitet in dieser Funktion ab 1940 als Hauptabteilungsleiter im SS-Führungshauptamt.[23]

Mit diesem Aufstieg im nationalsozialistischen Deutschland konnte Erich Giebeler durchaus zufrieden sein, war es doch sein „sehnlicher Wunsch in einer Organisation der Bewegung tätig sein zu dürfen. Mit meiner Aufnahme in die S.S. würde dieser Wunsch für mich seine schönste Erfüllung finden."[24]

Giebeler war neben seiner Tätigkeit im SS-Hauptamt zudem Beisitzer im Obersten SS- und Polizeigericht München, das für alle Fälle von Hoch- und Landesverrat, Spionage, Straftaten von SS- und Polizeioffizieren im Generalsrang sowie für Straftaten von besonderer Bedeutung eingerichtet worden war. Am 7. Mai 1945 wird Erich Giebeler in amerikanische Gefangenschaft genommen, am 28. Juli 1945[25] im Internierungslager 75 in Kornwestheim interniert und im Dezember 1947 als Kriegsverbrecher angeklagt.

Im Gesetz Nr. 104 hatten die Alliierten am 5. März 1946[26] im Rahmen der strafrechtlichen Aufarbeitung der NS-Zeit unter Artikel 4 fünf Kategorien

20 Heinrich Himmler, Beförderung Giebeler, 2. 6. 1936, SS-Offiziers-Personal-Akten, 11-A, BArch (ehem. Berlin Document Center).

21 Himmler, Beförderung Giebeler, 9. 11. 1941, SS-Offiziers-Personal-Akten, 11-A, BArch (ehem. Berlin Document Center).

22 Bis 1945 wurde der Dienstgrad SS-Standartenführer an 621 Personen vergeben. Standartenführer war der zweithöchste Offiziersrang der SS außerhalb der Generalsränge.

23 Das „SS-Führungshauptamt" (SS-FHA) war die eigentliche betriebliche Stabsstelle (Hauptquartier) der bewaffneten SS ab August 1940. Ihm unterstanden die Kommandoämter der Allgemeinen SS, der Waffen-SS und der SS-Wachverbände. Diese Kommandoämter waren 1935 geschaffen worden und galten als Schaltzentralen der bewaffneten SS-Verbände.

24 Erich Giebeler, Lebenslauf 1934, SS-Offiziers-Personal-Akten 11-A, BArch (ehem. Berlin Document Center).

25 Erich Giebeler, Gesuch 28. 3. 1951, StA Ludwigsburg, EL 903 / 3_Bue 1912.

26 Gesetz Nr. 104 zur Befreiung von Nationalsozialismus und Militarismus vom 5. 3. 1946, Art. 4, Regierungsblatt für Württemberg-Baden 1946, S. 71.

zur Schuldfeststellung gebildet: Hauptschuldige, Belastete, Minderbelastete, Mitläufer und Nichtbelastete.

Am 2. Dezember 1947[27] wird die Klageschrift des Öffentlichen Klägers des Internierungslagers gegen Erich Giebeler der Spruchkammer des Internierungslagers Kornwestheim und dem Beklagten zugestellt. Die Alliierten bewerten darin Erich Giebelers Verhalten während der NS-Zeit als so schwerwiegend, dass er für sie als ein Hauptschuldiger[28] gilt. Als Hauptschuldige wurden diejenigen bezeichnet, die „sich in einer führenden Stellung der NSDAP, einer ihrer Gliederungen oder eines angeschlossenen Verbandes oder einer anderen nationalsozialistischen oder militaristischen Organisation betätigt" haben. Giebeler gehört nach Ansicht des Klägers zudem zu den Personen, die „Mitglieder einer verbrecherischen Organisation im Sinne des Nürnberger Urteils" waren.[29]

Giebeler reagiert auf die Klageschrift am 4. Januar 1948[30] mit einem dreiseitigen Schreiben, in dem er seinen Widerspruch gegen die Anklageerhebung und die Einstufung als *Hauptschuldiger* begründet und seine Eingruppierung als *Mitläufer* fordert.[31]

Als Mitläufer wurde nach der Definition des Gesetzes derjenige bezeichnet, der „nicht mehr als nominell am Nationalsozialismus teilgenommen oder ihn nur unwesentlich unterstützt und sich auch nicht als Militarist erwiesen hat. Unter dieser Voraussetzung ist Mitläufer insbesondere: wer als Mitglied der NSDAP oder einer ihrer Gliederungen, ausgenommen HJ und BDM, lediglich Mitgliedsbeiträge bezahlte, an Versammlungen, deren Besuch Zwang war, teilnahm oder unbedeutende oder rein geschäftsmäßige Obliegenheiten wahr-

27 Klageschrift, 2.12.1947, Aktenzeichen: J/75/4414, StA Ludwigsburg, EL 905/4 Bue 1362.

28 Gesetz Nr. 104 zur Befreiung von Nationalsozialismus und Militarismus vom 5.3.1946, Art. 5.

29 Ebenda, Art. 4.

30 Erich Giebeler, 4.1.1948, Erwiderung auf die Klageschrift vom 2.12.1947, StA Ludwigsburg, EL 903/3_Bue 1912.

31 In der amerikanischen Besatzungszone kamen etwa 950000 Fälle zur Verhandlung. Nur bei drei Prozent erfolgte die Einstufung als Hauptschuldige oder Belastete. Vgl. Christian Meier, Das Gebot zu vergessen und die Unabweisbarkeit des Erinnerns. Vom öffentlichen Umgang mit schlimmer Vergangenheit, München 2010, S. 53.

nahm, wie sie allen Mitgliedern vorgeschrieben waren und wer Anwärter der NSDAP war und nicht endgültig als Mitglied aufgenommen wurde."[32]

In Giebelers Argumentation und seiner Forderung, als Mitläufer eingestuft zu werden, lassen sich die Muster der Rechtfertigung oder der Verleugnung erkennen, die nach 1945 als Schuldabwehr und Schuldverleugnung kollektiv von einem Großteil des deutschen Volkes in Anspruch genommen wurden.[33]

„Ich habe nichts gewusst…"

Giebeler begründet seinen Widerspruch u. a. damit, dass seine Tätigkeit im SS-Führungsamt „auf rein polizeiliche und militärische Dinge spezialisiert und von der übrigen SS isoliert [war], daß eine Kenntnis von verbrecherischen Handlungen und Zielen der SS für mich gar nicht in Frage kam".[34] Einer der Kronzeugen, der Erich Giebeler entlastet und ihm einen „Persilschein" ausstellt, ist ein früherer Vorgesetzter von Erich Giebeler, Generalmajor der Waffen-SS und Chef des Amtes für Sicherungsfragen, Leo Petri, der sich mit seiner Aussage auch gleich selbst mit entlastet. Petri behauptet vor den Alliierten: „Mein Amt hatte keinerlei Kenntnis von irgendwelchen Verbrechen der SS oder der Partei. Daher kann auch Herr Giebeler in seiner Amtstätigkeit solche Kenntnis nicht besessen haben."[35]

In der Beurteilung, die Leo Petri hingegen im Juli 1944 über Giebeler geschrieben hatte, bescheinigt der Vorgesetzte Erich Giebeler: „Er hat seit dem ersten Tag seiner Mitarbeit sich mit unermüdlichem Eifer in die Mobilmachungsfragen der SS eingearbeitet und ihnen ein ganz besonderes Verständnis entgegengebracht, unterstützt wurde diese Arbeit durch seine militärischen

32 Gesetz Nr. 104 zur Befreiung von Nationalsozialismus und Militarismus vom 5. 3. 1946, Art. 12.

33 Vgl. Kapitel 9.4.

34 Erich Giebeler, Erwiderung auf die Klageschrift 4. 1. 1948 vom 2. 12. 1947, StA Ludwigsburg, EL 903 / 3_Bue 1912.

35 Leo Petri, Eidesstaatliche Erklärung 19. 1. 1948, StA Ludwigsburg, EL 903 / 3_Bue 1912.

Vorkenntnisse auf diesem Gebiet, ohne die Mob.-Vorarbeiten nicht mit Erfolg durchgeführt werden können."[36]

Die Solidarität der NS-Täter untereinander, die sich gegenseitig entlasteten, führte u. a. dazu, dass tatsächlich nur sehr wenige NS-Verantwortliche strafrechtliche Konsequenzen zu tragen hatten.

Dokumente sind Fälschungen

In seinem Widerspruch bestreitet Giebeler außerdem „mit aller Entschiedenheit, jemals der SA angehört zu haben. Die irrige Auskunft des Doc.Cent.[37] über meine SA-Zugehörigkeit, erkläre ich mir so: Ein SA-Werber Funk oder Funke, eine Strassenbahnbekanntschaft in Bln-Lichterfelde, versucht mich 1933 wiederholt zur Meldung in die SA zu überreden. Obwohl ich stets ausweichend antwortete, liess er mich wohl in die Liste der Standarte eintragen."

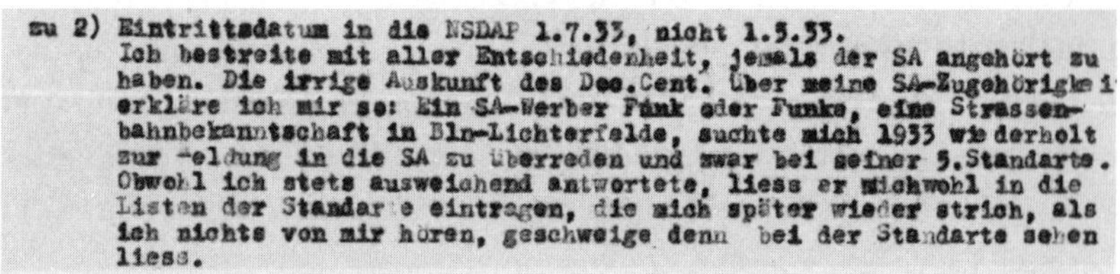

zu 2) Eintrittsdatum in die NSDAP 1.7.33, nicht 1.5.33.
Ich bestreite mit aller Entschiedenheit, jemals der SA angehört zu haben. Die irrige Auskunft des Doc.Cent. über meine SA-Zugehörigkeit erkläre ich mir so: Ein SA-Werber Funk oder Funke, eine Strassenbahnbekanntschaft in Bln-Lichterfelde, suchte mich 1933 wiederholt zur Meldung in die SA zu überreden und zwar bei seiner 5.Standarte. Obwohl ich stets ausweichend antwortete, liess er michwohl in die Listen der Standarte eintragen, die mich später wieder strich, als ich nichts von mir hören, geschweige denn bei der Standarte sehen liess.

Dokument 1: Erich Giebeler, Erwiderung auf die Klageschrift, 4. 1. 1948

Giebeler allerdings hatte in seinem Lebenslauf, den er eigenhändig am 23. Juli 1935 verfasst hatte und der im Document Center in Berlin (BDC) archiviert ist, geschrieben: „mein formeller Eintritt in die Partei der N.S.D.A.P. datiert vom 1. 4. 1933, in die SA vom 7. 7. 1933. Mein letzter Dienstgrad war Sturmführer."[38]

36 Leo Petri, Beurteilung des SS-Standartenführers Erich Giebeler, 1. Juli 1944, SS-Offiziers-Personal-Akten 11-A, BArch (ehem. Berlin Document Center).

37 Das Berlin Document Center (BDC) wurde nach dem Ende des Zweiten Weltkrieges 1945 in Berlin errichtet, um Unterlagen aus der Zeit des Nationalsozialismus zu sammeln, die zur Vorbereitung für die Nürnberger Prozesse gegen Kriegsverbrecher benötigt wurden.

38 Erich Giebeler, Lebenslauf 23. 7. 1935, SS-Offiziers-Personal-Akten 11-A, BArch (ehem.

Außerdem leitete er nach eigenen Angaben „die weltanschauliche Schulung u. Erziehung an den SA Sportschulen im Bereich der Gruppe Berlin-Brandenburg".[39]

In Hinblick auf sein Amt als Beisitzer des höheren SS- und Polizeigerichtes wird Giebeler anführen, dass dieses Gericht mit der nationalsozialistischen Weltanschauung nichts zu tun gehabt habe, da es nur nach „den alten militärischen Grundsätzen soldatischer Sauberkeit"[40] geurteilt habe.

Persönliche Nachteile in Kauf genommen

Erich Giebeler führt zudem an, dass für ihn und seine Frau die Gefahr bestanden habe, in einem Konzentrationslager interniert zu werden, da Giebeler seiner Frau ihre antifaschistische Gesinnung und öffentliche Äußerungen darüber nicht verwehrt habe. Außerdem habe er seinen Sohn so erzogen, dass dieser jetzt Theologie studiere.

Aufgrund seiner „Bindung zur Kirche und nicht-SS-mässiger Gesinnung" habe er freiwillig auf die günstige und aussichtsreichere Stellung in der SS-Verfügungstruppe verzichtet und die „Ungnade" von „Reichsführer Himmler" auf sich genommen.

Keine persönliche Verantwortung für die NS-Verbrechen

Giebeler bestreitet, eine führende Stellung innerhalb des NS-Systems gehabt zu haben, da er keinen „selbstständigen Zuständigkeitsbereich [...] in alleiniger Verantwortung gegenüber dem Führer" innegehabt habe.

Berlin Document Center).

39 Erich Giebeler, Lebenslauf 1934, „SS-Führer-Personalakten". SS-Offiziers-Personal-Akten 11-A, BArch (ehem. Berlin Document Center).

40 Erich Giebeler, Erwiderung auf die Klageschrift 4. 1. 1948 vom 2. 12. 1947, StA Ludwigsburg, EL 903/3_Bue 1912.

Er beruft sich auf seinen christlichen Glauben und betont, „eine außerdienstliche Kenntnis" von den Verbrechen und Zielen der SS „kann man mir umso weniger zumuten, als sich dann mein Eintritt oder Verbleib in der SS nicht mit meiner christlichen Anschauung vertragen hätte".[41]

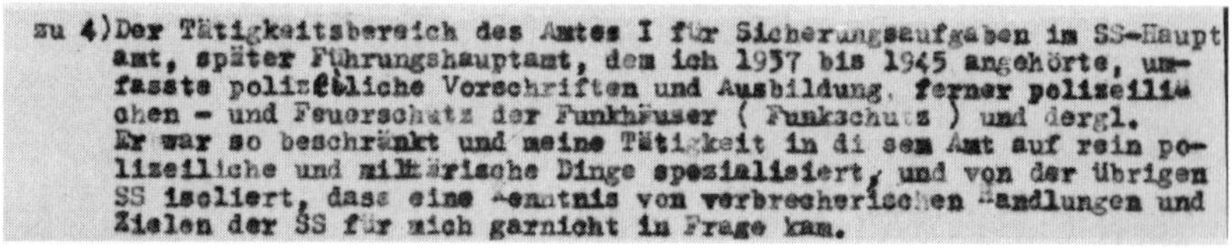
zu 4) Der Tätigkeitsbereich des Amtes I für Sicherungsaufgaben im SS-Haupt
amt, später Führungshauptamt, dem ich 1937 bis 1945 angehörte, um-
fasste polizeiliche Vorschriften und Ausbildung, ferner polizeili-
chen - und Feuerschutz der Funkhäuser (Funkschutz) und dergl.
Er war so beschränkt und meine Tätigkeit in diesem Amt auf rein po-
lizeiliche und militärische Dinge spezialisiert, und von der übrigen
SS isoliert, dass eine Kenntnis von verbrecherischen Handlungen und
Zielen der SS für mich garnicht in Frage kam.

Dokument 2: Erich Giebeler, Erwiderung auf die Klageschrift, 4. 1. 1948

Giebelers „Stellung zu Religion und Kirche" in seiner Familie habe ihn „immer wieder in Gegensatz zu den weltanschaulichen Grundsätzen der SS" gebracht.[42] In dem Fragebogen der SS-Personalkanzlei, den Giebeler 1936 ausfüllt, beantwortet er allerdings die Frage, ob er einer Konfession angehöre, mit „nein".[43] Im Lebenslauf, den er einen Tag nach seiner Internierung, im Juli 1945, schreibt, betont er dagegen, dass er „bis heute ununterbrochen der evangelischen Kirche angehören" würde.[44] Dies bestätigt gegenüber der alliierten Spruchkammer Kirchenrat Hildebrand, der am 27. Juli 1947 schreibt, dass Erich Giebeler in mehrfachen Gesprächen betont habe, „dass für ihn trotz seiner Stellung in der SS ein Austritt aus der Kirche nicht in Frage"[45] komme. Giebeler erschien es 1936 aber offenbar gegenüber der SS sinnvoller – trotz der von Hildebrand bescheinigten Kirchentreue –, seine Kirchenmitgliedschaft zu verschweigen.

41 Ebenda.

42 Ebenda.

43 Fragebogen zur Berichtigung bzw. Ergänzung der Führerkartei der SS-Personalkanzlei, 29. 9. 1936, SS-Offiziers-Personal-Akten, 11-A. BArch (ehem. Berlin Document Center).

44 Erich Giebeler, Lebenslauf, 10. 7. 1945. StA Ludwigsburg, EL 903/3 Bue 1912.

45 Hildebrand, Bescheinigung, 25. 7. 1947, StA Ludwigsburg, EL 905 Bue 1362.

Giebeler ist überzeugt, dass er während der NS-Zeit eine „in jeder Hinsicht untadelige Gesamthaltung gehabt und nachgewiesen" habe. Deshalb könne er „wohl darauf Anspruch erheben, so wie es das Gesetz zulässt, gewürdigt zu werden." Abschließend fordert er: „Ich beantrage meine Einreihung in die Gruppe IV (Mitläufer)."

In Giebelers Erwiderung auf die Klageschrift findet sich kein Wort des Bedauerns, keine Übernahme von Verantwortung als hoher Rangträger der Waffen-SS, die aufgrund ihrer Beteiligung am Holocaust, an zahlreichen Kriegsverbrechen und Verbrechen gegen die zivile Bevölkerung 1946 vom Internationalen Militärgerichtshof in Nürnberg zur verbrecherischen Organisation erklärt wurde.

Am 23. März 1948 wird Giebeler ungeachtet seiner Erwiderung von der Spruchkammer der Interniertenlager Ludwigsburg, Kammer 7 / B J / 75 / 4414,[46] als Hauptbeschuldigter aufgrund des Gesetzes Nr. 104 zur Befreiung von Nationalsozialismus und Militarismus verurteilt.

Gegen die Verurteilung als Hauptschuldiger legt Rechtsanwalt Rainer Schubert im Auftrag von Erich Giebeler am 29. April 1948 erneut Widerspruch ein.[47] Am 10. November 1948 wandelt die Berufungskammer der Interniertenlager Ludwigsburg den Spruch *Hauptschuldiger* in *Belasteter* um.[48] Als Belasteter galt u. a. „wer durch seine Stellung oder Tätigkeit die Gewaltherrschaft der NSDAP wesentlich gefördert hat". Als Begründung für die Umwandlung des Spruches Hauptschuldiger in Belasteter wird angeführt, dass Erich Giebeler als Beisitzer des höheren SS- und Polizeigerichtes nur „eine beratende, aber keine mitentscheidende Funktion"[49] ausgeübt habe. Giebeler wird für die Dauer von „2 Jahren in ein Arbeitslager eingewiesen", wobei die bereits im Internierungslager verbüßte politische Haft voll angerechnet wurde. Aber auch dieses ab-

46 Spruchkammer der Interniertenlager Ludwigsburg, Kammer 7 / B / Aktz. J / 75 / 4414, 23. 3. 1948, StA Ludwigsburg, EL 903 / 3 Bue, 1912.

47 Schubert an die Berufungskammer über Spruchkammer der Interniertenlager Ludwigsburg, 19. 4. 1948, StA Ludwigsburg, EL 905 Bue 1362.

48 Berufungskammer II der Int.-Lager Ludwigsburg, Spruch, 10. 11. 1948, StA Ludwigsburg, EL 903 / 3 Bue 1912.

49 Ebenda.

gemilderte Urteil der Spruchkammer von Hauptbeschuldigter zu Belasteter ist für Erich Giebeler nicht zu akzeptieren. Am 28. März 1951 richtet deshalb Rechtsanwalt Fritz Zeuschel im Auftrag von Erich Giebeler unter Berufung auf die Tatsache, dass „in den letzten zwei Jahren in allen Ländern West-Deutschlands Lockerungen in der Entnazifizierung eingetreten“[50] seien; erneut ein Gesuch an das Staatsministerium der Justiz Württemberg-Baden, Cassationshof [sic!] für Entnazifizierung in Stuttgart mit dem Antrag, Giebeler nicht länger als *Belasteten*, sondern nur als *Mitläufer* einzustufen und die Sühneleistungen aufzuheben.[51]

Regierungsrat Schröter, Mitarbeiter im Staatsministerium der Justiz, antwortet Zeuschel am 11. April 1951 und vermutet, dass dessen Antrag durch die Meldungen ausgelöst worden seien, nach denen der „Bundestag und die Bundesregierung den Ländern die alsbaldige Beendigung der Entnazifizierung empfehlen“.[52] Gleichzeitig mit dieser Empfehlung regt die Bundesregierung an, dass Betroffene die Möglichkeit erhalten, innerhalb einer bestimmten Frist „noch Kassationsanträge gegen schon rechtskräftig gewordene Entscheidungen“ stellen zu können. Da die entsprechende Widerspruchsfrist in Württemberg-Baden bereits abgelaufen sei, könne die Aufhebung der Sühnemaßnahmen nur auf dem Gnadenwege erfolgen.

Das Innenministerium Württemberg-Baden, das mit dem Gnadengesuch befasst war, teilt am 26. April 1951 Erich Giebeler mit, dass „die noch wirksamen Sühnemaßnahmen […] mit dem 1. 5. 1951 aufgehoben“ werden.[53]

Nachdem er am 9. April 1948 aus dem Internierungslager entlassen worden war, lebt Erich Giebeler bis zu seinem Tod am 18. September 1953,[54] einen Tag nach dessen 59. Geburtstag, in einem „Flüchtlingsaltersheim“ in Rothenburg ob

50 Ebenda.

51 Fritz Zeuschel, Gesuch des Erich Giebeler, 28. 3. 1951, StA Ludwigsburg, EL 903 / 3 Bue, 1912.

52 Schröter an Zeuschel, 11. 4. 1951, StA Ludwigsburg, EL 903 / 3 Bue, 1912.

53 Innenministerium Württemberg-Baden an Erich Giebeler, 24. 4. 1951, StA Ludwigsburg, EL 903 / 3 Bue, 1912.

54 Oberfinanzdirektion Nürnberg, Zweigstelle Ansbach, 16. 1. 1954, StA Ludwigsburg, EL 903 / 3 Bue, 1912.

der Tauber. Erich Giebeler kehrte nach seiner Entlassung nicht zu seiner Ehefrau und seiner Tochter nach Berlin-Lichterfelde zurück, die dort in ihrer elterlichen bzw. großelterlichen Villa wohnten.

Für Sohn Eckart war der Kontakt zu seinem Vater aus politischen Gründen ab Februar 1953 verboten, da er sich mit Eintritt in den Dienst der Deutschen Volkspolizei am 6. Februar 1953 verpflichten musste, keinerlei Westkontakte[55] zu pflegen.

Erich Giebeler wurde – trotz der Trennung von seiner Familie – in Berlin-Lichterfelde im Familiengrab beigesetzt. Um an der Beerdigung seines Vaters teilnehmen zu können, braucht Eckart Giebeler die Genehmigung von Generalmajor August Mayer, Leiter der Verwaltung Strafvollzug (VSV). Mayer erteilt ihm für diese Westreise die Genehmigung, sodass der Sohn sich vom Vater an dessen Grab verabschieden kann, der auf eigenen Wunsch ohne Ansprache beigesetzt wird.

1989 erwähnt Eckart Giebeler noch einmal seinen Vater gegenüber seinem MfS-Führungsoffizier, dem er besorgt berichtet, dass sich der ehemalige Leiter der Abteilung Kirchenfragen beim Rat des Bezirkes Potsdam als Rentner mit der jüngeren Geschichte beschäftige. In diesem Zusammenhang habe sich der Parteifunktionär einen „ganzen Packen Geheimpapiere", die vernichtet werden sollten, „an Land gezogen". In diesen Papieren sei auch ein Hinweis auf eine Westreise Eckart Giebelers im Jahr 1952 aufgetaucht, worüber der Hobbyforscher ihn nebenbei informiert habe. Darüber sei Giebeler sehr irritiert, da er davon ausgegangen war, dass diese Berichte vernichtet worden seien. Giebeler war 1952 im Auftrag des Bezirksausschusses der Nationalen Front[56] mit dem

55 Eckart Giebeler schreibt: „Eigentlich hätte ich schon den Brief mit der Todesnachricht ungeöffnet zurücksenden müssen – kam er doch aus dem Westen." Giebeler, Der gefährliche Balanceakt, S. 45.

56 Die Nationale Front (NF) wurde am 7. 10. 1949 als Nationale Front des Demokratischen Deutschland gegründet und 1973 in Nationale Front der DDR umbenannt. Die NF umfasste unter Führung der SED im Sinne ihrer Blockpolitik alle politischen Parteien und Massenorganisationen der DDR. Darüber hinaus konnten alle gesellschaftlichen Vereinigungen mitarbeiten. Ziel der NF war es, auf möglichst breiter Basis die Bevölkerung politisch zu erfassen und im Sinne der SED zu lenken, u. a. durch Mobilisierung

Auftrag in die BRD gereist, „‚Agitation gegen die Remilitarisierung Westdeutschlands' zu betreiben".[57] Er traf sich auf dieser Reise auch mit Genossen der KPD. Offiziell war der Auftrag als Privatreise zu seinem Vater deklariert, erklärt Giebeler seinem MfS-Führungsoffizier (FO) Thoß. Ob Eckart Giebeler 1952 nur in politischer Mission in Westdeutschland unterwegs war oder ob er auch tatsächlich seinen Vater besucht hat, ist nicht bekannt, auch nicht, ob der Sohn mit dem Vater über dessen NS-Vergangenheit gesprochen und welche Fragen er ihm möglicherweise gestellt oder nur im eigenen Herzen bewegt hat.

Eckart Giebeler entschied sich – obwohl Mutter und Schwester in Westberlin lebten –, am Ostberliner Paulinum eine Predigerausbildung zu beginnen, und bleibt nach deren Beendigung und auch nach der Gründung der DDR 1949 im Osten Deutschlands. Giebelers spätere Äußerungen über die DDR lassen darauf schließen, dass diese Entscheidung keine zufällige, sondern eine bewusste war. Offenbar glaubte Giebeler, dass seine Hoffnung auf einen demokratischen Neuanfang in Deutschland eher in der DDR als in der Bundesrepublik verwirklicht werden konnte, was durchaus dem antifaschistischen Gründungsmythos der DDR entsprach.

staatsbürgerlicher Aktivitäten. Vgl. Brigitte Fischer, Nationalrat der Nationalen Front der DDR, in: Stiftung Archiv der Parteien und Massenorganisationen der DDR im Bundesarchiv, Berlin April 2019, http://www.argus.bstu.bundesarchiv.de/dy6/index.htm [9.10.2019].

57 FO Thoß, Treffbericht 26.10.1989, IM „Roland", Betr.: „Alte" Berichte, 23.10.1989, BStU, MfS, BVfS Potsdam, Abt. VII Nr. 5, Teil II, Bd. 15, Bl. 156.

3. Schattenwege – Eckart Giebeler wird Gefängnispfarrer

Nach der Entlassung aus der Kriegsgefangenschaft beginnt Eckart Giebeler im September 1946 zunächst an der Kirchlichen Hochschule Berlin-Zehlendorf ein Theologiestudium, was er ab 1947 an der Predigerschule Paulinum in Ostberlin fortsetzt. Das Paulinum war 1946 auf Initiative des Direktors der Berliner Stadtmission, Pfarrer Hans Dannenbaum, gegründet worden, um jungen Männern auf dem zweiten Bildungsweg die Möglichkeit zu eröffnen, sich mit einer zweijährigen Ausbildung für den Dienst als Seelsorger und Prediger zu qualifizieren.

Nach Abschluss seiner zweijährigen Predigerausbildung im August 1949 soll Giebeler bei zwei erfahrenen Theologen praktisch-theologische Erfahrungen sammeln. Giebeler wird deshalb vom Evangelischen Konsistorium der Berlin-Brandenburger Kirche ab dem 1. Oktober 1949 „als geistliche Hilfskraft mit der Unterstützung des Herrn Superintendenten a. D. Dr. Lemcke in Plaue beauftragt“.[1] Außerdem teilt das Konsistorium dem Justizministerium des Landes Brandenburg am 23. Juli 1949 mit, dass die Gefängnisseelsorge am Zuchthaus Brandenburg und am Jugendgefängnis Plauer Hof von Pfarrer Werner Marienfeld wahrgenommen werden soll. Zu seiner Unterstützung soll der „noch in der praktischen Ausbildung befindliche Prediger Giebeler beauftragt werden“.[2]

Giebeler hatte somit zwei Vikariatsstellen. Zum einen sollte er bei Superintendent Lemcke den praktischen Alltag einer Kirchengemeinde kennenlernen, zum anderen den nebenamtlichen Gefängnispfarrer Marienfeld unterstützen. Letzterer war über seinen Vikar wahrscheinlich ebenso wenig glücklich wie Giebeler über seinen Mentor. Marienfeld gab Giebeler keine Möglichkeiten, allein mit den Gefangenen zu sprechen, und gestattete auch nicht, dass Giebeler bei seinen seelsorgerischen Gesprächen hospitierte.

1 von Arnim, Schreiben an Diakon Giebeler, 20.9.1949, ELAB, 15/1988.

2 Scharf, Schreiben an den Justizminister der Landesregierung Brandenburg, 23.7.1949, ELAB, 35/409.

Giebeler wird sich später erinnern, dass es ihm „wehgetan“ habe, dass Marienfeld ihn von dem Dienst, der ihm am meisten am Herzen lag, zurückhielt.[3] Möglicherweise war Giebeler über dieses Verhalten so verletzt, dass er 1960 den 1953 in die Bundesrepublik geflohenen Pfarrer Marienfeld gegenüber dem MfS dafür verantwortlich macht, dass es in Brandenburg „feindlich-negative“ kirchliche Bewegungen gebe.[4] Die Zusammenarbeit von Pfarrer Marienfeld und Vikar Giebeler sollte allerdings nur wenige Wochen andauern, da Marienfeld der Zutritt zu den von ihm betreuten Haftanstalten vom DDR-Innenministerium von einem Tag auf den anderen verwehrt wurde. Marienfeld, Pfarrer der Bekennenden Kirche in der NS-Zeit, hatte aus alten Gemeindebeständen kirchliche Verteilblätter, in denen Gebete für das „Heil des Führers“ abgedruckt waren, unbedacht an Gefangene verteilt. Dies musste zu einem Konflikt mit der Brandenburger Gefängnisleitung führen, die Marienfeld sofort die Zulassung als nebenamtlicher Seelsorger entzog. Von der Staatsanwaltschaft Neuruppin wurde in diesem Zusammenhang gegen Marienfeld ein Verfahren wegen der „Verbreitung von Schriften mit nazistischem Inhalt“ eröffnet.[5]

Deshalb wird am 1. Mai 1950,[6] acht Monate nachdem Giebeler seine praktisch-theologische Ausbildung bei Superintendent Lemcke und Gefängnispfarrer Marienfeld begonnen hatte, die ihn betreffende Dienstverfügung durch das Berlin-Brandenburger Konsistorium geändert. Der unerfahrene Hilfsgeistliche wird nun vom Konsistorium beauftragt, ab sofort „in erster Linie den seelsorgerlichen Dienst an der Vollzugsanstalt Brandenburg-Görden, am Jugendgefängnis Plauer Hof und am Frauengefängnis Heidekrug zu versehen, erst in zweiter Linie steht er für den Dienst als geistliche Hilfskraft in der Gemeinde Plaue / H. zur Verfügung“.[7] Giebelers Gemeindevikariat bei Superintendent Lemcke wird somit zugunsten der Seelsorge in den beiden Haftanstalten quasi beendet und die Landeskirche beauftragt, den noch in der Ausbildung be-

3 Eckart Giebeler, Hinter verschlossenen Türen: Vierzig Jahre als Gefängnisseelsorger in der DDR, Wuppertal / Zürich 1992, S. 15.

4 Vgl. Kapitel 6.4.

5 Das Verfahren wird am 20. 3. 1950 eingestellt. ELAB, 35 / 409.

6 Giebeler, Hinter verschlossenen Türen, S. 30.

7 Ev. Kons., Schreiben an Prediger Eckart Giebeler, 15. 6. 1950, ELAB, 15 / 1988.

findlichen, nicht ordinierten fünfundzwanzigjährigen Hilfsgeistlichen Giebeler ohne eine eigene theologische und geistliche Begleitung mit der hoch komplizierten und ebenso komplexen Aufgabe der Gefängnisseelsorge in einer der größten, völlig überbelegten Haftanstalten der DDR in Brandenburg-Görden zu betrauen. Gefängnisseelsorge im Allgemeinen erfordert aufgrund der speziellen Umstände, unter denen sie vollzogen wird, auch unter rechtsstaatlichen Bedingungen besondere seelsorgerliche und psychologische Kompetenzen, ein umfangreiches theologisches Wissen und darüber hinaus persönliche wie charakterliche Stärken. Diese ohnehin schon sehr herausfordernde Aufgabe der Gefängnisseelsorge im Allgemeinen stellte sich im Besonderen unter den DDR-Bedingungen als noch wesentlich schwieriger dar.

Das Brandenburger Gefängnis verfügte damals über rund 1900 Haftplätze, zeitweise waren allerdings über 3000 Personen in Brandenburg inhaftiert,[8] die u. a. unter schlechter, nicht ausreichender Verpflegung, Rechtsunsicherheit und Rechtsbeugung, brutaler Gewalt und mangelnder medizinischer Versorgung litten. Unter den Gefangenen waren über 400 durch das Sowjetische Militärtribunal (SMT) Verurteilte, das neben NS- und Kriegsverbrechern zunehmend auch die politischen Gegner des Besatzungsregimes verfolgte. Die Verfahren der SMT berücksichtigten keine rechtsstaatlichen Grundsätze und ließen somit auch keine Strafverteidiger zu. Sie folgten dem stalinistischen Rechtsverständnis, nachdem das politische Interesse an einer Verurteilung schwerer wiegt als eine nachgewiesene Straftat. Bei den SMT-Verfahren ging es weniger um die Herstellung des Rechts im Nachkriegsdeutschland, als um die Verfolgung politischer Gegner, die u. a. wegen angeblicher antisowjetischer Hetze und Mitgliedschaften in antisowjetischen Gruppen oder Organisationen verurteilt wurden.

In dieser spannungsgeladenen Gefängnisatmosphäre wird Giebeler am 7. April 1950, noch bevor er sein Vikariat abgeschlossen und das Zweite Theologische Examen abgelegt hat, durch den Potsdamer Generalsuperintendenten Walter Braun als Gefängnisseelsorger in der Haftanstalt Brandenburg-Gör-

8 Vgl. Leonore Ansorg, Politische Häftlinge im Strafvollzug der DDR. Die Strafvollzugsanstalt Brandenburg, Berlin 2005, S. 58.

den eingeführt, was für Giebeler „ein bleibendes Erlebnis" war.[9] Allerdings bemängelt Giebeler, dass Braun seine „Amtseinführung schließlich nur am Rande seiner Ausführungen"[10] erwähnt habe.

Giebeler besteht nach seinem elfmonatigen Vikariat am 18. August 1950 sein Zweites Theologisches Examen am Paulinum.[11] Eigentlich wäre nach der ohnehin sehr verkürzten theologischen Ausbildung am Paulinum eine zweijährige Hilfsdienstzeit zu leisten gewesen. Diese Ansicht vertritt auch das Evangelische Konsistorium Berlin-Brandenburg, wie eine Aktennotiz vom 22. März 1951 belegt: „Nach § 10 der vorläufigen Ordnung für das Amt des Predigers vom 16. 5. 1950 hätte er [Giebeler] jetzt eine zweijährige pfarramtliche Hilfsdienstzeit zu leisten. Er ist mit der Verfügung vom 20. 9. 1949 mit der Unterstützung des Superintendenten Lemcke in Plaue Kkr. Brandenburg beauftragt. Dieser Auftrag ist durch VFg. vom 15. 6. 1950 insoweit abgeändert worden, als G. insbesondere die Seelsorge an den Haftanstalten (Vollzugsanstalt Brandenburg-Görden) zu versehen hat."[12]

Warum die Hilfspredigerzeit von Eckart Giebeler auf elf Monate verkürzt wurde, kann nicht mit Sicherheit beantwortet werden. War die Kirche froh, dass Giebeler – nachdem Marienfeld nicht mehr die Haftanstalten betreten durfte – von der Gefängnisverwaltung zumindest geduldet, die Seelsorge im Gefängnis Brandenburg-Görden übernommen hatte? Wollte die Kirche die fragile Konstruktion der Gefängnisseelsorge, die zumindest Pfarrern nebenamtlich erlaubte, Seelsorge in den Gefängnissen anzubieten, nicht mit einer neuen Personalie für das Gefängnis Brandenburg-Görden belasten? Bereits hier, ganz zu Beginn von Giebelers Tätigkeit, zeigt sich die ambivalente Haltung der Evangelischen Kirche gegenüber ihrem Pfarrer.

Nachdem Giebeler im April 1950 als Gefängnisseelsorger in sein Amt eingeführt worden war und im August 1950 seine theologische Ausbildung abgeschlossen hatte, hätte nach dem kirchlichen Ausbildungsweg nun die Ordina-

9 Giebeler, Hinter verschlossenen Türen, S. 30.

10 Ebenda, S. 31.

11 Personalakte Eckart Giebeler, ELAB, 15 / 1988.

12 Ev. Konsistorium, Aktennotiz 22. 3. 1951, ELAB, 15 / 1988.

tion folgen müssen, womit die kirchliche Beauftragung zum öffentlichen Dienst an Wort und Sakrament und zur damit verbundenen Seelsorge verbunden ist. Für Giebeler ist die Ordination „das wichtigste Ereignis im Berufsleben eines Theologen. […] Mit ihr erhält er die Rechte des geistlichen Standes. Durch ein Gelöbnis verpflichtet er sich, die reine Lehre der Kirche zu verkündigen und über das, was in der Seelsorge anvertraut wird, zu schweigen."[13]

Während die Landeskirche offenbar Giebelers Verkürzung des praktischen Ausbildungsweges von zwei Jahren auf elf Monate zugestimmt hat, tut sie sich mit der Ordination nun schwer, da gegen eine solche in die Gefängnisseelsorge-Pfarrstelle Brandenburg-Görden sowohl theologische als auch kirchenrechtliche Bedenken sprechen. Auf die reguläre Pfarrstelle im Gefängnis Brandenburg kann nur ein Volltheologe mit einem entsprechenden Hochschulstudium, Vikariat und Examen berufen werden. Giebeler kann mit seiner *Predigerausbildung* deshalb nur in eine *Predigerstelle* ordiniert werden. Die Angelegenheit zieht sich hin, das Konsistorium entscheidet nicht. Giebeler ist nun Gefängnisseelsorger ohne Ordination. Gerade diese aber wäre in seinem Amt unverzichtbar, da zentraler Bestandteil der Ordination die Verpflichtung auf das Seelsorge- und Beichtgeheimnis ist. Menschen, die sich an einen Pfarrer oder eine Pfarrerin wenden, müssen auf das Beichtgeheimnis vertrauen können. Der Pfarrer wiederum ist durch das Beichtgeheimnis gegenüber Ansprüchen anderer geschützt.

Laut Kirchenrecht gehören die Wahrung des Beichtgeheimnisses und die seelsorgerliche Verschwiegenheit zu den Amtspflichten eines Pfarrers. Selbst wenn „ein staatliches Gericht oder eine Behörde eine Aussage erzwingen wollte, müsste der Pfarrer entsprechende Zwangsmaßnahmen, etwa eine Beugehaft, nach dem Kirchenrecht erdulden und dürfte das Beicht- oder Seelsorgegeheimnis nicht brechen".[14] Auch in der DDR war das Beichtgeheimnis durch die Strafprozessordnung geschützt, in der festgelegt war, dass Geistliche über das, was

13 Giebeler, Hinter verschlossenen Türen, S. 30.

14 Hans Ulrich Anke/Heinrich de Wall/Hans Michael Heinig (Hrsg.), Handbuch des evangelischen Kirchenrechts, Tübingen 2016, S. 250.

ihnen bei der Ausübung der Seelsorge anvertraut worden oder bekannt geworden ist, berechtigt sind, die Aussage in einem Strafprozess zu verweigern.

Es wäre also im Interesse der Gefangenen, Giebelers und der Kirche gewesen, ihn entweder in diese Pfarrstelle zu ordinieren oder diese mit einem erfahrenen Volltheologen zu besetzen. Präses Kurt Scharf[15] notiert am 18. April 1951, dass „eine Ordination des Praktikanten Giebeler zur Zeit nicht erfolgen [kann], da die Ordination der Prediger nur pro loco in eine Prediger-Planstelle erfolgen soll, die Gefängnis-Seelsorgestelle am Zuchthaus Brandenburg-Görden aber eine volle Pfarrstelle bleiben muß".[16] Hier stellt sich die Frage, warum Kurt Scharf dann nicht darauf besteht, dass die Stelle mit einem Voll-Theologen besetzt wird, zumal Scharf Giebeler nicht als Prediger, sondern nur als Praktikanten bezeichnet.

Ähnlich wie Kurt Scharf argumentiert ein Jahr später auch Horst Fichtner, der bei der Evangelischen Kirche in Deutschland (EKD) für die Sonderseelsorge verantwortliche Theologe. Er schreibt am 8. Juli 1952 an Scharf: „nach der Ordnung der politischen Verhältnisse wird Prediger Giebeler, meiner Überzeugung nach, einem älteren, und in der Strafanstaltsseelsorge wohlerfahrenen Volltheologen Platz machen müssen. Ich spreche mich *gegen die feste Anstellung Giebelers* in Brandenburg aus."[17] Handschriftlich ist auf diesem Vermerk notiert: „Hauskonferenz hat beschlossen: Keine feste Anstellung deshalb auch keine Ordination."

15 Kurt Scharf (1902–1990), Theologe, 1945 im Zuge der kirchlichen Neu- und Umordnung Berufung zum Propst und Leiter der Abteilung Brandenburg im Berliner Evangelischen Konsistorium. Von 1957 bis 1960 Vorsitzender des Rates der Evangelischen Kirche der Union (EKU), von 1961 bis 1967 Vorsitzender des Rates der Evangelischen Kirche in Deutschland (EKD), von 1966 bis 1976 war er als Nachfolger von Otto Dibelius gewählter Bischof der Evangelischen Kirche in Berlin-Brandenburg, seit dem Mauerbau 1961 allerdings in seinem Aufgaben- und Einflussbereich auf West-Berlin beschränkt.

16 Scharf, Aktenvermerk, 18.4.1951, ELAB, 15/1988.

17 Fichtner, Schreiben an Scharf, 8.7.1952, ELAB, 15/1988. Hervorhebung durch die Verf.

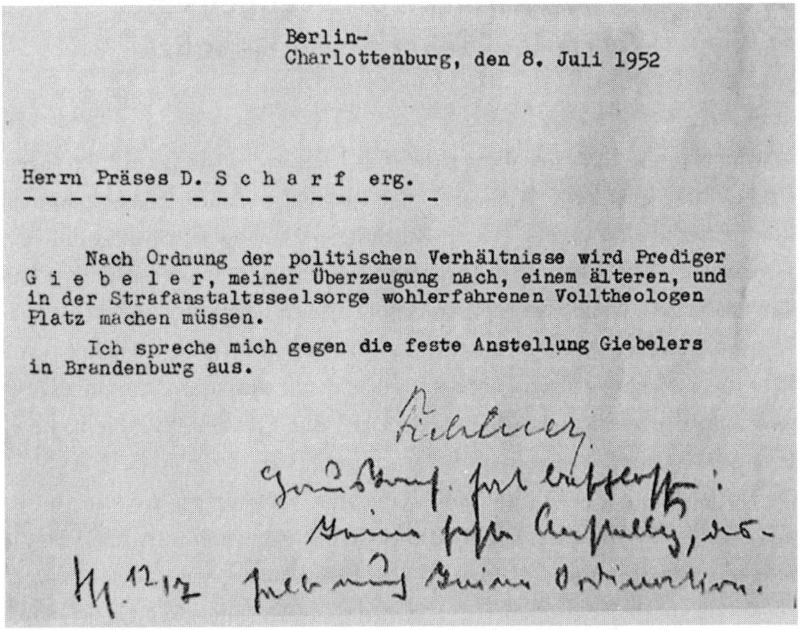
Berlin-
Charlottenburg, den 8. Juli 1952

Herrn Präses D. S c h a r f erg.

Nach Ordnung der politischen Verhältnisse wird Prediger G i e b e l e r, meiner Überzeugung nach, einem älteren, und in der Strafanstaltsseelsorge wohlerfahrenen Volltheologen Platz machen müssen.

Ich spreche mich gegen die feste Anstellung Giebelers in Brandenburg aus.

Dokument 3: Horst Fichtner an Kurt Scharf, 8. 7. 1952

Nach diesen beiden Voten von kirchenleitenden Personen bleibt es deshalb völlig unverständlich, warum daraus keine Konsequenzen hinsichtlich der Besetzung der Gefängnispfarrstelle in Brandenburg gezogen worden sind.

4. Schattenrand – als evangelischer Pfarrer im Dienst der Volkspolizei

Unabhängig von der Frage, ob der Diakon,[1] Praktikant,[2] Prediger-Praktikant,[3] geistliche Hilfskraft[4] oder Pfarrer[5] Giebeler ordiniert werden konnte, stand eine grundsätzliche Regelung der Gefängnisseelsorge auf dem Gebiet der DDR Anfang der 1950er-Jahre noch aus. Zwar hatten sich die Kirchen bereits seit dem Kriegsende 1945 in Gesprächen mit der Sowjetischen Militäradministration (SMAD) darum bemüht, zu einer verbindlichen Vereinbarung über die Gefängnisseelsorge auf dem Gebiet der Sowjetischen Besatzungszone zu kommen, doch bis zur Gründung der DDR am 7. Oktober 1949 war die Regelung der Gefängnisseelsorge immer noch ungeklärt.

Nach dem Ende des Krieges gab es einerseits Bemühungen, den Strafvollzug zu reformieren und andererseits zu einer Regelung zu kommen, nach der die Kirchen eine von ihnen verantwortete Seelsorge aufbauen wollten.

Da sich nach der Gründung der DDR auch die Zuständigkeit für den Strafvollzug innerhalb der Regierung änderte, musste die Kirche diese Frage nun statt mit der Justizverwaltung mit den neuen Partnern des Ministeriums des Innern verhandeln. Waren bis 1949 die Angelegenheiten des Strafvollzuges der Justizverwaltung unterstellt, wurden sie 1950 dem Ministerium des Innern übertragen. Am 16. November 1950 wurde in der „Verordnung zur Übertragung der Geschäfte des Strafvollzuges auf das Ministerium des Innern der DDR“[6] festgelegt, dass „die Durchführung des Strafvollzuges und die Verwaltung

1 von Arnim, Schreiben an Herrn Diakon Giebeler, 20.9.1949, ELAB, 15/1988.

2 Scharf, Aktenvermerk, 18.4.1951, ELAB, 15/1988.

3 Ebenda.

4 von Arnim, Schreiben an Herrn Diakon Giebeler, 20.9.1949, ELAB, 15/1988.

5 Evangelische Kirche in Deutschland, Kirchenkanzlei an Evangelisches Konsistorium, 9.3.1953, ELAB, 35/584.

6 Verordnung zur Übertragung der Geschäfte des Strafvollzuges auf das Ministerium des Innern der Deutschen Demokratischen Republik vom 16. November 1950, in: GBl. der DDR, Nr. 133, S. 1165.

der Angelegenheiten des Strafvollzugs, insbesondere die Verwaltung sämtlicher Strafvollzugsanstalten, [...] Sache der Republik" sind. Der Strafvollzug wurde somit durch die Eingliederung in das Ministerium des Innern und in die Struktur der Polizei Bestandteil eines Sicherheitsorgans mit militärischer Prägung. Die Angehörigen des Strafvollzuges wurden deshalb mit militärischen Dienstgraden versehen und trugen die entsprechenden Uniformen.

Die Kirche wurde in den Gesprächen mit dem Staat über die zukünftige Gestaltung der Gefängnisseelsorge vom Bevollmächtigten der Evangelischen Kirche bei der Deutschen Demokratischen Republik, Propst Heinrich Grüber, vertreten.

Neben der Kirche hatte aber auch der Staat ein Interesse daran, die Seelsorge in den Gefängnissen zu organisieren, allerdings unter seiner Kontrolle. Bereits seit 1950 arbeitete Pfarrer Hans-Joachim Mund als Gefängnisseelsorger im Dienst der Deutschen Volkspolizei, zuständig für das Gefängnis Bautzen I.[7] Die Anstellung eines hauptamtlichen Gefängnisseelsorgers durch die Behörde, der die Strafanstalten unterstehen, war in der Geschichte der Gefängnisseelsorge durchaus üblich. Die Kirche benannte allerdings zuerst die Pfarrer, bevor diese dann – nach staatlicher Prüfung – in den Staatsdienst und die entsprechende Besoldung übernommen wurden, sodass die Seelsorger „zugleich in einem staatlichen und einem kirchlichen Dienstverhältnis" standen.[8]

Auch für die Haftanstalt Brandenburg-Görden plant die Volkspolizei bereits 1950 einen dem Staat genehmen weiteren hauptamtlichen Seelsorger einzustellen, allerdings ohne Rücksprache mit der Kirche. Der Beauftragte der katholischen Kirche bei der Regierung der DDR, Bischof Heinrich Wienken, erfährt über den im Gefängnis Brandenburg tätigen katholischen Priester „dass der dor-

7 Die Strafvollzugsanstalt Bautzen I, wegen der Farbe seiner Ziegel auch bekannt als „Gelbes Elend", unterstand von 1950 bis 1989 dem MdI der DDR, Bautzen II hingegen, das offiziell auch in den Zuständigkeitsbereich des MdI der DDR gehörte, war jedoch von 1956 bis 1989 ein Gefängnis des Ministeriums für Staatssicherheit. Zu den Inhaftierten gehörten politische Gegner der SED-Führungsspitze, straffällig gewordene Funktionäre und frühere MfS-Angehörige sowie Ausländer, denen Spionage oder Fluchthilfe vorgeworfen wurde.

8 Anke / de Wall / Heinig (Hrsg.), Handbuch des evangelischen Kirchenrechts, S. 675.

tige Kommandeur der Volkspolizei erklärt habe, es sei geplant, einen hauptamtlichen Polizeipfarrer anzustellen und dass für die evangelische Kirche bereits eine Persönlichkeit in Aussicht genommen sei".[9] Es ist also die Volkspolizei, die *für* die evangelische Gefängnisseelsorge einen Pfarrer auswählt und nicht zuerst die Kirche konsultiert, damit diese einen aus ihrer Sicht geeigneten Theologen benennt. Als Namen für die hauptamtliche Gefängnisseelsorge wurden vom MdI die Pfarrer Dressler[10] und Giebeler genannt.[11]

Anders als Hans-Joachim Mund, der von der Deutschen Volkspolizei angestellt wurde, soll nun das Ministerium des Innern Anstellungsträger der beiden neuen hauptamtlichen Seelsorger werden. Dies hatte zum einen schlicht finanzielle Gründe, da die Hauptverwaltung der Deutschen Volkspolizei für zwei zusätzliche Seelsorger „im Haushaltsplan keine Mittel vorgesehen"[12] hatte, zum anderen stand hinter einer Anstellungskonstruktion beim MdI auch politisches Kalkül. Der Chef der Deutschen Volkspolizei und stellvertretende Innenminister der DDR, Karl Maron, hoffte, dass mit der Anstellung der beiden Seelsorger durch das Innenministerium statt durch die Volkspolizei ein Vorteil in der öffentlichen Wahrnehmung verbunden sein würde, denn dann könnten „die Pfarrer in der Öffentlichkeit nicht als VP-Angehörige bezeichnet werden".[13] Außerdem wäre mit einer Anstellung beim MdI ein weiterer Vorteil für den Staat verbunden, da die Seelsorger „stärker in die Belange des Staates eingebunden werden" könnten. Allerdings würden die Pfarrer Dressler und Giebeler „gleichfalls dienstaufsichtsmäßig der HVDVP unterstehen".[14] Einerseits soll durch die Anstellung durch das MdI und nicht durch die Polizei in der Öffentlichkeit der Eindruck vermieden werden, die Seelsorger seien Polizeiangestellte,

9 Heinrich Wienken an MdI der DDR, Seelsorge in den Strafanstalten, 9. 10. 1950, BArch DO 4/2069, Bl. 101.

10 Statt Pfarrer Dressler, dem später eine zu große Nähe zum NS-Regime vorgeworfen wird, stellt das MdI 1953 Pfarrer Heinz Bluhm ein.

11 Karl Maron an MdI, Staatssekretär Warnke, Seelsorge in den Strafvollzugsanstalten, 26. 5. 1951, BArch DO/4 2069.

12 Ebenda.

13 Ebenda.

14 Ebenda.

andererseits könne durch die Anstellung beim Ministerium des Innern eine noch engere Bindung *an* den Staat und *durch* den Staat erfolgen. Giebeler, seit 1949 im Gefängnis Brandenburg tätig, hat sich offenbar das Vertrauen der staatlichen Stellen erworben, sodass bereits im April 1951 der Ministerpräsident des Landes Brandenburg, Rudolf Jahn, dem DDR-Innenminister, Karl Steinhoff, vorschlägt, Giebeler als „Seelsorger in der Vollzugsanstalt Brandenburg-Görden zu berufen".[15] Giebeler und nun Pfarrer Bluhm, statt Dressler, erhalten bei ihren Bemühungen, in den Staatsdienst übernommen zu werden, Unterstützung von Gerhard Kehnscherper, einem Pfarrerkollegen[16] und Mitglied des Nationalrates der Nationalen Front der DDR. Im Dezember 1951[17] beklagt sich Kehnscherper gegenüber dem Nationalrat darüber, dass die „fortschrittlichen Pfarrer Giebeler und Bluhm" immer noch auf ihre Bestätigung durch das MdI warteten. Kehnscherper vermutet, „dass bestimmte Männer aus der westberliner Kirchenleitung ein allergrößtes Interesse daran haben, dass diese Pfarrer vom Innenministerium nicht bestätigt werden".[18] Im „Interesse unserer Friedensfreunde Giebeler und Blum [sic!]" fordert Kehnscherper, dass sie „baldmöglichst in ihrem Amt bestätigt werden".[19]

Giebeler war in diese Überlegungen des Staates, ihn als hauptamtlichen Seelsorger anzustellen, eingebunden bzw. hat sich möglicherweise selbst für eine solche Stelle ins Gespräch gebracht. Dafür spricht, dass Giebeler 1952, ein Jahr nach Ministerpräsident Jahns Vorschlag an Innenminister Steinhoff vom April 1951, als immer noch keine Entscheidung über die hauptamtliche Anstellung der beiden Gefängnisseelsorger gefallen ist, in eigener Sache aktiv wird.

15 Jahn, Schreiben an Innenministerium, Besetzung der Seelsorgestelle, 18.1.1952, BArch DO 4/2069, Bl. 42.

16 Kehnscherper war ab 1950 ernanntes Mitglied des Nationalrats der Nationalen Front (DDR). Wegen einer Reihe von Artikeln, in denen er westdeutsche Kirchenvertreter scharf im Sinne der Kirchenpolitik der SED angriff, eröffnete die Evangelische Kirche Berlin-Brandenburg gegen ihn 1953 ein Disziplinarverfahren, das mit seiner Entfernung aus dem Pfarrdienst und dem Verlust der Ordinationsrechte endet.

17 Kehnscherper, Schreiben an den Vorsitzenden des Nationalrates, Wilhelm Koenen, Dez. 1951, BArch DO 4/2069.

18 Ebenda.

19 Ebenda.

Er wendet sich am 27. April 1952 an den Referenten für Kirchenfragen bei der Regierung des Landes Brandenburg, Klein, und bittet ihn, auf den Ministerpräsidenten des Landes Brandenburg, Jahn, einzuwirken, damit dieser sich

DER MINISTERPRÄSIDENT
DES LANDES BRANDENBURG

Potsdam, d. 6.5.52

An das
Ministerium des Innern
der Deutschen Demokratischen Republik
Herrn Staatssekretär Warnke
Berlin W 8
Glinkastr.

Betr. Besetzung der Seelsorgestelle an der Vollzugsanstalt Brandenburg-Görden
Bez. Ihr Schreiben vom 18.2.52, G.Z. III/1437/3

Unter Bezugnahme auf Ihr o.a. Schreiben möchte ich Ihnen nachstehend ein Schreiben des Pfarrers Eckart Giebeler aus Brandenburg/Havel vom 27.4.52 an meinen Referenten für Kirchenfragen zur Kenntnis geben.
In dem Schreiben heißt es:

> Ob Sie nicht den Ministerpräsidenten bitten können, sich noch einmal für den beschleunigten Abschluß der Verhandlungen über die Religionsausübung an den Strafanstalten Brandenburg und Luckau einzusetzen?
> Es scheint mir nun ganz offensichtlich zu sein, daß irgend jemand - vielleicht auf Geheiß Propst Grübers - immer wieder mit Erfolg bemüht ist, die Angelegenheit zu verschleppen. Es muß doch aber einen Weg geben, solche Hindernisse auszuschalten, evt. über das ZK der SED. Sie werden verstehen, wenn wir über die monatelange unnötige Herauszögerung unserer Beauftragung etwas ungehalten sind. Ich verstehe auch nicht, daß die Hauptverwaltung Grüber immer noch gestattet, in der Strafanstalt Brandenburg-Görden Gottesdienste abzuhalten, obgleich er West-Berliner ist und durch sein Verhalten hier gezeigt hat, was er mit seinen Besuchen beabsichtigt.

Ich bitte um Ihre Stellungnahme.

R. Jahn
(R. Jahn)

Dokument 4: Ministerpräsident des Landes Brandenburg, Rudolf Jahn, an den Staatssekretär im MdI, Warnke, 6. 5. 1952

„für den beschleunigten Abschluß der Verhandlungen über die Religionsausübung an den Strafanstalten Brandenburg und Luckau“[20] einsetze. Giebeler vermutet, dass die Verhandlungen bewusst immer wieder verzögert würden, und spekuliert darüber, ob dieses möglicherweise auf „Geheiß Propst Grübers“ geschehe. Ausgerechnet Heinrich Grüber, den Giebeler später in seinen Erinnerungen mehrfach als sein „Vorbild und seinen väterlichen Freund“[21] bezeichnen wird, misstraut er und bemängelt zudem gegenüber Klein, dass es Grüber „immer noch gestattet [wird], Gottesdienste in der StVE Brandenburg abzuhalten, obgleich er West-Berliner ist und durch sein Verhalten hier gezeigt hat, was er mit seinen Besuchen beabsichtigt“.[22]

Giebeler versucht also einerseits, seine staatliche Anstellung zu forcieren, und andererseits, die Position von Propst Heinrich Grüber zu untergraben. Während Letzterer versucht, mit den staatlichen Stellen die Gefängnisseelsorge in der DDR zu regeln, gibt es längst die Absicht des Staates mit Kenntnis von Giebeler, die Gefängnisseelsorge im Interesse des Staates zu regeln. In seiner Autobiografie wird Giebeler dieses Verfahren anders darstellen. Heinrich Grüber habe ihn im Herbst 1952 gefragt, ob er hauptamtlicher Gefängnisseelsorger werden wolle. Diese Frage habe ihn „wie ein Blitz aus heiterem Himmel“[23] getroffen. Auch habe Grüber ihn „in seiner Eigenschaft als Bevollmächtigter der Kirche bei der Regierung für die evangelische Religionsausübung in Strafanstalten vorgeschlagen“, schreibt Giebeler in seiner Biografie.[24]

Da sich Giebeler bereits vorher an den Brandenburger Ministerpräsidenten gewendet und um eine Forcierung seiner Anstellung als hauptamtlicher Gefängnisseelsorger gebeten hat, kann Grübers später gestellte Frage ihn nicht so überrascht haben, wie er es darstellt. Welche Rolle letztlich Heinrich Grüber bei den Personalentscheidungen Giebeler und Bluhm gespielt hat, ist insofern

20 Jahn, Schreiben an Staatssekretär im MdI Warnke, Besetzung der Seelsorgestelle, 6.5.1952, BArch DO 4/2069, Bl. 38.

21 Giebeler, Hinter verschlossenen Türen, 40.

22 Jahn, Schreiben an Staatssekretär im MdI, Warnke, Besetzung der Seelsorgestelle, 6.5.1952, BArch DO 4/2069, Bl. 38.

23 Giebeler, Hinter verschlossenen Türen, S. 41.

24 Ebenda, S. 46.

unklar, da sich andere Kirchenvertreter, wie z. B. Kurt Scharf, gegen eine kirchliche Berufung der beiden aussprechen werden.

Eckart Giebeler und Heinz Bluhm unterschreiben am 6. Februar 1953[25] ihre Dienstverträge mit der Hauptverwaltung Deutsche Volkspolizei und nicht – wie ursprünglich geplant – mit dem Ministerium des Innern. Welche Überlegungen oder Zwänge letztlich dazu geführt haben, die Anstellung der beiden Seelsorger doch bei der Volkspolizei und nicht beim MdI zu realisieren, ist nicht bekannt. Der Dienstbeginn wird rückwirkend auf den 1. Februar 1953 festgesetzt. Damit sind Bluhm und Giebeler Angestellte des Staates, ohne dass vorher geklärt worden ist, wie das Verhältnis zur Kirche gestaltet werden soll. Während die staatlichen Organe – ebenso wie Bluhm und Giebeler – jetzt von der Kirche erwarten, dass diese für die beiden Seelsorger nachträglich die entsprechenden kirchlichen Berufungen ausspricht, verweigert das die Kirche. Wenn Heinrich Grüber in die Personalüberlegungen des Staates in Bezug auf die beiden Pfarrer eingebunden war, hat er dieses entweder nicht zureichend in die EKD und die Berlin-Brandenburger Kirche kommuniziert oder zu beiden eine andere Position eingenommen als die EKD und die Landeskirche, die weder für Giebeler noch Bluhm eine kirchliche Berufung auf die Gefängnisseelsorgestellen aussprechen werden.

Giebeler und Bluhm haben beide ein berechtigtes und nachvollziehbares Interesse daran, dass sie als Angestellte der Volkspolizei nun auch von der Kirche ihre Ernennung und Berufung als Gefängnisseelsorger erhalten.

Am 9. Februar 1953, also drei Tage nach Vertragsunterzeichnung, schreibt Giebeler deshalb an die Kirchenleitung Berlin-Brandenburg[26] und legt seine Sichtweise der durch die Unterzeichnung des Arbeitsvertrages entstandenen neuen Sachlage dar. Giebeler betont ausdrücklich, dass die Übernahme in die staatliche Besoldung von ihm „weder gewünscht, noch unterstützt worden" sei.[27] Außerdem habe er gegenüber dem „Innenministerium […] zum Ausdruck

25 Hauptverwaltung Deutsche Volkspolizei, Dienstvertrag, 6. 2. 1953, ELAB, 15 / 1989.

26 Giebeler, Schreiben an die Kirchenleitung Berlin-Brandenburg, 9. 2. 1953, EZA 4 / 733.

27 Sein Schreiben an den Referenten für Kirchenfragen vom April 1952 stellt einen anderen Sachverhalt dar.

gebracht, daß die Strafanstaltsseelsorge ein Dienst der Kirche ist und nicht das Privileg einzelner, vom Staat dafür ausersehener Geistlicher. Die Kirche allein hat das Recht, Geistliche in diesen Dienst zu rufen."[28] Deshalb bittet Giebeler die Kirchenleitung von Berlin-Brandenburg um eine Berufungsurkunde für die Seelsorge an der Strafvollzugsanstalt Brandenburg-Görden und die Kirchenleitung von Sachsen-Anhalt um eine ebensolche für die Strafanstalten Torgau / Elbe und Halle / Saale. Schließlich solle dieser „wichtige entsagungsvolle Dienst an den Strafgefangenen unserer Tage nicht losgelöst von der Kirche getan" werden. Außerdem bedürfe der Strafanstaltsgeistliche in „besonderer Weise der Fürbitte der Gesamtkirche"[29] und solle sich dieser stets besonders verpflichtet wissen. Um seine kirchlichen Rechte nicht zu verlieren, bittet er die Kirchenleitung von Berlin-Brandenburg, ihn für die Dauer seines „Dienstvertragsverhältnisses mit dem Ministerium des Innern der DDR"[30] zu beurlauben und bei der Beendigung desselben automatisch wieder in ihren Dienst zu stellen. Schließlich weist Eckart Giebeler darauf hin, dass ihm die „Kirche noch nicht das Ordinationsgelübde abgenommen hat". Und er betont, dass es in seinem Dienst „eine besonders grosse Hilfe [wäre], wenn ich mich daran gebunden wissen könnte".[31] Mit ähnlich lautenden Schreiben hatte sich Bluhm an die Kirchenkanzlei der Evangelischen Kirche in Deutschland gewandt und um seine Berufung als Gefängnispfarrer gebeten.

Die Kirchenkanzlei der EKD antwortet ihm am 9. März 1953 und lehnt seine Bitte – die auch Giebeler betrifft – nach einer kirchlichen Berufung ab: „Wir können ihrer Auffassung, daß die Kirchenkanzlei der Evangelischen Kirche in Deutschland für Sie und gegebenenfalls auch für Pfarrer Giebeler und Pfarrer Mund die kirchlichen Berufungsurkunden auszufertigen habe, nicht zustimmen. […] Wir bitten, Herrn Giebeler in gleichem Sinne zu informieren."[32]

28 Giebeler, Schreiben an die Kirchenleitung Berlin-Brandenburg, 9. 2. 1953, EZA 4 / 733.
29 Ebenda.
30 Ebenda.
31 Giebeler, Schreiben an die Kirchenleitung Berlin-Brandenburg, 9. 2. 1953, EZA 4 / 733.
32 EKD, Kirchenkanzlei, Berliner Stelle, Schreiben an Pfarrer Bluhm, Hauptamtliche Anstellung als Gefängnisgeistlicher, 9. 3. 1953, ELAB, 35 / 584.

Bluhm sucht nach der kirchlichen Ablehnung Unterstützung beim Referenten für Kirchenfragen des Rates des Bezirkes Potsdam,[33] Johannes Klein,[34] an den sich auch schon Giebeler ein Jahr zuvor gewendet hatte, und übergibt ihm das an ihn gerichtete Schreiben der Kirchenkanzlei der EKD zur Prüfung.

Klein ist über die kirchliche Haltung, die diese beiden Pfarrer als aus ihrem kirchlichen Dienst ausgeschieden betrachtet, empört und informiert am 20. März 1953 das Innenministerium der DDR[35] über die ablehnende Haltung der Kirchen bezüglich einer entsprechenden Berufung der beiden Seelsorger. Durch die Verweigerung der Berufung wolle die Kirche nur bezwecken, dass „die Hetze gegenüber unserem Staat und insbesondere die Hetze, daß in unseren Strafanstalten keinerlei geistliche Betreuung der Gefangenen besteht, aufrecht erhalten“[36] werde. Die Regierung der DDR müsse auf die Kirchen einwirken, damit die beiden Seelsorger „unbedingt ein Placet der Kirchenleitung“[37] erhielten. Klein fordert das Innenministerium auf, „das notwendige [sic!] zu veranlassen“,[38] damit die beiden ihre kirchliche Berufung erhalten.

Wenige Tage später, am 26. März 1953, legt Klein dem Innenministerium auf vier DIN-A4-Seiten eine ausführliche Darstellung seiner Sicht vor und fordert den Kollegen Schwarzer, an den er sein Schreiben gerichtet hat, auf, „die beiliegenden Ausführungen genauestens zu überprüfen, sie mit den verantwortlichen Stellen der Hauptverwaltung Deutsche Volkspolizei durchzusprechen und ihre Erledigung zu veranlassen“.[39] Kleins Sorge gilt weniger der Organisation der Seelsorge in den Gefängnissen als vielmehr dem Eindruck, der im Ausland entstehen könnte, wenn die Kirche bei ihrer ablehnenden Haltung bliebe. Klein erkennt genau das Dilemma einer *staatlichen Anstellung* zweier *Pfarrer*, die von ihrer Kirche *nicht legitimiert* werden. Während die Kirche

33 Am 25.7.1952 war das Land Brandenburg aufgelöst und in die Bezirke Cottbus, Frankfurt/Oder und Potsdam aufgeteilt worden.

34 Johannes Klein wird vom MfS als IM „Freidank“ geführt.

35 Klein, Schreiben an Schwarzer, (MdI), 20.3.1953, BArch DO 4/1727.

36 Ebenda.

37 Ebenda.

38 Ebenda.

39 Klein, Schreiben an Schwarzer, (MdI), 26.3.1953, BArch DO 4/1727.

ihre Ablehnung formuliert, ohne den kirchenrechtlichen Status von Giebeler und Bluhm wirklich zu klären, setzt sich der Mitarbeiter des Rates des Bezirkes Potsdam, Klein, damit auseinander.

Er moniert zu Recht, dass die Dienstverträge von Giebeler und Bluhm zwar die *arbeitsrechtliche* Situation, nicht aber die *kirchenrechtliche* Situation geklärt hätten. Nicht nur im Interesse der beiden Seelsorger müsse dies dringend klargestellt werden, sondern auch „um des Einflusses und Ansehens der Deutschen Demokratischen Republik“[40] willen. Selbst wenn der Staat in allen Gefängnissen der DDR einen oder mehrere Geistliche als Seelsorger anstellen, die Kirche aber keine Berufungsurkunden ausstellen würde, so Klein, bestünde im kirchenrechtlichen Sinne keine Gefängnisseelsorge in der DDR. Die DDR müsse also ein dringendes Interesse daran haben, dass die beiden Pfarrer eine „ordnungsmäßige kirchliche Berufungsurkunde erhalten“.[41]

Für das Ministerium des Innern schreibt Hauptabteilungsleiter Grötschel an den Chef der Hauptverwaltung Strafvollzug, Generalinspekteur Meyer [sic! – richtig Mayer] und fordert, dass ein „verantwortlicher Mitarbeiter der Hauptverwaltung Strafvollzug mit den Vertretern der Evangel. Kirche verhandelt“,[42] damit die Anstaltsgeistlichen von der Kirchenleitung bestätigt werden. Die Interventionen des Ministeriums des Innern bleiben bei der Kirche ohne Erfolg.

Nach der EKD lehnt auch das Berlin-Brandenburger Konsistorium eine Berufung von Giebeler und Bluhm ab und teilt beiden am 27. April 1953 mit, dass ihrem Antrag „auf eine kirchliche Berufung […] nicht entsprochen werden“ könne.[43] Kirchenrechtlich besteht die Kirche in diesem Schreiben noch darauf, dass Giebeler und Bluhm weiterhin sowohl in Fragen der Lehre als auch in der Disziplinargerichtsbarkeit der Dienstaufsicht der Kirchenleitung unterstehen. Die Kirche müsste allerdings aufgrund des besonderen Ortes der Tätigkeit auf ihr Visitationsrecht verzichten. In diesem Schreiben wird deutlich,

40 Ebenda, S. 2.

41 Ebenda.

42 Grötschel, Schreiben an Generalinspekteur Meyer, 19.5.1953, BArch DO 4/2069, Bl. 154.

43 Ev. Konsistorium EKBB, Schreiben an Pfarrer Bluhm und Giebeler, 27.4.1953, EZA 4/733.

dass die Kirche zwar die beiden Pfarrer nicht berufen, aber kirchenrechtlich weiterhin die Dienstaufsicht behalten wollte.

Im Hinblick auf die Ordination von Giebeler erklärt sich die Kirchenleitung Berlin-Brandenburg bereit, den für Giebelers Dienstsitz „zuständigen Herrn Superintendent des Kirchenkreises Brandenburg-Havel mit Ihrer Ordination für den Dienst eines Predigers in Ihrem derzeitigen kirchlichen und staatlichen Dienstbereich zu beauftragen, sofern Sie Ihre Beurlaubung für den staatlichen Dienst von der Kirchenbehörde erbitten".

Die Antworten sind für beide Pfarrer unbefriedigend, und sie weisen die Kirche darauf hin, dass Gefangene die Pfarrer fragen werden, ob sie „von der Polizei oder von der Kirche kommen" würden. Giebeler und Bluhm müssten „mit gutem Gewissen sagen können: Ich komme von der Kirche. [...] Es ist also unmöglich, daß ein Pfarrer eine solche Tätigkeit lediglich als ‚Polizeipfarrer' ausübt."[44] Auf diese Argumentation geht die Kirche nicht ein, sondern Kurt Scharf lädt beide Pfarrer am 22. Mai 1953 in das Evangelische Konsistorium in die Neue Grünstraße in Berlin ein. Scharf bekräftigt erneut die ablehnende Haltung der Kirche gegenüber einer Berufung der beiden Seelsorger und betont, dass die „Kirche in keiner Weise in der Lage [sei], die beiden Pfarrer irgendwie in ihrem staatlichen Amte als Gefangenenseelsorger zu legitimieren".[45] Deutlicher kann man es nicht sagen. Scharf weist die beiden Pfarrer ausdrücklich darauf hin, dass beide diesen „Dienst ohne eine offizielle Anerkennung durch die Kirche lediglich aufgrund ihrer persönlichen Initiative übernehmen".[46] Scharf wiederholt zur Begründung der Ablehnung das Argument, dass die Kirche nicht die Möglichkeit einer Visitation habe. Während allerdings in dem Schreiben des Konsistoriums der Berlin-Brandenburger Kirche vom 27. April 1953 noch davon die Rede ist, dass die Kirche weiterhin die Dienstaufsicht über die beiden Pfarrer behalten werde, klingt das im Gespräch jetzt anders. Scharf nennt nun als ein weiteres Argument für die Ab-

44 Bluhm, Schreiben an die Evangelische Kirchenkanzlei, 17.3.1953, EZA 4/732.

45 Bluhm, Bericht über Stand der Verhandlungen betr. Übernahme von Pfarrer Giebeler und Pfarrer Bluhm, 26.5.1953, BArch DO 1/28572.

46 Evangelisches Konsistorium Berlin-Brandenburg, Betr.: Hauptamtliche Anstellung als Gefängnis-Geistlicher, 27.4.1953, EZA 4/733.

lehnung einer kirchlichen Berufung, dass der Kirche „jede Möglichkeit der Dienstaufsicht über diese beiden Pfarrer entzogen" worden sei. Dienstaufsicht und Visitation sind aber die zwei wesentlichen Elemente der kirchenrechtlichen Wahrnehmung und Beurteilung des Dienstes von Pfarrerinnen und Pfarrern. Die Visitation dient der Feststellung, ob in der Gemeinde „das Wort schriftgemäß verkündigt, die Sakramente stiftungsgemäß verwaltet werden und sich daraus in den Gemeinden die Kirche Jesu Christi lebendig und vielgestaltig entfaltet".[47] Während die Visitation das gesamte Gemeindeleben im Blick hat, soll die Dienstaufsicht sicherstellen, dass Pfarrerinnen und Pfarrer ihre Pflichten ordnungsgemäß erfüllen. Die Dienstaufsicht wird von den Konsistorien bzw. den kirchenleitenden Gremien der Landeskirche wahrgenommen. Wenn die Kirche weder ihre Dienstaufsicht noch das Recht auf Visitation wahrnehmen kann, ist ihr somit die Möglichkeit entzogen, ihrer Verantwortung als Aufsichtsbehörde für die Pfarrer nachzukommen.

Für den Fall einer staatlichen Anstellung als Gefängnisseelsorger legt das Kirchenrecht fest, dass dann die Seelsorger *zugleich* in einem *staatlichen* und einem *kirchlichen* Dienstverhältnis stehen. Allerdings wird dann der Anstaltsseelsorger *allein im kirchlichen Auftrag* tätig, ist jedoch verpflichtet, staatliche Belange zu respektieren.[48]

Diesen kirchlichen Auftrag an Giebeler und Bluhm hat es nie gegeben. Giebelers Darstellung, dass trotz seines Vertrages mit dem MdI die Kirche eine „uneingeschränkte Aufrechterhaltung der Dienstaufsicht"[49] ihm gegenüber behalten habe, trifft somit nicht zu.

Darüber hinaus deutete Scharf in dem Gespräch an, „daß die Kirche gerade diesen beiden Pfarrern gegenüber sich nicht des vollen Vertrauens sicher sei".[50]

Auf der einen Seite konnte die Kirche froh sein, dass neben Pfarrer Hans-Joachim Mund nun zwei weitere hauptamtliche Seelsorger in den Haftanstal-

47 Anke / de Wall / Heinig (Hrsg.), Handbuch des evangelischen Kirchenrechts, S. 264.

48 Ebenda, S. 675.

49 Giebeler, Christus im Gefängnis der DDR, S. 14.

50 Bluhm, Bericht über Stand der Verhandlungen betr. Übernahme von Pfarrer Giebeler und Pfarrer Bluhm, 26. 5. 1953, BArch DO 1 / 28572, Bl. 148–150.

ten tätig werden konnten. Auf der anderen Seite war die Kirche über das Prozedere alles andere als begeistert.

Nimmt sie Anstoß an der Rechtskonstruktion, an den Personen oder an beidem? Während Bluhm bereits mit seiner Landeskirche wegen seiner Nähe zum DDR-Staat in Konflikt geraten war,[51] traf dies für Giebeler nicht zu. Giebeler war seit 1949 als ein von der Kirche benannter Seelsorger in der Strafanstalt Brandenburg-Görden, am Jugendgefängnis Plauer Hof und am Frauengefängnis Heidekrug tätig. Die Kirche hat, nachdem Pfarrer Marienfeld 1950 in der Haftanstalt Brandenburg in Ungnade gefallen war, den fünfundzwanzigjährigen, unerfahrenen, noch in Ausbildung befindlichen jungen Prediger-Praktikanten Giebeler mit der Seelsorge an einer der größten Haftanstalten in der DDR betraut. Wenn es Bedenken gegen die Person Giebelers als Gefängnisseelsorger gegeben hat, dann hätte die Kirche im eigenen Interesse, dem der Gefangenen und wohl auch in Giebelers Interesse handeln und ihn auf eine andere Stelle versetzen müssen.

Möglicherweise waren die Bedenken der Kirche gegenüber Pfarrer Bluhm wegen dessen Systemnähe eher persönlicher und gegenüber Pfarrer Giebeler eher kirchenrechtlicher Natur, da dieser als Prediger eben nur auf eine Predigerstelle, nicht aber auf eine reguläre Pfarrstelle berufen werden konnte.

51 Pfarrer Bluhm hatte in der Zeitung *Junge Welt* am 6.5.1953 unter der Überschrift „Pfarrer nehmen Stellung zur illegalen Jungen Gemeinde“ einen die Junge Gemeinde verunglimpfenden Artikel geschrieben. Die Kirchenleitung befasst sich sofort nach der Veröffentlichung am 7.5.1953 mit dem Fall. Scharf weist darauf hin, dass es erforderlich sei, im Zusammenhang mit der Strafanzeige gegen die *Junge Welt* nun auch gegen die Pfarrer vorzugehen, die sich zu Verunglimpfungen der Jungen Gemeinde hergegeben hätten. Deshalb soll Bluhm von dem Kirchenjuristen Ruben vernommen werden. „Bischof Dibelius verfügt: Als Pfarrer hätten Sie wissen müssen, daß seit Monaten in der Öffentlichkeit ein planmäßiger Kampf gegen die Junge Gemeinde geführt wird, den die Kirche nicht als gerechtfertigt anerkennen kann und um dessentwillen sie von jedem ihrer Amtsträger erwarten muß, daß er mit aller Klarheit für die unaufgebbare Lebensäußerung der christlichen Kirche eintritt, die die Junge Gemeinde darstellt.“ Außerdem fordert die Kirchenleitung, dass sich Bluhm vor seiner Gemeinde von seinem Artikel distanziert. ELAB, 40/11. Bluhm erhält eine Rüge der Kirchenleitung und lehnt es ab, sich von seinem Artikel in der *Jungen Welt* zu distanzieren. BArch DO 4/2069, Bl. 150.

…inz Bluhm
…er an St. Jacobi

Luckenwalde, den 26. Mai 1953.
Zinnaerstr. 52 b.
Ruf 2550 App. 2

An die Regierung der
Deutschen Demokratischen Republik
z. Hd. des Herrn Ministerpräsidenten
Otto Grátewohl

B e r l i n

Leipziger Platz

In Abschrift an das Innenministerium der Deutschen Demokratischen Republik, z.Hd. Herrn Oberreferent Schwarzer, Berlin, Glinkastraße, zur Kenntnisnahme.

Betr.: Seelsorge in den Strafvollzugsanstalten der DDR.
Bezug: Verweigerung der kirchlichen Legitimierung dazu.

Ich wollte mir erlauben, mich an den Herrn Ministerpräsidenten in einer besonderen Angelegenheit zu wenden:
Seit mehreren Jahren versehen Pfarrer Giebeler aus Brandenburg/Havel und ich in verschiedenen Strafvollzugsanstalten der Deutschen Demokratischen Republik im Einvernehmen und im Auftrage des Innenministeriums bezw. der Hauptverwaltung der Deutschen Volkspolizei und im Einvernehmen mit der Kirchenkanzlei der Evangelischen Kirche in Deutschland Predigt- und Seelsorgedienst. Entsprechend stattgefundenen Verhandlungen der Kirche mit der Hauptverwaltung Deutsche Volkspolizei, Hauptabteilung Strafvollzug, haben Pfarrer Giebeler und ich am 6.2.1953 mit der Deutschen Volkspolizei je einen Vertrag abgeschlossen zum Zwecke der Durchführung einer hauptamtlichen Tätigkeit des Predigtdienstes und der Anstaltsseelsorge in verschiedenen Strafvollzugsanstalten der Deutschen Demokratischen Republik. Seit Februar 1953 sind wir nun bemüht, aus unserem bisherigen kirchlichen Dienste abgelöst zu werden, um diese hauptamtliche Tätigkeit voll durchzuführen. Es hat sich aber im Verlaufe von Verhandlungen mit der Evangelischen Kirchenleitung Berlin-Brandenburg, Berlin-C. 2, Bischofstraße 6/8, ergeben, daß die Ablösung aus unserem bisherigen regulären Kirchendienst in einer Weise erfolgen soll, in welcher sowohl für uns persönlich, als auch insbesondere für die Deutsche Demokratische Republik selbst ein ideeller Schaden entsteht. Es geht um die Frage der kirchlichen Legitimierung in diesem Amte als hauptamtlicher Gefängnisseelsorger. Diese kirchliche Legitimierung kirchenrechtlicher Art in unserer Eigenschaft als Pfarrer in diesem speziellen Dienste, etwa in der Form einer Berufung oder einer Abordnung von uns beiden, wird uns von der Kirche versagt, obwohl sie andererseits dringend wünscht, daß wir beide auf dem Wege der Beurlaubung unseren jetzigen Kirchendienst aufgeben und diesen Dienst der Gefangenenseelsorge übernehmen.

Blatt 2.

Ich fühle mich verpflichtet, die Regierung der Deutschen Demokratischen Republik darauf aufmerksam zu machen, daß durch die Verweigerung unserer kirchlichen Legitimierung als hauptamtliche Gefängnispfarrer eine Schädigung der DDR entsteht, die auch politisches und propagandistisches Gewicht mit sich bringen dürfte. Die westliche, der Deutschen Demokratischen Republik feindlich eingestellte Propaganda sagt wider besseres Wissen, daß in der Deutschen Demokratischen Republik eine geistliche Versorgung in den Strafvollzugsanstalten nicht vorhanden sei, und schlägt daraus Kapital gegen die Deutsche Demokratische Republik bezüglich einer hier angeblich vorhandenen Unterdrückung der Kirche. Die Verweigerung einer kirchlichen Legitimierung für uns in diesem hauptamtlichen Dienste der Gefängnisseelsorge in den Strafvollzugsanstalten der Deutschen Demokratischen Republik bringt es mit sich, daß einer solchen feindlichen Propaganda Vorschub geleistet wird. Ja, es wird dieser feindlichen Propaganda sogar durch die Verweigerung unserer kirchlichen Legitimierung ein Rechtsgrund gegeben. Gesetzt den Fall, der Staat würde noch weitere Geistliche für diesen Dienst heranziehen, wenn sie aber nicht bei ihrem Dienstantritt eine kirchliche Legitimierung als Pfarrer für diese spezielle Dienstleistung erhalten, fungieren sie lediglich als Zivilangestellte des Staates. Bestimmte kirchliche Kreise können dann mit kirchlichem Rechtsgrund nach wie vor die propagandistische Behauptung verbreiten, daß es trotz aller ehrlichen Bemühungen der Deutschen Demokratischen Republik auf diesem Gebiete eine kirchliche Gefangenenseelsorge nicht gäbe.
Die Verhandlungen mit der Kirche sind jetzt in ein Stadium gekommen, in welchem sie vor dem Abschluß stehen. Die Evangelische Kirchenleitung Berlin-Brandenburg will uns lediglich beurlauben und dabei sogar die Anrechnung unserer Dienstjahre infrage stellen. Dieses ist nicht einmal ein reguläres kirchliches Placet zu dieser Arbeit der Gefangenenseelsorge geschweige denn eine Anerkennung. Ich persönlich brauche nur noch eine protokollarische Verzichterklärung auf mein derzeitiges Pfarramt in Luckenwalde bei der Kirchenleitung abzugeben, um aus meinem bisherigen regulären kirchlichen Dienste abgelöst zu sein. Ich möchte aber von einer solchen Verzichterklärung Abstand nehmen, bis die Regierung der Deutschen Demokratischen Republik Gelegenheit gehabt hat, von diesem Tatbestand Kenntnis zu nehmen und eine geeignete Lösung dieser Frage von sich aus herbeizuführen. Ich würde es für richtig halten, wenn die Regierung der Deutschen Demokratischen Republik Verhandlungen mit dem Bevollmächtigten der Evangelischen Kirche bei der Deutschen Demokratischen Republik, Herrn Propst D. Heinrich Grüber aufnimmt, um von diesem eine kirchliche Legitimierung für unser Amt als hauptamtliche Gefängnispfarrer zu erwirken. Unsere Beratungen mit dem Amt für

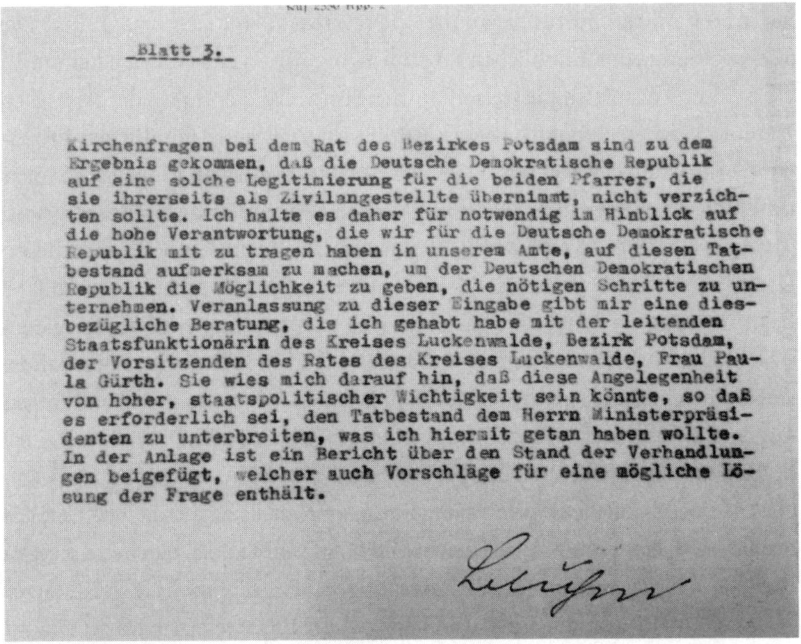

Blatt 3.

Kirchenfragen bei dem Rat des Bezirkes Potsdam sind zu dem Ergebnis gekommen, daß die Deutsche Demokratische Republik auf eine solche Legitimierung für die beiden Pfarrer, die sie ihrerseits als Zivilangestellte übernimmt, nicht verzichten sollte. Ich halte es daher für notwendig im Hinblick auf die hohe Verantwortung, die wir für die Deutsche Demokratische Republik mit zu tragen haben in unserem Amte, auf diesen Tatbestand aufmerksam zu machen, um der Deutschen Demokratischen Republik die Möglichkeit zu geben, die nötigen Schritte zu unternehmen. Veranlassung zu dieser Eingabe gibt mir eine diesbezügliche Beratung, die ich gehabt habe mit der leitenden Staatsfunktionärin des Kreises Luckenwalde, Bezirk Potsdam, der Vorsitzenden des Rates des Kreises Luckenwalde, Frau Paula Gürth. Sie wies mich darauf hin, daß diese Angelegenheit von hoher, staatspolitischer Wichtigkeit sein könnte, so daß es erforderlich sei, den Tatbestand dem Herrn Ministerpräsidenten zu unterbreiten, was ich hiermit getan haben wollte. In der Anlage ist ein Bericht über den Stand der Verhandlungen beigefügt, welcher auch Vorschläge für eine mögliche Lösung der Frage enthält.

Dokument 5: Schreiben von Pfarrer Heinz Bluhm an den Ministerpräsidenten der DDR Otto Grotewohl, 26. 5. 1953

Nach dem ernüchternden Gespräch mit Scharf bemühen sich Bluhm und Giebeler nun um die Unterstützung von höchster Regierungsstelle und erhoffen sich vom Ministerpräsidenten der DDR, Otto Grotewohl, Beistand in ihrer Angelegenheit. Bluhm schreibt am 26. Mai einen dreiseitigen Bericht über das Gespräch mit Kurt Scharf und überreicht diesen dem Ministerpräsidenten am 27. Mai 1953 persönlich zusammen mit einem dreiseitigen Brief, der im Wesentlichen den beigefügten Bericht wiedergibt und kommentiert.

Bluhm beklagt einerseits den Umgang der Kirche mit ihm und Giebeler und befürchtet, dass durch das Verhalten der Kirche das Bild der DDR im Ausland beschädigt werden könnte. Er fühle sich deshalb verpflichtet, „die Regierung der Deutschen Demokratischen Republik darauf aufmerksam zu machen, daß durch die Verweigerung unserer kirchlichen Legitimierung als hauptamtliche Gefängnisseelsorger eine Schädigung der DDR entsteht, die auch politisches und propagandistisches Gewicht mit sich bringt. [...] Die Verweigerung einer kirchlichen Legitimierung für uns in diesem hauptamtlichen Dienste der Gefängnisseelsorge in den Strafvollzugsanstalten der Deutschen Demokratischen Republik bringt es mit sich, daß einer feindlichen Propaganda Vorschub geleistet wird. Ja es wird dieser feindlichen Propaganda sogar durch die Verweigerung unserer kirchlichen Legitimierung ein Rechtsgrund gegeben. Gesetzt den Fall, der Staat würde auch weitere Geistliche für diesen Dienst heranziehen, wenn sie aber nicht bei ihrem Dienstantritt eine kirchliche Legitimierung als Pfarrer für diese spezielle Dienstleitung erhalten, fungieren sie lediglich als Zivilangestellte des Staates. [...] Ich würde es für richtig halten, wenn die Regierung der Deutschen Demokratischen Republik Verhandlungen mit dem Bevollmächtigten der Evangelischen Kirche bei der Deutschen Demokratischen Republik Herrn Propst Dr. Heinrich Grüber aufnimmt, um von diesem eine kirchliche Legitimierung für unser Amt als hauptamtliche Gefängnispfarrer zu erwirken."[52] Diesem Schreiben fügt Bluhm noch einen dreiseitigen Bericht „Über den Stand der Verhandlungen betr. Übernahme von Pfarrer Giebeler und Pfarrer Bluhm in die Gefangenen Seelsorge"[53] bei. Darin schlägt Bluhm vor, falls die Kirche „aufgrund ihrer *einseitig westlichen Infektion*"[54] bei ihrer Ablehnung bleibe, solle die Regierung der DDR „von ihrem Notrecht"[55] Gebrauch machen und in Umgehung des Staatskirchenrechtes den beiden Pfarrern „für die Dauer ihres Dienstvertrages die Bezeichnung Landespfarrer für Gefangenenseelsorge"[56] geben. Der Staat würde in diesem Fall selbst die Pfarrer einsetzen und kirchenrechtliche Gepflogenheiten außer Kraft setzen.

52 Bluhm, Schreiben an Ministerpräsident Otto Grotewohl, 26.5.1953, BArch DO 4/2069, Bl. 164.

53 Bluhm, Bericht über den Stand der Verhandlungen betr. Übernahme von Pfarrer Giebeler und Pfarrer Bluhm in die Gefangenen Seelsorge, 26.5.1953, BArch DO 4/2069, Bl. 166–168.

54 Ebenda. Hervorhebung durch die Verf.

55 Ebenda.

56 Ebenda.

Bluhms Vorschlag wurde nicht umgesetzt, da die DDR-Regierung wahrscheinlich die kirchenpolitischen sowie innen- und außenpolitischen Konsequenzen eines solchen Schrittes scheute.

Am 30. Juni 1953 wird Bluhm abschließend mitgeteilt, dass er zwar aus dem kirchlichen Dienst beurlaubt werde, aber – im Gegensatz zu den Äußerungen von Scharf, der eine Dienstaufsicht der Kirche mangels der Möglichkeit, Visitationen durchzuführen, für unmöglich hielt – „weiterhin der Lehr- und Disziplinaraufsicht der Evangelischen Kirche in Berlin-Brandenburg“[57] unterstehe.

Am 10. Juni 1953 informieren Propst Grüber und Superintendent Zachau[58] Volkspolizei-Inspekteur Jauch darüber, dass die Kirche bei ihrer Ablehnung einer kirchlichen Berufung von Bluhm und Giebeler bleibe. Jauch nimmt dies zur Kenntnis, bittet aber darum, dass die hauptamtlichen Gefängnisseelsorger zu den Pfarrkonventen zugelassen werden. Dies wird Jauch zugesagt. Auch wird die Zusage der Landeskirche, dass Giebeler nun ordiniert werden könnte, eingehalten.

Giebeler hat es später in seinen Erinnerungen so dargestellt, als sei seine Amtseinführung am 7. April 1950 im Brandenburger Gefängnis gleichzeitig seine Ordination gewesen. „Meine *Ordination* und die *offizielle Einführung* als Gefängnispfarrer durch den zuständigen Generalsuperintendenten des Sprengels (D. Braun) war in der ehemaligen Kirche, nun Kinosaal, der Strafvollzugsanstalt Brandenburg erfolgt, kurz bevor das Zentrale Justizministerium in Berlin den Strafvollzug an das Innenministerium abtreten musste.“[59] Die Übernahme der Strafvollzugsanstalten in die Zuständigkeit des Innenministeriums erfolgte 1950. Wenn Giebeler am 7. April 1950 zeitgleich mit seiner Amtseinführung ordiniert worden wäre, hätte er zu diesem Zeitpunkt das für die Ordination vorausgesetzte zweite theologische Examen, das er erst im August 1950 abgelegt hatte, nicht vorweisen können. Giebeler irrt also, wenn er *1950* Amtseinführung und Ordination zusammenlegt. Außerdem wendet sich Giebeler *1953* an die Kirchenleitung mit der Bitte, ordiniert zu werden.

57 Ev. Konsistorium an Bluhm, 30.6.1953, ELAB, 35/584.

58 Aktenvermerk Betr. Gefängnisseelsorge, 10.6.1953, EZA 4/733.

59 Giebeler, Der gefährliche Balanceakt, S. 12. Hervorhebung durch die Verf.

Im Pfarralmanach der Berlin-Brandenburger Kirche wird als Ordinationsdatum der 29. November 1953 angegeben. Wo diese Ordination stattgefunden und wer Giebeler ordiniert hat, ist aus den Akten des Evangelischen Landeskirchlichen Archivs in Berlin nicht ersichtlich. Weder wurden ein entsprechender Kirchenleitungsbeschluss noch ein Vermerk des Konsistoriums oder des Potsdamer Generalsuperintendenten Braun gefunden. Möglichweise wurde Giebeler in die Pfarrstelle Briest, die er nebenamtlich verwaltete, durch Generalsuperintendent Braun ordiniert.

Dafür spricht auch die Tatsache, dass im Pfarralmanach 1956 vermerkt ist, dass Giebeler die Pfarrstelle im Gefängnis Brandenburg-Görden nur kommissarisch verwaltet.[60] Dieser Vermerk wird bis 1989 in den aktualisierten Pfarralmanachen beibehalten, sodass Giebeler laut diesen Angaben von 1950 bis 1990 die Gefängnispfarrstelle Brandenburg nur kommissarisch verwaltet hat.

Die Kirche hat zwar die Frage einer kirchlichen Berufung der beim Staat angestellten Gefängnisseelsorger eindeutig für sich beantwortet, indem sie die Berufung beider Pfarrer abgelehnt hat, aber sie hat, entgegen ihrer eigenen Aussagen, Giebelers Arbeit 40 Jahre lang finanziell unterstützt und ihn damit quasi als einen kirchlichen Mitarbeiter anerkannt. Die Kirche finanziert u. a. seine laufenden Ausgaben wie Telefongebühren und Briefmarken, Büro- und Heizmaterial und auch seine Kraftfahrzeugsteuer. Auch die Fahrtkosten zu den Haftanstalten werden z. T. von der Kirche übernommen, obwohl Giebeler nach eigenen Angaben alle Reisekosten von seinem Wohnsitz in Brandenburg zu den anderen Anstalten „von Anfang an in der Strafvollzugsanstalt Brandenburg abzurechnen“[61] hatte.

Gleichzeitig reicht er bei der Kirche Rechnungen über seine Reisekosten zu den Gefängnissen ein. So legt er z. B. am 17. Januar 1977 beim Berliner Konsistorium eine Abrechnung „für Fahrten mit dem PKW, den ich für die Fahrten zu den Strafvollzugseinrichtungen Bautzen, Halle, Torgau, Waldheim und teilweise zu den Anstalten in Berlin benutze“,[62] vor. Aus welchem Grund die

60 Pfarralmanach für die Kirchenprovinz Berlin-Brandenburg, 1956, S. 120.

61 Giebeler, Christus im Gefängnis der DDR, S. 32.

62 Giebeler, Schreiben an das Ev. Konsistorium, 17. 1. 1977, ELAB, 35/582.

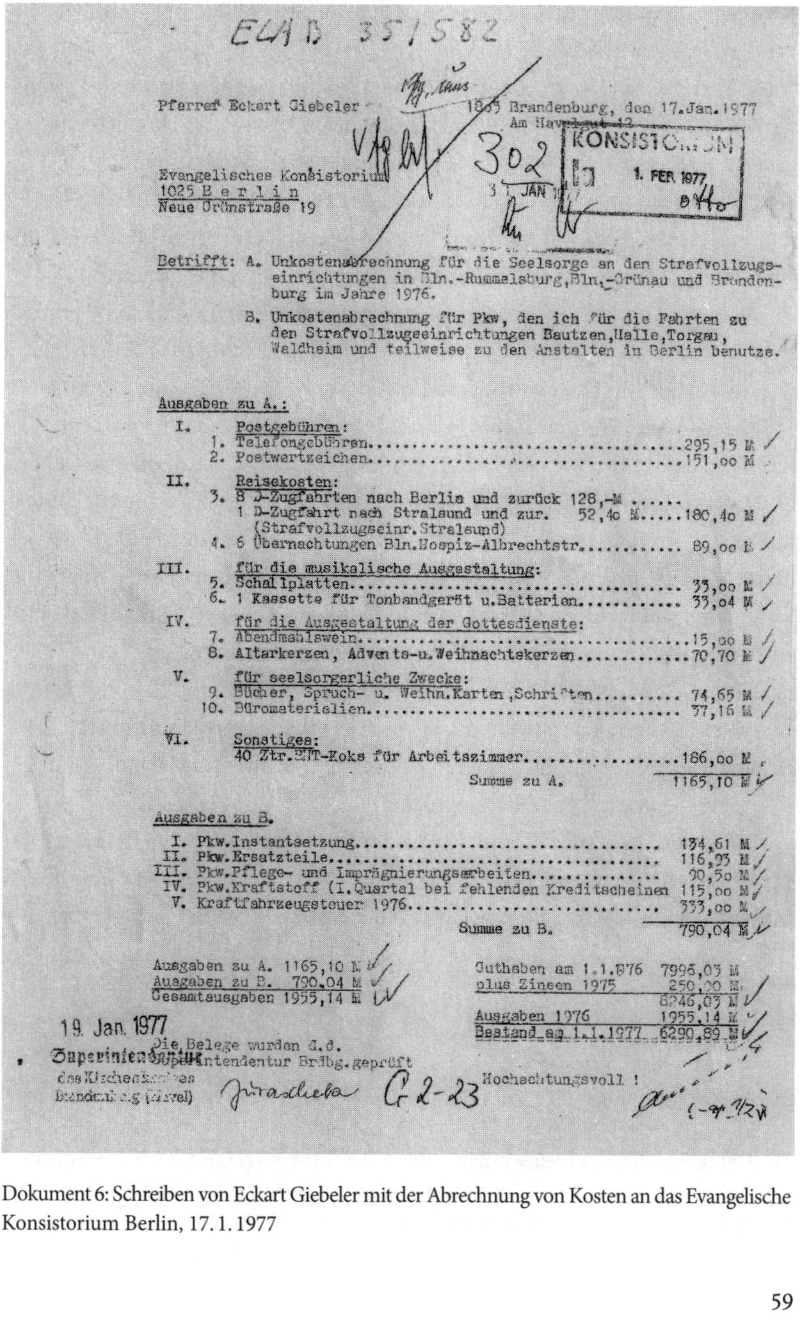

ELAB 35/582

Pfarrer Eckart Giebeler 1803 Brandenburg, den 17.Jan.1977
Am Havelgut 12

KONSISTORIUM
1. FEB 1977

302

31. JAN 1977

Evangelisches Konsistorium
1025 B e r l i n
Neue Grünstraße 19

Betrifft: A. Unkostenabrechnung für die Seelsorge an den Strafvollzugseinrichtungen in Bln.-Rummelsburg, Bln.-Grünau und Brandenburg im Jahre 1976.

B. Unkostenabrechnung für Pkw, den ich für die Fahrten zu den Strafvollzugseinrichtungen Bautzen, Halle, Torgau, Waldheim und teilweise zu den Anstalten in Berlin benutze.

Ausgaben zu A.:

I. Postgebühren:
1. Telefongebühren .... 295,15 M
2. Postwertzeichen .... 151,oo M

II. Reisekosten:
3. 8 D-Zugfahrten nach Berlin und zurück 128,-M ......
1 D-Zugfahrt nach Stralsund und zur. 52,4o M ..... 180,4o M
(Strafvollzugseinr. Stralsund)
4. 6 Übernachtungen Bln. Hospiz-Albrechtstr. .... 89,oo M

III. für die musikalische Ausgestaltung:
5. Schallplatten .... 33,oo M
6. 1 Kassette für Tonbandgerät u. Batterien .... 33,04 M

IV. für die Ausgestaltung der Gottesdienste:
7. Abendmahlswein .... 15,oo M
8. Altarkerzen, Advents-u. Weihnachtskerzen .... 70,70 M

V. für seelsorgerliche Zwecke:
9. Bücher, Spruch- u. Weihn. Karten, Schriften .... 74,65 M
10. Büromaterialien .... 37,16 M

VI. Sonstiges:
40 Ztr. EHT-Koks für Arbeitszimmer .... 186,oo M

Summe zu A. 1165,10 M

Ausgaben zu B.

I. Pkw. Instantsetzung .... 134,61 M
II. Pkw. Ersatzteile .... 116,93 M
III. Pkw. Pflege- und Imprägnierungsarbeiten .... 90,5o M
IV. Pkw. Kraftstoff (I. Quartal bei fehlenden Kreditscheinen 115,oo M
V. Kraftfahrzeugsteuer 1976 .... 333,oo M

Summe zu B. 790,04 M

Ausgaben zu A. 1165,10 M
Ausgaben zu B. 790,04 M
Gesamtausgaben 1955,14 M

Guthaben am 1.1.1976 7996,03 M
plus Zinsen 1975 250,00 M
8246,03 M
Ausgaben 1976 1955,14 M
Bestand am 1.1.1977 6290,89 M

19. Jan. 1977
Superintendentur des Kirchenkreises Brandenburg (Havel)

Die Belege wurden d.d. Superintendentur Brdbg. geprüft

Hochachtungsvoll !

Dokument 6: Schreiben von Eckart Giebeler mit der Abrechnung von Kosten an das Evangelische Konsistorium Berlin, 17. 1. 1977

Kirche die Reisekosten von Giebeler zu den Haftanstalten übernimmt, ist unverständlich, hatte sie doch 1953 Bluhm und Giebeler eindeutig mitgeteilt – da beide zu der Kirche in keinem Besoldungsverhältnis mehr stünden –, dass „die Unkosten infolgedessen künftig von ihrem derzeitigen staatlichen Arbeitgeber getragen werden"[63] müssen. Außerdem hatte Kurt Scharf im Juni 1953 an Giebeler geschrieben, dass die Kirche künftig nur noch die Kosten für „*Abendmahlselemente, Kerzen, Gesangbücher und Bibeln* übernehmen werde. Für alle sonstigen Unkosten müsse die staatliche Verwaltung aufkommen."[64]

Aber nicht nur die laufenden Kosten werden zum Teil von der Kirche gedeckt, sie stellt Giebeler regelmäßig auch einen neuen Dienstwagen zur Verfügung und finanziert gemeinsam mit dem Diakonischen Werk die Autoreparaturen.

Als Giebeler 1961 durch eine Erbschaft seinerseits in den Besitz eines neuen Pkw kommt, verkauft er ohne Absprache mit der Kirche den Dienstwagen, den er 1956 von dieser erhalten hatte, um mit dem Erlös die Unkosten für die Gefängnisseelsorge zu decken. Auch in der Folgezeit habe er „jeden PKW den ich durch Vermittlung des Konsistoriums erhielt, wenn der vorherige überaltert war, als mein Eigentum betrachtet und den Erlös aus dem Verkauf des alten zur Unkostendeckung verwendet".[65] Unter Berücksichtigung der Schwierigkeiten, in der DDR ein Auto kaufen zu können, bedauert zwar das Konsistorium, dass Giebeler den „gebrauchten PKW nicht durch unsere Vermittlung an einen Amtsbruder weiterverkauft" habe,[66] Konsequenzen allerdings hat dieses ungewöhnliche Verhalten für Giebeler nicht.

Selbst der Stasi fällt 1971 auf, wie oft Giebeler einen neuen Dienstwagen von der Kirche zur Verfügung gestellt bekommt, sodass für das MfS Klärungsbedarf hinsichtlich dessen besteht, „wie er es bei kirchlichen Stellen fertig bringt, alle

63 Ev. Konsistorium, Schreiben an Bluhm, Erstattung von Reise-Unkosten, 27.4.1953, ELAB, 35/584.

64 Scharf, Schreiben an Giebeler, 12.6.1953, ELAB, 35/409. Hervorhebung durch die Verf.

65 Giebeler, Schreiben an das Ev. Konsistorium, 26.9.1984, ELAB, 15/1989.

66 Ev. Konsistorium, Schreiben an Giebeler, 12.4.1961, ELAB, 35/409.

2 Jahre einen neuen PKW zu verschaffen, obwohl oberflächlich gesehen, die Kirche v. Roland[67] am wenigsten profitieren könne".[68]

Giebeler ist nicht mit jedem Dienstwagen einverstanden, sondern erklärt gegenüber der Landeskirche: „Ich möchte gerne einen Wartburg mit Liegesitzen haben wie sie im ‚de Lux' enthalten sind."[69] Die Landeskirche unterstützt 1961 auch Giebelers ausdrücklichen Wunsch nach einem Tonbandgerät, mit dem er die Gottesdienste im Gefängnis musikalisch ausgestalten könne, mit einem einmaligen Zuschuss von 1100 Mark.[70] Später wird sich Giebeler an das Diakonische Werk wenden und auch dort um die Bereitstellung eines Tonbandgerätes bitten,[71] was er 1973 auch erhalten wird.

Die Reparaturen und die entsprechenden Tonbänder für die Geräte werden in regelmäßigem Abstand ebenso von der Kirche und von der Diakonie finanziert. Ob Giebeler diese Geräte nur dafür nutzt, die Gefängnisgottesdienste musikalisch zu untermalen, darf bezweifelt werden. Bei seinen regelmäßigen Treffen mit dem MfS wird Giebeler ebenso regelmäßig den MfS-Mitarbeitern oder Führungsoffizieren Tonbänder übergeben, die von ihm mit umfangreichen Berichten über Pfarr- und Gefängnisseelsorgerkonvente, Pfarrerinnen und Pfarrer, Synoden und Gefangene besprochen worden waren. Auch wenn nicht bekannt ist, ob er dafür die von der Kirche finanzierten Geräte genutzt hat, kann seine 1994[72] abgegebene Erklärung, dass die in den MfS-Akten transkribierten und archivierten Tonbandberichte von IM „Roland" ihm nicht zuge-

67 Giebelers seit 1959 genutzter IM-Deckname „Roland".

68 MfS, Halbjahreseinschätzung ü. Zusammenarbeit IM Roland, 30.6.1971, BStU, MfS, BVfS Potsdam, Abt. VII Nr. 5, Teil I, Bd. 1, Bl. 105.

69 Giebeler, Schreiben an Ev. Konsistorium, 17.7.1970, ELAB, 35/409.

70 Ev. Konsistorium an Giebeler, 28.4.1961, „Sehr geehrter Herr Pfarrer! Auf Ihren obengenannten Antrag hin stellen wir Ihnen für den Ankauf eines Tonbandgerätes für den Gebrauch in den von Ihnen seelsorgerlich zu betreuenden Strafvollzugsanstalten einen einmaligen Zuschuss in Höhe von 1100,– M zur Verfügung." ELAB, 35/409.

71 Schneider, Vorsitzender des Konventes der Gefängnisseelsorger und Abteilungsleiter bei der Inneren Mission und Hilfswerk (IMHW) bei der Diakonie an Giebeler, 26.4.1973, ADE, DW DDR III, 249.

72 Giebeler, Schreiben an den Überprüfungsausschuss der EkiBB, 6.7.1994, Stasi-Überprüfungsausschuss 1992–1995, ELAB, 155.

ordnet werden könnten, da er sich erst „nach der Einführung der D-Mark", also nach 1990, ein Tonbandgerät gekauft habe, als Rechtfertigung im Hinblick auf die Existenz der von ihm verfassten Tonbandberichte nicht gelten, da er bereits seit 1961 ein entsprechendes Gerät besaß.

Die laufenden Zahlungen der Kirche an Giebeler und die Finanzierung seiner Tätigkeit als beim Staat angestellter Seelsorger werden auch innerkirchlich kritisch betrachtet. Am 3. März 1981 gibt eine Mitarbeiterin der Haushaltsabteilung im Berlin-Brandenburger Konsistorium zu bedenken, dass „Giebeler, da er kein Berlin-Brandenburger-Pfarrer ist, auch kein Zuschuss aus dem Haushalt gewährt werden solle".[73] Die Kritik aus der Haushaltsabteilung bleibt ohne Konsequenzen, und die Kirche beteiligt sich an der Finanzierung von Giebelers Arbeit bis mindestens 1991.[74] Ungeachtet eigener kirchlicher Aussagen, nach denen die mit Giebelers Arbeit verbundenen Sachkosten von seiner Anstellungsbehörde getragen werden müssen, und der Bedenken, dass Giebeler Zuschüsse aus dem Haushalt erhält, obwohl er kein kirchlicher Mitarbeiter ist, finanzieren die Landeskirche und das Diakonische Werk nicht unwesentlich mehr als 40 Jahre Giebelers Arbeit. Hintergrund für diese Zahlungen war wahrscheinlich das berechtigte und durchaus nachvollziehbare Interesse der Kirche, die ohnehin schwierigen Bedingungen für die Gefängnisseelsorge und für Giebeler durch finanzielle Unterstützungen zu erleichtern.

Aber letztlich bleibt die rechtliche Stellung Giebelers zur Kirche ungeklärt und wird 40 Jahre nach seiner Anstellung im Jahr 1953 bei der HVDVP noch einmal im Zusammenhang des Stasi-Überprüfungsausschusses der Berlin-Brandenburger Kirche aktuell werden, weil sich sowohl Propst Furian als auch der Ausschuss fragen werden, ob Giebeler überhaupt überprüft werden müsse, da Giebeler als Staatsangestellter „rechtlich nicht im kirchlichen Dienst gestanden"[75] habe.

73 Aktenvermerk Pa. Ev. Konsistorium, 3. 3. 1981, ELAB, 35 / 1697.

74 OKR Kopp an Giebeler, 11. 2. 1991: „Ich werde umgehend für Sie einen neuen PKW bestellen." ELAB, 15 / 1989.

75 Der Überprüfungsausschuss der Berlin-Brandenburger Kirche an Konsistorialpräsident H. Wildner, 23. 9. 1994, Stasi-Überprüfungsausschuss 1992–1995, ELAB, 155. Vgl. dazu auch Kapitel 10.

Fast gleichzeitig mit der Auseinandersetzung über die kirchliche Berufung von Giebeler und Bluhm wurde am 3. Juni 1953 eine *Dienstordnung für die Tätigkeit der Geistlichen in den Strafvollzugsanstalten* zwischen Staat und Kirche in der DDR verabschiedet.

Nach intensiven Konsultationen der ostdeutschen Landeskirchen untereinander unterzeichnen der Generalmajor der VP, August Mayer, und der leitende Jurist der Ostberliner Stelle der Kirchenkanzlei der EKD, Erich Grauheding, die Dienstordnung.[76] Diese unterscheidet zwar nicht zwischen haupt- und nebenamtlichen Seelsorgern, doch wird sie nur für Letztere gelten. Giebeler betont 1967 gegenüber dem MfS, dass „diese Dienstordnung für ihn keine Bedeutung habe, schließlich gelte diese nur für die nebenamtlichen Seelsorger".[77]

Neben den drei hauptamtlichen Gefängnisseelsorgern konnten auch vor dem Spitzengespräch zwischen Staat und Kirche im März 1978[78] einige wenige nebenamtliche Gefängnisseelsorger von der Kirche benannt werden, die nach staatlicher Überprüfung dieses Amt wahrnehmen konnten. In der Regel wurden Ortspfarrer mit dieser Sonderseelsorge beauftragt, in deren Umfeld sich ein Gefängnis befand. D.h., es gab theoretisch zwei unterschiedliche Formen der Gefängnisseelsorge, zum einen die der hauptamtlichen Seelsorger, von denen ab 1966 nur noch Giebeler tätig war, und zum anderen die von den Landeskir-

76 Dienstordnung für die Tätigkeit der Geistlichen in den Strafvollzugsanstalten, 3.6.1953, EZA 4/733.

77 MfS, Giebeler, Betr.: Arbeit im Strafvollzug, 20.11.1967, BStU, MfS, BVfS Potsdam, Abt. VII Nr. 5, Teil I, Bd. 1, Bl. 101.

78 Am 6. März 1978 fand zwischen dem damaligen Vorsitzenden der Konferenz der Kirchenleitungen Albrecht Schönherr und dem Staatsratsvorsitzenden Erich Honecker ein Gespräch statt, über das auch in der DDR-Presse ausführlich berichtet wurde. Dieses Gespräch fand in einer Zeit zunehmender ideologischer Spannungen in der DDR, die 1976 durch die Ausbürgerung Wolf Biermanns und 1978 durch die Einführung des Pflichtfaches Wehrerziehung an den Schulen der DDR ausgelöst worden waren, statt. Dennoch lag dem Staat daran, ein „geregeltes Verhältnis" zu den Kirchen zu haben. Ein wichtiges Gesprächsthema war die Gestaltung der Seelsorge in den Gefängnissen der DDR. U.a. wurde vereinbart, dass die Kirche für die Einrichtungen des Strafvollzugs, die nicht von Giebeler betreut wurden, eigene Seelsorger benennen könne. Diese bekamen dann – nach langwierigen staatlichen Bestätigungsverfahren – Zugang zu den Gefängnissen und konnten dort Gottesdienst feiern und Gespräche unter Aufsicht führen.

chen verantwortete nebenamtliche Seelsorge. Da ab 1966 als hauptamtlicher – staatlich angestellter und besoldeter – Seelsorger nur noch Eckart Giebeler amtierte, kann praktisch nicht von zwei Gefängnisseelsorge-Modellen in der DDR gesprochen werden. Üblich war die nebenamtliche Gefängnisseelsorge, während Giebelers Sonderposition es nicht rechtfertigt, von einem parallel zu den nebenamtlichen Gefängnisseelsorgern praktizierten Modell zu sprechen, da Modelle üblicherweise mehr als eine Bezugsgröße als Referenz benötigen.

Die Dienstordnung legte u. a. fest, wie die Beauftragung der Geistlichen erfolgen solle, benennt die Verbote, die für die Seelsorger im Gefängnis gelten, und regelt die Frage nach den Gottesdiensten und der Einzelseelsorge. Im Unterschied zu Giebeler erhalten die nebenamtlichen Gefängnisseelsorger „als Amtsträger der Kirche von dieser den Auftrag".[79] In Bezug auf die seelsorgerischen Gespräche wird in der Dienstordnung festgehalten, dass „der Geistliche [...] im Beisein eines VP-Angehörigen Sprechstunden mit den Strafgefangenen durchführen" könne. Zu unterbleiben hätten „Erörterungen über Urteil und Rechtsfragen".[80]

Eckart Giebeler wird später in seinen autobiografischen Texten eine „vom Ministerium des Innern erarbeitete Dienstordnung für die Gefängnisseelsorge, die praktisch bis zur Wende in Geltung"[81] war, abdrucken. Die von Giebeler publizierte Fassung entspricht aber in wesentlichen Punkten gerade nicht der offiziellen, von Staat und Kirche verabschiedeten Dienstordnung von 1953.

Zeigt sich in der von Giebeler dargestellten Dienstordnung implizit sein eigenes Seelsorge- und Rollenverständnis? Hat Giebeler möglicherweise unbewusst formuliert, was für ihn als Grundlage einer christlichen Seelsorge im Gefängnis galt?

Die zwischen Kirche und Staat ausgehandelte Dienstordnung vom Juni 1953 erwähnt weder ein *Erziehungsziel* des Strafvollzuges *noch die Sicherheit der Einrichtung*. In Giebelers Fassung einer Dienstordnung spielen diese beiden Aspekte aber durchaus eine Rolle, wenn im Strafvollzug „darauf geachtet [wird],

79 Dienstordnung für die Tätigkeit der Geistlichen in den Strafvollzugsanstalten, 3. 6. 1953, EZA 4/733.

80 Ebenda.

81 Giebeler, Der gefährliche Balanceakt, S. 7.

daß durch die religiöse Betätigung Strafgefangener die *Sicherheit der Einrichtung* und das *Erziehungsziel des Vollzuges* nicht gefährdet werden [Erziehungsziel: Einhaltung der sozialistischen Moral und der ihr zugrunde liegenden Gesetze]."[82] Nach diesem Verständnis dient „die religiöse Betätigung" eher der Unterstützung der Erziehungsziele im Strafvollzug"[83] als der Verkündigung des Evangeliums und der seelsorgerlichen Begleitung der Gefangenen.

Eckart Giebeler wird später ausführlich beschreiben, welche Übereinstimmungen er zwischen seiner Tätigkeit als Pfarrer und seinem Verständnis von seelsorgerlicher Begleitung der Gefangenen in Verbindung mit dem Erziehungsziel des Strafvollzuges sieht.[84]

Als 1967 ein neuer Mitarbeiter im Brandenburger Gefängnis die ihm offiziell bekannte Dienstordnung ernst nimmt, nach der keine seelsorgerischen Gespräche unter vier Augen stattfinden dürfen, kommt es zum Konflikt mit dem hauptamtlichen Gefängnisseelsorger, für den diese Regelung nicht gilt. Giebeler beschwert sich beim MfS über den Mitarbeiter des Strafvollzuges, der ihm die Vier-Augen-Gespräche nicht länger gestatten will.

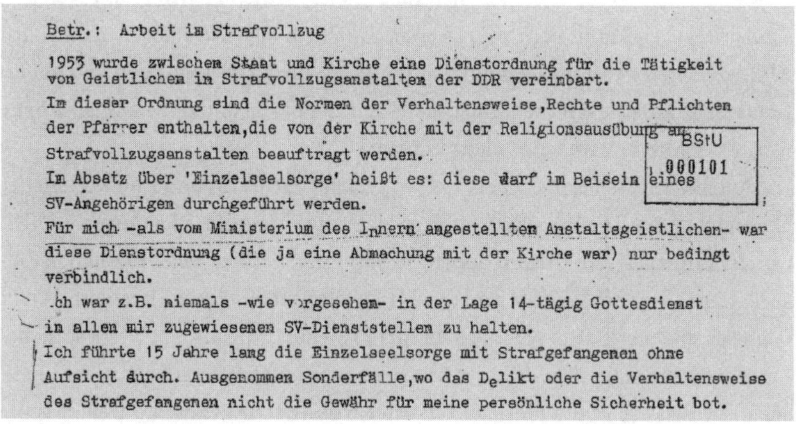
Betr.: Arbeit im Strafvollzug

1953 wurde zwischem Staat und Kirche eine Dienstordnung für die Tätigkeit von Geistlichem in Strafvollzugsanstaltem der DDR vereinbart.
Im dieser Ordnung sind die Normen der Verhaltensweise,Rechte und Pflichten der Pfarrer enthalten,die von der Kirche mit der Religionsausübung an Strafvollzugsanstalten beauftragt werden.
Im Absatz über 'Einzelseelsorge' heißt es: diese darf im Beisein eines SV-Angehörigem durchgeführt werden.
Für mich -als vom Ministerium des Innern angestellten Anstaltsgeistlichen- war diese Dienstordnung (die ja eine Abmachung mit der Kirche war) nur bedingt verbindlich.
Ich war z.B. niemals -wie vorgesehen- in der Lage 14-tägig Gottesdienst im allen mir zugewiesenen SV-Dienststellen zu halten.
Ich führte 15 Jahre lang die Einzelseelsorge mit Strafgefangenen ohne Aufsicht durch. Ausgenommen Sonderfälle,wo das Delikt oder die Verhaltensweise des Strafgefangenen nicht die Gewähr für meine persönliche Sicherheit bot.

BStU 000101

Dokument 7: Bericht von Eckart Giebeler über die Arbeit im Strafvollzug, 20. 11. 1967

82 Ebenda.
83 Ebenda.
84 Vgl. Kapitel 7.

Ich führte 15 Jahre lang die Einzelseelsorge mit Strafgefangenen ohne
Aufsicht durch. Ausgenommen Sonderfälle,wo das Delikt oder die Verhaltensweise
des Strafgefangenen nicht die Gewähr für meine persönliche Sicherheit bot.
Es war die ganze Zeit möglich,vermöge einer gutem Zusammenarbeit mit dem
Dienststellenleiterm viele Hinweise zu geben,für die stets Interesse vor-
handen war.
Darüber hinaus kam diese Regelung der Zusammenarbeit mit den Sicherheits-
organen zu Gute. Eine große Anzahl von Dingen,die in den Aussprachen ans
Tageslicht kamen,konnten dem MfS zur Bearbeitung unterbreitet werden. Auch

Dokument 8: Bericht von Eckart Giebeler über die Arbeit im Strafvollzug, 20.11.1967

Giebeler beschwert sich über – die nun auch für ihn geltenden – Einschränkungen, nach denen seine seelsorgerischen Gespräche überwacht werden müssten, beim MfS. Er habe doch „15 Jahre lang die Einzelseelsorge mit Strafgefangenen ohne Aufsicht" durchführen können. Durch die Einzelgespräche habe er der „Verwaltung Strafvollzug viele Hinweise geben [können], für die stets Interesse vorhanden war".[85] Falls seine Gespräche in Zukunft überwacht werden sollten, befürchtet Giebeler, dass „*Aussprachen zwischen mir und den Strafgefangenen kaum noch irgendwelche Dinge an den Tag bringen, die für das MfS von Interesse sind.* Es liegt also nicht am bösen Willen oder Mangel an Interesse für die Zusammenarbeit, wenn aus dem Strafvollzug von meiner Seite wenig oder keine Hinweise mehr kommen."[86]

Auch wenn Giebeler sich aus seelsorgerlichen Gründen und im Interesse der Gefangenen dafür eingesetzt haben mag, Gespräche unter vier Augen zu führen, ist ihm auch der Nutzen der Informationen aus den seelsorgerlichen Gesprächen, die er an die VSV und das MfS weitergibt, durchaus bewusst. Wenn Giebeler später erklären wird, dass er nicht gewusst habe, dass seine Gesprächspartner Mitarbeiter des MfS gewesen seien, wird dies durch den von ihm 1967 selbst verfassten Text widerlegt. Giebeler wusste sehr genau, an wen er seine Informationen weitergab und welche Bedeutung diese sowohl für die Verwaltung

85 Giebeler, Betr.: Arbeit im Strafvollzug, 20.11.1967, BStU, MfS, BVfS Potsdam, Abt. VII Nr. 5, Teil I, Bd. 1, Bl. 102.

86 Ebenda. Hervorhebung durch die Verf.

Strafvollzug als auch für das Ministerium für Staatssicherheit hatten. Giebelers Intervention 1967 gegen die Einschränkung seiner seelsorgerlichen Gesprächsbedingungen hat Erfolg.

Er kann bis zum Ende der DDR ohne Aufsicht die Seelsorgegespräche durchführen, wie noch im Mai 1989 Oberstleutnant Satzke von der VSV gegenüber Malte Kupas, Jurist beim Bund der Evangelischen Kirchen in der DDR, bestätigt. Satzke besteht darauf, dass die Strafvollzugsregelungen des MdI, die eindeutig besagten, dass grundsätzlich die seelsorgerlichen Gespräche im Strafvollzug aus Gründen der Sicherheit unbedingt zu überwachen seien, eingehalten werden. Eine Ausnahmeregelung würde nur für Pfarrer Giebeler gelten, der seelsorgerliche Gespräche ohne Überwachung führen dürfe.[87] Im gleichen Text von 1967, in dem Giebeler sich über die Einschränkung der Gespräche unter vier Augen beschwert, wird Giebeler sich erstaunlich klar zu seinem Verhältnis zur Kirche äußern, indem er für sich in Anspruch nimmt, dass die „vom MdI angestellten Anstaltsgeistlichen sich *nie als ‚Amtsträger der Kirche' gefühlt* [haben] und es in dem Sinne auch nicht"[88] sind. Damit lässt Giebeler keinen Zweifel daran, dass er sich selbst gegenüber dem MfS nicht als Amtsträger der Kirche begreift, was er allerdings nach 1990 grundsätzlich anders darstellen wird. Unabhängig von seinem Selbstverständnis, kirchlichen Debatten und kirchenrechtlichen Unklarheiten wirkte Eckart Giebeler als Seelsorger von 1949 bis 1992 in den folgenden Haftanstalten:[89]

87 Vermerk über ein Telefongespräch mit MdI, Gen. Oberstleutnant Satzke, 10.5.1989, BArch DO 4/1727.

88 Giebeler, Betr.: Arbeit im Strafvollzug, 20.11.1967, BStU, MfS, BVfS Potsdam, Abt. VII Nr. 5, Teil I, Bd. 1, Bl. 101. Hervorhebung durch die Verf.

89 Giebeler, Christus im Gefängnis der DDR, S. 16.

Tabelle 1: Giebelers Einsatzorte als Gefängnisseelsorger 1949–1989

Ort	Inhaftierte	Zeit
Brandenburg	Männer	1949–1992[90]
Torgau	Männer	1953–1978
Halle / Saale	Frauen	1953–1978
Bautzen I	Männer	1968–1978
Waldheim / Sachsen	Männer	1968–1978
Berlin-Köpenick	Frauen	1968–1989
Berlin-Rummelsburg	Männer	1968–1989
Cottbus	Männer	1978–1989
Bautzen II	Frauen und Männer	1978–1989
Hoheneck	Frauen	1978–1989
Hohenleuben	Frauen	1978–1989
Ichtershausen	Männer	1978–1989

90 Nach der politischen Neuordnung der Gefängnisseelsorge 1990 war er bis zum 9. Oktober 1992 im Gefängnis Brandenburg tätig.

5. Schattenwerk – Loyalität gegenüber dem staatlichen Arbeitgeber[1]

Innerhalb des Ministeriums des Innern war die Verwaltung Strafvollzug für die DDR-Strafvollzugsanstalten zuständig und auf der Ebene der Administration dafür verantwortlich, wie die Rahmenbedingungen für die Gefängnisseelsorge gestaltet wurden. Als Angestellter der Volkspolizei konnte Eckart Giebeler mit den Mitarbeitern der VSV die seine Tätigkeit als Gefängnisseelsorger betreffenden Fragen sozusagen auf dem kurzen Dienstweg klären sowie seinem Arbeitgeber Hinweise geben, die sich aus seiner Arbeit als Seelsorger und als Mitglied im Konvent der Gefängnisseelsorger ergaben.

Giebeler fungierte also als Verbindungsglied zwischen den kirchlichen Gremien und der staatlichen Gefängnisverwaltung, da er Zugang – wenn auch durch seine besondere Rolle in doppelter Weise begrenzt – zu beiden Welten hatte. Für die Pfarrerkollegen war es seltsam, dass ein Seelsorger bei der Polizei angestellt war, die Mitarbeiter im Strafvollzug wiederum betrachteten den Pfarrer ebenfalls nicht als ihren Kollegen, obwohl er – zwar im Zivilrang – bei der gleichen staatlichen Verwaltung angestellt war.

Im Arbeitsvertrag mit der Volkspolizei hatte Giebeler sich verpflichtet, über alle ihm zur Kenntnis gelangten dienstlichen Angelegenheiten Verschwiegenheit zu wahren,[2] als ordinierter Pfarrer und Mitglied zweier Konvente galt für ihn das Gebot der Amtsverschwiegenheit,[3] nach dem Pfarrer über dienstliche Angelegenheiten grundsätzlich Verschwiegenheit zu bewahren haben. Für die seelsorgerlichen Gespräche galt außerdem die unverbrüchliche Wahrung des Beichtgeheimnisses.

1 Vgl. Übersichten im Anhang unter Kapitel 12.2.

2 Dienstvertrag zwischen der Hauptverwaltung Deutsche Volkspolizei und Pfarrer Eckart Giebeler, 6.2.1953, ELAB, 15/1989.

3 Vgl. Anke/de Wall/Heinig (Hrsg.), Handbuch des evangelischen Kirchenrechts, S. 251.

Somit unterstand Giebeler einer dreifachen Schweigeverpflichtung:

— Seine staatliche Anstellung verpflichtete Giebeler, über alle Angelegenheiten des Strafvollzuges zu schweigen.
— Das Gebot der Amtsverschwiegenheit verpflichtete Giebeler zum Stillschweigen über alle innerkirchlichen Angelegenheiten.
— Das Beichtgeheimnis verpflichtete Giebeler zum Schweigen über alles ihm in der Seelsorge Anvertraute.

<table>
<tr><td>Angestellter beim Ministerium des Innern/Deutsche Volkspolizei</td><td>Pfarrer der evangelischen Kirche</td></tr>
<tr><td colspan="2">Wahrung des Beichtgeheimnisses als ordinierter Pfarrer</td></tr>
<tr><td>Dienstverschwiegenheit über Angelegenheiten des Strafvollzuges</td><td>Amtsverschwiegenheit über innerkirchliche Belange</td></tr>
</table>

Diese dreifache Verschwiegenheitsverpflichtung verdeutlicht Giebelers einsames Wirken. Gerade als einziger hauptamtlicher DDR-Gefängnisseelsorger wären der geschwisterliche Rat, der offene und vertrauensvolle Austausch mit Kolleginnen und Kollegen und auch eine eigene seelsorgerliche Begleitung unverzichtbar gewesen. So aber musste Giebeler irgendwie versuchen, das Vertrauen seines Arbeitgebers zu gewinnen und ebenso das der Kirche nicht zu verlieren. Bei dieser Gratwanderung hat Giebeler offenbar das Vertrauen der Verwaltung Strafvollzug höher geschätzt als seine kirchliche Amtsverschwiegenheit.

Giebeler führte regelmäßig Gespräche mit den Mitarbeitern der Verwaltung Strafvollzug, also quasi mit seinen Kollegen. Dabei klärte er nicht nur die praktischen Fragen, z. B. darüber wann, wie und wo der nächste Gottesdienst durchgeführt werden konnte, sondern gab zusätzlich schriftlich und mündlich innerkirchliche Informationen über streng vertrauliche Sachverhalte weiter und beurteilte seine Pfarrerkollegen.

Damit verstieß Giebeler gegen das kirchliche Gebot der Amtsverschwiegenheit wie auch gegen die Wahrung des Beichtgeheimnisses. Die Amtsverschwiegenheit verpflichtet einen Pfarrer, der im Rahmen seiner Tätigkeit von zahlreichen dienstlichen Angelegenheiten Kenntnis erhält, grundsätzlich Verschwiegenheit zu bewahren.[4] Ergänzt wird die Verpflichtung zur Amtsverschwiegenheit durch das Beichtgeheimnis, das der Seelsorger unter allen Umständen zu wahren hat.

Giebelers Informationen an die VSV sind im Bundesarchiv (BArch) im Bestand Ministerium des Innern, Verwaltung Strafvollzug, über den Zeitraum von 1975 bis 1983 archiviert, sodass nur Dokumente aus diesem Zeitraum ausgewertet werden konnten. Die vorliegenden Dokumente wurden nach *Berichten* über die *Konvente der Gefängnisseelsorger*, nach *Briefen*, die Eckart Giebeler an die VSV geschrieben und *Gesprächen*, die er mit der VSV geführt hat, gegliedert.

Seine Ansprechpartner bei der Verwaltung Strafvollzug waren in den betreffenden Jahren Major Serfas, Oberstleutnant Karger und Oberstleutnant Kolb, die auch die Adressaten seiner Briefe waren.

Berichte über Gefängnisseelsorgerkonvente[5]

In dem genannten Aktenbestand des Bundesarchivs nehmen die Berichte von Giebeler über den Konvent der Gefängnisseelsorger in der DDR einen großen Raum ein.

Der Konvent der Gefängnisseelsorger traf sich zweimal jährlich in Berlin, um sich über die aktuelle Situation, wie sie sich für die Seelsorger in den Gefängnissen darstellte, auszutauschen, theologisch zu arbeiten, spezifische Probleme der Seelsorge in den Gefängnissen zu identifizieren und sich im kollegialen Austausch für diese komplizierte Arbeit zu stärken. Neben dem hauptamtlichen Seelsorger Giebeler nahmen an dieser Zusammenkunft bis

4 Ebenda.

5 Vgl. die Übersicht im Anhang unter Kapitel 12.2.1.

1978 etwa zehn nebenamtliche Gefängnisseelsorger teil. Nach dem Staat-Kirche-Gespräch am 6. März 1978 konnten etwa insgesamt 20 Seelsorger nebenamtlich in den Gefängnissen arbeiten.

Dieser Konvent war nach Kriegsende auf Initiative von Oberkonsistorialrat Horst Fichtner, Leiter des Amtes für den kirchlichen Dienst an Kranken und Gefangenen, in Berlin entstanden. Nach Gründung der beiden deutschen Staaten 1949 trafen sich die Westberliner Gefängnisseelsorger ab 1950 in einem eigenen Konvent. In der DDR wurde der Konvent für die Gefängnispfarrer aller ostdeutschen Landeskirchen ab den 1950er-Jahren das verbindende Gremium, das 1973 als Fachverband des Diakonischen Werkes der Evangelischen Kirchen in der DDR eingetragen wurde. Nachdem der erste Vorsitzende des Konventes Fichtner 1961 verstorben war, übernahm Superintendent Johannes Zachau die Leitung, dem Hans-Dietrich Schneider, Abteilungsleiter der Inneren Mission und Hilfswerk (IMHW), als Vorsitzender folgte.

Giebeler wäre gerne bereits 1970 Zachaus Nachfolger[6] geworden. Aber auch ohne dieses Amt war er nach Ansicht von Schneider der „eigentliche Leiter des Konventes der Strafgefangenenseelsorge".[7] Im gleichen Jahr war der Konvent dem IMHW angegliedert worden, und Giebeler hatte vom MfS den Auftrag bekommen, „eine laufende Abschöpfung zu betreiben, um zu erforschen, welche Ziele die Innere Mission damit hat, daß sie unbedingt Einfluß auf den Anstaltspfarrerkonvent haben will".[8]

1984 wurde Eckart Giebeler für eine dreijährige Amtszeit zum Vorsitzenden des Konventes, 1987 für eine zweite Amtszeit gewählt. Kurz nach seiner Wiederwahl 1987 allerdings verständigten sich der Sekretär des Bundes der Evangelischen Kirchen in der DDR, Oberkirchenrat Martin Ziegler, und der Direktor des Diakonischen Werkes der Evangelischen Kirchen in der DDR, Ernst Petzold, darauf, „daß bei der Neuwahl des Konventsvorsitzenden nicht wieder Herr Giebeler in Frage kommen sollte".[9] Der inhaltliche Hintergrund für diese

6 Schneider, Notiz über Gespräch mit Giebeler, 11.3.1970, ADE, DW DDR III 250, Bd. 2.
7 Ebenda.
8 GHI „Erich" Jahresbericht 10.12.1970, BStU, MfS, AIM Potsdam 443/66, Bd. II, Bl. 198.
9 Gespräch Petzold mit Ziegler, 29.5.1987, ADE, DW DDR III, 250, Bd. 4.

Abmachung zwischen Ziegler und Petzold ist nicht bekannt. Es ist unklar, ob die beiden mit Giebelers Arbeit als Konventsvorsitzenden unzufrieden waren und ob sie lieber einen nebenamtlichen, nicht beim Staat angestellten Gefängnisseelsorger als Vorsitzenden gesehen hätten oder ob ihnen auch Gerüchte zu Ohren gekommen waren, die Hinweise auf eine eventuelle Stasi-Mitarbeit von Giebeler enthielten. Schließlich hatte der langjährige Vorsitzende Schneider[10] solche gegenüber einem Inhaftierten geäußert und ihn vor dem Gefängnisseelsorger Giebeler gewarnt, weil dieser mit der Stasi zusammenarbeiten würde. Vielleicht hat Schneider seinen Verdacht auch Ziegler und Petzold mitgeteilt.

Giebeler prägte den Konvent durch seine langjährige Erfahrung als Seelsorger in den verschiedensten Haftanstalten und auch durch seine Innenperspektive im Umgang mit den Mitarbeitern der Verwaltungsbehörde des Strafvollzuges.

Für den Stralsunder Pfarrer Siegfried Lange, der von 1979 bis 1985 als nebenamtlicher Gefängnisseelsorger in der Greifswalder Landeskirche arbeitete, waren diese Konvente „eine große Hilfe. [...] Wir konnten unsere Erfahrungen austauschen und wesentliche Hinweise für unseren Dienst bekommen.“[11] Gerade Eckart Giebeler habe aufgrund seiner langen Erfahrung den neuen Gefängnispfarrern entscheidend helfen können.

Für Giebeler selbst waren diese Zusammenkünfte der Ort, wo er sich nach eigenen Angaben „extrem wohlgefühlt“[12] habe. Hier habe er offen über seine Probleme und Nöte sprechen können. Außerdem habe er durch sein besonderes Anstellungsverhältnis einen Draht zur Obersten Strafvollzugsbehörde im Ministerium des Innern gehabt, weshalb ihn, nach seiner Darstellung, manchmal „die Brüder aus dem Konvent gebeten [hätten], Probleme den leitenden Strafvollzugsfunktionären vorzutragen“.[13]

Da bei diesen Zusammenkünften sehr sensible Fragen der Seelsorge im Gefängnis und persönliche Geschichten von Gefangenen geteilt sowie über die

10 Vgl. Kapitel 6.3.5.

11 Schröter / Mechtel, Beiträge zum Umgang mit der Staatssicherheits-Vergangenheit, S. 106.

12 Giebeler, Christus im Gefängnis der DDR, S. 178.

13 Ebenda.

kirchenpolitischen Dimensionen der Gefängnisseelsorge beraten wurde, musste für die Unterlagen dieser Treffen eine besondere „Aktenordnung für den Dienst der Strafanstaltsseelsorge" erarbeitet und verabschiedet werden, um diese Akten vor unbefugtem Zugriff zu schützen. Darin wurde festgelegt, dass „der Aktenschrank außerhalb der Dienststunden unter Verschluss gehalten [wird]. Der Schlüssel ist gesichert aufzubewahren. Zugang zu dem Aktenschrank haben nur der Leiter und die Mitarbeiterin des Dienstes für Gefangenenseelsorge. Sie sind verpflichtet, den Inhalt der Akten vertraulich zu behandeln, da es sich um persönliche Angelegenheiten der betreffenden Gefangenen und um ihr religiöses Leben handelt."[14]

Auf Giebelers Anregung gibt sich der Konvent zudem eine verbindliche Konventsordnung. Unter §4, Abs. 2 und 3 heißt es: „(2) Jedes Mitglied ist verpflichtet über alle besprochenen Angelegenheiten strengste Verschwiegenheit zu wahren. (3) Gästen des Konventes ist diese Verpflichtung in entsprechender Weise aufzuerlegen. 26. Oktober 1983, Gez. Giebeler."[15]

Aber was nutzen ein verschlossener Aktenschrank und eine Verpflichtung zur Verschwiegenheit, wenn ein Mitglied oder Gast des Konventes diese Schweigeverpflichtung missachtet und die Verwaltung Strafvollzug regelmäßig und umfänglich über die Gespräche unterrichtet, Kollegen einschätzt und kirchenpolitische Diskussionen und Kontroversen darstellt? War Giebeler bewusst, was er tat, wenn er am Ende eines Konventsberichts an die VSV die Ermahnung des damaligen Vorsitzenden Schneiders protokolliert, „daß alle Aussagen, die die Geistlichen bei der Tagung gemacht haben, ausschließlich Informationen für den Kreis und nicht für Außenstehende"[16] seien?

Da die Verpflichtung zur Verschwiegenheit auch für Gäste des Konventes galt, musste sie auch für Giebeler verbindlich sein, selbst wenn er in keinem kirchlichen Anstellungsverhältnis stand und insofern möglicherweise kirchliche Vereinbarungen für sich als nicht bindend erachtete.

14 Aktenordnung des Dienstes für Gefangenenseelsorge, ADE, DW DDR III, 247, Bd. 1.

15 Ordnung des Konventes evangelischer Strafanstaltsseelsorger, 26.10.1983, ADE, DW DDR D, 204.

16 Giebeler, Bericht über Konvent 17.10.1979, BArch DO 1/3581.

Der Caritasverband, der die katholische Gefängnisseelsorge in der DDR verantwortete, lehnte 1988 ein Angebot von Diakonie-Direktor Petzold zur Zusammenarbeit mit dem Konvent der evangelischen Gefängnisseelsorger ab.

Die Vertreter des Caritasverbandes hoben hervor, dass das Schreiben von Petzold sie an „einer recht wunden Stelle getroffen" habe, da die Caritas „diesen Arbeitsbereich seit Jahrzehnten nur sehr diskret behandeln und lediglich eine Konferenz der Seelsorger im Jahr" durchführen würde. Petzold wisse, wie gern die katholische Kirche zur Zusammenarbeit bereit sei, allerdings wolle der Caritasverband „in dieser Aufgabe von einem direkten Konferenzkontakt absehen".[17] Warum hat der Caritasverband diesen ökumenischen und geschwisterlichen Austausch abgelehnt, wenn doch die Gefängnisseelsorger beider Konfessionen unter den gleichen staatlichen Begrenzungen hinsichtlich der Gefängnisseelsorge litten? Der Caritasverband hatte offenbar kein Vertrauen, dass dieser Austausch fruchtbar, sinnvoll und vertraulich sein würde. Möglicherweise aber haben die katholischen Seelsorger auch ihre Bedenken gegenüber dem hauptamtlichen evangelischen Seelsorger geäußert, der so viel anders in den Gefängnissen agieren konnte als sie selbst.

Dem katholischen Seelsorger Bernhard Walter, der in den 1980er-Jahren Giebelers nebenamtlicher Kollege im Gefängnis in Cottbus war, fiel damals auf, dass ihm – im Unterschied zu seinem evangelischen Kollegen Giebeler – kein Gespräch unter vier Augen gestattet wurde. Walter hatte außerdem registriert, dass Giebeler nicht nur die Gespräche ohne Aufsicht führen durfte, sondern auch längere Gesprächszeiten für die Seelsorge zur Verfügung gestellt bekam. Dem katholischen Seelsorger erschien es „suspekt, dass er so andere Dinge durfte, die ich nicht durfte". Möglicherweise haben solche Beobachtungen der kleinen Unterschiede die katholische Kirche zurückhaltend reagieren lassen, als ihr vonseiten der evangelischen Kirchen das Angebot bezüglich eines Austausches über die Gefängnisseelsorge unterbreitet worden war.

Aber nicht nur der katholische Seelsorger hat die besonderen Befugnisse von Giebeler wahrgenommen, sondern auch die Cottbuser Gefangenen. Gerade weil

17 Caritasverband der DDR an das Diakonische Werk, 20.5.1988, ADE, DW DDR III, 250, Bd. 4.

der katholische Pfarrer weniger Freiheiten hatte, hätten ihm die Gefangenen mehr vertraut als Giebeler, meint Bernhard Walter.[18]

Die Schreiben von „Eckart Giebeler, Geistlicher im Strafvollzug“ sind an die „Genossen der Verwaltung Strafvollzug“ adressiert und von Giebeler meist handschriftlich und auch maschinenschriftlich (Giebeler) sowie wiederkehrend mit „sozialistischem Gruß“ unterschrieben.

Neben den regelmäßigen Berichten über die Konvente der Gefängnisseelsorger informierte Giebeler ebenso verlässlich die Verwaltung Strafvollzug über aus seiner Sicht für sie interessante Vorkommnisse.[19]

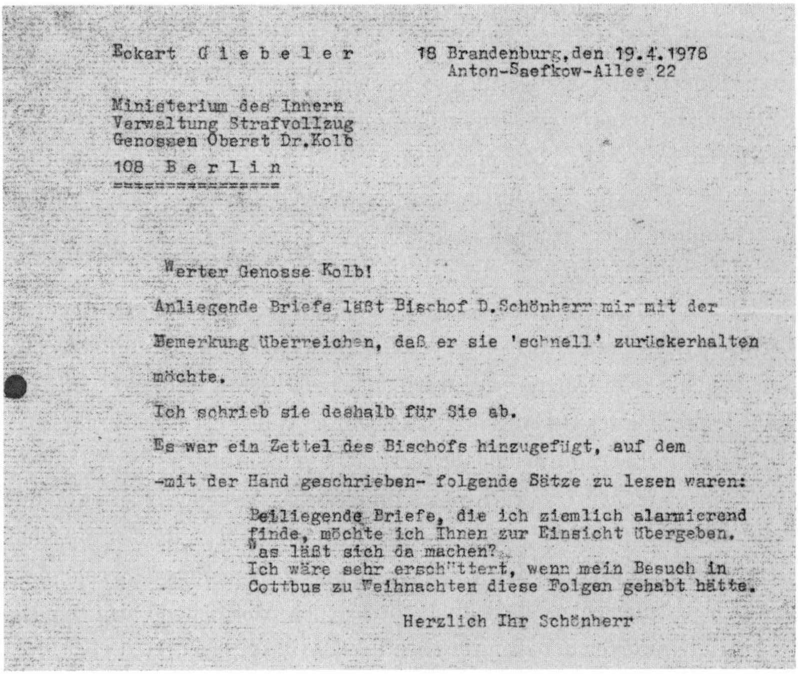

Eckart G i e b e l e r

18 Brandenburg, den 19.4.1978
Anton-Saefkow-Allee 22

Ministerium des Innern
Verwaltung Strafvollzug
Genossen Oberst Dr. Kolb

108 B e r l i n

Werter Genosse Kolb!

Anliegende Briefe läßt Bischof D. Schönherr mir mit der Bemerkung überreichen, daß er sie 'schnell' zurückerhalten möchte.

Ich schrieb sie deshalb für Sie ab.

Es war ein Zettel des Bischofs hinzugefügt, auf dem -mit der Hand geschrieben- folgende Sätze zu lesen waren:

Beiliegende Briefe, die ich ziemlich alarmierend finde, möchte ich Ihnen zur Einsicht übergeben.
Was läßt sich da machen?
Ich wäre sehr erschüttert, wenn mein Besuch in Cottbus zu Weihnachten diese Folgen gehabt hätte.

Herzlich Ihr Schönherr

Dokument 9: Schreiben von Eckart Giebeler an das Ministerium des Innern, Verwaltung Strafvollzug, Genossen Oberst Dr. Kolb, 19.4.1978

18 Bernhard Walter im Interview mit Verf. am 23.3.2015 in Forst.

19 Vgl. die Übersicht im Anhang unter Kapitel 12.2.2.

Neben den Berichten über die Konvente der Gefängnisseelsorger und Giebelers Schreiben an die VSV finden sich in den Akten des Bundesarchives auch Vermerke über Gespräche mit Eckart Giebeler, die Mitarbeiter des VSV nach Ende des Gespräches verfasst hatten.[20] Diese Gespräche nutzte Eckart Giebeler zum großen Teil dazu, seine Unzufriedenheit über das – aus seiner Sicht – zu geringe Gehalt zu kommunizieren, verbunden mit der Bitte, dieses zu erhöhen. Diesen Bitten ist die VSV in der Regel nachgekommen. Außerdem wurde festgelegt, wie sich Giebeler in Gesprächen mit kirchenleitenden Personen zu verhalten habe, und die Strategie abgesprochen, wie er die Interessen der VSV in der Kirche zu vertreten habe.

Giebeler wird 1992 betonen, dass er Kompromisse gegenüber dem Staat nur so weit eingegangen sei, wie sie im „Interesse seines Dienstes unbedingt notwendig" gewesen seien.[21]

In den vorliegenden Berichten, Schreiben und protokollierten Gesprächen hat Eckart Giebeler detailliert über Kollegen und über kirchenpolitische Entwicklungen berichtet und der VSV Empfehlungen darüber gegeben, wie mit kirchlichen Wünschen und Erwartungen in Bezug auf die Gefängnisseelsorge umzugehen sei. Waren die Informationen über den Konvent der Gefangenenseelsorger an die VSV „notwendige Kompromisse"? Dienten sie dazu, den ohnehin geringen Freiraum der Seelsorge in den Gefängnissen zu erhalten oder ihn zu erweitern?

Nachdem im Staat-Kirche-Spitzengespräch am 6. März 1978 vonseiten des Staates die grundsätzliche Bereitschaft erklärt wurde, die Möglichkeiten seelsorgerlicher Betreuung von Strafgefangenen zu erweitern, versuchte die Kirche, diese Zugeständnisse mit der Benennung von weiteren nebenamtlichen Seelsorgern umzusetzen.

Giebeler wird nach 1990 beklagen, dass er „als hauptamtlicher Gefängnispfarrer Jahrzehnte an die absolute Grenze"[22] seiner Leistungsfähigkeit gekommen sei, weil die 22 Geistlichen, die für diesen Dienst zugelassen waren, längst

20 Vgl. die Übersicht im Anhang unter Kapitel 11.1.3.

21 Giebeler, Hinter verschlossenen Türen, S. 172.

22 Giebeler, Schreiben an Furian, 11.10.1992, Brief I, ELAB, 15/1989.

nicht ausgereicht hätten. Seine „Bitte um Entlastung des hauptamtlichen Gefängnisseelsorgers“[23] sei von staatlicher Seite stets zurückgewiesen worden. Er schlägt z. B. vor, in der Strafvollzugsanstalt Hoheneck Pfarrer F. Gottesdienste abzunehmen.

Wenn dieser dann in den Ruhestand gehen würde, bräuchte für dieses Gefängnis kein neuer Seelsorger zugelassen werden.

Tatsächlich arbeitet Giebeler ab 1978 als Seelsorger in Hoheneck, und die nebenamtliche Seelsorgestelle entfällt. Als das Landeskirchenamt in Sachsen sich um einen Nachfolger für einen kranken Gefängnisseelsorger bemüht, schlägt Giebeler vor, die Kirche mit ihrem Antrag auf die Zulassung eines Pfarrers „hinzuhalten“. Der Pfarrer, der jetzt für das Gefängnis in Görlitz zuständig sei, könne doch auch Bautzen I mit übernehmen. Damit [sic!] [hätten] wir in Sachsen einen Pfarrer weniger im Strafvollzug und die Religionsausübung wäre trotzdem gewährleistet“,[24] betont Pfarrer Giebeler gegenüber der VSV. Diesen Vorschlag nimmt die Verwaltung Strafvollzug auf und bestätigt dem Staatssekretariat für Kirchenfragen am 28. Dezember 1982,[25] dass der evangelische Geistliche V., der bisher für das Gefängnis Görlitz zuständig war, nun auch für die Strafvollzugsanstalt Bautzen I zuständig sei.

Giebeler, dessen Bitte um Entlastung nach eigenen Angaben von staatlicher Seite immer abgelehnt worden sei, übernimmt als Seelsorger neue Gefängnisse und verhindert selbst die Ernennung weiterer Kollegen. Während die Kirche die neuen Möglichkeiten in der nebenamtlichen Gefängnisseelsorge ausnutzen möchte, versucht der hauptamtliche Gefängnisseelsorger, diese über die Verwaltung Strafvollzug zu begrenzen.

Außerdem warnt er davor, dass die Kirche durch die Tätigkeit von Geistlichen in den StVE einen größeren Einfluss gewinnen könnte. Deshalb sei es völlig unsinnig, für jedes Gefängnis einen neuen Geistlichen zu benennen und weniger vom Wunsch der Kirchen als von dem tatsächlichen Bedürfnis in den

23 Giebeler, Der gefährliche Balanceakt, S. 6.

24 Giebeler, Schreiben MdI, VSV, 1. 11. 1982, BArch DO 1 / 3581.

25 Oberstleutnant Martens, MdI, VSV, an Behnke, Abteilungsleiter Staatssekretariat für Kirchenfragen, 28. 12. 1982, BArch DO 4 / 1606, Bl. 20.

einzelnen Einrichtungen auszugehen. Sobald hier einer Landeskirche Konzessionen[26] gemacht werden würden, werden die anderen Landeskirchen gleiche Ansprüche erheben, befürchtet Giebeler. Andererseits geht er aber davon aus, dass bei der Kirche spätestens ab dem 1. Quartal 1979 eine „Ernüchterung“[27] in Bezug auf die Nachfrage nach Seelsorge und Gottesdienst in den Gefängnissen eintreten werde. Dieses von Giebeler wahrgenommene geringe Interesse an den kirchlichen Aktivitäten im Gefängnis hatte möglicherweise auch noch andere Ursachen als den verbreiteten Atheismus.

Die Schwierigkeiten, sich im DDR-Gefängnis als Christ zu bekennen, beschreibt Ulf Liedke. Er erwähnt, dass ihm bei seinem Aufnahmegespräch in der Haftanstalt Unterwellenborn ein Zettel zur Unterschrift vorgelegt worden war, auf dem er erklären sollte, dass er während seiner „Haftzeit *keine* religiöse Betätigung wünsche“.[28]

Um den Gottesdienst besuchen zu können, war also gleich zu Beginn der Haftzeit eine Unterschriftsverweigerung erforderlich, was in der ohnehin schon sehr verunsichernden Situation zusätzlich ein Bekenntnis erfordert hätte.

Aber nicht nur die Kirche möchte nach dem Staat-Kirche-Spitzengespräch 1978 die Möglichkeiten der Gefängnisseelsorge erweitern. Auch ein Genosse des MdI, der Leiter der Abteilung Inneres des Kreises Eisleben, Florczak, will im Gefängnis Volkstedt, für das er zuständig ist, einem nebenamtlichen Seelsorger den Dienst ermöglichen. Als Giebeler davon erfährt, wendet er sich sofort an Florczak, um diesen darauf hinzuweisen, dass eine solche Regelung nicht mit der „Konzeption der Obersten Strafbehörde beim MdI übereinstimmen würde“.[29] Daraufhin nimmt Oberstleutnant Karger von der Verwaltung Strafvollzug aufgrund von Giebelers Hinweis Rücksprache mit dem betreffenden Genossen. Nach diesem Gespräch erklärt Karger, „dass es keine weiteren Aktivitäten in dieser Richtung geben werde“.[30] Nicht nur die kirchenpolitischen

26 Giebeler, Schreiben MdI, VSV, Karger, 12.12.1978, BArch DO 1/3581.

27 Ebenda.

28 Ulf Liedke, Seelsorge im Strafvollzug, Leipzig 1990, S. 28. Hervorhebung durch die Verf.

29 Giebeler, Schreiben an Florczak, Rat des Kreises Eisleben, Abt. Inneres, 7.7.1978. BArch DO 1/3581.

30 Ebenda.

Aspekte der Gefängnisseelsorge kommuniziert Giebeler gegenüber der VSV, er beurteilt seine Pfarrerkollegen, schätzt ein, inwieweit sie für diese Arbeit geeignet oder ungeeignet seien, und schildert aus seiner Sicht „Fehlverhalten" der Kollegen.

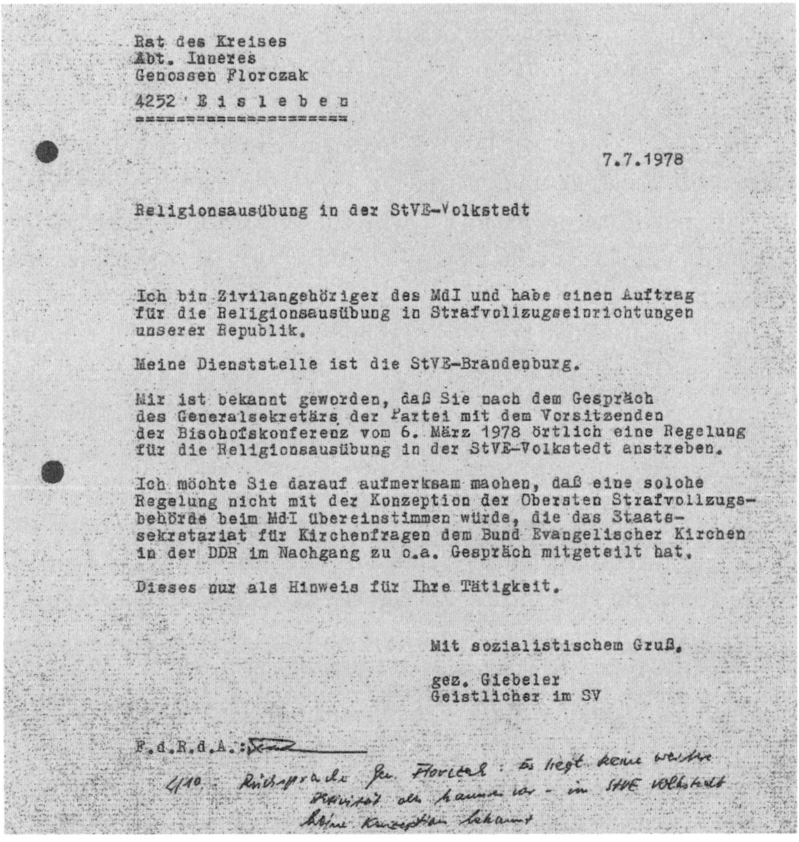

Rat des Kreises
Abt. Inneres
Genossen Florczak
4252 E i s l e b e n

7.7.1978

Religionsausübung in der StVE-Volkstedt

Ich bin Zivilangehöriger des MdI und habe einen Auftrag für die Religionsausübung in Strafvollzugseinrichtungen unserer Republik.

Meine Dienststelle ist die StVE-Brandenburg.

Mir ist bekannt geworden, daß Sie nach dem Gespräch des Generalsekretärs der Partei mit dem Vorsitzenden der Bischofskonferenz vom 6. März 1978 örtlich eine Regelung für die Religionsausübung in der StVE-Volkstedt anstreben.

Ich möchte Sie darauf aufmerksam machen, daß eine solche Regelung nicht mit der Konzeption der Obersten Strafvollzugsbehörde beim MdI übereinstimmen würde, die das Staatssekretariat für Kirchenfragen dem Bund Evangelischer Kirchen in der DDR im Nachgang zu o.a. Gespräch mitgeteilt hat.

Dieses nur als Hinweis für Ihre Tätigkeit.

Mit sozialistischem Gruß,

gez. Giebeler
Geistlicher im SV

F.d.R.d.A.:

4/10. Rücksprache m. Gen. Florczak: Es liegt keine weitere Aktivität als Kenntnis vor – im StVE Volkstedt keine Konzeption bekannt

Dokument 10: Schreiben von Eckart Giebeler an Genossen Florczak, Rat des Kreises Eisleben, Abt. Inneres, 7.7.1978

Da das Ministerium des Innern die von der Kirche benannten Gefängnisseelsorger bestätigen musste und diese Bestätigungen auch jederzeit zurücknehmen konnte, stellten die von Giebeler über Kollegen gegebenen Auskünfte durchaus eine Gefährdung ihrer nebenamtlichen Tätigkeit als Gefängnisseelsorger dar.

Giebeler beurteilt seine Pfarrerkollegen nicht im Hinblick auf deren theologische oder seelsorgerliche Fähigkeiten, sondern danach, wie diese sich in das System des Strafvollzuges, geprägt durch die Prämissen Erziehung – Sicherheit – Arbeitsproduktivität, einordnen lassen. In dem Gefängnisseelsorger-Konvent werden auch Predigten vorgestellt und besprochen, die die Seelsorger in den Gefängnissen gehalten haben. Giebeler fragt auch hier nicht danach, welche geistliche Aussage sich in diesen spiegelt, sondern danach, ob eine Predigt einen „gewissen *erzieherischen* Wert“[31] für die evangelischen Kirchgänger besitzt. Er kritisiert, dass Seelsorger Gefangenen die Hand geben würden und sie mit Herr oder Vor- und Nachname ansprächen. Außerdem seien die Gefängnisseelsorger der sächsischen Landeskirche grundsätzlich schwierig. Das müsse die Gefängnisverwaltung gerade im Hinblick auf die Gefängnisse Görlitz und Bautzen I beachten. Giebeler findet es zudem bedenklich, dass ein Seelsorger Briefe von Gefangenen erhielte, die die Gefängnisse illegal verlassen würden. Das veranlasst Giebeler dazu, grundsätzlich festzustellen, „daß überhaupt viele Briefe von SG in verschiedenen Einrichtungen ungenügend zensiert werden“.[32]

Giebeler übernimmt die Position der VSV, wenn er unterstützt, dass einem bestimmten Pfarrer keine Einzelgespräche gestattet würden, da dieser in den Westen reisen dürfe.

Wenn sich Bischöfe besorgt über die Zustände in den DDR-Gefängnissen äußern, versucht Giebeler, deren Bedenken zu zerstreuen, und widerspricht ihren Darstellungen. Er versucht außerdem, die Bischöfe davon abzuhalten, u. a. zu Weihnachten Gottesdienste in den Gefängnissen zu feiern. Für die Gefangenen sei ein Bischofsbesuch nichts Besonderes, und außerdem sei es besser, wenn den Weihnachtsgottesdienst der Geistliche durchführt, der die Gefangenen auch kennt. Gleichzeitig teilt Giebeler den staatlichen Organen mit, dass die Bischöfe kein Interesse an den Weihnachtsgottesdiensten hätten. In gleicher Weise berät Giebeler den Cottbusser Generalsuperintendenten, der ebenfalls

31 Hervorhebung durch die Verf. Vgl. auch Kapitel 8.

32 Gespräch Giebeler mit Serfas, 16. 12. 1980, BArch DO 1 / 3581.

Brandenburg (Havel)

Ministerium des Innern
Verwaltung Strafvollzug
Eing.: 2 . NOV. 1977
Tgb.-Nr. 3861/77

Strafvollzugsanstalt Brandenburg (Havel), Anton-Saefkow-Allee 22

Verwaltung Strafvollzug
Genossen Major K a r g e r
108 B e r l i n

23.11.1977

Ihre Zeichen	Ihre Nachricht vom	Hausruf	Unsere Zeichen	BRANDENBURG (HAVEL) Anton-Saefkow-Allee 22

Betreff Religionsausübung

Werter Genosse Karger!

Die ersten Berichte hinsichtlich kirchlicher Aktivitäten in den StVE, über die Sie eine Aufstellung erbaten, laufen ein. Ich hoffe, daß ich in zwei bis drei Wochen alle Informationen zusammen haben werde.
Interessant ist schon folgendes: Der Bischof von Meißen hat seinen Dakanatspfarrern berichtet, die katholische Kirche habe den Versuch unternommen, die Bestätigung eines Geistlichen für eine kleinere StVE zu erwirken. Wenn dieser Versuch gelinge, wäre ein Exempel statuiert und könne man auch für andere StVE um solche Bestätigungen nachsuchen.- Ähnliches gilt sicherlich auch für die evangelische Seite. Wenn ein Pfarrer für die StVE-Schwarze Pumpe bestätigt wird, werden weitere Anträge folgen.
Schlußfolgerung: Man muß sich genau überlegen, ob und wo Neubestätigungen erfolgen und weniger vom Wunsch der Kirchen als von dem tatsächlichen Bedürfnis in einzelnen Einrichtungen ausgehen. Wenn in einer StVE ein oder zwei SG einen Pfarrer zu sprechen wünschen, wird es kaum lohnen, eine Bestätigungsprozedur in Gang zu setzen, weil bei deren Abschluß ggf. die SG schon garnicht mehr in der Einrichtung sind.
Für eine so kleine Anzahl könnte man den Weg der Verlegung in eine andere StVE erwägen, oder den Besuch durch einen für eine andere Einrichtung zugelassenen Geistlichen oder u.U. auch den Besuch des Ortspfarrers. Ein einmaliger Besuch desselben birgt doch kein größeres Risiko in sich, wie wenn ein SG durch seine Angehörigen besucht wird. Es kommt sicher immer auf den 'Fall' an.
Aussprachen von SG in den StVE Cottbus und Hoheneck mit den zugelassenen Geistlichen halte ich erfahrungsgemäß für kompliziert. Wenn die entsprechenden Passagen der SV-Ordnung strikt eingehalten werden, mag es gehen. Aber bei der Struktur der Einrichtungen muß man mit Überraschungen rechten. Die Geistlichen selbst ahnen nicht, was da auf sie zukommt.
Der katholische Pfarrer, der für die StVE-Hoheneck bestätigt wurde, hat tatsächliche die Anschriften von SG von Amtskollegen erhalten. Ich sprach neulich bereits die Vermutung aus.-

Mit sozialistischem Gruß,

(Giebeler)
Geistlicher im SV

Fernruf: 38 14 - Bankverbindung: Deutsche Notenbank Brandenburg (Havel), Kon... (87/11) Ag 464/64

Dokument 11: Schreiben von Eckart Giebeler an die Verwaltung Strafvollzug, Berlin, Major Karger, 23.11.1977

im Cottbusser Gefängnis einen Weihnachtsgottesdienst feiern möchte. Giebeler habe ihm vorgeschlagen, irgendwann mit ihm zusammen in der Einrichtung einen Gottesdienst durchzuführen. Giebeler hofft, dass noch viel Zeit ins Land gehen werde, bis der Generalsuperintendent sich in dieser Angelegenheit wieder melden werde.

Die Bischöfe allerdings haben sich von Giebelers Interventionen nicht abhalten lassen und jedes Jahr erneut und oft auch erfolgreich versucht, in den Gefängnissen die Weihnachtsbotschaft zu verkünden.

Giebeler schrieb zudem Briefe, die besorgte Angehörige von Gefangenen an Bischof Schönherr geschrieben hatten und die dieser Giebeler zur Einsicht überlassen hatte, für die Verwaltung Strafvollzug ab. Am 19. April 1978[33] sendet Giebeler zwei Briefe, die ihm Bischof Schönherr zur Kenntnis gab, an die VSV weiter und schreibt zur Erklärung: „Anliegende Briefe läßt Bischof D. Schönherr mir mit der Bemerkung überreichen, daß er sie ‚schnell' zurückerhalten möchte. Ich schrieb sie deshalb für Sie ab. Es war einen Zettel des Bischofs hinzugefügt, auf dem – mit der Hand geschrieben – folgende Sätze zu lesen waren: Beiliegende Briefe, die ich ziemlich alarmierend finde, möchte ich Ihnen zur Einsicht übergeben. Was läßt sich da machen? [...] Herzlich Ihr Schönherr."[34]

Mit dem Leiter der Verwaltung Strafvollzug wurde abgestimmt, wie Giebeler diese Briefe zu beantworten habe, sodass sie in der Westpresse nicht gegen die DDR verwendet werden können.

Hat Giebeler in seinen Berichten an die Verwaltung Strafvollzug zum großen Teil innerkirchliche Belange kommuniziert, gibt er darüber hinaus auch Informationen über Gefangene an die VSV weiter.

So bemängelt er u. a., dass Gefangene, „die einen Ausweisungsantrag [sic!] gestellt haben, andere auffordern es auch zu tun. Häufig wird dieser Aufforderung dann auch entsprochen obwohl gar keine ernsthaften Gründe"[35] vorliegen würden.

33 Schreiben, 19. 4. 1978, Giebeler beantwortet beide nichtvorliegenden Briefe am 1. 5. 1978 und schreibt auch an Schönherr und gibt diese Briefe Karger am 8.5. zur Kenntnis, BArch DO 1 / 3581.

34 Ebenda.

35 Karger, Vermerk Gespräch mit Giebeler, 19. 1. 1976, BArch DO 1 / 3581.

Gefährlich wird es für Gefangene, wenn Giebeler der Verwaltung Strafvollzug z.B. den Hinweis gibt, „daß einzelne Strafgefangene der StVE Cottbus am 2. Osterfeiertag aus religiösen Gründen nicht arbeiten wollen".[36]

Welche Folgen eine solche Information haben kann, beschreibt Matthias Storck, ein wegen eines angeblich geplanten Fluchtversuches 1980 in Cottbus inhaftierter Greifswalder Theologiestudent. Am 31. Oktober 1980, dem Reformationstag, wurde Storck wegen der Anstiftung zur „Arbeitsbummelei" in den Arrest gesperrt. Trotz verschärften Strafvollzugs erhält Storck die Möglichkeit, den Gefängnispfarrer Giebeler zu sprechen.[37] Storck, der nicht weiß, warum er eine Arreststrafe erhalten hat, bekommt von Giebeler die Erklärung. Der Pfarrer fragt Storck, welcher Teufel ihn geritten habe, am Reformationsfest zur Arbeitsbummelei aufzurufen. Für die staatlichen Organe ist klar, dass nur ein Theologe am Reformationstag zur Arbeitsverweigerung aufrufen kann. Giebeler erwartet deshalb von Storck, dass er die Verstimmung des Personals versteht. Der Seelsorger belehrt Storck außerdem, dass es nicht im „Sinne von Schrift und Bekenntnis sei, solcherlei waghalsige Zeichen im Knast zu setzen".[38]

Storck allerdings hatte im Haftalltag weder an ein Datum noch an den Reformationstag gedacht und somit auch nicht zum Streik am Reformationstag aufgerufen.

Giebeler wird sich später daran erinnern, Matthias Storck im Arrest besucht zu haben, und rechtfertigt die Tatsache, dass er „Informationen an das Ministerium" weitergegeben hat, u.a. damit, dass man ihm Matthias Storck sonst „nicht aus dem Arrest in die Sprechstunde zugeführt"[39] hätte.

In seinen Schreiben an die VSV ist zudem eine große Distanz gegenüber den nebenamtlichen Gefängnisseelsorgern zu spüren. Die Annahme, dass Pfarrer Giebeler sich in diesem Kreis als Kollege und Partner begriffen und wohlgefühlt hat, lässt die Lektüre der Berichte eher nicht zu. In einem politisch repressiven System bestimmt immer auch der Adressat Inhalt und Sprache eines

36 Karger, Vermerk Gespräch mit Giebeler, 28.3.1979, BArch DO 1/3581.

37 Matthias Storck, Karierte Wolken. Lebensbeschreibung eines Freigekauften, Moers 1993, S. 154ff.

38 Ebenda.

39 Giebeler, Schreiben an Linke, 27.12.1993, Archiv der Verf.

Briefes, aber es scheint, als sei die Diktion der Distanz nicht nur in Hinblick auf den staatlichen Adressaten der Berichte verfasst worden.

Giebeler schreibt über die Konvente, als sei er als *Beobachter* anwesend gewesen, aber nicht Teil desselben gewesen, da er weder von „wir“ noch von „uns“ schreibt, sondern, über „die anwesenden Geistlichen“ oder „die Tagungsteilnehmer“.

1999 wird Giebeler über den Konvent schreiben, dass „für alle Neuanfänger der zweimal jährlich in Berlin veranstaltete Konvent eine große Hilfe [war]. Der [sic!] Erfahrungsaustausch, die Zurüstung sowie das gemeinsame Gebet wollte niemand mehr missen.“[40]

Vor 1989 betrachtete er die Konvente auch unter einem anderen Gesichtspunkt: „Ich finde es gut, daß diese Zusammenkünfte stattfinden. Man erhält dabei einen Ein- und Überblick in die Tätigkeit von ev. Geistlichen im SV, die sicherlich für die Staatsorgane auch von Interesse ist [sic!].“[41]

Für das Ministerium des Innern und die VSV waren die Informationen aus dem Konvent von großem Interesse, nicht nur um die kirchenpolitische Gesamtlage einschätzen zu können, sondern auch, um über die Haltung einzelner Pfarrer informiert zu werden.

Nach Auswertung dieser Informationen bekam Giebeler wiederum Anweisungen von der VSV, wie er innerhalb der Kirche zu agieren hätte. Dies musste dann so aussehen, als seien es Giebelers eigene Gedanken und Vorschläge. Deshalb hat die VSV Giebeler mehrfach darauf hingewiesen, „daß Herr G. so verfahren muß, als ob es seine eigenen Gedanken bzw. Vorstellungen sind. Unter keinen Umständen darf etwas anderes sichtbar werden.“[42] Dabei solle Giebeler die abgestimmte Linie der Verwaltung Strafvollzug vertreten. Eckart Giebeler, der zu den beiden Welten Staat und Kirche Zugang hatte, hat seine innerkirchlichen Informationen also weniger dazu genutzt, die kirchlichen Anliegen innerhalb der Verwaltung Strafvollzug zu vertreten, sondern eher

40 Giebeler, Christus im Gefängnis der DDR, S. 3.

41 Giebeler, Schreiben VSV, 4.2.1979, BArch DO 1/3581.

42 Karger, Vermerk über ein Gespräch mit Herrn Pfarrer Giebeler, 3.5.1978, BArch DO 1/3581.

dafür, den staatlichen Stellen Hinweise zu geben, mit welchen Argumenten sie die kirchlichen Anliegen ablehnen könnten.

„Der Kirche keine Rechenschaft schuldig …" – Seelsorge im Militärgefängnis Schwedt

Im Februar 1982 unterbreitete Giebeler dem Staatssekretariat für Kirchenfragen einen Vorschlag, wie die Gefängnisseelsorge im Militärstrafvollzug in Schwedt[43] geregelt werden könnte. Die Strafvollzugsordnung von 1977 gab vor: „mit Militärstrafgefangenen wird kein Gottesdienst durchgeführt".[44] Dem Wunsch nach religiöser Betätigung allerdings könnte in „angemessener Form"[45] entsprochen werden. Da aber von den staatlichen Organen keine Seelsorge im Militärgefängnis zugelassen wurde, kritisierten die Kirchen diesen – aus ihrer Sicht – unhaltbaren Zustand immer wieder. Giebeler empfiehlt deshalb Charlotte Arlt,[46] Juristin im Staatssekretariat für Kirchenfragen, den von ihm erarbeiteten Entwurf für die Seelsorge in Schwedt an das Ministerium für Nationale Verteidigung, dem der Militärstrafvollzug noch im gleichen Jahr unterstellt werden sollte, weiterzuleiten, falls die Kirche das Gespräch wieder auf die fehlende Seelsorge in Schwedt bringen sollte.

Er bietet sich an, „ein bis zweimal im Jahr für seelsorgerliche Aussprachen zur Verfügung zu stehen".[47] Diese Regelung sei für die Organe des Militärstrafvollzuges ohne Risiko und würde Giebeler nur wenig Zeit kosten. Die Durchführung von Gottesdiensten sollte seiner Meinung nach allerdings auch weiterhin nicht gestattet werden.

43 Das Militärgefängnis Schwedt war das einzige Militärgefängnis der Deutschen Demokratischen Republik und befand sich seit 1968 in Schwedt / Oder.

44 Strafvollzugsordnung 1977, Teil E (vom 19. 1. 1978), Bl. 13 Rs. u. 22 Rs.

45 Ebenda.

46 Arlt arbeitet ebenso wie Giebeler als Gutachterin für die Hauptverwaltung Verlage und Buchhandel, die quasi als Zensurbehörde in der DDR agiert.

47 Giebeler, Richtlinien für die Religionsausübung im Militärstrafvollzug, 12. 2. 1982, BArch DO 4 / 1606, Bl. 13.

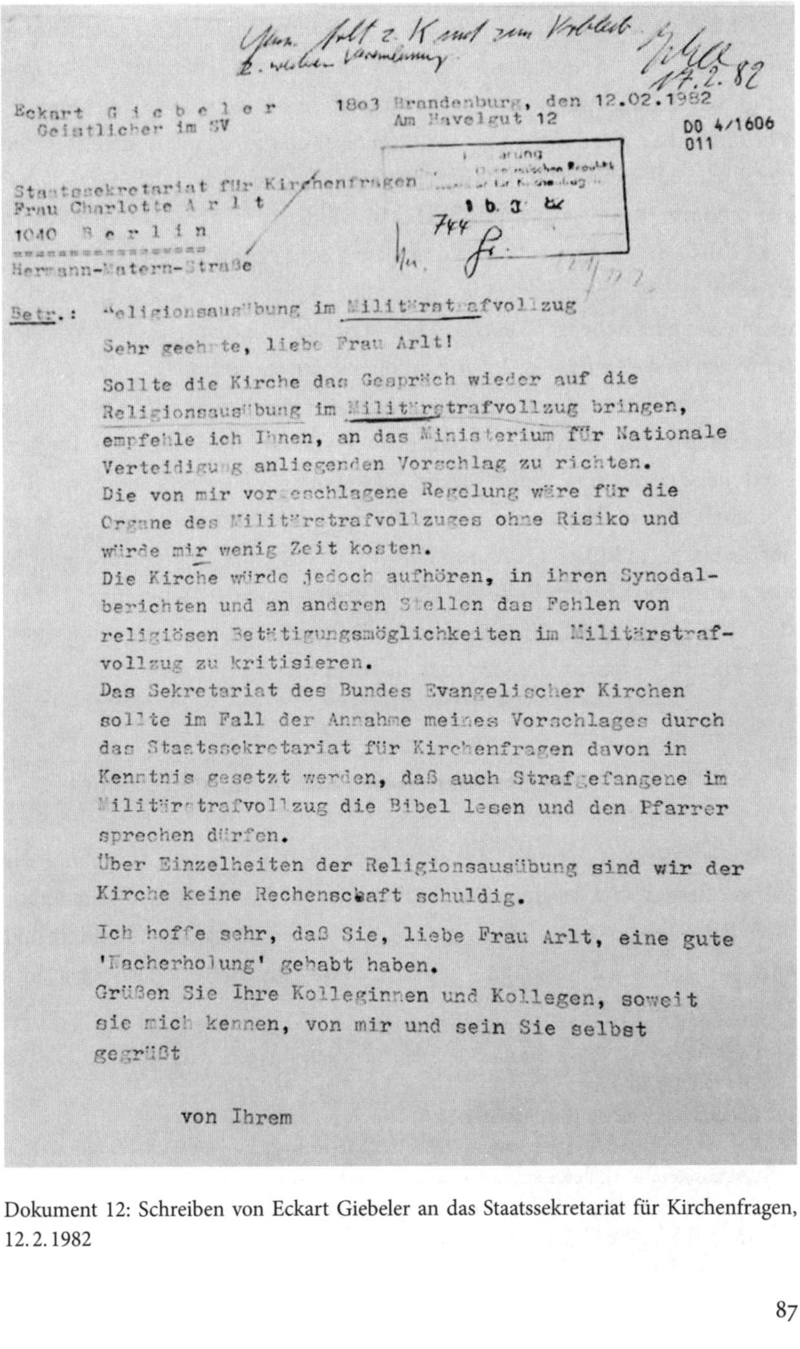

Eckart Giebeler
Geistlicher im SV

1803 Brandenburg, den 12.02.1982
Am Havelgut 12

DO 4/1606
011

Staatssekretariat für Kirchenfragen
Frau Charlotte Arlt
1040 Berlin
Hermann-Matern-Straße

Betr.: Religionsausübung im Militärstrafvollzug

Sehr geehrte, liebe Frau Arlt!

Sollte die Kirche das Gespräch wieder auf die Religionsausübung im Militärstrafvollzug bringen, empfehle ich Ihnen, an das Ministerium für Nationale Verteidigung anliegenden Vorschlag zu richten.
Die von mir vorgeschlagene Regelung wäre für die Organe des Militärstrafvollzuges ohne Risiko und würde mir wenig Zeit kosten.
Die Kirche würde jedoch aufhören, in ihren Synodalberichten und an anderen Stellen das Fehlen von religiösen Betätigungsmöglichkeiten im Militärstrafvollzug zu kritisieren.
Das Sekretariat des Bundes Evangelischer Kirchen sollte im Fall der Annahme meines Vorschlages durch das Staatssekretariat für Kirchenfragen davon in Kenntnis gesetzt werden, daß auch Strafgefangene im Militärstrafvollzug die Bibel lesen und den Pfarrer sprechen dürfen.
Über Einzelheiten der Religionsausübung sind wir der Kirche keine Rechenschaft schuldig.

Ich hoffe sehr, daß Sie, liebe Frau Arlt, eine gute 'Nacherholung' gehabt haben.
Grüßen Sie Ihre Kolleginnen und Kollegen, soweit sie mich kennen, von mir und sein Sie selbst gegrüßt

von Ihrem

Dokument 12: Schreiben von Eckart Giebeler an das Staatssekretariat für Kirchenfragen, 12.2.1982

Giebeler hofft, dass die Kirche mit Annahme seines Vorschlages aufhören würde, „in ihren Synodalberichten und an anderen Stellen das Fehlen von religiösen Betätigungsmöglichkeiten im Militärstrafvollzug zu kritisieren".[48] Wie diese Seelsorge dann im Einzelnen geregelt werde, sei nicht Angelegenheit der Kirche. Einerseits setzt sich Giebeler dafür ein, dass auch im Militärstrafvollzug seelsorgerliche Gespräche angeboten werden, andererseits scheint er an der Realisierung seines eigenen Vorschlages nur begrenzt interessiert zu sein, wenn er gleichzeitig einschränkt, dass „über Einzelheiten der Religionsausübung *wir* der Kirche keine Rechenschaft schuldig"[49] sind. Interessant an diesem Schreiben Giebelers ist seine Identifikation mit den staatlichen Organen, die sich in dem Personalpronomen „wir" ausdrückt. Im spannungsreichen Gegenüber von Staat und Kirche in der DDR stellt er sich – zumindest in diesem Schreiben – auf die Seite des Staates und vertritt dessen Interessen. Insofern scheint sein Vorschlag eher der Beruhigung der Kirchen zu dienen als einer Ermöglichung der Seelsorge im Militärgefängnis. Die Vorschläge von Giebeler wurden nicht umgesetzt, und bis zum Ende der DDR konnten die Inhaftierten des Militärstrafvollzuges, der seit 1968 in Schwedt / Oder untergebracht war, keine seelsorgerlichen Gespräche in Anspruch nehmen.[50]

1971 – Giebeler als Gutachter des DDR-Kulturministeriums

In Giebelers MfS-Personalakte ist unter dem Punkt „Interessengebiete des IM" vermerkt, dass Giebeler nebenbei als Lektor für das Ministerium für Kultur der DDR arbeitet.[51] Diese Lektorentätigkeit war allerdings eine besondere und unterschied sich sehr von dem – gewöhnlich mit diesem Begriff assoziierten –

48 Giebeler, Schreiben an Staatssekretariat für Kirchenfragen, Arlt, 12.2.1982, BArch DO 4 / 1606, Bl. 11.

49 Ebenda. Hervorhebung durch die Verf.

50 Vgl. Arno Polzin, Mythos Schwedt DDR-Militärstrafvollzug und NVA-Disziplinareinheit aus dem Blick der Staatssicherheit, Göttingen 2018, S. 192.

51 Einschätzung IM „Roland", Personalakte IM „Roland", BStU, MfS, BVfS Potsdam, Abt. VII Nr. 5, Teil I, Bd. 1, Bl. 108.

Beruf eines Verlagslektors, der ein von einem Autor eingereichtes Manuskript kritisch auf Form und Inhalt prüft und anschließend dem Autor und dem Verlag seine Bewertung mitteilt. Giebeler beurteilte zwar auch Manuskripte, aber er tat dies *ohne* das Wissen der Autoren für die – dem Ministerium für Kultur zugeordnete und für die Zensur in der DDR zuständige – Hauptverwaltung Verlage und Buchhandel (HV).

Auch wenn es in der DDR offiziell keine Zensur gab, war diese durch die sogenannten staatlichen Genehmigungsverfahren,[52] die auch für die Veröffentlichungen in den kirchlichen Verlagen und für die Kirchenzeitungen galten, dennoch allgegenwärtig. Der Schriftsteller Christoph Hein hatte 1987 auf dem X. Schriftstellerkongress deutlich gemacht, dass für ihn die Praxis der Genehmigungsverfahren mit Zensur gleichzusetzen sei. Er kritisiert mit an Deutlichkeit nicht zu überbietender Klarheit, dass „das Genehmigungsverfahren, die staatliche Aufsicht, kürzer und nicht weniger klar gesagt: die Zensur der Verlage und Autoren überlebt, nutzlos, paradox, menschenfeindlich, volksfeindlich, ungesetzlich und strafbar sind".[53] Er könne den feinen Unterschied zwischen „Zensur und Genehmigungsverfahren nicht nachvollziehen". Autorinnen und Autoren der kirchlichen Verlage waren insofern freier als andere, da sie weder ideologische Vorgaben bedienen noch sich einer Parteidisziplin unterwerfen mussten. Den Funktionären des SED-Staates war durchaus die Kraft des Wortes bewusst, und deshalb wurden die eingereichten Manuskripte, theologischen Fachzeitschriften, Kommentare und Periodika, Dissertationen, Liederbücher, Herrnhuter Losungen,[54] Abreißkalender und Predigtmeditationen mit einer

52 Vgl. Kapitel 1.

53 Siegfried Bräuer / Clemens Vollnhals, In der DDR gibt es keine Zensur. Die Evangelische Verlagsanstalt und die Praxis der Druckgenehmigung 1954–1989, Leipzig 1995, S. 16.

54 Gerhard Bassarak, evangelischer Theologe und inoffizieller Mitarbeiter des MfS, war einer der aktivsten Zensoren. Er kritisierte 1985 u. a. die Herrnhuter Losungen, die durch ein Losverfahren ermittelt werden. So könne man nach Bassarak bei der Losung für den 13. August [1961, Tag des Mauerbaus] „Machet die Tore weit und die Türen in der Welt hoch" assoziieren: „Macht das Tor auf!" Auch andere Tageslosungen beanstandet Bassarak, so hieße am 14. 8. 1985 der Text: „Ich suche unter ihnen, ob jemand eine Mauer …" und am 17. 8. der Bibelspruch: „Mit meinem Gott kann ich über Mauern springen." Vgl. Bräuer / Vollnhals, In der DDR gibt es keine Zensur, S. 16.

misstrauischen Akribie geprüft. Da die Hauptverwaltung Verlage und Buchhandel, die bei kirchenpolitisch brisanten Publikationen auch eng mit dem Staatssekretariat für Kirchenfragen[55] zusammenarbeitete, personell und wohl auch inhaltlich mit der Begutachtung der Manuskripte mit theologischen oder philosophischen Inhalten überfordert war, wurden externe Gutachterinnen und Gutachter vertraulich beauftragt, quasi konspirativ die ihnen vorgelegten Texte einzuschätzen. Dabei müssen die Gutachter, die auf „Grundlage eines begründeten politischen Vertrauensverhältnisses" ausgewählt wurden, bei ihrer Tätigkeit von dem Grundsatz ausgehen, dass sich die staatliche Kontrollfunktion „in erster Linie auf die politisch-ideologische Richtigkeit und Nützlichkeit literarischer Arbeiten" erstrecke.

Die Gutachter, die eine „wichtige Form der ideologisch-politischen Führungsarbeit und Leitungstätigkeit der kulturpolitischen Organe der sozialistischen Staatsmacht"[56] wahrnahmen, mahnten nach der Lektüre Veränderungen an, sprachen Empfehlungen darüber aus, ob die Manuskripte es wert waren, veröffentlicht zu werden, oder ob die in den Texten dargelegten Gedanken und Meinungen der offiziellen DDR-Ideologie widersprachen, eine „ernsthafte Gefahr für das Staatswesen"[57] darstellten und deshalb nicht verlegt werden sollten. Zu diesen heimlichen Zensoren zählten auch Theologieprofessoren und Dozenten verschiedener Universitäten, einige von ihnen wurden gleichzeitig vom MfS als inoffizielle Mitarbeiter[58] geführt. Auch Pfarrer stellten ihre Kompetenz der HV zur Verfügung, um die Texte ihrer Kollegen zu bewerten. Einer von ihnen war Eckart Giebeler, der u. a. 1971 den Aufsatz „Geistlich reich –

55 Eine Gutachterin war auch Charlotte Arlt, Juristin im Staatssekretariat für Kirchenfragen, mit der Eckart Giebeler über die Religionsausübung im Militärgefängnis Schwedt korrespondierte. Über Rudolf Otto Wiemers „Die Nacht der Tiere. Weihnachtslegenden" urteilte Arlt 1973, dass in diesem Werk das Tier über den Menschen gestellt werde, was der Auffassung von Friedrich Engels über den Menschen widerspreche. Vgl. Bräuer / Vollnhals, In der DDR gibt es keine Zensur, S. 16.

56 Ebenda, S. 73.

57 Ebenda, S. 101.

58 Z. B. Heiner Fink (IM „Heiner"), Gerhard Bassarak (IM „Buss") und Dieter Kraft (IM „Michael"). Zu den aktivsten Gutachterinnen gehörte auch die Berliner Theologieprofessorin Müller-Streisand, die oftmals besonders scharf urteilte.

geistlich arm" des Theologen Werner de Boor beurteilte, der in der Evangelischen Verlagsanstalt (EVA) in einer zweiten Auflage erscheinen sollte.[59] Dieser Artikel war bereits 1962, acht Jahre zuvor, veröffentlich worden und sollte nun erneut publiziert werden. Giebeler warnt vor einem erneuten Druck, da „Traktate dieser Art vor acht Jahren noch tragbar gewesen" seien, heute nicht mehr genehmigt werden sollten, da de Boor den Leserkreis davon abhalte, sich als Bürger „unserer Republik politisch zu engagieren".[60] De Boors Argumentationen dienten nur der „Verdummung und Irreführung"[61] der christlichen Bürger. Giebeler kritisiert, dass der Verfasser sich in „abscheulichen Selbstbespeiungen der Christen"[62] ergehe, die in dem Satz gipfeln würden „ich kann nichts, ich bin gar nichts, ich bin bettelarm und tauge zu nichts."[63] Nach einer Bekehrung zu Gott würde der Mensch – nach de Boor – seine Armut und seine Untauglichkeit vor Gott erkennen. Giebeler hält dagegen, dass nach dieser Ansicht in der DDR „kein Christ zu einer staatsbewußten Persönlichkeit werden"[64] könne. De Boors Auffassung, nur bei materieller Armut sei Raum für Gott, widerspricht Giebeler mit dem Argument, dass es dann in der DDR und den anderen sozialistischen Staaten keine Christen mehr geben würde. Außerdem würde de Boor „mit seinen Ausführungen, die ungezählten Christen, die als Arbeiter, Bauern und Intelligenzberufen selbstlos und in Harmonie mit ihren nicht religiös gebundenen Kollegen schöpferisch am Aufbau des Sozialismus teilnehmen",[65] beleidigen. Abschließend konstatiert Giebeler, dass es in diesem Traktat keinerlei positive Ansatzpunkte gebe und deshalb ein Neudruck abgelehnt werden müsse.[66]

59 Bräuer / Vollnhals, In der DDR gibt es keine Zensur, S. 232f.
60 Ebenda.
61 Ebenda.
62 Ebenda.
63 Ebenda.
64 Ebenda.
65 Ebenda.
66 Vgl. auch GHI „Erich" Notiz, 30.6.1970, „Roland, der im Auftrag des Ministeriums kirchliche Schriften relegiert [sic!], hat einen Bericht über ‚Missions- und Hilfswerkarbeit' mit viel Unwahrheit [sic!] durchgesehen." BStU, MfS, AIM Potsdam 443/66, Bd. II, Bl. 145.

6. Schattenspieler – Pfarrer Eckart Giebeler alias IM „Roland"

6.1 Die Wahrheit in der Lüge – MfS-Akten als zeithistorische Quellen

Am 29. Mai 1959 verpflichtet sich Eckart Giebeler in seinem Arbeitszimmer im Gefängnis Brandenburg durch Handschlag zur Zusammenarbeit mit dem MfS. Eckart Giebeler wählt sich den Decknamen „Roland" und arbeitet mit dem MfS bis zu jenen Tagen im Herbst 1989 zusammen, als die Menschen in der DDR auf den Straßen mutig und lautstark fordern: „Stasi in die Produktion".

Das letzte dokumentierte Treffen des IM mit seinem Führungsoffizier fand am 23. November 1989 in der Wohnung des IM statt. Der nächste Termin war für den 14. Dezember 1989 verabredet. Genau an diesem Tag beschloss die Volkskammer der DDR jedoch die Auflösung des MfS, das noch im November 1989 in Amt für Nationale Sicherheit (AfNS) umbenannt worden war. Diese letzten Versuche der Machtsicherung von Partei, Staat und MfS konnten die Friedliche Revolution in der DDR nicht mehr aufhalten. Auch wenn das MfS / AfNS in den letzten Wochen seiner Existenz alles dafür tat, um mehr oder weniger gezielt Akten zu vernichten, die Spuren des Verrates und der Lüge, der Verleumdung und des Gerüchtes, des Misstrauens und der Missgunst sowie des zerstörten Vertrauens zu verwischen, sind die noch vorhandenen Akten bedrückende, irritierende, verletzende, aber auch erhellende Zeugnisse eines Geheimdienstes, der am meisten Angst vor dem eigenen Volk hatte.

Als Eckart Giebeler 1992 mit dem Verdacht konfrontiert wird, dass die MfS-Akten den Schluss nahelegen würden, dass er als IM dem MfS Informationen geliefert habe, bestreitet er das vehement u. a. mit der Begründung, die Akten seien „Fälschungen"[1] und „Dichtungen"[2] des MfS und seiner Mitarbeiter. Das Herrschaftswissen, abgelegt in über 100 Kilometern Aktenordnern, hörbar

1 Giebeler, Schreiben an Furian, 11.10.1992, Brief I, ELAB, 15/1989.

2 Giebeler, Christus im Gefängnis der DDR, S. 32a.

auf Tausenden Tonbändern, sichtbar auf heimlich aufgenommenen Bildern, zusammengetragen hauptsächlich von hauptamtlichen und inoffiziellen Mitarbeitern, die den jeweiligen Führungsoffizieren (FO) über Nachbarn oder Kollegen, die Kirchengemeinde oder den Sportverein, die Familie oder Freunde berichteten, wurde ohne Wissen der Menschen, über die berichtet wurde, angelegt.

Aber auch wenn die in den MfS-Akten archivierten Informationen zu Unrecht gesammelt wurden, heißt dies nicht gleichzeitig, dass die Informationen falsch sind. Sie wurden entsprechend der Aufgaben des MfS, zum

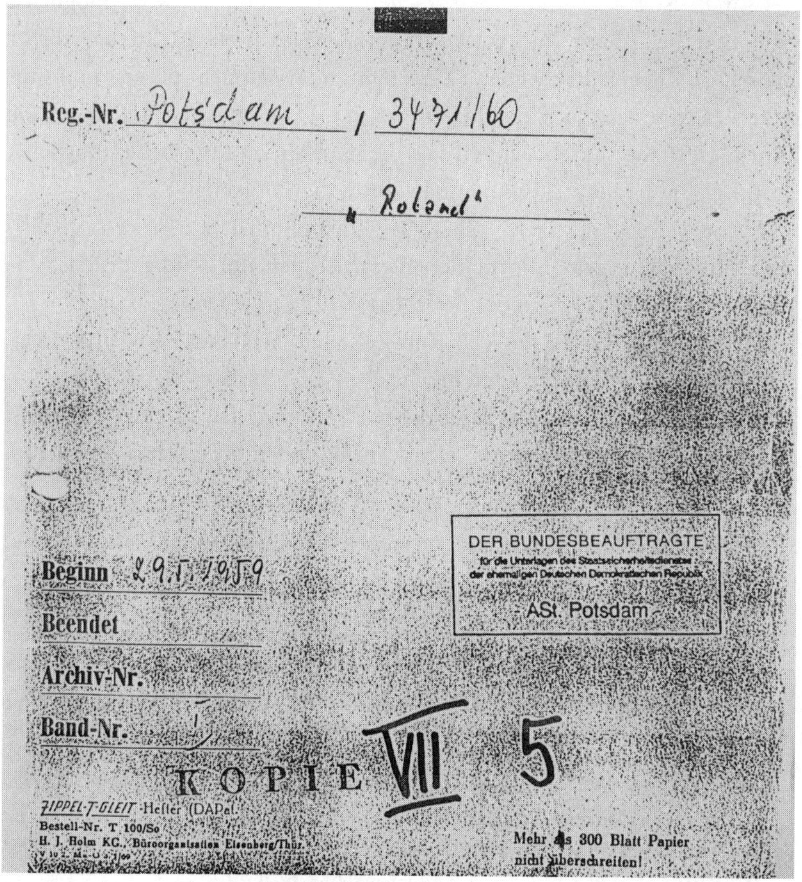
[redacted]

Reg.-Nr. Potsdam / 3471/60

„Roland"

DER BUNDESBEAUFTRAGTE
für die Unterlagen des Staatssicherheitsdienstes
der ehemaligen Deutschen Demokratischen Republik
- ASt. Potsdam -

Beginn 29.1.1959

Beendet

Archiv-Nr.

Band-Nr. 1

KOPIE VII 5

ZIPPEL-T-GLEIT Hefter (DAPat.)
Bestell-Nr. T 100/So
H. J. Holm KG., Büroorganisation Eisenberg/Thür.

Mehr als 300 Blatt Papier
nicht überschreiten!

Dokument 13: Deckblatt der MfS-Personalakte IM „Roland"

„Schutz der gesellschaftlichen Entwicklung“,[3] der „Gewährleistung der inneren Sicherheit“, „Stärkung der sozialistischen Staatengemeinschaft“, „Arbeit am Feind“, für die „vorbeugende schadenverhütende Arbeit“ und der „allseitigen Gewährleistung der staatlichen Sicherheit“ gesammelt, was bedeutete, Bürgerinnen und Bürger zu kontrollieren und damit die eigene Macht zu erhalten. Das MfS musste deshalb ein Interesse daran haben, möglichst viele relevante und der Wahrheit entsprechende Informationen zu erhalten. Sich selbst mit Falschinformationen in die Irre zu leiten, konnte nicht das Ziel des Geheimdienstes sein und widerspräche der Intention des MfS, möglichst viele und belastbare Informationen zusammenzustellen, um auf dieser Grundlage die entsprechenden „Zersetzungsmaßnahmen“ planen und umsetzen zu können. Nach der MfS-Richtlinie 1/79[4] mussten außerdem die Führungsoffiziere darauf achten, dass die inoffiziellen Mitarbeiter möglichst „objektiv, unverfälscht, konkret und vollständig“ berichten.

Schon während des Treffs sollten die Führungsoffiziere „eine erste qualifizierte Einschätzung der Informationen“ vornehmen, um „Widersprüche, Unklarheiten“ und „Lücken in der Berichterstattung zu erkennen“.[5]

Der ehemalige Oberst des MfS, Kurt Zeiseweis, hat diesen Sachverhalt in einem Interview folgendermaßen beschrieben: „Es war eine Grundvoraussetzung, das weiß jeder, der mit Informationen arbeitet, daß sie zuverlässig sein müssen. Insofern nützt es nichts, jemanden zu werben, der geschwätzig ist, das,

3 Helmut Müller-Enbergs, Inoffizielle Mitarbeiter des Ministeriums für Staatssicherheit, Berlin 2012, S. 57.

4 Die Richtlinie 1/79 regelte auf 65 Seiten die Zusammenarbeit von Führungsoffizieren mit Inoffiziellen Mitarbeitern. Sie berücksichtigte die Erfahrungen aus 30 Jahren „operativer Arbeit“ und reagierte auf gesellschaftliche und ideologische Veränderungen im Zuge der Entspannungspolitik. Die hier vorliegende Richtlinie 1/79 war die fünfte und letzte Dienstbestimmung dieser Art. Erarbeitet wurde sie in einer gemeinsamen Arbeitsgruppe der Zentralen Auswertungs- und Informationsgruppe (ZAIG) und der Juristischen Hochschule des MfS (JHS). Sie trat am 1. Januar 1980 in Kraft und fasste die Erfahrungen für die Arbeit mit IM zusammen, die sich für die Stasi aus der Entspannungspolitik ergaben. Die Richtlinie 1/79 war der Versuch, das IM-und GMS-System effizienter und leichter steuerbar zu machen. BStU, MfS, ZAIG, Nr. 26648, Bl. 6–70.

5 BStU, MfS, ZAIG, Nr. 26648, Bl. 20.

was er uns erzählte, mußte Hand und Fuß haben, mußte interessieren. Es war die Regel, daß Informationen verschiedener Quellen gegenübergestellt, verglichen wurden. In der Wissenschaft wird ja auch auf dem Wahrheitsgehalt jeder Information rumgebissen, nur derjenige ist ein akkurater Wissenschaftler, der aus überprüften Informationen richtige Schlußfolgerungen zieht. In diesem Sinne haben auch wir gearbeitet."[6]

Monika Haeger, inoffizielle Mitarbeiterin des MfS (IM „Karin Lenz") erklärt in einem Interview mit Roland Jahn und Peter Wensierski,[7] dass das MfS besonders an Informationen über die Befindlichkeiten der Menschen interessiert war. Mit diesem Wissen, an welchen Stellen Menschen besonders verletzbar sind, konnte das MfS die sogenannten Zersetzungsmaßnahmen planen und umsetzen. Insofern konnten auch scheinbar völlig belanglose Informationen eines IM für das MfS bedeutsam sein.

Als Originalzeugnisse einer Epoche sind die MfS-Archivalien für die zeitgeschichtliche Forschung unersetzlich. Aber nicht nur als Grundlage wissenschaftlicher Diskurse dienen die Akten, sie besitzen auch für die Aufarbeitung der Vergangenheit einen hohen Wert, da sich durch sie u. a. rechtliche Rehabilitierungsansprüche begründen lassen.

Die Akten, die über einen inoffiziellen Mitarbeiter (IM) nach den Aktenführungsgrundlagen des MfS angelegt wurden, bestanden in der Regel aus drei Teilen. Teil I, die sogenannte Personalakte, enthält Dokumente zur Person des IM. In ihr wurden die Unterlagen zur Überprüfung des IM-Kandidaten, der Werbungsbeschluss, die Verpflichtung, regelmäßige Einschätzungen über seine Fähigkeiten und charakterlichen Eigenschaften, über die Zuverlässigkeit des IM, seine „politisch-ideologische Haltung" und über die „politisch operative Bedeutung" der vom IM erbrachten Informationen gesammelt.

6 Roger Engelmann, Zu Struktur, Charakter und Bedeutung der Unterlagen des Ministeriums für Staatssicherheit, Berlin 2012, S. 81.

7 Peter Wensierski, Monika Haeger – Stasi-IM unter Freunden. Ein Film von Peter Wensierski und Roland Jahn, in: YouTube, 12.12.2012, https://www.youtube.com/watch?v=Yfl6WTd4oFk [18.7.2018].

Teil II der IM-Akte, die sogenannte Berichts- oder Arbeitsakte, besteht aus den Berichten des IM und den Treffberichten des Führungsoffiziers. Außerdem beinhaltet Teil II die Instruktionen für den IM, nach denen dieser Informationen zu bestimmten Sachverhalten oder Personen beschaffen sollte. In Teil III, der Beiakte zur Personalakte, wurden Quittungsbelege über Zuwendungen, Prämien, Urlaubsgeld und andere gezahlte Geldbeträge sowie übergebene Sachwerte an den IM dokumentiert.

Im Fall IM „Roland“ wurde keine Extra-Akte Teil III gefunden, die separat aufgefundenen Quittungen konnten jedoch aufgrund der auf ihnen vermerkten Registriernummer und Unterschriften dem IM-Vorgang „Roland“ eindeutig zugeordnet werden.

Im Aktenbestand der BStU sind die Personalakte I und die Berichtsakte II, Band 15 archiviert. Da in der Personalakte am Rande vermerkt wurde, dass aufgrund von Hinweisen von IM „Roland“ die operativen Vorgänge (OV) „Hugenott“ und „Quartett“ eröffnet werden konnten, wurden auch diese Akten eingesehen.

Das zur Verfügung stehende und ausgewertete Material besteht also aus:

1. Personalakte und Berichtsakte IM „Roland“

Personalakte I, IM „Roland“, Band 1, 192 Blatt, Eintragungen von 1957–1989
Personalakte I, IM „Roland“, Band 2, 430 Blatt, 1982–1989
Berichtsakte II, IM „Roland“, Band 15, 177 Blatt, 12. Juli 1989 – 23. November 1989

2. Berichte von IM „Roland“ in operativen Vorgängen

OV „Hugenott“, 1958–1967
OV „Quartett“, 1974–1986
OV „Quartett“, Teilvorgang 2, 1967–1976

Da Eckart Giebeler stets bestritten hat, mit dem MfS zusammengearbeitet zu haben, und er vielmehr vom MfS „unwissentlich abgeschöpft“ worden sei, gilt Giebelers Selbstaussage als Maßstab für die Bewertung der MfS-Akten, d.h. diese werden unter der Fragestellung betrachtet, was Giebelers Selbstaussage stützt. Grundlage der Beurteilung sind die von den evangelischen Kirchen in der DDR entwickelten Kriterien zur Beurteilung von MfS-Kontakten kirchlicher Mitarbeiter.

In Giebelers MfS-Akten finden sich verschiedene Berichtsformen, die hinsichtlich ihres Wahrheitsgehaltes unterschiedlich zu bewerten sind. Zum einen sind es die Berichte, die der MfS-Mitarbeiter nachträglich über die Treffen mit dem IM angefertigt hat. Diese Darstellungen sind somit keine wörtlichen Gesprächsprotokolle, sondern aus der Sicht des MfS-Mitarbeiters gefilterte Informationen, die für die „operative Arbeit" relevant sind und möglicherweise auch davon geprägt sind, was wiederum der eigene MfS-Vorgesetzte an verwertbaren Informationen erwartete. Bei diesen Dokumenten kann davon ausgegangen werden, dass die subjektive Sichtweise des MfS-Mitarbeiters, der somit auch in einer gewissen Weise unter einem Erfolgsdruck oder einer Bringepflicht stand, Einfluss auf den Inhalt der Berichte hatte.

Im Unterschied dazu stehen die Berichte, die der IM selbst verfasst hat und die nicht durch die Sichtweise, Interpretationen und Wertungen des Führungsoffiziers verfälscht worden sind. Das sind zum einen Berichte, die IM „Roland" als schriftliche, von ihm selbst verfasste Dokumente zu den Treffen mit dem MfS mitbrachte, und zum anderen von ihm besprochene Tonbänder. In beiden Fällen sind diese Dokumente Selbstäußerungen des IM, die seine Sichtweisen, Wertungen, Beurteilungen sowie Schlussfolgerungen wiedergeben. Es ist nicht davon auszugehen, dass das MfS diese Berichte, die entweder mit „Roland" unterschrieben oder als Tonbandabschriften gekennzeichnet sind, gefälscht hat. Da diese Berichte zudem oftmals innerkirchliche Angelegenheiten, wie z.B. Konvente, an denen Pfarrer Giebeler teilgenommen hat, detailliert beschreiben, ist mit hoher Wahrscheinlichkeit Eckart Giebeler der Autor.

6.2 Kriterien für die Bewertung einer inoffiziellen Mitarbeit für das MfS

Als nach 1990 Stasi-Kontakte auch von kirchlichen Mitarbeitern bekannt wurden, wurde nach einem ersten Erschrecken – ebenso wie bei der Bewertung von Kontakten zu staatlichen Stellen – die Frage gestellt, ob diese Begegnungen dazu genutzt worden seien, die ohnehin geringen kirchlichen Freiräume zu erhalten oder zu erweitern sowie Menschen in persönlichen Notsituationen zu unterstützen. Bei der Beurteilung solcher Kontakte ging es oftmals um die scheinbar einfache Frage, ob jemand weiter als ein Mensch der Kirche agiert oder ggf. auch andere Interessen vertreten hat. Die öffentlichen Debatten über die Rolle der evangelischen Kirchen in der DDR und den Einfluss des MfS auf die Kirche, ihre Mitarbeiter und deren Entscheidungen und auch die mangelnde Bereitschaft kirchlicher Mitarbeiter zur Selbstanzeige veranlassten die Kirchen, sich darüber zu verständigen, wie sie sich kritisch mit ihrer Vergangenheit auseinandersetzen wollen und wie geordnete Überprüfungsverfahren zu gestalten seien. Die Entscheidung über die Form und rechtliche Verankerung lag bei den einzelnen Gliedkirchen, in denen durchaus unterschiedliche Wege vereinbart wurden. Aber letztlich haben alle Synoden der evangelischen Landeskirchen im Bereich der ehemaligen DDR im Laufe des Jahres 1991 Beschlüsse zur MfS-Überprüfung verabschiedet.[8]

Die dabei entwickelten Beurteilungskriterien sind auch für die Einschätzung der MfS-Kontakte von Eckart Giebeler und ihrer Bewertung von Bedeutung, da Giebeler – auch ohne kirchliche Berufung – zumindest als kirchlicher Vertreter in den Gefängnissen agierte und wahrgenommen wurde und bei allen kirchenrechtlichen Unklarheiten doch auch für ihn als ordinierten Pfarrer der EkiBB die Verpflichtung galt, das Beichtgeheimnis und die Amtsverschwiegenheit zu wahren.

Insofern ist es m. E. berechtigt, die kirchlichen Beurteilungskriterien auch bei dem staatlich angestellten evangelischen Seelsorger zugrunde zu legen. Dies ist insofern begründbar, da Giebeler mit Berufung auf seine besondere Rolle als Pfarrer eine Überprüfung durch das Brandenburger Justizministerium 1991 abgelehnt hat.

Innerhalb der EKD wurden von den östlichen Gliedkirchen folgende Bewertungskriterien für die Beurteilung von MfS-Kontakten verabredet:

8 Harald Schultze, Stasi-Belastungen in den Kirchen? Die Debatte in den evangelischen Kirchen zu Befunden und Unterstellungen (1990–1996), Gütersloh 2000, S. 358.

„Registrierung[9]

IM – Vorlauf
IM – Inoffizieller Mitarbeiter
IMB – (IM mit Feindberührung)
IME – (IM für bestimmte Verantwortungsbereiche dienstlich zuständig, deshalb unregelmäßig befragt)
IMS – (IM für Sicherheitsfragen)
GI – Geheimer Informant
KP – Kontaktperson – in der Bearbeitungsphase und auch nach Registrierung als IM nicht immer konsequent vom IM unterschieden[10]

Verpflichtungen

Schriftlich
mündlich mit Einverständnis aufgrund ‚Überzeugung'
mündlich mit Handschlag
erpreßte Gesprächsbereitschaft
ohne Verpflichtung

Konspiration

zugesagt
durch konspirative Treffpunkte belegt
faktisch langfristig durchgehalten (Dauerkontakt)
gelegentlich unterbrochen durch Mitteilung an andere
zugesagt, aber nicht durchgehalten
grundsätzlich abgelehnt

Berichte

Schriftlich

9 Ebenda.

10 Im Kirchlichen Jahrbuch wird darauf hingewiesen, dass die Reihenfolge der Kontaktkategorien eine Wertungsskala darstellt, „die von besonders belastenden Beziehungsformen zu weniger schwerwiegenden fortgeführt und mit der Kontaktform schließt, die nicht als Belastung gelten kann". Kirchliches Jahrbuch (1996), S. 358.

Mit Deck- oder Klarnamen oder nicht unterzeichnet
Diktat auf Tonband
Schriftlich durch Führungsoffizier nach Gedächtnis
Mündlich zu Personen
Mündlich zu Verhältnissen und innerkirchlichen Vorgängen
Materialübergabe
Notizen von Gesprächsversuchen unter legendierten Vorwänden

Vorteilnahme
Regelmäßige akzeptierte Zahlungen – ‚Gehalt'
Einzelne Zahlungen
Erstattung von Auslagen
Geschenke bei persönlichen Anlässen
Begünstigungen für bestimmte Personengruppen (z. B. Synodale)"

Diese Kriterien bilden die Grundlage, die Tätigkeit von IM „Roland" sowohl im Kontext der Kirche als auch des Strafvollzuges zu bewerten.

6.3 Personalakte IM „Roland"

6.3.1 „Auf Initiative des Pfarrers" – Vorlauf zur Werbung als IM

Bevor das MfS einen inoffiziellen Mitarbeiter rekrutierte, wurden über diese Person bereits Informationen gesammelt, um sich ein Bild von dem zukünftigen IM zu machen. Dabei wurden die politische Überzeugung, die persönliche Eignung, die – im Sinne des MfS – Zuverlässigkeit und die Ehrlichkeit des zu gewinnenden IM überprüft. Das Interesse des MfS an einer Person wurde davon bestimmt, in welcher Weise sie Zugänge zu Informationen hatte, die für das MfS relevant waren. Insofern versuchte das MfS, gezielt Personen anzusprechen, die solche Informationen beschaffen konnten. Nach dieser Phase der Überprüfung des zukünftigen IM wurde ein Vorschlag zu seiner Werbung erstellt.

Im konkreten „Vorschlag zur Anwerbung eines geheimen Informators“ vom 22. Mai 1959 notiert das MfS in der Kategorie, wann und wie der Kandidat bekannt wurde, dass auf „Initiative des Pfarrers der Kontakt aufgenommen“ wurde. Eckart Giebeler habe in mehreren Kontaktgesprächen „von sich heraus den Vorschlag eine engere Zusammenarbeit mit dem MfS zu unterhalten“ gemacht. Auf dieses Angebot zurückkommend, erklärte das MfS, „ebenfalls an eine [sic!] Zusammenarbeit interessiert“ zu sein.

Für den Geheimdienst war „aus den bisher erfolgten Kontaktgesprächen ersichtlich, daß der Kandidat die Möglichkeit hat, [...] uns wertvolles Material über besondere Ereignisse und Vorhaben des Kirchenkreises Brandenburg zukommen zu lassen“.[11]

Als Datum der Verpflichtung des Kandidaten Giebeler wird der 29. Mai 1959 festgelegt. Bereits vor seiner Verpflichtung hatte Eckart Giebeler dem MfS Hinweise über die „negative Einstellung und Tätigkeit einiger Pfarrer“[12] gegeben, „wobei er selbst anführte, daß man auf diese Personen besonders achtgeben muß“.[13] Das MfS betont gegenüber Giebeler, „wie wichtig solche Informationen für die Sicherung unseres Staates“ seien und „daß nur durch die Mitwirkung der breitesten Bevölkerungsschichten die Sicherung des Aufbaus des Sozialismus gewährleitet werden kann“.[14] Da der Kandidat selbst den Vorschlag, mit dem MfS „in engerem Kontakt zu bleiben“, gemacht habe, sei eine „große Überzeugungsarbeit zur Zusammenarbeit mit dem MfS nicht mehr notwendig“ gewesen. Der Kandidat „soll vorerst durch Handschlag verpflichtet werden. Eine schriftliche Verpflichtung soll in der späteren Zusammenarbeit von ihm verlangt werden.“

Den Decknamen sollte sich der Kandidat selbst wählen und „speziell auf der Linie der Kirche arbeiten, da er uns wichtige Hinweise aus den Pfarrkonventen und der Zustellung von Anweisungen seitens des Konsistoriums bringen kann“.[15]

11 Kühne, Vorschlag zur Anwerbung eines geheimen Informators, 22.5.1959, BStU, MfS, BVfS Potsdam, Abt. VII Nr. 5, Teil I, Bd. 1, Bl. 33.

12 Kühne, Bericht über die Anwerbung eines geheimen Informators, 29.5.1959, BStU, MfS, BVfS Potsdam, Abt. VII Nr. 5, Teil I, Bd. 1, Bl. 36.

13 Ebenda.

14 Ebenda.

15 Kühne, Vorschlag zur Anwerbung eines geheimen Informators, 22.5.1959, BStU, MfS, BVfS Potsdam, Abt. VII Nr. 5, Teil I, Bd. 1, Bl. 35.

6.3.2 „Verpflichtung durch Handschlag" – Anwerbung als inoffizieller Mitarbeiter

Die im Anwerbevorschlag am 22. Mai 1959 festgelegten Schritte wurden wie geplant eine Woche später am 29. Mai 1959 umgesetzt und in dem „Bericht über die Anwerbung eines geheimen Informators" dokumentiert.[16] Der Kandidat wurde „nicht durch eine schriftliche Verpflichtung, sondern durch Handschlag zur Zusammenarbeit mit dem MfS verpflichtet".[17]

In der Regel wurde die Verpflichtungserklärung handschriftlich durch den Kandidaten verfasst bzw. unterschrieben. In Ausnahmefällen wurden die zukünftigen inoffiziellen Mitarbeiter auch mündlich verpflichtet.

Es gehörte „zu den ‚linienspezifischen' Besonderheiten der Bearbeitung der Kirchen [...], daß den IM zumeist keine schriftliche Verpflichtungserklärung abverlangt wurde. Üblich und zulässig war im Kirchenbereich seit [...] 1952 vielmehr die mündliche Verpflichtung."[18] Mit der Verpflichtung wurde dem IM gleichzeitig eine Registriernummer durch die nachweisführende Diensteinheit des MfS zugeordnet. In dem „Bericht über die Anwerbung eines geheimen Informators" wird festgehalten: „Der Kandidat wählte sich selbst den Decknamen ‚Roland'."[19]

Der IM wurde zu Beginn seiner Mitarbeit von der MfS-Abteilung V / 4 geführt. Die Abteilung V / 4 war im Dezember 1954 gegründet worden und gliederte sich in drei Referate: Evangelische Kirche, Katholische Kirche und Sekten. Sie war bis 1964 der unmittelbare Vorläufer der XX / 4, der kirchenpolitischen Bearbeitungslinie im MfS. Die Linie XX bildete den Kernbereich der politischen Repression und der Überwachung durch die Staatssicherheit. In Struktur

16 Kühne, Bericht über die Anwerbung eines geheimen Informators, 29. 5. 1959, BStU, MfS, BVfS Potsdam, Abt. VII Nr. 5, Teil I, Bd. 1, Bl. 36.

17 Ebenda.

18 Clemens Vollnhals, Die Kirchenpolitik von SED und Staatssicherheit: eine Zwischenbilanz, Berlin 1997, S. 21..

19 Kühne, Bericht über die Anwerbung eines geheimen Informators, 29. 5. 1959, BStU, MfS, BVfS Potsdam, Abt. VII Nr. 5, Teil I, Bd. 1, Bl. 36.

034 (20)

BStU 000036

B e r i c h t

über die Anwerbung eines geheimen Informators

-.

1. Wann, wo und in welcher Art wurde der Kandidat angesprochen ?

Der Kandidat wurde in seinem Arbeitszimmer am Freitag den 29.5.1959 in der SVA angesprochen. Er ist als Pfarrer für verschiedene Strafvollzugsanstalten als Pfarrer tätig. Mit ihm wurden bereits mehrere Kontaktgespräche geführt, bei denen er verschiedene Hinweise gegeben hat. Diese Gespräche wurden am 29.5.1959 fortgesetzt.

2. Wie erfolgte die Anwerbung?

Es wurde auf die von ihm gegebenen Hinweise eingegangen, wobei ihm erklärt wurde, wie wichtig solche Informationen für die Sicherung unser Staates sind. Insbesondere wurde über die negative Einstellung und Tätigkeit einiger Pfarrer gesprochen, wobei er selbst anführte, daß man auf diese Personen besonders achtgeben muß. So führte er z.B. die Pfarrer [redacted] u. einige andere als negative Personen an, was er auch begründete. Es wurde ihm aufgezeigt, daß nur durch die Mitwirkung der breitesten Bevölkerungsschichten die Sicherung des Aufbaus des Sozialismus gewährleistet werden kann. Schon in den Kontaktgesprächen machte er von sich heraus den Vorschlag eine engere Zusammenarbeit mit dem MfS zu unterhalten. Auf dieses Angebot zurückkommend erklärten wir ihm, daß wir ebenfalls an eine Zusammenarbeit interessiert sind und diese künftig, regelmäßig durchführen werden. Der Kandidat erklärte sich damit einverstanden.

3. Wie verhielt sich der Kandidat bei der Anwerbung ?

Der Kandidat verhielt sich nicht anders als bei den Kontaktgespräche Er machte einen ruhigen und sachlichen Eindruck, sodaß die Werbung ohne Komplikationen verlief.

4. Wurde der Kandidat schriftlich verpflichtet?

Der Kandidat wurde nicht durch eine schriftliche Verpflichtung, sondern durch Handschlag zur Zusammenarbeit mit dem MfS verpflichtet-.

5. Welcher Deckname wurde gewählt ?

Der Kandidat wählte sich selbst den Decknamen "Roland".

6. Was wurde vereinbart, um die Verbindung nicht abreißen zu lassen

Er machte den Vorschlag, sich alle 4 Wochen mit uns zu terffen, um

- 2 -

KOPIE

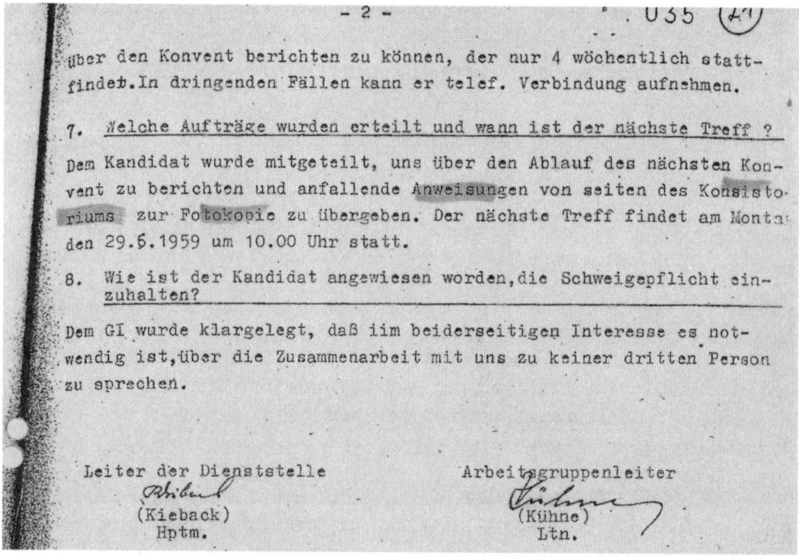

- 2 - . 035

über den Konvent berichten zu können, der nur 4 wöchentlich stattfindet. In dringenden Fällen kann er telef. Verbindung aufnehmen.

7. Welche Aufträge wurden erteilt und wann ist der nächste Treff ?

Dem Kandidat wurde mitgeteilt, uns über den Ablauf des nächsten Konvent zu berichten und anfallende Anweisungen von seiten des Konsistoriums zur Fotokopie zu übergeben. Der nächste Treff findet am Monta den 29.6.1959 um 10.00 Uhr statt.

8. Wie ist der Kandidat angewiesen worden, die Schweigepflicht einzuhalten?

Dem GI wurde klargelegt, daß im beiderseitigen Interesse es notwendig ist, über die Zusammenarbeit mit uns zu keiner dritten Person zu sprechen.

Leiter der Dienststelle
(Kieback)
Hptm.

Arbeitsgruppenleiter
(Kühne)
Ltn.

Dokument 14: Bericht über die Anwerbung eines geheimen Informators, 29. 5. 1959

und Tätigkeit passte sie sich mehrfach an die sich wandelnden Bedingungen der Herrschaftssicherung an.[20]

6.3.3 „Zu keiner dritten Person“ – Einhaltung der Konspiration

Bei der Verpflichtung erklärte das MfS dem IM, dass es in beiderseitigem Interesse notwendig sei, über die „Zusammenarbeit zu keiner dritten Person zu sprechen“.[21] Diese 1959 zwischen dem MfS und dem IM vereinbarte Konspiration wurde von IM „Roland“ nach Aktenlage nie verletzt. In den Einschätzungen des MfS über die Zusammenarbeit mit IM „Roland“ betonten die jeweiligen Führungsoffiziere regelmäßig, dass der IM die Konspiration „unbedingt eingehalten“ habe.

20 Vgl. Vollnhals, Die kirchenpolitische Abteilung des Ministeriums für Staatssicherheit, S. 5.

21 Kühne, Bericht über die Anwerbung eines geheimen Informators, 29. 5. 1959, BStU, MfS, BVfS Potsdam, Abt. VII Nr. 5, Teil I, Bd. 1, Bl. 37.

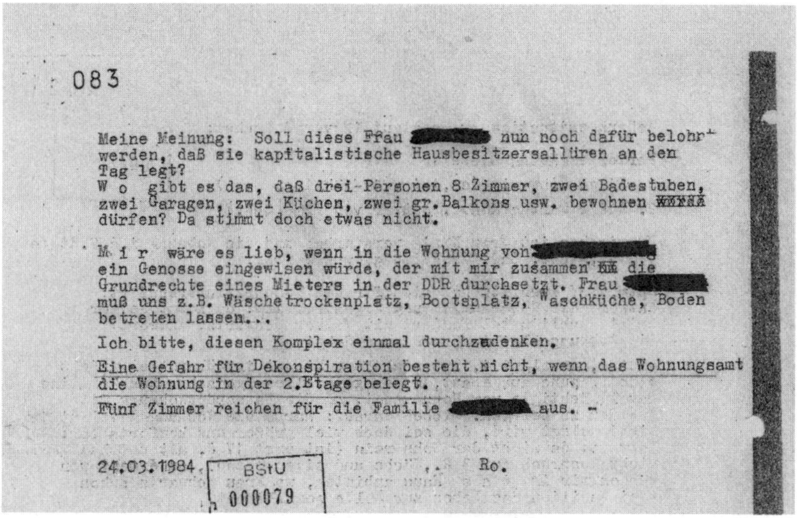
083

Meine Meinung: Soll diese Frau [redacted] nun noch dafür belohr- werden, daß sie kapitalistische Hausbesitzersallüren an den Tag legt?
W o gibt es das, daß drei Personen 8 Zimmer, zwei Badestuben, zwei Garagen, zwei Küchen, zwei gr.Balkons usw. bewohnen XXXXX dürfen? Da stimmt doch etwas nicht.

M i r wäre es lieb, wenn in die Wohnung von [redacted] ein Genosse eingewisen würde, der mit mir zusammen XX die Grundrechte eines Mieters in der DDR durchsetzt. Frau [redacted] muß uns z.B. Wäschetrockenplatz, Bootsplatz, Waschküche, Boden betreten lassen...

Ich bitte, diesen Komplex einmal durchzudenken.

Eine Gefahr für Dekonspiration besteht nicht, wenn das Wohnungsamt die Wohnung in der 2.Etage belegt.

Fünf Zimmer reichen für die Familie [redacted] aus. -

24.03.1984 BStU 000079 .. Ro.

Dokument 15: Schreiben von Eckart Giebeler an das MfS, 24.3.1984

Die Treffen mit IM „Roland“ fanden in konspirativen Zimmern oder Wohnungen mit den Decknamen „Maria“, „Belvedere“ und „Barbara“ statt. Nachdem Giebelers Frau über die Zusammenarbeit ihres Mannes mit dem MfS informiert und als „zuverlässig eingeschätzt“[22] worden war, konnten die Treffen auch in Giebelers Wohnung stattfinden.

Außerdem traf sich der IM mit den MfS-Mitarbeitern in „nicht registrierten Räumen“ der StVE Brandenburg, in Autos und in Gaststätten.[23]

Als Giebeler 1984 über das MfS versucht zu erreichen, dass im Wohnhaus von Giebeler gegen den Willen der Hauseigentümerin in eine frei werdende Wohnung ein „Genosse eingewiesen wird“, betont er ausdrücklich, dass eine „Gefahr für Dekonspiration nicht besteht“.[24] Giebeler weiß also durchaus, dass seine Gespräche einen konspirativen Charakter haben, was dafür spricht, dass er nicht

22 FO Thoß, Beurteilung IM ‚Roland‘, 7.2.1983, BStU, MfS, BVfS Potsdam, Abt. VII Nr. 5, Teil I, Bd. 2, Bl. 6.

23 Ebenda, GHI „Erich“, Beurteilung, 28.12.1976, Bl. 15.

24 Ebenda, Ro. [Paraphe des Decknamens], Vermerk, 24.3.1984, Bl. 79.

davon ausgehen konnte, mit staatlichen Vertretern des MdI oder der VSV zu sprechen, sondern mit den Vertretern des Geheimdienstes.

6.3.4 „Spitzenkraft im Netz" – Einschätzungen des IM[25]

In den Einschätzungen und Beurteilungen des IM sowie den Treff-Berichten des jeweiligen Führungsoffiziers wurden *die Anzahl der durchgeführten Treffs, die Einschätzung der Zusammenarbeit* (Entwicklung), die *operativen Ergebnisse des IM* und *die Schlussfolgerungen* für die weitere Zusammenarbeit sowie *künftige Einsatzmöglichkeiten* dokumentiert. Außerdem beurteilte der FO die „Zuverlässigkeit" und „Ehrlichkeit des IM".[26]

Im Zeitraum von 1959 bis 1989 waren die MfS-Kontaktpersonen für IM „Roland" Kühne (1959–1961), Fischer (1961–1967), GHI[27] „Erich" (1967–1979), Lüdtke, Schimpf, Rintorf, Schmidt (1979–1981) und Thoß (1981–1989). Die MfS-Mitarbeiter Kühne, Fischer,[28] Brüggemann („Erich"),[29] Schmidt und Thoß waren Giebeler mit Klarnamen bekannt, Rintorf wurde dem IM als „Kuhnert", Schimpf als „Wernitt" und Schmidt als „Stephan" vorgestellt.[30]

25 Vgl. im Folgenden: BStU, MfS, BVfS Potsdam, Abt. VII Nr. 5, Teil I, Bd. 1 und Bd. 2.

26 Vgl. die Übersicht in Kapitel 12.2.4.

27 GHI – „Von 1953 bis 1968 geltende Bezeichnung für inoffizielle Mitarbeiter, die mit der Führung anderer inoffizieller Mitarbeiter (Geheime Informatoren, Geheime Mitarbeiter) beauftragt waren. Die Kategorie wurde nach dem Juniaufstand 1953 eingeführt, um insbesondere die von der SED-Führung gewünschte Erweiterung des Bestandes inoffizieller Mitarbeiter in größeren Betrieben zu gewährleisten. Anfangs wurden die GHI zuweilen auch als Haupt-GI (HGI) bezeichnet. Für die Funktion kamen nur politisch und nachrichtendienstlich absolut zuverlässige Personen in Frage. Ab 1968 wird die Kategorie als Führungs-IM bezeichnet. Es gab 1958 schätzungsweise 2.300 GHI." Müller-Enbergs, in: Internetseite BStU, MfS-Lexikon, https://www.bstu.de/mfs-lexikon/detail/inoffizieller-mitarbeiter-im/ [17.3.2018].

28 Kühne, Bericht über die Anwerbung eines geheimen Informators, 29.5.1959, BStU, MfS, BVfS Potsdam, Abt. VII Nr. 5, Teil I, Bd. 1, Bl. 37.

29 Lüdtke, Aktenvermerk, 10.2.1967, Auskunftsbericht, BStU, MfS, BVfS Potsdam, Abt. VII Nr. 5, Teil I, Bd. 1, Bl. 73.

30 Rintorf, Einsatzrichtung des IM und Einschätzung seines derzeitigen Entwicklungsstandes, 22.3.1976, BStU, MfS, BVfS Potsdam, Abt. VII Nr. 5, Teil I, Bd. 1, Bl. 127.

BStU
000113

30.6.73

113 (96)

Halbjahreseinschätzung für IM R o l a n d

Mit betr. IM waren im ersten Halbjahr 6 Treffs geplant und wurden insgesamt 8 Treffs durchgeführt.

Auf Grund der klaren und überzeugenden politischen Haltung besteht mit Roland eine Zusammenarbeit, die in allen Punkten den Anforderungen des Arbeitsplanes für 1973 gerecht wird.

Die jahrelange Zusammen- und damit auch gleichzeitig Erziehungsarbeit bewirkte, daß Roland selbständig arbeitet und neben der sich ständig wiederholenden Arbeit auch solche Informationen zuführt, die sich auf die aktuelle politische Situation beziehen.

Es gibt durch seinen Einsatz eine restlose Aufklärung des Konventes Brbg. und damit alle anderen im Zusammenhang stehenden Probleme wie Sonderaufgaben f. Amtsträger, Generalkonvent, Kreissynoden und Kreiskirchentag. Im Rahmen seiner Möglichkeiten, die berufsbedingt begrenzt sind, klärt er auftragsgemäß Amtsträger auf, wobei von ihm die Schwerpunkte berücksichtigt werden.

Weiter bietet Roland operativ nützliche Informationen aus dem Bereich des Strafvollzuges, der Arbeit der Inneren Mission im Zusammenhang mit dem Anstaltspfarrerkonvent und aus seinem Wohnbereich an.

Wenn eingangs von einem selbständigen Arbeiten gesprochen wurde, so heißt das nicht, daß die Spitzenkraft Roland vollkommen ist, sondern werden die Treffs auch dazu genutzt, Roland auf besondere Schwerpunkte auf dem Sektor der staatl. Kirchenpolitik, der Politik der Landeskirche und des Bundes hinzuweisen, die im Rahmen aktuell- politischer Anlässe eine besondere Beobachtung und evtl. Sondereinsätze erfordern. In solchen Fällen wird Roland sofort aktiv und versucht im Rahmen seines zulässigen Engagements operative Ergebnisse hereinzuholen.

Auf der vorgezeichneten Basis wird der Kontakt weitergeführt, wobei immer noch Möglichkeiten untersucht werden, wo im Einzelfall noch operativer gewirkt werden kann.

Gricks

Dokument 16: Halbjahreseinschätzung für IM „Roland", 30. 6. 1973

Im Laufe der Zusammenarbeit mit dem IM veränderten sich die Kategorien, unter denen „Roland“ als IM beim MfS geführt wurde. Als „Geheimer Informator“ (GI) angeworben, wurde er als „inoffizieller Mitarbeiter der inneren Abwehr mit Feindverbindungen zum Operationsgebiet“ (IMF)[31] geführt, bevor er als inoffizieller Mitarbeiter, „der unmittelbar an der Bearbeitung und Entlarvung im Verdacht der Feindtätigkeit stehender Personen mitarbeitet (IMV)“,[32] eingesetzt wurde. Nach weiteren Umregistrierungen als „inoffizieller Mitarbeiter zur politisch-operativen Durchdringung und Sicherung des Verantwortungsbereichs“ (IMS)[33] und als „inoffizieller Mitarbeiter im besonderen Einsatz“

31 IMF – „Von 1968 bis 1979 geltende IM-Kategorie, als IMF definiert. Den IMF wurde der Teil der Aufgaben der Vorgängerkategorie Geheimer Mitarbeiter zugeordnet, die auf den Westen bezogen waren, während der andere, DDR-intern ausgerichtete Teil der Aufgaben bei der Kategorie IMV angesiedelt wurde. 1980 wurde diese Aufteilung wieder aufgehoben und IMF und IMV in Inoffizieller Mitarbeiter der Abwehr mit Feindverbindung (IMB) zusammengefasst. 1979 gab es schätzungsweise 800 IMF.“ Helmut Müller-Enbergs, in: Internetseite BStU, MfS-Lexikon, https://www.bstu.de/mfs-lexikon/detai/inoffizieller-mitarbeiter-im/ [17. 3. 2018].

32 IMV – „Von 1968 bis 1979 geltende IM-Kategorie, die als ‚Inoffizielle Mitarbeiter, die unmittelbar an der Bearbeitung und Entlarvung im Verdacht der Feindtätigkeit stehender Personen mitarbeiten‘, definiert war. Den IMV wurde der Teil der Aufgaben der Vorgängerkategorie Geheimer Mitarbeiter zugeordnet, die auf die Bekämpfung von ‚Feinden‘ innerhalb der DDR bezogen waren, während der andere, auf das ‚Operationsgebiet‘ ausgerichtete Teil der Aufgaben bei der Kategorie IMF (Inoffizieller Mitarbeiter der inneren Abwehr mit Feindverbindungen zum Operationsgebiet) angesiedelt wurde. 1980 wurden beide Kategorien wieder zur Kategorie IMB (Inoffizieller Mitarbeiter der Abwehr mit Feindverbindung) zusammengefasst. IMV sollten verdächtige Personen oder Gruppen ‚direkt bearbeiten‘, umfassende Persönlichkeitsbilder erstellen und Beweise für ‚feindliche‘ Tätigkeit sichern.“ Helmut Müller-Enbergs, in: Internetseite BStU, MfS-Lexikon, https://www.bstu.de/mfs-lexikon/detail/inoffizieller-mitarbeiter-im/ [17. 3. 2018].

33 IMS – „Von 1968 bis 1989 geltende Abkürzung für den gewöhnlichen inoffiziellen Mitarbeiter, der in der IM-Richtlinie von 1968 als IM, ‚der mit der Sicherung gesellschaftlicher Bereiche oder Objekte betraut ist‘, und in der IM-Richtlinie von 1979 als IM ‚zur politisch-operativen Durchdringung und Sicherung des Verantwortungsbereiches‘ (1980) definiert wurde. Der IMS löste die Kategorie Geheimer Informator ab. IMS hatten Verdachtsmomente zu erkennen, ferner ‚wesentliche Beiträge zur allseitigen Gewährleistung der inneren Sicherheit‘ im Verantwortungsbereich zu leisten, ‚im hohen Maße vorbeugend und schadensverhütend‘ zu wirken und ‚neue Sicherheitserfordernisse‘ rechtzeitig zu erkennen

(IME)[34] wird er zuletzt als „Mitarbeiter der Abwehr mit Feindverbindung bzw. zur unmittelbaren Bearbeitung im Verdacht der Feindtätigkeit stehender Personen" (IMB)[35] geführt.

Als IM „Roland" 1959 für die Mitarbeit beim MfS rekrutiert wurde, hatte das MfS besonderes Interesse an innerkirchlichen Informationen.

Daraus ergeben sich auch die Aufträge, die das MfS an ihn heranträgt bzw. worüber sich das MfS Informationen erhofft, da „der Kandidat die Möglichkeit [hat,] uns wertvolles Material zu überbringen. Durch die Teilnahme an den Konventen ist er in der Lage, uns internes Material über besondere Ereignisse und Vorhaben des Kirchenkreises Brandenburg zukommen zu lassen." Durch Giebelers Arbeit an verschiedenen Orten ist „seine Arbeit unkontrollierbar, wodurch eine konspirative Trefftätigkeit gewährleistet ist".[36]

helfen. IMS war die im MfS bei weitem am häufigsten vorkommende Informanten-Kategorie, zuletzt gab es 93.600 IMS." Helmut Müller-Enbergs, in: Internetseite BStU, MfS-Lexikon, https://www.bstu.de/mfs-lexikon/detail/inoffizieller-mitarbeiter-im/ [17.3.2018].

34 IME – „Von 1968 bis 1989 geltende Bezeichnung für IM, die für spezielle Aufgaben eingesetzt wurden. Innerhalb der Kategorie wurde unterschieden zwischen 1. IM in Schlüsselpositionen, 2. Experten-IM sowie IM, die auf operative Beobachtungen und operative Ermittlungen spezialisiert waren. Letztere waren vor 1968 der Kategorie Geheimer Mitarbeiter im besonderen Einsatz zugeordnet. Das MfS führte 1988 7.167 IME." Helmut Müller-Enbergs, in: Internetseite BStU, MfS-Lexikon, https://www.bstu.de/mfs-lexikon/detail/inoffizieller-mitarbeiter-im/ [17.3.2018].

35 IMB – „Von 1980 bis 1989 geltende IM-Kategorie, als IMB definiert – nicht zu verwechseln mit der Vorgangsart IMB (Inoffizielle Mitarbeiter-Akte B). Mit der Einführung des IMB wurden die IM-Kategorien IMV und IMF (Inoffizieller Mitarbeiter der inneren Abwehr mit Feindverbindungen zum Operationsgebiet) zu einer zusammengefasst. Die IMB galten als hochkarätige IM, die direkten Kontakt mit Personen hatten, die vom MfS als ‚feindlich' eingestuft wurden und deren Vertrauen besaßen, etwa Zuträger mit kirchlichen Funktionen oder aus Oppositionsgruppen. Außerdem wurden IMB zur Bekämpfung als ‚feindlich' angesehener Organisationen und Individuen im sog. Operationsgebiet eingesetzt. Zuletzt gab es rund 3.900 IMB." Helmut Müller-Enbergs, in: Internetseite BStU, MfS-Lexikon, https://www.bstu.de/mfs-lexikon/detail/inoffizieller-mitarbeiter-im/ [17.3.2018].

36 Kühne, Vorschlag zur Anwerbung eines geheimen Informators, 22.5.1959, BStU, MfS, BVfS Potsdam, Abt. VII Nr. 5, Teil I, Bd. 1, Bl. 35.

In den ersten Jahren nach seiner Anwerbung berichtete IM „Roland" vornehmlich über den Pfarrkonvent in Brandenburg, über den Generalkonvent, über Kreis- und Landessynoden, über die Berlin-Brandenburger Landeskirche und deren kirchenpolitische Handlungsoptionen gegenüber Staat und Partei, über Amtskollegen sowie den Konvent der Gefängnisseelsorger. Giebeler wird gegenüber dem Überprüfungsausschuss der Berlin-Brandenburger Landeskirche 1994 erklären und 2001 in seiner Publikation „Der gefährliche Balanceakt" schreiben, dass seine Teilnahme an den Pfarrkonventen von staatlicher Seite unerwünscht war. „Uns ist es lieber, Sie kommen ohne diese Kontakte aus",[37] zitiert Giebeler das MfS. Das MfS hätte Angst gehabt, dass er im Konvent Interna aus dem Strafvollzug erzählen könnte. Der Geheimdienst und auch die Verwaltung Strafvollzug war aber gerade an den Informationen aus dem Pfarrkonvent interessiert und *beauftragte* Giebeler, von Anfang an und regelmäßig diese Konvente zu besuchen und darüber dem MfS zu berichten.

Um die Nähe zu den Konventen aufrechterhalten zu können, empfiehlt FO Rintorf Pfarrer Giebeler, dass er seinen „ehrenamtlichen Predigtauftrag exakt wahrnehmen"[38] solle. 1966 stellt das MfS fest, dass durch die Arbeit des IM „die Angriffsrichtung der Kirchenleitung, sowie die reaktionären Kräfte der Kirche in Brandenburg bekannt würden". Aus diesen Informationen wurde der Operative Vorgang[39] „Hugenott"[40] entwickelt.

Eckart Giebeler wurde 1959 als inoffizieller Mitarbeiter von der kirchenpolitischen Abteilung V/4 des MfS verpflichtet. Im Laufe der jahrzehntelangen Zusammenarbeit veränderte sich allerdings der Schwerpunkt seiner Berichterstattung, und neben innerkirchlichen Informationen sollte Giebeler später verstärkt Informationen aus den Gefängnissen liefern. Deshalb wurde IM „Roland" 1979 von der MfS-Hauptabteilung VII, die für das Innenministerium

37 Giebeler, Der gefährliche Balanceakt, S. 32.

38 Rintorf, Einsatzrichtung des IM und Einschätzung seines derzeitigen Entwicklungsstandes, 22. 3. 1976, BStU, MfS, BVfS Potsdam, Abt. VII Nr. 5, Teil I, Bd. 1, Bl. 128.

39 Ein „Operativer Vorgang" wurde dann angelegt, wenn der Verdacht bestand, eine Person oder eine Gruppe habe die Absicht, strafbare Handlungen zu begehen.

40 Einschätzung 7. 7. 1966, BStU, MfS, BVfS Potsdam, Abt. VII Nr. 5, Teil I, Bd. 1, Bl. 70. Vgl. Kap. 6.4.1.

und die ihm nachgeordneten Bereiche wie Polizei und Strafvollzug zuständig war, übernommen.

Handschriftlich ist auf diesem Dokument vermerkt, dass „nach Absprache mit Gen. Generalmajor Büchner[41] der IM an den Lt. der Abt. VII, Gen. OSL Knorr zu übergeben [ist], der ihn selbst führt. Die op. Interessen der Abt. XX an der Kirchenlinie sind dabei voll zu sichern."

Aber nicht erst seit diesem Zeitpunkt profitierte die HA VII von Giebelers Informationen, sondern bereits seit Beginn seiner IM-Verpflichtung, da „aufgrund seiner Möglichkeiten als Seelsorger im Strafvollzug mit der HA VII / SV eine Abschöpfung des IMV zum Bereich Strafvollzug"[42] erfolgte. Fischer registriert, dass „der IM auch laufend über andere Dinge aus seiner Umgebung *und aus dem Strafvollzug* berichtet, die durchaus interessant und brauchbar sind".[43]

Da der IM „in jeder Weise offen über alles und jeden" berichtet, könnte mit „guten Überlegungen, Anwendungen von Kombinationen und Legenden in op. Hinsicht mit dem IM mehr zu erreichen" sein,[44] hofft Fischer.

Bereits 1970 hatte die kirchenpolitische MfS-Hauptabteilung XX den Kollegen der HA VII angeboten, dass durch IMF „Roland" „spezifische Probleme zum Strafvollzug" aufgeklärt werden könnten, wenn die HA VII „Aufträge für unseren IMF" zusenden würde.[45] Die Bezirksverwaltung für Staatssicherheit Leipzig wendet sich im November 1979 an die Bezirksverwaltung für Staatssicherheit in Potsdam, Abt. XX mit dem Hinweis, dass durch die Kreisdienststelle Borna „ein Pfarrer auf Grund bestehender Kontakte zu der Feindorganisation

41 MfS, Abt. XX, Bericht zum IMV „Roland", 7.6.1979, BStU, MfS, BVfS Potsdam, Abt. VII Nr. 5, Teil I, Bd. 1, Bl. 145.

42 MfS, Abt. XX, Bericht zum IMV „Roland", 7.6.1979, BStU, MfS, BVfS Potsdam, Abt. VII Nr. 5, Teil I, Bd. 1, Bl. 145.

43 Ebenda. Hervorhebung durch die Verf.

44 Ebenda.

45 BV für Staatssicherheit, Potsdam, Abt. XX, an Ministerium für Staatssicherheit HA VII Nr. 5, Reg. Nr. IV / 3471 / 60 20.10.1970, BStU, MfS, BVfS Potsdam, Abt. VII Nr. 5, Teil I, Bd. 1, Bl. 170.

‚Hilfswerk helfende Hände‘[46] in einem OV bearbeitet“ würde. In diesem Zusammenhang sei eine Verbindung des Pfarrers zu Eckart Giebeler bekannt geworden. Eine Überprüfung habe ergeben, dass Giebeler bei der Potsdamer Abt. XX erfasst sei. Um den anderen Pfarrer weiter „bearbeiten“ zu können, bittet die BV Leipzig um Aufklärung darüber, warum Giebeler bei der Potsdamer Linie XX erfasst sei. Sollten „positive Erfassungsgründe“ über Giebeler vorliegen, solle geprüft werden, ob Voraussetzungen bestehen, dass Giebeler zur Bearbeitung des verdächtigen Pfarrers eingesetzt werden könne.[47] Welche Auskunft die Potsdamer BV an die Kollegen in Leipzig gegeben haben und ob Giebeler dafür eingesetzt wurde, Informationen über den im OV bearbeiteten Pfarrer zu geben, ist nicht bekannt.

Obwohl IM „Roland“ erst 1979 von der kirchenpolitischen Linie XX/4 zu der Linie VII „übergeben“ wird, bestand von Anfang an ein großes Interesse an Giebelers Informationen aus dem Strafvollzug. Bereits im Juni 1967 notiert der MfS-Mitarbeiter Lüdtke, dass der IM Informationen aus den Gefängnissen Brandenburg, Torgau, Leipzig und Halle an das MfS weitergibt.[48] Ein halbes Jahr später, im Dezember 1967 bestätigt Lüdtke diese Einschätzung und erwähnt, dass von Giebeler auch „Berichte über Strafgefangene aus den von ihm

46 1951 beginnt die Hamburgerin Dora Fritzen Hilfspakete an politische Häftlinge in der DDR zu schicken. Sie findet schnell ehrenamtliche Mitstreiterinnen, die sich im Verein „Hilfswerk der Helfenden Hände Hamburg e. V.“ zusammenschließen. Durch Adressenfahndung und Schriftvergleiche, Röntgen- und Inhaltskontrollen findet die Staatssicherheit nahezu alle Sendungen heraus. Inoffizielle Mitarbeiter liefern Informationen über den Verein. Pakete werden eingezogen, Mitarbeiterinnen des Vereins sind verunsichert, und die Empfänger der Sendungen werden unter Hinweis auf § 219 StGB der DDR über „Ungesetzliche Verbindungsaufnahme“ unter Druck gesetzt: Würden sie die Annahme nicht verweigern, hätte dies erhebliche strafrechtliche Konsequenzen. Vgl. Internetseite „Hilfswerk der Helfenden Hände Hamburg e. V.“ Nierenzentrum Reinbek und Geesthacht, https://dialyse-reinbek.de/hilfswerk-der-helfenden-haende-hamburg-e-v/ [15. 2. 2018].

47 BV für Staatssicherheit Leipzig, Kreisdienststelle Borna an BV für Staatssicherheit Potsdam, Abt. XX, 26. 11. 1979, BStU, MfS, BVfS Potsdam, Abt. VII Nr. 5, Teil I, Bd. 1, Bl. 161.

48 Lüdtke, Auskunftsbericht, 15. 6. 1967, BStU, MfS, BVfS Potsdam, Abt. VII Nr. 5, Teil I, Bd. 1, Bl. 74.

betreuten Anstalten" gegeben werden würden.[49] Im Laufe der nächsten Jahre werden die Führungsoffiziere diese „operativ interessante[n] Merkmale des IM"[50] immer wieder hervorheben. Führungsoffizier Schmidt erkennt 1976 sehr deutlich, dass „vor allem die Informationen, die den Strafvollzug und die Strafgefangenen betreffen, von operativer Bedeutung sind. [...] Die perspektivische Aufklärung kirchlich gebundener Personen in den Strafvollzugsanstalten der DDR kann mit Hilfe des IM noch verstärkt werden. Hier besteht auch die Möglichkeit, den IM für andere Diensteinheiten des MfS zu nutzen."[51] Da der IM Verbindungen zu allen religiös gebundenen Strafgefangenen in den Haftanstalten des MdI aufnehmen könne, sei er in der Lage, neben der „Abschöpfung" kirchlicher Amtsträger und des Konventes auch Gefangene und deren „operativ interessierenden Verbindungen abzuschöpfen und aufzuklären".[52] Aufgrund dieser Einschätzungen war es folgerichtig, dass Giebeler 1979 von der MfS-Hauptabteilung VII übernommen wurde.

In der Personalakte von IM „Roland" sind die Einschätzungen und Beurteilungen von 1959 bis 1985 dokumentiert. Spätere Einschätzungen sind möglicherweise im Zuge der Zerstörung von MfS-Akten im Brandenburger Gefängnis vernichtet worden.

Seit seiner Anwerbung und Verpflichtung im Mai 1959 trifft sich der IM durchschnittlich einmal monatlich mit seinem jeweiligen MfS-Mitarbeiter in verschiedenen konspirativen Wohnungen. Die Termine werden vom IM eingehalten, und falls er verhindert ist, entschuldigt sich „Roland" rechtzeitig. Bei besonderen „operativ interessierenden" Ereignissen, wie z. B. Wahlen, meldet sich der IM zusätzlich per Telefon bei seinem Führungsoffizier, um zeitnah die ent-

49 Lüdtke, Einschätzung über die Zusammenarbeit mit dem GI „Roland", 8.12.1967, BStU, MfS, BVfS Potsdam, Abt. VII Nr. 5, Teil I, Bd. 1, Bl. 76.

50 Rintorf, Beurteilung IM „Roland", 1978, BStU, MfS, BVfS Potsdam, Abt. VII Nr. 5, Teil I, Bd. 2, Bl. 15.

51 Schmidt, Einschätzung IMF „Roland", 22.9.1976, BStU, MfS, BVfS Potsdam, Abt. VII Nr. 5, Teil I, Bd. 1, Bl. 120.

52 FO Thoß, Beurteilung, 7.2.1983, BStU, MfS, BVfS Potsdam, Abt. VII Nr. 5, Teil I, Bd. 2, Bl. 8.

sprechenden Informationen, wie z. B. über das Wahlverhalten seiner Pfarrerkollegen, an das MfS weiterzugeben.

Durch alle MfS-Einschätzungen zieht sich die durchweg positive Beurteilung des IM. Seine „Zuverlässigkeit, Ehrlichkeit und hohe Einsatzbereitschaft" werden gelobt.

GHI „Erich" hält am 15. Dezember 1977[53] fest, dass „Roland zweifelsfrei zu den Spitzenkräften im Netz"[54] gehört. Eine ähnliche Einschätzung gibt GHI[55] „Erich" bereits fast zehn Jahre zuvor. Am 24. Juni 1968 notiert er, dass „‚Roland' als bester MA bezeichnet werden muss, der mir zur Verfügung steht".[56]

Aber nicht nur an Informationen aus den aktuellen kirchlichen Zusammenhängen und aus dem Strafvollzug ist das MfS interessiert, sondern es plant 1968 auch Giebelers zukünftige „herausgehobene Rolle" in der Kirche. „Erich" schätzt ein, „dass Roland in der Perspektive eine sehr gute Rolle in der Oppositionsbewegung für eine eigenständige, unabhängige Kirche spielen kann." Einschränkend fügt er hinzu, dass „Roland" erst in Erscheinung tritt, „wenn die Bewegung gefestigt"[57] ist. Ob „Erich" mit der Begrifflichkeit „eigenständig" und „unabhängig" eine Kirchengestalt in Ostdeutschland meint, die die „besondere Gemeinschaft" zur EKD aufgibt, an der die EKD und die ostdeutschen Kirchen (ab 1969 Bund der Evangelischen Kirchen in der DDR) trotz Mauerbau festhalten, kann vermutet, aber nicht belegt werden.

Obwohl das MfS immer wieder betont, welche Spitzenkraft der IM „Roland" ist, gibt es auch kritische Töne hinsichtlich seiner Arbeit. Wenn IM „Roland" seine Zusammenarbeit mit dem MfS nicht entsprechend den Erwartungen

53 GHI „Erich" Jahreseinschätzung IM „Roland", 15. 12. 1977, BStU, MfS, BVfS Potsdam, Abt. VII Nr. 5, Teil I, Bd. 1, Bl. 134.

54 Ebenda, Bl. 116.

55 Führungs-IM, Von 1968 bis 1989 geltende Bezeichnung für IM, die mit der Führung anderer Inoffizieller Mitarbeiter (IM) und Gesellschaftlicher Mitarbeiter für Sicherheit (GMS) beauftragt waren, vormals Geheimer Hauptinformator genannt.

56 GHI „Erich" Halbjahreseinschätzung über „Roland", 24. 6. 1968, BStU, MfS, BVfS Potsdam, Abt. VII Nr. 5, Teil I, Bd. 1, Bl. 77.

57 GHI „Erich", Jahreseinschätzung, 1968, BStU, MfS, BVfS Potsdam, Abt. VII Nr. 5, Teil I, Bd. 1, Bl. 82.

(103) 12

BStU
000120

Abteilung XX/4 Potsdam,22.09.76

Einschätzung IMF " Roland "

Der IMF "Roland" arbeitet seit 1960 inoffiziell mit dem MfS zusammen.
Der IM ist zur Aufklärung des Kirchenkreises Brandenburg, der Amtsträger des K rchenkreises sowie des Anstaltspfarrerkonventes der Inneren Mission eingesetzt.Dabei nutzt der IM seine objektiven und subjektiven Möglichkeiten aus.
Der IM informiert ebenso über operativ interessante Probleme und Personen aus den genannten Bereichen.Neben der Auftragserfüllung übermittelt der IM auch selbständig Informationen.
Von operativer Bedeutung sind neben den Problemen des Kirchenkreises und der Amtsträger vor allem auch seine Informationen, die den Strafvollzug und die Strafgefangenen betreffen.
"Roland" besitzt die Fähigkeit,operativ interessante Probleme selbständig zu erkennen und entsprechend zu berichten.
Er ist jederzeit bereit,Sonderaufträge zu übernehmen und Sondertreffs durchzuführen.
Der IM stellt dem Organ alle innerkirchlichen Materialien zur Verfügung.
Mit Hilfe des IM ist es möglich,den neuen Sup. des Kirchenkreises Brandenburg,[redacted],und die Synodale [redacted] aufzuklären.
Die perspektivische Aufklärung kirchlich gebundener Personen in den Strafvollzugsanstalten der DDR kann mit Hilfe des IM noch verstärkt werden.Hier besteht auch die Möglichkeit, den IM noch mehr für andere Diensteinheiten zu nutzen.
Auf Grund der langjährigen inoffiziellen Tätigkeit des IM, hat sich ein enges Vertrauensverhältnis zum MfS entwickelt.
Der IM ist ehrlich und zuverlässig und gewährleistet absolut die Konspiration.
Die Informationen des IM sind immer detailliert und umfassend sowie von operativer Bedeutung.

Schmidt
Schmidt
Leutnant

Dokument 17: Einschätzung IMF „Roland" von Leutnant Schmidt, Abt. XX/4, 22.9.1976

gestaltet, vermutet Führungsoffizier „Erich“ dahinter „eine versteckte Aufforderung […], daß wieder einmal eine finanzielle Zuwendung fällig ist“.[58]

6.3.5 „Im Auftrag eines westlichen Geheimdienstes“ – Berichte über Giebeler

MfS-Mitarbeiter äußern Misstrauen gegenüber Eckart Giebeler

In den MfS-Akten finden sich 1962 und 1987 zwei Hinweise darauf, dass MfS-Mitarbeiter Giebelers Agieren als Gefängnisseelsorger misstrauisch betrachteten und in zwei entsprechenden Berichten festgehalten haben.

1962, als IM „Roland“ noch von der Potsdamer MfS-Abteilung V als IM geführt wurde, erarbeitet die HA-Abteilung VII einen „Operativplan“ für die Bearbeitung von Eckart Giebeler. Ziel des Operativplanes ist es herauszufinden, ob Giebeler „im Auftrag eines westlichen Geheimdienstes, einer westlichen Organisation oder kirchlicher Dienststellen“ tätig sei. Dabei soll die MfS-Bezirksverwaltung Potsdam im Wohnumfeld von Giebeler ermitteln, ob Giebeler oft Besuch erhalte und wie seine Wohnverhältnisse seien. Außerdem sei die Post von Giebeler zu überwachen. Die Überprüfung von Giebeler in den Gefängnissen werde die HA-Abteilung VII/5 selbst durchführen. Nach einer gewissen Zeit sollen die Ergebnisse in einer gemeinsamen Beratung der beiden MfS-Abteilungen ausgewertet werden.[59]

Es liegen keine weiteren Dokumente oder Hinweise vor, dass dieser „Operativplan“ umgesetzt wurde. Möglicherweise hat die Potsdamer MfS-Abteilung V, die Giebeler damals als IM führt, die Kollegen der HA-Abteilung VII über die Zusammenarbeit mit IM „Roland“ informiert, sodass der „Operativplan“ nicht umgesetzt wurde, da Giebeler von einer anderen MfS-Abteilung als – im Sinne des MfS – zuverlässiger Mitarbeiter eingeschätzt wurde.

58 Ebenda, GHI „Erich“, Halbjahreseinschätzung, 30.6.1972, Bl. 110. Zu den Zuwendungen vgl. außerdem Kap. 6.3.6.

59 Schumann, Operativplan, 25.10.1962, BStU, MfS, BVfS Potsdam, Abt. VII Nr. 5, Teil I, Bd. 1, Bl. 52, 53.

Führungsoffizier Fischer erfährt 1962 im Zusammenhang mit dem Operativplan von der HA VII außerdem, dass „der IM Kassiber aus dem Strafvollzug geschmuggelt" habe und damit der Verdacht begründet sei, dass der IM ein Agent sei. Fischer wird dieses gegen „seinen" IM gerichtete Misstrauen der HA VII „umgehend mit den Kollegen der anderen Abteilung klären". Der Führungsoffizier verteidigt seinen IM, sei doch das Herausschmuggeln eines Kassibers noch keine Agententätigkeit. Eine offene Aussprache mit dem IM sei geeignet, die betreffenden Fragen zu klären.[60] Das Schmuggeln von Kassibern war ein eindeutiger Verstoß gegen Giebelers Arbeitsvertrag mit der Deutschen Volkspolizei, in dem er sich verpflichtet hatte, über alle ihm zur Kenntnis gelangten dienstlichen Angelegenheiten Verschwiegenheit zu wahren.[61] Die Volkspolizei behielt sich laut Vertrag vor, den Arbeitsvertrag ohne Einhaltung der Kündigungsfrist von 14 Tagen zu beenden, wenn eine Weiterbeschäftigung aufgrund von gesetzlichen Bestimmungen nicht mehr möglich sei. Für Giebeler blieb der Vorgang ohne Konsequenzen, sodass davon auszugehen ist, dass sowohl der Verdacht der Agententätigkeit fallengelassen als auch der Kassiberschmuggel als nicht so gravierend angesehen wurde, dass daraus arbeitsrechtliche Folgen für Giebeler entstanden wären.

1987 informiert die MfS-Bezirksverwaltung Karl-Marx-Stadt Giebelers Führungsoffizier Thoß darüber, dass Giebeler Grüße zwischen Ehepartnern austauschen würde, die in verschiedenen Gefängnissen inhaftiert seien. Das sei bei der Briefkontrolle im Gefängnis Hoheneck aufgefallen.[62]

Auch aus dem Gefängnis in Berlin-Rummelsburg wird in der „Operativ-Information Nr. 259/88" darüber informiert, dass Giebeler sich besonders für die Gefangenen, die wegen Republikflucht inhaftiert sind, interessiere. Außerdem habe er sich bei zwei Gefangenen darum bemüht, Schreibverbindungen herzu-

60 Fischer, Einschätzung über die Zusammenarbeit mit dem IM „Roland", 29.8.1963, BStU, MfS, BVfS Potsdam, Abt. VII Nr. 5, Teil I, Bd. 1, Bl. 63f.

61 Dienstvertrag zwischen der Hauptverwaltung Deutsche Volkspolizei und Pfarrer Eckart Giebeler, 6.2.1953, ELAB, 15/1989.

62 BV für Staatssicherheit, Karl-Marx-Stadt, Kreisdienststelle Stollberg, an BV für Staatssicherheit Potsdam, Abt. VII, BStU, MfS, BVfS Potsdam, Abt. VII Nr. 5, Teil I, Bd. 2, Bl. 161.

stellen. Das sei durch die Kontrolle der Posteingänge nachvollziehbar geworden. Allerdings habe Giebeler persönlich den Leiter der Strafvollzugsanstalt darum gebeten, diese Schreibadresse zu genehmigen.[63]

Die beiden Berichte von 1962 und 1987 sind die einzigen, in denen Giebeler selbst in den Fokus von MfS-Beobachtungen kommt. Da daraus keine weiteren Maßnahmen des MfS gegen Giebeler folgen, ist zu vermuten, dass die den IM führenden MfS-Diensteinheiten ihren IM schützten, da seine Informationen für das MfS wichtiger waren als die Verfolgung der Verdachtsgründe gegen ihn. Hätte sich außerdem der Verdacht einer „feindlichen Agententätigkeit" bestätigt, hätte die VSV Giebelers Arbeitsvertrag vermutlich sofort beendet. Es gibt in den Beständen des BStU zudem keine Hinweise darauf, dass das MfS über Giebeler eine Opferakte angelegt hätte.

Andere inoffizielle Mitarbeiter des MfS über Giebeler

Die MfS-Personalakte dokumentiert neben den regelmäßigen Einschätzungen von Giebeler durch seine Führungsoffiziere zusätzlich einige wenige Berichte, die von anderen inoffiziellen Mitarbeitern (IM „Forelle", IM „Peter" und IM „Wolf") verfasst wurden und in denen sie Giebeler beurteilen, ohne zu wissen, dass er ebenfalls als IM geführt wurde. IM „Forelle", Mitarbeiter im Gefängnis Brandenburg, weiß, dass Giebeler Gefangene, „die ihn ausnutzen wollen", „ablaufen" lässt. Außerdem würde der Pfarrer Mängel, die „die Ordnung und Sicherheit betreffen", an den Leiter des Gefängnisses melden. Der IM merkt weiterhin an, dass Giebeler über große Kenntnisse über den Strafvollzug verfüge.[64] Der Brandenburger Häftling IM „Peter", wundert sich darüber, dass Giebeler ohne Aufsicht Gespräche führen könne. Gerade im Haftkrankenhaus Brandenburg würden sich nicht nur Gefangene, sondern auch Ärzte Giebeler anvertrauen.[65]

63 Grassow, Operativ-Information Nr. 259/88, 7.6.1968, BStU, MfS, BVfS Potsdam, Abt. VII Nr. 5, Teil I, Bd. 2, Bl. 168f.

64 IME „Forelle", Information zum ev. Geistlichen Giebeler, 5.3.1985, BStU, MfS, BVfS Potsdam, Abt. VII Nr. 5, Teil I, Bd. 2, Bl. 142.

65 MfS, IM-Vorlauf „Peter" Auszug aus Treffbericht, 29.4.1987, MfS, BVfS Potsdam, Abt. VII Nr. 5, Teil I, Bd. 2, Bl. 164.

Hauptmann Puder von der VSV informiert 1984 das MfS, dass der Strafgefangene X. in Brandenburg von den anderen Häftlingen verdächtigt werde, „mit den Sicherheitsorganen zusammenzuarbeiten". Ein Argument für diese Vermutung sei, dass X. „ständig Umgang mit dem evangelischen Pfarrer" habe. Diesem Umgang spräche „man eine Kontrollfunktion zu".[66] Führungsoffizier Thoß wertet diesen Hinweis mit Giebeler aus.

IMS „Benz", Inhaftierter im Gefängnis Brandenburg, berichtet 1987 über einen Mitgefangenen, der in der letzten Zeit häufig negativ aufgefallen sei. So habe dieser gegenüber „Ausweisern[67] [sic!] erklärt, daß der Pfarrer Giebeler ein Major des M.f.S." sei, der „nur versucht unter dem Deckmantel der Kirche, die Leute auszufragen, um entsprechende Berichte zu fertigen".[68]

IM „Wolf", ehemaliger Häftling im Gefängnis in Brandenburg, der nach seiner Entlassung in der Stadt Brandenburg lebt, äußert 1988 gegenüber seinem Führungsoffizier Rotsch ebenfalls die Vermutung, dass Giebeler mit dem MfS zusammenarbeiten würde. Er begründet sein Misstrauen u.a. mit der Sonderrolle, die Giebeler im Gefängnis zugestanden werde und die diesem „einen ungehinderten Kontakt zu allen Strafgefangenen"[69] ermögliche.

Außerdem fällt IM „Wolf" auf, dass Giebeler ein großes Interesse daran habe, wie der IM „Wolf" die Pfarrer im Kirchenkreis einschätze. Offenbar hat IM „Wolf" Verbindungen zu Brandenburger Kirchengemeinden oder zu Sozialdiakon P., der den Kontakt zu entlassenen Gefangenen sucht und für diese in kirchlichen Räumen eine Begegnungsmöglichkeit geschaffen hat. Das MfS ist alarmiert und muss IM „Wolf" seinen Verdacht ausreden. Schließlich muss es IM „Roland" schützen, wenn der Geheimdienst weiter von seinen Informationen profitieren will. Führungsoffizier Rotsch versichert also seinem IM, dass es sich „bei den sichtbar gewordenen Interessen des Giebeler nur um eine allgemeine Interessiertheit" handele. Diese stehe in Verbindung mit dessen Tätigkeit

66 Puder an MfS, 13.11.1984, MfS, BVfS Potsdam, Abt. VII Nr. 5, Teil I, Bd. 2, Bl. 93.

67 Antragsteller auf Ausreise aus der DDR.

68 Abschrift aus Treffbericht – IMS „Benz", 29.5.1987, MfS, BVfS Potsdam, Abt. VII Nr. 5, Teil I, Bd. 1, Bl. 170.

69 IMS „Wolf" mündlich an FO Rotsch, 24.8.1988, MfS, BVfS Potsdam, Abt. VII Nr. 5, Teil I, Bd. 1, Bl. 178.

als Pfarrer und IM „Wolf" solle deshalb keine Mutmaßungen in Giebelers Verhalten legen.[70]

1989 berichtet auch IMB „Oheim", ebenfalls Inhaftierter in Brandenburg, dass Giebeler in Brandenburg den Ruf habe, „ein Agent für das MfS zu sein, weil er immer mit dem Schlüssel rumzieht". Viele Gefangene vermuteten, dass das, was sie Giebeler erzählten, von ihm „sofort fernmündlich oder schriftlich an Stellen wie OKS[71] oder Schlimmeres weitergeleitet"[72] werde.

Während diese Verdächtigungen bisher nur als Gerüchte und Vermutungen weitergegeben wurden, wird 1979 erstmals öffentlich in einer kleinen Notiz in der Bild-Zeitung in West-Berlin der Vorwurf erhoben, der Brandenburger Gefängnisseelsorger arbeite mit der Stasi zusammen.

Ein ehemaliger DDR-Häftling, der nach seiner Entlassung aus der Haft in Westberlin lebt, erhebt im Juni 1979 bei der Zentralen Erfassungsstelle der Landesjustizverwaltungen in Salzgitter[73] schwere Vorwürfe gegen den Gefängnispfarrer. Der damalige Leiter der Erfassungsstelle, Oberstaatsanwalt Carl Hermann Retemeyer, bestätigt gegenüber der Zeitung, die über den Verdacht berichtet hat, dass eine entsprechende Anzeige gegen Giebeler vorliege. Der frühere Häftling habe seinen Verdacht in vier Punkten begründet. Der Gefängnisgeistliche könne sich im Zuchthaus Brandenburg mit einem eigenen Schlüssel frei bewegen und dürfe im Gegensatz zum katholischen Gefängnis-

70 Ebenda.

71 Offizier für Kontrolle und Sicherheit – Funktionsstelle in der Personalstruktur im SV.

72 IMB „Oheim", 28.7.1989, BStU, MfS, BV Potsdam, Abt. VII Nr. 953, Bl. 23.

73 Die Zentrale Erfassungsstelle der Landesjustizverwaltungen in Salzgitter bestand von 1961 bis 1992. Sie hatte u.a. die Aufgabe, Informationen und Beweise über Unrechtsurteile aus politischen Gründen, Misshandlungen im Strafvollzug oder politische Verfolgung in der DDR zu sammeln. Dieses Material sollte der Abschreckung potenzieller Täter dienen und so zu einer Erleichterung der Lebensverhältnisse in der DDR führen. Langfristig sollten die Informationen im Fall einer deutschen Wiedervereinigung zur Eröffnung von Strafverfahren dienen. Die Akten der Behörde bildeten nach dem Fall der Mauer eine wesentliche Voraussetzung für die justizielle Aufarbeitung der Staatsverbrechen der DDR. Vgl. Internetseite Bundeszentrale für politische Bildung „Auf den Spuren des DDR-Unrechts: Die Behörde, Salzgitter'", 22.11.2016, http://www.bpb.de/politik/hintergrund-aktuell/237863/die-behoerde-salzgitter [8.7.2018].

Ein Häftling aus dem Zuchthaus Brandenburg behauptet:

Unser Pfarrer ist ein SSD-Agent

Berlin, 6. Juni, asd

Ein ehemaliger „DDR"-Häftling beschuldigt den evangelischen Gefängnisgeistlichen des Zuchthauses Brandenburg, Pfarrer Giebeler, ein Offizier des SSD zu sein.

Der ehemalige „DDR"-Häftling, der jetzt in den Westen entlassen worden ist, erhob diese Beschuldigungen bei der Zentralen Erfassungsstelle der Landesjustizverwaltungen.

Oberstaatsanwalt Carl Hermann Retemeyer, der Leiter der Zentralstelle, bestätigte, daß der ehemalige Häftling seine Anzeige gegen Pfarrer Giebeler in vier Punkten zusammenfaßte:

- Der Gefängnisgeistliche ist der einzige Gefangenenseelsorger in der „DDR" mit Schlüsselgewalt. Er kann sich im Zuchthaus Brandenburg überall frei bewegen.
- Im Gegensatz zum katholischen Pfarrer darf sich Giebeler mit Häftlingen unter vier Augen unterhalten.
- Häftlinge, die sich ihm anvertrauten, wurden später von der Zuchthausleitung zur Rede gestellt. Ein ihm übergebener Brief landete bei der Anstaltsleitung.
- Ein SSD-Offizier sprach (vermutlich aus Versehen) Pfarrer Giebeler mit dem Satz an: „Nehmen Sie Platz, Genosse Hauptmann."

Dokument 18: Artikel aus der Bild-Zeitung, 6. 6. 1979

seelsorger die Gefangenen unter vier Augen sprechen. Häftlinge, die sich ihm anvertraut hätten, seien später von der Gefängnisleitung zur Rede gestellt worden, und schließlich habe Giebeler ein Stasi-Offizier wahrscheinlich versehentlich mit dem Satz angeredet: „Nehmen Sie Platz Genosse Hauptmann."[74] Diese Anzeige ist in den Akten der Erfassungsstelle Salzgitter im Bundesarchiv in Koblenz archiviert.

Aber diese Anzeige ist nicht die erste auf Giebeler bezogene, die bei der Erfassungsstelle in Salzgitter aufgenommen wurde.

Das Gesamtdeutsche Institut Bundesanstalt für Gesamtdeutsche Aufgaben[75] wies am 31. Oktober 1979 in seiner Antwort auf ein Schreiben der Zen-

74 Bild, 6. 6. 1979, BStU, MfS, BVfS Potsdam, Abt. VII Nr. 5, Teil I, Bd. 1, Bl. 157.

75 Das Gesamtdeutsche Institut – Bundesanstalt für gesamtdeutsche Aufgaben (BfgA) wurde am 1. Juli 1969 durch die Bundesregierung gegründet und unterstand der Aufsicht des Bundesministeriums für gesamtdeutsche Fragen (BMG), ab Oktober 1969 für innerdeutsche Beziehungen und war eine bundesunmittelbare Anstalt des öffentlichen Rechts mit Sitz in Bonn und einer Außenstelle in West-Berlin.

[redacted] 1190/78

Marienfelder Allee 66-80

1000 Berlin 48 , 10.Mai 1979

Zentrale Erfassungsstelle in Salzgitter

Eing. 15. Mai 1979

Herrn
Oberstaatsanwalt Retemeyer
Zentrale Erfassungsstelle der
Landesjustizverwaltungen
Salzgitter
Am Pfingstanger 2

3320 Salzgitter 51

Betr.: Anzeige gegen angeblichen evangelischen
Pfarrer Giebeler im Zuchthaus Brandenburg

Sehr geehrter Herr Retemeyer,

als ehemaliger politischer Häftling des Zuchthauses Brandenburg halte ich es für meine Pflicht, Sie über den angeblichen evangelischen Pfarrer Giebeler in dieser Strafanstalt zu unterrichten, der meines Wissens Offiziers des Ministeriums für Staatssicherheit im Range eines Hauptmannes ist.

Dazu gebe ich Ihnen folgende Einzelheiten bekannt:

1. Mein Freund [redacted], der zur Zeit noch in Brandenburg aus politischen Gründen inhaftiert ist, wurde Anfang des Jahres 1979 vom Offizier für Kontrolle und Sicherheit in dessen Arbeitszimmer gerufen. Dabei wurde ihm vorgeworfen, er habe Informationen über die Zustände der Haftanstalt und politische Häftlinge an die Gesellschaft für Menschenrechte in Frankfurt am Main aus dem Zuchthaus herausgeschmuggelt. Wie mir mein Freund glaubhaft versicherte, nahm an dem Verhör auch Pfarrer Giebeler teil. Als der angebliche Geistliche das Zimmer betrat, begrüßte ihn der OKS mit den Worten "Nehmen Sie Platz, Genosse Hauptmann". An der Darstellung von [redacted] habe ich keinerlei Zweifel.

-2-

2. Weitere Hinweise darauf, daß Giebeler
ein Hauptmann des MfS ist, entnehmen meine
Haftkameraden und ich der Tatsache, daß er
als einziger Pfarrer in allen Strafanstal-
ten der DDR Schlüsselgewalt besitzt, das
heißt, er kann sich zu jeder Zeit ungehindert
und unkontrolliert im gesamten Zuchthausge-
lände bewegen und die Zellenhäuser nach Be-
lieben betreten oder verlassen. Dem in Bran-
denburg wirkenden katholischen Pfarrer sind
solche Previlegien nicht eingeräumt.

3. Ebenfalls im Gegensatz zum katholischen Pfar-
rer darf sich Giebeler ohne Anwesenheit von
sonstigem Zuchthauspersonal mit Häftlingen un-
ter vier Augen unterhalten.

4. Mehrmals sind politische Häftlinge von der
Zuchthausleitung zur Rede gestellt worden, wenn
sie Giebeler vertrauliche Informationen mitge-
teilt oder wie in einem Fall, einen Beschwerde-
brief über die Unterdrückung der Glaubensfrei-
heit an die Kirchenleitung der DDR übergeben ha-
ben.

Mit freundlichen Grüßen

Dokument 19: „Anzeige gegen angeblichen evangelischen Pfarrer Giebeler im Zuchthaus Brandenburg" an Oberstaatsanwalt Retemeyer, Zentrale Erfassungsstelle der Landesjustizverwaltungen Salzgitter, 10. 5. 1979

tralen Erfassungsstelle Salzgitter in Bezug auf die oben erwähnte Anzeige gegen Giebeler darauf hin, dass dieser „bereits von anderen ehemaligen Häftlingen der Zusammenarbeit mit dem MfS beschuldigt worden" sei.[76] Bereits 1966 habe ein Häftling angegeben, dass unter den Häftlingen der evangelische Gefängnisgeistliche Pfarrer Giebeler nicht gut angesehen sei. Die Häftlinge würden ihm misstrauen, weil er – im Unterschied zu seinem katholischen Amtsbruder – überallhin freien Zugang gehabt habe und sich offenbar mit der Wachmann-

76 Gesamtdeutsches Institut Bundesanstalt für Gesamtdeutsche Aufgaben an Zentrale Erfassungsstelle der Landesjustizverwaltungen, Salzgitter, Betr.: Ihr Schreiben vom 15. 5. 1979, BArch Akte B 197 / 21183.

schaft gut verstehen würde. Ein anderer ehemaliger Häftling habe berichtet, dass ihm seine Mutter den Rat gegeben habe, Giebeler zu meiden. Demgegenüber habe sich 1968 ein anderer Gefangener über Giebeler äußerst positiv geäußert. Dieser sei ein hilfsbereiter Seelsorger, der sich der Häftlinge ohne Rücksicht auf die Konfession angenommen habe. Gespräche mit ihm hätten ohne Zeugen stattfinden können. Auch kümmere sich Giebeler um die Familien der Häftlinge und habe selbst Verwandte in der Bundesrepublik brieflich von Dauer und Ort der Strafe verständigt. Es sei zwar zutreffend, dass unter den Häftlingen das Gerücht umgehe, Giebeler sei Major der Stasi, er werde vom Innenministerium besoldet und sei als Spitzel verpflichtet worden. Der Häftling habe Giebeler das vorgehalten. Dieser habe die Gerüchte als unrichtig bestritten und dem Häftling ausdrücklich erklärt, „er stehe im Dienst der Evangelischen Kirche von Berlin-Brandenburg und nicht im Dienst des sowjetzonalen Innenministeriums".

Der Leiter des Bundesnotaufnahmeverfahrens in Gießen, der offenbar 1979 über die Vorwürfe gegen Giebeler informiert worden ist, teilt der Zentralen Erfassungsstelle im November 1979 mit, dass der „Anstaltspfarrer der StVE Brandenburg namens Giebeler mangels näherer Angaben nicht ermittelt werden konnte, dennoch wurde eine Fahndungskartei angelegt".[77]

Die Veröffentlichung der Vorwürfe gegen Giebeler in der Westberliner Zeitung im Jahr 1979 veranlassen sowohl die Verwaltung Strafvollzug als auch das MfS sowie die Berlin-Brandenburger Kirche zu Reaktionen. Giebeler wird von dem Berlin-Brandenburger Propst Friedrich Winter zu einem Gespräch eingeladen, in dem ihn Winter über die erhobenen Vorwürfe in Kenntnis setzt. Der Propst ist über eine derartige Verleumdung eines Geistlichen empört. Diese Reaktion ist durchaus verständlich, konnten doch mit einem in der Öffentlichkeit gestreuten Gerücht über eine Stasi-Spitzeltätigkeit die Betroffenen und ihr Umfeld zutiefst verunsichert und das Vertrauen in die betroffene Person nachhaltig zerstört werden. Außerdem gab es für diejenigen, die sich einem solchen Verdacht ausgesetzt sahen, keinerlei Möglichkeiten, das Gegenteil zu beweisen.

77 Fritz, Leiter des Bundesnotaufnahmeverfahrens in Gießen an Zentrale Erfassungsstelle der Landesjustizverwaltungen, Salzgitter, 23. 11. 1979, BArch Akte B 197/21183.

5

GESAMTDEUTSCHES INSTITUT
BUNDESANSTALT
FÜR GESAMTDEUTSCHE AUFGABEN

IV 2 - 434 55 - 9o14
(Bei Antwort bitte Geschäftszeichen angeben)

FEHRBELLINER PLATZ 3
1000 BERLIN 31
FERNRUF: (030) 8681-1
APP. 22o
FERNSCHREIBER: 183 330 bfga d

31.1o.1979

Zentrale Erfassungsstelle
der Landesjustizverwaltungen

Am Pfingstanger 2

3320 Salzgitter 51

Betr.: [redacted]

Bezug: Ihr Schreiben vom 15.5.1979

Anlg.: Akte AR-ZE 559/79

Der von [redacted] als Offizier des Mfs bezeichnete Pfarrer Giebeler ist hier bereits von mehreren anderen ehemaligen Häftlingen der Zusammenarbeit mit dem MfS beschuldigt worden. Es liegen mir folgende Aussagen vor:

1.9.1966: "Unter den Häftlingen war in Brandenburg der evangelische Gefängnisgeistliche Pfarrer Giebeler nicht angesehen. Häftlinge mißtrauten ihm, weil er - zum Unterschied von seinem katholischen Amtsbruder - überallhin freien Zugang hatte und sich offenbar mit der Wachmannschaft gut verstand."

28.2.1966: Zuchthaus Brandenburg-Görden: (Ende 1956 - Haftentlassung) Gefängnisgeistlicher war der evangelische Pfarrer Giebeler, der auch die Haftanstalten Torgau und Bautzen (?) betreute. Damals ca. 48/5o Jahre alt, "Friese" dem Aussehen nach. Giebeler wird vom MdJ besoldet, was Besucher als außergewöhnlich bezeichnet. Gottesdienst einmal im Monat im Kultursaal. Giebeler wird als unsicher und labil bezeichnet, der ganz offensichtlich mit dem Regime sympathisiert Sprechstunden wurden grundsätzlich nur in Gegenwart von Wachpersonal durchgeführt. Beschwerden der Häftlinge gegen deren Anwesenheit wurden von Giebeler übergangen. Um den bestehenden Kirchenchor der Häftlinge mit Spitzeln zu durchsetzen, wurden die Mitglieder des

Kirchenchores verpflichtet, am "Kulturchor" mitzuwirken. Daraufhin weigerten sich die Häftlinge. Kirchenchor trat bis zur Entlassung des Besuchers nicht mehr in Erscheinung."

4.9.1964:"Anstaltspfarrer: Giebeler (betreut auch Brandenburg und Bautzen oder Waldheim). Besucher hat den Anstaltspfarrer wiederholt aufgesucht, erhielt aber von seiner Mutter, die Sprecherlaubnis hatte, den Rat, Giebeler künftig zu meiden. Grund unbekannt."

12.8.1968: Zum Schluß berichtete Besucher noch über den evangelische Geistlichen, Pastor Giebeler, Marxist, guter Psychologe und Verbindungsmann zur Stasi.

Demggenüber hat im Dezember 1968 ein anderer ehemaliger Häftling Giebeler außerordentlich positiv geschildert. G. sei ein über Erwarten hilfsbereiter Seelsorger, der sich der Häftlinge ohne Rücksicht auf die Konfession angenommen habe. Seit ca. 1963 habe er mit Giebeler ohne Zeugen sprechen können. Giebeler habe sich auch der Familien der Häftlinge angenommen und selbst Verwandte in der Bundesrepublik brieflich von Dauer und Ort der Strafe verständigt, wenn die Anstaltsleitung entsprechende Briefe der Häftlinge unterschlagen habe. Es sei zwar zutreffend, daß unter den Häftlingen das Gerücht umgehe, Giebeler sei Major der Stasi, er werde vom Innenministerium besoldet und sei als Spitzel verpflichtet; das habe er Giebeler vorgehalten. G. habe diese Gerüchte als unrichtig bestritten und ihm ausdrücklich erklärt, er stehe im Dienst der Evangelischen Kirche von Berlin-Brandenburg und nicht im Dienst des sowjetzonalen Innenministeriums.

Im Auftrag

(Hildebrand)

Dokument 20: Gesamtdeutsches Institut, Bundesanstalt für Gesamtdeutsche Aufgaben, an die Zentrale Erfassungsstelle der Landesjustizverwaltungen Salzgitter, 31.10.1979

Für das MfS gehörte es zu den Strategien, Menschen durch die „systematische Diskreditierung des öffentlichen Rufes auf der Grundlage miteinander verbundener wahrer, überprüfbarer und diskreditierender sowie unwahrer, glaubhafter, nicht widerlegbarer und damit ebenfalls diskreditierender Angaben“ zu „zersetzen“. Teil solcher „Zersetzungsmaßnahmen“ war auch „die gezielte Verbreitung von Gerüchten über bestimmte Personen“,[78] dazu zählte auch die bewusst gestreute Information, eine Person sei ein Stasi-Spitzel.

Zu DDR-Zeiten konnte in der Regel somit weder eine Spitzeltätigkeit noch das Gegenteil *bewiesen* werden. Eine zu Unrecht verdächtigte Person konnte nur ihre Unschuld beteuern, aber keinerlei Beweise für diese vorlegen, und ebenso war es absolut unwahrscheinlich, dass ein für das MfS aktiver IM diese Tätigkeit zugegeben hätte. Der eine konnte seine Unschuld nicht beweisen und dem anderen konnte man seine Schuld nicht nachweisen.

Insofern bekommt die juristische Grundannahme in dubio pro reo hier sowohl eine moralische als auch eine ethische Dimension. Das Unbeweisbare kann nicht zum Kriterium, die Vermutung nicht zur Grundlage einer Be- und Verurteilung werden. Wenn außerdem Misstrauen zu einer gängigen Lebenspraxis in einer Gesellschaft wird, kann ein Miteinander, das allerdings unverzichtbar nicht nur für die persönliche Gestaltung des alltäglichen Lebens, sondern auch für Arbeitszusammenhänge ist, nicht gelingen. Gegen ein solches, die gesamte Gesellschaft vergiftendes Misstrauen haben die Kirchen und teilweise auch die sozialethischen Gruppen die Strategie des Vertrauens und des offenen Umgangs miteinander gesetzt.

Selbst wenn der Propst in Bezug auf Giebelers Wirken durch die Westberliner Zeitungsnotiz misstrauisch geworden wäre, hätte er öffentlich aus kirchenpolitischen Überlegungen und seelsorgerlichen Gründen gegenüber Giebeler nicht anders reagieren können. An dieses Gespräch mit Giebeler kann sich Propst Winter nicht mehr erinnern, aber grundsätzlich habe er den Standpunkt vertreten, Giebeler bis zum Beweis des Gegenteils zu vertrauen.[79]

78 MfS, Januar 1976, Richtlinie Nr. 1/76 zur Entwicklung und Bearbeitung Operativer Vorgänge (OV), BStU, MfS, AGM, Nr. 198, Bl. 307–367.

79 Friedrich Winter im Interview mit Verf. am 2.4.2015 in Berlin.

Da Giebeler im staatlichen Dienst stand, hätte die Kirche – selbst wenn es zu jener Zeit den unwahrscheinlichen Fall eines unzweifelhaften Beweises für Giebelers Zusammenarbeit mit dem MfS gegeben hätte – rechtlich keine Möglichkeit gehabt, Pfarrer Giebeler seines Amtes zu entheben. Sie hätte sich nur öffentlich von einem evangelischen Seelsorger distanzieren können und damit mehr sich selbst als Giebeler geschadet, da das Eingeständnis, ein Pfarrer arbeite mit dem MfS zusammen, für das Vertrauen in die evangelischen Kirchen und für das Verhältnis Staat–Kirche unabsehbare Folgen gehabt hätte.

Neben der Kirche fühlen sich auch die staatlichen Stellen genötigt, mit Giebeler über die den Pfarrer diffamierende Zeitungsnotiz zu reden.

Oberstleutnant Karger von der Verwaltung Strafvollzug instruiert Giebeler, wie er die Kirche in dessen eigenem Fall beraten solle. Die Kirche solle sich mit dem Staatssekretariat für Kirchenfragen konsultieren und in einer Richtigstellung auf keinen Fall Giebelers Name und das Gefängnis Brandenburg nennen. Außerdem solle die Kirche keine Erklärung abgeben, sondern nur die Verdächtigungen aufs Schärfste zurückweisen.[80]

Wenige Tage später korrigiert die VSV diese Überlegungen und erklärt, dass von kirchlicher Seite *nicht* das Staatssekretariat für Kirchenfragen informiert werden solle, sondern *die gesamte Angelegenheit als innerkirchlich* zu betrachten sei. Ob und wie die Kirche in der Angelegenheit reagiere, liege in ihrem eigenen Ermessen. „Herr Giebeler wurde am 28. 6. 1979 in diesem Sinne orientiert."[81] Bemerkenswert an dieser Argumentation der VSV ist, dass sie den Vorgang als einen rein *innerkirchlichen* betrachtet und damit anerkennt, dass Pfarrer Giebeler nicht nur Angestellter der Polizei ist, sondern als ordinierter Pfarrer auch noch einer – wenn auch nicht genau definierten – kirchlichen Aufsicht untersteht.

Neben Kirche und VSV ist auch das MfS über den Zeitungsartikel irritiert und verunsichert, ob der MfS-Verdacht gegen einen Spitzen-IM Auswirkungen einerseits auf den IM und andererseits auf sein Arbeitsumfeld haben könnte. Des-

80 Karger, Vermerk über ein Gespräch mit Herrn Pfarrer Giebeler am 13. 6. 1979, BArch DO 1, 3581. Eine Abschrift dieses Gespräches findet sich auch in der MfS-Personalakte von Giebeler. MfS, BVfS Potsdam, Abt. VII Nr. 5, Teil I, Bd. 1, Bl. 144.

81 Ebenda.

halb wird der Major im Strafvollzug Brandenburg, Czech alias IM „Weekend", beauftragt, „die Reaktionen des G. auf diesen Artikel soweit als möglich zu erfassen".[82] Das MfS kann im Juni 1979 beruhigt konstatieren, dass trotz des öffentlich geäußerten Verdachtes, Pfarrer Giebeler würde Informationen an das MfS weitergeben, die „Voraussetzungen für die weitere Zusammenarbeit mit dem IM gegeben" seien.[83]

Vier Jahre später, 1983, nimmt das MfS noch einmal Bezug auf den Artikel und betont, dass die „im Juni 1979 [...] in einer Westberliner Pressenotiz [veröffentlichte] Vermutung eines ehemaligen Strafgefangenen" über eine Zusammenarbeit Giebelers mit dem MfS keine „negativen Auswirkungen auf die weitere Zusammenarbeit" hatte.[84]

Innerkirchliche Bedenken

Erste Kritik an Giebelers Arbeit gab es bereits Mitte der 1950er-Jahre. Der Erfurter Pfarrer Hans-Joachim Burdach, selbst nebenamtlicher Gefängnisseelsorger, wird 1955 von entlassenen Gefangenen über die evangelische Gefängnisseelsorge in den Gefängnissen Torgau, Waldheim und Bautzen informiert. Für Burdach ziemlich unverständlich, sei von den Männern behauptet worden, Eckart Giebeler sei nicht Pfarrer, sondern Angestellter der VP. Außerdem würde der katholische Seelsorger unter ständiger Bewachung stehen, während Giebeler teilweise ohne jede Aufsicht arbeiten könne. Da Giebeler sich erst 1959 zur Zusammenarbeit mit dem MfS bereit erklärte, waren die besonderen Bedingungen, unter denen er – im Gegensatz zu seinen katholischen Kollegen – arbeiten konnte, nicht seiner Zusammenarbeit mit dem MfS, sondern seinem besonderen Anstellungsverhältnis geschuldet.

Burdach kritisiert zudem die Einzelseelsorge von Giebeler als äußerst fragwürdig, wenn der Seelsorger z. B. die Frage eines Gefangenen nach dem Be-

82 Treffbericht IM „Weekend", 13. 6. 1979, BStU, MfS, Ast Potsdam, BVfS Potsdam, vorl. Archiv 26 / 89, IV / 877 / 70, Bl. 180.

83 Beurteilung IMV „Roland", 1979, MfS, BVfS Potsdam, Abt. VII Nr. 5, Teil I, Bd. 2, Bl. 15.

84 Beurteilung, IME „Roland", 7. 2. 1983, ebenda, Bl. 6.

finden der Mutter damit beantworten würde, dass er das nicht wisse, er habe doch keinen Fernsehapparat. Die Folge von dieser Art Seelsorge sei, dass es eine starke Abkehr nicht nur vom betreffenden Pfarrer gäbe, sondern auch von der evangelischen Kirche insgesamt, erklärt Burdach.

Da Burdach diese Informationen der ehemaligen Häftlinge ziemlich besorgen, wendet er sich an den Potsdamer Generalsuperintendenten Braun und das Evangelische Konsistorium in Berlin. Giebeler, von Generalsuperintendent Braun auf diese Vorwürfe angesprochen, antwortet darauf mit einem umfangreichen Schreiben an Braun.[85] Giebeler erklärt, dass die Gefangenen, die erwarteten, dass er aus der Kanzel eine politische Rednerbühne machen würde, ruhig dem Gottesdienst fernbleiben sollten. Er betont, dass er im Gefängnis in Brandenburg „keine Minute mit einem Gefangenen alleine sprechen" könne, kritisiert den katholischen Seelsorger, der Aufzeichnungen aus dem Gefängnis herausgeschmuggelt habe, spricht von Verleumdungen gegen ihn und bittet Generalsuperintendenten Braun, diesen entgegenzutreten. Da sich Burdach auch an das Berlin-Brandenburger Konsistorium gewendet hat, sendet Giebeler eine Abschrift seiner Antwort an Superintendent Braun auch an das Konsistorium.[86]

Braun wiederum hat Burdach am 2. November geantwortet und betont, dass „eine Abberufung der vom Staat eingesetzten Gefangenenseelsorger durch die Kirchenleitung leider nicht möglich" ist.[87]

Aber nicht nur Gefangene misstrauen Giebeler, auch ein Kirchenmann entzieht ihm – allerdings wesentlich später – sein Vertrauen. Es ist ausgerechnet Hans-Dietrich Schneider, der langjährige Vorsitzende des Konventes der Gefängnisseelsorger in der DDR, von dem Giebeler 1984 den Vorsitz auf dessen ausdrücklichen Wunsch übernahm. Das MfS in Suhl informiert 1987 die Potsdamer Kollegen darüber, dass „Schneider vom Diakonischen Werk in Berlin, der ‚negativ-dekadente Personen und Straftäter'" betreuen würde, eine „mit kriminellen Handlungen operativ aufgefallene Person unseres Verantwor-

85 Giebeler, Schreiben an Braun, 5.11.1955, ELAB, 35/409.

86 Giebeler, Schreiben an Ev. Konsistorium Berlin-Brandenburg, 28.11.1955, ELAB, 35/409.

87 Braun, Schreiben an Burdach, 2.11.1955, ELAB, 35/409.

tungsbereiches vor einem in der StVE Cottbus als Seelsorger tätigen Pfarrer Giebeler, der gezielt Informationen über Strafgefangene an das MfS geben würde", gewarnt habe. Die Hinweise von Pfarrer Schneider würden mit den Argumenten bekräftigt, „daß Pfr. Giebeler entgegen sonstigen [sic!] Regelungen Seelsorgedienste allein ohne eine zweite Person als Wachpersonal durchführen würde. Alle anderen Abläufe in der StVE müßten im Gegensatz dazu unter Aufsicht einer zweiten Person durchgeführt werden."[88]

Im selben Jahr, in dem der Verdacht von Schneider gegenüber Giebeler dem MfS bekannt wurde, ist Giebeler erneut zum Vorsitzenden des Gefängnisseelsorgerkonventes gewählt worden. Ob Schneider seinen Verdacht innerkirchlich kommuniziert hat, ist nicht bekannt.

6.3.6 „Monatliche Zuwendung vom MfS erhalten" – Vorteilnahme

Ein weiteres Kriterium für die Beurteilung einer Zusammenarbeit mit dem MfS ist die Tatsache, ob das MfS Zuwendungen gezahlt hat und ob diese angenommen wurden. Unter dem Begriff Zuwendungen wurden

- regelmäßige akzeptierte Zahlungen – „Gehalt"
- Erstattung von Auslagen
- einzelne Zahlungen
- Geschenke bei persönlichen Anlässen

subsumiert. Auszeichnungen vom MfS werden als Beurteilungskriterien nicht erwähnt, was insofern verwunderlich ist, da solche Anerkennungen durchaus Aufschluss darüber geben können, in welchem Umfang ein IM mit dem MfS zusammengearbeitet hat. Deshalb werden im Folgenden auch die MfS-Auszeichnungen von IM „Roland" erwähnt.

88 Stirzel, Oberstleutnant, BV für Staatssicherheit Suhl, Abt. XX an MfS, HA XX/4, Berlin, 24.6.1987, BStU, MfS, BV Frankfurt/O., Abt. VII Nr. 5, 025, Bl. 116.

Regelmäßige akzeptierte Zahlungen und Erstattung von Auslagen

Ab 1982 erhielt IM „Roland" regelmäßige Zahlungen vom MfS, was die entsprechenden Quittungen belegen.[89] Am 16. April 1982 teilte das MfS Giebeler schriftlich Folgendes mit: „Als Dank und Anerkennung für die langjährige inoffizielle Zusammenarbeit mit dem Ministerium für Staatssicherheit und den dabei erzielten Ergebnissen erhalten Sie ab April 1982 eine monatliche finanzielle Zuwendung in Höhe von 250,– M (zweihundertfünfzig)." Diese regelmäßige Zahlung ist mit der Erwartung verbunden, dass der IM „auch weiterhin alle Kraft für die Erfüllung der [ihm] übertragenen Aufgaben einsetzen" wird.[90]

Die im Rahmen der „Auftragserfüllung entstehenden Unkosten" würden weiterhin zurückerstattet. Der Empfänger Eckart Giebeler nimmt das Schreiben mit dem Briefkopf „Ministerium für Staatssicherheit" zur Kenntnis und unterschreibt mit seinem Decknamen „Roland".

Der Personalakte I von IM „Roland" wurden zudem Quittungen zugeordnet, die normalerweise im dritten Teil einer IM-Akte abgelegt wurden. Obwohl kein dritter Band der IM-Akte „Roland" gefunden wurde, konnten die eingesehenen Quittungen eindeutig dem IM-Vorgang „Roland" zugeordnet werden, da auf ihnen nicht nur der Deckname des IM vermerkt, sondern auch dessen Registriernummer 3471/60, dieselbe ist, unter der Giebeler beim MfS geführt wurde. Die älteste der aufgefundenen Quittungen ist auf den 14. 1. 1983 datiert, die letzte Zahlung wurde am 18. 10. 1989 ausgestellt und der Empfang von „Roland" bestätigt. Die Quittungen von 1983 bis 1986 wurden auf einem handelsüblichen Quittungsblock ausgestellt, auf dem neben der Registriernummer auch vermerkt ist, von wem (MfS) und wofür (Zuwendung) das Geld überreicht und wann es übergeben wurde.

89 Laut Personalakte I von IM „Roland" gab es seit 1959 Zahlungen an den IM. In der PA wurde die Vernichtungen der Quittungen vermerkt. MfS, Abt VII, Aktenvermerk über Vernichtung Quittungen IM „Roland", 3. 11. 1988, BStU, MfS, BVfS Potsdam, Abt. VII Nr. 5, Teil I, Bd. 2, Bl. 170.

90 FO Thoß, Schreiben an Giebeler 16. 4. 1982, BStU, MfS, BVfS Potsdam, Abt. VII Nr. 5, Teil I, Bd. 2, Bl. 54.

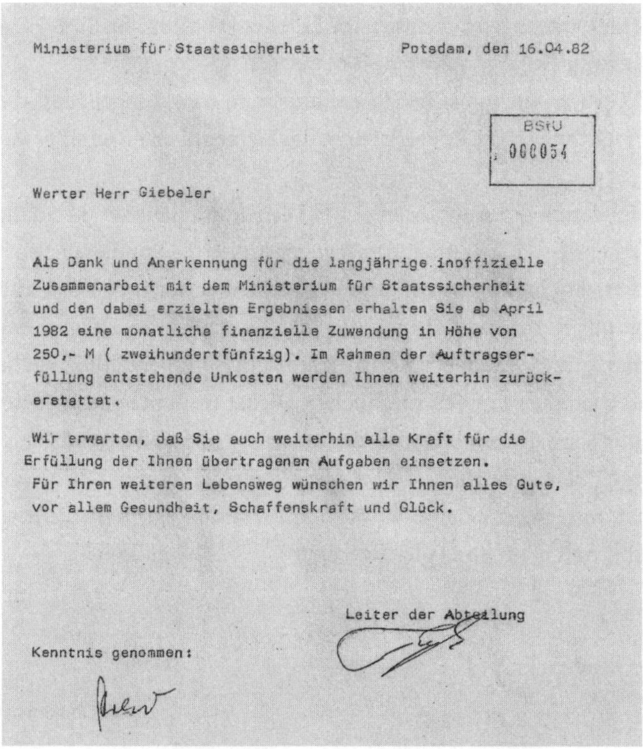

Ministerium für Staatssicherheit Potsdam, den 16.04.82

BStU 000054

Werter Herr Giebeler

Als Dank und Anerkennung für die langjährige inoffizielle Zusammenarbeit mit dem Ministerium für Staatssicherheit und den dabei erzielten Ergebnissen erhalten Sie ab April 1982 eine monatliche finanzielle Zuwendung in Höhe von 250,- M (zweihundertfünfzig). Im Rahmen der Auftragserfüllung entstehende Unkosten werden Ihnen weiterhin zurückerstattet.

Wir erwarten, daß Sie auch weiterhin alle Kraft für die Erfüllung der Ihnen übertragenen Aufgaben einsetzen. Für Ihren weiteren Lebensweg wünschen wir Ihnen alles Gute, vor allem Gesundheit, Schaffenskraft und Glück.

Leiter der Abteilung

Kenntnis genommen:

Dokument 21: Schreiben des MfS mit „Dank und Anerkennung" an Eckart Giebeler, 16.4.1982

Ab 1987 sind die Quittungen handschriftlich verfasst. Auf ihnen befindet sich ebenfalls die Registriernummer sowie der Hinweis, vom wem das Geld in welcher Höhe übergeben wurde. Diese Quittungen sind von „Roland" in der Ich-Form verfasst: „Am heutigen Tag erhielt ich vom MfS die monatl. Zuwendung in Höhe von 250,– Mark (zweihundertfünfzig)."[91]

Die vorliegenden Quittungen dokumentieren fast vollständig die monatlichen Zahlungen und sind alle handschriftlich von Giebeler mit „Roland" unterzeichnet.

91 Handschriftliche Quittung, IM „Roland", 22.2.1987, BStU, MfS, BVfS Potsdam, Abt. VII Nr. 5, Teil I, Bd. 2, Bl. 364.

Anhand dieser Quittungen lassen sich im Zeitraum von 1983 bis 1989 Zahlungen an Giebeler in Höhe von 20500 Mark belegen.

Später wird Giebeler die monatlichen Zahlungen so rechtfertigen, dass die 250 Mark die Erstattung seiner Reisekosten in das Gefängnis Bautzen II gewesen seien.

Ein halbes Jahr nach der Aufnahme seines Dienstes in Bautzen II im Jahr 1978 sei er mit einer Regelung vertraut gemacht geworden, die nur diese Anstalt betraf. „Fortan erstattete mir das MfS die Reiseunkosten nach Bautzen und ließ sie mir von der Bezirksverwaltung Strafvollzug in Potsdam auszahlen. Als ich dem Finanzdezernenten des Konsistoriums in Berlin erzählte, welche Dienststelle die Unkosten für den kirchlichen Dienst in Bautzen erstattete, entgegnete er mir schmunzelnd: Da werden unsere Steuergelder wenigstens sinnvoll angelegt."[92] Die 250 Mark, die „Roland" regelmäßig monatlich vom MfS erhalten hat, waren aber *keine* Dienstaufwandsentschädigungen, da diese ihm extra gezahlt und manchmal gleichzeitig mit der „Zuwendung" überge-

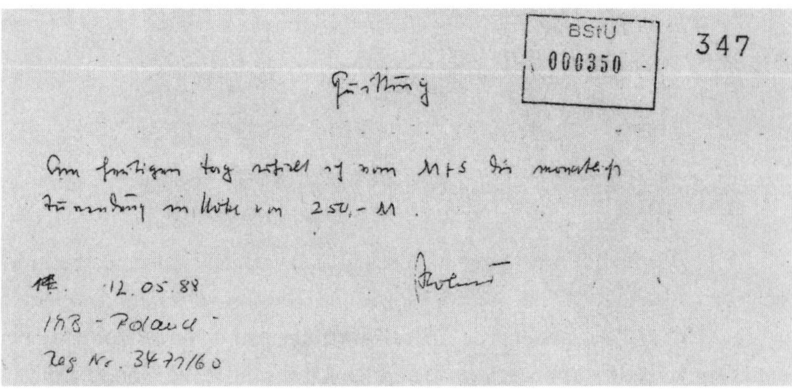
BStU
000350
347

Quittung

Am heutigen Tag erhielt ich vom MfS die monatliche Zuwendung in Höhe von 250,- M.

Roland

12.05.88
IMB - Roland -
Reg. Nr. 3477/60

Dokument 22: Handschriftliche Quittung von IM „Roland", 12. 5. 1988

ben wurden. Dies wird durch Quittungen belegt, die am gleichen Tag ausgestellt und unterschrieben wurden und deren Zahlungszweck zum einen mit „Zuwendung" und zum anderen mit „Erstattung von Auslagen" angegeben

92 Giebeler, Der gefährliche Balanceakt, S. 32.

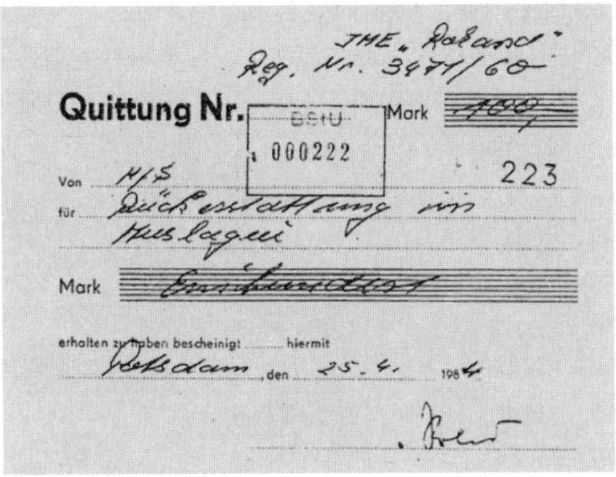

JHE „Roland"
Reg. Nr. 3471/60

Quittung Nr. BStU 000222 Mark

223

Von MfS

für Rückerstattung von Auslagen

Mark

erhalten zu haben bescheinigt ... hiermit

Potsdam, den 25.4. 1984

Dokument 23: Quittung über die Rückerstattung von Auslagen, 25.4.1984

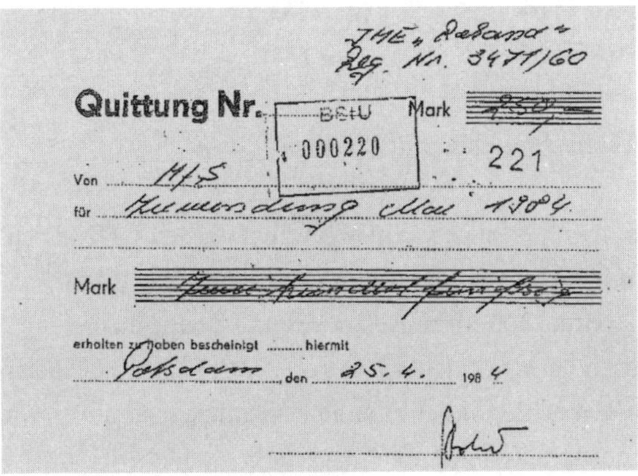

JHE „Roland"
Reg. Nr. 3471/60

Quittung Nr. BStU 000220 Mark

221

Von MfS

für Zuwendung Mai 1984

Mark

erhalten zu haben bescheinigt ... hiermit

Potsdam, den 25.4. 1984

Dokument 24: Quittung über die Zuwendung für Mai 1984, 25.4.1984

ist. Einige Quittungen haben als Betreff die allgemeine Angabe: „Rückerstattung von Auslagen", andere wiederum benennen die Ausgaben sehr genau, wie z. B. die Quittungen vom Juni 1983,[93] in der Giebeler auch den Bezug der Potsdamer Kirchenzeitung mit wöchentlich 95 Pfennig gegenüber dem MfS abrechnet.

93 MfS, Auslagen Januar–Mai 1984, BStU, MfS, BVfS Potsdam, Abt. VII Nr. 5, Teil I, Bd. 2, Bl. 224.

Tabelle 2: Zuwendung und Auslagen am selben Tag von IM „Roland“ quittiert

Datum	Zuwendung	Erstattung Auslagen
21.4.1983	250,– Mark	20,– Mark
29.11.1983	250,– Mark	50,– Mark
25.4.1984	250,– Mark	100,– Mark
19.7.1984	250,– Mark	150,– Mark
5.12.1985	250,– Mark	120,– Mark
9.1.1986	250,– Mark	20,– Mark
3.4.1986	250,– Mark	100,– Mark
10.7.1986	250,– Mark	130,– Mark
16.10.1986	250,– Mark	120,20 Mark
18.12.1987	250,– Mark	50,– Mark
19.1.1989	250,– Mark	30,– Mark

Auszeichnungen und Prämien

Zuwendungen sind jedoch schon lange vor 1982 gewährt worden. GHI „Erich“ notiert 1968, dass „Roland“ anlässlich des Tages der Republik 100 Mark erhalten habe und jährlich zweimal 100 Mark Aufwand- und Benzinunkosten erstattet bekommt. Aber „Erich“ hält es „nicht für falsch“, entsprechend Giebelers gezeigten Leistungen zu Weihnachten „nochmals eine Kleinigkeit zu geben, was sich in Form von Waren ausdrücken“ könne.[94]

Zum 20. Jahrestag der Republik, am 7. Oktober 1969, wird Eckart Giebeler „In Anerkennung hervorragender Leistungen für die Sicherung unserer Republik mit einer Prämie von 200,– M ausgezeichnet.“ Diese Auszeichnung an Eckart Giebeler nimmt „Roland“ zur Kenntnis.[95] Eckart Giebeler war demnach sein Deckname bekannt.

94 GHI „Erich“, Jahreseinschätzung 1968 IM „Roland“, BStU, MfS, BVfS Potsdam, Abt. VII Nr. 5, Teil I, Bd. 1, Bl. 83.

95 MfS, BV Potsdam, Unrath, „Anerkennung hervorragender Leistungen für die Sicherung unserer Republik“, 7.10.1969, BStU, MfS, BVfS Potsdam, Abt. VII Nr. 5, Teil I, Bd. 1, Bl. 85.

083 (65)

Ministerium für Staatssicherheit
Bezirksverwaltung P o t s d a m

BStU
000085

In Anerkennung hervorragender Leistungen für die Sicherung unserer Republik wird

G i e b e l e r , Eckart

anläßlich des XX. Jahrestages der Deutschen Demokratischen Republik, mit einer Prämie von 2oo.- M ausgezeichnet.
Verbunden mit dieser Auszeichnung übermitteln wir Ihnen die besten Wünsche für persönliches Wohlergehen und für eine weitere erfolgreiche Zusammenarbeit.

Potsdam, 7.1o.1969

U n r a t h

Kenntnis genommen:

Dokument 25: Anerkennung des MfS „für hervorragende Leistungen" von Eckart Giebeler, 7.10.1969

Zwei Jahre später, am 7. Oktober 1971, erhält Giebeler die Verdienstmedaille des Ministeriums des Innern in Bronze,[96] und der 24. Jahrestag der DDR, der 7. Oktober 1973, wird vom MfS zum Anlass genommen, Giebeler für „seine zielstrebige und operativ nützliche Arbeit mit einer Prämie in Höhe von M 150,–"[97] auszuzeichnen.

Am 8. Februar 1976 erhält Giebeler auf Anweisung des Ministers für Staatssicherheit, Erich Mielke, die „Medaille für treue Dienste in der Nationalen Volksarmee in Gold als Zeichen der Anerkennung für ehrliche, gewissenhafte und treue Pflichterfüllung im Ministerium für Staatssicherheit".[98]

Später wird Giebeler diese Auszeichnung gegenüber dem Überprüfungsausschuss der Berlin-Brandenburger Landeskirche damit erklären, dass er drei Gefangene, die sich verbarrikadiert und gedroht hätten, sich anzuzünden, zu einem Gespräch motiviert und somit die Situation deeskaliert habe. Der Leiter des Gefängnisses habe daraufhin zu ihm gesagt, dass er sich jetzt einen Orden verdient hätte.[99]

Als 1983 IME „Roland" mit dem Ehrenzeichen der Deutschen Volkspolizei ausgezeichnet werden soll, bittet sein damaliger Führungsoffizier Thoß die VSV, „dahingehend Einfluß zu nehmen, daß über diese Auszeichnung keinerlei Veröffentlichungen vorgenommen werden".[100] Offenbar fürchtete das MfS, dass durch eine entsprechende Bekanntmachung das Vertrauen der Gefangenen in Giebeler weiter untergraben werden würde, was für die für das MfS interessanten Informationen schädlich gewesen wäre.

Anlässlich seines bevorstehenden 60. Geburtstages am 25. Oktober 1985 erhält Giebeler am 13. Oktober 1985 die Verdienstmedaille der DDR vom Mi-

96 Siegel, Information über den Pfarrer Giebeler, 25. 8. 1971, BStU, MfS, BVfS Potsdam, Abt. VII Nr. 5, Teil I, Bd. 1, Bl. 104.

97 GHI „Erich", Jahreseinschätzung 1973 IM „Roland", 1. 12. 1973, BStU, MfS, BVfS Potsdam, Teil I, Bd. 1, Bl. 112.

98 MfS, Urkunde, 8. 2. 1976, BStU, MfS, BVfS Potsdam, Abt. VII Nr. 5, Teil I, Bd. 1, Bl. 130.

99 Überprüfungsausschuss der Berlin-Brandenburger Kirche, Protokoll Gespräch mit Eckart Giebeler 26. 8. 1994, Stasi-Überprüfungsausschuss 1992–1995, ELAB, 155.

100 FO Thoß, Information, 1. 3. 1983, BStU, MfS, BVfS Potsdam, Abt. VII Nr. 5, Teil I, Bd. 2, Bl. 62.

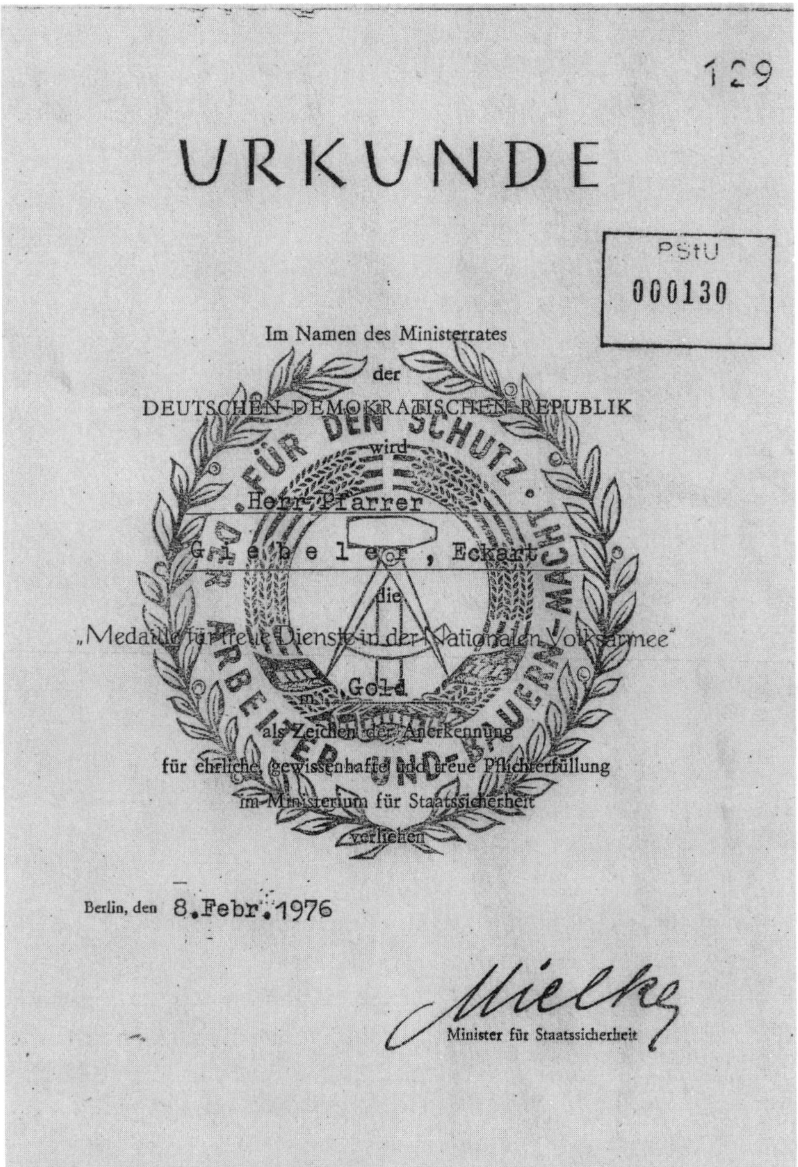

129

URKUNDE

BStU
000130

Im Namen des Ministerrates
der
DEUTSCHEN DEMOKRATISCHEN REPUBLIK
wird
Herr Pfarrer
G i e b e l e r , Eckart
die
„Medaille für treue Dienste in der Nationalen Volksarmee"
in Gold
als Zeichen der Anerkennung
für ehrliche, gewissenhafte und treue Pflichterfüllung
im Ministerium für Staatssicherheit
verliehen

Berlin, den 8.Febr.1976

Mielke
Minister für Staatssicherheit

Dokument 26: „Medaille für treue Dienste in der Nationalen Volksarmee in Gold", 8. 2. 1976

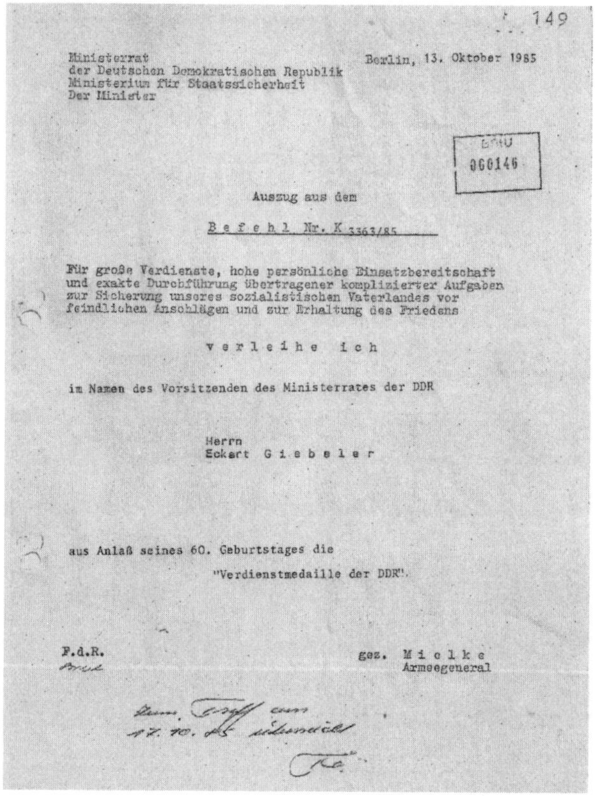

149

Ministerrat
der Deutschen Demokratischen Republik
Ministerium für Staatssicherheit
Der Minister

Berlin, 13. Oktober 1985

BStU
000146

Auszug aus dem

B e f e h l Nr. K 3363/85

Für große Verdienste, hohe persönliche Einsatzbereitschaft und exakte Durchführung übertragener komplizierter Aufgaben zur Sicherung unseres sozialistischen Vaterlandes vor feindlichen Anschlägen und zur Erhaltung des Friedens

v e r l e i h e i c h

im Namen des Vorsitzenden des Ministerrates der DDR

Herrn
Eckart G i e b e l e r

aus Anlaß seines 60. Geburtstages die

"Verdienstmedaille der DDR".

F.d.R.

gez. M i e l k e
Armeegeneral

Dokument 27: Verdienstmedaille der DDR für Eckart Giebeler, verliehen vom Ministerium für Staatssicherheit, 13. 10. 1985

nisterium für Staatssicherheit. Die Auszeichnung nach Befehl Nr. K 3363 / 85 zeichnet erneut Armeegeneral und MfS-Minister Erich Mielke.[101]

Giebeler erhält diesen Orden für „große Verdienste, hohe persönliche Einsatzbereitschaft und exakte Durchführung übertragener komplizierter Aufgaben zur Sicherung unseres sozialistischen Vaterlandes vor feindlichen Anschlägen und zur Sicherung des Friedens". Ende September 1989 freut sich

101 MfS, Befehl Nr. K 3363 / 85, 13.10. 1985, BStU, MfS, BVfS Potsdam, Abt. VII Nr. 5, Teil I, Bd. 2, Bl. 146.

Giebeler, seinem FO Thoß mitteilen zu können, dass er am 2. Oktober 1989 mit dem Vaterländischen Verdienstorden in Silber ausgezeichnet werden wird, den er wenige Tage vor dem letzten öffentlich gefeierten Gründungsjubiläumstag der DDR, am 7. Oktober 1989, erhalten werde.[102]

Tabelle 3: Auszeichnungen und Geschenke MfS an E. Giebeler

Datum[103]	Anlass	Wert
7.10.1969	Prämie für hervorragende Leistungen	200,– Mark
17.10.1975	Geburtstag	Uhr im Wert von 200 Mark
7.10.1971	Verdienstmedaille des MdI in Bronze	
8.2.1976	Medaille für treue Dienste in Gold	
1.7.1983	Ehrenzeichen der Deutschen Volkspolizei	
12.10.1983	Präsentkorb	69,– Mark
5.12.1983	Zuwendung IME „Roland" zum Jahreswechsel	80,50 Mark
17.5.1984	Anerkennung der geleisteten Arbeit	300,– Mark
17.10.1984	Geburtstagsgeschenk IMB „Roland" Präsentkorb	120,– Mark
5.4.1984	Geburtstag Ehefrau IM	11,45 Mark
22.12.1984	Dank und Anerkennung für geleist. op. Arbeit	50,– Mark
13.10.1985	Verdienstmedaille der DDR.	
17.10.1985	anlässlich 60. Geburtstag IMB	21,60 Mark
6.12.1985	Präsentkorb	82,– Mark
13.6.1988	Anerkennung für geleistete Arbeit 2 Karten Schauspielhaus	36,10 Mark
3.12.1986	Überreichung eines Präsents	5,– Mark

102 FO Thoß, Treffbericht 21.9.1989, BStU, MfS, BVfS Potsdam, Abt. VII, Nr. 5, Teil II, Bd. 15, Bl. 92.

103 Vgl. MfS, Quittungen, BStU, MfS, BVfS Potsdam, Abt. VII, Nr. 5, Teil II, Bd. 15, Bl. 184–426.

10.9.1987	Anerkennung für geleistete inoffizielle Mitarbeit	14,50 Mark
30.10.1987	anlässlich Geburtstag Präsentkorb	62,70 Mark
17.12.1987	anlässlich des Jahreswechsels	90,– Mark
26.10.1988	Präsent	74,10 Mark
13.10.1988	Geburtstagsgeschenk	69,– Mark
17.10.1988	Blumen	21,60 Mark
20.12.1988	Anerkennung für die geleistete Arbeit	102,– Mark
23.3.1989	Anerkennung für die geleistete Arbeit	36,– Mark
2.10.1989	Vaterländischer Verdienstorden in Silber	
19.10.1989	Dank und Anerkennung für die geleistete vorbildliche Arbeit	122,90 Mark

In der Personalakte IM „Roland" hält zudem ein Aktenvermerk über „Vernichtung Quittungen IM ‚Roland'" fest,[104] dass 63 Quittungen von 1959 bis 1982 vernichtet wurden.

In einer anderen Auflistung in der Personalakte finden sich unter der Rubrik „Aufstellung über ausgezahlte Beträge und Sachwerte an den geheimen Informator ‚Roland'"[105] von 1959 bis 1967 23 Einträge über gezahlte Geldsummen.

Das MfS bedankt sich bei Giebeler für seine IM-Tätigkeit nicht nur durch Auszeichnungen und finanzielle Zuwendungen, sondern unterstützt ihn auch, als er mit seiner Vermieterin einen gerichtlichen Streit über Zugangsrechte über das Grundstück der Hauseigentümerin und das Aufstellen einer Wäschespinne ausficht. Als Giebeler befürchtet, im Rechtsstreit zu unterliegen, informiert er seinen Führungsoffizier, der wiederum sich an das Kreisgericht mit „der Bitte um Einflußnahme" wendet.[106]

104 FO Thoß, Aktenvermerk über Vernichtung Quittungen IM „Roland", 3.11.1988, BStU, MfS, BVfS Potsdam, Abt. VII Nr. 5, Teil I, Bd. 2, Bl. 170.

105 MfS, Aufstellung über gezahlte und geleistete Sachwerte an den Geheimen Informator „Roland", BStU, MfS, BVfS Potsdam, Abt. VII Nr. 5, Teil I, Bd. 1, Bl. 29.

106 FO Thoß, handschriftlicher Hinweis auf Giebelers Widerspruch, 29.1.1985 an Kreisgericht Brandenburg/Havel, BStU, MfS, BVfS Potsdam, Abt. VII Nr. 5, Teil I, Bd. 2, Bl. 120.

6.4 Berichte von IM „Roland“

Obwohl von der Berichtsakte IM „Roland“ von insgesamt 15 Bänden nur noch der letzte vorhanden ist, können anhand von anderen MfS-Aktenbeständen Rückschlüsse auf die IM-Tätigkeit von IM „Roland“ ab 1959 geschlossen werden. Aus den Treffberichten mit „Roland“, die in der Berichtsakte des IM archiviert wurden, wurden die Passagen, die einzelne Personen oder Gruppen betrafen und die vom MfS „bearbeitet“ wurden, als Kopien oder Abschriften den jeweiligen Operativen Personenkontrollen (OPK) oder Operativen Vorgängen (OV) zugeordnet.

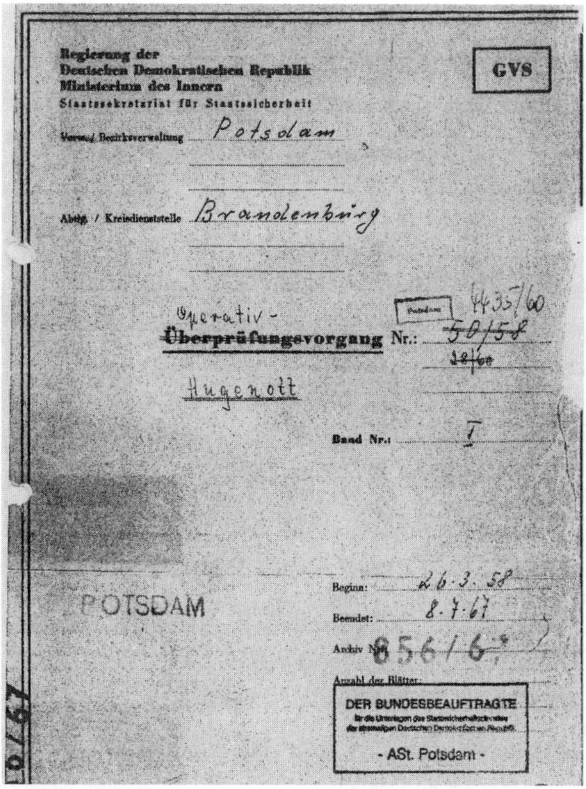
Regierung der
Deutschen Demokratischen Republik
Ministerium des Innern
Staatssekretariat für Staatssicherheit

GVS

Verw./ Bezirksverwaltung Potsdam

Abtlg. / Kreisdienststelle Brandenburg

Operativ-
~~Überprüfungsvorgang~~ Nr.: 4435/60 ~~50/58~~ ~~28/60~~

Hugenott

Band Nr.: I

POTSDAM

Beginn: 26.3.58
Beendet: 8.7.67
Archiv Nr. 856/67
Anzahl der Blätter:

DER BUNDESBEAUFTRAGTE
- ASt. Potsdam -

Dokument 28: Deckblatt des Operativen Vorgangs (OV) „Hugenott“

6.4.1 OV „Hugenott" – Pfarrer L.

Die Personalakte IM „Roland" überliefert in einem Bericht, den Fischer über die Zusammenarbeit[107] mit dem IM verfasst hat, den Hinweis, dass aufgrund der Informationen des IM aus dem Brandenburger Pfarrkonvent der „Operative Vorgang ‚Hugenott'"[108] eröffnet wurde. Dieser Notiz folgend, wurden die entsprechenden MfS-Akten eingesehen. Im OV „Hugenott" wurde seit 1960 der Brandenburger Pfarrer L. vom MfS „bearbeitet". L. stand bereits seit 1958 unter Beobachtung, aber erst die Informationen von IM „Roland" veranlassten das MfS, den „Überprüfungsvorgang" zu einem „Operativ-Vorgang" aufzuwerten, um „L. noch eingehender bearbeiten" zu können,[109] schließlich resultierten aus der Zusammenarbeit mit dem IM „Roland" „Informationen, die mehr Aussagekraft" besitzen würden.[110] L. hatte in den Brandenburger Pfarrkonventen u. a. die sozialistische Erziehung in den Schulen und die unfreien Wahlen in der DDR kritisiert.

Giebeler wurde im Mai 1959 als IM verpflichtet. Bereits einen Monat zuvor, im April 1959, hatte er gegenüber seinem späteren MfS-Mitarbeiter Kühne Pfarrer L. als einen der „reaktionärsten Pfarrer Brandenburgs" charakterisiert, der „in jeder Weise versucht, seine negative Einstellung zu unserem Staat zum Ausdruck zu bringen".[111]

Das offenbare sich meist in den Zusammenkünften der Pfarrer, wo die Öffentlichkeit ausgeschlossen sei. L. sowie die Pfarrer G., T., B. und einige andere wurden von Giebeler als „reaktionäre Schweine" bezeichnet. Er betitelte ihre Zusammenkünfte und Konvente als „Nes-Kaffee-kränzchen".[112]

107 Fischer, „Einschätzung Zusammenarbeit IM ‚Roland'", BStU, MfS, BVfS Potsdam, Abt. VII Nr. 5, Teil I, Bd. 1, Bl. 58.

108 Vgl. die Übersicht im Anhang unter Kapitel 12.2.5.

109 Kühne, „Operativplan", 16. 5. 1960, BStU, MfS, AOP 856/67, OV „Hugenott", Bd. I, Bl. 76.

110 Fischer, „Sachstandsbericht zum Operativ-Vorgang ‚Hugenott'", 20. 8. 1963, BStU, MfS, AOP 856/67, OV „Hugenott", Bd. III, Bl. 6.

111 Kühne, Auszug aus einem Kontaktgespräch mit Pfarrer Giebeler, 21. 4. 1959, BStU, MfS, AOP 856/67, OV „Hugenott", Bd. I, Bl. 64.

112 Ebenda.

Nachdem Giebeler weiter in diesem Duktus über L. berichtet, wird der OV „Hugenott“ mit dem Ziel, „ihn von [sic!] seiner feindlichen Tätigkeit zu überführen“,[113] im Mai 1960 eröffnet. Da L. auch Kreisjugendpfarrer ist, kommt dadurch auch die Brandenburger Junge Gemeinde in den Fokus der Aufmerksamkeit des MfS.

Mitglieder der Brandenburger Jungen Gemeinde hatten 1960 ein Schreiben verfasst, das 65 Jugendliche unterschrieben hatten und das Superintendent Friedrich Wilhelm Lenkitsch auf der Brandenburger Kreissynode am 5. November 1960 übergeben worden war. In dem Brief kritisieren die Jugendlichen Superintendent Lenkitsch scharf, da dieser einen – aus ihrer Sicht – viel zu freundlichen Kurs gegenüber dem Staat vertrete. Nach einer heftigen Debatte über diesen Brief legte Kreisjugendpfarrer L. sein Amt nieder und verließ die Kreissynode vorzeitig.

Die Ergebnisse der „inoffiziellen Arbeit“ von IM „Roland“ ließen für das MfS die Schlussfolgerung zu, dass die „feindliche Tätigkeit“ der Jungen Gemeinde von Pfarrer L. organisiert würde und dahinter die „Konzeption des NATO-Flügels der Kirchenleitung“[114] stehe.

Giebeler vermutet, dass die Junge Gemeinde nicht nur von L. negativ beeinflusst werde, sondern dass immer noch Kräfte vorhanden seien, die auf der „reaktionären Tätigkeit des Marienfeld aufbauen“[115] würden. Pfarrer Marienfeld war der erste Mentor von Giebeler, als dieser im Oktober 1949 seine Arbeit im Brandenburger Gefängnis aufnahm. Als Marienfeld die Gefängnisseelsorge vom Staat verboten wurde, betreute er als Jugendpfarrer die Junge Gemeinde in Brandenburg, bevor er nach dem Volksaufstand am 17. Juni 1953 aufgrund von Warnungen wegen seiner bevorstehenden Verhaftung in die Bundesrepublik floh. Zum Zeitpunkt von Giebelers Vermutungen, dass Marienfeld immer noch Einfluss auf die Junge Gemeinde habe, lebte Marienfeld bereits sieben Jahre nicht mehr in Brandenburg.

113 Kühne, „Operativplan“, 16.5.1960, BStU, MfS, AOP 856/67, OV „Hugenott“, Bd. I, Bl. 76.

114 Fischer, „Sachstandsbericht zum Operativ-Vorgang ‚Hugenott‘“, 10.10. 1961, BStU, MfS, AOP 856/67, OV „Hugenott“, Bd. II, Bl. 61.

115 Fischer, „Operativplan zum Op.-Vorgang ‚Hugenott‘“, 11.10.1961, ebenda, Bl. 63.

Nur zwei Tage nachdem Giebeler das MfS über die Aktion der Jungen Gemeinde auf der Kreissynode informiert hat, wird eine „Zusammenfassung des operativen Materials über die ‚Junge Gemeinde'"[116] in Brandenburg erstellt. Darin werden die Verdächtigungen von Giebeler gegenüber Marienfeld, der nicht nur ein „starker Hetzer, sondern auch ein aktiver Provokateur"[117] gewesen sei, auch gegenüber L., „der ein absoluter Feind der DDR"[118] sei, verstärkt. Das MfS veranlasst bei der Meldekartei der Polizei eine Überprüfung von Jugendlichen, die bei Marienfeld in der Jungen Gemeinde aktiv gewesen waren. Die Überprüfung ergibt, dass „ein großer Teil der Jugendlichen in Brandenburg gar nicht mehr gemeldet" seien. Außer der von Giebeler mitgeteilten Briefaktion weiß das MfS 1960 wenig über die Brandenburger Junge Gemeinde. Daraus schließt das MfS, dass diese „illegal arbeitet, was die Gefährlichkeit einer solchen Gruppierung unterstreichen" würde.

Am 30. November, also drei Wochen später, liegt bereits der „MfS-Operativplan zum operativen Material ‚Junge Gemeinde'" vor.[119] Ziel der Bearbeitung ist es, den Beweis zu erbringen, dass kirchliche Kreise eine „aktive feindliche Tätigkeit organisieren"[120] würden. Deshalb plant das MfS, die „feindlich negativen Personen festzunehmen" und die „feindliche Gruppierung"[121] zu zerschlagen. Die MfS-Abteilung V / 4 der Bezirksverwaltung Potsdam werde mit der MfS-Kreisdienststelle Brandenburg „in sozialistischer Gemeinschaftsarbeit diese Aufgabe lösen." Zusätzlich sollen „junge IM ausfindig" gemacht werden, die dann in die „‚JG' eingeschleust werden können", um die entsprechenden Informationen auch direkt aus der Jungen Gemeinde zu erhalten. Als erste Maßnahme der „direkten Bearbeitung" soll ein fingierter Brief angefertigt werden, in dem der Treffbericht des GI „Roland" „legalisiert" wird. „Inhalt: Existenz

116 Fischer, „Zusammenfassung des operativen Materials über die ‚Junge Gemeinde' in Brandenburg / Havel", 10. 11. 1960, ebenda, Bl. 23–26.

117 Ebenda, Bl. 23.

118 Ebenda, Bl. 25.

119 Fischer, „Operativplan zum operativen Material ‚Junge Gemeinde' in Brandenburg", 30. 11. 1960, BStU, MfS, AOP 856 / 67, OV „Hugenott", Bd. II, Bl. 19.

120 Ebenda, Bl. 20.

121 Ebenda.

einer feindlichen Gruppe der ‚Jungen Gemeinde', welche die Konzeption des 17. 6. 1953 vertritt und auf der Grundlage des Provokateurs Pfarrer Marienfeld ihre Tätigkeit gegen Staat und Kirche, besonders gegen den positiven Superintendent [sic!] Lenkitsch, organisiert."[122]

Als Folge der MfS-Pläne werden Brandenburger Schüler, die Mitglieder der Jungen Gemeinde sind, befragt[123] und zwei Personen vernommen. Während seiner Vernehmung am 8. März 1961[124] soll ein Jugendlicher die Abläufe der Zusammenkünfte der Jungen Gemeinde schildern, Personen benennen, die an den Zusammenkünften teilnehmen, wer wie politisch diskutierte und welche Hetze verbreitet wurde. In einem weiteren Vernehmungsprotokoll[125] eines Jugendlichen vom 6. November 1961 ist niedergelegt, wie dieser die Bibelstunden der Jungen Gemeinde einschätzt, wer die Wortführer in den Diskussionen waren und welche Mitglieder der Jungen Gemeinde es bereuten, der FDJ[126] beigetreten zu sein. Parallel zur Bearbeitung der Jungen Gemeinde wird die Bearbeitung des OV „Hugenott" durch das MfS intensiviert.

Im Sachstandsbericht zum „Operativ-Vorgang Hugenott" betont Fischer am 10. Oktober 1961, dass sich die „Operative Zusammenarbeit mit dem IM ‚Roland'" sehr erfolgreich gestaltet habe, da „Materialien erarbeitet worden seien, die geeignet sind, der reaktionären Kirchenleitung ernsthafte Schläge zu versetzen und durch massenpolitische Maßnahmen der Bevölkerung die feindliche Ideologie der Kirche aufzuzeigen".[127]

Dem Sachstandsbericht folgend, erneuerte das MfS den „Operativplan" zum OV „Hugenott", in dem die Ziele der „Bearbeitung" angepasst wurden. Einerseits solle der Beweis erbracht werden, dass kirchliche Kreise eine „aktive feind-

122 Ebenda.

123 Abschrift Befragung X, 16. 10. 1961, BStU, MfS, AOP 856/67, OV „Hugenott", Bd. II, Bl. 71.

124 Vernehmungsprotokoll, 8. 3. 1961, ebenda, Bl. 33.

125 Vernehmungsprotokoll, 6. 11. 1961, ebenda, Bl. 73.

126 Die Freie Deutsche Jugend war in der DDR die einzige staatlich anerkannte und geförderte Jugendorganisation. Sie war als Massenorganisation Teil eines parallelen Erziehungssystems zur Schule.

127 Fischer, „Sachstandsbericht zum OV ‚Hugenott'", 10. 10. 1961, BStU, MfS, AOP 856/67, OV „Hugenott", Bd. II, Bl. 57.

liche Tätigkeit organisieren" würden, andererseits plant das MfS die „Festnahme der gegen die DDR feindlich tätigen Personen".[128] Die Ziele des MfS in Bezug auf die Junge Gemeinde und auf L. sind also dieselben.

Ein halbes Jahr später, im März 1962, kritisiert Fischer im Zwischenbericht zum „Operativ-Vorgang ‚Hugenott'",[129] dass die wichtigsten Aufgaben im Vorgang „‚Hugenott' noch nicht gelöst" worden seien. Immer noch hat das MfS nicht die Schrift auftreiben können, in der die von Giebeler vermutete Konzeption des 17. Juni 1953 niedergeschrieben wurde.

Im Sachstandsbericht 1963 zum OV „Hugenott" wird L. wiederum als „ernstzunehmender Feind" charakterisiert, was durch die Treffberichte des IM „Roland" ersichtlich werde.[130]

In der Akte „Hugenott" findet sich auch ein Hinweis, dass Giebeler über Strafgefangene berichtet hat. Der Seelsorger hatte im Gefängnis Brandenburg Kontakt zu dem zu lebenslanger Haft verurteilten Michael Gartenschläger. Gartenschläger wurde im August 1961 als 17-Jähriger zusammen mit fünf Freunden nach Protesten gegen den Mauerbau festgenommen und im September 1961 wegen „staatsgefährdender Propaganda und Hetze sowie der Diversion" nach einem dreitägigen Schauprozess im Strausberger Kulturhaus vom Bezirksgericht Frankfurt (Oder) zu einer lebenslangen Zuchthausstrafe verurteilt, die er z. T. auch im Brandenburger Gefängnis verbüßte.[131]

Giebeler berichtet darüber, dass er einen Brief des Gefangenen herausschmuggeln sollte, in dem Gartenschläger seinen Freund W. aus Dresden darum bat, Verbindung zu seiner Mutter aufzunehmen. Der IM weiß, dass W. „mit dieser Bande verwickelt" sei. Aufgrund dieser Information, in der Giebeler nicht nur den Namen von Gartenschlägers Freund, sondern auch dessen Anschrift an das MfS weitergibt, werden zur Person W. in Dresden Ermittlungen eingeleitet.

128 Fischer, „Operativplan zum OV ‚Hugenott'", 11. 10. 1961, ebenda, Bl. 63.

129 Fischer, „Zwischenbericht OV ‚Hugenott'", 1. 3. 1962, ebenda, Bl. 118.

130 Fischer, „Ergänzung des Sachstandberichtes zum Op.-Vorgang ‚Hugenott'", 18. 9. 1963, BStU, MfS, AOP 856 / 67, OV „Hugenott", Bd. III, Bl. 10.

131 Michael Gartenschläger wurde 1971 von der Bundesrepublik freigekauft und am 30. April 1976 bei seinem Versuch, eine Selbstschussanlage an der innerdeutschen Grenze abzumontieren, von einem Spezialkommando des MfS erschossen.

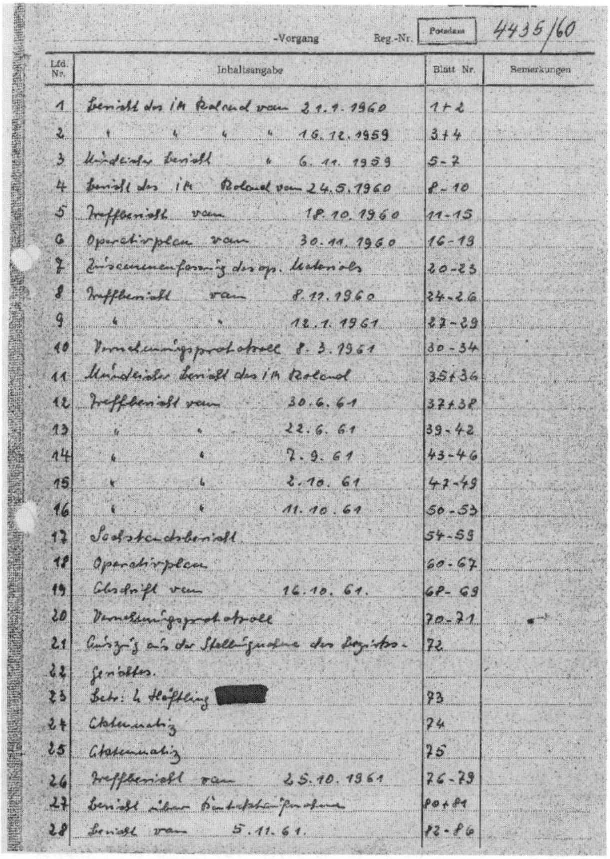

-Vorgang Reg.-Nr. Potsdam 4435/60

Lfd. Nr.	Inhaltsangabe	Blatt Nr.	Bemerkungen
1	Bericht des IM Roland vom 21.1.1960	1+2	
2	" " " " 16.12.1959	3+4	
3	Mündlicher Bericht " 6.11.1959	5-7	
4	Bericht des IM Roland vom 24.5.1960	8-10	
5	Treffbericht vom 18.10.1960	11-15	
6	Operativplan vom 30.11.1960	16-19	
7	Zusammenfassung des op. Materials	20-23	
8	Treffbericht vom 8.11.1960	24-26	
9	" " 12.1.1961	27-29	
10	Vernehmungsprotokoll 8.3.1961	30-34	
11	Mündlicher Bericht des IM Roland	35+36	
12	Treffbericht vom 30.6.61	37+38	
13	" " 22.6.61	39-42	
14	" " 7.9.61	43-46	
15	" " 2.10.61	47-49	
16	" " 11.10.61	50-53	
17	Sachstandsbericht	54-59	
18	Operativplan	60-67	
19	Abschrift vom 16.10.61.	68-69	
20	Vernehmungsprotokoll	70-71	
21	Auszug aus der Stellungnahme des Bezirks-	72	
22	gerichtes.		
23	Betr.: U-Häftling [redacted]	73	
24	Aktennotiz	74	
25	Aktennotiz	75	
26	Treffbericht vom 25.10.1961	76-79	
27	Bericht über Kontaktaufnahme	80+81	
28	Bericht vom 5.11.61.	82-86	

Dokument 29: Inhaltsverzeichnis der MfS-Akte OV „Hugenott“, Bl. 1 (Auszug)

Auch Sachverhalte, die Giebeler in den Pausengesprächen der Pfarrkonvente von den Pfarrerkollegen erfährt, gibt er an seinen FO weiter. Als er von dem Gerücht erfährt, dass ein kirchlicher Heimleiter homosexuell sei, berichtet er das seinem Führungsoffizier. Genau solche Hinweise waren für den Geheimdienst besonders wertvoll, da das MfS sie zur Erpressung von Menschen nutzen konnte. Im oben genannten Fall wollte das MfS die Informationen dafür nutzen, den genannten Heimleiter zur Mitarbeit zu nötigen. „Rolands“ Führungsoffizier legt in diesem Fall fest, „die Angelegenheit X. kurzfristig zu klären mit dem Ziel der

Anwerbung desselben".[132] Da das MfS alle Informationen akribisch auswertete, konnte auch die scheinbar kleinste und banalste Information dazu dienen, die „Zersetzungspläne" weiter in dem Sinne zu perfektionieren, die verletzlichen, sensiblen Punkte eines Menschen zu identifizieren, um diese dann zu Erpressung, Verunsicherung und zur staatlichen Machtdemonstration zu nutzen.

Nachdem das MfS sieben Jahre intensiv an der „Zersetzung" von Pfarrer L. gearbeitet hat, stellt es 1967 zufrieden fest, dass die „reaktionären" Pfarrer „Zurückhaltung üben bzw. eine loyale Haltung zur DDR einnehmen" würden. Aufgrund der veränderten Gesamtsituation im Pfarrkonvent und im Kirchenkreis Brandenburg sei deshalb eine weitere Bearbeitung nach § 19 StEG[133] nicht mehr gerechtfertigt. Am 30. Juni 1967 schließt das MfS den OV „Hugenott".

6.4.2 OV „Quartett" – Superintendent Detloff Telschow

Der Operative Vorgang „Hugenott" wurde 1967 beendet, nicht jedoch die Zusammenarbeit mit IM „Roland". Zählte Superintendent Lenkitsch aus Giebelers Sicht zu den fortschrittlichen Pfarrern, wurde dessen Nachfolger Detloff Telschow kurz nach seinem Amtsantritt im Frühjahr 1965 von Giebeler als „reaktionär" eingeschätzt.[134] Der Superintendent habe im Konvent „sein wahres Gesicht" gezeigt, indem er die Meinung vertreten habe, dass Kommunisten aus Freiheit Unfreiheit machen würden und die „‚Mauer' ein Ausdruck der Unfreiheit" sei.[135] Die Berichte über Telschow sind seit 1965 dokumentiert und in der Akte OV „Quartett" abgelegt. Der OV „Quartett"

132 Fischer, Treffbericht GI „Roland", 12. 1. 1961, BStU, MfS, AOP 856/67, OV „Hugenott", Bd. II, Bl. 32.

133 Strafrechtsergänzungsgesetz (StEG) vom 11. Dezember 1957 (GBl. I Nr. 78/1957, S. 643): „Staatsgefährdende Propaganda und Hetze (1) Wer [...] gegen die Arbeiter-und-Bauern-Macht hetzt, gegen ihre Organe, [...] hetzt, [...] wird mit Gefängnis nicht unter drei Monaten bestraft. Der Versuch ist strafbar."

134 Vgl. die Übersicht im Anhang unter Kapitel 12.2.6.

135 Fischer, Treffbericht IM „Roland", 11. 5. 1965, BStU, MfS, AOP 856/67, OV „Hugenott", Bd. II, Bl. 165.

wurde erst 1974 eröffnet, sodass davon auszugehen ist, dass u. a. auch die Berichte des IM „Roland“ hierfür ursächlich waren. 1973, ein Jahr vor Eröffnung des OV „Quartett“, notiert GHI „Erich“, dass der IM durch seine „Voreinschätzungen [...] anschaulich darlegen konnte, daß sich die reaktionäre Haltung des Telschow erhalten hat“. Für das MfS ermöglichen die „übersichtlichen Berichte des IM ‚Roland‘ über die Lage im Kirchenkreis [...] dem Organ[136] das negative Wirken unter Kontrolle zu halten“.[137]

Da neben Telschow noch drei weitere Superintendenten in den Fokus des MfS geraten, wird wegen des Verdachtes der „staatsfeindlichen Hetze im Sinne des § 106 StGB“[138] am 19. Juni 1974 ein gemeinsamer operativer Vorgang unter dem Namen „Quartett“ über alle vier Pfarrer eröffnet. In dem Operativen Vorgang, der sich gegen die „reaktionären Kirchenführer“, die Superintendenten der Kirchenkreise Nauen, Reinhard Steinlein, Zossen, Hans-Otto Furian, Belzig, Alfred Schirge, und Brandenburg, Detloff Telschow, richtet, werden nach Auswertung der Informationen über diese die entsprechenden „Zersetzungsmaßnahmen“ geplant. Der OV „Quartett“ wird in vier Teilvorgänge unterteilt, die dann von den jeweiligen MfS-Kreisdienststellen unter der Federführung der HA XX/4 bearbeitet werden.

136 Mit „Organ“ bezeichnete sich das MfS selbst, da es sich als Teil der „bewaffneten Organe“ in der DDR sah.

137 GHI „Erich“, Betr.: ständig z. ergänzende Informationen ü. Amtsträger, Kirchenkreis Brandenburg, 30. 6. 1973, BStU, MfS, BVfS Potsdam, 210/86 (Teilvorgang Nr. 2. zum ZOV „Quartett“), Bl. 165.

138 Strafgesetzbuch der DDR (1968), § 106 „Staatsfeindliche Hetze“: „(1) Wer mit dem Ziel, die sozialistische Staats-oder Gesellschaftsordnung der Deutschen Demokratischen Republik zu schädigen oder gegen sie aufzuwiegeln, 1. Schriften, Gegenstände oder Symbole, die die staatlichen, politischen, ökonomischen oder anderen gesellschaftlichen Verhältnisse der Deutschen Demokratischen Republik diskriminieren, einführt, herstellt, verbreitet oder anbringt; 2. Verbrechen gegen den Staat androht oder dazu auffordert, Widerstand gegen die sozialistische Staats- oder Gesellschaftsordnung der Deutschen Demokratischen Republik zu leisten; 3. Repräsentanten oder andere Bürger der Deutschen Demokratischen Republik oder die Tätigkeit staatlicher oder gesellschaftlicher Organe und Einrichtungen diskriminiert; [...] wird mit Freiheitsstrafe von einem Jahr bis zu fünf Jahren bestraft.“

Die Superintendenten sollen in ihren Kirchenkreisen „isoliert“ werden, damit sie nicht als „Störfaktoren wirksam“ werden könnten und die „staatliche Kirchenpolitik ungehindert durchgesetzt werden kann“.[139]

In Giebelers IM-Personalakte wird vermerkt, dass dieser als „ev. Geistlicher“ zur „Bearbeitung kirchlicher Gruppierungen und zur Bearbeitung des ZOV ‚Quartett‘ eingesetzt“ wird.[140]

Im „Zentral-Operativ-Plan zum Zentral-Operativ-Vorgang ‚Quartett‘“ wird am 15. Mai 1974 „die operative Zielstellung der vorgangsgemäßen Bearbeitung dieser reaktionären Kirchenführer“ festgelegt:

„- Untergrabung ihrer Position als Kirchenführer unter dem Gesichtspunkt der Einschränkung ihrer negativen Einflußnahme auf kirchenpolitische Entscheidungen und staatliche Maßnahmen sowie die Erzeugung von Unglaubwürdigkeiten gegenüber anderen kirchlichen Kreisen;
- Einleitung von Zersetzungsmaßnahmen gegen diese Gruppe in ihrer Gesamtheit und gegen einzelne aufbauend auf den bereits vorhandenen und ständig neu zu konkretisierenden Materialien;
- Erzeugung von Unsicherheiten innerhalb dieser Gruppe und Schaffung von Faktoren der inneren Auseinandersetzung, die zu Diskrepanzen bzw. der Beschäftigung mit ihren eigenen kirchlichen Problemen führen sollen.“[141]

In einer Anlage zum „Zentral-Operativ-Plan“ wird außerdem der „Informationsbedarf“ zum ZOV „Quartett“ festgelegt. Das MfS will u. a. wissen, ob die Superintendenten im Kirchenkreis anerkannt sind, welche Haltung sie zu kirchenpolitischen und kirchlichen Problemen vertreten und welche Verbindungen in den Westen bestehen. Das MfS interessiert sich auch für das „Verhalten im Freizeitbereich“ sowie für die Vergangenheit der Theologen.

139 Wüsteneck, Aktenvermerk, Teilvorgang Nr. 2., ZOV „Quartett“, BStU, MfS, BVfS Potsdam, 210/86 (Teilvorgang Nr. 2. zum ZOV „Quartett“), Bl. 172.

140 Schmidt, „Beschluss über Veränderung der IM-Art“, 23. 10. 1976, BStU, MfS, BVfS Potsdam, Abt. VII Nr. 5, Teil I, Bd. 1, Bl. 124.

141 Roch, „Zentral-Operativ-Plan“, 15. 5. 1974, BStU, MfS, BVfS Potsdam, AOP 210/86, Bl. 10–12.

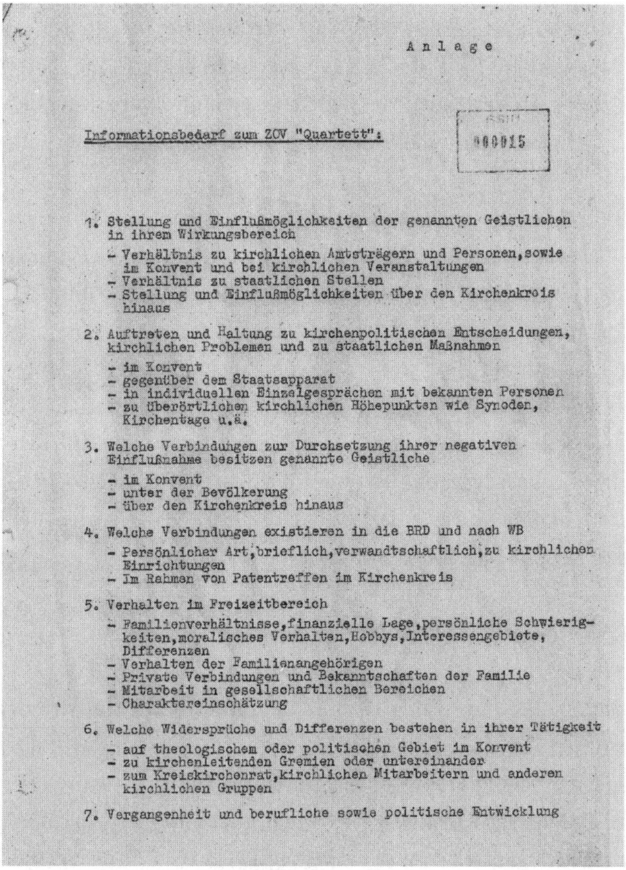

Anlage

000015

Informationsbedarf zum ZOV "Quartett":

1. Stellung und Einflußmöglichkeiten der genannten Geistlichen in ihrem Wirkungsbereich
   - Verhältnis zu kirchlichen Amtsträgern und Personen, sowie im Konvent und bei kirchlichen Veranstaltungen
   - Verhältnis zu staatlichen Stellen
   - Stellung und Einflußmöglichkeiten über den Kirchenkreis hinaus

2. Auftreten und Haltung zu kirchenpolitischen Entscheidungen, kirchlichen Problemen und zu staatlichen Maßnahmen
   - im Konvent
   - gegenüber dem Staatsapparat
   - in individuellen Einzelgesprächen mit bekannten Personen
   - zu überörtlichen kirchlichen Höhepunkten wie Synoden, Kirchentage u.ä.

3. Welche Verbindungen zur Durchsetzung ihrer negativen Einflußnahme besitzen genannte Geistliche
   - im Konvent
   - unter der Bevölkerung
   - über den Kirchenkreis hinaus

4. Welche Verbindungen existieren in die BRD und nach WB
   - Persönlicher Art, brieflich, verwandtschaftlich, zu kirchlichen Einrichtungen
   - Im Rahmen von Patentreffen im Kirchenkreis

5. Verhalten im Freizeitbereich
   - Familienverhältnisse, finanzielle Lage, persönliche Schwierigkeiten, moralisches Verhalten, Hobbys, Interessengebiete, Differenzen
   - Verhalten der Familienangehörigen
   - Private Verbindungen und Bekanntschaften der Familie
   - Mitarbeit in gesellschaftlichen Bereichen
   - Charaktereinschätzung

6. Welche Widersprüche und Differenzen bestehen in ihrer Tätigkeit
   - auf theologischem oder politischem Gebiet im Konvent
   - zu kirchenleitenden Gremien oder untereinander
   - zum Kreiskirchenrat, kirchlichen Mitarbeitern und anderen kirchlichen Gruppen

7. Vergangenheit und berufliche sowie politische Entwicklung

Dokument 30: Anlage zum „Zentral-Operativ-Plan", Informationsbedarf zum ZOV „Quartett"

Federführend für den OV „Quartett" ist Oberstleutnant Rintorf, der 1975 den „Jahresarbeitsplan" für die Bearbeitung des OV „Quartett" erstellt. Rintorf hat auch 1976 die „Einsatz- und Entwicklungskonzeption für IMF ‚Roland'" verfasst und sieht dessen Einsatzmöglichkeiten besonders in der „personengebundene[n] Arbeit" zur „Aufklärung des Sup. T.".[142]

142 Rintorf, „Einsatzrichtung des IM und Einschätzung seines derzeitigen Entwicklungsstandes", 22. 3. 1976, BStU, MfS, BVfS Potsdam, Abt. VII Nr. 5, Teil I, Bd. 1, Bl. 128.

Das MfS registriert, dass Giebeler zwar das Vertrauen der staatlichen Organe besitze, „welches sich im Laufe der Jahre immer mehr festigte", die Pfarrer im Kirchenkreis aber kein Vertrauen zu Giebeler hätten und Superintendent Telschow der Meinung sei, „daß Giebeler kein Pfarrer im Sinne der Kirche mehr ist".[143]

Um das Vertrauen der Pfarrer zu gewinnen, solle Giebeler u. a. seine Verbindungen zum Staatsapparat, Sektor Kirchenfragen, reduzieren, „um eine stärkere Vertrauensbasis zum Sup. T. entwickeln zu können".[144] Superintendent Telschow geht zum Jahresende 1975 in den Ruhestand. Da er nicht „beabsichtigt, sich weiter in die Kirchenpolitik einzumischen, und auch nicht gewillt ist, gewisse Teilfunktionen seines früheren Amtes weiterhin auszuführen", schlägt die MfS-Kreisdienststelle Brandenburg vor, die „Bearbeitung" abzuschließen.

Unabhängig davon, ob Giebeler das Vertrauen des Superintendenten oder der Kollegen hatte, berichtet er nun mit der gleichen Intensität wie vorher über Pfarrer L. über den neuen Superintendenten Rainer Koopmann.

6.4.3 OV „Quartett" – Superintendent Rainer Koopmann

Als Superintendent Telschow Ende 1975 in den Ruhestand geht, wird der OV „Quartett" um einen fünften Teilvorgang[145] erweitert, der den Nachfolger von Telschow, Superintendent Rainer Koopmann, betraf. Kaum hatte dieser im Juli 1976 sein Amt als Superintendent übernommen, gilt es für GHI „Erich" als erwiesen, dass „aufbauend auf die Einschätzungen [sic!] auf Grund der Aufklärung des IM Roland […] sich mit dem Amtsantritt des Superintendenten der reaktionäre Trent [sic!] der schon beim Vorgänger Telschow anzutreffen war, nicht nur erhalten sondern erheblich verschärft hat".[146] Der Superintendent lege

143 Lüdtke, Vermerk, 3.1967, BStU, MfS, BVfS Potsdam, Abt. VII Nr. 5, Teil I, Bd. 2, Bl. 32.

144 Rintorf, „Einsatzrichtung des IM und Einschätzung seines derzeitigen Entwicklungsstandes", 22. 3. 1976, BStU, MfS, BVfS Potsdam, Abt. VII Nr. 5, Teil I, Bd. 1, Bl. 128.

145 Vgl. die Übersicht in Kapitel 12.2.7.

146 GHI „Erich", Erarbeitung ständ. diff. Einschätzungen der Konvente, 15. 12. 1976, BStU, MfS, BVfS Potsdam, 210/86 (Teilvorgang Nr. 5 zum ZOV „Quartett", Bd. 1), Bl. 14.

es darauf an, „mit *reaktionärem* Vorbild“ die Pfarrerschaft auf seine Seite zu ziehen. Das zeige sich auch in seiner Haltung zur Wahl und zu Brüsewitz.[147]

Außerdem habe der Superintendent, der dabei „sehr offiziell“ tat, die Pfarrer im Konvent vor Kontakten mit dem MfS gewarnt. Koopmann berichtete, dass ein vom MfS angesprochener Pfarrer die Auskunft verweigert und ein anderer ihn als Superintendent sofort über das Gespräch informiert habe.[148] Pfarrer Giebeler hebt gegenüber „Erich“ hervor, dass Superintendent Koopmann gegenüber den Pfarrerinnen und Pfarrern im Konvent ausdrücklich betont habe, „daß kein kirchlicher Mitarbeiter irgend einem Außenstehenden über Dinge, die die Kirche betreffen, Auskunft geben dürfe“. Jeder Mitarbeiter habe durch die Ordination eine unbedingte Schweigepflicht.

Auch wenn jemand u. a. im Fall einer Straftat das Angebot vom MfS erhalten würde, dass er bei einer Bereitschaft zur Zusammenarbeit straffrei ausgehen könnte, gab Koopmann den Pfarrerinnen und Pfarrern den „dringenden Rat, keine Spitzeldienste zu tun und lieber eine Strafe in Kauf zu nehmen“.[149]

Koopmann reagiert mit seinen Ausführungen u. a. auch auf eine Verunsicherung im Pfarrkonvent, da eine innerkirchliche Information offenbar an den Potsdamer Referenten für Kirchenfragen weitergegeben wurde.

Die Konventsmitglieder sind erleichtert, als ein Kollege erklärt, dass er offiziell und nicht – wie vermutet – ein Spitzel den Referenten für Kirchenfragen über eine innerkirchliche Angelegenheit informiert habe. Giebeler stellt fest,

147 Am 18. August 1976 stellte der evangelische Pfarrer Oskar Brüsewitz vor der Michaeliskirche in Zeitz zwei Plakate auf das Dach seines Autos, auf denen er den Kommunismus anklagte. Anschließend übergoss er sich mit Benzin und zündete sich an. Am 22. August 1976 erliegt Brüsewitz seinen Verbrennungen. Die Kirchenleitung der Evangelischen Kirche der Kirchenprovinz Sachsen wendet sich am 21. August 1976 mit einem „Wort an die Gemeinden“, das am 22. August 1976 in vielen Gottesdiensten verlesen wurde und zur Fürbitte aufrief. Es distanzierte sich von den diffamierenden Darstellungen in den DDR-Medien, jedoch auch von Versuchen, „das Geschehen in Zeitz zur Propaganda gegen die Deutsche Demokratische Republik zu benutzen“. Vgl. Freya Klier, Oskar Brüsewitz: Leben und Tod eines mutigen DDR-Pfarrers, Leipzig 2013.

148 GHI „Erich“, Treffbericht, IM „Roland“, 17. 12. 1976, BVfS Potsdam, 210/86 (Teilvorgang Nr. 5 zum ZOV „Quartett“, Bd. 1), Bl. 154.

149 Ebenda, Bl. 155.

dass „alle im Konvent aufatmeten, denn nun sei doch kein Spitzel am Werk gewesen".[150]

Ein Pfarrer habe in der Diskussion gemeint – teilt Giebeler GHI „Erich" mit –, wenn es erwiesen wäre, dass jemand mit dem MfS zusammenarbeiten würde, „der Amtsträger die Rechte des geistlichen Standes verlieren"[151] müsste. Dem hätten sich die anderen Geistlichen angeschlossen.

Hat Giebeler, als er den Bericht für GHI „Erich" über diesen Konvent, der speziell das Verhalten von Pfarrerinnen und Pfarrer gegenüber dem MfS thematisierte, gespürt, dass sein Verhalten zu den Empfehlungen von Superintendent Koopmann und allen kirchlichen Regeln im Umgang mit dem MfS im eklatanten Widerspruch stand? Oder hatte er sich innerlich so weit von der Kirche entfernt, dass er diese Diskrepanz zwischen kirchlichen Ansichten und seinem eigenen Verhalten nicht mehr spürte? Giebelers Bericht beunruhigt allerdings das MfS, sodass GHI „Erich" befürchtet, dass Koopmanns klare Positionen in Bezug auf die Zusammenarbeit mit dem MfS die Stellung des IM „Roland" „wegen seiner hauptberufl. Tätigkeit beim MdI in der Endkonsequenz untergraben" könnten.[152] Deshalb müsse das „Organ" prüfen, wie Koopmanns Äußerungen zu bewerten seien.

Im Januar 1977 legt das MfS fest, dass die „Bearbeitung des Super. [sic!] Koopmann in einer OPK unverzüglich aufzunehmen" ist.[153] Bevor wenige Monate später das MfS einen umfangreichen „Maßnahmeplan" zur „Zersetzung" erstellen wird, hat bereits diese erste „Stellungnahme" das Ziel, Koopmann u. a. durch den „Aufbau von Flüsterpropaganda, durch Verwendung persönlichen Tratsch [sic!]" in der Öffentlichkeit und im Kirchenkreis zu diffamieren. Um dieses Ziel zu erreichen, könnte Koopmann „moralischer Fehlleistungen" oder „persönlicher Bereicherung" verdächtigt werden. Dafür seien

150 Ebenda, Bl. 156.

151 Ebenda.

152 GHI „Erich", Treffbericht, IM „Roland", 17. 12. 1976, BVfS Potsdam, 210/86 (Teilvorgang Nr. 5 zum ZOV „Quartett", Bd. 1), Bl. 144.

153 Laurisch, MfS, KD Brandenburg, „Stellungnahme zur Bearbeitung des Materials Koopmann", 22. 1. 1977, BStU, MfS, BVfS Potsdam, 210/86 (Teilvorgang Nr. 5 zum ZOV „Quartett", Bd. 1), Bl. 39.

„schwatzhafte Personenkreise zu ermitteln, die veranlaßt werden, derartige Gerüchte zu propagieren".[154]

Eine OPK unter dem Namen „Taktiker" wird im Rahmen der „Gesamtzielstellung des ZOV ‚Quartett'" im März 1977 angelegt, und es werden folgende Ziele der „Zersetzung" im „Operativen Maßnahmeplan zum Teilvorgang Nr. 5"[155] festgelegt:

- „Untergrabung seiner Position als Superintendent in Brandenburg mit der Schaffung von Faktoren der inneren Auseinandersetzung, der Isolierung und des Mißtrauens.
- Erarbeitung von Hinweisen über Fehlleistungen und Fehlverhaltensweisen zur Diffamierung der Persönlichkeit des K.
- Operative Kontrolle seiner persönlichen und beruflichen Entwicklung und Nutzung der erarbeiteten operativen Werte zur Einschränkung einer breiteren Einflußnahme des K. auf kirchenpolitische Entscheidungen und staatliche Maßnahmen."[156]

IM „Roland" bekommt den Auftrag, das „Auftreten des K." im Konvent und „seine Haltung im überörtlichen Bereich" einzuschätzen.[157]

Durch die Informationen des IM „sollen die Pläne, Absichten und Maßnahmen des K. hinsichtlich der negativen und persönlichen Verhaltensweisen des K. herausgearbeitet werden. Die Informationen müssen es ermöglichen, den Prozeß der Differenzierung und Zersetzung wirksam zu gestalten."[158]

Die Gesamtkonzeption zur „Zersetzung" wird von Oberstleutnant Laurisch, Leiter der Kreisdienststelle Brandenburg, verantwortet, während die einzelnen IMs weiter von den für sie zuständigen MfS-Mitarbeitern instruiert werden.

154 Ebenda, Bl. 40.
155 Ebenda.
156 Ebenda.
157 Laurisch „Operativer Maßnahmeplan zum Teilvorgang der KD Brandenburg, des ZOV ‚Quartett'", 31.3.1977, BStU, MfS, BVfS Potsdam, 210/86 (Teilvorgang Nr. 5 zum ZOV „Quartett", Bd. 1), Bl. 21.
158 Ebenda.

IM „Roland“ berichtete dementsprechend seinem GHI „Erich“. Allerdings erfolgt mit IM „Roland“ auch eine „persönliche Absprache mit dem Referatsleiter der BV Potsdam, Oberleutnant Roch“.[159]

Ein Jahr später, im März 1978, wird der „Operative Maßnahmeplan“ aktualisiert. Die „Zielstellung der Bearbeitung“ bleibt dieselbe, da „entsprechend der bisher erreichten politisch-operativen Ergebnisse“ sich diese als richtig erwiesen habe. IM „Roland“ wird weiterhin nach „spezifischen Informationsbedarfsplänen“[160] eingesetzt. Neben Konvent und „überörtliche[m] Bereich“ soll der IM nun auch den Umgangs- und Freundeskreis von Koopmann einschätzen. „Der IM Roland machte mit seinen Berichten deutlich, daß auf den Konventen zwar auch theologisch gearbeitet wird, jedoch der Superintendent im Bunde mit anderen negativen Kräften ständig daran wirkt, der Bruderschaft aufzuzeigen, wie schlecht doch dieser Staat im Grunde genommen ist.“[161]

Im Februar 1981 wird dieser Maßnahmeplan nahezu unverändert übernommen, was auch die Aufgabenstellung für IM „Roland“ betrifft. Durch eine noch „zielstrebigere und effektivere Nutzung“ des IM solle garantiert werden, dass die „Pläne, Absichten und Maßnahmen des K. im Zusammenhang mit der Realisierung des Langzeitprogramms reaktionärer kirchlicher Kräfte herausgearbeitet werden“[162] können.

Aber der IM bekommt auch Aufträge, die einzelne Pfarrer des Konventes betreffen. So versucht der IM z. B. „gemäß seines Auftrages“ zu erfahren, warum eine Pastorin aus dem Kirchenkreis Brandenburg in den Westen ausreisen wollte. Leider bekommt der IM nicht die geforderten Informationen, da „alle

159 Ebenda, Bl. 22.

160 Laurisch, „Operativer Maßnahmeplan zum Teilvorgang der KD Brandenburg, des ZOV ‚Quartett‘“, 17. 3. 1978, BStU, MfS, BVfS Potsdam, 210/86 (Teilvorgang Nr. 5 zum ZOV „Quartett“, Bd. 1), Bl. 25.

161 Laurisch, „Kurzeinschätzungen zu Bundesynodale [sic!], Synodale der Kirche Bln.-Brbg. U. Operativ interess. Amtsträger“, 15. 12. 1978, ebenda, Bl. 187.

162 Fubel, „Operativer Maßnahmeplan zum Teilvorgang der KD Brandenburg, des ZOV ‚Quartett‘“, 31. 3. 1977, ebenda, Bl. 29.

Pfarrer, die er diesbezüglich auf dem Konvent abzuschöpfen versuchte, mit einem geheimnisvollen Getue antworteten".[163]

Giebeler schätzt nicht nur den Superintendenten ein, sondern gibt auch detailliert die Meinungen und Haltungen der Pfarrer wieder, die sie u.a. zur Selbstverbrennung von Oskar Brüsewitz, zu Fragen der Wahl, zur Solidarność-Bewegung in Polen, zum neuen Schulfach „sozialistische Wehrerziehung"[164] oder zur Ausreise in den Westen vertreten. Auf Grundlage dieser Einschätzungen teilt Giebeler die Pfarrer in „progressiv" oder „reaktionär" ein. Er scheut auch nicht davor zurück, seine Vermutungen über die Ehen der Kollegen und darüber, ob die Ehepartner einen „progressiven" oder „negativen" Einfluss hätten, dem MfS mitzuteilen. Diese umfangreiche „Berichterstattung" veranlasst das MfS, festzustellen, dass „wir im KK Brdbg. am besten verankert sind".[165]

Der letzte im OV „Quartett" abgelegte Bericht wurde 1984 verfasst, IM „Roland" hat aber auch nach 1984 über Superintendent Koopmann berichtet, was anhand weiterer MfS-Akten zu belegen ist. So findet sich u.a. ein von Tonband transkribierter Bericht von IM „Roland" über den Besuch des Superintendenten und seiner Frau bei Ehepaar Giebeler.[166] Möglicherweise ist 1984 der gesamte Vorgang „Quartett" geschlossen worden, und da der OV „Taktiker" ein Teilvorgang des OV „Quartett" war, sind die Koopmann betreffenden Informationen nach 1984 einem gesonderten OV zugeordnet worden.

Durch die regelmäßigen Konventsberichte war das MfS nicht nur über Superintendent Koopmann, sondern auch über die kirchenpolitischen Debatten im Kirchenkreis Brandenburg bestens informiert. Inwieweit Pfarrer Gie-

163 GHI „Erich", Treffbericht mit IM „Roland", 17.12.1976, ebenda, Bl. 154.

164 Das „Kleine politische Wörterbuch" (Berlin 1978, S. 843) erklärt als Hauptziel der sozialistischen Wehrerziehung, „die Bereitschaft aller Bürger zu wecken, den militärischen Schutz des Sozialismus unter Einsatz ihres Lebens zu gewährleisten, im Falle einer imperialistischen Aggression an der Seite der Sowjetunion und der verbündeten sozialistischen Armeen den Feind zu schlagen und sich die politischen, militärischen und technischen Kenntnisse und Fähigkeiten anzueignen, die sie befähigen, in einem vom Imperialismus provozierten Krieg zu siegen."

165 GHI „Erich", handschriftlich, 1976, BStU, MfS, BVfS Potsdam, AOP 210/86, Bd. I, Bl. 57.

166 IM „Roland", Tonbandabschrift, 11.5.1987, BStU, MfS, BVfS Potsdam, KD BRBG 764, Bd. 2, Bl. 77.

beler die Konvente und die Kontakte zu den Pfarrerinnen und Pfarrern auch für den geschwisterlichen Austausch genutzt hat, ist aus den Akten nicht ersichtlich. Seine Berichterstattung an Stasi und VSV allerdings legen nahe, dass er, in einer – wenn auch nach außen nicht wahrnehmbaren – distanzierten Rolle des Beobachters blieb. Dieses Selbstverständnis instrumentalisiert Beziehungen, da sie zur Informationsgewinnung einen Zweck erfüllen, der jenseits von freundschaftlichen und kollegialen Bezügen liegt.

Berichte von IM „Roland" in weiteren MfS-Akten

Neben den Berichten in den „Operativen Vorgängen" „Hugenott" und „Quartett" finden sich in weiteren Akten einzelne Berichte von IM „Roland".

MfS-Kreisdienststelle Brandenburg 296, Bd. 1

19. 7. 1988 Bericht über Sozialdiakon P.

MfS-Kreisdienststelle Brandenburg 764, Bd. 2

29. 4. 1987 Tonbandabschrift über Pfarrkonvent Plau[167]

10. 6. 1987 Tonbandabschrift über Pfarrkonvent in Pritzerbe[168]

15. 7. 1987 Tonbandabschrift Besuch des Superintendenten und seiner Frau bei Ehepaar Giebeler

19. 8. 1987 Bericht über Pfarrer B.[169]

MfS-Bezirksverwaltung Potsdam VII, 953

7. 11. 1988 Auszug aus Treffbericht IM „Roland" über kathol. Pfarrer Drews

8. 12. 1988 Bericht über Gespräch mit kathol. Pfarrer Drews

13. 1. 1989 Auszug aus Treffbericht IM „Roland" 28. 12. 1989 über kathol. Pfarrer Drews

12. 5. 1989 Bericht an MdI über Konvent der Strafvollzugsgeistlichen

167 MfS, IM „Roland", Tonbandabschrift, 11. 5. 1987, BStU, MfS, BVfS Potsdam, KD BRBG 764, Bd. 2, Bl. 60ff.

168 IM „Roland", Tonbandabschrift, 3. 7. 1987, ebenda, Bl. 65ff.

169 IM „Roland", Tonbandabschrift, 19. 8. 1987, ebenda, Bl. 81.

Die Art der Berichte von IM „Roland“ in diesen Archivbeständen entspricht denen, die in der Berichtsakte II „Roland“ von 1989 vorliegen. Außerdem sind die in den Berichten genannten jeweiligen MfS-Mitarbeiter identisch mit jenen, die in den entsprechenden Zeiträumen für IM „Roland“ zuständig waren. Es ist also mit großer Wahrscheinlichkeit davon auszugehen, dass diese Berichte Kopien aus den nicht mehr existierenden Bänden der Berichtsakte „Roland“ sind.

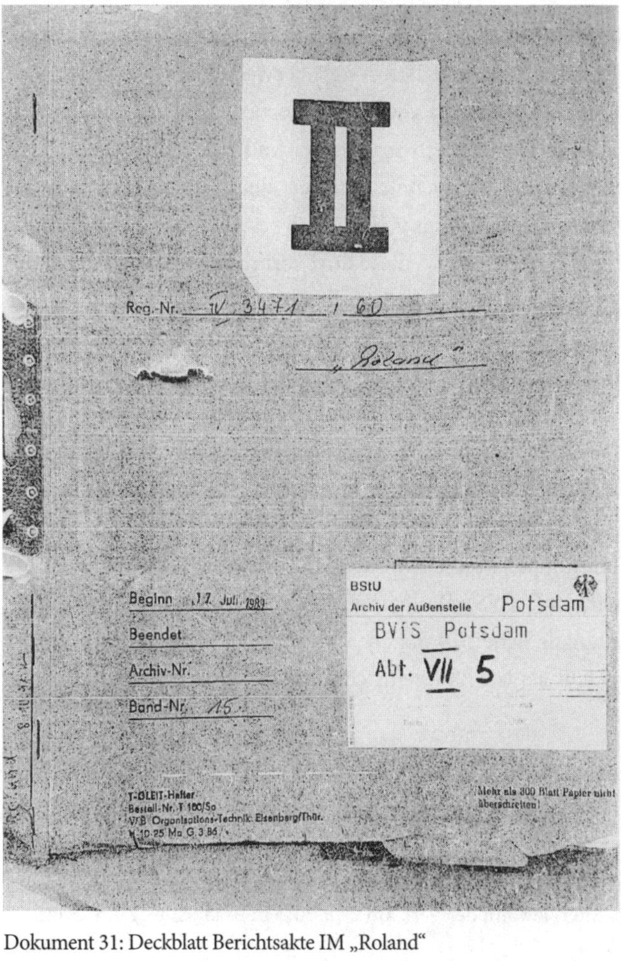

Dokument 31: Deckblatt Berichtsakte IM „Roland“

6.4.4 Berichtsakte IM „Roland" Bd. 15

Die IM-Berichtsakte „Roland" ist wahrscheinlich zum größten Teil vernichtet worden, da auch fast 30 Jahre nach der Erschließung der MfS-Bestände die Bände 1–14 nicht aufgefunden werden konnten. Zumindest die Existenz der Berichtsbände 1–12 wird durch einen entsprechenden Eintrag im Vorgangsheft[170] von Giebelers Führungsoffizier Thoß bestätigt, der 1981 quittiert, dass ihm die Berichtsakten „II 1–12" übergeben worden seien.

Wenn die Berichtsakten bei FO Thoß, dessen Büro sich im Gefängnis Brandenburg befand, gelagert waren, sind diese möglicherweise Ende November / Anfang Dezember 1989 im Gefängnis vernichtet worden. Der katholische Gefängnispfarrer Johannes Drews, der wie Giebeler im Brandenburger Gefängnis als Seelsorger nebenamtlich arbeitete, erinnert sich, dass ab Ende November 1989 „täglich mehrmals ein Barkas voller Akten von der alten Verwaltung in die Heizungsanlage gefahren ist und diese dort verbrannt wurden".[171] Bei der ersten Pressekonferenz im Gefängnis Brandenburg am 4. Dezember 1989 – in jenen Umbruchswochen im Herbst 1989 – wurde der damalige Gefängnisdirektor Udo Jahn auf diese offensichtliche Aktenvernichtung angesprochen. Er antwortete, dass er zwar gegen die Verbrennung der Akten interveniert habe, aber nichts dagegen tun könne.[172] Pfarrer Drews sei in diesem Zusammenhang deutlich geworden, dass das Gefängnis eigentlich zwei Leiter gehabt habe, einen staatlichen und einen von der Stasi. Jahn habe deshalb die Vernichtung der Akten nicht stoppen können, die auf Anordnung des Leiters des Amtes für Nationale Sicherheit (AfNS), Wolfgang Schwanitz, erfolgte.

Das Amt für Nationale Sicherheit war am 17. November 1989 auf Beschluss der Volkskammer der DDR als Nachfolgeeinrichtung des Ministeriums für Staats-

170 BStU, MfS, BVfS Potsdam, Vorgangsheft Nr. 52/81, o. Bl. Vorgangshefte dienten dem Nachweis, welcher hauptamtliche MfS-Mitarbeiter welche Aktenvorgänge bearbeitete.

171 Johannes Drews, Interview mit der Verf. am 27.8.2015 in Brandenburg a. d. Havel.

172 Ebenda.

sicherheit gegründet worden. Als Leiter wurde der bis dahin stellvertretende Minister für Staatssicherheit, Generalleutnant Wolfgang Schwanitz, ernannt.[173]

Am 22. November 1989 wies Schwanitz alle Leiter der MfS-Bezirksämter[174] an, „zur Gewährleistung des zuverlässigen Quellenschutzes und der Geheimhaltung spezifischer-operativer Methoden“[175] die MfS-Aktenbestände, die nicht zur Beurteilung der aktuellen Lage bedeutsam sind, durch Vernichtung auf ein Minimum zu reduzieren. Der neue Amtsleiter ordnete an, die Aktenbestände in den Kreisämtern auf ein Minimum zu reduzieren; selbst aus den Bezirksämtern sollten „besonders bedeutsame Vorgänge“[176] nach Berlin ausgelagert werden. Schwanitz wies außerdem an, dass in den Dienststellen nur solche Informationen belassen werden sollten, die „für die unmittelbare operative Handlungsfähigkeit benötigt“ würden. Das führte möglicherweise dazu, dass der letzte Band der Berichtsakte IM „Roland“ erhalten geblieben ist, da dieser aus MfS-Sicht für die Beurteilung der aktuellen Lage bedeutsam war.[177]

Die Vernichtung der Akten habe unter „Wahrung der strengsten Geheimhaltung, Konspiration und Sicherheit zu erfolgen“.[178] Dabei sei zudem zu beachten, dass es zunehmende Erkenntnisse über Kontrollen von MfS-Dienststellen durch „Kräfte aus Sammlungsbewegungen / Vereinigungen zur Feststellung der Vernichtung von Materialien“[179] gebe.

173 Der Widerstand der Bevölkerung verhinderte den angestrebten, möglichst folgenlosen Umwandlungsprozess vom MfS zum AfNS. Zwischenzeitlicher Höhepunkt der Bürgerproteste war die Erstürmung der Bezirksverwaltungen des MfS in Erfurt, Suhl, Rostock und Leipzig am 4. Dezember 1989. Am 14. Dezember entschied die Regierung die Auflösung des AfNS, und am 8. Februar 1990 beschloss die Regierung der DDR die Bildung eines Komitees zur Auflösung des ehemaligen MfS / AfNS.

174 Schwanitz gibt in der Anlage zu dem Schreiben detailliert „Hinweise für die Vernichtung von operativen Materialien und Informationen“ und wie und durch wen die Aktenreduzierung zu erfolgen habe.

175 Ebenda, Bl. 1.

176 Ebenda, Bl. 2.

177 Vgl. Kapitel 6.

178 Schwanitz gibt in der Anlage zu dem Schreiben detailliert „Hinweise für die Vernichtung von operativen Materialien und Informationen“ wie und durch wen die Aktenreduzierung zu erfolgen habe. Bl. 4.

179 Ebenda.

Diese „Gefahr“ bestand für das MfS im Brandenburger Gefängnis nicht. Während die Dienststellen des MfS in der gesamten DDR ab Anfang Dezember 1989 von Bürgerkomitees besetzt und kontrolliert wurden und damit eine weitere Vernichtung der Akten gestoppt werden konnte, wurden im Brandenburger Gefängnis hinter den hohen Mauern der Haftanstalt die Akten verbrannt, ohne dass aufgebrachte Bürgerinnen und Bürger dieses verhindern konnten.

In Band 15 der Berichtsakte IM „Roland“ sind acht Treffen von FO Thoß mit IM „Roland“ vom 13. Juni 1989 bis zum 24. November 1989 in der konspirativen Wohnung „Barbara“, beim IM zu Hause, im Pkw sowie ein Telefonbericht dokumentiert.

Wie sich bereits in den Einschätzungen und Beurteilungen des IM in dessen Personalakte zeigte, hatten sich im Laufe der IM-Tätigkeit die Aufträge verändert. Waren bis zum Ende der 1970er-Jahre hauptsächlich Informationen gefragt, die die Kirche und die zu ihr gehörenden Organisationsformen wie z. B. Pfarr- und Gefängnisseelsorgerkonvente, Kreis-, Landes- und Bundessynoden betrafen, sowie zu einzelnen „op. interessierenden Personen“, veränderte sich dies 1979 mit der Übergabe des IM von der Abteilung XX/4 an die Hauptabteilung VII. Nach diesem Wechsel war das MfS – entsprechend der Schwerpunktausrichtung der neu zuständigen Diensteinheit – mehr an Hinweisen zum Strafvollzug interessiert. Dies wird auch in den vorliegenden Dokumenten deutlich.

Die in der Berichtsakte II, Band 15 vorliegenden Treffberichte folgen alle dem gleichen Aufbau:

- Information darüber, ob das Treffen geplant war
- Aufträge, die der IM zu diesem Treffen erfüllen sollte
- Übergabe von Dokumenten
- Übergabe von besprochenen Tonbändern
- mündliche Berichte des IM
- Maßnahmen zur Auswertung
- Aufträge bis zum nächsten Treffen
- Verabredung eines neuen Termins

FO Thoß schrieb seine Treffberichte meist wenige Tage nach dem Gespräch handschriftlich. Den Berichten wurden Giebelers Eigenberichte und die Transkriptionen der Tonbandberichte beigefügt. Im Durchschnitt umfassen die in der Berichtsakte II, Band 15 abgelegten Dokumente eines Treffens etwa 25–30 A4-Seiten. In allen Berichten lobt FO Thoß die Pünktlichkeit des IMB und seine stets sehr gute inhaltliche Vorbereitung der Treffen.

Treffen am 13. Juni 1989[180]

Der erste Treffbericht dokumentiert das Treffen zwischen Führungsoffizier und IM in der konspirativen Wohnung „Barbara" am 13. Juni 1989 in der Zeit von 9:30 bis 11:00 Uhr. Thoß hat seinen Bericht über dieses Treffen am 22. Juni 1989 nach der MfS-Richtlinie 1 / 79 und ihren Durchführungsbestimmungen verfasst. Mit der Einführung der MfS-Richtlinie sollte die Auswertung der

Berichte			Anzahl der Informationen zu																						Erfassung DKK/SKK		Anzahl erfassungswürdiger Personen					
			Op. Vorgänge				OPK																sonst. Lage				PKK-DDR		PKK-West		SV	VSH
schriftlich	mündlich	Tonband	zum Sachverhalt	zum Persönlichkeitsbild	mit Beweiskraft		Realisierung der Zielstellung					Informationen aus Schwerpunktbereichen / Schwerpunkten	Realisierung Sicherheitsüberprüfung	gegnerischem Angriff aus dem Operationsgebiet	Lage im Operationsgebiet	operativ bedeutsame Handlungen, Vorkommnisse, Erscheinungen	feindlich-negative Personen	vorbeugend zu sichernde Personen	eigenem offensiven Wirken, vorbeugende Verhinderung	Aufklärung Kader/IM/GMS	Realisierung Ermittlungsauftrag		Stimmung/Reaktion der Bevölkerung	feindbegünstigende Bedingungen/Umstände	Erstanfall	Ergänzung	Erstanfall	Ergänzung	Erstanfall	Ergänzung	Erfassung	Erfassung
1	2	3	4	5	6	7	8	9	10	11	12	13	14	15	16	17	18	19	20	21	22	23	24	25	26	27	28	29	30	31	32	33

Dokument 32: Auswertung von Treffberichten nach MfS-Richtlinie 1 / 79 – ausgeschriebene Variante

Treffberichte durch den Führungsoffizier weiter systematisiert und damit die MfS-Arbeit noch effizienter gestaltet werden. In 33 Feldern konnte der MfS-Mitarbeiter Angaben zu Form und Anzahl der IM-Berichte und Informationen sowie zur Anzahl „erfassungswürdiger Personen" sammeln.

180 FO Thoß, Treffbericht IM „Roland", 22. 6. 89, BStU, MfS, BVfS Potsdam, Abt. VII Nr. 5, Teil II, Bd. 15, Bl. 1–39.

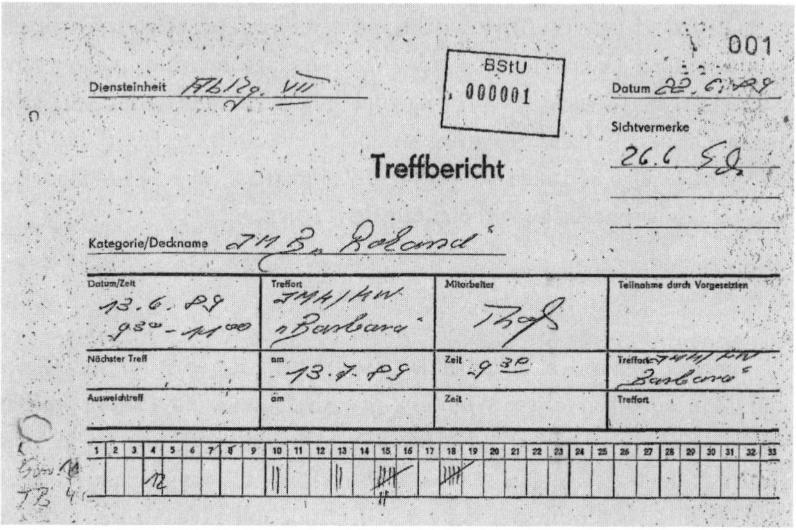
001

BStU
000001

Diensteinheit Abt.Rg. VII

Datum 22.6.89

Sichtvermerke
26.6.

Treffbericht

Kategorie/Deckname IMB „Roland"

Datum/Zeit	Treffort	Mitarbeiter	Teilnahme durch Vorgesetzten
13.6.89 9³⁰–11⁰⁰	IMK/KW „Barbara"		
Nächster Treff	am 13.7.89	Zeit 9.30	Treffort IMK/KW „Barbara"
Ausweichtreff	am	Zeit	Treffort

1	2	3	4	5	6	7	8	9	10	11	12	13	14	15	16	17	18	19	20	21	22	23	24	25	26	27	28	29	30	31	32	33
			12						||		||		7			5															

Dokument 33: Treffbericht IM „Roland", 22.6.1989 – Formular mit gekürzter Statistikleiste

„Roland" hat an diesem Treffen gemäß der Auswertung des FO in der Statistikzeile des Treffberichtsformulars 12 „Informationen zum Sachverhalt", vier „Informationen aus Schwerpunktbereichen", sieben Informationen zu „gegnerischen Angriffen aus dem Operationsgebiet" und fünf Hinweise zu „feindlich negativen Personen" gegeben. Das Material dieses einen Treffens umfasst 39 Seiten.

Der IM hatte zum Treffen am 13. Juni 1989 folgende Aufträge „zu realisieren:

- Berichterstattung über op. bedeutsame SG[181]

181 Im Sprachgebrauch des MfS bedeuten „operativ bedeutsam" Informationen, die: „Erkenntnisse vermitteln, um für die Gewährleistung des Schutzes der gesellschaftlichen Entwicklung und der staatlichen Ordnung im Verantwortungsbereich entscheidenden Aufgabenstellungen herauszuarbeiten und die operativen Kräfte und Mittel richtig zu konzentrieren, die zielgerichtete Erarbeitung operativer Materialien, die Entwicklung und Bearbeitung Operativer Vorgänge bzw. der Klärung operativ bedeutsamer Anhaltspunkte in Operativen Personenkontrollen oder die Durchführung von Sicherheitsprüfungen zu ermöglichen, für die wirksame vorbeugende Beseitigung und Kontrolle von

- Erarbeitung einer Einschätzung über den katholischen Pfarrer Drews
- Teilnahme am Konvent am 31.5.89 der Strafvollzugspfarrer
- Durchführung des Gespräches mit Bischoff [sic!] Hempel“[182]

Wie stets erscheint der IMB pünktlich zum Treffen und ist auch „wie immer sehr gut auf den Treff vorbereitet“. Er übergibt verschiedene kirchliche Schreiben, darunter ein „op. bedeutsames Dokument über die Haltung der evangelischen Kirche zum Gesetzentwurf der SU [Sowjetunion] über die Gewissensfreiheit“. Außerdem überlässt der IMB dem MfS ein „Schreiben des kirchlichen Suchdienstes der BRD, der sich für „eine Person, welche in der StVE Bautzen einsaß“, interessiere, sowie einen handschriftlichen Brief eines ehemaligen Gefangenen an Giebeler. Außerdem berichtet Giebeler über Inhaftierte der StVE Brandenburg.

Die Informationen, die IMB „Roland“ über Strafgefangene liefert, sind maschinenschriftlich verfasst und mit Ro. unterzeichnet. Darin äußert sich der Seelsorger über Charaktereigenschaften und Krankheiten, über Beziehungsprobleme, sexuelle Neigungen, Sorgen und Befürchtungen der Gefangenen. Er schätzt ein, dass ein Inhaftierter „einen einsichtigen Eindruck“ mache, und schränkt gleichzeitig ein, dass dies allerdings „auch ‚gespielt‘ sein könne“.[183]

Über die Auswertung und Verwendung der übergebenen schriftlichen Dokumente entscheidet Führungsoffizier Thoß. So wird die „kirchliche Literatur an Abt. XX“[184] übergeben. Das Schreiben des kirchlichen Suchdienstes der BRD allerdings wird an den Leiter der Abteilung 8 der Hauptabteilung VII, Oberst Frieder Feig, weitergereicht. Die Abteilung 8 innerhalb der MfS-Haupt-

Ansatzpunkten für feindlich-negative Aktivitäten, für die Einleitung von effektivitäts- und stabilisierungsfördernden Maßnahmen bei der Sicherung bedeutsamer Bereiche, Objekte usw. genutzt werden können.“ Klaus-Dietmar Henke u.a., Aktenlage. Die bedeutung der Unterlagen des Staatssicherheitsdienstes der für die Zeitgeschichtsforschung, Berlin 1995, S. 29f.

182 FO Thoß, Treffbericht IM „Roland“, 22.6.1989, BStU, MfS, BVfS Potsdam, Abt. VII Nr. 5, Teil II, Bd. 15, Bl. 1.

183 Ebenda.

184 Ebenda, Bl. 6.

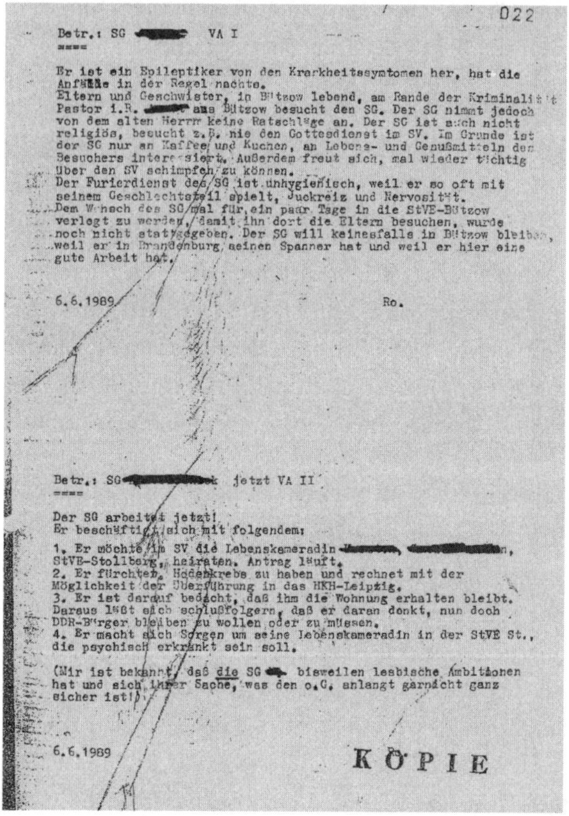

022

Betr.: SG [redacted] VA I
====

Er ist ein Epileptiker von den Krankheitssymtomen her, hat die Anfälle in der Regel nachts.
Eltern und Geschwister, in Bützow lebend, am Rande der Kriminalität
Pastor i.R. [redacted] aus Bützow besucht den SG. Der SG nimmt jedoch von dem alten Herrn keine Ratschläge an. Der SG ist auch nicht religiös, besucht z.B. nie den Gottesdienst im SV. Im Grunde ist der SG nur an Kaffee und Kuchen, an Lebens- und Genußmitteln des Besuchers interessiert. Außerdem freut sich, mal wieder tüchtig über den SV schimpfen zu können.
Der Furierdienst des SG ist unhygienisch, weil er so oft mit seinem Geschlechtsteil spielt, Juckreiz und Nervosität.
Dem Wunsch des SG mal für ein paar Tage in die StVE-Bützow verlegt zu werden, damit ihn dort die Eltern besuchen, wurde noch nicht stattgegeben. Der SG will keinesfalls in Bützow bleiben, weil er in Brandenburg seinen Spanner hat und weil er hier eine gute Arbeit hat.

6.6.1989 Ro.

Betr.: SG [redacted] jetzt VA II
====

Der SG arbeitet jetzt!
Er beschäftigt sich mit folgendem:

1. Er möchte im SV die Lebenskameradin [redacted], [redacted]n, StVE-Stollberg, heiraten. Antrag läuft.
2. Er fürchtet, Hodenkrebs zu haben und rechnet mit der Möglichkeit der Überführung in das HKH-Leipzig.
3. Er ist darauf bedacht, daß ihm die Wohnung erhalten bleibt. Daraus läßt sich schlußfolgern, daß er daran denkt, nun doch DDR-Bürger bleiben zu wollen oder zu müssen.
4. Er macht sich Sorgen um seine Lebenskameradin in der StVE St., die psychisch erkrankt sein soll.

(Mir ist bekannt, daß die SG [redacted] bisweilen lesbische Ambitionen hat und sich ihrer Sache, was den o.G. anlangt garnicht ganz sicher ist!)

6.6.1989

KOPIE

Dokument 34: Berichte von IM „Roland“ über Strafgefangene, 6.6.1989

abteilung VII war für die Sicherung der Strafvollzugseinrichtungen zuständig und außerdem verantwortlich „für die Realisierung des POZW[185] mit der

185 „Als POZW wird die Kooperation des MfS vor allem mit anderen staatlichen Organen (u. a. Volkspolizei, NVA, Grenztruppen, Räte der Bezirke und Kreise) zum Zwecke der ‚Gewährleistung der staatlichen Sicherheit‘ bezeichnet. Sie wurde jedoch auch mit anderen Einrichtungen wie Wirtschaftsbetrieben und ‚gesellschaftlichen Organisationen‘ praktiziert. Das POZW hatte dem Schwerpunktprinzip zu folgen. Es vollzog sich geheim und konspirativ unter faktischer Federführung des MfS, das hierfür auch IM und OibE [Offizier im besonderen Einsatz] einsetzte. Durch die Nutzung der Möglichkeiten

Verwaltung Strafvollzug [...] sowie eigenständiger politisch-operativer Arbeit in ausgewählten Strafvollzugseinrichtungen (StVE) unter Strafgefangenen".[186] Da der Leiter der Verwaltung Strafvollzug, Wilfried Lustik, seit 1975 selbst als IM geführt wurde, war das „politisch operative Zusammenwirken" (POZW) des MfS und der VSV vermutlich besonders reibungslos zu gestalten.

Aus dem Brief des Strafgefangenen wird eine Information für die BV Rostock erarbeitet. Die Informationen über die Inhaftierten und über den kath. Pfarrer werden „an op. Gruppe zu dort lauf. Materialien" übergeben.

Zu den Aufgaben der „Operativgruppe" gehörte die Überwachung „sämtlicher in der Strafvollzugseinrichtung tätigen Personen, einschließlich der Mitarbeiter und Zivilangestellten sowie die ‚operative Bearbeitung' der Strafgefangenen".[187]

Der Bericht über den Gefängnisseelsorgerkonvent wird ebenso wie das Referat des Theologiestudenten Ulf Liedke an Oberst Feig weitergereicht.

Neben den schriftlichen Dokumenten übergibt „Roland" von ihm besprochene Tonbänder an den Führungsoffizier. Diese Tonbänder werden vom MfS transkribiert, die IM-Quelle genannt und als „Tonbandabschrift" gekennzeichnet der Berichtsakte beigefügt. Alle Tonbandberichte werden als „op. bedeutsam" eingeschätzt.

Informationen über den katholischen Pfarrer

Auftragsgemäß beurteilt der IMB in seinem Tonbandbericht[188] den katholischen Gefängnisseelsorger in der Strafvollzugsanstalt Brandenburg-Görden. Der IMB habe den Eindruck gewonnen, dass Drews seine Befugnisse

anderer Organe gewährleistete das POZW die Optimierung von Überwachungs-, Steuerungs- und Verfolgungsmaßnahmen." Daniela Münkel, Zusammenwirken, politisch-operatives (POZW), in: Internetseite BStU, MfS-Lexikon, https://www.bstu.de/mfs-lexikon/detail/zusammenwirken-politisch-operatives-pozw [18.9.2018].

186 Siegfried Suckut, Anatomie der Staatssicherheit, Berlin 1995, S. 252.

187 Ansorg, Politische Häftlinge im Strafvollzug der DDR, S. 340.

188 Vgl. im Folgenden: MfS, IM „Roland", Tonbandabschrift, 20.6.1989, BStU, MfS, BVfS Potsdam, Abt. VII Nr. 5, Teil II, Bd. 15, Bl. 19–21.

überschreite und dass „dem katholischen Kollegen niemand klar und deutlich sagt, was er tun darf und was nicht". So gebe der katholische Pfarrer den Gefangenen als „Zeichen der Versöhnung die Hand" und trete ganz „unpriesterlich" auf, was die Gefangenen mögen würden.

Dieser Bericht ist als Kopie auch in der MfS-Akte BVfS Potsdam, Abt. VII, Bl. 953, abgelegt, in der sich Berichte über den katholischen Pfarrer Drews befinden. Das MfS hat die IM-Berichte nicht nur in der Berichtsakte des IM archiviert, sondern auch anderen Abteilungen zur Verfügung gestellt, die diese wiederum den von ihnen bearbeiteten Operativen Vorgängen zugeordnet haben.

Gespräch mit Landesbischof Hempel

Pfarrer Giebeler trifft sich am 29. Mai 1989 mit dem sächsischen Landesbischof Johannes Hempel in Dresden. IM „Roland" spricht seinen ausführlichen Bericht über das Treffen auf eine Tonbandkassette, die vom MfS abgehört auf fünf DIN A4-Seiten transkribiert wird.[189] Offenbar ist Giebeler von seiner Arbeit in den Gefängnissen bzw. von der dort üblichen Sprache inzwischen so beeinflusst, dass er sich auch den Sprachgebraucht zu eigen gemacht hat, sodass er den Bischof „indem was er sagte [als] sehr diszipliniert" charakterisiert. Disziplin, als eine der wichtigsten geforderten Verhaltensweisen im Gefängnis, dient nun als Beurteilungskategorie für die Sprache des Bischofs. Wie sich im Gegensatz dazu eine *undisziplinierte* Sprache eines promovierten Theologen anhört, bleibt der Fantasie überlassen.

Hempel möchte mit Giebeler seine Sorge um drei Inhaftierte teilen und allgemeine Fragen des Strafvollzuges besprechen. Der Bischof hatte im Gefängnis in Bautzen I einen Gefangenen besucht und war über dessen Zustand „entsetzt", weil dieser „offenbar im SV geschlagen und misshandelt worden war. [...] Die Behandlung im SV muß grauenhaft gewesen sein",[190] vermutet er. Gefängnisseelsorger Giebeler weist den Bischof darauf hin, dass „im SV niemand geschlagen wird. Wenn jedoch ein SG Angehörige des SV angreift, sei der SV-Angehö-

189 Vgl. im Folgenden: ebenda, Bl. 14–18.
190 Ebenda, Bl. 15.

rige selbstverständlich berechtigt, sich in seiner Haut zu währen [sic!].“[191] Auf die Erwiderung des Bischofs, dass er die „Wundmale des Mannes gesehen habe“,[192] beschwichtigt Giebeler Hempel und meint, dass es durchaus möglich sei, dass der Gefangene „ab und zu im Schwindelanfall hingefallen ist und sich dabei selbst geschlagen hat“.[193]

Als der Bischof die Sorge der Eltern eines in Bautzen II Inhaftierten anspricht, die sich darüber beklagen, dass ihr Sohn keine seelsorgerliche Betreuung erhalte und er diesen deshalb besuchen möchte, rechtfertigt Giebeler die Verweigerung der seelsorgerlichen Betreuung damit, dass „der SG nie in der Kirche gewesen [ist]. Der Staat hält sich in diesem Falle ganz klar an das Gesetz. Wenn er dem SG die Möglichkeit der Religionsausübung verweigere, dann sei das rechtens. Der Staat ist nicht dazu verpflichtet, sein Gesetz so auszulegen, wie es dem SG bzw. seinen Angehörigen am sinnvollsten erscheint. Ich sagte dem Bischof, [...] daß mir bekannt ist, daß dieser SG die Religionsausübung für illegale Handlungen missbraucht.“[194] Giebeler betont gegenüber Hempel, dass er sich nicht für diesen Gefangenen verwenden würde. Nach dem Gespräch mit Giebeler wolle Hempel nun Abstand von einem Besuch nehmen, dafür aber den Leiter der StVE Bautzen II bitten, dem Gefangenen wieder „religiöse Betätigung zu ermöglichen“.[195]

Giebeler empfiehlt den Staatsorganen, der Bitte des Gefangenen nach religiöser Betätigung nachzukommen, da sonst die Gefahr bestünde, dass der Bischof doch noch auf die Idee käme, den Gefangenen selbst zu besuchen.

Der dritte Gefangene, um dessen Zustand sich der Bischof sorgt, ist ebenfalls im Gefängnis Bautzen II wegen „versuchter Republikflucht, Spionage und systemkritischer Aufzeichnungen“[196] inhaftiert und zu einer lebenslangen Haftstrafe verurteilt worden. Auch bei diesem Gefangenen habe der Bischof „Zeichen von Mißhandlungen“ wahrgenommen. „An Unfälle, die ein solches Bild hin-

191 Ebenda.
192 Ebenda.
193 Ebenda.
194 Ebenda.
195 Ebenda.
196 Ebenda, Bl. 16.

terlassen, wie er es gesehen hat",[197] glaube er nicht. Giebeler wiederholt auch in diesem Fall, dass „SG nicht geschlagen werden und SV-Angehörige die von SG angegriffen werden, sich währen [sic!]" müssten. Als Hempel die Zustände in den Gefängnissen der DDR kritisiert, in denen „SG im Untersuchungsgefängnis bei Tag und Nacht geblendet werden. [...] es s.g. Tierkäfige [sic!] gibt, ganz enge Räume, wo man sich kaum rühren kann, [...] übervolle Zellen z.B. in Hoheneck und Morddrohungen gegenüber politischen Gefangenen durch Kriminelle",[198] widerspricht Giebeler auch hier den Darstellungen des Bischofs und versucht, dessen Besorgnis zu zerstreuen.

Obwohl er die Gefangenen „in der Seelsorge ohne Bewachung sprechen" könne, hätten ihm „die SG solche Märchen bisher noch nicht erzählt". Allerdings könnten „Entlassene solchen ‚Schnee' bestimmt auch [...] im Westen erzählen, wenn es ihnen Vorteile bringt". Und es „werden bestimmt einige Märchen über angebliche Mißhandlungen im Strafvollzug hinzugefügt".[199] Giebeler gibt dem Bischof mit auf den Weg, dass „wir mit unserem SV, gemessen an anderen Ländern, auch an der BRD ganz gut sind".[200]

Eckart Giebeler versucht, alle Bedenken und kritischen Fragen des Bischofs zu zerstreuen bzw. zu widerlegen. Er, der erfahrenste und dienstälteste Gefängnisseelsorger der DDR, der Zugang zu den verschiedensten Haftanstalten hat, der die Gespräche mit Gefangenen ohne Bewachung führen kann, bezeichnet die vom Bischof geschilderten Zustände als Märchen. Giebeler hat wie kein anderer Geistlicher Einblick in die Gefängnislandschaft der DDR. Wenn er also von seinen Erfahrungen berichtet, muss der Bischof davon ausgehen, dass Giebelers Darstellungen stimmen. Die Sorgen des Bischofs ob der Situation in den Gefängnissen der DDR und besonders der der politischen Gefangenen konnte Giebeler offenbar etwas entkräften, denn er zitiert zum Schluss seines Tonbandberichtes den Bischof mit den Worten: „ich bin jetzt etwas ruhiger geworden".[201]

197 Ebenda, Bl. 17.
198 Ebenda.
199 Ebenda.
200 Ebenda, Bl. 18.
201 Ebenda.

Bei allen Berichten, die Giebeler an das MfS gegeben hat, muss aber in Betracht gezogen werden, dass diese auch ganz anders verlaufen sein können und dass Giebeler seine Rolle entsprechend der Erwartungen des Adressaten beschrieben hat. Möglicherweise hat er dem Bischof etwas ganz anderes erzählt, was er natürlich nicht seinem Führungsoffizier berichten wird. Auch wenn diese Möglichkeit aufgrund von anderen Texten, die Giebeler veröffentlicht hat,[202] eher unwahrscheinlich ist, kann sie nicht völlig ausgeschlossen werden.

Konvent der Gefängnisseelsorger

Ebenso ausführlich wie sein Gespräch mit Bischof Hempel beschreibt der IMB im Juni 1989 den Konvent der Strafvollzugsseelsorger, der zweimal jährlich in Berlin tagt und dessen Vorsitzender er seit 1984 war.

Im Juni 1989 hält der Leipziger Theologiestudent Ulf Liedke vor den Teilnehmern des Konventes einen Vortrag über seine eigenen Hafterfahrungen, in dem er sich sehr kritisch mit dem DDR-Strafvollzug auseinandersetzt. Die Hauptthemen seines Vortrages betrafen die grundsätzliche Verunsicherung der Gefangenen an jedem Ort und zu jeder Zeit, sexuelle Probleme, mangelnde Arbeitssicherheit, Gruppen und Rollen innerhalb der Gefangenen und die Stellung der politischen Gefangenen innerhalb der Subkultur unter den Gefangenen. Die sich dem Vortrag anschließende Diskussion wird sehr detailliert vom IMB an das MfS weitergegeben. Als sich Seelsorger darüber beklagen, dass die Möglichkeiten der Religionsausübung für Gefangene oftmals eingeschränkt und Nachweise für die Zugehörigkeit zu einer Religionsgemeinschaft gefordert werden, denkt der IMB darüber nach, ob er den Anwesenden anbieten solle, ihm mitzuteilen, wenn es mit der Religionsübung Probleme gäbe. Offenbar hält der IMB dieses Angebot an die Kollegen dann doch für nicht so sinnvoll, weil er „nicht ahnen [könne], welche Schlussfolgerungen die Pfarrer daraus ziehen".[203] Die Stellung Eckart Giebelers im Konvent der Strafvollzugsseelsorger war eine

202 Vgl. dazu u. a. Kapitel 7.2.

203 IM „Roland", Tonbandabschrift, 20. 6. 1989, BStU, MfS, BVfS Potsdam, Abt. VII Nr. 5, Teil II, Bd. 15, Bl. 12.

andere als im Konvent des Kirchenkreises Brandenburg, schließlich war er der Gefängnisseelsorger mit den meisten Erfahrungen und der einzige, der hauptamtlich diesen Dienst ausübte. Dennoch scheint auch in diesem Konvent Giebeler gegenüber ein gewisses Misstrauen bestanden zu haben, das seine eigene Zurückhaltung begründet, die Kollegen zu bitten, ihn über Missstände zu informieren.

Außerdem berichtet der IMB mündlich im Zusammenhang mit „der ungesetzlichen Nichtrückkehr" des Gefängnis-Augenarztes Dr. X von einer Reise in den Westen über ein Gespräch mit dem ebenfalls im Brandenburger Gefängnis arbeitenden Zahnarzt Dr. Y. Dabei schildert der IMB, dass der Augenarzt gesagt habe, wenn er nicht noch ein paar Freunde in Brandenburg hätte, wäre er auch bald weg. IMB „Roland" bekommt von Thoß den Auftrag, den Kontakt zum Zahnarzt „systematisch auszubauen und ihn weiter aufzuklären". Unter „Aufklärung" und „aufklären" verstand das MfS „die politisch-operative Tätigkeit zur Gewinnung sicherer Erkenntnisse über politisch-operativ bedeutsame Personen oder Sachverhalte".[204]

Die Nichtrückkehr des Augenarztes bereitet dem MfS auch Sorgen in Hinblick auf ihren Informanten „Roland".[205] Thoß befürchtet, dass Augenarzt X. „vermutlich in der BRD auch Angaben zu seiner Person [Eckart Giebeler] und berufliche [sic!] Tätigkeit machen wird".[206] Giebeler wurde deshalb von Thoß instruiert, alle „Kontaktaufnahmen gleich welcher Art und Weise aus dem NSW sofort dem Führungsoffizier zu melden".[207]

204 Suckut, Das Wörterbuch der Staatssicherheit, S. 60.

205 Diesen Bericht leitet Thoß an die Auswertungs- und Kontrollgruppe (AKG) weiter. Die AKG war das Funktionalorgan der Leiter der BV mit den Aufgaben Auswertung und Information, Planung, Überprüfung und Kontrolle, Erarbeitung dienstlicher Bestimmungen und Weisungen.

206 FO Thoß, Treffbericht IM „Roland", 22.6.89, BStU, MfS, BVfS Potsdam, Abt. VII Nr. 5, Teil II, Bd. 15, Bl. 5.

207 Ebenda.

	13.6.1989[208] 9.30–11.00 Uhr KW „Barbara“
Vom IM übergegebene Dokumente:	**„Diverse kirchliche Literatur“** **„Schreiben des Konsistoriums der Evangelischen** Kirche **Berlin-Brandenburg** und als Anhang den Entwurf eines Gesetzes der SU über Gewissensfreiheit *„Beschafftes Dokument op. bedeutsam“* **„Synodenbericht“** *„Dokument op. bedeutsam“*
	„Schreiben kirchlicher Suchdienst BRD wegen eines Gefangenen“ „Kirchl. Suchdienst interessiert sich für eine Person, welche in der StVE Brandenburg inhaftiert ist.“ *„Information ist op. bedeutsam“* **„Brief eines ehemaligen SG“**
Vom IM schriftlich verfasste Berichte über:	„Informationen zu SG … StVE Brandenburg“ „Informationen zu SG … StVE Brandenburg“ „Informationen zu SG … StVE Brandenburg“ „Informationen zu SG … StVE Brandenburg“
Vom IM besprochene Tonbänder mit Berichten über:	**„katholischen Pfarrer Drews** StVE Brandenburg“ *„Bericht ist op. bedeutsam“* (transkribiert drei A4-Seiten) **„Gespräch mit Landesbischof Dr. Hempel, Dresden“** *„Bericht ist op. bedeutsam“* (transkribiert fünf A4-Seiten) **„Bericht über Konvent der Strafvollzugspfarrer“** *„Bericht ist op. bedeutsam“* (transkribiert vier A4-Seiten)

208 Ebenda, Bl. 1–39, alle folgenden Zitate ebenda.

	„Referat des Theologiestudenten Ulf Liedke auf dem Konvent der Strafvollzugspfarrer.“ „Liedke behandelte angebliche Probleme im SV“ *„Bericht ist op. bedeutsam“* (transkribiert zwei A4-Seiten)
Mündliche Berichte über:	**„Ungesetzliche Nichtrückkehr des Augenarztes Dr. X, der StVE Brandenburg.“** *„Bericht ist op. bedeutsam“*
Nächstes Treffen verabredet:	**13. Juli 1989, 9.30 Uhr KW „Barbara“**

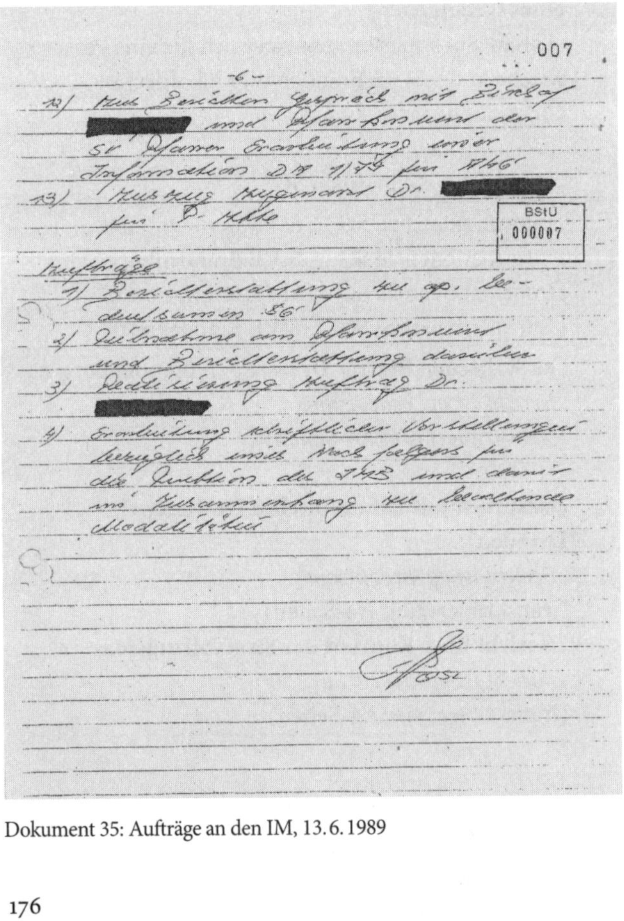

007

-6-

12/ Aus Berichten Gespräch mit Bischof [redacted] und Pfarrkonvent der SV Pfarrer Erarbeitung einer Information DA 1/79

13/ Aussage Augenarzt Dr. [redacted]

BStU 000007

Aufträge

1/ Berichterstattung zu op. bedeutsamen SG

2/ Teilnahme am Pfarrkonvent und Berichterstattung darüber

3/ Realisierung Auftrag Dr. [redacted]

4/ Erarbeitung schriftlicher Vorstellungen bezüglich eines Nachfolgers für die Funktion des IMS und damit im Zusammenhang zu beachtende Modalitäten

Dokument 35: Aufträge an den IM, 13.6.1989

Aufträge

Am Ende des Treffens wird ein neuer Termin für den 13. Juli 1989 um 9.30 Uhr in der konspirativen Wohnung „Barbara“ verabredet. Außerdem bekommt der IMB folgende Aufträge, die er bis dahin zu erfüllen hat:

- „Berichterstattung über op. bedeutsame SG.
- Teilnahme am Pfarrkonvent und Berichterstattung darüber.
- Realisierung Auftrag Dr. X.
- Erarbeitung schriftlicher Vorstellungen bezüglich eines Nachfolgers für die Funktion des IMB und damit im Zusammenhang zu beachtende [sic!] Modalitäten.“[209]

Treffen am 13. Juli 1989[210]

Thoß und Giebeler treffen sich wie verabredet am 13. Juli 1989 in der konspirativen Wohnung „Barbara“. Der IM hatte alle Aufträge pflichtgemäß erfüllt, bis auf den, der seine Nachfolge betraf.

Da Giebeler 1990 65 Jahre alt werden wird, sorgen sich das MfS und die Verwaltung Strafvollzug darum, wie ein guter Nachfolger für Giebeler gefunden werden könnte, schließlich profitieren beide von den regelmäßigen Informationen, die Giebeler an sie weitergibt. Es ist für die staatlichen Organe und für das MfS also von größtem Interesse, diese Personalie in ihrem Sinne zu beeinflussen. Bereits fünf Jahre vor Giebelers regulärem Ruhestand, 1985, hat das MfS begonnen zu überlegen, wie Giebeler einmal zu ersetzen sei. Da dieser als Koordinator aller Strafvollzugsseelsorger gegenüber der Verwaltung Strafvollzug im MdI fungiere, sei aus „politisch-operativen Gründen eine Neubesetzung der Funktion mit einem *inoffiziellen Mitarbeiter* der Linie XX/4 not-

209 Ebenda, Bl. 7.

210 FO Thoß, Treffbericht IMB „Roland“, 15.7.1989, BStU, MfS, BVfS Potsdam, Abt. VII Nr. 5, Teil II, Bd. 15, Bl. 40–68.

wendig".[211] Auch der zukünftige neue Gefängnisseelsorger soll also im Sinne des MfS ein inoffizieller Mitarbeiter sein.

Das MfS stellt allerdings bedauernd fest, dass kein geeigneter Kandidat benannt werden könne, „der die entsprechenden Voraussetzungen zum Einsatz als Strafvollzugsseelsorger besitzt".[212]

Während MfS und VSV[213] bereits über die Nachfolge nachdenken, will Giebeler aber über das 65. Lebensjahr hinaus bis mindestens 1993 im Amt bleiben. Gegenüber dem MfS und der VSV erklärt Giebeler, dass auch die Berlin-Brandenburger Kirche beschlossen habe, den Ruhestand der evangelischen Geistlichen um drei Jahre hinauszuschieben. Deshalb sei an seinem Vorschlag „auch kirchlicherseits nichts Auffälliges".[214] Giebeler erklärt sich aber bereit, die Nachfolgeregelung langfristig mit dem „nötigen Fingerspitzengefühl zu begleiten".[215]

Er legt gegenüber der VSV den Werdegang eines Pfarrers mit Studium, Vikariat und Ordination dar und weist darauf hin, dass die Kirche einem Pfarrer bei „Bekanntwerden eines Bruchs des Ordinationsgelöbnisses, die Rechte wieder aberkennen" kann. Giebeler kennt die kirchlichen Regelungen bezüglich des Beichtgeheimnisses genau, dennoch fühlt er sich offensichtlich nicht an die mit der Ordination verbundenen Pflichten gebunden.

Giebeler unterstreicht gegenüber MfS und VSV, dass die politischen und Sicherheitsanforderungen an den hauptamtlichen Strafvollzugseelsorger „der Kirche offiziell nicht bekannt" seien. Welche politischen und Sicherheitsanforderungen Giebeler meint, kann nicht eindeutig aus dem Text beantwortet werden. Es könnte sein, dass er damit auf die Zusammenarbeit mit dem MfS als IM rekurriert.

211 Heydel, MfS, Einsatz eines Strafvollzugsseelsorgers, 20.2.1985, BStU, MfS, BVfS Frankfurt (O), Abt. VII, 025, Bl. 117. Hervorhebung durch die Verf.

212 Ebenda, Bl. 108.

213 Die Vorstellungen über seine Nachfolge hatte er bereits 1988 der VSV schriftlich mitgeteilt. Diese Überlegungen finden sich als Dokument auch in seiner MfS-Personalakte. BStU, MfS, BVfS Potsdam, Abt. VII Nr. 5, Teil I, Bd. 1, Bl. 175.

214 Ebenda.

215 Ebenda.

Giebeler sieht auch eine Schwierigkeit darin, dass jemand, der den langen Ausbildungsweg als Theologe durchlaufen habe, in der „Regel so einseitig geprägt ist, dass er erst durch selbst gemachte Erfahrungen eigene Ansichten und politische Erkenntnisse gewinnen muss".[216]

Auch in diesem Text wird eine große Distanz zur Kirche deutlich, die nach Giebeler die jungen Theologen zu einseitig ausbilden würde. Ob allerdings die Erfahrungen in einem DDR-Gefängnis dazu beigetragen hätten, diese Prägungen zugunsten des SED-Staates zu verschieben, darf durchaus bezweifelt werden.

Die Überlegungen, die sich MfS, VSV und Giebeler gemacht hatten, um die wichtige Stelle des hauptamtlichen Gefängnisseelsorgers mit einem IM zu besetzen, wurden durch die politischen Veränderungen 1989 / 90 überholt.

Aber bei dem Treffen mit seinem Führungsoffizier am 13. Juli 1989 ist die Frage eines Nachfolgers für Giebeler durchaus noch relevant. IMB „Roland" übergibt wieder kirchliche Dokumente, so u. a. Schreiben der Berlin-Brandenburger Kirchenleitung an die Gemeindekirchenräte in Bezug auf die Kommunalwahlen am 7. Mai 1989 und über die Vorgänge am 7. Juni 1989 in der Neuen Grünstraße und in der Sophienkirche, bei denen mit Polizeigewalt ein Protest gegen die Wahlfälschung verhindert wurde. Mündlich berichtet der IM über den katholischen Kollegen, der sich verstärkt darum bemüht, Gefangene selbst aufzusuchen, was der IMB dem zuständigen „Erzieher" mitteilt und außerdem diesem empfiehlt, solchen „Bestrebungen des. D. nicht nachzugeben".

Aber auch auf die Mitarbeiter des Strafvollzuges ist aus Giebelers Sicht offenbar in diesen Tagen des Sommers 1989 kein Verlass mehr. So hat „Roland" wahrgenommen, dass sich beim „Oberstleutnant X. ein ideologischer Wandlungsprozess zum negativen [sic!] vollzogen" hat. IMB „Roland" gibt an, zehn Tage zuvor zufällig ein Gespräch mit X. in der StVE geführt zu haben. Nach Giebelers Angaben brachte X. zum Ausdruck, dass er vor Gorbatschow den Hut ziehen würde, der Sozialismus keinem Vergleich mit dem Kapitalismus standhielte, und erklärte, dass das, was über den Kapitalismus gesagt worden sei,

216 Giebeler, Religionsausübung im Strafvollzug, 3.3.1988, BStU, MfS, BVfS Potsdam, Abt. VII Nr. 5, Teil I, Bd. 1, Bl. 175.

nicht stimme, schließlich hätten die Menschen im Kapitalismus viel Geld, für das es auch etwas zu kaufen gebe. Abschließend habe der Gefängnismitarbeiter gegenüber Giebeler betont, wenn er seine ehrliche Meinung über Rumänien sagen würde, könne Giebeler „ihn gleich in der U-Haft besuchen".

	13. 7. 1989[217] 9.30–11.00 Uhr KW „Barbara"
Übergebene Dokumente	**„Schreiben des Konsistoriums der Ev. Kirche Berlin-Brandenburg an Gemeindekirchenräte"** „Beschreibung der Vorgänge am 7. 6. 1989, Neue Grünstraße und Sophienkirche" *„Schreiben op. bedeutsam"*
	„Informationen zur Person H. aus Potsdam" „Haltungen des H. zu Problemen der Kirche" *„Information ist op. bedeutsam"*
Vom IM schriftlich verfasste Berichte über:	**„Nachtrag zum Konvent Pritzerbe"**
Vom IM * besprochene Tonbänder mit Berichten über:	**„Pfarrkonvent Brielow 14. Juni 1989"** **„Pfarrkonvent Pritzerbe 11. Juli 1989"** (transkribiert sieben A4-Seiten) „Auseinandersetzungen innerhalb der Pfarrer zu gesellschaftlichen Problemen" *„Beide Berichte op. bedeutsam"* **„Referat Ulf Liedke, Subkultur im SV"** (transkribiert 12 A4-Seiten)

217 FO Thoß, Treffbericht IMB „Roland", 15. 7. 1989, BStU, MfS, BVfS Potsdam, Abt. VII Nr. 5, Teil II, Bd. 15, Bl. 40–68. Alle folgenden Zitate: ebenda.

Mündliche Berichte über:	**„Anruf eines Pfarrers, der sich nach SG Y. erkundigte“** **„Kathol. Pfarrer“** *„Erarbeitete Information op. bedeutsam“* „Einschätzung über Oberstltn., Mitarbeiter SV Brandenburg“ **„Bericht von zwei SG über Offizier im SV“**
Nächstes Treffen verabredet:	**24. August 1989, 9.30 Uhr, KW „Barbara“**

Im Rahmen dieses Treffens erhielt der IMB die monatliche Zuwendung in Höhe von 250 Mark.

Aufträge

Thoß erteilt seinem IM folgende Aufträge:

„1. Berichte über op. interessante SG
2. Bericht über kirchliche Veranstaltungen und Berichterstattung darüber
3. Erarbeitung schriftlicher Vorstellungen über perspektivischen Einsatz eines Nachfolgers.“

Treffen am 29. August 1989[218]

Dieses Treffen wurde telefonisch vom 24. auf den 29. August 1989 verlegt und in der Wohnung des IMB durchgeführt, da die konspirative Wohnung (KW) „Barbara“ nicht genutzt werden konnte. Auch diesmal erhielt der IMB die monatliche Zuwendung von je 250 Mark für die Monate August und September. „Roland“ übergibt verschiedene kirchliche Dokumente und berichtet über L.,

218 FO Thoß, Treffbericht IMB „Roland“, 2.9.1989, BStU, MfS, BVfS Potsdam, Abt. VII Nr. 5, Teil II, Bd. 15, Bl. 76–90.

der „die DDR ungesetzlich verlassen wollte",[219] ebenso wie über den Superintendenten des Kirchenkreises Brandenburg.

Bereits am 23. März 1989 hatte der IMB seinen Führungsoffizier über eine geplante Westreise seiner Frau informiert. Diese Reise stand nun kurz bevor, daher passte es gut, dass das Treffen am 29. August 1989 in der Wohnung des IMB stattfand, denn so konnte Führungsoffizier Thoß gleich ein Gespräch mit der Ehefrau anschließen. Spätestens seit 1983 war sie über die Zusammenarbeit ihres Mannes mit dem MfS informiert und wurde „als zuverlässig eingeschätzt".[220] In dem Gespräch wurde Frau Giebeler in Bezug auf die geplante Reise nach West-Berlin „zu einigen Problemen bezüglich ihres dreitägigen Aufenthaltes eingewiesen".[221] Thoß geht davon aus, dass der Name Giebeler „auf Grund der beruflichen Tätigkeit in der BRD und Bln. West hinreichend bekannt ist".[222] Wenn Frau Giebeler ihr Begrüßungsgeld abholt, haben die „staatlichen Stellen in WB die Möglichkeit der Aufenthaltsfeststellung". Frau Giebeler wird unterrichtet, dass „sie bei Konfrontation mit staatlichen Stellen [...] nur verpflichtet ist, ihre Personalien anzugeben".[223]

Vorsorglich wird ihr außerdem geraten, dass sie „bei weitergehenden Fragestellungen Angaben nur im Beisein eines Rechtsanwaltes macht".[224] Das MfS hat offenbar Vertrauen in das bundesdeutsche Rechtssystem, wenn FO Thoß Frau Giebeler empfiehlt, nur in Gegenwart eines Rechtsanwaltes Aussagen zu machen.

Die „Anmerkungen und Beobachtungen im SV" hat der IM „Roland" schriftlich verfasst und kritisiert u. a., dass ihm „die Kumpanei zwischen SV-Angehörigen und SG nicht gefällt. [...] Viele SG wissen zu viel über einige Wachtmeister [...] Der von sehr vielen jungen SG betriebene Kraftsport (sicher gesund) versetzt sie in die Lage, so gut wie jeden SV-Angehörigen zu Boden zu brin-

219 Ebenda, Bl. 78.

220 FO Thoß, Beurteilung IM „Roland", 7. 2. 1983, BStU, MfS, BVfS Potsdam, Abt. VII Nr. 5, Teil I, Bd. 2, Bl. 6.

221 FO Thoß, Treffbericht mit IMB „Roland", 2. 9. 1989, BStU, MfS, BVfS Potsdam, Abt. VII Nr. 5, Teil II, Bd. 15, Bl. 77.

222 Ebenda.

223 Ebenda.

224 Ebenda.

gen. Viele SG sind heute frech, zeigen eine schlechte Körperhaltung, keinen Haarschnitt, grüßen nicht. Die pol. Haltung vieler Erzieher ist ‚diffus'. Man spürt ihnen ab, daß sie keine feste eigene Meinung haben. [...] Ich weiß nicht, ob – mindestens in Brandenburg – der SV im Ernstfall in der Lage ist, die Situation zu beherrschen – Ausbrüche, Geiselnahme etc. Die SG kennen die Schwachstellen, vor allem in personeller Hinsicht ganz genau. Wo bleibt die Leitung der ‚Anleitung'?"[225]

Offenbar spürt auch Giebeler im August 1989, dass sich die Stimmung in der DDR verändert und dies auch in den Haftanstalten zu spüren ist. Die Proteste gegen den offensichtlichen Wahlbetrug am 7. Mai 1989 halten an. Über Ungarn versuchen Tausende Menschen, in den Westen zu fliehen. Die DDR befindet sich in einer merkwürdigen, tastenden, aber auch gespannten Aufbruchsstimmung. Das sowjetische Vorbild mit Glasnost (Offenheit) und Perestroika (Umstrukturierung) wird immer häufiger auch von den Trägern des Systems zitiert und auf den Generalsekretär der KPdSU, Michail Gorbatschow, und die vorsichtigen Veränderungen in der Sowjetunion verwiesen. Was Giebeler unter dem von ihm befürchteten Ernstfall versteht, kann nur vermutet werden. Zumindest hat er die Möglichkeit eines solchen Ernstfalles im Blick, und dieser wird im Dezember 1989 auch in verschiedenen Haftanstalten der DDR in Form von Gefangenenprotesten eintreten.

Im August 1989 benennt „Roland" den vorliegenden Archivalien zufolge zum ersten Mal gegenüber dem MfS die Missstände, die er im Strafvollzug wahrnimmt. Er berichtet von Unsauberkeit im Gefängnis, kritisiert, dass Gefangene während eines Kinofilms nicht zur Toilette gehen dürften und Strafgefangene keinen Fachärzten vorgestellt werden. Zudem bemängelt er, dass Briefe nicht ausgehändigt oder nicht abgesendet werden. Giebeler solidarisiert sich mit den Gefangenen und vertritt gegenüber dem MfS ihre Interessen.

Giebeler berichtet außerdem schriftlich über ein Ehepaar, dessen Tochter und deren Freund, die alle wegen versuchter Republikflucht in Potsdam in der U-Haft auf ihren Prozess warten. Der Vater des Ehemannes, ein Pfarrer, der Giebeler aus dem Pfarrkonvent kannte, habe ihn darüber informiert. Giebeler

225 Ebenda, Bl. 82.

gibt daraufhin seinem Führungsoffizier folgenden Hinweis: „Die Familie X. ist sehr kirchlich! Der Alte, ein anderer Sohn Leiter der Evangelischen Verlagsanstalt, ein anderer auch so ein hohes Tier bei der Kirche."[226] Deshalb solle man die U-Häftlinge in Gefängnisse bringen, wo die Religionsausübung besonders gut funktioniere. Giebeler schlägt vor, die Männer in Cottbus, die Frauen in Hoheneck zu inhaftieren. Wenn die Strafe hoch ausfiele, könnten die Männer auch in Brandenburg „einsitzen".[227]

Giebeler begründet seine Vorschläge damit: „Es muß einmal heißen: Wir konnten uns bestens rel. betätigen."[228]

Auffallend ist auch bei diesem Text die gegenüber der Kirche distanzierte Sprache, wenn Giebeler z. B. davon spricht, dass jemand ein „hohes Tier bei der Kirche" sei. So redet kaum jemand, der sich noch mit der Kirche und ihren Amtsträgern identifiziert.

Aber Giebeler möchte mit seinem Führungsoffizier auch noch eine Angelegenheit in eigener Sache klären. Er übergibt seinem Führungsoffizier einen von ihm handschriftlich mit Roland unterschriebenen Text, in dem er von einem ehemaligen Häftling berichtet, der eine reiche Tante im Westen habe, die ihm einen Pkw Wartburg geschenkt hat. Giebeler habe gegenüber dem damaligen Gefangenen geäußert, dass er auch gern eine solche Tante hätte, die ihm ein Auto schenken würde. Dies habe der Mann ernst genommen, und nun wolle dessen Tante Giebeler tatsächlich einen neuen Wagen schenken. Seinem Führungsoffizier gegenüber unterstreicht Giebeler, dass er sich natürlich freuen würde, wenn er den Pkw erhielte. Spätestens als Giebeler gemerkt hat, dass der frühere Gefangene seine Bemerkung ernst nahm, hätte der Pfarrer diesen Irrtum korrigieren müssen. Pfarrern ist es mit Rücksicht auf ihre Unabhängigkeit und das Ansehen des Amtes untersagt, Belohnungen, Geschenke oder Vorteile jeglicher Art für sich oder ihre Angehörigen anzunehmen, zu fordern oder sich versprechen zu lassen. Das galt auch zu DDR-Zeiten. Dabei ist es

226 Ebenda, Bl. 78.
227 Ebenda.
228 Ro., Betr.: Fall X, 21. 8. 1989, BStU, MfS, BVfS Potsdam, Abt. VII Nr. 5, Teil II, Bd. 15, Bl. 88.

unerheblich, ob Giebeler letztlich das Auto bekommen hat. Ausschlaggebend ist, dass er bereit war, ein Geschenk dieser Größenordnung anzunehmen, und darüber seinen Führungsoffizier informiert.

	29. 8. 1989[229], 9.30–11.30 Uhr Wohnung des IMB
Vom IM übergebene Dokumente:	**„Div. kirchliche Literatur“** **„Bericht bezüglich der Entwicklung des IMB in seiner besonderen Funktion“**
Vom IM schriftlich verfasste Berichte über:	**„Bericht zur StVE Brandenburg“** „Mängel in der Grundordnung“ „Rolle der Erzieher“ *„Bericht ist op. bedeutsam“* (zwei A4-Seiten) **„Bericht über ehemaligen SG“** *„Bericht ist op. bedeutsam“* (zwei A4-Seiten)
	„Bericht über einen Gefangenen, der die DDR ungesetzlich verlassen wollte“ *„Bericht ist op. bedeutsam“* (eine A4-Seite) **„Bericht über Superintendenten“** „Haltung zum ungesetzlichen Verlassen der DDR“ *„Bericht ist op. bedeutsam“* (eine A4-Seite)
Mündliche Berichte über:	**„Bericht über ehemaligen SG“** **„Bericht über Jugenddiakon P.“**
Nächstes Treffen verabredet:	**21. September 1989, 9.30 Uhr, Wohnung des IMB**

229 FO Thoß, Treffbericht IMB „Roland“, 2. 9. 1989, BStU, MfS, BVfS Potsdam, Abt. VII Nr. 5, Teil II, Bd. 15, Bl. 76–90. Alle folgenden Zitate: ebenda.

Aufträge an den IMB

„1. Berichterstattung zu op. bedeutsame SG
2. Kontaktaufnahme zu […] in der StVE Brandenburg. Ausgehend von den Ereignissen in Ungarn und ungesetzliches Verlassen von DDR-Bürgern, Haltung des […] zu diesem Problem herausarbeiten.
3. Bericht zur Person Urlaubsbekanntschaft fertigen.“[230]

Treffen am 21. September 1989[231]

Der IMB hatte alle seine Aufträge erfüllt. Die politische Situation in der DDR im Herbst 1989 spielte nun insofern eine Rolle, als auch das „Problem des ungesetzlichen Verlassens von DDR-Bürgern über Ungarn“[232] diskutiert wurde. „Der IMB vertrat dazu einen progressiven Standpunkt und verurteilte die Handlungsweisen dieser DDR-Bürger und die Maßnahmen Ungarns.“[233]

Giebeler berichtet über Pfarrer H. und andere Amtskollegen. Er gibt einen Hinweis zum SG aus der StVE Brandenburg und überreicht dem MfS den Brief einer Mutter bezüglich ihres Sohnes, der in Brandenburg inhaftiert ist.

Das von Giebeler übergebene Tonband enthält Informationen zum SG, der wegen Nahrungsverweigerung im Haftkrankenhaus in Brandenburg liegt. Der Tonband-Bericht, der auf drei A4-Seiten transkribiert wurde, beschreibt die Beweggründe des Nahrungsverweigerers, dessen Ziel die Ausreise in den Westen ist. Dass der Inhaftierte in Giebelers Gegenwart zwei Bonbons aus seinem Nachttisch nimmt und isst, ist für Giebeler der „Beweis, daß er im Grunde gar kein echter Nahrungsverweigerer ist“.[234] Giebeler gibt zudem zu bedenken, dass der

230 FO Thoß, Treffbericht IMB „Roland“, 2.9.1989, BStU, MfS, BVfS Potsdam, Abt. VII Nr. 5, Teil II, Bd. 15, Bl. 81.
231 FO Thoß, Treffbericht IMB „Roland“, 28.9.1989, BStU, MfS, BVfS Potsdam, Abt. VII Nr. 5, Teil II, Bd. 15, Bl. 91–119.
232 Ebenda, Bl. 92.
233 Ebenda.
234 Ebenda, Bl. 102.

Gefangene „die Bonbons nicht auf legalem Wege bezogen haben“[235] könne. Sehr ausführlich (sechs DIN A4-Seiten) berichtet Giebeler auch über den Pfarrkonvent und ebenso ausführlich über den Superintendenten.

Die von Giebeler zusammengestellten Informationen über Gefangene und Mitarbeiter im Strafvollzug wurden an die „op. Gruppe“ weitergeleitet.

Seinem Führungsoffizier teilt IMB „Roland“ außerdem „mit Stolz“[236] mit, dass er für den 2. Oktober 1989 eine Einladung zum Staatsrat habe, „wo er mit dem VVO [Vaterländischer Verdienstorden] in Silber ausgezeichnet werden soll“.[237]

	21.9.1989,[238] 9.30–11.00 Uhr, Wohnung des IMB
Vom IM übergebene Dokumente:	**„Div. kirchliche Literatur“**
Vom IM schriftlich verfasste Berichte über:	**„Bericht über Urlaubsbekanntschaft in Kühlungsborn“** (eine A4-Seite) **„Bericht zum Pfarrer X.“** „Reise in die BRD“ „Haltung zum ungesetzlichen Verlassen DDR“ „Haltung zur DDR“

235 Ebenda.

236 Ebenda, Bl. 92.

237 Bereits am 3. Februar 1989 hatte sich der Minister des Innern und Chef der Deutschen Volkspolizei, Armeegeneral Friedrich Dickel, an den Staatssekretär für Kirchenfragen Kurt Löffler mit der Empfehlung gewandt, Pfarrer Giebeler mit dem Vaterländischen Verdienstorden auszuzeichnen. Dickel begründet diesen Vorschlag damit, dass Giebeler „mit seiner Tätigkeit […] in wirkungsvoller Weise den Prozeß der Erziehung religiös gebundener Strafgefangenen zu einem gesellschaftsgemäßen Verhalten unterstützt“. Dickel an Löffler, Staatssekretär für Kirchenfragen, 3.2.1989, BStU, MfS, Potsdam, Reg. Nr. IV/1262/76 IM „Motor“, ohne Paginierung.

238 FO Thoß, Treffbericht IMB „Roland“, 28.9.1989, BStU, MfS, BVfS Potsdam, Abt. VII Nr. 5, Teil II, Bd. 15, Bl. 91–119. Alle folgenden Zitate: ebenda.

	„Bericht op. bedeutsam" (eine A4-Seite) „Bericht zum Pfarrer Y." „Haltung zur DDR" „Ist für Trennung Staat / Kirche" *„Bericht op. bedeutsam"*
	„Hinweis zu SG X., StVE Brandenburg" (eine A4-Seite) **„Brief Dr. theol. [...] wegen Sohn in StVE Brandenburg"**
Vom IM besprochene Tonbänder über:	„Gefangenen, der sich im Hungerstreik befindet"
Mündliche Berichte über:	**„Bericht über ehemaligen SG"**
Nächstes Treffen verabredet:	**19. Oktober 1989, 9.30 Uhr, KW „Barbara"**

Aufträge

Folgende Aufträge hat der IMB bis zum nächsten verabredeten Treffen zu realisieren:

„1. Berichterstattung über op. bedeutsame SG.
2. Teilnahme am 4.10.89 am Pfarrkonvent der SV Pfarrer und Berichterstattung darüber.
3. Bericht über Westreise des Superintendenten K. fertigen. Zum Superintendenten Überlegungen anstellen – was kann Staat [sic!] tun, um sein wohlwollendes Verhalten zu honorieren?
4. Erarbeitung sachbezogener Informationen zur Problematik ‚Neues Forum', vorrangig aus dem Kirchenkreis Brandenburg.
5. Weiter Kontakthaltung zum SG [...], Aufklärung Pläne und Absichten.
6. Gespräch mit Sozialdiakon P. führen. Herausarbeitung Haltung, Pläne und Absichten bezüglich ‚Neues Forum'."

Treffen am 19. Oktober 1989[239]

Einen Tag vor dem verabredeten Trefftermin am 19. Oktober 1989 ruft der IMB seinen Führungsoffizier an, um ihm eine Einschätzung darüber zu geben, wie die Pfarrerschaft auf die Wahl von Egon Krenz zum Generalsekretär des Zentralkomitees der SED als Nachfolger von Erich Honecker am Abend des 17. Oktober 1989 reagiert habe. Alle von Giebeler Befragten hätten sich zu dieser Wahl äußerst zurückhaltend geäußert, gibt der IMB zu Protokoll. Offenbar hat Giebeler nach der Wahl verschiedene Pfarrer kontaktiert, um ihre Meinung zur Wahl von Krenz zu erfragen und dann Thoß zu berichten.

Giebeler schätzt aber nicht nur die Meinungen der Pfarrerinnen und Pfarrer zu der Wahl ein, sondern befragt auch die Mitarbeiter des Strafvollzuges. Auch bei diesen überwiege eher Skepsis, betont er.

Das reguläre, verabredete Treffen findet am 19. Oktober 1989 nicht – wie geplant – in der konspirativen Wohnung „Barbara" statt, sondern Thoß und Giebeler unterhalten sich notgedrungen im Auto, da sie an diesem Tag die konspirative Wohnung nicht nutzen konnten.

Als der Führungsoffizier in der Wohnung „Barbara" eingetroffen war, stellte er zu seinem Erschrecken fest, „daß der Sohn der KW Inhaberin zu Besuch"[240] war. „Entsprechend der Legende stellte sich der Mitarbeiter als Vertreter der Allg. Volksbildung von Potsdam vor und führte ein kurzes Gespräch mit der KW Inhaberin über aktuelle Probleme der Bildung und Erziehung der Jugend. Die KW Inhaberin reagierte richtig auf die Legende, wobei eine bestimmte Erregung nicht zu übersehen war. Der IMB wurde durch die KW Inhaberin rechtzeitig informiert und ‚Roland' betrat die KW nicht." Mangels eines Raumes stand deshalb kurzfristig nur das Auto als Treffort zur Verfügung. Als Erstes gratuliert Thoß dem IMB zu dessen Auszeichnung mit dem Vaterländischen Verdienstorden, den Giebeler am 2. Oktober 1989 erhalten hat, und übergibt die monatliche Zuwendung in Höhe von 250 Mark.

239 FO Thoß, Treffbericht IMB „Roland", 20. 10. 1989, BStU, MfS, BVfS Potsdam, Abt. VII Nr. 5, Teil II, Bd. 15, Bl. 120–146.

240 Ebenda, Bl. 120.

Während der Staat noch Orden verteilt, hat sich Lage in der DDR weiter zugespitzt. In der gesamten DDR wuchs in jenen Herbsttagen die Protestbewegung immer weiter an. Am 7. Oktober demonstrieren in Berlin Tausende vor dem Palast der Republik, wo die DDR-Staatsführung den 40. Jahrestag der DDR mit ausländischen Gästen feiert. Am 9. Oktober 1989 versammeln sich in Leipzig rund 70000 Menschen, um friedlich mehr Demokratie zu fordern. In der gesamten DDR demonstrieren Menschen für Reise- und Pressefreiheit, für freie Wahlen und Rechtssicherheit und fordern einen gesamtgesellschaftlichen Dialog über diese Fragen. IMB „Roland" erfüllt trotz der dramatischen Situation weiterhin gewissenhaft seine Aufträge, und Führungsoffizier Thoß verhält sich so, als hätte das MfS weiterhin Kontrolle über die Lage in der DDR. Giebeler übergibt wie immer Dokumente, besprochene Tonbänder und selbst verfasste Berichte. Thoß dokumentiert dieses Treffen ausführlich und legt die entsprechenden Maßnahmen fest, wie mit den Informationen zu verfahren sei. Außerdem gibt der IMB eine Information über einen SV-Angehörigen weiter, dessen Sohn „abhauen wollte. Der SV-Angehörige brachte zum Ausdruck, wenn der Sohn abhauen will, dann soll er abhauen. [...] Der betreffende SV-Angehörige macht keinen intelligenten Eindruck."[241] Diese Information ist für das MfS natürlich ein „op. bedeutsam. Hinweis auf Verdacht des ungesetzlichen Verlassens der DDR durch den Sohn eines SV-Angehörigen".[242]

Acht Tage nach diesem Treffen, am 27. Oktober 1989, wird der Staatsrat der DDR eine Amnestie für „Strafen des ungesetzlichen Grenzübertritts" und solche, „die darauf gerichtet waren, die Ausreise aus der DDR widerrechtlich durchzusetzen", erlassen. Diejenigen, die aus diesen Gründen verurteilt und inhaftiert worden waren, sollten bis zum 30. November 1989 freigelassen und die Ermittlungsverfahren eingestellt werden.[243]

Was am 19. Oktober 1989 dem MfS noch „operativ bedeutsam" erscheint, wird eine Woche später kein Straftatbestand mehr sein. Nach der Amnestie sollen innerhalb von drei Tagen diejenigen, die wegen „versuchter Republikflucht"

241 Ebenda, Bl. 124.
242 Ebenda.
243 Vgl. Archiv der Gegenwart, Deutschland 1949–1999, Bd. 9, S. 8689.

inhaftiert sind, freigelassen werden. Sämtliche Strafverfahren wegen dieses Delikts werden eingestellt. Die Amnestie gilt auch für Personen, die bei vom Staat nicht genehmigten Demonstrationen festgenommen worden sind.

	19. 10. 1989,[244] 9.30–10.30 Uhr, Treffort: geplant KW „Barbara“, stattdessen im PKW
Vom IM übergebene Dokumente:	**„Div. kirchliche Literatur“** **„Brief des Superintendenten an den OB Brandenburg“** „Bitte um Begnadigung der wegen § 213 inhaftierten SG und Abschaffung des § 213 StGB“ *„Dokument op. bedeutsam“*
	„Beschluß der Bundessynode“ „Haltung der Kirchenleitung zu gesellschaftlichen Erscheinungen.“ *„Dokument op. bedeutsam“* **„Dokumentation Stadtjugendpfarramt Berlin“** *„Dokument op. bedeutsam“*
Vom IM schriftlich verfasste Berichte über:	**„Bericht über SG“** *„Bericht op. bedeutsam“*

244 FO Thoß, Treffbericht IMB „Roland“, 20. 10. 1989, BStU, MfS, BVfS Potsdam, Abt. VII Nr. 5, Teil II, Bd. 15, Bl. 120–146. Alle folgenden Zitate: ebenda.

Vom IM besprochene Tonbänder über:	**„SG […] StVE Brandenburg Nahrungsverweigerer“** *„Bericht ist op. bedeutsam“* (transkribiert vier A4-Seiten) **„Pfarrkonvent Krahne“** *„Bericht ist op. bedeutsam“* (transkribiert sechs A4-Seiten) **„Konvent der Gefängnisseelsorger“** *„Bericht ist op. bedeutsam“* (transkribiert vier A4-Seiten) **„Einschätzung des Superintendenten“** *„Bericht ist op. bedeutsam“* (transkribiert vier A4-Seiten)
Mündliche Berichte über:	**„Bericht über Angehörigen StVE Brandenburg“** Sohn will „abhauen“
Nächster Treff verabredet:	**26. Oktober 1989, 14.00 Uhr, Wohnung des IMB**

Aufträge

Bereits für den 26. Oktober, eine Woche später, wird der nächste Treff verabredet.

„1. Erarbeitung von Informationen zur Neuwahl des Generalsekretärs des ZK der SED vorrangig von Personen aus dem Kirchenkreis Brandenburg.
2. Erarbeitung sachbezogener Informationen zum ‚Neuen Forum‘, Organisation, Aktivitäten, Absichten.
3. Berichterstattung über bedeutsame SG.“

Treffen am 26. Oktober 1989[245]

Da am 26. Oktober 1989 die konspirative Wohnung „Barbara" immer noch nicht nutzbar ist, findet das Treffen in der Wohnung des IMB statt. Noch am selben Tag schreibt Thoß seinen Bericht über das Treffen.

Die aus Sicht der staatlichen Organe besorgniserregende Entwicklung in der DDR hat nun auch Auswirkungen auf die Aufträge von IMB „Roland". Thoß erarbeitet gemeinsam mit Giebeler „ausgehend von der derzeitigen op. Lage die grundsätzliche Aufgabenstellung für den IMB".[246]

Offenbar befürchten zu diesem Zeitpunkt nun auch der MfS-Offizier und sein IM, dass die angespannte Situation in der DDR Auswirkungen auf die Arbeit des MfS und des IMB haben könnte. Thoß spürt sehr genau, dass sich die Machtverhältnisse zu verschieben beginnen. Setzte das MfS bisher eher auf Verunsicherung der Menschen durch „Zersetzungsmaßnahmen", Bedrohung und (Straf-)Verfolgung, hofft das MfS nun, durch Beruhigung der Menschen die explosive Stimmung im Land zu entspannen. Deshalb solle der IMB „im gesamten Umfeld Kirchenkreis Brandenburg, StVE Brandenburg (SV und SG) Wohngebiet usw. beruhigend auf alle Personen einwirken. Alle Möglichkeiten der Gesprächsführung sind mit dieser Zielrichtung zu nutzen."[247] Thoß fordert IMB „Roland" dringend auf, „bei op. bedeutsamen Informationen sofort telefonisch den Mitarbeiter zu verständigen". IMB „Roland" stimmte dieser „Aufgabenstellung vollinhaltlich zu".[248]

IMB „Roland" berichtet sehr besorgt seinem Führungsoffizier, dass der ehemalige Leiter der Abteilung Kirchenfragen beim Rat des Bezirkes Potsdam, der sich für jüngere Geschichte interessiere, von seinem Nachfolger „einen ganzen Packen ‚Geheimpapiere'"[249] erhalten habe. In diesen Dokumenten habe er auch

245 FO Thoß, Treffbericht IMB „Roland", 26. 10. 1989, BStU, MfS, BVfS Potsdam, Abt. VII Nr. 5, Teil II, Bd. 15, Bl. 147–158.

246 Ebenda, Bl. 148.

247 Ebenda.

248 Ebenda.

249 Ebenda, Bl. 156.

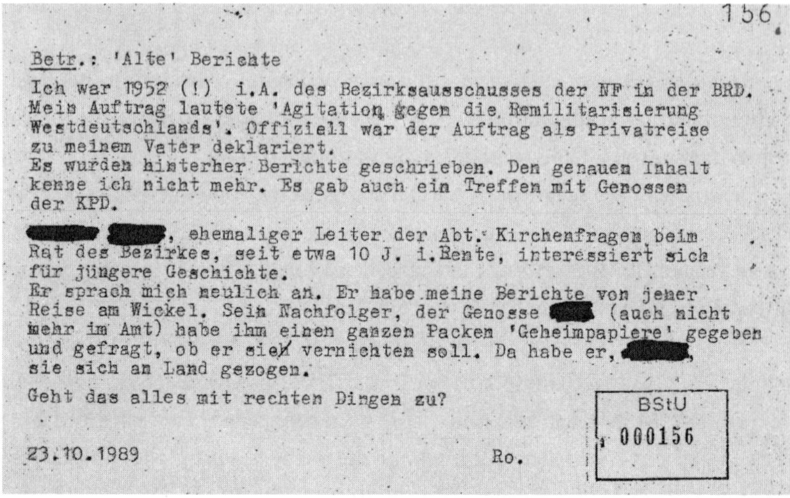

156

Betr.: 'Alte' Berichte

Ich war 1952 (!) i.A. des Bezirksausschusses der NF in der BRD. Mein Auftrag lautete 'Agitation gegen die Remilitarisierung Westdeutschlands'. Offiziell war der Auftrag als Privatreise zu meinem Vater deklariert.
Es wurden hinterher Berichte geschrieben. Den genauen Inhalt kenne ich nicht mehr. Es gab auch ein Treffen mit Genossen der KPD.

[redacted], ehemaliger Leiter der Abt. Kirchenfragen beim Rat des Bezirkes, seit etwa 10 J. i.Rente, interessiert sich für jüngere Geschichte.
Er sprach mich neulich an. Er habe meine Berichte von jener Reise am Wickel. Sein Nachfolger, der Genosse [redacted] (auch nicht mehr im Amt) habe ihm einen ganzen Packen 'Geheimpapiere' gegeben und gefragt, ob er sie vernichten soll. Da habe er, [redacted], sie sich an Land gezogen.

Geht das alles mit rechten Dingen zu?

BStU
000156

23.10.1989 Ro.

Dokument 36: Treffbericht IM „Roland“, Betr.: „Alte“ Berichte, 23.10.1989

Hinweise auf eine Reise von Giebeler 1952 in den Westen gefunden und ihn auf diese angesprochen.

Verunsichert fragt „Roland“ seinen Führungsoffizier, ob „das alles mit rechten Dingen zu[geht]?“[250] Giebeler erklärt Thoß seine Reise folgendermaßen: „Ich war 1952 [!] i. A. des Bezirksausschusses der NF in der BRD. Mein Auftrag lautete ‚Agitation gegen die Remilitarisierung Westdeutschlands‘. Offiziell war der Auftrag als Privatreise zu meinem Vater deklariert. […] Es gab auch ein Treffen mit Genossen der KPD.“[251]

Hat Eckart Giebeler zu diesem Zeitpunkt bereits geahnt, dass die vielen schriftlichen Dokumente, die verstreuten schriftlichen Hinweise, die besprochenen Tonbänder und die dokumentierten mündlichen Berichte, die bei den unterschiedlichen staatlichen Organen und Institutionen lagerten, möglicherweise für ihn und auch für andere nicht mehr zu kontrollieren waren? Die kleine

250 Ebenda.

251 FO Thoß, Treffbericht IMB „Roland“, 26. 10. 1989, BStU, MfS, BVfS Potsdam, Abt. VII Nr. 5, Teil II, Bd. 15, Bl. 156.

Notiz über seine Westreise 1952, die nun in den Archiven der Abteilung Kirchenfragen beim Rat des Bezirkes Potsdam aufgetaucht ist, erschreckt ihn. Wie viel mehr muss er befürchten, dass die Informationen, die er jahrzehntelang zusammengetragen und weitergegeben hat, irgendwo ihre Spuren hinterlassen haben. Gegen den entsprechenden Mitarbeiter des Rats des Bezirkes werden durch das MfS nach dieser Information durch IMB „Roland" Ermittlungen zur Person eingeleitet, da vermutet wird, dass sich in seinem Besitz „Materialien des Staatsapparates" befinden.

	26. 10. 1989[252], 9.30–11.00 Uhr, Wohnung des IMB
Vom IM übergebene Dokumente:	**„Div. kirchliche Literatur"** **„Schreiben der Kirchenleitung Berlin-Brandenburg an Ministerpräsidenten Stoph"** „Angriffe gegen Sicherheitsorgane" *„Schreiben op. bedeutsam"* **„Schnellinformation des Bundes der Ev. Kirchen"** *„Schreiben op. bedeutsam"*
	„Schreiben der Ev. Kirche Berlin-Brandenburg" „Orientierung des Propstes zur Mitarbeit von Mitgliedern der Kirche in Parteien und Gruppen" *„Schreiben op. bedeutsam"*
Vom IM schriftlich verfasste Berichte über:	**„Bericht über Angehörigen der StVE Brandenburg OSL X."** *„Schreiben op. bedeutsam"* **„Information zur Person X."** „Person ist vermutlich im Besitz von Materialien des Staatsapparates" *„Schreiben op. bedeutsam"*

252 FO Thoß, Treffbericht IMB „Roland", 26. 10. 1989, BStU, MfS, BVfS Potsdam, Abt. VII Nr. 5, Teil II, Bd. 15, Bl. 147–158. Alle folgenden Zitate: ebenda.

	„Hinweis zum OSL“ „Er tut zu wenig, um SG echt zu erziehen oder umzuerziehen“ *„Information op. bedeutsam“*
Mündliche Berichte über:	**„Diskussionen und Meinungen der Pfarrer“**
Nächster verabredeter Termin:	**10. November 1989, 14.00 Uhr Wohnung des IMB**

Aufträge

Das nächste Treffen wird für den 10. November 1989 verabredet. Bis dahin hat der IMB folgende und nicht wenige Aufträge zu erfüllen:

„1. Durchsetzung der grundsätzlichen Aufgabenstellung.
2. Erarbeitung von lagebezogenen Informationen, Diskussionen und Meinungen in der Bevölkerung.
3. Teilnahme am Pfarrkonvent am 8.11.89 und differenzierte Berichterstattung darüber.
4. Kontaktaufnahme zur Person X. und versuchen Einsicht in die Dokumente zu bekommen.
5. Am 9.11.89 Realisierung des Gespräches mit kathol. Pfarrer Drews.
6. Teilnahme an der am 2.11.89 stattfindenden Zusammenkunft mit kirchenleitenden Personen und differenzierte Berichterstattung darüber.
7. langfristiger Ausbau des Kontaktes zu Pfarrer X. Herausfinden welcher Angehöriger des MfS zum Pfarrer ‚beichten‘ geht.
8. Berichterstattung über op. bedeutsame SG.“[253]

253 Ebenda, Bl. 152f.

Treffen am 10. November 1989[254]

Das nächste Treffen fand tatsächlich wie verabredet am 10. November 1989 statt. Am Abend zuvor, also am 9. November 1989, hatte der Sekretär für Informationswesen der DDR, Günter Schabowski, mit seinen berühmten und Geschichte schreibenden Worten auf einer Pressekonferenz die Öffnung der Berliner Mauer vorbereitet. Schabowski antwortete auf die Frage eines Journalisten, ab wann die von ihm annoncierten neuen Reiseregelungen in der DDR, die auch für den Westen gelten sollten, in Kraft treten würden, mit den Worten: „sofort, unverzüglich". Diese Aussage löst noch am selben Abend einen Massenansturm von DDR-Bürgern auf die Grenze nach West-Berlin aus, was nach wenigen Stunden zur ungeplanten, historischen Öffnung der Mauer durch die überforderten DDR-Grenzer führt.

In der Nacht feiern Tausende Menschen auf verstopften Berliner Straßen den Sturz der Mauer. Ein Wort wird diese Nacht prägen: Wahnsinn. Das Unvorstellbare ist Realität geworden.

28 Jahre nach dem Bau der Berliner Mauer liegen sich wildfremde Menschen auf Berliner Straßen weinend in den Armen und feiern das Unbegreifliche. Die politischen Verhältnisse in Ostdeutschland werden mit dieser Nacht und mit dem Mauersturz grundlegend verändert, und der Machtverlust der SED ist nicht mehr aufzuhalten. Das System des MfS allerdings funktioniert scheinbar unbeirrt weiter. So treffen sich am Morgen des 10. November 1989 wie verabredet IMB „Roland" und sein Führungsoffizier Thoß. Der IMB hat sich wie immer „exakt auf den Termin vorbereitet"[255] und „entsprechend der Orientierung alle wesentlichen Informationen auf Band gesprochen".[256] Wie Giebeler sich „exakt auf den Termin" angesichts der nächtlichen Ereignisse vorbereitet haben kann, bleibt unerklärlich. Aber die aktuell politische Lage veranlasst den Führungsoffizier, mit dem IMB „über die weitere Zusammenarbeit mit dem MfS" zu

254 FO Thoß, Treffbericht IMB „Roland", 15. 11. 1989, BStU, MfS, BVfS Potsdam, Abt. VII Nr. 5, Teil II, Bd. 15, Bl. 159–173. Alle folgenden Zitate: ebenda.

255 Ebenda, Bl. 159.

256 Ebenda.

sprechen. „‚Roland' ist ohne Vorbehalte bereit, auch unter den aktuellen Lagebedingungen mit dem MfS zusammenzuarbeiten",[257] vermerkt der Führungsoffizier. Thoß versucht, trotz der grundlegend veränderten politischen Rahmenbedingungen am Status quo festzuhalten, und will von Giebeler wissen, ob dieser eine Reise in das NSW[258] plane. Giebeler verneint und wird instruiert, falls er dieses vorhabe, Thoß vorher zu informieren. Nachdem die Berliner Mauer durch die Proteste der Bürgerinnen und Bürger der DDR sowie durch multifaktorielle innen- und außenpolitische Rahmenbedingungen zum Einsturz gebracht wurde, ist Thoß weiter bemüht, an Gegebenem festzuhalten. Giebeler hätte, ohne seinen Führungsoffizier zu informieren, zu diesem Zeitpunkt jederzeit die Grenze übertreten und seine Schwester in West-Berlin besuchen können. Ob Giebeler sich an die Anweisung von Thoß gehalten hat, ist nicht bekannt.

Aber Eckart Giebeler scheint zu ahnen, dass seine berufliche Zukunft, die sich durch ihre besonderen Anstellungsbedingungen auszeichnet, durch die gegenwärtigen Entwicklungen gefährdet ist. Er äußert gegenüber Thoß die Befürchtung, dass auch seine Tätigkeit als Zivilangestellter des MdI / VSV in Zukunft infrage gestellt sein könnte, während FO Thoß sich darüber Gedanken macht, wo sich Führungsoffizier und IMB in Zukunft konspirativ treffen können. Die konspirative Wohnung „Barbara" sei derzeit nicht nutzbar, deshalb sollten alle zukünftigen Treffen zunächst in Giebelers Wohnung stattfinden. Giebeler hat bezüglich der zu wahrenden Konspiration keinerlei Bedenken, da er häufig von anderen Personen besucht werde. Außerdem könne er dem MfS zusichern, dass die Treffen ungestört verlaufen könnten.

Neben den Überlegungen, wie die Zusammenarbeit zwischen Führungsoffizier und IMB zukünftig gestaltet werde könne, berichtet Giebeler auch wieder über einen Strafgefangenen, der nach Ansicht des IMB „zu den Hetzern in der Einrichtung [...] gehört", sowie über einen anderen Inhaftierten, „der unten im Erdgeschoss als Reiniger tätig ist. Dieser SG hetzt unheimlich. Er ruft zum Aufruhr gegen den Strafvollzug auf und sagt, wenn man uns nicht befreit,

257 Ebenda.
258 Nichtsozialistisches Wirtschaftsgebiet.

befreien wir uns selber."[259] Anfang Dezember kam es, nachdem im Gefängnis Bautzen I zu Protesten aufgerufen worden war und weitere Amnestien gefordert wurden, auch im Brandenburger Gefängnis zu Protesten.

	10. 11. 1989,[260] 14.00–15.30 Uhr Wohnung des IMB
Vom IM übergebene Dokumente:	**„Div. kirchliche Literatur"** **„Schreiben der Kirchenleitung Berlin-Brandenburg an Ministerpräsidenten Stoph"** **„Schnellinformation des Bundes der Ev. Kirchen"** **„Schreiben der Ev. Kirche Berlin-Brandenburg"** **„Bericht über Angehörigen der StVE Brandenburg"** **„Information zur Person X."**
	„Hinweis zum OSL des SV" **„Hinweis zu Oltn. X, VA-Leiter I"**
Vom IM besprochene Tonbänder über:	**„Tagung von Geistlichen des Bezirkes Potsdam auf Einladung des Bezirksausschusses der Nationalen Front am 2. 11. 1989"** (eine A4-Seite) **„Bericht über Zustände StVE Brandenburg"** (zwei A4-Seiten)

259 FO Thoß, Treffbericht IMB „Roland", 15. 11. 1989, IM „Roland", Tonbandabschrift, 13. 11. 1989, BStU, MfS, BVfS Potsdam, Abt. VII Nr. 5, Teil II, Bd. 15, Bl. 165.

260 FO Thoß, Treffbericht IMB „Roland", 15. 11. 1989, BStU, MfS, BVfS Potsdam, Abt. VII Nr. 5, Teil II, Bd. 15, Bl. 159–173. Alle folgenden Zitate: ebenda.

	„Pfarrkonvent St. Gotthardt 8.11.89“ (sechs A4-Seiten) **„Bericht über Gespräch am 9.11.89 mit kathol. Pfarrer“** (eine A4-Seite)
Mündliche Berichte über:	**„Diskussionen und Meinungen der Pfarrer.“**
Nächster verabredete Termin:	**23. November 1989, 10.00 Uhr, Wohnung IMB.**

Aufträge

Mit dem IMB verabredet FO Thoß die „weitere Auftragsstruktur für die nächste Zeit“ unter folgenden Aspekten:

„1. **Erarbeitung von Informationen zu SG mit den Schwerpunkten**
Pläne und Absichten während der Haft, vorrangig Verstöße gegen das Strafvollzugsgesetz (geplante Entweichungen, terroristische Absichten).
Pläne und Absichten nach der Haft.
Gruppenbildungen.
Pläne über Verlassen der DDR.
2. **Erarbeitung von Informationen zu SV-Angeh.**
Durchsetzung des Strafvollzugsgesetzes.
Geplantes Verlassen der DDR.
Haltung zur SED
3. **Teilnahme an kirchlichen Veranstaltungen.**
Berichterstattung über Inhalt und Verlauf, Haltungen kirchenleitender Personen zu den Umgestaltungsprozessen.
4. **Erarbeitung von Informationen aus allen Bevölkerungsschichten zu den Umgestaltungsprozessen.**“[261]

261 Ebenda, Bl. 163.

Das letzte dokumentierte Treffen am 23. November 1989[262]

Das letzte in der Berichtsakte Band 15 dokumentierte Treffen von IMB „Roland“ mit Führungsoffizier Thoß findet am 23. November 1989 in Giebelers Wohnung statt. Thoß, der sonst immer sehr umfänglich die Treffen mit IM „Roland“ dokumentiert hat, hält am 24. November 1989 lediglich auf zwei DIN-A4-Seiten die Ergebnisse des Gespräches fest. Während er sonst auch zuverlässig die Statistikfelder des Treffberichtsformulars ausgefüllt hat, bleiben sie bei diesem Bericht fast leer, wahrscheinlich hat auch Führungsoffizier Thoß spätestens zu diesem Zeitpunkt geahnt, dass keine geheimdienstliche Tätigkeit die DDR mehr retten könne.

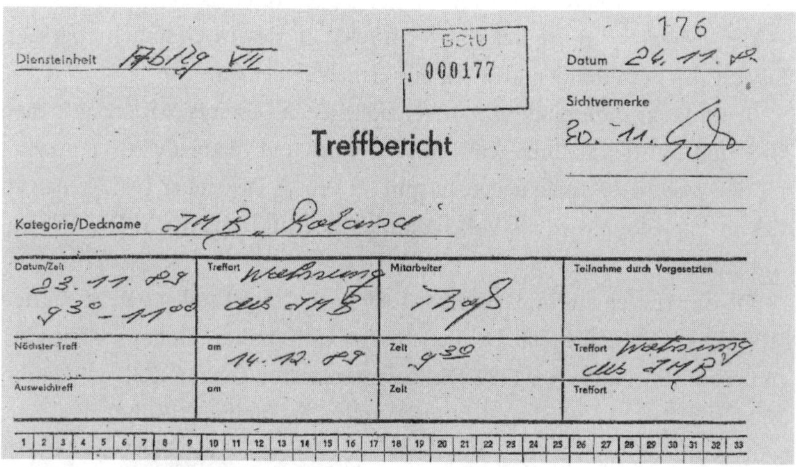
176
BStU 000177
Diensteinheit
Datum 24.11.89
Sichtvermerke 30.11.
Treffbericht
Kategorie/Deckname IMB „Roland“
Datum/Zeit 23.11.89 9³⁰–11⁰⁰
Treffort Wohnung des IMB
Mitarbeiter Thoß
Teilnahme durch Vorgesetzten
Nächster Treff am 14.12.89 Zeit 9³⁰ Treffort Wohnung des IMB
Ausweichtreff am Zeit Treffort
1 2 3 4 5 6 7 8 9 10 11 12 13 14 15 16 17 18 19 20 21 22 23 24 25 26 27 28 29 30 31 32 33

Dokument 37: Treffbericht von IM „Roland“, 24.11.1989 (Auszug)

Thoß notiert, dass IMB „Roland“ unter den „Angehörigen des SV-Operativer Dienst der StVE Brandenburg eine große Verunsicherung“ festgestellt hat. Diese Verunsicherung hänge einerseits mit der innenpolitischen Lage zusammen, andererseits auch mit den Aktivitäten der Gefangenen. Die Mitarbeiter würden

262 FO Thoß, Treffbericht IM „Roland“, 24.11.1989, BStU, MfS, BVfS Potsdam, Abt. VII Nr. 5, Teil II, Bd. 15, Bl. 177f.

befürchten, wegen ihrer Tätigkeit im Strafvollzug zur Verantwortung gezogen zu werden.

Bei diesem Treffen weist Thoß seinen IM in den „neuen Informationsbedarf des Amtes für Nationale Sicherheit“ ein. Der IMB zeigt sich „mit dem vorliegenden Informationsbedarf voll einverstanden und erklärte sich bereit, entsprechend seinen Möglichkeiten Informationen zu erarbeiten“.[263]

Grundlage der Instruierung des IM bildete die „Orientierung vom 22. November 1989, welche im Laufe des Treffs weiter interprätiert [sic!] wurde“.[264] Nach der Anweisung von Schwanitz, dem Chef des neu geschaffenen Amtes zur Nationalen Sicherheit, zur „Reduzierung des Bestandes registrierter Vorgänge und Akten, sowie weiterer operativer Materialien und Informationen“[265] sollen nur alle „neu gewonnenen operativ bedeutsamen Informationen“ aufbewahrt werden. Möglicherweise hat Thoß Giebeler in diesem Gespräch zugesagt, dass die ihn betreffenden MfS-Akten vernichtet werden.

Trotz der grundlegend veränderten politischen Gesamtsituation versuchen Thoß und Giebeler, an ihren gewohnten Abläufen und Verabredungen festzuhalten. Sie vereinbaren einen neuen Termin für den 14. Dezember 1989. Genau an diesem Tag jedoch wird die Volkskammer die Auflösung des MfS / AfNS beschließen.

Ob das Treffen am 14. Dezember 1989 noch stattgefunden hat, ist aus den MfS-Akten nicht ersichtlich. Die Berichtsakte endet mit der Dokumentation des Treffens am 23. November 1989. Die Zusammenarbeit von IM „Roland“, die am 29. Mai 1959 mit seiner Verpflichtung durch MfS-Mitarbeiter Kühne begonnen hatte, wurde über 30 Jahre später durch die politischen Umwälzungen in der DDR beendet. Giebeler ist bis zum erzwungenen Ende des MfS / AfNS bereit, mit den Sicherheitsorganen zusammenzuarbeiten. Nach Aktenlage gibt es keinen Hinweis darauf, dass Giebeler die Zusammenarbeit beenden oder reduzieren wollte.

263 Ebenda, Bl. 177.

264 Ebenda.

265 Schwanitz an MfS-Bezirksverwaltungen, „Hinweise für die Vernichtung von operativen Materialien und Informationen“, 22. 11. 1989, BStU, MfS, BdL / Dok 008996.

Zusammenfassung

IM „Roland" hat über die jeweiligen Mitarbeiter des MfS umfangreiche Informationen bei durchschnittlich 12 bis 15 Treffen im Jahr weitergegeben. Anhand der eingesehenen MfS-Akten lassen sich – trotz des Fehlens von 14 Berichtsbänden – die in der nachfolgenden Tabelle dargestellten 276 Treffen belegen.

Tabelle 4: Übersicht Treffen IM „Roland" mit MfS-Mitarbeitern

Jahr	J	F	M	A	M	J	J	A	S	O	N	D
1959				x	xx					x	x	x
1960	x		x		x					x	x	
1961	x			x		xx			x	xx	x	x
1962	xx		x		x			x	x		x	x
1963	x	x	x		x				x			
1964									x			
1965				x	xx	x			xx			
1966	x		x									
1967	x	x	x	x	x		x		x	x	x	x
1968	x	x	x	xx	x	x	x	x	x	xx	xx	x
1969	x	x	x	x	x	xx	xx	x	x	xx	x	x
1970		x	x	xx	xx	xx				x		
1971	x	x	x	xx	x	x	x	xx	x	x	xx	x
1972	x	x	x	x	x	x	x	x	x	x	x	x
1973	x	x	x	x	x	x	xx	x	x	xx	xx	x
1974	x	x	x	x	x	x	x	x	x	x	x	x
1975	x	x	x	x	x	x	xx		x	x		x
1976	x	x	x	x	x	x	x	x	x	x	x	x
1977	x	x	x	x	x	x			x	x	x	x
1978	x	x	x	x	x	x	x			x	x	x
1979	x	x	x	x	x	x	x	x	x			
1980				x	x				x			
1981										x	x	

1982							x					
1983	x	x	x	x	x	x		x	x	x	x	
1984	x		x	x	x			x	x		x	x
1985	x		x	x	x		x		x		x	x
1986	x	x	x	x	x	x	x	x	x	x	x	x
1987		x		x	x	x	x	x	xx	x		x
1988	x	x	x	x	x	x	x		x	x	xx	x
1989	x	x	x	x	x	xx	x	x	x	xx	xx	

Trefforte waren ein „nicht registriertes konspiratives Zimmer im Gebäudekomplex des Strafvollzuges Brandenburg“,[266] die Wohnung des IM, die konspirativen Wohnungen „Belvedere“, „Maria“ und „Barbara“ sowie notfalls auch Kraftfahrzeuge und Gaststätten.

Der IM berichtet den MfS-Mitarbeitern mündlich, übergibt kirchliche Dokumente, von ihm maschinenschriftlich verfasste und mit Ro. unterzeichnete Berichte und besprochene Tonbänder, die dann vom MfS transkribiert werden.

IM „Roland“ berichtete u. a. über:

- **Kirchenkreis Brandenburg**
  „feindliche-negative“ Pfarrerinnen und Pfarrer und deren Ehefrauen
  Jugendwart P.
  Diskussionen im Pfarrkonvent
  Junge Gemeinde Brandenburg
  Heimleiter, angeblich homosexuell
  Pfarrer, angeblich Vorwurf wegen Unzucht
  Pfarrer L. (OV „Hugenott“)
  Superintendent Telschow (OV „Quartett“)
  Superintendent Koopmann (OV „Quartett“)
  Konvente und Kreissynoden des Kirchenkreises Brandenburg

266 Fischer, Auskunftsbericht, 22. 5. 1962, BStU, MfS, BVfS Potsdam, Abt. VII Nr. 5, Teil I, Bd. 1, Bl. 50.

- **Konvent der Gefängnisseelsorger**
  nebenamtliche Gefängnisseelsorger
  Gäste im Konvent der Gefängnisseelsorger
- **Berlin-Brandenburger Kirche**
  Bischof Gottfried Forck
  Konsistorialpräsident Manfred Stolpe
- **Bund der Evangelischen Kirchen in der DDR**
  Bischof Johannes Hempel
- **Strafvollzug**
  Strafgefangene
  Vorkommnisse im Strafvollzug
  Mitarbeiter des Strafvollzuges (Wachpersonal)
  Ärzte, die im StVE arbeiten
  Kathol. Kollegen im Strafvollzug
- **Familie**
  Sohn (Westreise)
  Schwester (lebt in Westberlin)
  Ehefrau (Westreise)
- **Urlaubsbekanntschaft**

Ab 1982 wurde ihm bei den Treffen die monatliche Zuwendung von 250 Mark übergeben. Insgesamt erhielt Giebeler im Zeitraum von 1982 bis 1989 auf diesem Weg 20500 Mark.

Aufgrund seiner guten Arbeit wird IM „Roland“ mehrfach ausgezeichnet und seine Führungsoffiziere loben regelmäßig seine „stetige Einsatzbereitschaft, Zuverlässigkeit und Ehrlichkeit“. Er wird wiederholt als der „aktivste IM im Netz“ gelobt, der zu den „Spitzenkräften“ der inoffiziellen Mitarbeiter zählt.

Die von den kirchlichen Überprüfungsausschüssen am Anfang dargestellten Fragenkomplexe, von deren Beantwortung die Beurteilung einer Zusammenarbeit mit dem MfS abhängt, lassen sich nach Aktenlage für IM „Roland“ folgendermaßen beantworten:

Inoffizieller Mitarbeiter – Kategorien	
GI – (Geheimer Informant)	ab Mai 1959
IMF – (IM mit „Feindverbindung", ab 1979 IMB)	ab 1976
IMV – (IM mit „Feindberührung")	ab Nov. 1976
IMS – (IM für Sicherheitsfragen)	September 1980
IME – (IM für besonderen Einsatz)	November 1981
IMB – (IM mit „Feindberührung")	ab Mai 1984
Verpflichtung	
schriftlich	nicht zutreffend
mündlich mit Einverständnis	29. 5. 1959
mündlich mit Handschlag aus Überzeugung	29. 5. 1959
erpreßte Gesprächsbereitschaft	nicht belegbar
ohne Verpflichtung	nicht zutreffend
Konspiration	
zugesagt	nachweislich
durch konspirative Treffpunkte belegt	nachweislich
faktisch langfristig durchgehalten (Dauerkontakt)	nachweislich
Berichte	
Schriftlich	nachweislich
mit Deck- oder Klarnamen oder nicht unterzeichnet	nachweislich
Diktat auf Tonband	nachweislich
schriftlich durch Führungsoffizier nach Gedächtnis	nachweislich
mündlich zu Personen	nachweislich
mündlich zu Verhältnissen und innerkirchlichen Vorgängen	nachweislich
Materialübergabe	nachweislich

Vorteilnahme	
Regelmäßige akzeptierte Zahlungen	nachweislich
Einzelne Zahlungen	nachweislich
Erstattung von Auslagen	nachweislich
Geschenke bei persönlichen Anlässen	nachweislich
Begünstigungen für bestimmte Personengruppen (z. B. Synodale)“	nicht zutreffend
Erhalt von MfS-Auszeichnungen (von Verf. ergänzte Kategorie)	nachweislich

Wenn man Eckart Giebelers später immer wieder vorgebrachten Argumenten folgt,[267] dass er nicht gewusst habe, dass er mit MfS-Mitarbeitern Gespräche geführt habe, sind diese Kategorien allerdings nur bedingt aussagekräftig. Unter Bezugnahme auf Giebelers Argumente müssen die Kategorien noch einmal so geprüft werden, als sei Giebeler tatsächlich ohne sein Wissen als IM „Roland“ geführt und somit „unwissentlich abgeschöpft“ worden. Dieser Perspektivenwechsel ist ein theoretischer und auch hypothetischer Versuch, mit Giebelers Erklärungsmustern die MfS-Akten zu lesen und das Ergebnis einer kritischen Bewertung zu unterziehen. Der Konjunktiv, die Möglichkeitsform kann also nur die richtige grammatikalische Form sein, in der diese andere Lesart beschrieben werden kann.

1. IM-Kategorien

Die IM-Kategorien wurden vom MfS den inoffiziellen Mitarbeitern zugeordnet und entsprachen dem Einsatzort des IM oder den „operativen“ Bewertungen der Informationen des IM. So unterlagen die IM quasi einem MfS-internen „Beförderungssystem“, was den IM aber nicht unbedingt bekannt gewesen sein muss.

267 Vgl. Kapitel 9.4 und 10.

2. Verpflichtung

Da keine schriftliche Verpflichtung von Giebeler als IM vorliegt, könnte der entsprechende Bericht vom 29. Mai 1959 über seine Verpflichtung als IM tatsächlich vom MfS gefälscht worden sein. In dem Bericht seiner Anwerbung und in späteren Einschätzungen der IM-Tätigkeit von „Roland“ wird erwähnt, dass er sich aus „Überzeugung“ zur Mitarbeit mit dem MfS bereit erklärt habe. Inhaltlich wird seine „Überzeugung“ nicht qualifiziert. Andere von Giebeler verfasste Texte legen allerdings nahe, dass er sich mit der DDR-Ideologie und ihren antifaschistischen Legitimationsmythen durchaus identifiziert hat. Es gibt keinen Hinweis auf eine vom MfS erpresste Zusammenarbeit. Nach Aktenlage kann vermutet werden, dass neben der Überzeugung als Motiv später auch materielle Interessen hinzukamen.

3. Konspiration

Eckart Giebeler hat laut MfS-Berichten die Konspiration immer eingehalten. Aus seiner Sicht hätte sich die Konspiration auch auf die Gespräche mit Vertretern des MdI und des VSV beziehen können, obwohl der Gebrauch des Wortes „Konspiration“ in diesem Zusammenhang nicht unüblich war. Da Giebeler wegen seines Anstellungsverhältnisses ohnehin im Brandenburger Pfarrkonvent einen schweren Stand hatte, könnte er argumentieren, dass er die Gespräche mit den staatlichen Vertretern lieber „konspirativ“ geführt habe, damit das Misstrauen ihm gegenüber nicht noch größer werde.

4. Berichte

Giebeler wird später behaupten, dass die MfS-Berichte Fälschungen seien, da er nicht mit dem MfS zusammengearbeitet habe. Er habe mit den Mitarbeitern der Verwaltung Strafvollzug Gespräche geführt und konnte nach eigenen Angaben nicht wissen, dass diese die Gesprächsinhalte an das MfS weitergeben würden. Es ist durchaus denkbar, dass nicht alle Kontaktpersonen des Gefängnisseelsorgers sich als Mitarbeiter des MfS zu erkennen gegeben haben. So arbeitete u. a. der für ihn von 1968 bis 1979 zuständige MfS-Mitarbeiter „Erich" hauptberuflich beim Rat des Bezirkes Potsdam, führte aber nebenbei mindestens 15 inoffizielle Mitarbeiter des MfS.[268] Ganz unabhängig davon, dass innerkirchliche Interna und Berichte über Gefangene auch nicht an die Mitarbeiter der staatlichen Verwaltungsorgane weitergegeben werden durften, könnte es sein, dass einige Berichte, die sich in seinen MfS-Akten befinden, tatsächlich ohne Giebelers Wissen erstellt worden sind. Die Tonbandberichte wird Giebeler mit Abhöranlagen erklären und die vom MfS dokumentierten innerkirchlichen Schreiben durch die Kontrollen und nachfolgende Konfiszierungen der Dokumente aus seiner Post.

5. Vorteilnahme

Die regelmäßigen Zahlungen konnte Giebeler als Aufwandsentschädigungen begreifen und die MfS-Auszeichnungen als Anerkennung dafür, dass er im Gefängnis aus staatlicher Sicht anerkennenswerte Arbeit geleistet und – wie er selbst angibt – in Konfliktsituationen deeskalierend gewirkt habe. Auch die Geschenke könnten so verstanden werden, dass die Verwaltungsorgane Giebelers Arbeit schätzten, und da er Angestellter des MdI war, könnte er solche Freundlichkeiten auch als durchaus übliche Geschenke unter Kollegen betrachtet haben.

Gebrauch des Decknamens

Bis hierher könnte Giebelers Erklärungsmustern zumindest hypothetisch gefolgt werden. Seine Argumentation scheitert aber an dem Gebrauch seines Decknamens, den er sich 1959 gewählt hat und der widerlegt, dass Giebeler „unwissentlich abgeschöpft" wurde. IM „Roland" hat seinen Decknamen sowohl *handschriftlich* als auch *maschinenschriftlich* benutzt. Am 7. Oktober 1969

268 Vgl. Ulrich Schröter, Die „Bearbeitung" der Landeskirche Berlin-Brandenburg durch das MfS, in: Clemens Vollnhals (Hrsg.), Kirchenpolitik von SED und Staatssicherheit, Berlin 1996, S. 191–210, hier S. 196.

erhielt Giebeler vom Ministerium für Staatssicherheit in Anerkennung seiner „hervorragenden Leistungen für die Sicherung der Republik“[269] eine Prämie, deren Erhalt er handschriftlich mit „Roland“ quittierte. Berichte, die er bis dahin an das MfS geliefert hat und die sich im Bestand des BStU befinden, sind maschinenschriftlich mit Ro. unterschrieben. GHI „Erich“ bestätigt 1972, dass Roland „bei Gesprächen mit den Organen ausschließlich seinen Decknamen“[270] benutze. D.h. Giebeler wusste, mit wem er sich traf und an wen er seine Informationen weitergab, wenn er bei den Gesprächen mit den „Organen“ seinen Decknamen benutzte.

1994 wird Giebeler gegenüber dem kirchlichen Überprüfungsausschuss zwar auch behaupten, nie mit dem MfS zusammengearbeitet zu haben, aber er erklärt auf Nachfrage des Vorsitzenden des ÜA, dass die Unterschrift „Roland“ „echt ist“.[271]

Deshalb muss davon ausgegangen werden, dass auch die anderen Bewertungskategorien einer IM-Tätigkeit für Giebeler zutreffend sind und seine Rechtfertigungen einer Prüfung hinsichtlich ihrer Stichhaltigkeit nicht standhalten können. Letztlich aber geben die aufgeführten Kategorien zwar formal über eine MfS-Mitarbeit Auskunft, nicht aber über Umfang und „Qualität“ der Berichte. Zwar lassen sich aufgrund der Auszeichnungen Rückschlüsse auf die Intensität der Zusammenarbeit mit dem MfS ziehen, für eine belastbare Beurteilung der IM-Tätigkeit ist allerdings die Prüfung der vorhandenen Berichte zwingend nötig.

In seinem autobiografischen Text „Der gefährliche Balanceakt“ hat Giebeler 1999 einen Satz geschrieben, der in erstaunlicher Weise und ebenso erschreckend wahr ist. Nachdem er zuvor noch einmal betont hat, dass er „für das MfS bewußt nicht gearbeitet“ habe, notiert er: „Das Ergebnis meiner Arbeit für das MfS konnte im Extremfall zur gerichtlichen Verurteilung Unschuldiger führen. Und dann hätte ich die Opfer der Willkürjustiz vielleicht sogar in der Gefäng-

269 MfS, BV Potsdam, Unrath an Giebeler, Anerkennung hervorragender Leistungen, BStU, MfS, BVfS Potsdam, Abt. VII Nr. 5, Teil I, Bd. 1, Bl. 85.

270 GHI „Erich“, Jahreseinschätzung IM „Roland“, 15.12.1972, ebenda, Bl. 111.

271 Der Überprüfungsausschuss an Konsistorialpräsident, H. Wildner, 31.8.1994, Stasi-Überprüfungsausschuss 1992–1995, ELAB, 155.

nisseelsorge gehabt."[272] Damit hat Giebeler offenbar unbewusst genau beschrieben, welche Folgen seine – von ihm immer bestrittene – IM-Tätigkeit für diejenigen haben konnte, über die er berichtet hat. Mit seinen Berichten hat der Seelsorger und Pfarrer Eckart Giebeler massiv gegen die seelsorgerliche Schweigepflicht verstoßen. Nach Kirchengesetz haben Pfarrerinnen und Pfarrer über alles, was ihnen in ihrer Eigenschaft als Seelsorgerin oder Seelsorger anvertraut oder bekannt geworden ist, zu schweigen. Die Verpflichtung auf das Seelsorge- und Beichtgeheimnis ist zentraler Bestandteil der Ordination der Pfarrer. Die Verletzung des Seelsorge- und Beichtgeheimnisses ist ein schweres Dienstvergehen, das zur Entfernung aus dem Dienst führen kann. Für Pfarrer Giebeler hatten der vielfache Bruch der seelsorgerlichen Schweigepflicht und der Verstoß gegen die Amtsverschwiegenheit nach deren Bekanntwerden kirchenrechtlich keine Konsequenzen.[273] Die Kirche wird argumentieren, dass Giebeler nicht im kirchlichen Dienst gestanden habe und es deshalb kirchenrechtlich nicht zulässig sei, die oben genannten Kriterien der Bewertung und ggf. Ahndung einer geheimdienstlichen Tätigkeit für Giebeler zur Anwendung zu bringen.

272 Giebeler, Der gefährliche Balanceakt, S. 33.
273 Vgl. Kapitel 10.

7. Schattenwelten – Selbstverständnis als Seelsorger im DDR-Strafvollzug

Die christliche Gefängnisseelsorge leitet sich aus dem biblischen und auf Jesus von Nazareth zurückgehenden Auftrag ab, neben den Kranken auch die Gefangenen aus Nächstenliebe und Barmherzigkeit zu besuchen (Matthäus 25,36). Dabei bewegt sich die Gefängnisseelsorge in dem Spannungsfeld der institutionellen Grenzen, die durch den Strafvollzug gesetzt werden, und der Verkündigung der befreienden Botschaft des Evangeliums, von der Gnade und der Vergebung der Sünden und der Versöhnung mit Gott und den Menschen. Ein Seelsorger bewegt sich immer auch in einer Spannung zwischen seinen Selbstbildern, seinem Menschenbild und seinen Gottesbildern. Diese anthropologischen und theologischen Grundannahmen bedingen einander und haben Einfluss auf das seelsorgerliche Handeln. Das eigene Seelsorgeverständnis wird sich immer der Situation anpassen müssen, unter der die Seelsorge stattfindet. Im Gefängnis wird die Seelsorge durch die Bedingungen der Strafvollzugsgesetzgebung limitiert.

Die Seelsorge *im Gefängnis* unterscheidet sich somit in einigen Punkten grundlegend von der Seelsorge außerhalb von Gefängnismauern. Gefangene befinden sich quasi permanent in einem „Ausnahmezustand", da sich durch die Inhaftierung die gewohnte Lebenssituation grundsätzlich geändert hat. Die Betroffenen verlieren zum einen ihr soziales Umfeld (zumindest zeitweise), zum anderen werden sie unter Verlust der Selbstbestimmung in ein isolierendes System zwangsintegriert. Die Situation in den DDR-Gefängnissen war zudem u. a. durch Rechtsunsicherheit, Brutalität, unzumutbare Arbeitsbedingungen und Misstrauen geprägt. Menschen, die aus politischen Gründen inhaftiert waren, litten oftmals unter besonders schweren Schikanen durch das Gefängnispersonal, aber auch durch Mithäftlinge. Sie mussten sich weniger mit den Gefühlen von Schuld und Scham auseinandersetzen, sondern eher mit solchen wie Trauer, Wut und Ohnmacht. Das Recht, die Justiz und damit auch der Strafvollzug in der DDR hatten dem Aufbau der sozialistischen Gesellschaftsordnung zu dienen. Nach der DDR-Rechtsauffassung „dient das sozialistische Recht im Besonderen dem entschiedenen Kampf gegen die verbrecherischen Anschläge auf den Frieden und die Deutsche Demokratische Republik, die vom westdeutschen Imperialismus und seinen Verbündeten ausgehen und die Lebensgrundlagen unseres Volkes bedrohen. Es dient zugleich dem Kampf gegen Straftaten, die aus dem Fortwirken der Überreste der kapitalistischen Zeit erwachsen und durch feindliche Einflüsse und moralische Verfallserscheinungen aus den imperialistischen Staaten genährt werden. Damit gewährleistet das sozialistische Strafrecht den wirksamen Schutz der sozialistischen Staats- und Gesellschaftsordnung und der sozialistischen Gesetzlichkeit."[1] Der sozialistische Strafvollzug hatte das Ziel, „den Gesetzesverletzer wirksam zu sozialistischer Staatsdisziplin und zu verantwortungsbewußtem Verhalten im gesellschaftlichen und persönlichen Leben zu erziehen".[2] Außerdem sollte die Freiheitsstrafe, „dem Täter die [...] Schwere und Verwerflichkeit seiner Tat bewußt machen".[3] Straftaten sind nach dem ideologischen Rechtsverständnis der DDR „gegen die Interessen der sozialistischen Gesellschaft und ihrer Mitglieder gerichtete strafbare und moralwidrige Handlungen".[4]

Zu den besonderen Bedingungen der Seelsorge im Strafvollzug im Allgemeinen kam in der DDR also dessen politisch-ideologische Durchdringung.

Innerhalb dieser komplizierten Gemengelage zwischen ideologischem Anspruch, den realen Bedingungen im Gefängnis und der persönlichen Situation der jeweiligen Betroffenen musste jeder Gefängnisseelsorger seine eigene Rolle in diesem System einer „totalen Institution"[5] sehr genau definieren, um der Gefahr zu entgehen, durch die staatlichen Stellen instrumentalisiert zu werden. Eckart Giebeler war durch seine Anstellung in einer besonders schwierigen

1 Strafgesetzbuch der Deutschen Demokratischen Republik, StGB, vom 12. Januar 1968 i.d.F. des Gesetzes vom 7. April 1977 zur Änderung und Ergänzung straf- und strafverfahrensrechtlicher Bestimmungen.

2 Ulf Liedke, Seelsorge im Strafvollzug, Leipzig 1990, S. 10.

3 Ebenda.

4 Erich Buchholz/Ulrich Dähn, Strafe – wozu?, Berlin (DDR) 1968, S. 12f.

5 Zur „totalen Institution" vgl. Erving Goffman/Nils Lindquist, Asyle. Über die soziale Situation psychiatrischer Patienten und anderer Insassen, Frankfurt a.M. 1973, S. 16.

Situation. Als Angestellter der Volkspolizei konnte er von den Gefangenen, wenn sie um seine Anstellung wussten, als Teil der repressiven Strukturen wahrgenommen werden.

Als Seelsorger hatte er sich aber gerade für die Gefangenen als vertrauenswürdiger Gesprächspartner zu erweisen, den „Authentizität, Unabhängigkeit und Menschenliebe"[6] auszeichnen. Eckart Giebeler befand sich somit in einer unauflösbaren Spannung zwischen seiner staatlichen Anstellung und den damit verbundenen Erwartungen nach Loyalität gegenüber seinem Arbeitgeber und der Unabhängigkeit eines Geistlichen, der sich nicht für die Zwecke des Strafvollzuges instrumentalisieren lassen darf.

Der Gefängnisseelsorger soll gegenüber den Gefangenen „die prinzipielle Begrenzung allen staatlichen Anspruches auf den Menschen durch den Anspruch Gottes, wie er sich in Jesus Christus als barmherzige Zuwendung zur Not des Menschen offenbart hat",[7] vertreten. Nach dieser Definition hätte sich Eckart Giebeler in einem permanenten inneren Konflikt befunden, da er sich dem staatlichen Anspruch durch seine Anstellung nicht entziehen konnte und dieser nicht durch eine kirchliche Berufung von Giebeler begrenzt wurde.

Pfarrer Giebeler hat sein Verständnis als Gefängnisseelsorger im Strafvollzug der DDR in verschiedenen Texten zum Ausdruck gebracht, die jeweils an unterschiedliche Adressaten gerichtet waren und in verschiedenen Zeitbezügen entstanden sind.

Bei der Lektüre entsteht daraus der Eindruck, es habe 1989/90 nicht nur eine politische Zäsur gegeben, sondern für Giebeler auch eine, die seine Erinnerungen und Bewertungen des Vergangenen grundsätzlich verändern. Die Unterschiede zwischen den Texten, die vor 1990 entstanden sind, und denen, die Giebeler nach der Friedlichen Revolution veröffentlichen wird, sind so gravierend, dass die sich darin zeigenden Widersprüche nicht harmonisiert oder ausgeglichen werden können. Damit stehen zwei – von einer Person verfasste – Narrative sich widersprechend gegenüber. Deshalb werden im Folgenden

6 Jürgen Ziemer, Seelsorgelehre, Göttingen 2015, S. 335.

7 Peter C. Bloth/Karl-Fritz Daiber/Traugott Stählin/Klaus Wegenast, Handbuch der praktischen Theologie, Bd. 4, Gütersloh 1987, S. 437.

die Texte, die Giebeler bis 1989 verfasst hat, jenen gegenübergestellt, die er nach 1990 geschrieben hat.

7.1 „Zielstrebige Erziehungsarbeit" – Giebelers Seelsorgeverständnis

1962 – Giebelers Seelsorgeverständnis gegengenüber dem MfS

Nachdem Eckart Giebeler seit 1949 inzwischen dreizehn Jahre als Gefängnisseelsorger in den Haftanstalten der DDR gearbeitet hatte, davon bereits neun Jahre beim MdI angestellt war und drei Jahre als IM mit dem MfS zusammengearbeitet hatte, nimmt er 1962 seine dreizehnjährige Arbeit als Gefängnisseelsorger zum Anlass, dem Ministerium für Staatssicherheit über seine Arbeit in den Gefängnissen Brandenburg-Görden, Torgau, Halle I und II und dem Haftkrankenhaus Klein Meusdorf bei Leipzig zu berichten. Ganz im Duktus der sozialistischen Ideologie und Sprache und im Sinne des Strafgesetzbuches der DDR legt Giebeler sein Verständnis des DDR-Strafvollzuges den MfS-Genossen dar. Für ihn leiste „der Strafvollzug der DDR einen bedeutenden Beitrag zum Aufbau des Sozialismus und zur Sicherung des Friedens, sowie im Kampf gegen die Feinde unseres Staates und gegen kriminelle und undisziplinierte Elemente, die sich durch ihre Verbrechen außerhalb unserer Gesellschaft gestellt haben".[8]

Die Strafgefangenen würden durch ihre Isolierung daran gehindert, weiterhin einen schädlichen Einfluss auf die Gesellschaft auszuüben. Der Staat nutze jede Möglichkeit der erzieherischen Beeinflussung, um die Gefangenen zu einem der sozialistischen Gesellschaft entsprechenden Verhalten zu bewegen. Deshalb seien „alle Maßnahmen die der Erreichung dieses Zieles dienen, politisch und moralisch gerechtfertigt".[9] In den Rahmen dieser Ideologie stellt Giebeler

8 Giebeler, Schreiben an das MfS, 1.8.1962, BStU, MfS, BVfS Potsdam, Abt. VII Nr. 5, Teil I, Bd. 1, Bl. 45.

9 Ebenda.

22
(28)

Eckart G i e b e l e r

Brandenburg/Havel, den 1. Aug. 1962
Am Havelgut 12

043

An das
Ministerium für Staatssicherheit
- Bezirksverwaltung-
P o t s d a m

BStU
000045

Betrifft: Religionsausübung an den Strafvollzugsanstalten Brandenburg-Görden, Torgau, Halle I u. II und dem HKH-Kein-Meusdorf b. Leipzig

Genossen der Bezirks- und Kreisorgane des MfS richten gelegentlich ihre Aufmerksamkeit auf meine Tätigkeit in den in ihren Bereichen liegenden Strafvollzugsanstalten.

Am 7. Oktober ds. Jhrs. obliegt mir die Religionsausübung an Strafvollzugsanstalten dreizehn Jahre. Diese Gelegenheit möchte ich wahrnehmen, um dem MfS einen kurzen Bericht über meine Arbeit zu geben.

Der Strafvollzug der Deutschen Demokratischen Republik leistet einen bedeutenden Beitrag beim Aufbau des Sozialismus und zur Sicherung des Friedens, sowie im Kampf gegen die Feinde unseres Staates und gegen kriminelle und undisziplinierte Elemente, die sich durch ihre Verbrechen ausserhalb unserer Gesellschaft gestellt haben. Sein Ziel ist es, die ihm zur Strafverbüssung übergebenen Personen zu diszipliniert und ehrlich arbeitenden Menschen umzuformen. Während die Strafgefangenen durch ihre Isolierung daran gehindert werden, weiterhin einen schädlichen Einfluss auf die Gesellschaft auszuüben, indem sie einer strengen Aufsicht unterworfen werden, nutzt der Staat jede Möglichkeit der erzieherischen Beeinflussung um sie zu einem der sozialistischen Gesellschaft entsprechenden Verhalten zu bewegen. Alle Massnahmen, die der Erreichung dieses Zieles dienen, sind deshalb politisch und moralisch gerechtfertigt.

Wenn der Artikel 46 der Verfassung der Deutschen Demokratischen Republik in Strafvollzugsanstalten Gottesdienst und Seelsorge zulässt, so sehe ich als vom Ministerium des Innern beauftragter Anstaltsgeistlicher die Vornahme derartiger Handlungen für Strafgefangene, die einer christlichen Religionsgemeinschaft angehören, als Gelegenheit, meinen Beitrag zu leisten, um mit den mir hierbei gegebenen Möglichkeiten Rechtsbrecher zu diszipliniert und ehrlich arbeitenden Menschen umzuformen, die Moralprinzipien unseres Staates zu fördern und damit unsere Gesellschaftsordnung zu stärken.

Ich sehe die Durchführung von Gottesdiensten nicht nur als ein Mittel an, christlich gebundene Strafgefangene 'religiös zu erbauen' und

044

ihnen dadurch das Leben im Strafvollzug zu erleichtern. Das mag in den Augen Aussenstehender manchmal so aussehen. Es geht auch hier um zielstrebige Erziehungsarbeit zu Disziplin und Selbstdisziplin. Auf eine Art ist jeder Gottesdienst Ausdruck des Versuches, Strafgefangene zu der Erkenntnis zu führen, dass die Zeit der Strafverbüssung nicht nutzlos zu sein braucht, sondern für den Einzelnen notwendig ist, um ihn auf den richtigen Weg zu führen. Wenn es bei der Durchführung von Gottesdiensten gelingt, jene Christen, die sich gegen unsere Gesellschaft gestellt haben, in den Kreis der Menschen einzuordnen, die durch gewissenhafte Pflichterfüllung am Arbeitsplatz unseren Staat bereichern und die Voraussetzung für sein weiteres Aufblühen zu schaffen, bewahrheitet sich auch hier der Ausspruch Walter Ulbrichts: "Das Christentum und die humanistischen Ziele des Sozialismus sind keine Gegensätze".

BStU 000046

Das gilt auch im Hinblick auf die Einzelseelsorge.
Natürlich wird das religiöse Faktum hier wie dort vordergründig sein. Aber ich zeige jedem Strafgefangenen in der persönlichen Begegnung die Folgen seines moralischen Verfalls auf und stelle ihm die Verletzung seiner gesellschaftlichen Disziplin vor Augen. Als staatsbewusster protestantischer Anstaltsgeistlicher halte ich ein solches Verhalten für meine vaterländische Pflicht, weil wir die Arbeitskraft jedes Menschen für unser grosses sozialistisches Aufbauwerk brauchen können.
Es zeigt sich, dass die seelsorgerliche Arbeit an Strafgefangenen, die den Erziehungsgedanken des Strafvollzuges aufnimmt, positive Ergebnisse aufzuweisen hat, zumal, da es für den Strafvollzug häufig kompliziert ist, religiös gebundene Menschen unter den Bedingungen des zweigeteilten Deutschland von der Richtigkeit der Politik unseres Staates zu überzeugen.
Es scheint mir wichtig, in der Einzelseelsorge die Persönlichkeit des Strafgefangenen -seine Individualität- und nicht seinen Individualismus zu pflegen. Nur die voll entfaltete menschliche Persönlichkeit ist bestrebt, der Gesellschaft das Beste zu geben. Diese Feststellung aus der Praxis des Anstaltsgeistlichen trifft sich mit dem Erziehungsziel des Strafvollzuges. Religiös gebundene Strafgefangene müssen davon überzeugt werden, dass die Achtung der Gesetze des ersten deutschen Freidensstaates und die Aufgabe ihrer egoistisch-individualistischen Denkweise als Ursache der meisten Angriffe auf die von Arbeitern und Bauern errichteten Klassenverhältnisse mit der Selbstbesinnung auf die tiefsten Werte des christlichen Glaubens gleichbedeutend ist.
Es ist mir in meiner langen Tätigkeit deutlich geworden, wie wichtig

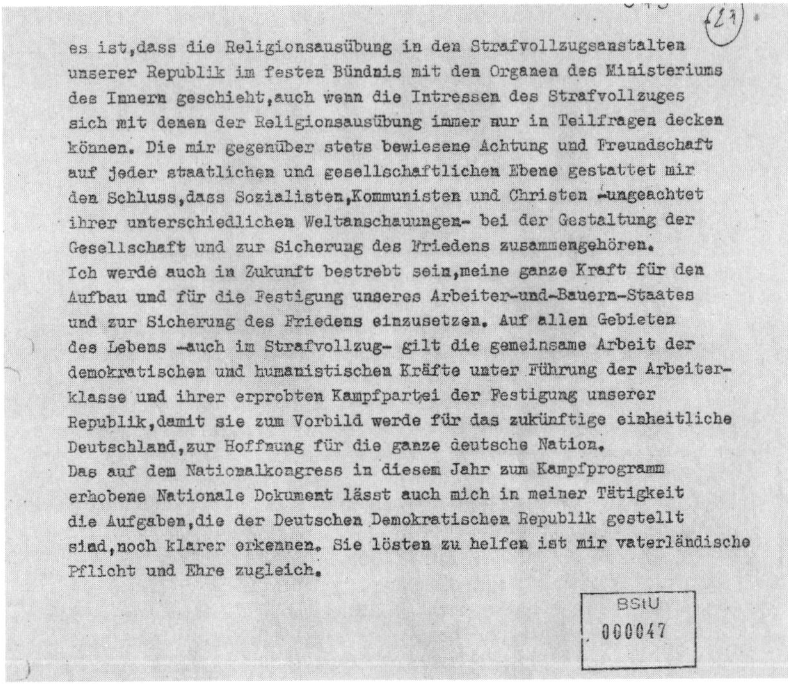

(27)

es ist,dass die Religionsausübung in den Strafvollzugsanstalten unserer Republik im festen Bündnis mit den Organen des Ministeriums des Innern geschieht,auch wenn die Intressen des Strafvollzuges sich mit denen der Religionsausübung immer nur in Teilfragen decken können. Die mir gegenüber stets bewiesene Achtung und Freundschaft auf jeder staatlichen und gesellschaftlichen Ebene gestattet mir den Schluss,dass Sozialisten,Kommunisten und Christen -ungeachtet ihrer unterschiedlichen Weltanschauungen- bei der Gestaltung der Gesellschaft und zur Sicherung des Friedens zusammengehören.
Ich werde auch in Zukunft bestrebt sein,meine ganze Kraft für den Aufbau und für die Festigung unseres Arbeiter-und-Bauern-Staates und zur Sicherung des Friedens einzusetzen. Auf allen Gebieten des Lebens -auch im Strafvollzug- gilt die gemeinsame Arbeit der demokratischen und humanistischen Kräfte unter Führung der Arbeiterklasse und ihrer erprobten Kampfpartei der Festigung unserer Republik,damit sie zum Vorbild werde für das zukünftige einheitliche Deutschland,zur Hoffnung für die ganze deutsche Nation.
Das auf dem Nationalkongress in diesem Jahr zum Kampfprogramm erhobene Nationale Dokument lässt auch mich in meiner Tätigkeit die Aufgaben,die der Deutschen Demokratischen Republik gestellt sind,noch klarer erkennen. Sie lösten zu helfen ist mir vaterländische Pflicht und Ehre zugleich.

BStU
000047

Dokument 38: Schreiben von Eckart Giebeler an das MfS, Betr.: „Religionsausübung an den Strafvollzugsanstalten", 1.8.1962

auch sein Seelsorgeverständnis. Für ihn sind Gottesdienst und Seelsorge Gelegenheiten, seinen „Beitrag zu leisten, um mit den mir hierbei gegebenen Möglichkeiten Rechtsbrecher zu diszipliniert und ehrlich arbeitenden Menschen unseres Staates umzuformen".[10] Dabei sehe er „die Durchführung von Gottesdiensten nicht nur als ein Mittel an, christlich gebundene Strafgefangene ‚religiös zu erbauen'",[11] auch wenn das in den Augen Außenstehender so aussehe. Gottesdienst und Seelsorge versteht Giebeler als „zielstrebige Erziehungsarbeit zu Disziplin und Selbstdisziplin".[12] Der Seelsorger zeigt „jedem Strafgefangenen

10 Ebenda.
11 Ebenda.
12 Ebenda, Bl. 46.

in der persönlichen Begegnung die Folgen seines moralischen Verfalls auf"[13] und stellt „ihm die Verletzung der gesellschaftlichen Disziplin vor Augen". Giebeler resümiert, dass „die seelsorgerliche Arbeit an Strafgefangenen, die den Erziehungsgedanken des Strafvollzuges aufnimmt, positive Ergebnisse aufzuweisen hat".[14] Der evangelische Pfarrer stellt also seine pastorale und seelsorgerliche Tätigkeit eher in den Dienst des Erziehungszieles des sozialistischen Strafvollzuges, als dass er die christliche Botschaft als Korrektiv und Gegenentwurf zum Anspruch der kommunistischen Ideologie versteht, nach der Menschen und eine ganze Gesellschaft – nicht nur im Gefängnis – umfassend kontrolliert und beherrscht und die Menschen in diesem Sinne erzogen bzw. umerzogen werden sollten.

1970 – „Erziehung der Zeugen Jehovas"

Im Sinne des „politisch-operativen Zusammenwirkens" (POZW) von MfS und dem Ministerium des Innern findet sich ein Schreiben[15] von Giebeler an das MdI in seiner Stasi-Personalakte. Er empfiehlt den Mitarbeitern im Strafvollzug eine 1970 im Urania-Verlag erschienene Dokumentation über die Zeugen Jehovas zur Lektüre. Die Zeugen Jehovas waren in der DDR einer besonders starken Verfolgung ausgesetzt, da sie sowohl die Teilnahme an den Wahlen als auch den Wehrdienst grundsätzlich verweigerten.

Dieses Buch mache aus Giebelers Sicht deutlich, dass „die ganze Geschichte der ZJ eine ununterbrochene Kette von politischen Gaukeleien einiger religiöser Scharlatane"[16] sei, die ihre Anhänger missbrauchten, um sie für „die menschenfeindlichen Ziele des amerikanischen Imperialismus einzuspannen".[17] Es sei für die „Vorbereitung auf Erziehungsgespräche mit den ZJ"[18] gut geeignet.

13 Ebenda.

14 Ebenda.

15 Giebeler, Schreiben an MdI, VSV Berlin, Betr.: Die Zeugen Jehovas, Personalakte IM „Roland", BStU, MfS, BVfS Potsdam, Abt. VII Nr. 5, Teil I, Bd. 1, Bl. 95.

16 Ebenda.

17 Ebenda.

18 Ebenda.

(80)
093.

Eckart Giebeler Brandenburg, den 02.08.1971
Am Havelgut 12

BStU
000095

Ministerium des Innern
Verwaltung Strafvollzug
B e r l i n
==========

Betrifft: DIE ZEUGEN JEHOVAS, Dokumentation über die Wachturmgesellschaft, Urania-Verlag 1970

Die erzieherische Arbeit am Strafgefangenen, die als JEUGEN JEHOVAS (ZJ) der WACHTURMGESELLSCHAFT (WTG) hörig sind, erfordert auf Seiten der SV-Angehörigen ein besonders großes Maß an Einfühlungsvermögen und Verantwortung. Wenn die ZJ im Strafvollzug heute auch zahlenmäßig klein sind, so versuchen sie doch auf andere Strafgefangene einen nicht unbeträchtlichen Einfluß zu nehmen.
In verantwortungsloser Ausnutzung religiöser Gefühle sowie möglicher haftbedingter Psychosen einzelner, zu hohen Strafen Verurteilter, flößen die ZJ unter Mißbrauch biblischer Aussagen gesellschaftsfeindliche, antikommunistische und antisowjetische Propaganda ein.
Die vorliegende Dokumentation über die WTG zeichnet sich durch hervorragende Gründlichkeit aus. Dem unvoreingenommenen Leser wird deutlich, daß die ganze Geschichte der ZJ eine ununterbrochene Kette von politischen Gaukeleien einiger religiöser Scharlatane in der WTG ist, die die religiösen Gefühle ihrer Anhänger mißbrauchen, um sie für die menschenfeindlichen Ziele des amerikanischen Imperialismus einzuspannen.
Strafgefangenen die Dokumentation über die WTG in die Hand zu geben, scheint mir nur dann gerechtfertigt und gewinnbringend zu sein, wenn die Erzieher in der Lage sind, mit ihnen eine ausführliche Nachbesprechung durchzuführen. Es besteht sonst die Gefahr, daß die in ihrem religiösen Wahn gefestigten Strafgefangenen einige Dokumente mit Wohlbehagen in sich aufnehmen, während sie andere Dokumente -die ihnen nicht 'in den Kram' passen- als kommunistische 'Erfindungen' übergehen. Das hätte zur Folge, daß sich ihre feindliche Einstellung nur noch verstärken würde.
SV-Angehörige müßten für Gespräche mit ZJ über den Inhalt des besagten Buches ein Wissen über die Bibel und das Christentum im allgemeinen und die Lehre der ZJ im besonderen aufweisen, das über das Gelesene weit hinausgeht. Sich dieses

Dokument 39: Eckart Giebeler an Ministerium des Innern, Verwaltung Strafvollzug, 2.8.1971

Giebeler gibt dem Ministerium des Innern Hinweise, wie die „erzieherische Arbeit an Strafgefangenen, die als Zeugen Jehovas der Wachturm Gesellschaft hörig“[19] seien, effektiv zu gestalten sei. Auch wenn die Gruppe der Zeugen Jehovas zahlenmäßig zwar klein sei, so hätten sie „dennoch auf andere Strafgefangene einen nicht unbeträchtlichen Einfluss“. In „verantwortungsloser Ausnutzung religiöser Gefühle“[20] würden die Zeugen Jehovas „gesellschaftsfeindliche, antikommunistische und antisowjetische Propaganda“[21] betreiben.

Allerdings warnt Giebeler davor, diese Schrift Strafgefangenen in die Hände zu geben, da „die in ihrem religiösen Wahn gefestigten Strafgefangenen einige Dokumente mit Wohlbehagen in sich aufnehmen, während sie andere Dokumente – die ihnen nicht ‚in den Kram passen' – als kommunistische ‚Erfindungen' übergehen“[22] würden. Giebeler lobt den Verfasser, der den „religiösen Glauben der christlichen Bürger vor verbrecherischem Mißbrauch bewahren und den aufrechten Gläubigen einen verantwortungsvollen Platz in unserer Gesellschaft einräumen“[23] wolle.

Das von Giebeler gepriesene Buch war – was er nicht wissen konnte – allerdings ein Auftragswerk des MfS, das verfasst worden war, um die Gemeinschaft der Zeugen Jehovas als eine „kapitalistische Geheimgesellschaft“[24] darzustellen und das Vertrauen in die Zeugen Jehovas zu zerstören. Dieses Ziel wird keineswegs verschleiert, sondern bereits in den Überschriften der Kapitel deutlich:

- „Im Dienste der psychologischen Kriegsführung“
- „Vom Großkapital gekauft“

19 Ebenda.
20 Ebenda.
21 Ebenda.
22 Ebenda.
23 Ebenda.
24 Waldemar Hirch, Die Glaubensgemeinschaft der Zeugen Jehovas während der SED-Diktatur: unter besonderer Berücksichtigung ihrer Observierung und Unterdrückung durch das Ministerium für Staatssicherheit, Frankfurt a. M. u. a. 2003, S. 305.

- „Die WTG[25] und das US State Department"
- „Die WTG-Führer und der Hitler-Faschismus"
- „Der Christ und seine soziale Verantwortung"

Nach „der Zerschlagung des Vertrauens zur WTG" sollten die Gläubigen in die „sozialistische Gemeinschaft" eingegliedert werden und „am sozialistischen Aufbau unserer Gesellschaftsordnung"[26] mithelfen. Wenn Giebeler dieses Buch den Strafvollzugsmitarbeitern für die „Erziehungsarbeit" der Zeugen Jehovas empfiehlt, identifiziert er sich mit Sprache und Inhalt, die dazu dienen, die Zeugen Jehovas zu diskreditieren und zu kriminalisieren, mit dem Ziel, die Berechtigung der Existenz der Zeugen Jehovas in der DDR grundlegend infrage zu stellen.

1982 – Giebelers Seelsorgeverständnis

Im Oktober 1982 hält Giebeler in Berlin auf dem Konvent der Gefängnisseelsorger einen Vortrag unter dem Titel „Strafvollzug aus psychologischer Sicht".[27]

Drei Jahre später, am 10. Oktober 1985, wiederholt er diesen Vortrag vor den Gefängnisseelsorgern mit identischem Wortlaut, aber unter dem nun veränderten Titel „Strafe – Wozu?"

Giebeler beginnt beide Vorträge mit der Ankündigung, dass er versuchen möchte, auf die Fragen nach Schuld und Strafe „in möglichst geraffter Form Antworten zu finden, die für das Territorium unseres Staates Gültigkeit haben".[28] Seine Antworten, die er den Kollegen unterbreitet, sind allerdings nicht Resultat seines eigenen Denkens oder gar einer theologischen Auseinandersetzung mit der Realität des DDR-Strafvollzuges, in der er sich seit Jahrzehnten bewegt, sondern die Sicht zweier prominenter DDR-Juristen.

25 Wachturm-Gesellschaft, Organisationseinheit der Zeugen Jehovas.
26 Hirch, Die Glaubensgemeinschaft der Zeugen Jehovas während der SED-Diktatur, S. 305.
27 Protokoll Gefängnisseelsorgekonvent, 20. 10. 1982, ADE, DWDDR III, 250.
28 Protokoll Gefängnisseelsorgekonvent, 10. 10. 1985, ADE, DWDDR III, 250.

Dokument 40: Cover des Buches von Erich Buchholz & Ulrich Dähn „Strafe - wozu?“

Bereits 1968 publizierten die beiden DDR-Rechtswissenschaftler Erich Buchholz,[29] Direktor der Sektion Rechtswissenschaft der Humboldt-Universität zu Berlin, und Ulrich Dähn,[30] wissenschaftlicher Mitarbeiter der Akademie für Staat und Recht in Potsdam, ein Buch mit dem Titel „Strafe - Wozu?“,[31] den auch Giebeler für seinen Vortrag 1985 gewählt hatte. Nicht nur den Titel übernimmt Giebeler, sondern er gliedert seinen Vortrag auch entsprechend den Kapiteln des Buches und schreibt die dazu gehörigen Passagen wörtlich ab. Damit das Plagiat und die geistigen und ideologischen Hintergründe nicht ganz offensichtlich werden, streicht Giebeler, der sich ansonsten nicht scheut, seinen gesamten Vortrag aus diesem Buch zu übernehmen, das Wort *sozialistisch* an den entsprechenden Stellen und fügt dafür in Passagen, die ihm passend erscheinen, *die Kirche* oder *christlich* ein. Buchholz und Dähn wissen, dass

29 Buchholz wurde 1991 von der Humboldt-Universität zu Berlin entlassen und vertrat anschließend Angeklagte in den Mauerschützenprozessen.

30 Dähn verfasste u.a. das Buch „Die historische Mission der Arbeiterklasse und das sozialistische Recht“.

31 Buchholz / Dähn, Strafe - wozu?

„falsche, amoralische und kriminelle Verhaltensweisen“ daraus erwachsen, weil der so „Handelnde noch keine genügend gefestigte sozialistische Persönlichkeit ist“.[32] Eckart Giebeler ersetzt in seinem Vortrag die „sozialistische Persönlichkeit“ durch eine „christliche“.[33] Für ihn sind sozialistische und christliche Persönlichkeit quasi synonym zu gebrauchen, und eine gefestigte christliche Persönlichkeit wäre nach dieser Auffassung nicht mit dem DDR-Strafrecht in Konflikt geraten. Gerade das Gegenteil war aber der Fall. Wenn jemand z. B. wegen seines christlichen Glaubens den Wehrdienst verweigerte, wurde dies strafrechtlich verfolgt. Während die „gefestigte sozialistische Persönlichkeit“ nicht mehr in der Gefahr stehe, straffällig zu werden, stand ein aufrechter Christenmensch in der DDR durchaus in der Gefahr, wegen seines Glaubens und der daraus erwachsenen Haltung kriminalisiert zu werden.

Die beiden Juristen beziehen sich in ihrem Vorwort auf den VII. Parteitag der SED, der im April 1967 stattfand und auf dem der Vorsitzende des Staatsrates der DDR, Walter Ulbricht, betont hatte, dass es gelte, „die sozialistischen Errungenschaften der DDR, des demokratischen deutschen Rechtsstaates zu verteidigen und zu schützen“.[34]

Die beiden Autoren betonen den „prinzipiellen Gegensatz“[35] und „die prinzipielle Überlegenheit des sozialistischen Strafrechtssystems“[36] gegenüber „den im staatsmonopolistischen Westdeutschland geübten, sich gegen den gesellschaftlichen Fortschritt stemmenden Strafpraktiken“.[37] Die werbende Kraft des Sozialismus werde auch in diesem Bereich immer deutlicher. Im Sinne des VII. Parteitages fordern Dähn und Buchholz die Bürger der DDR auf „mitzuhelfen, unseren sozialistischen Staat immer mehr von Kriminalität und Rechtsverletzungen reinzuhalten“.[38] Mit der vorgelegten Schrift wollen die Verfasser die Bürger der DDR befähigen, „noch erfolgreicher zur Erhöhung der Wirksam-

32 Ebenda, S. 20.
33 Giebeler, Vortrag Gefängnisseelsorgerkonvent, 10. 11. 1985, S. 4, ADE, DWDDR III, 250.
34 Buchholz / Dähn, Strafe – wozu?, S. 7.
35 Ebenda, S. 8.
36 Ebenda.
37 Ebenda.
38 Ebenda, S. 9.

Pfr. Giebeler: Strafvollzug aus psycholog. Sicht

1.1. Strafe als Antwort auf eine Straftat
1.2. Was ist eine Straftat: Verbrechen, Vergehen (= gesellschaftswidrige Taten)
1.3. Ursachen vonn Straftaten: negative Form der Auseinandersetzung mit der Gesellschaft,
betrifft zwischenmenschliche Beziehungen
kaum primär körperliche Ursachen
1.4. Straftat eine menschliche Handlung:
Tat eines bewußt handelnden Menschen
nach Entscheidung für eine Handlungsvariante. für die Entscheidung sind wichtig die jeweiligen Moralvorstellungen, das Erkennen der Konsequenzen
1.5. was ist strafrechtliche Schuld: der Täter bemüht sich nicht, eine gesellschaftlich und moralisch vertretbare Handlungsvariate zu finden.
Das Strafrecht berücksichtigt das objektive Resultat und die subjektiven Bedingungen.
bestraft wird, wer für die Folgen einzustehen hat.
die Strafe hat erzieherische Funktion.
Straftat und Persönlichkeit des Täters: eine ungefestigte Persönlichkeit verübt Straftaten.
2. Die Aufgaben der Strafe
2.1. Strafe ist kein Schadenersatz oder Ausgleich
wirkt in die Zukunft, soll warnen (abschreckende Wirkung)
soll Bürger vor künftigen Straftaten schützen. Vorbeugende - strafhemmende Wirkung auf Täter (prophylaktische Wirkung)
Strafe hat erzieherische Wirkung (pädagog. Wirkung)
2.2. Die erzieherische Funktion, der Wirkungsmechanismus von Strafe
Die Erziehung ist das Westenliche der Strafe. Die Strafe bleibt dabei Zwangswirkung
Strafe ist Tatverurteilung, nicht primär Täterverurteilung.
Der Straftäter muß die Grundlage der Strafe akzeptieren. Erkennt er seine Schuld nicht an, bleibt die Wirkung der Strafe wenig dauerhaft.
Der Täter braucht positive soziale Anerkennung (Familie, Freundeskreis, Arbeitskollektiv) zur Verstärkung positiver Verhaltensweisen . "Normaneignung"
Normaneignung geschieht in ständiger Auseinandersetzung mit der sozialen Umgebung
Normaneignung = Erziehungsziel
Mit der negativen Beurteilung der Tat durch die Strafe, muß eine positive Orientierung für das praktische Verhalten und Handeln verbunden sein (= so muß du handeln)

Dokument 41: Eckart Giebelers Vortrag „Strafvollzug aus psychologischer Sicht" vom 20.10.1982 (Auszug)

Dokument 42: Inhaltsverzeichnis des Buches von Erich Buchholz & Ulrich Dähn „Strafe – wozu?" (Auszug)

keit der sozialistischen Strafrechtspflege beizutragen", da „es notwendig ist, die Einhaltung der verbindlichen Regeln des sozialistischen Gemeinschaftslebens durch *alle* Bürger zu gewährleisten und sie zur Beachtung der Normen sozialistischen Verhaltens zu veranlassen".[39] Das sei ein wichtiger Beitrag zur Gestaltung des entwickelten gesellschaftlichen Systems des Sozialismus in der DDR.

Giebeler übernimmt in seinem Vortrag die Sichtweise von zwei DDR-Juristen mit ihren ideologischen Deutungen und Definitionen des Strafrechtes und folgt ihrer Argumentation. Theologische Reflektionen oder gar kritische Anmerkungen zu diesem Grundsatztext des DDR-Strafvollzuges fehlen völlig. Mit den – als seine eigenen Gedanken ausgegebenen – Positionen von Buchholz und Dähn macht sich der evangelische Pfarrer nicht nur die problematische Rechtsauffassung der DDR zu eigen, sondern stellt darüber hinaus sein Verständnis von christlicher Gefangenenseelsorge in den Dienst des sozialistischen Strafrechtes.

Gliederung Vortrag Giebeler 1982	Inhaltsverzeichnis Buch Buchholz / Dähn
„Strafe als Antwort auf eine Straftat"	„Strafe als Antwort auf eine Straftat"
„Was ist eine Straftat?"	„Was ist eine Straftat?"
„Ursachen von Straftaten"	„Was sind die Ursachen von Straftaten?"
„Straftat eine menschliche Handlung"	„Die Straftat – eine menschliche Handlung"
„Was ist strafrechtliche Schuld?"	„Was ist strafrechtliche Schuld?"
„Die Aufgabe der Strafe"	„Die Aufgabe der Strafe"
„Die erzieherische Funktion – Der Wirkungsmechanismus von Strafe"	„Der Wirkungsmechanismus der Strafe – ihre erzieherische Funktion"
„Die Rolle des Zwangs. Die Einheit von Zwang und Überzeugung"	„Die Rolle des Zwangs. Einheit von Zwang und Überzeugung"

39 Ebenda. Hervorhebung durch die Verf.

„Bewußtseinsänderung durch Strafe“	„Bewußtseinsänderung durch Strafe“
„Widersprüche bei der Erziehung“	„Widersprüche bei der Erziehung“
„Die Erziehung des Straftäters in die allg. gesellschaftl. Erziehung einordnen“	„Die Erziehung des Straftäters in die allgemeine gesellschaftliche Erziehung einordnen“

Nach Buchholz und Dähn sei eine Straftat eine „negative, zu mißbilligende Form der Auseinandersetzung mit der Gesellschaft“.[40] Da „in der DDR jeder die Möglichkeit zu gesellschaftsgemäßen Verhalten“[41] habe, lade derjenige, der trotzdem straffällig werde, der sich für eine strafbare Handlung entscheide, persönliche Schuld auf sich. Diese Schuld bestehe vor allem darin, dass sich die Täter nicht in dem ihnen möglichen und zumutbaren Maße darum bemüht hätten, „eine gesellschaftlich und rechtlich vertretbare Handlungsvariante zu finden“.[42] Da der Straftäter elementare Pflichten verletzt, sich mit „strafrechtlicher Schuld gegenüber der Gesellschaft beladen“ habe, „steht er in ihrer

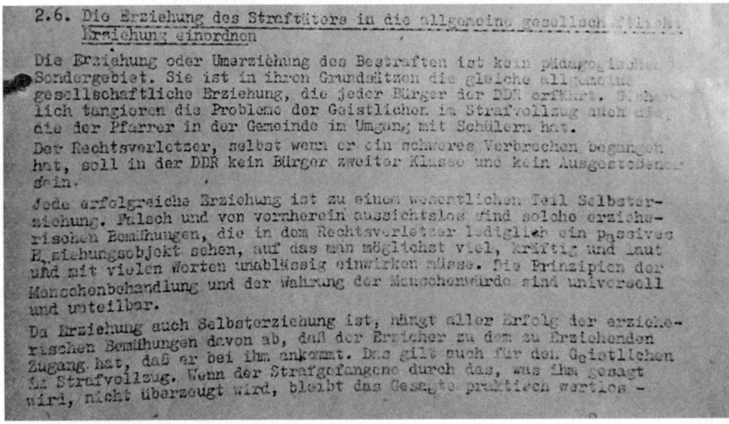

2.6. Die Erziehung des Straftäters in die allgemeine gesellschaftliche Erziehung einordnen

Die Erziehung oder Umerziehung des Bestraften ist kein pädagogisches Sondergebiet. Sie ist in ihren Grundsätzen die gleiche allgemeine gesellschaftliche Erziehung, die jeder Bürger der DDR erfährt. Sicherlich tangieren die Probleme der Geistlichen im Strafvollzug auch die, die der Pfarrer in der Gemeinde im Umgang mit Schülern hat.

Der Rechtsverletzer, selbst wenn er ein schweres Verbrechen begangen hat, soll in der DDR kein Bürger zweiter Klasse und kein Ausgestoßener sein.

Jede erfolgreiche Erziehung ist zu einem wesentlichen Teil Selbsterziehung. Falsch und von vornherein aussichtslos sind solche erzieherischen Bemühungen, die in dem Rechtsverletzer lediglich ein passives Erziehungsobjekt sehen, auf das man möglichst viel, kräftig und laut und mit vielen Worten unablässig einwirken müsse. Die Prinzipien der Menschenbehandlung und der Wahrung der Menschenwürde sind universell und unteilbar.

Da Erziehung auch Selbsterziehung ist, hängt aller Erfolg der erzieherischen Bemühungen davon ab, daß der Erzieher zu dem zu Erziehenden Zugang hat, daß er bei ihm ankommt. Das gilt auch für den Geistlichen im Strafvollzug. Wenn der Strafgefangene durch das, was ihm gesagt wird, nicht überzeugt wird, bleibt das Gesagte praktisch wertlos -

Dokument 43: Giebelers Vortrag vor dem Gefängnisseelsorgerkonvent, 10.11.1985 (Auszug)

40 Ebenda, S. 12f.
41 Ebenda, S. 18.
42 Ebenda.

Schuld“ und habe „ihr gegenüber etwas gutzumachen“.[43] Da die sozialökonomischen Grundursachen der Kriminalität beseitigt sind, hat nach Buchholz und Dähn die „sozialistische Gesellschaft erstmals ein *volles historisches und moralisches Recht zu strafen*“.[44]

Die Aufgabe der Strafe sei es u. a., „die aktiven, positiven, gesellschaftlichen Kräfte“ für die „Erziehung und Umerziehung ungefestigter Personen zu mobilisieren.“[45] Giebeler ergänzt den Text von Buchholz und Dähn an dieser Stelle und betont, dass auch die Kirche „ihr [sic!] Teil zur Erziehung beitragen kann, sofern es sich um Strafgefangene handelt, die der Kirche angehören und religiöse Betätigung wünschen“.[46] Die Erziehung oder Umerziehung des Bestraften seien kein pädagogisches Sondergebiet, sondern in ihren Grundsätzen die gleiche, allgemeine gesellschaftliche Erziehung, die jeder Bürger in der DDR erfahre.

Außerdem werde mit einer Bestrafung, „ganz allgemein zum Ausdruck gebracht, daß der *Bestrafte* schlecht ist“.[47] Buchholz und Dähn sind an dieser Stelle differenzierter als der Theologe. Während für Giebeler der „Bestrafte schlecht ist“, unterscheiden die Juristen *Person* und *Tat*.[48] Sie betonen, dass der Strafvollzug „mit der psychischen Einwirkung der Strafe [erstrebe], daß der Täter aus eigener Einsicht in die Schlechtigkeit der Tat, in ihre Gesellschaftsgefährlichkeit oder Gesellschaftswidrigkeit in Zukunft keine Straftaten mehr begeht“.[49]

Giebeler stellt auch hier – wie bereits in seinem Bericht an das MfS 1962 – den seelsorgerlichen Dienst in den Kontext von „Erziehung und Umerziehung“ im Sinne des DDR-Staates und vertritt damit nicht nur ein sehr eigentümliches, theologisch nicht zu rechtfertigendes Seelsorgeverständnis, sondern missbraucht die Seelsorge auch als ein zielführendes Element zur „Erziehung“ von Gefangenen im Sinne der Strafrechtsideologie der DDR. Der von Giebeler zitierte

43 Ebenda.
44 Ebenda, S. 19. Hervorhebung durch die Verf.
45 Ebenda, S. 30.
46 Giebeler, Vortrag Gefängnisseelsorgerkonvent, 10.11.1985, S. 4, ADE, DWDDR III, 250.
47 Ebenda, Bl. 5.
48 Buchholz/Dähn, Strafe – wozu?, S. 40.
49 Ebenda, S. 41.

2.6.

DIE ERZIEHUNG DES STRAFTÄTERS IN DIE ALLGEMEINE GESELLSCHAFTLICHE ERZIEHUNG EINORDNEN

Die Erziehung oder Umerziehung des Bestraften ist — abgesehen von bestimmten Besonderheiten, wie beispielsweise der Erziehung im Strafvollzug, in der Strafhaft — kein pädagogisches Sondergebiet. Sie ist in ihren Grundsätzen die gleiche allgemeine, sozialistische, gesellschaftliche Erziehung, die jeden Bürger unseres Staates angeht. Insbesondere gelten gegenüber bestraften Personen die Prinzipien der Erziehung durch geduldige Überzeugung, der kollektiven Erziehung, der Übereinstimmung von Wort und Tat, der Erziehung durch eigene praktische Erfahrung und Belehrung, der Einheit von Handeln, Denken und Fühlen, der vertrauensvollen, kameradschaftlichen, verständnis- und taktvollen Zusammenarbeit usw.

Der Rechtsverletzer, selbst wenn er schwere Verbrechen begangen hat, wenn ihm die Freiheit oder bestimmte Rechte und Güter zeitweilig entzogen werden mußten, wird in der sozialistischen Gesellschaft kein Bürger zweiter Klasse, kein Ausgestoßener sein. Er ist und bleibt ein Mitglied unserer Gesellschaft, unserer sozialistischen Menschengemeinschaft und soll

Dokument 44: Auszug aus dem Buch von Erich Buchholz & Ulrich Dähn „Strafe – wozu?"

Satz, dass der Bestrafte schlecht sei, verleugnet die theologische Grundannahme der Gottesebenbildlichkeit des Menschen, die auch bei schuldhaftem Verhalten unberührt bleibt. Aus der Gottesebenbildlichkeit ergibt sich, dass der Mensch nicht grundsätzlich schlecht sein, aber durchaus schuldig werden kann. Aufgabe der Seelsorge ist es demnach – in Abgrenzung zum sozialistischen Menschenbild und den ideologischen Erziehungsprinzipien –, den schuldig gewordenen Menschen die Botschaft nahezubringen, dass kein Mensch je aus der Liebe Gottes fallen kann und sein Wert und seine Würde vielmehr jenseits aller Zuschreibungen bewahrt bleiben.

Giebeler hat der VSV über den Konvent, auf dem er am 20. Oktober 1982 seinen Vortrag „Strafvollzug aus psychologischer Sicht" gehalten hat, berichtet[50] und lässt OSL Serfas wissen, dass „die Kritik einiger Geistlicher zu meinen Ausführungen zeigte, wie wenig sie sich bisher mit der Strafpolitik unseres Staates beschäftigt haben".[51]

Positiv merkt Giebeler allerdings an, dass sich die Pfarrer „bei der Gelegenheit einmal mit dem Thema ernsthaft befaßt haben", und hofft, dass „einige Erkenntnisse in ihre seelsorgerische Tätigkeit im Strafvollzug"[52] einfließen.

Da sein Vortrag mit dem Zusatz „Nur für den dienstlichen Gebrauch der Strafgefangenenseelsorger"[53] versehen und im Archiv für Diakonie und Entwicklung in Berlin archiviert ist, kann davon ausgegangen werden, dass den nebenamtlichen Seelsorgern dieser Text vorgelegen hat. Auch wenn ihnen nicht bekannt war, aus welcher Quelle der Text gespeist war, konnte den anwesenden Seelsorgern nach Vortrag und Lektüre nicht verborgen bleiben, dass Giebeler die sozialistische Rechtsauffassung mit allen ihren Implikationen referiert und die evangelische Seelsorge in deren Dienst gestellt hat. Die Pfarrer, die nicht nur die DDR-Realität, sondern auch die Realität in den Gefängnissen kannten, wussten, dass viele Konflikte, die zu Inhaftierungen und Verurteilungen führten, ihre Ursache oftmals gerade in der fehlenden Rechtsstaatlichkeit der DDR und im Anspruch von Partei und Staat, das gesamte Leben der Bürgerinnen und Bürger zu steuern und zu überwachen, hatten. Umso verwirrender müssen Giebelers Äußerungen auf die Theologen gewirkt haben, die ihn dennoch 1984 und 1987 zu ihrem Vorsitzenden wählten.

Spätestens nach den beiden identischen Vorträgen 1982 („Strafvollzug aus psychologischer Sicht") und 1985 („Strafe – wozu?") konnte kaum ein Zweifel mehr bestehen, welche Interessen Giebeler vertrat und wie er seine eigene Rolle als Seelsorger im Strafvollzug verstand. Selbst wenn man davon ausgeht, dass seine Äußerungen gegenüber der VSV und dem MfS durch die Erwartungen der

50 Vgl. Kapitel 5.

51 Giebeler, Schreiben Serfas, MdI, VSV, 1. 11. 1982, BArch DO 1 / 3581.

52 Ebenda.

53 Giebeler, Vortrag Gefängnisseelsorgerkonvent, 10. 11. 1985, S. 8, ADE, DWDDR III, 250.

Adressaten beeinflusst waren, trifft das für seine Äußerungen im Gefängnisseelsorge-Konvent in keiner Weise zu. In diesem Kreis bestand keine ideologische Notwendigkeit, sich staatskonform oder systemnah zu äußern. Wenn Giebeler dennoch in diesem Kreis unkritisch Äußerungen von DDR-Juristen kopiert, diese als seine eigenen Gedanken ausgibt und in der Öffentlichkeit des Konventes vorträgt, hat er sich ohne Zwang eindeutig positioniert. Er vertritt nicht mehr die theologischen und geistlichen Begründungen für die Seelsorge, sondern stellt die Seelsorge in den Dienst des Staates. Ebenso überzeugend, wie er bis 1989 offenbar den DDR-Strafvollzug als sozialistische Errungenschaft preisen konnte, wird er nach 1990 wiederholt und ebenso eindeutig wie vehement die DDR als Unrechtsstaat bezeichnen.

1988 – „Erziehungsziel nicht aus den Augen verlieren."

Offenbar hat Giebeler den Gedanken der Erziehung der Gefangenen in den Jahren seiner Tätigkeit weiter verinnerlicht und vertritt diese auch gegenüber dem neuen katholischen Gefängnisseelsorger in Brandenburg. Am 7. Dezember 1988[54] treffen sich der Brandenburger Gefängnisdirektor Oberstleutnant Jahn, Major Czech (alias IM „Weekend"), Hauptmann Muß, Giebeler und der neue katholische Seelsorger Drews. In diesem Gespräch versucht Drews der Gefängnisleitung und dem evangelischen Kollegen, seine Vorstellungen über die katholische Seelsorge im Strafvollzug darzulegen. Er fände es wichtig, mit den Gefangenen Gespräche zu führen, in denen diese alle ihre Sorgen und Nöte dem Priester anvertrauen könnten. Der katholische Pfarrer wird in diesem Gespräch von der Gefängnisleitung unmissverständlich darauf hingewiesen, dass seine Vorgänger das *persönliche Gespräch* Pfarrer Giebeler überlassen hätten und sich daran nichts ändern solle. Drews lässt sich von seinen Ansichten nicht abbringen und widerspricht der Gefängnisleitung, schließlich müsse das, was 30 Jahre gut gewesen sei, jetzt nicht auch noch gut sein, so Drews.

54 IM „Weekend", Einschätzung des Pfarrers D., 10.2.1989, BStU, MfS, BV Potsdam, Abt. VII, 953, Bl. 16.

Major Czech,[55] der über dieses Gespräch einen Bericht für das MfS verfasst, notiert, dass der evangelische Geistliche Giebeler „aufgrund des wenig positiven Bildes des D." diesen in seine Wohnung eingeladen habe, „um auf D. in unserem Sinne einzuwirken".[56]

Auch Giebeler wird dem MfS über das Treffen mit der Gefängnisleitung sowie über das Gespräch mit Drews in seiner Wohnung einen mit Ro. unterschriebenen Bericht übergeben.

Giebeler berichtet, dass er den katholischen Pfarrer gefragt habe, ob katholische Gefangene, „die wegen Mordes, Raubens, Vergewaltigung etc. sehr hohe Strafen zu verbüßen haben", nicht „überhaupt exkommuniziert [werden] würden".[57] Nach dieser Intervention von Giebeler sei „Drews dann weniger ‚vorlaut'" gewesen. Drews sei davon ausgegangen, dass in Brandenburg-Görden auch viele politische Gefangene inhaftiert wären. Giebeler wird dem MfS mitteilen: „DEN Zahn konnte ich ihm ziehen."[58] Wieder wird Giebeler auf das Erziehungsziel des Strafvollzuges zu sprechen kommen und den neuen katholischen Kollegen darauf hinweisen, „daß durch die Religionsausübung das Erziehungsziel des SG nicht aus den Augen verloren gehen darf". Und er gibt Drews den Hinweis, dass er „keine Wehrdienstverweigerer", „keine Gefangenen, die gegen § 213[59] verstoßen haben, oder solche, die nicht zur Wahl gegangen seien, ‚verherrlichen'" dürfe. Abschließend merkt Giebeler gegenüber dem MfS ausdrücklich an, dass Drews „für den SV ungeeignet"[60] sei.

55 Ro., Betr. kathol. Pfarrer Drews, 8.12.1988, BStU, MfS, BV Potsdam, Abt. VII, 953, Bl. 12.

56 Ebenda.

57 Ebenda.

58 Ebenda.

59 § 213 „Ungesetzlicher Grenzübertritt (1) Wer widerrechtlich die Staatsgrenze der Deutschen Demokratischen Republik passiert oder Bestimmungen des zeitweiligen Aufenthalts in der Deutschen Demokratischen Republik [...] verletzt, wird mit Freiheitsstrafe bis zu zwei Jahren oder mit Verurteilung auf Bewährung, Haftstrafe oder mit Geldstrafe bestraft. [...] (4) Vorbereitung und Versuch sind strafbar." Strafgesetzbuch der Deutschen Demokratischen Republik, StGB, vom 12. Januar 1968 i.d.F. des Gesetzes vom 7. April 1977 zur Änderung und Ergänzung straf- und strafverfahrensrechtlicher Bestimmungen 2. Strafrechtsänderungsgesetz.

60 Ro., Betr. kathol. Pfarrer Drews, 8.12.1988, BStU, MfS, BV Potsdam, Abt. VII, 953, Bl. 12.

Handschriftlich ist auf diesem Bericht vom FO vermerkt, „Möglichkeiten schaffen, den Pfarrer im SV unter Kontrolle zu halten."[61]

Bereits bei diesem ersten Gespräch zwischen Giebeler und Drews zeigten sich die Unterschiede zwischen dem Seelsorgeverständnis und der Wahrnehmung der ideologischen Bedingungen des DDR-Strafvollzuges des hauptamtlichen evangelischen und des nebenamtlichen katholischen Pfarrers. Später wird Giebeler Drews vorwerfen, er habe mithilfe von katholischen Journalisten seine angebliche Zusammenarbeit mit dem MfS erfunden und in die Öffentlichkeit getragen.

Die staatlichen Organe nehmen Giebelers Seelsorgeverständnis, das die Erziehungsziele des DDR-Strafvollzuges unterstützt, wohlwollend zur Kenntnis. Armeegeneral Friedrich Dickel, Minister des Innern und Chef der Deutschen Volkspolizei, schlägt Giebeler deshalb im Februar 1989 für den Vaterländischen Verdienstorden vor. Dickel begründet diese Auszeichnung damit, dass Giebeler „mit seiner Tätigkeit [...] in wirkungsvoller Weise den Prozeß der Erziehung religiös gebundener Strafgefangenen zu einem gesellschaftsgemäßen Verhalten unterstützt".[62] Durch sein Auftreten unter den im Strafvollzug tätig werdenden Geistlichen leiste er „einen großen Beitrag dafür, daß diese die religiöse Betreuung der Strafgefangenen auf der Grundlage der gesetzlichen Bestimmungen und unter Beachtung der Erfordernisse des Strafvollzuges realisieren. [...] Seine große Verbundenheit mit seiner Tätigkeit im Strafvollzug bringt Pfarrer Giebeler auch durch seine Bereitschaft zum Ausdruck, über das Rentenalter hinaus bis zum Jahre 1993 die seelsorgerische Betreuung von Strafgefangenen wahrzunehmen."[63]

Am 2. Oktober 1989 wird Giebeler mit dem Vaterländischen Verdienstorden ausgezeichnet.[64]

61 Ro., Betr: den katholischen Pfarrer Drews, 8.12.1988, BStU, MfS, BVfS Potsdam, Abt. VII 953, Bl. 12f.

62 Dickel, Schreiben an Löffler, Staatssekretär für Kirchenfragen, 8.2.1989, BStU, MfS, Potsdam, Reg. Nr. IV / 1262 / 76 „Motor", ohne Paginierung.

63 Ebenda.

64 FO Thoß, Treffbericht 28.9.1989, BStU, MfS, BVfS Potsdam, Abt. VII Nr. 5, Teil II, Bd. 15, Bl. 92.

Hatte Giebeler bis 1989 in unterschiedlichen Texten immer wieder geäußert, dass er seine seelsorgerliche Arbeit als Teil des „Erziehungskonzeptes" des Strafvollzuges der DDR betrachtet und dementsprechend gestaltet hat, ändert sich die Einschätzung seiner eigenen Rolle im Gefüge der Gefängnisverwaltung nach 1990 grundlegend. Nun war für Giebeler „das auf den Kommunismus gerichtete Erziehungsziel im Strafvollzug genau genommen mit meinem kirchlichen Auftrag nicht vereinbar",[65] da „die Gefangenen durch niemand [sic!] und nichts von den Zielen der stalinistischen Zwangserziehung abgelenkt werden"[66] sollten.

Hatte Giebeler den katholischen Seelsorger 1988 noch darüber belehrt, dass es im Brandenburger Gefängnis keine politischen Häftlinge gebe, wird er sich später daran erinnern, dass die politischen Häftlinge, deren Freiheitsentzug mit dem gesunden Menschenverstand nicht in Einklang gebracht werden konnte,[67] unter den demütigenden Behandlungen und ungerechten Strafen gelitten hätten.[68]

7.2 „Menschenrechte als Prinzip" – Giebelers Sicht auf DDR-Gefängnisse

1978 – „Reifegrad des Sozialismus"

Giebeler lobt die Zustände in den DDR-Gefängnissen nicht nur gegenüber dem Ministerium für Staatssicherheit und dem Ministerium des Innern, sondern auch 1978 in einem von der Evangelischen Verlagsanstalt (EVA) publizierten Buch mit dem Titel „Wer mir dienen will: 24 Lebensbilder von Männern und Frauen im Dienst der Liebe."[69]

65 Giebeler, Der gefährliche Balanceakt, S. 34.
66 Giebeler, Christus im Gefängnis der DDR, S. 27.
67 Ebenda, S. 1.
68 Ebenda, S. 168.
69 Gerhard Bosinski / Paul Toaspern, Wer mir dienen will: 24 Lebensbilder von Männern und Frauen im Dienst der Liebe, Berlin (DDR) 1978.

Der Sammelband, der im Auftrag der Inneren Mission und Hilfswerk (IMHW) der Evangelischen Kirchen in der DDR von Gerhard Bosinski und Paul Toaspern herausgegeben wurde, stellt 24 Frauen und Männer vor, die sich mit ihrem diakonischen Engagement in unterschiedlichen zeitlichen, geografischen und politischen Kontexten für die Verbesserung der Lebensumstände ihrer Zeitgenossen eingesetzt haben. Sie haben mittel- und heimatlose Menschen unterstützt, für die Bildung von Kindern aus sozial schwachen Familien ge kämpft, sich um Kranke gekümmert oder die Bewahrung der Würde von Menschen mit Behinderungen gefordert.

In diesem Zusammenhang stellt Eckart Giebeler die englische Quäkerin und Gefängnisreformerin Elisabeth Fry (1780–1845) vor. Sie gründete 1817 den „Britischen Frauenverein zur Besserung weiblicher Sträflinge", der eine wesentliche Verbesserung der Situation von Frauen in den englischen Gefängnissen bewirkte.

Seinem Porträt über diese couragierte und mutige Frau fügt Giebeler seine wirkungsgeschichtliche Deutung des Engagements von Elisabeth Fry hinzu. Trotz ihrer großen Verdienste um die Verbesserung der katastrophalen Bedingungen für Frauen in den englischen Gefängnissen im 19. Jahrhundert seien Elisabeth Frys Träume von einem menschlichen Strafvollzug erst in der DDR Realität geworden.

In Abgrenzung zum Strafvollzug und der Nicht-Wiedereingliederung von Gefangenen in den kapitalistischen Ländern seien in der „Strafvollzugs- und Wiedereingliederungsgesetzgebung der Deutschen Demokratischen Republik die Menschenrechte, wie sie die Charta der Vereinten Nationen festlegt, zum tragenden Lebensprinzip geworden. Von der marxistischen Ausgangsposition wurde hier ein Gesetzeswerk geschaffen, das Marxisten und Christen gleichermaßen als höchstes Maß des Einsatzes von Potenzen zur Resozialisierung von Rechtsbrechern verstehen."[70] Giebeler führt weiter aus, dass die „Arbeit als Erziehungsziel in einem Staat möglich [ist,] wo die Arbeit nicht mit Ausbeutung gleichzusetzen ist". Und Giebeler bezieht sich auch hier auf Buchholz und Dähn

70 Ebenda, S. 154.

und übernimmt aus deren Schrift ohne Quellenangabe[71] ein Zitat von Walter Ulbricht, der 1966 auf der 25. Tagung des Staatsrates der DDR gesagt hatte: „Uns ist das Schicksal auch des einzelnen Rechtsverbrechers nicht gleichgültig. Wir bemühen uns im Interesse der Gesellschaft und im Interesse des Betroffenen selbst – auch wenn er dies oft nicht gleich wahrhaben will –, ihn in den Schoß der Gesellschaft zurückzuführen, ihn insbesondere im Prozeß der Arbeit zu einem wertvollen Mitglied unserer Gesellschaft zu erziehen."[72]

Die zu verbüßende Strafe werde deshalb nach Giebelers Ansicht für den Gefangenen nicht sinnlos. Er erhalte die Möglichkeit, durch Eigeninitiative seine Familie finanziell zu unterstützen. Der monatliche Lohnstreifen werde ihm somit zu einer ideellen und moralischen Triebfeder. Außerdem werde es den Strafgefangenen ermöglicht, sich fachlich und allgemeinbildend zu qualifizieren. Auch um die kulturelle Bildung während der Haft sorge sich die Gefängnisleitung. In der freien Zeit würden den Gefangenen Filme gezeigt, sie könnten sich sportlich betätigen und wertvolle Bücher aus der Anstaltsbibliothek entleihen. Auch werde die Aufrechterhaltung von Briefkontakten gefördert[73] und auf regelmäßige Besuche der nächsten Angehörigen aus erzieherischen Gründen Wert gelegt. Giebeler schließt seine Ausführungen mit der Würdigung von Einzelpersonen und Wohltätigkeitsvereinen, die in der Vergangenheit Großes geleistet hätten, „um das Leben von Menschen menschenwürdiger zu gestalten […,] auch wenn der Erfolg ihrer Bemühungen begrenzt war und oft nicht lange anhielt. Die allgemeine gesellschaftliche Entwicklung musste erst den Reifegrad erlangen, der jene

71 „Uns ist das Schicksal auch des einzelnen Rechtsverbrechers nicht gleichgültig. Wir bemühen uns im Interesse der Gesellschaft und im Interesse des Betroffenen selbst, auch wenn er dies oft nicht gleich wahrhaben will, ihn in den Schoß der Gesellschaft zurückzuführen, ihn insbesondere im Prozeß der Arbeit zu einem wertvollen Mitglied unserer Menschengemeinschaft zu erziehen." Buchholz / Dähn, Strafe – wozu?, S. 52.

72 Bosinski / Toaspern, Wer mir dienen will.

73 Später wird Giebeler in seiner Autobiografie schreiben, dass ihm ein Gefangener zu seinem Entsetzen erzählt habe, dass jeder Gefangene im Monat nur einen zensierten Brief mit vierundzwanzig Zeilen schreiben durfte. Giebeler sei „in diesem Augenblick blitzartig klar geworden", dass vierundzwanzig Zeilen unmöglich ausreichten, um eine „gedeihliche Verbindung aufrecht zu erhalten". Giebeler, Hinter verschlossenen Türen, S. 34.

Umwälzungen möglich machte, wie sie heute im Sozialismus erreicht ist.“[74] Zeitgleich mit der Veröffentlichung dieses Artikels 1978 äußert Giebeler seinen Wunsch, Mitglied der SED zu werden. Allerdings macht ihm das MfS klar, „daß das auf Grund seiner Stellung nicht geht“.[75]

Als Giebeler diesen Text Ende der 1970er-Jahre verfasste, war die Haftanstalt Brandenburg – wie zu Beginn seiner Tätigkeit als Gefängnisseelsorger in den 1950er-Jahren – mit 3450 Häftlingen, darunter etwa 700 Gefangene, die aus politischen Gründen verurteilt worden waren, maßlos überbelegt.[76] Gefangene mussten zum Teil auf dem Fußboden schlafen, Zellen mit einer Größe von 14 Quadratmetern wurden mit zwölf Gefangenen belegt, und die hygienischen Zustände waren ebenso unzumutbar wie die Qualität des Essens.

Gegen diese Haftbedingungen protestierten 44 Gefangene im November 1976 in Brandenburg mit einem Hungerstreik.

Selbst eine staatliche Kontrollkommission moniert 1979, dass den Gefangenen in den Arrestzellen im Brandenburger Gefängnis weder Matratzen noch Decken zur Verfügung gestellt würden und bei fast allen Arreststrafen die Höchstgrenze von 21 Tagen ausgesprochen wurde.[77]

Obwohl dem Gefängnisseelsorger diese Zustände sowohl aus eigener jahrelanger Anschauung des DDR-Gefängnisalltages als auch durch die Gespräche mit den Gefangenen durchaus bekannt gewesen sein müssen, preist er den DDR-Strafvollzug als einen Strafvollzug, der sich durch Humanität und die Wahrung der Würde und Menschenrechte der Inhaftierten auszeichnet.

Es ist nicht anzunehmen, dass die Evangelische Verlagsanstalt von Giebeler erwartet hat, dem Porträt von Elisabeth Fry eine Glorifizierung des DDR-Strafvollzuges anzufügen. Offenbar war es Giebelers eigenes Anliegen, und die Herausgeber sahen keinen Grund, diese sehr einseitige und beschönigende Darstellung der Situation in den Gefängnissen der DDR kritisch zu hinterfragen.

74 Bosinski / Toaspern, Wer mir dienen will, S. 156.

75 MfS, Beurteilung Giebeler, 27.12.1978, BStU, MfS, BVfS Potsdam, Abt. VII Nr. 5, Teil I, Bd. 2, Bl. 17.

76 Ansorg, Politische Häftlinge im Strafvollzug der DDR, S. 227.

77 Leonore Ansorg, Strafvollzug an politischen Gefangenen in der DDR. Die Strafvollzugsanstalt Brandenburg-Görden, in: Deutschland Archiv (2002) 5, S. 778.

Als 1985 der westdeutsche Brendow-Verlag dieses Buch publiziert, werden Giebelers Ausführungen über die Errungenschaften des sozialistischen Strafvollzuges ersatzlos gestrichen.[78]

1988 – „die Kirche hat falsche Erwartungen"

Für seine praktisch-theologische Seminararbeit „Seelsorge im Strafvollzug der DDR" interviewte Ulf Liedke 1988 vier nebenamtliche evangelische Gefängnisseelsorger und den hauptamtlichen Gefängnisseelsorger Eckart Giebeler und befragte diese nach den ihrer eigenen Arbeit zugrunde liegenden Seelsorgekonzepten. Die handschriftlichen Notizen von dem Gespräch mit Eckart Giebeler hat Ulf Liedke dankenswerterweise für diese Studie zur Verfügung gestellt.

Er unterscheidet in seiner Arbeit ein kerygmatisches und ein beratendes Seelsorgeverständnis. Die kerygmatische Ausrichtung der Seelsorge, d.h. ein „an der Verkündigung des Wortes Gottes orientierte[s] Seelsorgeverständnis",[79] wurde u.a. von Horst Fichtner, der sich 1952 ausdrücklich gegen Giebelers Anstellung als Seelsorger im Brandenburger Gefängnis ausgesprochen hatte, in seiner 1950 publizierten Schrift „Grundprobleme der Gefangenendiakonie"[80] vertreten. Horst Fichtner versteht die Gefangenendiakonie „als dienende Hilfe aus Glauben um Christi willen, der die Vollkommenheit der Liebe inmitten einer Welt unvollkommener Barmherzigkeit"[81] ist. Nach seinem Verständnis sollen die Gefangenen „unter der seelsorgerlichen Führung merken, wie verkehrt bisher ihre gesamte Lebensführung war".[82] Wenn allerdings die Gefangenen Christus erkannt haben, werden sie von der „Versklavung durch die Mächte der Welt loskommen". Nach Fichtner soll das „Gefängnispfarrhaus" eine „Stube des Ver-

78 Karl Heinz Neukamm, Wer mir dienen will: 18 Lebensbilder von Männern und Frauen im Dienst der Liebe, Moers, 1985.

79 Liedke, Seelsorge im Strafvollzug, S. 17.

80 Horst Fichtner, Grundprobleme der Gefangenendiakonie: Wegweiser in die Wissenschaft vom evangelischen Gefängnisdienst, Berlin (DDR) 1950.

81 Liedke, Seelsorge im Strafvollzug, S. 17.

82 Ebenda, S. 18.

trauens sein", in dem die Gefangenen ihre Sorgen und Ängste aussprechen und sich „Rat und Weisung auch in den Tagesfragen holen"[83] können.

Dieses kerygmatische Seelsorgeverständnis ist auch für Giebeler prägend. Die Seelsorge im Gefängnis unterscheide sich seiner Ansicht nach nicht von jeder anderen Seelsorge. Das Wort der Bibel gelte für jeden Menschen. Deshalb lese er dem Gefangenen ein biblisches Wort vor und spreche ein einfaches Gebet. Er lasse grundsätzlich keine Diskussion über eine unschuldige Verurteilung zu. In der Seelsorge solle man von der Gerechtigkeit Gottes und von der Schuld vor Gott sprechen.

Deshalb würde er auch Gottesdienst feiern, wenn nur ein Gefangener anwesend wäre. Auch da würde er an den liturgischen Formen der Verkündigung festhalten, da eine dialogische Predigt nicht erwünscht sei. Aber Giebeler wolle als Seelsorger auch „den Gescheiterten Nähe bringen"[84] und die Probleme der Gefangenen ernst nehmen und ihnen mit der Formulierung von Zielen die Zukunftsangst nehmen. So sei „ein Nahziel, gut und besser zu arbeiten, den Verwahrraum sauber und ordentlich zu halten oder auch ein Buch durchzuarbeiten".[85] Auch in diesem Interview wird Giebeler das Erziehungsziel des Strafvollzuges, was sich aus § 39 SGB[86] ergebe und „das zu wahren ist",[87] betonen. Da der Strafvollzug besonders an Ruhe, Ordnung und Sicherheit interessiert sei, sei es im Einzelfall für die VSV klüger, die religiöse Betätigung zu erlauben und sich dadurch eine verlässliche Arbeitskraft zu sichern.[88]

Dieses Seelsorgeverständnis zeigt sich auch in dem von ihm – bis 1966 gemeinsam mit Heinz Bluhm – herausgegebenen Weihnachtsverteilheft „Der helle Schein", mit dem er „die frohe Botschaft von Christus hinter die Kerker-

83 Ebenda.

84 Ebenda, S. 19.

85 Ebenda.

86 „§ 39 IV StGB 1968: Die Strafgefangenen sollen [...] erzogen werden, künftig die sozialistische Gesetzlichkeit gewissenhaft zu achten und ihr Leben gesellschaftlich verantwortungsbewußt zu gestalten." Gesetzblatt der Deutschen Demokratischen Republik 1975, S. 13, http://www.verfassungen.de/de/ddr/ trafgesetzbuch68.html [15. 4. 2018].

87 Ulf Liedke, Interview mit Giebeler 15. 9. 1988, handschriftlich, Archiv der Verf., S. 1.

88 Ebenda, S. 3.

mauern transportiert“[89] hat. Von 1967 bis 1989 war Eckart Giebeler allein verantwortlicher Herausgeber, der das Heft Jahr um Jahr mit eigenen Besinnungen, Meditationen und Gebeten sowie Texten anderer Autoren sorgfältig zusammengestellt hat. Der Duktus seiner Texte, in denen seine Theologie deutlich wird, zielt darauf ab, dass der sündige Mensch Gott mit seinem Herzen erfassen und in der Nachfolge Jesu leben solle. Diese Nachfolge verlange von dem Menschen zwar Opfer und Anstrengungen, aber derjenige, der auf Gott und Jesus vertraue, werde die Kraft für diese Wege und Neuanfänge im Leben geschenkt bekommen. Giebeler weist darauf hin, dass „jeder Christ vor dem lebendigen Gott eines Jahresabschlusses“[90] bedürfe. Wer dies versäume, dessen Leben komme leicht in unheilbare Verwirrung. Giebeler ermuntert zum einen in seinen Texten dazu, dem Wort Gottes zu vertrauen, und zum anderen appelliert er an die Verantwortung des Christen, sein Leben und die Umwelt zu gestalten. In den im Weihnachtsheft abgedruckten und wahrscheinlich fiktiven Briefen – da sie alle dem gleichen inhaltlichen Duktus folgen und sprachlich sehr ähnlich sind – von Gefangenen an ihre Angehörigen betonen diese, dass sie ihre Schuld eingesehen hätten und die Strafe gerechtfertigt und angemessen sei.

Neben dem im Interview deutlich gewordenen Seelsorgeverständnis sind Giebelers Ausführungen auch insofern zeitgeschichtlich interessant, da er sich ebenso dazu äußert, wie er das Engagement der Kirche in Bezug auf die Gefängnisseelsorge beurteilt. Er betont, dass die Justizorgane, denen die Gefängnisse bis 1950 unterstanden hätten, die Seelsorge in den Gefängnissen unterstützt hätten. Dagegen habe „die Kirche offensichtlich kein Interesse gehabt, die entsprechenden Stellen zu besetzen“.[91] Die Kirche „hätte die SVS[92] liederlich behandelt“.[93]

89 Giebeler, Schreiben an Linke, 4. 12. 1993, Archiv der Verf.

90 Eckart Giebeler (Hrsg.), Der helle Schein. Verteilblatt für Weihnachten, Berlin (DDR) 1966, S. 15.

91 Liedke, Gesprächsprotokoll des Gespräches mit E. Giebeler, 15. 9. 1988, handschriftlich, Archiv der Verf.

92 Strafvollzugsseelsorge.

93 Liedke, Gesprächsprotokoll des Gespräches mit E. Giebeler, 15. 9. 1988, handschriftlich, Archiv der Verf.

Offenbar bezieht sich Giebeler hierbei auf die Stellen von Mund und Bluhm. Mund war 1959 in die Bundesrepublik geflohen, Bluhm 1966 gestorben. Ihre Stellen blieben unbesetzt. Außerdem beklagt er, dass die Konvente der Gefängnisseelsorger von der Kirche zwar geduldet, aber nicht unterstützt würden, da die Landeskirchen nicht bereit seien, die Kosten zu tragen. „Bis 1978 hätten die Kirchenleitungen kein Herz für die SVS gehabt."[94] Und nach 1978 habe die Kirche gehofft, mit der Seelsorge in den Gefängnissen viele Gefangene zu erreichen. Das sei aber nicht eingetreten. Perspektivisch würden aus seiner Sicht das Interesse von Gefangenen an Seelsorge und Gottesdiensten noch geringer werden. Für ihn sei *vor* 1978 manches durchaus leichter gewesen, da mit den Behörden einfacher zu verhandeln gewesen sei.

Kritisch betrachtet Giebeler auch seine Kollegen, die nebenamtlich als Seelsorger im Gefängnis arbeiteten.[95] Diese hätten keine richtige Bindung an die Strafvollzugsanstalten. Sie sollten seiner Meinung nach den Uniformierten gegenüber nicht so misstrauisch sein und ihre Hemmschwellen gegenüber den Vollzugsbeamten abbauen. Von Behinderungen Gefangener, die religiöse Betätigung wollten, wisse er nichts. Er warnt die Kirchen vor einem kritischen Wort über die Seelsorge in den Gefängnissen, da ein solches zu diesem Zeitpunkt sehr schädlich wirken würde, schließlich werde die Seelsorge in den Gefängnissen von den Strafvollzugsorganen sehr flexibel gehandhabt. Außerdem würde der Strafvollzug in Zukunft verändert werden, denn im Wettstreit mit der Bundesrepublik wolle die DDR den humaneren SV entwickeln.

Für Giebeler ist nach den Aussagen in diesem Interview die Seelsorge an den Strafvollzugsanstalten gut organisiert und werde durch die Angehörigen des Strafvollzuges ohne Probleme ermöglicht.

Während er die staatlichen Bemühungen, die Seelsorge zu ermöglichen, lobt, kritisiert er diese evangelischen Kirchen, die einerseits die Gefängnisseelsorge stiefmütterlich behandelt und andererseits beim Staat-Kirche-Gespräch 1978 mit ihren Forderungen nach Erleichterungen für die Seelsorge in den Gefängnissen falsche Erwartungen gehabt hätten.

94 Ebenda.

95 Vgl. auch Kapitel 5.

7.3 „Grausamkeit und Kirchenhaß" – Veränderte Beurteilung nach 1990

Giebelers Einschätzungen des Strafvollzuges in der DDR verändern sich nach 1990 grundlegend. Schwärmte er 1978 noch von den Errungenschaften des sozialistischen Strafvollzuges, übernahm er 1982 und 1985 die Sichtweise von führenden DDR-Juristen und wird nach 1990 die „Grausamkeit, Rechtlosigkeit und den Kirchenhaß"[96] in den ostdeutschen Gefängnissen beklagen. Bevor er seinen Fuß über die Schwelle eines Gefängnisses des „verhaßten Staates"[97] gesetzt habe, habe ihm der Gedanke ferngelegen, auf deutschem Boden könnte sich dies so aus der Hitlerzeit Bekannte wiederholen.[98] Er habe seine Seelsorge „mitten in der Eiseskälte von Unmenschlichkeiten eines militanten Atheismus"[99] ausgeübt und „um das Unrecht von Justiz und Vollzug im Lande" gewusst. So habe der Strafvollzug immer auch die traurigen Ereignisse in der DDR widergespiegelt. Es habe „unzählige Gefangene [gegeben], die z. B. mit den Juni-Ereignissen 1953 oder nach dem Mauerbau 1961 zu hohen Freiheitsstrafen verurteilt"[100] worden seien. Außerdem habe „es viele Gefangene gegeben, die hohe Strafen verbüßen mußten, weil sie im Laufe der Jahre auf ihre Weise das Unrechtssystem in der DDR stürzen oder reformieren wollten. Hilde Benjamin und deren Gesinnungsgenossen im Justizapparat hinterließen im Strafvollzug grauenhafte Spuren."[101]

Auch den „Oberen der Kirche" sei dies nicht weniger bekannt, „ein Aufschrei deswegen aus ihrem Munde sei nur sehr schwach zu vernehmen"[102] gewesen. Hatte Giebeler in seinen Gesprächen mit kirchenleitenden Personen bis 1989 immer deren kritische Bedenken hinsichtlich der Haftbedingungen in der DDR versucht zu zerstreuen oder zu widerlegen, und auch im Interview mit Liedke die

96 Giebeler, Hinter verschlossenen Türen, S. 172.
97 Ebenda, S. 172.
98 Giebeler, Der gefährliche Balanceakt, S. 173.
99 Giebeler, Christus im Gefängnis der DDR, S. 4.
100 Eckart Giebeler im Interview mit Wirths, in: Standpunkt (1990) 1, S. 14.
101 Ebenda.
102 Giebeler, Christus im Gefängnis der DDR, S. 31.

Kirche zur Zurückhaltung gegenüber dem Staat in Fragen der Gefängnisseelsorge aufgefordert, beklagt er nun das Schweigen der Kirche.

Nach 1990 erkennt Giebeler, dass „die Hauptverwaltung der Deutschen Volkspolizei den Strafvollzug unverhältnismäßig streng gestaltete".[103] Offiziere und Wachtmeister hätten in jedem Insassen einen Feind, einen bösartigen Verbrecher, dem die Menschenwürde abgesprochen wurde, gesehen. Der Strafvollzug habe sich zu einem Instrument des Klassenkampfes entwickelt, und die überkommenen Anschauungen von Gerechtigkeit, wie sie im Westen galten, hätten an Gültigkeit verloren. „Das marxistisch-leninistische Denken sei durch den Stalinismus im Strafvollzug noch pervertiert"[104] worden.

Während er 1978 schreibt, dass aus erzieherischen Gründen der Briefkontakt der Gefangenen zu ihren Angehörigen aufrechterhalten werden würde, sei dieser – wie Giebeler später schreiben wird – „von der Anstalt schikanös unterbunden"[105] worden. Giebeler bedauert, dass „das schüchterne Bestreben, in der DDR einen menschenwürdigen Strafvollzug aufzubauen", wie ihn sich sein „väterlicher Freund Harald Poelchau für die Nachkriegszeit in Deutschland erträumt hatte, nach der Machtübernahme durch die Organe des Innern zerschlagen"[106] wurde. Während er 1978 noch lobend erwähnt, dass die Gefangenen Filme schauen dürften, wird er später kritisieren, dass in den „Genuß dieser Vergünstigung" jedoch nur die dafür „Auserlesenen" gekommen seien.[107]

Die harsche Kritik des DDR-Strafvollzugs von Giebeler nach 1990 steht in einem offensichtlichen und eigenartigen Widerspruch zu den von ihm vor 1990 verfassten Texten. Er durchschritt seit 1949 die unterschiedlichen Gefängnistore, er führte mit Tausenden Gefangenen Gespräche, er kannte die Situation in den Haftanstalten, die von Willkür und Brutalität, von Rechtsunsicherheit und Machtmissbrauch geprägt war, wie kaum ein anderer. Dennoch

103 Giebeler, Hinter verschlossenen Türen, S. 34.
104 Ebenda, S. 34.
105 Giebeler, Christus im Gefängnis der DDR, S. 123.
106 Giebeler, Hinter verschlossenen Türen, S. 37.
107 Giebeler, Christus im Gefängnis der DDR, S. 27.

lobt er 1978 den DDR-Strafvollzug in den höchsten Tönen und wird nach 1990 das Gegenteil dessen behaupten, was für ihn noch wenige Jahre zuvor – durch den sozialistischen Strafvollzug – als die Erfüllung der Träume von Generationen galt.

8. Schattenreich – Enttarnung und Entlassung durch das Justizministerium

Wie Eckart Giebeler bereits 1985 angekündigt hatte, arbeitete er auch nach dem Erreichen seines Rentenalters und nach der politischen Neuordnung der Justiz und ihrer Verwaltungsorgane 1990 weiter als Seelsorger im Gefängnis. Während er allerdings bis zum Ende der DDR in verschiedenen Gefängnissen der Republik als Seelsorger unterwegs war (Berlin-Köpenick, Berlin-Rummelsburg, Cottbus, Bautzen II, Hoheneck, Hohenleuben, Ichtershausen), beschränkte sich diese Tätigkeit nach 1990 auf die Gefängnisse Brandenburg und Cottbus, da ab 1990 die Justizministerien der neuen Bundesländer für die auf ihrem Gebiet liegenden Gefängnisse zuständig waren.[1]

Seit Sommer 1990 steht fest, dass nicht nur das bundesdeutsche Strafvollzugsrecht übernommen wird, sondern auch die Verwaltung der Haftanstalten vom DDR-Innenministerium an die künftigen Justizministerien der Länder übergeben wird.

Als Hans Otto Bräutigam am 2. November 1990 als Brandenburger Justizminister vereidigt wird, übernimmt sein Ministerium zwölf Vollzugseinrichtungen, die auf dem Gebiet des Landes Brandenburg liegen.

Der Einigungsvertrag schafft auch für das Land Brandenburg den rechtlichen Rahmen für den Aufbau einer – auch in personeller Sicht – rechtsstaatlich agierenden Verwaltung. Die erste Landesregierung aus SPD, Bündnis 90 und FDP orientiert sich an diesem Ziel, sodass die Parteien in ihrem Koalitionsvertrag vom 1. November 1990 beschließen: „Der Aufbau der neuen Verwaltung im Lande Brandenburg kann nur nach einer personellen Erneuerung im Bereich der Mitarbeiter vollzogen werden. Im gesamten Bereich des öffentlichen Dienstes muss eine konsequent rechtsstaatliche und

1 Berlin-Köpenick, Berlin-Rummelsburg (Berlin), Hoheneck, Bautzen II (Sachsen), Hohenleuben, Ichtershausen (Thüringen).

rückhaltlose Überprüfung der Qualifikationen und der beruflichen Vergangenheit der Betroffenen erfolgen."[2]

Im Einigungsvertrag war außerdem festgelegt worden, dass ein wichtiger Grund für eine außerordentliche Kündigung insbesondere dann gegeben sei, „wenn der Arbeitnehmer [...] für das frühere Ministerium für Staatssicherheit / Amt für nationale Sicherheit tätig war und deshalb ein Festhalten am Arbeitsverhältnis unzumutbar erscheint".[3]

Ab dem Frühjahr 1991 wurden deshalb auch vom Justizministerium Personalfragebögen an die zu übernehmenden Mitarbeiter versendet. Dem Fragebogen war ein Vorspann vorangestellt, in dem das Verfahren erläutert wurde, unter anderem mit dem Hinweis, dass die Auswertung im Beisein von Personalräten erfolge. Es werde auch „keine schematische Auswertung geben, sondern eine Würdigung der besonderen und individuellen Umstände jedes Einzelfalls".[4]

Der Fragekatalog enthielt nach einem Teil I mit allgemeinen Fragen zur Person einen Teil II zu möglichen politischen Belastungen. Hinsichtlich des MfS wurde zunächst nach einer Tätigkeit oder Ausbildung für das MfS / AfNS gefragt „oder einer der Untergliederungen dieser Ämter oder vergleichbare Institutionen", gegebenenfalls nach der dortigen Funktion. Sodann hieß es: „Haben Sie regelmäßig oder gelegentlich aus der Spezifik Ihrer Aufgaben innerhalb Ihrer dienstlichen Verpflichtungen Informationen an das (MfS / AfNS) gegeben?" Erfragt wurden auch „finanzielle Zuwendungen von einer der genannten Stellen" und eine eventuelle „Verpflichtungserklärung zur Zusammenarbeit" oder ein Wehrdienst beim MfS / AfNS.[5] Schließlich wird auch die Bereitschaft

2 Vertrag zur Bildung der Landesregierung Brandenburg in der ersten Legislaturperiode des Landtags 1990–1994, S. 16.

3 Einigungsvertrag. Anlage I, Kap XIX, Sachgebiet A – Recht der im öffentlichen Dienst stehenden Personen Abschnitt III.

4 Gisela Rüdiger / Hanns-Christian Catenhusen, Gutachten zum Thema „Personelle Kontinuität und Elitenwandel in Landtag, Landesregierung und -verwaltung des Landes Brandenburg, Fassung vom 1. Juni 2011, in: Enquete-Kommission Aufarbeitung der Geschichte und Bewältigung von Folgen der SED-Diktatur und des Übergangs in einen demokratischen Rechtsstaat. Abschlussbericht der Enquete-Kommission 5/1, Potsdam, Landtag Brandenburg 2014, S. 93ff.

5 Ebenda.

der Mitarbeiter abgefragt, ob diese einer Überprüfung durch die Behörde des Bundesbeauftragten für die Stasi-Unterlagen zustimmen.

Auch Eckart Giebeler wird Anfang 1991 von seinem neuen Arbeitgeber, dem Brandenburger Ministerium für Justiz, aufgefordert, diesen Fragebogen auszufüllen, was er jedoch verweigert.

Edith Dertinger, 1991 Sachbearbeiterin im Justizministerium, war damals zuständig für administrative Aufgaben und auch für das Versenden der Fragebögen und das Prüfen des Rücklaufes. Sie erinnert sich im Interview genau an den Fall Giebeler:

„Es war so, dass nach der Wende jeder Bedienstete der Justiz einen Fragebogen ausfüllen musste und erklären musste, ob er bei der Stasi mitgearbeitet habe oder nicht. Und der Einzige, der sich geweigert hat, diesen Fragebogen auszufüllen, war Pfarrer Giebeler. Das irritierte mich schon, aber er hat das begründet, dass er nicht zur Justiz gehört, sondern zur Kirche. Das stimmte natürlich nicht, er war Angestellter des Ministeriums des Inneren bei der DDR und später dann eben beim Ministerium der Justiz. Der Kollege, der mit mir das bearbeitet hat, und ich, wir haben uns gefragt: Warum macht er keine Angaben?“[6]

Der Druck aus dem Ministerium wächst, und Giebeler befürchtet offenbar, dass bei einer Anfrage beim BStU – trotz umfangreicher MfS-Aktenvernichtung im Brandenburger Gefängnis – belastendes Material über ihn gefunden wird. Nur so ist es zu verstehen, warum er über die Berlin-Brandenburger Kirche einen Weg zu finden sucht, diesen Fragebogen nicht ausfüllen zu müssen. Giebeler bittet deshalb am 26. Juni 1991[7] Propst Furian, der zwei Jahrzehnte zuvor im „Operativen Vorgang“ „Quartett“ vom MfS „bearbeitet“ wurde, darum, dass die Kirche für ihn ein Wort einlegen solle. Giebeler erklärt, dass das Ministerium der Justiz in Potsdam ihn, „wie alle Bediensteten des Strafvollzuges“,[8] gebeten habe, seine „Zustimmung zu einer Anfrage bei dem Sonderbeauftragten für personengebundene Unterlagen des ehemaligen Ministeriums für Staats-

6 Edith Dertinger im Telefoninterview am 17.9.2015.

7 Giebeler, Schreiben an Furian, 26.6.1991, ELAB, 15/1989.

8 Ebenda.

sicherheit und der Erfassungsstelle in Salzgitter zu geben".[9] Giebeler fragt das Konsistorium, ob er diese Zustimmung erteilen „oder auf sein Ordinationsgelübde verweisen"[10] solle. Schließlich seien Pfarrer „kirchlicherseits angehalten worden, einer Überprüfung nur stattzugeben, wenn konkrete Verdachtsmomente vorliegen".[11] Giebeler konstatiert, dass ihm „niemand nachsagen könne, er hätte jemand [sic!] der Stasi ausgeliefert",[12] und außerdem wolle er sich „als Pfarrer nicht in die Reihe der Polizisten stellen".[13]

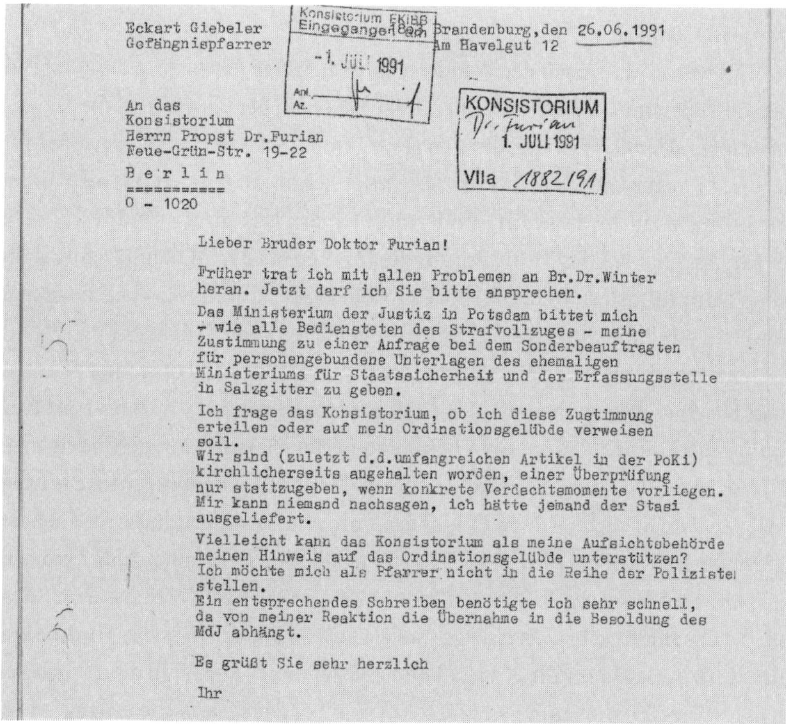

Eckart Giebeler
Gefängnispfarrer

Konsistorium EKiBB
Eingegangen
- 1. JULI 1991

Brandenburg, den 26.06.1991
Am Havelgut 12

An das
Konsistorium
Herrn Propst Dr. Furian
Neue-Grün-Str. 19-22

B e r l i n
0 - 1020

KONSISTORIUM
Dr. Furian
1. JULI 1991
VIIa 1882/91

Lieber Bruder Doktor Furian!

Früher trat ich mit allen Problemen an Br. Dr. Winter heran. Jetzt darf ich Sie bitte ansprechen.

Das Ministerium der Justiz in Potsdam bittet mich - wie alle Bediensteten des Strafvollzuges - meine Zustimmung zu einer Anfrage bei dem Sonderbeauftragten für personengebundene Unterlagen des ehemaligen Ministeriums für Staatssicherheit und der Erfassungsstelle in Salzgitter zu geben.

Ich frage das Konsistorium, ob ich diese Zustimmung erteilen oder auf mein Ordinationsgelübde verweisen soll.
Wir sind (zuletzt d.d. umfangreichen Artikel in der PoKi) kirchlicherseits angehalten worden, einer Überprüfung nur stattzugeben, wenn konkrete Verdachtsmomente vorliegen.
Mir kann niemand nachsagen, ich hätte jemand der Stasi ausgeliefert.

Vielleicht kann das Konsistorium als meine Aufsichtsbehörde meinen Hinweis auf das Ordinationsgelübde unterstützen?
Ich möchte mich als Pfarrer nicht in die Reihe der Polizisten stellen.
Ein entsprechendes Schreiben benötigte ich sehr schnell, da von meiner Reaktion die Übernahme in die Besoldung des MdJ abhängt.

Es grüßt Sie sehr herzlich

Ihr

Dokument 45: Schreiben von Eckart Giebeler an Propst Furian, 26.6.1991

9 Ebenda.
10 Ebenda.
11 Ebenda.
12 Ebenda.
13 Ebenda.

Deshalb solle das Konsistorium als seine Aufsichtsbehörde seinen Hinweis auf das Ordinationsgelübde unterstützen. Da von Giebelers Reaktion die Übernahme in den Dienst des Brandenburger Justizministeriums und damit in die Besoldung des MdJ abhängen würde, drängt er Furian, das entsprechende Schreiben schnell an das MdJ zu senden.

Bemerkenswert ist, dass Giebeler jetzt das Konsistorium als seine Aufsichtsbehörde bezeichnet, was es seit seiner Anstellung beim Ministerium des Innern 1953 gerade nicht mehr war. Denn genau weil die Kirche damals eine kirchliche Aufsicht nicht wahrnehmen konnte, haben die Berlin-Brandenburger Kirche und die EKD 1953 die Berufung von Giebeler und Bluhm abgelehnt.

Herrn
1) Pfarrer Eckart Giebeler
Am Havelgut 12

0 - 1803 Brandenburg

VIIa Nr. 1958/91

Lieber Bruder Giebeler,

ich teile Ihre Stellungnahme gegenüber dem Ministerium für Justiz vom 5. 7. 1991. Sie entspricht in der Sache meinem Brief an die Gemeindekirchenräte vom 27. 12. 90 betr. evtl. Stasi-Kontakte kirchlicher Mitarbeiter. Wenn das Ministerium für Justiz etwas will, soll es sich an das Konsistorium wenden.

Mit herzlichem Gruß

Ihr

2) z.d.A.

Dokument 46: Antwort von Propst Furian an Eckart Giebeler, 10.7.1991

Propst Furian antwortet Giebeler am 10. Juli 1991 und schreibt: „Ich teile Ihre Stellungnahme gegenüber dem Ministerium für Justiz vom 5. 7. 1991. [...] Wenn das Ministerium für Justiz etwas will, soll es sich an das Konsistorium wenden."[14] Furian bezieht sich in seiner Antwort auch auf den von ihm am 27. Dezember 1990 an die Gemeindekirchenräte und die Mitarbeiter im Verkündigungs- und Verwaltungsdienst gesendeten Brief.[15] Darin hatte er sich gegen eine generelle Überprüfung der hauptamtlichen kirchlichen Mitarbeiter im Blick auf eine evtl. Stasi-Vergangenheit ausgesprochen. Er argumentiert, dass eine solche Überprüfung ein grundsätzliches Misstrauen voraussetzen würde. Dann wird er noch deutlicher und warnt: „Wer einen Kirchenleitungsbeschluss zur Überprüfung aller kirchl. Mitarbeiter im Blick auf evtl. Stasikontakte fordert, führt objektiv Stasi-Methoden ein."[16] Und Furian fragt, wer eigentlich ein Interesse daran habe, „die Auseinandersetzung unserer Kirche um eine evtl. Stasivergangenheit kirchlicher Mitarbeiter anzuzetteln?" Er vermutet dahinter „bestimmte Kreise eines staatstreuen, systemimmanenten Protestantismus, der eine an die Verkündigung Jesu, das reformatorische Wort-Gottes-Verständnis und das Barmer Bekenntnis gebundene, auftragsorientierte Kirche fürchtet. [...] So wie die ‚DDR' nach Artikel 23 Grundgesetz im ‚Anschlussverfahren' untergegangen ist, so soll auch unsere Kirche zwar nicht untergehen, aber faktisch eben doch ihre Glaubens- und Lebenserfahrungen aufgeben, um angepasst und materiell herausgefuttert die religiöse Begleitmusik zur sozialen Marktwirtschaft zu spielen. Eine Kirche, für die z. B. der Militärseelsorgevertrag ‚nicht akzeptabel' ist, die ihre Fragen vor allem an das Eigenschaftswort ‚sozial' bei der ‚soz. Marktwirtschaft' richtet, ist für die von mir vermuteten Kreise ein Störenfried, der zur ‚westlichen' Räson gebracht werden muß!"[17]

14 Furian, Schreiben an Giebeler, 10. 7. 1991, ELAB, 15 / 1989.

15 Furian, Schreiben an die Gemeindekirchenräte der Ev. Kirche Berlin-Brandenburg, die Mitarbeiter im Verkündigungsdienst und Verwaltungsdienst, 27. 12. 1990, Evangelische Kirche in Deutschland / Informations- und Dokumentationsstelle, Recht und Versöhnung, Berlin 1991.

16 Ebenda.

17 Evangelische Kirche in Deutschland / Informations- und Dokumentationsstelle, Recht und Versöhnung, S. 26f.

Die „besondere Gemeinschaft", an der die evangelischen Kirchen in Ost und West nach dem Mauerbau 1961 und auch nach der Gründung des Bundes der Evangelischen Kirchen in der DDR 1968 festgehalten haben, scheint 1990 – zumindest in der Wahrnehmung von Propst Furian – erheblich gestört zu sein.[18]

In den Monaten seit dem Herbst 1989 hat sich die Stimmung gegenüber den evangelischen Kirchen in der DDR, die sich in den Herbstmonaten 1989 so viel Ansehen und Reputation erworben hatten, grundlegend verändert. Auch die Kirche muss sich mit immer neuen Vorwürfen auseinandersetzen, mit dem SED-Staat und dem Ministerium für Staatssicherheit über das Maß hinaus kollaboriert zu haben.

Furian vermutet hinter den Enthüllungen über die Zusammenarbeit von kirchlichen Mitarbeitern mit dem MfS ein von dem westdeutschen Protestantismus gesteuertes Interesse mit dem Ziel, das Erbe der evangelischen Kirchen in der DDR zu diffamieren. Dabei übersieht Furian allerdings, dass es auch das berechtigte Interesse derer gibt, die in der DDR gelebt und der Kirche und ihren Mitarbeiterinnen und Mitarbeitern vertraut haben wie sonst keiner Institution in der DDR und die von ihrer Kirche, der sie oft auch mit der Konsequenz von persönlichen Nachteilen die Treue gehalten haben, einen transparenten Umgang mit diesem Teil ihrer Vergangenheit fordern.

Was ist geschehen? Nicht erst in den bewegenden Monaten des Herbstes 1989 öffneten die evangelischen Kirchen ihre Türen für den zuvor so vermissten gesamtgesellschaftlichen Dialog, z. B. über die Umweltbelastungen in den

18 Auch der ehemalige Präses der Rheinischen Kirche, Peter Beier, hat eine Entfremdung zwischen den beiden Kirchenbünden in seiner Streitschrift „Am Morgen der Freiheit" konstatiert. Er schreibt 1995: „Am Morgen der Freiheit begegneten wir uns auf der Brücke, nicht wie nach langem Kampf für diese Stunde, eher wie Kinder, die einem Geschenk nicht recht trauen. Wir trafen uns und kannten einander nicht wieder. Wichtige Fragen wurden mit übereilten Antworten abgefertigt. […] Wir sagten Staat und unterschätzten das Gewicht, das nach vierzig Jahren Teilung das Wort verformte. Wir sagten Kirche und nahmen nur mürrisch zur Kenntnis, dass wir sehr unterschiedliche Wege zu gehen gezwungen waren, die die Kirchengestalten im Wesen veränderten." Beier, Am Morgen der Freiheit, S. 9f.

DDR-Industriegebieten, über die Militarisierung der Gesellschaft und ihre Auswirkungen auf die Schulbildung, über Wehrersatzdienst und Alternativen zu den propagierten Feindbildern. Umwelt- und Friedensgruppen nutzten das Dach der Kirche, waren die evangelischen Kirchen doch oftmals der einzige Raum, in denen der aufrechte Gang und eine Sprache der Freiheit eingeübt werden konnten. In den hoffnungs- und angstvollen Monaten des Herbstes 1989 öffneten zudem viele evangelische Gemeinden überall in der DDR ihre Türen für die Friedensgebete, von denen die Demonstrationen oftmals ausgingen.

Hunderte frierende Menschen in überfüllten Kirchen, auf harten Kirchenbänken oder Altarstufen sitzend, mit Kerzen in nicht nur vor Kälte zitternden Händen. Diese Bilder aus Ostdeutschland gingen im Herbst 1989 um die Welt. Menschen, die in Leipzig und Anklam, Dresden und Greifswald gemeinsam „Dona nobis pacem" sangen und ihre Kerzen an denen der Altäre anzündeten, bevor sie die dunklen Straßen der DDR mit den Rufen: „Keine Gewalt" und „Wir sind das Volk" erfüllten. Der schützende Raum der Kirchen ließ die Ängste kleiner und die Hoffnungen größer werden.

Manche beschreiben die Revolution von 1989 sogar als eine protestantische.[19] Das Vertrauen, das die Menschen im Herbst 1989 den evangelischen Kirchen, ihren Gemeinden und Mitarbeitern entgegenbrachten, zeigte sich auch daran, dass viele der sich konstituierenden Runden Tische auf den verschiedenen Ebenen von Kirchenvertretern moderiert wurden.

Allerdings wurde dieses große Vertrauen in die evangelischen Kirchen bereits wenige Monate nach der Friedlichen Revolution dadurch erschüttert, dass es Enthüllungen gab, die kirchliche Mitarbeiter der Zusammenarbeit mit der Stasi bezichtigten. Als im März 1990 die ersten Vorwürfe gegen Rechtsanwalt Wolfgang Schnur laut wurden, hatte die Stasi-Debatte die Kirche erreicht. Wolfgang Schnur war innerhalb der Kirche hoch angesehen. Er verteidigte Wehrdienstverweigerer und Gemeindemitglieder, die aus politischen

19 Vgl. Gerhard Rein, Die protestantische Revolution 1987–1990. Ein deutsches Lesebuch, Berlin 1990; Erhard Neubert, Eine protestantische Revolution, Osnabrück 1990.

Gründen mit dem Staat in Konflikte geraten waren, war zeitweise Mitglied der Synoden der Evangelischen Kirche Greifswald, der Evangelisch-lutherischen Landeskirche Mecklenburg, der Synode der Evangelischen Kirche der Union (EKU), deren Vizepräsident er eine Zeitlang war, und der Synode des Bundes der Evangelischen Kirchen in der DDR sowie Vertrauensperson des Jungmännerwerkes. Schnur war der Rechtsanwalt derer gewesen, die während der Liebknecht-Luxemburg-Demonstration am 15. Januar 1988 inhaftiert worden waren, und berichtete während der Fürbittandachten im Herbst 1989 regelmäßig vor überfüllten Kirchen und unter großem Beifall von seinen Bemühungen, Inhaftierte freizubekommen. Schnur galt nicht nur als Jurist glaubhaft, sondern wurde auch als ein frommer Mensch wahrgenommen, der im Gefängnis mit den Gefangenen die Herrnhuter Tageslosung las und mit ihnen betete. Als die Beweise für eine MfS-Tätigkeit nicht mehr zu widerlegen waren, legte Schnur am 14. März 1990 unmittelbar vor der Volkskammerwahl am 18. März 1990 sein Amt als Vorsitzender und Spitzenkandidat des Demokratischen Aufbruch (DA) nieder. Nur eine Woche vorher hatte Schnur noch erklärt, er habe nie für die Stasi gearbeitet.

Diese Enttarnung nur wenige Wochen nach dem Sturz der Mauer führte zu einer großen Verunsicherung innerhalb der evangelischen Kirchen, da Schnur immer als ein Mann der Kirche wahrgenommen worden war. Plötzlich schien alles möglich. Der Boden, der 1990 sowieso ob der vielen Unsicherheiten bedrohlich schwankte, wurde noch instabiler. Was vorher der Stasi innerhalb der evangelischen Kirchen nicht gelungen war, nämlich ein gegenseitiges grundsätzliches Misstrauen zu schüren, schien jetzt als späte Saat aufzugehen und den Umgang miteinander zu vergiften. Wollte man sich vorher nicht das Vertrauen zerstören lassen, drang nun das Gift des Verrates, der Verdächtigungen, der Gerüchte und der Beschuldigungen auch immer mehr in die Kirche ein.

Also musste auch die Kirche Wege finden und Verfahren entwickeln, wie sie sich ihrer eigenen Vergangenheit annähern wollte. Die Konferenz der Evangelischen Kirchenleitungen (KKL) in der DDR warnte in ihrem Rechenschaftsbericht auf der 6. Synode des Bundes der Evangelischen Kirchen vom 21.–25. September 1990 in Leipzig davor, „daß nicht mittels des Aktenmaterials die Herrschaft des Mißtrauens und der Angst, die der Staatssicherheitsdienst errichtete, fortwirkt oder gar fortgesetzt wird".[20] Der Bundessynoden-Beschluss vom 25. September 1990 betont außerdem die besondere Verantwortung der Christen bei der Aufarbeitung der jüngsten Vergangenheit. „Wir halten es für eine besondere Chance der Christen, dabei zu helfen, daß Schuld bekannt, Angst abgebaut und Vertrauen dort wieder hergestellt wird, wo es zerbrochen war."[21]

Immer lauter allerdings werden auch die Stimmen, die wegen der Glaubwürdigkeit der Kirche und des schleichenden Vertrauensverlustes eine Überprüfung aller Pfarrer und Pfarrerinnen, der Synodalen und kirchenleitenden Amtsträger fordern.[22]

Ein entsprechender Antrag wird auf der IX. Synode der Evangelischen Kirche der Kirchenprovinz Sachsen, die vom 1.–4. November 1990 in Halle tagte, gestellt. Wenn sich die Kirche für „eine aufrichtige und glaubhafte Aufarbeitung" einsetzen würde, wäre dies „ein positives Zeichen für unsere Gesellschaft". Diesem Antrag stimmte die Synode nicht zu, weil es nicht die Aufgabe der Kirche sei, „uns zu einem verlängerten Arm der Staatssicherheit zu machen und ein Herrschaftswissen über andere zu erwerben, dessen Wahrheitsgehalt überdies anfechtbar ist".[23]

Und auch die KKL befasst sich am 9. / 10. November 1990 wieder mit dem Thema Aufarbeitung, da die damit zusammenhängenden Fragen „angesichts des Handlungsdruckes durch Verlautbarungen in Zeitungen und anderen Medien immer drängender" werden würden. Die Presse und die Medien werden dringend ermahnt, von leichtfertigen Verdächtigungen und Namensnennungen im Hinblick auf eine vermutete MfS-Mitarbeit Abstand zu nehmen.

Vor diesem Hintergrund hatte sich Propst Furian im Dezember 1990 mit seinem Brief an die Gemeindekirchenräte der EkiBB gewandt und einen sorgfältigen Umgang mit der Vergangenheit eingefordert. Deshalb bezieht er sich in seiner Antwort an Giebeler auf dieses Schreiben und bestärkt ihn in seiner Ablehnung einer Überprüfung.

20 Schultze, Stasi-Belastungen in den Kirchen?, S. 293.

21 Ebenda, S. 294.

22 Evangelische Kirche in Deutschland / Informations- und Dokumentationsstelle, Recht und Versöhnung, S. 5f.

23 Schultze, Stasi-Belastungen in den Kirchen?, S. 296.

Giebelers Berufung auf seine besondere Stellung als ordinierter Seelsorger hat 1991 beim MdJ Erfolg. Er wird den Fragebogen des MdJ nicht ausfüllen, was vom Justizministerium zwar irritiert zur Kenntnis genommen, aber bis zum 9. Oktober 1992 stillschweigend akzeptiert wird.

Am 9. Oktober 1992 soll der Film „Zu verkündigen den Gefangenen die Freiheit. Wie die ostdeutschen Kirchen die politischen Häftlinge betreut haben"[24] in der ARD zu sehen sein. Beckmann und Kusch informieren das Brandenburger MdJ über die bevorstehende Ausstrahlung des Filmes und präsentieren am 8. Oktober 1992 dem Ministerialdirigenten und Abteilungsleiter im Brandenburger Justizministerium, Christian Dertinger, Dokumente, die aus ihrer Sicht für die Beurteilung des Falles Giebeler relevant sind. Die Journalisten legen Dertinger Kopien von Stasiberichten mit Giebelers Unterschrift, von ihm mit Decknamen unterzeichnete Quittungen über erhaltene MfS-Zuwendungen, Urkunden, die seine Auszeichnungen dokumentieren, sowie Berichte an das MdI vor. Dertinger erkennt sofort die Brisanz der ihm vorgelegten Dokumente und reagiert umgehend, indem er Giebeler am nächsten Tag zum Gespräch ins Justizministerium bittet. Diese Unterredung findet am 9. Oktober 1992 um 14.30 Uhr im Brandenburger Justizministerium statt.

Als Eckart Giebeler wenig später das Justizministerium wieder verlässt, hat er seinen Aufhebungsvertrag[25] mit sofortiger Wirkung zum 10. Oktober 1992 unterschrieben, und seine Tätigkeit als Gefängnisseelsorger, die er am 1. Oktober 1949 in der Strafvollzugsanstalt Brandenburg begonnen hatte, war nach fast genau 43 Jahren am 9. Oktober 1992 durch das Brandenburger Justizministerium beendet worden.

Am gleichen Tag verschickt das Ministerium der Justiz eine Pressemitteilung, in der die Entscheidung des Ministeriums begründet wird.[26] Das Ministerium weist darauf hin, dass Pfarrer Giebeler 1991 die in dem üblichen

24 Andreas Beckmann / Regina Kusch, Zu verkündigen den Gefangenen die Freiheit – Wie die ostdeutschen Kirchen die politischen Häftlinge betreut haben, D 1992.

25 Aufhebungsvertrag zwischen dem Land Brandenburg, Ministerium der Justiz und Herrn Eckart Giebeler, 9. 10. 1992, ELAB, 15 / 1989.

26 Pressemitteilung Ministerium der Justiz, 9. 10. 1992, in: Unsere Zeitung – Gefangenen-Zeitung der JVA Brandenburg (1992) 10, ELAB, 15 / 1989.

Personalfragebogen geforderte Erklärung über eine eventuelle Tätigkeit für das MfS mit der Begründung, der Personalfragebogen berücksichtige nicht die besondere Stellung eines Geistlichen, nicht abgegeben habe. Außerdem habe Giebeler darauf hingewiesen, selbst abgehört worden zu sein. Pfarrer Giebeler habe in dem Gespräch im Justizministerium erneut jede Mitarbeit mit dem Ministerium für Staatssicherheit und jede Zuarbeit verneint. Nachdem mit Giebeler die bisher unbekannten Vorwürfe erläutert worden seien, habe dieser mit Rücksicht auf sein Alter und den Umstand, dass er sich den zu erwartenden Anwürfen nicht aussetzen wolle, um die sofortige Auflösung seines Arbeitsvertrages gebeten. Dieser Bitte habe das Justizministerium entsprochen.

9. Schattenseiten – Reaktionen auf Giebelers Entlassung

9.1 „Justiz – Vollzugsorgan der Medien" – Reaktionen der Kirche

Die Veröffentlichung der Vorwürfe gegenüber Giebeler fällt in eine Zeit, in der die Debatte um die MfS-Kontakte und MfS-Belastungen kirchlicher Mitarbeiter einen Höhepunkt erreicht hatte. Nach der Veröffentlichung des Buches „Pfarrer, Christen und Katholiken"[1] von Gerhard Besier und Stefan Wolf 1992, in dem massiv der Vorwurf einer Kumpanei der ostdeutschen Kirchen mit dem SED-Staat und der Stasi erhoben wird, meldeten 1992 mehrere Tageszeitungen mit Berufung auf Besier, dass es in der Kirche etwa dreitausend Spitzel gegeben habe. Obwohl sich Besier von dieser Zahl in der evangelischen Wochenzeitung *Die Kirche* distanzierte, titelte der Berliner *Tagesspiegel* am 26. Januar 1992 „Die meisten Kirchenmitarbeiter sollen für die Stasi gearbeitet haben".[2]

Der Rat der EKD veröffentlichte in Reaktion auf diese Debatte im Januar 1992 eine Erklärung unter dem Titel „Kirche – Gesellschaft – Staatssicherheit". Darin betonen die Verfasser, dass es „im Rückblick und vom Standpunkt Außenstehender allzuleicht zu ungerechten Urteilen kommen"[3] könne. Auf dem Erfurter Kirchentag im Frühsommer 1992 wurde unter dem Titel „Mut zur Vergangenheit" eine Erklärung verabschiedet, in der es hieß: „Die Enthüllungen über so viele Stasi-Mitarbeiter in der Kirche tun uns weh. Ohnmächtig erleben wir, wie das Vertrauen zur Kirche schwindet. [...] Wir wollen der Versuchung widerstehen, unter der frommen Losung ‚Wir sind alle allzumal Sünder' den Unterschied zwischen den Tätern und den Opfern leichtfertig zu verwischen. Wir nehmen dabei sowohl das Opfer als auch den Täter nicht ernst. Und wir nehmen uns die Chance, aus der Vergangenheit für die Zukunft zu lernen."[4]

1 Besier / Wolf, Pfarrer, Christen und Katholiken, S. 42.

2 Horst Dähn / Christian Halbrock / Günter Krusche, Evangelische Kirchen in Ostdeutschland in den vergangenen 15 Jahren, in: Deutschland Archiv (2004) 5, S. 877f.

3 Schultze, Stasi-Belastungen in den Kirchen?, S. 317.

4 Ebenda, S. 338.

In dieses Klima, in der zum einen das Vertrauen in eine seriöse Berichterstattung über die DDR-Kirchen im Allgemeinen und ihre Anpassungsleistungen an den Staat im Besonderen zutiefst erschüttert war und zum anderen das Gefühl verbreitet war, dass durch die kritische und oftmals auch falsche und undifferenzierte Berichterstattung über die DDR-Kirchen ihre besondere Rolle als einzige staatsunabhängige Groß-Organisation, die Freiräume nicht nur für Christen ermöglicht hatte, nicht genug gewürdigt wurde, fiel die Veröffentlichung der Vorwürfe gegen Giebeler.

Giebeler sendet seinen Aufhebungsvertrag sofort an das Konsistorium der EkiBB, woraufhin Propst Furian umgehend beim Justizministerium in Brandenburg gegen diesen Aufhebungsvertrag seinen Protest einreicht.[5] Furian bemängelt u. a., dass Giebeler von „Herrn Dertinger zur umgehenden Unterzeichnung genötigt" worden sei. Außerdem habe Dertinger die „Recherchen, die dieser Sendung als Unterlage dienten, […] auf ihren tatsächlichen Beweiswert von unabhängiger Seite prüfen lassen müssen".[6] Das habe er nicht getan, sondern im Gegenteil diese aufgegriffen, um eine „ungeliebte Altlast" loszuwerden. Weder Dertinger noch die Journalisten könnten beurteilen, was es geheißen habe, über 40 Jahre als Gefängnisseelsorger in der DDR gearbeitet zu haben. Was Giebeler zum Abschied mit auf den Weg gegeben wurde, lasse „einem geradezu die Tränen in die Augen treten!"[7] Das Justizministerium wolle Giebeler ersparen, was Stolpe durchstehen müsse. Das hieße doch, dass Pfarrer Giebeler nichts Wesentliches anzulasten sei, da er aber nicht die Nerven des Ministerpräsidenten habe, müsse er gehen. Außerdem wäre, nach Ansicht Furians, Dertinger aufgrund der erhobenen Vorwürfe „verpflichtet gewesen, sich vor einer Entscheidung mit der Ev. Kirche in Berlin-Brandenburg in Verbindung zu setzen".[8] Zudem hätte das Ministerium Giebeler bis zur Klärung der Vorwürfe beurlauben können. Abschließend merkt Furian ironisch an: „Wenn im Land Brandenburg Vertreter der Justizverwaltung zum Vollzugsorgan von

5 Furian, Schreiben an das Justizministerium, 12. 10. 1992, ELAB, 15/1989.

6 Ebenda.

7 Ebenda.

8 Ebenda.

Medien werden, dann gehen wir gewiss ‚herrlichen Zeiten' entgegen."[9] Furians Brief beantwortet der Brandenburger Justizminister Hans Otto Bräutigam am 16. Oktober 1992.[10]

Bräutigam betont, dass Giebeler Landesbediensteter war und die Beendigung des Vertragsverhältnisses deshalb ausschließlich Sache der Vertragsparteien, also des Ministeriums für Justiz und Pfarrer Giebeler, gewesen sei. Der Justizminister weist ausdrücklich den Vorwurf zurück, Giebeler sei genötigt worden, den Aufhebungsvertrag zu unterschreiben. Vielmehr habe es Giebeler freigestanden, diesen abzulehnen und sich bis zur Klärung der Vorwürfe beurlauben zu lassen. Aufgrund der Äußerungen von Giebeler habe aber zweifelsfrei der Eindruck bestanden, dass Pfarrer Giebeler den Abschluss des Auflösungsvertrages für die beste Lösung gehalten habe.

Diese Haltung vertritt auch der frühere Jurist beim Bund der Evangelischen Kirchen in der DDR, Malte Kupas,[11] der nun als Jurist im Brandenburger Justizministerium arbeitet. Er erklärt Giebeler gegenüber, dass der Aufhebungsvertrag trotz der Vorwürfe der Kirche gegenüber dem Justizministerium Gültigkeit habe.[12]

Furian reagiert am 13. November 1992[13] auf Bräutigams Brief und weist noch einmal ausdrücklich darauf hin, dass er erwartet habe, dass das Konsistorium in diesem Fall konsultiert worden wäre, denn „‚der Landesbedienstete' ist ja zugleich Pfarrer", und bekräftigt erneut sein – in den vergangenen zwei Jahren gewachsenes – Misstrauen gegenüber Journalisten. Nach seiner Überzeugung „tut man Journalisten prinzipiell der Ehre zu viel, wenn man sofort auf das, was sie sagen oder schreiben, reagiert. Die Medien sind für mich je-

9 Ebenda.

10 Hans Otto Bräutigam, Schreiben an Furian, 16. 10. 1992, ELAB, 15/1989.

11 Malte Kupas hatte, als er noch beim Bund der Evangelischen Kirchen in der DDR arbeitete, im Mai 1989 bereits mit Eckart Giebelers Sonderstellung Erfahrungen gemacht, da ihm in einem Telefonat mit dem MdI am 10. 5. 1989 mitgeteilt worden war, dass nur der hauptamtliche Seelsorger Giebeler Gespräche ohne Aufsicht führen dürfe.

12 Giebeler, Schreiben an Furian, 23. 10. 1992, ELAB, 15/1989.

13 Furian, Schreiben an Bräutigam, 13. 11. 1992, ELAB, 15/1989.

denfalls eine Scheinmacht."[14] Obwohl Giebeler Angestellter des MdJ war, betont Furian seine besondere Stellung als Pfarrer, für den die Landeskirche sich offenbar verantwortlich fühlt. Später wird er allerdings betonen, dass Giebeler als Staatsangestellter mit der Kirche nichts zu tun gehabt habe und deshalb die Kirche für seine MfS-Überprüfung nicht zuständig sei.[15]

Furian führt in seinem Widerspruch neben formalen Argumenten (Nötigung, fehlendes Siegel unter dem Aufhebungsvertrag, keine Konsultation mit der Landeskirche) auch inhaltliche Bedenken an. Diese beziehen sich auf die Kompetenz der beiden Journalisten und auch auf die des Ministerialdirigenten. Furian spricht allen dreien den Sachverstand ab, die Verhältnisse in der DDR beurteilen zu können, da alle drei nicht in der DDR gelebt hätten. Damit hat Furian insofern recht, weil die Anpassungsleistungen, die Menschen in einer Diktatur zu erbringen haben, sowie die Kompromisse, die verantwortet werden müssen, von außen und mit zeitlichem Abstand von denen betrachtet, die nicht unter diesen Umständen gelebt haben, oftmals schwer nachvollziehbar sind und daher eher kritisch betrachtet werden. Die Erfahrungen der Jahre nach 1990, in denen Journalisten häufig sehr undifferenziert, wenig kenntnisreich und auch falsche Vorwürfe gegen Menschen wegen ihrer angenommenen Systemtreue oder vermutetem Spitzeltum erhoben, haben auch Furian und sein Misstrauen gegen die Medien geprägt. Zu Recht ist in jenen Jahren von den ostdeutschen Kirchen kritisiert worden, dass der Inhalt der Akten, in denen das Herrschaftswissen archiviert ist, ungeprüft als Wahrheit verstanden wurde. Und tatsächlich übernehmen die Journalisten Kusch und Beckmann aus den Stasi-Akten die falsche Annahme, Giebeler habe den militärischen Rang eines Majors gehabt. Giebeler war immer Zivilangestellter des MdI. Die Vorstellung des MfS, Giebeler hätte in einem militärischen Rang gestanden, stammt noch aus der Zeit vor der Anwerbung Giebelers aus dem Jahr 1957 und wurde erst in den 1960er-Jahren in den MfS-Einschätzungen des IM „Roland" korrigiert.

Deshalb sind eine kritische Wertung der MfS- und Staats-Akten und eine sorgfältige Einordnung in den zeitgeschichtlichen Kontext unverzichtbar.

14 Ebenda.
15 Vgl. Kapitel 10.

Die Dokumente, die Dertinger vorgelegt wurden, waren allerdings so eindeutig, dass es keinen Zweifel gab, wie diese zu beurteilen sind. Insofern war der Aufhebungsvertrag im Vergleich zu einer fristlosen Kündigung noch eine freundliche Geste des Justizministeriums gegenüber ihrem Mitarbeiter.

9.2 „Wir danken ihm für seine Arbeit" – Reaktion des Kirchenkreises Brandenburg

Der Film „Zu verkündigen den Gefangenen die Freiheit. Wie die ostdeutschen Kirchen die politischen Häftlinge betreut haben" löst im Kirchenkreis Brandenburg große Betroffenheit und Irritationen unter den Pfarrern aus. Superintendent Rainer Koopmann ist sehr besorgt, wie „Bruder Giebeler auf diesen Film reagiert",[16] und wendet sich einen Tag nach der Sendung, am 11. Oktober 1992 mit einem Rundbrief an seinen Pfarrkonvent und bittet die Pfarrerinnen und Pfarrer, sich nicht an den Vorverurteilungen von Pfarrer Giebeler zu beteiligen.

Koopmann kritisiert, dass die Behauptungen, Giebeler sei ein IM der Stasi gewesen, ebenso wenig bewiesen worden seien wie die, dass Giebeler sich selbst den Decknamen „Roland" gegeben habe. Koopmann vermutet, dass die vielen von „Roland" unterzeichneten Berichte, möglicherweise „Abhörprotokolle seiner Sprechstunden??!"[17] seien. Auch lägen keine Beweise dafür vor, dass Giebeler für seine Tätigkeiten als inoffizieller Mitarbeiter des MfS Geld von der Stasi verlangt und erhalten habe. Zudem habe die Sendung „keinen Menschen nennen können, der durch Giebeler in seiner 40jährigen Tätigkeit geschädigt wurde".[18] Koopmann beendet seinen Rundbrief mit den Worten: „Ich entziehe Bruder Giebeler mein Vertrauen nicht."[19]

16 Koopmann, Schreiben an Pfarrkonvent, 11.10.1992, Rundbrief Nr. 4/1992, ELAB, 15/1989.

17 Ebenda.

18 Ebenda.

19 Ebenda.

Am 14. Oktober 1992, drei Tage nach Koopmanns Rundbrief, trifft sich der Pfarrkonvent des Kirchenkreises Brandenburg zu seiner regulären Konventssitzung. Das Thema Giebeler wird mit großer Sorge diskutiert. Der Pfarrkonvent stellt sich hinter Pfarrer Giebeler, und die Pfarrerinnen und Pfarrer formulieren in einem Offenen Brief ihren Widerspruch gegen die im Film veröffentlichten Verdächtigungen und senden diesen an den Bischof der Berlin-Brandenburger Kirche, Martin Kruse, und an verschiedene Medien, u. a. an den Evangelischen Pressedienst (epd).[20]

Der Pfarrkonvent folgt der Argumentation seines Superintendenten und missbilligt „auf das Schärfste die ausgestrahlte Sendung über Gefängnisseelsorge“.[21] Der immer weiter „um sich greifende diffamierende Journalismus und vorverurteilende Presseveröffentlichungen“[22] seien „nicht mehr zu ertragen“.[23] Auf diese Weise würden „Menschen, die unter schwierigsten Umständen und großen persönlichen Belastungen in Bindung an Gottes Wort und in Verantwortung vor ihrem Gewissen ihren Dienst getan haben, um anderen Menschen in Wort und Tat die gute Botschaft Gottes zu verkündigen, kaputt gemacht“.[24] Der Pfarrkonvent wiederholt Koopmanns Argumentation, nach der die Fernsehsendung keinen Menschen habe nennen können, der durch Pfarrer Giebeler in seiner vierzigjährigen Tätigkeit geschädigt worden sei, und kritisiert, dass „die Sendung jeden Beweis für die in ihr erhobenen Beschuldigungen schuldig“[25] geblieben sei.

Im Film werden Dutzende Dokumente, die nach Ansicht der Filmemacher Giebelers MfS-Tätigkeit belegen, gezeigt. Die Mitglieder des Pfarrkonvents, die die Dokumente nicht im Original, sondern nur in schnellen Filmsequenzen gesehen haben, können nicht prüfen, ob die Vorwürfe der Journalisten durch die Dokumente belegt werden können. Die Journalisten haben also durchaus Beweise vorgelegt, die aber vom Pfarrkonvent nicht als solche akzeptiert werden.

20 Pfarrkonvent Brandenburg, Stellungnahme an Bischof Kruse, 14. 10. 1992, ELAB, 15/1989.
21 Ebenda.
22 Ebenda.
23 Ebenda.
24 Ebenda.
25 Ebenda.

Der Pfarrkonvent erklärt, dass „Bruder Giebeler ungeachtet der gegen ihn erhobenen falschen Vorwürfe" das Vertrauen des Pfarrkonventes habe.[26]

Von der Kirchenleitung erwarten die Unterzeichner „eine eindeutige Stellungnahme" zugunsten von Pfarrer Giebeler. Zusätzlich sollten sich sowohl die ARD, welche die Sendung ausgestrahlt hat, als auch das *Berlin-Brandenburgische Sonntagsblatt*, in dem ein Artikel von Beckmann und Kusch[27] abgedruckt worden war, offiziell entschuldigen und Giebelers Arbeit korrekt darstellen.

Dass sich die Pfarrerinnen und Pfarrer an die Seite eines Amtsbruders stellen, der sich gegenwärtig in einer sehr schwierigen persönlichen Lage befindet, ist nicht nur nachvollziehbar, sondern auch seelsorgerlich und menschlich geboten. Die Pfarrer sind erschrocken und entsetzt darüber, dass ein ihnen – aus jahrzehntelangen Konventsbesuchen – vertrauter und geschätzter Kollege vor einer großen Fernsehöffentlichkeit bloßgestellt und des Verrats bezichtigt wird. Der Widerspruch zwischen dem Anspruch und dem Auftrag von Journalisten, Verborgenes zu entdecken und der Öffentlichkeit zugänglich zu machen, und der Aufgabe von Seelsorgern, Fehlverhalten zwar zu benennen, aber dies gerade unter dem Ausschluss der Öffentlichkeit zu tun, kann nicht größer sein.

Sowohl der Superintendent als auch der Pfarrkonvent führen an, dass keine Person genannt werden konnte, der Giebeler geschadet habe, und verkennen dabei, dass diese Frage in Bezug auf die Wahrung des Seelsorgegeheimnisses völlig irrelevant ist.

Selbst wenn ein Pfarrer nicht zum Schaden, sondern zugunsten eines Menschen dieses Beichtgeheimnis bricht, wäre dieses durch das Pfarrerdienstgesetz nicht zu rechtfertigen. Das Beichtgeheimnis ist nicht dadurch aufzuheben,

26 Dieser Satz ist grammatikalisch zwar richtig, aber inhaltlich unsinnig. Entweder der Pfarrkonvent hat Vertrauen zu Giebeler *ungeachtet* der erhobenen Vorwürfe (Wir haben *ungeachtet* der erhobenen Vorwürfe Vertrauen …) oder der Pfarrkonvent hat Vertrauen, *weil* die Vorwürfe falsch sind (Wir haben Vertrauen, *weil* die Vorwürfe falsch sind). *Ungeachtet der falschen Vorwürfe* ist somit grammatikalisch unlogisch.

27 Andreas Beckmann / Regina Kusch, Von Skrupeln keine Spur. Wie der Brandenburger Gefängnisseelsorger Eckart Giebeler Gefangene aushorchte, in: Deutsches Allgemeines Sonntagsblatt, Nr. 42, 16. 10. 1992.

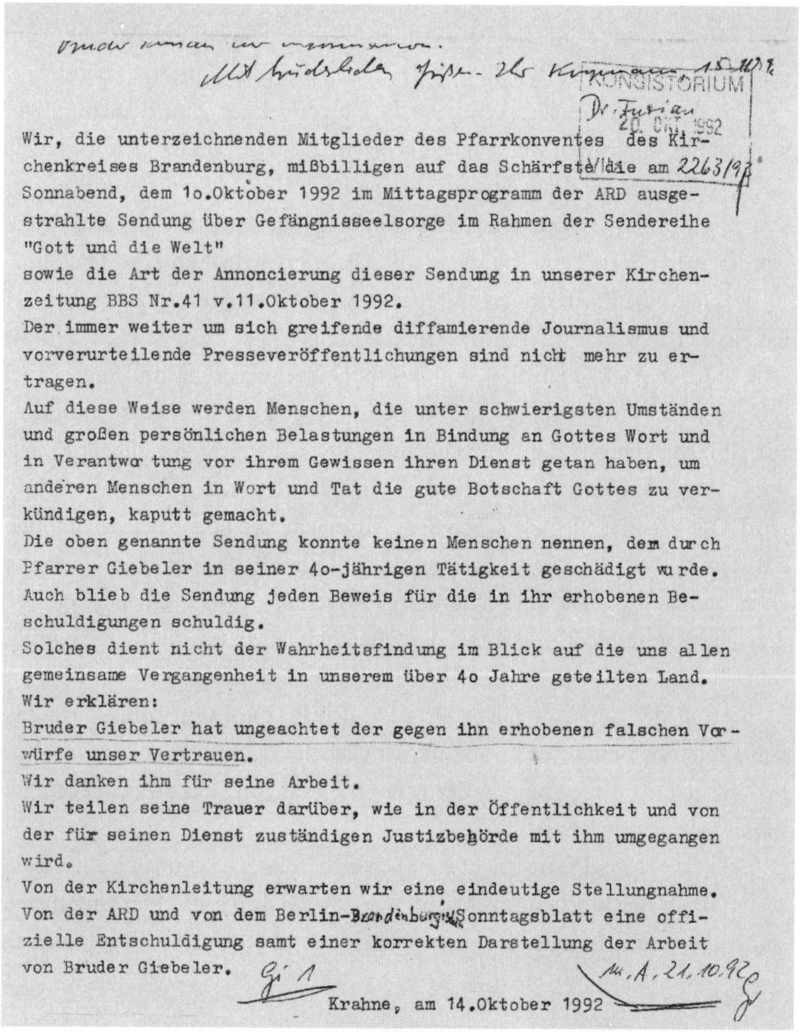

KONSISTORIUM
20. OKT. 1992

Wir, die unterzeichnenden Mitglieder des Pfarrkonventes des Kirchenkreises Brandenburg, mißbilligen auf das Schärfste die am Sonnabend, dem 1o.Oktober 1992 im Mittagsprogramm der ARD ausgestrahlte Sendung über Gefängnisseelsorge im Rahmen der Sendereihe "Gott und die Welt"
sowie die Art der Annoncierung dieser Sendung in unserer Kirchenzeitung BBS Nr.41 v.11.Oktober 1992.
Der immer weiter um sich greifende diffamierende Journalismus und vorverurteilende Presseveröffentlichungen sind nicht mehr zu ertragen.
Auf diese Weise werden Menschen, die unter schwierigsten Umständen und großen persönlichen Belastungen in Bindung an Gottes Wort und in Verantwortung vor ihrem Gewissen ihren Dienst getan haben, um anderen Menschen in Wort und Tat die gute Botschaft Gottes zu verkündigen, kaputt gemacht.
Die oben genannte Sendung konnte keinen Menschen nennen, dem durch Pfarrer Giebeler in seiner 4o-jährigen Tätigkeit geschädigt wurde.
Auch blieb die Sendung jeden Beweis für die in ihr erhobenen Beschuldigungen schuldig.
Solches dient nicht der Wahrheitsfindung im Blick auf die uns allen gemeinsame Vergangenheit in unserem über 4o Jahre geteilten Land.
Wir erklären:
Bruder Giebeler hat ungeachtet der gegen ihn erhobenen falschen Vorwürfe unser Vertrauen.
Wir danken ihm für seine Arbeit.
Wir teilen seine Trauer darüber, wie in der Öffentlichkeit und von der für seinen Dienst zuständigen Justizbehörde mit ihm umgegangen wird.
Von der Kirchenleitung erwarten wir eine eindeutige Stellungnahme.
Von der ARD und von dem Berlin-Brandenburgischen Sonntagsblatt eine offizielle Entschuldigung samt einer korrekten Darstellung der Arbeit von Bruder Giebeler.

Krahne, am 14.Oktober 1992

Dokument 47: Offener Brief des Pfarrkonvents zum Film „Zu verkündigen den Gefangenen die Freiheit", 14.10.1992

dass ein Bruch desselben von einem möglichen Ergebnis her beurteilt wird. Anderenfalls läge es in der persönlichen Abwägung des Seelsorgers, dieses zum Nutzen eines Menschen zu brechen. Genau das wird aber durch das Seelsorgegeheimnis verhindert. Unabhängig von der Abwägung von Schaden oder Nutzen, darf ein Seelsorger unter keinen Umständen das ihm Anvertraute an Dritte weitergeben, da das Seelsorgegeheimnis ein absolutes, nicht relativierbares ist. Die Argumentation des Superintendenten und des Pfarrkonventes entspricht somit nicht den eigenen kirchenrechtlichen und theologischen Prämissen.

9.3 „Nicht Richter sein" – Reaktion des Brockhaus Verlages

Auch der Brockhaus Verlag, in dem Giebelers autobiografische Erinnerungen nur wenige Monate vorher erschienen sind, reagiert auf die veröffentlichten Vorwürfe, schließlich stehen diese in eklatantem Widerspruch zum Vorwort des Verlages. Darin betont der Verlag, dass die in den „Anstalten eingestreuten Verleumdungen und Verdächtigungen, die Giebelers Vertrauen bei den Gefangenen untergraben"[28] sollten, Giebeler nicht irre gemacht hätten. Hatten doch bereits die „Nazis versucht, auf hinterhältige Weise den guten Leumund kirchentreuer Geistlicher zu untergraben".[29] Der Verlag beschreibt Giebeler in seinem Vorwort als einen mutigen, aufrechten Pfarrer, der unter Absehung der eigenen Gesundheit und unter Inkaufnahme größter persönlicher Nachteile und Gefahren seinen Dienst als Gefängnisseelsorger in der DDR ausgeübt habe. Nach den Veröffentlichungen der Vorwürfe müsse sich der Verlag nun überlegen, wie er in Hinblick auf die Auslieferung des Buches weiter verfahre.

Der Brockhaus-Verlag schreibt deshalb am 13. November 1992[30] an Furian und bittet ihn um Auskunft zu folgenden Fragen:

„ 1. Ist ausgeschlossen, daß Herr Giebeler IM Roland war?

2. Wie stehen Sie zu der Aussage [...,] daß in der Gauck-Behörde 15 Aktenordner mit Beweisen für die Tätigkeit von Herrn Giebeler als IM Roland stehen?

28 Giebeler, Hinter verschlossenen Türen, S. 6.

29 Giebeler, Der gefährliche Balanceakt, S. 31.

30 Wolfgang Bauer, R. Brockhaus Verlag, an Konsistorium der Evangelischen Kirche in Berlin-Brandenburg, Herrn Propst [sic!] Dr. Hans-Otto Furian, 13.11.1992, ELAB, 15/1989.

3. Ist Ihnen irgendein Fall bekannt, in dem Herr Giebeler anderen Personen geschadet hat?"

Furian antwortet, dass nicht auszuschließen sei, dass „Pfarrer Giebeler ‚I.M.' war". Aber dies müsse nichts heißen, denn es habe kirchliche Mitarbeiter gegeben, die als IM geführt worden seien, ohne dass sie davon etwas gewusst hätten.

Die Aktenordner in der Gauckbehörde wolle Furian nicht bestreiten, ob es sich allerdings um Beweise handele und welcher Art diese Beweise seien, müsse erst noch festgestellt werden. Mit einem klaren „Nein" beantwortet Furian die Frage, ob ihm irgendein Fall bekannt sei, in dem Giebeler Personen geschadet habe. Er spreche Giebeler nicht von jeder Schuld frei, aber unter den Umständen, unter denen dieser 40 Jahre gearbeitet habe, habe man sich schuldig machen müssen. Furian bezweifelt erneut, dass „Journalisten jugendlichen Alters aus dem Westen Deutschlands überhaupt beurteilen können, unter welchen Bedingungen Bruder Giebeler ‚Seelsorge' im Zuchthaus Brandenburg tun mußte". Er empfiehlt dem Brockhaus Verlag, Giebelers Veröffentlichung mit einem Nachwort zu versehen und das Buch „wegen einer Pressekampagne nicht sang- und klanglos verschwinden zu lassen".[31]

Der Verlag seinerseits gibt am 18. Dezember 1992 eine Erklärung zu den Vorwürfen heraus. Es habe sich nach eigenen Recherchen ein zwiespältiges Bild ergeben. Zwar lägen Aktenkopien aus der Gauck-Behörde und dem Bundesarchiv vor, die auf Stasi-Kontakte des Autors hinwiesen. Nicht erwiesen sei aber, dass Giebeler selbst Schriftstücke für die Stasi verfasst oder Informationen weitergegeben habe. Es liege zudem keine schriftliche Verpflichtung vor. Auch habe der Autor die gegen ihn erhobenen Vorwürfe zurückgewiesen. Der Verlag könne und wolle im Blick auf die erhobenen Vorwürfe „nicht Richter sein – weder gegenüber seinem Autor noch gegenüber den Journalisten".[32] Der Verlag erwäge daher, den Büchern einen erklärenden Text zur Information der Leser beizulegen. Eine entsprechende Anfrage an den Brockhaus Verlag im

31 Furian, Schreiben an Bauer, Brockhaus Verlag, 23. 11. 1992, ELAB, 15 / 1989.

32 R. Brockhaus Verlag, Erklärung zu den Vorwürfen gegen seinen Autor Eckart Giebeler, 18. 12. 1992, ELAB, 15 / 1989.

Juni 2018, ob ein solcher erklärender Text verfasst und den Büchern beigelegt worden sei, konnte vom Verlag nicht beantwortet werden.[33]

9.4 „Ein Christ kann kein Spion sein" – Reaktion von Eckart Giebeler

Für Giebeler kann das Bild, das die Journalisten von ihm als Stasi-Spitzel zeichnen, nur eine persönliche Katastrophe sein. Diese Darstellung entspricht schließlich in keiner Weise Giebelers Selbstbild, das er nur wenige Wochen zuvor in seinem Buch „Hinter verschlossenen Türen" entworfen und veröffentlicht hat.

Nach Ausstrahlung des Filmes war es für Giebeler in doppelter Hinsicht schwer, wenn nicht gar unmöglich, sich kritisch und öffentlich mit seiner Vergangenheit auseinanderzusetzen. Das Eingeständnis der Zusammenarbeit mit dem MfS hätte zugleich bedeutet, dass zumindest die Passagen, die sein aufrechtes Widerstehen gegenüber den Anwerbungen des MfS beschreiben, in der publizierten Form nicht stimmen können.

Zudem wird die *öffentliche* Konfrontation mit eigenem schuldhaftem Verhalten zumeist als eine tiefe Beschämung und ebenso große Demütigung erlebt. In einer solchen Situation, in der ein Mensch quasi öffentlich am Pranger steht, wo der Name genannt und das Gesicht gezeigt wird, besteht nicht nur die Gefahr, dass ein Mensch ausschließlich auf sein Tun reduziert wird, sondern auch, dass auf eine differenzierte Darstellung zugunsten der Vereinfachung verzichtet wird. Insofern ist es allzu verständlich, wenn Menschen in einer solchen Bedrängnis verzweifelt versuchen, die eigene Schuld zu relativieren und zu verleugnen.

Erst wenn die Beweislast erdrückend ist, kann die Schuld eingestanden werden. Solange das nicht der Fall ist, bleibt eine kleine und zutiefst menschliche Hoffnung, unentdeckt davonzukommen. Wesentlich schwieriger, als sich

33 Jürgen Asshoff, Presse-/Öffentlichkeitsarbeit, SCM-Verlag, 24.7.2018, E-Mail an die Verf.

mit den kritischen Fragen *der* Öffentlichkeit *in der* Öffentlichkeit auseinanderzusetzen, ist der Abschied von den eigenen Selbstbildern, die in autobiografischen Texten sinn- und identitätsstiftend ihren Ausdruck gefunden haben.

Giebeler wird in vielen späteren Schreiben, in denen er die ihm gegenüber erhobenen Vorwürfe zurückweist, immer wieder auf sein eigenes Buch verweisen, das ihn und seine Arbeit richtig darstelle.[34] Für Eckart Giebeler geht es nicht um eine punktuelle Schuld, wie z. B. einen Diebstahl oder um Fahrerflucht, sondern es geht um eine Lebensgeschichte und deren Deutung. Eckart Giebeler gründet seine Identität auf die Geschichte, die er erzählt und die von dem gegenwärtigen gesellschaftlichen Erinnerungsrahmen vorgegeben wird. Die ausgesprochen positiven Rezensionen seiner Autobiografie geben ihm recht, er hat den richtigen Ton mit seinen Erinnerungen getroffen. So lobt u. a. Reymar von Wedel Giebelers Buch, dessen Inhalt „zur Kirchengeschichte der DDR gehört, wenn auch nicht im Sinne von Herrn Besier".[35] Auch Frank Hörtreiter rezensiert für die Zeitschrift *Die Christengemeinschaft* neben Werner Leichs Lebenserinnerungen „Wechselnde Horizonte – Mein Leben in vier politischen Systemen" auch Eckart Giebelers Autobiografie. Abschließend stellt Hörtreiter fest: „Welche Zeugnisse von Mut, Liebe und Treue stecken in diesen Büchern! Sie machen beide Berichte zu Geschenken, besonders für Menschen aus Westdeutschland."[36]

Giebeler sieht nach der Veröffentlichung seiner Autobiografie und der erhobenen Vorwürfe gegen ihn für sich keinen anderen Weg, als auch gegenüber der Kirche an seinem Narrativ festzuhalten. Bei allen oben beschriebenen

34 Vgl. Giebeler Begleitschreiben an ÜA, 11. 11. 1992: „Ein Bild von mir und dem Grad meiner Schuld oder Unschuld als Gefängnispfarrer für politische Häftlinge in der DDR kann man sich machen, wenn man mein Buch ‚Hinter verschlossenen Türen' liest.", Stasi-Überprüfungsausschuss 1992–1995 ELAB, 155; Leserbrief Giebeler, 6. 12. 1992: „Ich denke, daß mein Buch ‚Hinter verschlossenen Türen' ein Einblick in meinen Dienst in den Strafvollzugsanstalten des SED-Staates gibt." Berlin-Brandenburgisches Sonntagsblatt, ELAB, 55.1 / 203.

35 Reymar von Wedel, Die Gefangenen besuchen. Erinnerungen von Eckart Giebeler, in: Berlin-Brandenburgisches Sonntagsblatt, 29. 11. 1992, ELAB, 55.1 / 203.

36 Frank Hörtreiter, Mutige Lebensleistungen, in: Die Christengemeinschaft (1993).

Schwierigkeiten hätte es für Giebeler auch die andere – durchaus sehr schwierige, aber ebenso lohnende – Möglichkeit gegeben, die Sackgasse der (Selbst-)Verleugnung durch Umkehr und Schuldeingeständnis mit der Hoffnung auf Gottes barmherzigen Blick und den der Menschen in einen Weg der ehrlichen Auseinandersetzung mit seinen Verstrickungen zu verwandeln.

Gerade die christliche Kirche und ihre Gemeinden könnten ein Schutz-Ort sein, in dem Schuld bekannt und Vergebung gewährt werden kann, in dem auch Scham und Reue ihren Raum haben, ohne dass das menschliche Sein auf die Schuld und das Versagen reduziert wird. Die christliche Gemeinde lebt aus Gottes Vergebung, so wie im Vaterunser „Vergib uns unsere Schuld, wie auch wir vergeben unseren Schuldigern" gebetet wird.

Abbildung 1, Bernwardstür im Westflügel des Hildesheimer Doms (Detail), Foto: Harald Brünig

Schuld bleibt Schuld und muss als solche auch in einer christlichen Gemeinde und Kirche benannt und ernst genommen werden. Das ist die Kirche den von dieser Schuld betroffenen Menschen schuldig. Aber sie ist auch dem Täter in der Weise eine Solidarität schuldig, die ihn vor Verachtung und Vernichtung schützt.

Giebeler hat aber offenbar im Oktober 1992 nicht das Vertrauen, dass seine Kirche mit Verständnis auf seine Situation reagiert. Dabei ist durchaus davon auszugehen, dass zum einen sein besonderes Anstellungsverhältnis und die höchst komplizierten Bedingungen, unter denen er gearbeitet hat, sowie sein Einsatz für die Gefangenen gewürdigt und bei der Beurteilung seines Tuns berücksichtigt worden wären.

Deshalb hält Giebeler auch gegenüber Propst Furian an der Version seines Lebens- und Selbstbildes fest, die ihn als einen Seelsorger beschreibt, den „Berechenbarkeit und absolute Ehrlichkeit gegenüber Gefangenen und Strafvollzugsangehörigen ausgezeichnet und ihm im Laufe der Jahre immer mehr Achtung“[37] verschafft habe. Er weiß aber auch, dass „Bürger Ostdeutschlands noch lange daran gemessen werden, wie sie sich gegenüber dem Geheimdienst der DDR, dem Ministerium für Staatssicherheit (MfS) verhalten haben“.[38]

Nach der Entlassung durch das Justizministerium und der Ausstrahlung des Filmes steht Giebeler unter extremem Rechtfertigungsdruck, sodass er am 11. Oktober 1992 gleich zwei Briefe an Propst Furian schreibt und die gegen ihn erhobenen Vorwürfe ausdrücklich und vehement zurückweist.

„Mensch wo bist du?“ – Strategien der Schuldabwehr

Die zweiflügelige Bernwardstür im Westflügel des Hildesheimer Doms zeigt Szenen aus dem 1. Buch der Bibel, der Genesis, und aus dem Leben Jesu Christi. Diese Tür, die zu Beginn des 11. Jahrhunderts von Erzbischof Bernward von Hildesheim (983–1022) in Auftrag gegeben wurde, gilt mit ihrem Figurenschmuck als eines der Hauptwerke der ottonischen Kunst. Eine der dargestellten Szenen zeigt eine Urform der menschlichen Schuldabwehr und -verdrängung, in der Adam mit seiner rechten Hand auf Eva weist, die ihn zum Verzehr der verbotenen Frucht überredet habe. Diese wiederum zeigt auf die Schlange, deren Überredungskünsten sie erlegen sei.

Nachdem Gott – nach der Überlieferung in Genesis 1 – die Welt und den Menschen geschaffen hatte, wird die erste biblische Geschichte der Menschheit erzählt, die gleichzeitig eine Schuldgeschichte ist. Adam und Eva, die sich trotz ihrer Nacktheit nicht schämten, halten sich nicht an das göttliche Verbot: „Du

37 Eckart Giebeler im Interview mit Wirths, in: Standpunkt (1990) 1, S. 14.
38 Giebeler, Der gefährliche Balanceakt, S. 26.

darfst essen von allen Bäumen im Garten, aber von dem Baum der Erkenntnis des Guten und des Bösen sollst du nicht essen",[39] sondern kosten die verbotene Frucht im Paradiesgarten.

Nun werden sie sich zum einen ihrer beschämenden Nacktheit bewusst, zum anderen auch ihrer Schuld. Sie versuchen notdürftig, ihre Blöße voreinander zu verdecken und sich vor Gott zu verstecken, in der Hoffnung, dass Gott sie nicht entdecken möge. Genauso paradox wie das menschliche Bemühen, sich vor dem Schöpfergott zu verstecken, ist auch Gottes berühmte Frage: „Adam wo bist du?"[40]

Diese Frage Gottes ist keine Frage nach dem Aufenthaltsort von Adam, sondern sie ist die Aufforderung an den Menschen, sich zu zeigen und erkennbar zu sein. Denn Gott weiß, wo, wie und warum sich der Mensch versteckt. Aber Gott möchte, dass sich der Mensch seiner Verantwortung stellt, indem er auf Gottes Frage antwortet. Die Übernahme von Verantwortung für das eigene Tun ist somit nicht nur sprachlich mit dem Akt der Antwort verbunden. Nicht Gott braucht die Antwort, sondern der Mensch muss sich der Frage stellen: Wo bin ich im Hinblick auf Gott und auf den Nächsten?

Aber es entspricht offenbar einem Urbedürfnis des Menschen angesichts von Schuld und Scham, sich vor Gott und den Menschen zu verstecken, womit die unheilvolle Kette der Selbstentschuldigung des Menschen beginnt, durch die das Verhältnis von Gott und den Menschen und von den Menschen untereinander korrumpiert wird.

Adam begründet gegenüber Gott sein Verhalten damit, dass er nackt sei und sich deshalb geschämt und versteckt habe. Da er sich seiner Nacktheit erst bewusst geworden war, nachdem er die verbotene Frucht von dem Baum der Erkenntnis gegessen hatte, musste er nun gegenüber Gott Rede und Antwort stehen. Adam verweist auf Eva, die wiederum auf die Schlange zeigt. Beide lehnen es somit ab, für ihr Tun Verantwortung zu übernehmen. Ähnlich verhält es sich in der nächsten Geschichte in der Bibel. Kain, der seinen Bruder Abel ermordet hatte, wird von Gott zur Rede gestellt. Kain antwortet mit der Lüge,

39 Die Bibel, Genesis 2,16f. (Bibelzitate sämtlich aus: Stuttgarter Erklärungsbibel, 2007).
40 Die Bibel, Genesis 3,9.

dass er nicht wisse, wo sein Bruder sei, und mit der Gegenfrage: „Soll ich meines Bruders Hüter sein?“[41]

Erst verstecken, dann verleugnen, ein seit biblischer Zeit wiederkehrendes Muster, wenn Menschen schuldig geworden sind. Während das Verstecken eher noch eine passive Schuldverleugnung ist, hat die Antwort oft einen die Wahrheit verfälschenden Charakter.

Sowohl die Frage an Adam als auch die an Kain sind eher rhetorische Fragen, denn Gott weiß sowohl, wo Adam sich versteckt hat, als auch um den Brudermord. Aber Gottes Fragen werfen den Menschen auf die eigene Verantwortung zurück, er muss sich verorten: Hier bin ich und ich bin schuldig geworden.

Eine weitere Form biblischer Schuldabwehr ist neben der Behauptung, verführt worden zu sein oder nichts zu wissen, die der bewussten Täuschung. Als die Söhne von Jakob den ungeliebten Bruder Josef beim Viehhüten in einen Brunnen werfen, präsentieren sie dem Vater den Mantel von Josef, den sie vorher in Tierblut getaucht hatten, um dem Vater zu suggerieren, dass Josef von einem wilden Tier zerrissen worden sei.[42] Ihnen ist kein Mittel zu schade, um von ihrer eigenen Schuld abzulenken. Später wird daraus eine große Versöhnungsgeschichte,[43] aber erst, als die Brüder ihre Schuld vor dem Vater und vor Josef eingestanden haben. Während Adam und Kain als Individuen sich vor Gott verantworten, treten Josefs Brüder bereits als eine Gruppe auf, die sich quasi auf ein kollektives Narrativ der Schuldverleugnung gegenüber ihrem Vater verständigt. Aber auch Vater Jakob kennt das Mittel der Täuschung. Er wiederum hatte seinen alten, fast blinden Vater Isaak glauben lassen, dass er der erstgeborene Sohn Esau sei.[44] Der Vater segnet daraufhin den Sohn, der sich den Segen mit einer bewussten Täuschung erschlichen hat. Auch diese Geschichte endet mit einer Versöhnung, aber erst, nachdem Jakob sich siebenmal vor seinem betrogenen Bruder verneigt hat[45] und ihn darum bittet, Gnade vor seinen Augen zu finden.[46]

41 Die Bibel, Genesis 4,9.
42 Die Bibel, Genesis 37,32f.
43 Die Bibel, Genesis 45,46.
44 Die Bibel, Genesis 27,18ff.
45 Die Bibel, Genesis 33,3.
46 Die Bibel, Genesis 33,15.

Diese biblischen Geschichten bilden das uralte Menschheitswissen um schuldhaftes Verhalten ab, lange bevor sich die Wissenschaft mit diesen Themen befasst hat. Spätestens ab dem 20. Jahrhundert werden sich umfangreiche Forschungsarbeiten mit den hoch komplexen individuellen, sozialen wie kollektiven Formen der Erinnerungen und des Gedächtnisses sowie der Verdrängung und der Schuldabwehr beschäftigen. Diese Fragen bekamen vor allem in Deutschland nach den Verbrechen der NS-Diktatur eine besondere Relevanz, da sich das deutsche Volk nach 1945 mit den Fragen von individueller und kollektiver Schuld auseinandersetzen musste. Wegweisende Forschungen mit unterschiedlichen Ausrichtungen wurden dazu in Deutschland u. a. von Margarete und Alexander Mitscherlich, Harald Welzer, Jan und Aleida Assmann, Herrmann Lübbe und Hannah Arendt vorgelegt.[47] Margarete und Alexander Mitscherlich haben in ihrem grundlegenden Werk „Die Unfähigkeit zu trauern" 1967 darauf hingewiesen, dass ohne die „Abwehrmechanismen der Verleugnung, der Isolierung und der Verkehrung ins Gegenteil" viele Deutsche im Nachkriegsdeutschland in einen „Zustand schwerer Melancholie" geraten wären.[48] Auch Herrmann Lübbe versteht das „kommunikative Beschweigen" als generationsübergreifenden Modus der „Vergangenheitsbewältigung",[49] in dem es als allgemeiner Konsens galt, die individuellen Verstrickungen in das NS-System, sofern sie nicht strafrechtlich zu verfolgen waren, nicht öffentlich zu thematisieren. Erst durch die 1968er-Bewegung wurde dieser Konsens zerstört. Schuldabwehr wird somit zur Voraussetzung für einen Neuanfang. Auch Christian Meier vertritt den

47 Vgl. u. a. Alexander Mitscherlich / Margarete Mitscherlich, Die Unfähigkeit zu trauern. Grundlagen kollektiven Verhaltens, München 1998; Aleida Assmann, Formen des Vergessens, Göttingen 2016; dies., Der lange Schatten der Vergangenheit: Erinnerungskultur und Geschichtspolitik, München 2014; dies. / Jan Assmann / Christof Hardmeier, Schrift und Gedächtnis, München 1998; Harald Welzer (Hrsg.), Das soziale Gedächtnis. Geschichte, Erinnerung, Tradierung, Hamburg 2001, ders., Der Holocaust im deutschen Familiengedächtnis, in: Volkhard Knigge / Norbert Frei (Hrsg.), Verbrechen erinnern. Die Auseinandersetzung mit Holocaust und Völkermord, München 2002, S. 342–358; Hermann Lübbe, Ich entschuldige mich. Das neue politische Bußritual, Berlin 2003.

48 Mitscherlich / Mitscherlich, Die Unfähigkeit zu trauern, S. 79.

49 Assmann, Der lange Schatten der Vergangenheit, S. 101.

Ansatz eines positiven Vergessens, da in der Vergangenheit oftmals Friedensschlüsse zwischen Völkern mit der Prämisse besiegelt wurden, das Vergangene nicht mehr zu erinnern, weil nur so ein Konflikt dauerhaft befriedet werden konnte. Seine Beispiele für das heilsame Vergessen sind u. a. der peloponnesische Krieg sowie der Dreißigjährige Krieg. Meier bezieht sich auch auf Lübbe, nach dem „das Vergessen, das im ersten Jahrzehnt der Bundesrepublik vorherrschte", notwendig gewesen sei, damit aus einem Volk von Nazis ein Volk von Demokraten werden konnte. Gegenseitiges Vorrechnen der Vergangenheit wäre dabei sehr schädlich gewesen. Meier hält „diese These für überzeugend".[50]

Hannah Arendt wiederum sah in dem kollektiven Schweigen der deutschen Nachkriegsgesellschaft eine „totale Komplizität",[51] die die Täter und die sie umgebende Gesellschaft nach dem Krieg praktizierten. In deutschen Familien war das Schweigen, das Beschweigen nach 1945 die allgemeine Art des Umgangs mit der Vergangenheit. In der Familie Giebeler saß ab Juli 1945 der Vater nicht mehr mit am Tisch, mit ihm konnte nicht geredet werden. Das Schweigen wurde quasi in Abwesenheit materialisiert. Ob Erich Giebeler lieber in einem Heim für Obdachlose in Rothenburg lebte, statt zu seiner Familie zurückzukehren, oder ob er aus der Kommunikation ausgeschlossen wurde, weil seine Heimkehr nicht gewünscht war, ist eine offene Frage.

Die Forschungsergebnisse haben sehr differenziert u. a. aus theologischer, psychologischer, soziologischer, historischer und philosophischer Sicht gezeigt, dass die Grundmuster der Schuldabwehr im Wesentlichen mit den Kategorien des Versteckens, des Beschweigens, der Verleugnung, der Schuldzuweisung an andere sowie der Verfälschung[52] beschrieben werden können und somit offenbar anthropologische Grundkomponenten sind, die bereits die biblischen Geschichten charakterisieren.

50 Christian Meier, Erinnern – Verdrängen – Vergessen. Zum öffentlichen Umgang mit schlimmer Vergangenheit in Geschichte und Gegenwart (Akademievorlesung am 25. 1. 1996), in: Berlin-Brandenburgische Akademie der Wissenschaften (vormals Preußische Akademie der Wissenschaften), Berichte und Abhandlungen (1997) 3, S. 59–99, hier S. 90.

51 Assmann, Der lange Schatten der Vergangenheit, S. 102.

52 Ebenda.

Diese uralten Muster der Schuldabwehr, erzählt in biblischen Geschichten, erforscht durch verschiedene Wissenschaftsdisziplinen, bilden die Hintergrundfolie, auf deren Grundlage sich die Rechtfertigungsstrategien von Erich und Eckard Giebeler abbilden.

Während Deutschland sich nach 1945 der Verantwortung für die Ermordung von sechs Millionen Juden, für einen verheerenden Angriffskrieg mit rund 50 Millionen Toten, für die Ermordung u. a. von Kommunisten, Sinti und Roma, Homosexuellen und Behinderten stellen musste, ging es nach 1989 bei der Aufarbeitung der Vergangenheit eher um die verschiedenen Formen des Verrates, um zerstörte Biografien, verbaute Lebenswege, um die Opfer von politischer Haft und „Zersetzungsmaßnahmen" des MfS, um Zwangsumsiedlungen und Enteignungen.

Nach Kriegsende musste sich das deutsche Volk vor der Weltöffentlichkeit mit seiner kollektiven Schuld auseinandersetzen, was zu dem bekannten Schweigen und der Schulddelegierung an einige wenige hochrangige NS-Täter führte. Indessen wurde nach 1989 in der DDR eine Aufarbeitungsdebatte innerhalb des DDR-Volkes geführt. Während sich nach 1945 somit ein ganzes Volk mit sich selbst solidarisierte und gemeinsam die Übernahme von Verantwortung für die NS-Verbrechen ablehnte, wurde nach 1989 die Verantwortung für die Verbrechen der SED-Diktatur im Rahmen der ostdeutschen Auseinandersetzung mit der eigenen Geschichte an die Stasi delegiert. Auch frühere SED-Funktionäre taten das Ihrige, um von der Verantwortung der Partei für die Unterdrückungs- und Verfolgungsmechanismen sowie für die erzwungenen Anpassungsleistungen abzulenken und diese allein dem „Schild und Schwert der Partei", dem MfS, zuzuschieben.

Auch wenn die Ausgangsbedingungen und die Größe der Verbrechen nach 1945 und nach 1989 sehr unterschiedliche waren, gleichen sich dennoch die Muster und Strategien der individuellen Schuldabwehr und -verleugnung, so wie sie sich bei Vater und Sohn Giebeler zeigen.

Diejenigen NS-Funktionäre, denen es nicht gelungen war, sich durch Flucht oder Verleugnung ihrer Identität, d.h. durch den Akt des Versteckens, der Strafverfolgung zu entziehen, mussten sich vor den alliierten Gerichten oder Spruchkammern verantworten. Die typische Rechtfertigungsfloskel nach 1945 in Deutschland lautete: „Ich habe von nichts gewusst." Und wer nichts gewusst habe, könne auch nicht an den NS-Verbrechen schuldig sein, schließlich sei man selbst von den NS-Verantwortlichen belogen und betrogen worden.

Da der Schuldvorwurf gegenüber einem ganzen Volk erhoben wurde, befanden sich die vor den Gerichten Angeklagten quasi in einem Kollektiv der Täter oder der Schuldigen. Die eigene Beschämung war somit Teil einer weit umfassenderen Scham. Zudem wurden die vor Gerichten oder Spruchkammern Angeklagten häufig durch andere NS-Funktionäre entlastet. Man stellte sich gegenseitig „Persilscheine" aus, so konnten sich die NS-Funktionäre einer gewissen Solidarität sicher sein. Das kollektive Beschweigen wurde durch eine kollektive Solidarisierung ergänzt.

Auch Erich Giebeler behauptet gegenüber der Spruchkammer der Alliierten, dass er keine Kenntnis der NS-Verbrechen haben konnte, da seine Tätigkeit im SS-Führungsamt auf rein polizeiliche und militärische Aufgaben spezialisiert gewesen sei und er deshalb von verbrecherischen Handlungen und Zielen der SS nichts gewusst habe. Auch ihm wird sowohl von anderen NS-Funktionären als auch von einem Kirchenvertreter bestätigt, dass er in seiner Stellung (als Standartenführer der Waffen-SS) nichts von den NS-Verbrechen gewusst habe.

Ein MfS-Verräter dagegen konnte eine solche Solidarität für sich aus mehreren Gründen nicht in Anspruch nehmen. Dafür hätten andere MfS-Mitarbeiter, die möglicherweise noch nicht enttarnt worden waren, sich in der Öffentlichkeit zu ihrer eigenen MfS-Vergangenheit bekennen müssen. Da nur äußerst wenige Fälle bekannt sind, in denen sich MfS-Spitzel bei den von ihnen verratenen Personen entschuldigt haben, konnten sie auch vonseiten der Opfer keine öffentliche Solidarität erwarten.

Die SED wiederum war froh, nicht selbst im Fokus der Vergangenheitsdebatte zu stehen, obwohl dies der richtige Ansatz gewesen wäre. Nach 1945 wurden die Muster der Schuldabwehr kollektiv gelebt, während nach 1989/1990 Schuldabwehr eher individualisiert wurde.

Interessanterweise konnte eine kollektive Solidarisierung erst dann bei den Ostdeutschen wahrgenommen werden, als ihnen von außen – meistens von Westdeutschen – vorgeworfen wurde, ein Volk von Spitzeln zu sein, das sich den Zumutungen der SED-Diktatur nicht hinreichend widersetzt habe.

Vater Erich Giebeler gibt vor, von den NS-Verbrechen nichts gewusst zu haben. Sohn Eckart wird behaupten, von einer Zusammenarbeit mit dem MfS keine Kenntnis gehabt zu haben und somit „unwissentlich abgeschöpft“ worden zu sein. Mit dieser Begründung versucht Eckart Giebeler zu erklären, warum Berichte von ihm in den MfS-Unterlagen gefunden wurden. Er bestreitet, jemals Berichte für das MfS geschrieben zu haben, und könne sich deren Existenz nur so erklären, dass das MfS Leute auf ihn angesetzt habe und deren Berichte in seine Unterlagen einsortiert worden seien.[53]

Möglicherweise konnte Eckart Giebeler zu Beginn seiner Tätigkeit als Gefängnisseelsorger die Bediensteten des MfS tatsächlich nicht von denen des Strafvollzuges unterscheiden. MfS-Mitarbeiter in den Haftanstalten hatten unter „Einhaltung der Konspiration als Angehörige der Volkspolizei zu arbeiten“[54] und trugen die Uniformen der Volkspolizei. Sie waren außerdem in Büros untergebracht, die scheinbar zur Verwaltung des Strafvollzuges gehörten. Für Giebeler war es nach seinen Angaben deshalb „unmöglich, unter den Bediensteten des Strafvollzuges die Schafe von den Wölfen zu unterscheiden. Alle trugen dieselbe Uniform. Alle ließen sich mit militärischen Dienstgraden ansprechen. Nie konnte ich wissen, wer sich tatsächlich hinter der Tarnkappe der blauen Uniform verbarg.“[55]

So habe Giebeler zu seiner Überraschung feststellen müssen, dass u. a. der Gefängnisfürsorger Kühne ein „gefährlicher hauptamtlicher Geheimdienstler der DDR“[56] gewesen sei. Kühne habe einen haarsträubenden Bericht über

53 Giebeler, Schreiben an Furian, 11.10.1992, Brief I, ELAB, 15/1989.

54 Ansorg, Politische Häftlinge im Strafvollzug der DDR, S. 339.

55 Giebeler, Schreiben an Furian, 11.10.1992, Brief I, ELAB, 15/1989.

56 Giebeler, Der gefährliche Balanceakt, S. 31.

ihn geschrieben, ein Konglomerat aus Wahrheit, Dichtung und faustdicken Lügen. „Das Material dazu stammte auszugsweise vielleicht aus meiner in der Anstalt befindlichen Personalakte, mehr jedoch seinem Wunschdenken und Hirngespinsten. Er habe sich zu der unverschämten Behauptung verstiegen, er hätte keinen Glauben, sei kein studierter Pfarrer, sondern Major der Volkspolizei."[57] Er behauptete, „mich als inoffiziellen Mitarbeiter des MfS angeworben zu haben", und „ich hätte mir für meine geheimdienstliche Tätigkeit selbst ein Pseudonym gegeben und mich freiwillig bereit erklärt, für das MfS zu spionieren. [...] Weder die ominöse Verpflichtungserklärung noch die diversen Berichte waren echt. Sie trugen keine handschriftlichen Unterschriften – nicht meinen Klarnamen und kein Pseudonym. Es handelte sich offenbar nicht um meine Erzeugnisse."[58]

Giebeler wird nach Bekanntwerden seiner MfS-Kontakte 1992 außerdem erklären, dass er seinen Decknamen weder selbst gewählt noch ihn gekannt habe.[59] Gegenüber Pfarrer Dietmar Linke[60] erläutert Giebeler 1993 in einem Brief, wie der Deckname „Roland" aus seiner Sicht zustande gekommen sei.

Eines Tages habe ihn der Fürsorger im Gefängnis nach dem Wahrzeichen der Stadt Brandenburg gefragt. Giebeler sei eingefallen, dass vor dem alten Rathaus ein Roland stehe. Seitdem Giebeler ihm das erzählt habe, habe ihn der Fürsorger manchmal Roland genannt.[61] Nur so könne Giebeler sich den Decknamen erklären. Die MfS-Akten widersprechen Giebelers Argumentation. Sie belegen, dass Giebeler seinen Decknamen kannte und diesen handschriftlich und maschinenschriftlich nutzte. Dies wird er 1994 auch gegenüber dem kirchlichen Überprüfungsausschuss (ÜA) so bestätigen.

57 Ebenda.

58 Ebenda.

59 1972 schreibt der GHI „Erich" von IM „Roland" in seiner Jahreseinschätzung des IM, dass dieser „bei Gesprächen mit dem Organ ausschließlich seinen Decknamen benutzt". Vgl. „Erich" Jahreseinschätzung IM „Roland", 15.12.1972, BStU, MfS, BVfS Potsdam, Abt. VII Nr. 5, Teil I, Bd. 1, Bl. 111.

60 Dietmar Linke, 1971 bis 1978 Pfarrer in Meinsdorf/Kreis Jüterbog. 1978 bis 1983 Pfarrer in Neuenhagen b. Berlin. In dieser Zeit Zusammenarbeit mit kritischen Schriftstellern der DDR. Mitbegründer der „Friedenswerkstatt" in Ostberlin. Im Dezember 1983 Ausbürgerung nach Westberlin.

61 Giebeler, Schreiben Linke, 27.11.1993, Archiv der Verf.

Schuldabwehr durch Externalisieren – Eva, die Schlange, die Anderen

Als Adam nach dem Sündenfall auf Eva verweist, externalisiert er seine Schuld, indem er diese von sich abspaltet und jemand anderem zuweist. Für das eigene Sein nimmt er den Opferstatus in Anspruch. Auch diese individuelle Schuldabwehr hat ihre kollektive Entsprechung, wenn z. B. die DDR aufgrund ihres antifaschistischen Gründungsmythos die gesamtdeutsche Verantwortung für die NS-Vergangenheit an Westdeutschland abgeschoben hat. Die DDR konnte sich somit frei von der faschistischen Vergangenheit wähnen, da die Täter in Westdeutschland lebten. Diese Form der kollektiven Schuldabwehr zeigt sich aber auch in der individuellen Schuldabwehr.

Auch Eckart Giebeler versucht, durch Schuldzuweisungen an andere sich selbst als unschuldig darzustellen.

Wenn ausgerechnet ihm Berichte an das MfS angedichtet würden, sei das „grotesk",[62] erklärt Giebeler. Heute würde er erkennen, dass er einigen Menschen, denen er vertraut habe, zu viel erzählt habe. Das sei ein Fehler gewesen. Diese Leute hätten jahrelang sein Vertrauen missbraucht und seine Informationen an das MfS weitergeleitet. Das MfS habe diese Berichte dann ergänzt, teilweise gefälscht und als seine Erzeugnisse ausgegeben. Anders könne er sich den Aktenfund nicht erklären.[63]

Gegenüber dem Brandenburger Sozialdiakon P., der in seiner Stasi-Akte einen Bericht von Giebeler findet und ihn mit dem Fund konfrontiert, bestreitet Giebeler, je Berichte über ihn geschrieben zu haben. Giebeler vermutet, dass er abgehört worden sei. Da in dem Bericht allerdings auch die Wohnungseinrichtung und das Spielzeug des Kindes beschrieben werden, kann P. nur feststellen, „dass Wanzen kein Spielzeug sehen".[64] Später wird Giebeler gegenüber P. seine Darstellung verändern. Er findet eine erstaunliche Erklärung, wie aus seiner Sicht der MfS-Bericht über P. zustande gekommen sei. In diesem Fall sind es nicht die MfS-Agenten, die Berichte in seinem Namen fälschen, sondern

62 Giebeler, Der gefährliche Balanceakt, S. 32.

63 Ebenda, S. 33.

64 P. im Interview mit Verf. am 20. 8. 2015 in Brandenburg.

andere Christen. Obwohl der Besuch von Giebeler bei P. mehr als 20 Jahre zurückliegt, erinnert sich Giebeler daran, am Abend seines Besuches bei P. mit sechs oder sieben Christen zusammengesessen zu haben. Er habe „ungezwungen" von seinem Besuch bei P. erzählt. Wahrscheinlich habe jemand von „den jungen Leuten für ‚Horch und Guck'" gearbeitet. Er sei „immer zu vertrauensselig" gewesen und hätte nicht so offen reden sollen. Zum Glück sei das alles nichts Wesentliches gewesen, sodass „der Aufschreiber oder Mithörer keinen Schaden anrichten konnte". Inzwischen habe er in seinen Akten „eine Reihe solcher Tonbandaufzeichnungen gefunden. Wanzen? Abgehörte Telefonate?"[65]

Giebeler erklärt die Existenz seiner Stasiberichte also mit Fälschungen des MfS, mit Berichten von Personen, denen er etwas erzählt habe, oder damit, dass Gespräche oder Telefonate abgehört worden seien.

Giebeler beteuert zudem, dass die mit seiner Unterschrift unterzeichneten MfS-Berichte mit seiner gefälschten Unterschrift versehen wurden. Mit der Maschine und mit einer ihm unbekannten Handschrift sei versehentlich Giebler statt Giebeler geschrieben worden. Seine Handschrift sehe außerdem völlig anders aus.

Aus eigener Erfahrung wisse er, dass das Ministerium für Staatssicherheit kein Geheimdienst wie jeder andere in der westlichen Welt gewesen sei, denn dann hätten „die Agenten nicht ungestraft Wort und Schrift eines ordinierten Pfarrers schlichtweg fälschen dürfen".[66]

Giebeler wird so selbst zum Opfer. Er ist erbost darüber, dass „die Akten des verruchten Mielke-Ministeriums", dessen Opfer er Jahrzehnte betreut habe, ihn „nachträglich selbst zum Opfer der Gottlosen"[67] machen würden. In einem anderen Schreiben betont Giebeler, er werde nie „begreifen, daß ein paar Kirchenleute mich verleumden, weil sie den Akten der Gottlosen Glauben schenken".[68]

65 Giebeler, Schreiben P., 14.4.1994, Archiv P.

66 Giebeler, Christus im Gefängnis der DDR, S. 30.

67 Giebeler, Schreiben Klasse, Vorsitzender des ÜA der EkiBB, 8.7.1994, Stasi-Überprüfungsausschuss 1992–1995 ELAB, 155, Bl. 3.

68 Giebeler, Schreiben an Linke, 27.11.1993, Archiv der Verf.

Giebeler benutzt mit seiner Bezeichnung der MfS-Mitarbeiter als den „Gottlosen“ einen Terminus, der aus der Sprache und dem Kontext der Psalmen geläufig ist. In Psalm 37 heißt es: „Der Gottlose droht dem Gerechten und knirscht mit seinen Zähnen wider ihn. Die Gottlosen ziehen das Schwert und spannen ihren Bogen, dass sie fällen die Elenden und die Armen und morden die Frommen.“[69] Aber der Psalmbeter beschreibt auch seine Hoffnung, nach der am Ende der Gerechte von Gott gerettet wird und die Gottlosen ausgerottet werden. Ob Eckart Giebeler diesen Psalm vor Augen gehabt hat, als er diese Begrifflichkeit verwendet, kann nicht beantwortet werden. Der Duktus des Psalms und die Gegenüberstellung von dem gerechten und frommen Beter zu den Gottlosen entsprechen aber durchaus dem Selbstverständnis von Eckart Giebeler als aufrechter gottesfürchtiger Mensch. Insofern sind seine Wortwahl und ihr implizierter Hintergrund durchaus bezeichnend, gerade wenn er diese in Schreiben an Menschen verwendet, die mit der biblischen Sprache vertraut sind. Wer also den MfS-Akten einen gewissen Wahrheitsgehalt zutraut, tue nach Giebelers Ansicht nicht nur ihm Unrecht, sondern verbinde sich mit den – von ihm so bezeichneten – gottlosen Menschen.

Giebeler äußert gegenüber Furian auch seinen Verdacht, dass der katholische „Pfarrer Drews Anteil an der Gestaltung des Filmes gehabt“ habe, weil dessen „Eifersucht keine Grenzen [hatte], da die Zahl der Gefangenen, die von ihm betreut werden wollten, verschwindend klein war“.[70] Wenige Tage später wird er diesen Vorwurf wiederholen und dem Kollegen unterstellen, dass dieser „die ganze Sache aus dem Hinterhalt mit den kath. Journalisten arrangiert hat“.[71]

Auch die Quittungen, die belegen, wann und wofür Giebeler vom MfS Geld bekommen habe, bezeichnet er als MfS-Fälschungen. Er habe sie nicht unterschrieben. Belege von Hotelrechnungen stammten vielleicht von Mitarbeitern des MfS, die unerkannt im selben Hotel wie er übernachtet hätten, um ihn auszuspionieren. Alle Quittungen sind – wie bereits beschrieben – mit einer

69 Die Bibel, Ps 37,12.

70 Giebeler, Schreiben an Furian, 11.10.1992, Brief I, ELAB, 15/1989.

71 Giebeler, Schreiben an Furian, 23.10.1992, ELAB, 15/1989.

Registriernummer, die eindeutig Eckart Giebeler als IM „Roland" zuzuordnen ist, versehen. Diese Quittungen sind zudem handschriftlich mit „Roland" unterschrieben.

Da außerdem Schreiben vorliegen, die direkt an Eckart Giebeler gerichtet und nicht von Giebeler, sondern von „Roland" zur Kenntnis genommen worden sind,[72] kann zum einen davon ausgegangen werden, dass Giebeler und „Roland" eine Person sind, und zum anderen, dass Giebeler seinen Decknamen kannte. Die Unterschriften unter den ihm zugeordneten Schreiben sind identisch mit jenen unter den Zuwendungen und Quittungen, die der IM „Roland" unterschrieben hat.

Zu dem für sich selbst proklamierten Opferstatus gehört auch, dass man selbst große persönliche Nachteile in Kauf nehmen musste und sich somit auch auf die Seite der Opfer stellen kann. So wird Erich Giebeler gegenüber den Alliierten behaupten, dass für ihn und seine Frau die Gefahr bestanden habe, in einem Konzentrationslager interniert zu werden, da Giebeler seiner Frau deren antifaschistische Gesinnung und öffentliche Äußerungen darüber nicht verwehrt habe.

Auch Eckart Giebeler wird betonen, dass er seinen Dienst stets unter Inkaufnahme großer persönlicher und finanzieller Nachteile ausgeübt habe. Weil er immer so wenig verdiente, dass er auch nur eine ganz geringe Sozialrente erhalte, mit der er gerade Miete, Heizung und Energie bezahlen könne, habe er das Innenministerium zweimal gebeten, sein Gehalt dem der anderen Pfarrer anzupassen.[73]

In den Akten der VSV findet sich 1973 in Bezug auf das Gehalt von Eckart Giebeler folgender Vermerk: „Pfarrer Giebeler hat in einer Aussprache bei Major Mihok gebeten zu prüfen, ob es möglich ist ihm [sic!] auf Grund seiner jahrelangen Tätigkeit im Strafvollzug gehaltlich aufzubessern. Er bekommt gegenwärtig entsprechend der Gehaltsgruppe 9 für Zivilbeschäftigte 960,– Mark Brutto. Im Rahmen der von bis Spanne könnte er bis 1160,– Mark angehoben

72 MfS, BV Potsdam, Unrath an Giebeler, Anerkennung hervorragender Leistungen, BStU, MfS, BVfS Potsdam, Abt. VII Nr. 5, Teil I, Bd. 1, Bl. 85.

73 Giebeler, Schreiben an Furian, 11. 10. 1992, ELAB, 15 / 1989.

werden. Das müßte der Chef BDVP Potsdam prüfen und veranlassen."[74] Handschriftlich ist auf dem Dokument vermerkt, „mit Oberst Ackermann abgesprochen, so daß es ab 1.1.74 i.O. gehen könnte".[75]

D. h., es ist davon auszugehen, dass Eckart Giebeler ab dem 1. Januar 1974 1160 Mark brutto verdient hat. Vier Jahre später, im November 1977, gibt Oberstleutnant Karger seiner Verwaltung den Hinweis, dass „Herr Giebeler nicht recht zufrieden ist mit seinem derzeitigen Gehalt. Eine Aufbesserung mußte bisher abgelehnt werden. Dennoch schlage ich vor, eine Gehaltserhöhung um 200,– M nochmals zu überprüfen."[76] Ab 1978 erfolgte dann Giebelers Eingruppierung in die Gehaltsgruppe 12 des Rahmenkollektivvertrages für Zivilbeschäftigte mit einem Anfangsgehalt von 1400 Mark.

Am 11. Dezember 1981 beantragt der Leiter der Verwaltung Strafvollzug, Oberst Lustik, beim Leiter der Verwaltung Finanzen eine erneute Gehaltserhöhung für Eckart Giebeler und begründet dies wie folgt: „Mit Wirkung vom 1. 3. 1978 erfolgte die Eingruppierung der Arbeitsaufgabe – Seelsorger – in die Gehaltsgruppe 12 des Rahmenkollektivvertrages für Zivilbeschäftigte mit dem Anfangsgehalt von 1400,– M / mtl. Es wird beantragt, das Gehalt für Pfarrer Giebeler [...] auf 1.500,– M / mtl neu festzulegen und die personengebundene Entschädigung von 250,– M / mtl weiter zu gewähren."[77]

Der Leiter der Finanzen VSV stimmt diesem Antrag zu, und Eckart Giebeler wird am 1. Februar 1982 in die Gehaltsgruppe 12 / 15 mit einem Anfangsgehalt von 1500 Mark neu eingruppiert, „die personengebundene Entschädigung in Höhe von 250,– M / mtl. wird weiterhin gewährt."[78] D. h. Eckart Giebeler hat ab 1982 1750 Mark brutto verdient. Bei dem in der DDR für diese Einkommensgruppe üblichen Lohnsteuersatz von 20 Prozent (in die-

74 Kolb über Gehaltsgruppe Giebeler, 7. 12. 1973, BArch DO 1 / 3581.

75 Ebenda.

76 Karger, Vermerk über ein Gespräch mit Herrn Pfarrer Giebeler, 23. 11. 1977, BArch DO 1 / 3581.

77 Lustik, Leiter der Verwaltung Strafvollzug an Leiter der Verwaltung Finanzen, Müller, 11. 12. 1981, BArch DO 1 / 3581.

78 Müller, Leiter der Verwaltung Finanzen an Leiter der Verwaltung Strafvollzug Lustik, 23. 12. 1981, BArch DO 1 / 3581.

sem Fall 350 Mark) entspräche das einem Nettoverdienst von 1400 Mark. Das durchschnittliche Gehalt eines Pfarrers in der DDR betrug 1973 etwa 600 Mark netto und stieg bis 1989 auf rund 900 Mark netto. Wenn das Innenministerium auf Giebelers Wunsch also sein Gehalt an das der DDR-Pfarrer anpassen sollte, wäre diese „Anpassung" nur nach unten möglich gewesen. Giebeler hat in allen Jahren wesentlich mehr verdient, als ein von der Kirche bezahlter Pfarrer in der DDR.

Als die Gehälter und Pensionen der DDR-Pfarrer nach 1990 auf ein ganz anderes Niveau steigen, bittet Giebeler am 31. Januar 1992 – noch vor seiner Entlassung im Oktober 1992 – das Evangelische Konsistorium Berlin-Brandenburg, seine Sozialrentenbezüge denen der Pfarrerpension aus kirchlichen Mitteln anzugleichen.[79] In einem weiteren Brief an Furian bittet er zu bedenken, dass er schon jetzt mit der staatlichen Besoldung schlechter als andere Pfarrer gestellt sei und zudem in der DDR-Zeit materiell im Schatten gestanden habe, da ihm der Erhalt von Zuwendungen aus dem Westen (Pakete) streng verboten gewesen sei.[80]

Im Juli 1992 beschließt das Kollegium des Konsistoriums, Giebeler den Pfarrern der Landeskirche, die ununterbrochen im kirchlichen Dienst gestanden haben, bezüglich der Versorgungsbezüge gleichzustellen. Die Zeit als Gefängnispfarrer wird Giebeler als ruhegehaltsfähige Dienstzeit anerkannt. Nachdem Giebeler am 10. Oktober 1992 in den Ruhestand getreten ist, teilt ihm das Konsistorium am 19. November 1992 mit: „Sie haben ab dem 11. Oktober 1992 nach der Kirchlichen Versorgungsordnung vom 3. 12. 1991 Anspruch auf Versorgungsbezüge. Diese errechnen sich auf der Grundlage Ihrer ruhegehaltsfähigen Dienstzeit und ihrer ruhegehaltsfähigen Dienstbezüge."[81] D. h. die Kirche bezahlt die Differenz zwischen seiner staatlichen Rente und den Pensionen der Pfarrer, sodass Giebeler eine Rente erhält, die mit den Pensionen der Pfarrer identisch ist. Den Mitarbeitern der Evangelischen Ruhegehaltskasse

79 Giebeler, Schreiben an Ev. Konsistorium Berlin-Brandenburg, 31. 1. 1992, ELAB, 15/12605.
80 Giebeler, Schreiben an Ev. Konsistorium Berlin-Brandenburg, 14. 6. 1992, ELAB, 15/12605.
81 Ev. Konsistorium Berlin-Brandenburg an Giebeler, 19. 11. 1992, ELAB, 15/12605.

in Darmstadt allerdings kommt „das alles ein wenig merkwürdig" vor,[82] da Giebeler nicht im kirchlichen Dienst gestanden hat.

Aber nicht nur in materieller Hinsicht fühlt sich Giebeler gegenüber seinen Pfarrerkollegen benachteiligt, er verweist zudem darauf, dass er und seine Frau ein leichteres Leben gehabt hätten, wenn er der Bitte der Kirche, in die Gefängnisseelsorge zu gehen, nicht gefolgt wäre. Er hätte seinen Dienst abbrechen können, aber die Kirche habe ihn dazu nicht aufgefordert.[83] Einmal habe er jedoch in einer schwachen Stunde das Konsistorium um die Übertragung einer anderen Aufgabe gebeten. Diesem Wunsch sei das Konsistorium jedoch nicht nachgekommen.[84]

Diese Darstellung entspricht in doppelter Hinsicht nicht den Tatsachen. Zum einen hatte ihn die Kirche – zumindest 1953 – nicht gebeten, Gefängnisseelsorger zu werden, und zum anderen war das Konsistorium sehr wohl bereit, Giebeler eine neue Aufgabe zu übertragen, die Giebeler allerdings 1957 ablehnte. Er hatte sich am 23. April 1957 mit folgender Bitte an das Konsistorium in Berlin gewendet: „Man gestatte mir, daß ich noch einmal [...] auf mein Schreiben vom 15. 12. 1956 aufmerksam mache. Darin gab ich Kenntnis davon, dass ich den Wunsch habe, später einmal die Seelsorge am Krankenhaus für Psychiatrie in Brandenburg-Görden zu übernehmen. Wenn [...] Prediger Lindner in den Ruhestand getreten ist, möchte ich mich um die Stelle bewerben."[85] Diesem Wunsch mochte das Konsistorium nachkommen, es teilte der Kirchenkanzlei der EKD mit, dass beabsichtigt sei, „den Gefängnisseelsorger Prediger Giebeler zum 1. Oktober 1957 zum Nachfolger des Krankenhausseelsorgers Lindner zu bestellen".[86]

Die ihm nun angebotene Stelle will Giebeler dann doch nicht antreten. Er beeilt sich, am 6. Juni 1957 gegenüber der Kirchenkanzlei zu erklären, ihm sei zu Ohren gekommen, dass das Konsistorium Berlin-Brandenburg zu der

82 Ev. Ruhegehaltskasse Darmstadt an Ev. Kirche Berlin-Brandenburg, 12. 1. 2001, ELAB, 15 / 12605.

83 Giebeler, Schreiben an Furian, Brief II, 11. 10. 1992, ELAB, 15 / 1989.

84 Giebeler, Christus im Gefängnis der DDR, S. 179.

85 Giebeler, Schreiben an das Konsistorium Berlin, 23. 4. 1957, ELAB, 35 / 23251.

86 Konsistorium Berlin an Kirchenkanzlei, 6. 6. 1957, ELAB, 35 / 405.

Auffassung gekommen sei, er beabsichtige, seinen Dienst in der Strafanstaltsseelsorge aufzugeben. Giebeler korrigiert dies und betont: „für den Fall, daß man auch Ihnen davon berichtet hat, gebe ich zur Kenntnis, daß das ein Mißverständnis ist. Selbstverständlich möchte ich an meinem hauptamtlichen Auftrag für die seelsorgerliche Betreuung der Strafgefangenen nichts geändert wissen."[87]

Giebeler blieb also nicht notgedrungen in der Gefängnisseelsorge, sondern ausdrücklich auf eigenen Wunsch, obwohl dies nach seinen eigenen Angaben ein „Weg durch die Hölle werden" sollte.[88] Aber er habe diesen Weg als „Gottes Weg mit [ihm]"[89] erkannt.

Giebelers Selbstverständnis als Opfer des „verbrecherischen Regimes"[90] wird von ihm zusätzlich dadurch unterstrichen, dass er betont, dass gegen seine „elementaren Menschenrechte" verstoßen worden sei, da die Stasi weder das Postgeheimnis noch seine Privatsphäre geachtet habe.[91] Zudem sei ihm verboten worden, Kontakte zu Menschen im Westen zu pflegen, und wegen seiner „Solidarisierung mit Staatsfeinden"[92] befürchtete Giebeler, dass er selbst „zum Staatsfeind erklärt"[93] und inhaftiert werden könnte. Aber Giebeler und seine Frau hätten ihr „eigenes Leben um der Menschen willen, für die sie Gott in den Dienst gestellt hatte, gering geachtet".[94]

Die vom Staat geforderte und ideologisch begründete Regelung, keinerlei Westkontakte zu haben, war zweifellos für Giebeler, dessen einzige Schwester in Westberlin wohnte, eine sehr schmerzhafte. Anders allerdings als von Giebeler dargestellt, konnte ihn seine Schwester in der DDR besuchen. Für Giebeler wurden Sonderregelungen geschaffen, da er „seit Jahren ein zuverlässiger inoffi-

87 Giebeler, Schreiben an die Kirchenkanzlei, 6.6.1957, ELAB, 35/405.
88 Giebeler, Christus im Gefängnis der DDR, S. 13.
89 Ebenda.
90 Giebeler, Hinter verschlossenen Türen, S. 173.
91 Giebeler, Christus im Gefängnis der DDR, S. 27.
92 Giebeler, Hinter verschlossenen Türen, S. 112.
93 Ebenda, S. 112.
94 Giebeler, Schreiben an Klasse, Vorsitzender des ÜA der EkiBB, 8.7.1994, Stasi-Überprüfungsausschuss 1992–1995, ELAB, 155.

zieller Mitarbeiter" des MfS war. In „Anerkennung für seine zuverlässige Zusammenarbeit" wurde z. B. 1965 seiner Schwester die Einreise zur Konfirmation des Neffen genehmigt. Gleichzeitig verpflichtete sich der IM, „mit seiner Schwester ein ausführliches Gespräch über die Situation in Westberlin zu führen". Das wiederum ist für das MfS interessant, da die Schwester neben einem „Objekt der USA-Besatzer" wohnt.[95] Auch in den folgenden Jahren erhielt Giebelers Schwester Einreisegenehmigungen in die DDR.

Schuldabwehr durch Verfälschen

Wenn absehbar ist, dass sich die politischen Verhältnisse verändern werden, versuchen die Verantwortlichen, noch möglichst viele Spuren, die sie überführen könnten, zu verwischen. So sollten noch kurz vor Kriegsende sieben Millionen Karten der NSDAP-Mitgliederkartei vernichtet werden, was durch die Wirren der letzten Kriegswochen allerdings unterblieben ist. Nach 1945 gaben sich hochrangige NS-Funktionäre neue Identitäten oder flohen vor der Verfolgung nach Südamerika, wo sie häufig mit einem gefälschten Lebenslauf unbehelligt leben konnten.

Auch die MfS-Mitarbeiter versuchten durch mehr oder weniger gezielte Vernichtung von Akten, ihre Hinterlassenschaft der Nachwelt zu entziehen und sich selbst so vor einer möglichen Ahndung zu schützen. Bis heute kann nicht genau verifiziert werden, wie viele Akten vernichtet werden konnten. 15000 Säcke voller Aktenschnipsel, die die MfS-Mitarbeiter offenbar hektisch zerrissen hatten, weil die Papierschredder überlastet waren, warten noch auf ihre Entschlüsselung. Zum Ende der DDR wurden etwa 189000[96] inoffizielle

95 Begründung zum E.-Antrag, 22. 4. 1965, BStU, MfS, Personalakte IM „Roland", BVfS Potsdam, Abt. VII Nr. 5, Teil I, Bd. 1, Bl. 69.

96 Diese Zahl ist die offiziell vom BStU angegebene Zahl. Helmut Müller-Enbergs, Inoffizieller Mitarbeiter (IM), in: Internetseite BStU, MfS-Lexikon, https://www.bstu.de/mfs-lexikon/detail/inoffizieller-mitarbeiter-im/ [17. 3. 2018]. Die Zahl wird jedoch auch im eigenen Haus kritisch gesehen. So geht der beim BStU angestellte Historiker Ilko-Sascha Kowalczuk von wesentlich weniger IM aus. Er beziffert die Zahl auf rund 110000.

Mitarbeiter vom MfS geführt, die nach 1990 hofften, nicht durch Aktenfunde oder Überprüfungen der neuen Arbeitgeber enttarnt zu werden. Es sind kaum Fälle bekannt, in denen IM ihre eigene Vergangenheit öffentlich gemacht und das Gespräch mit den Menschen, über die sie berichtet haben, gesucht hätten. Wenn jemand als IM überführt worden war und alles Verleugnen nicht mehr half, entschuldigten sich die IM regelmäßig mit der Behauptung, niemandem geschadet zu haben.[97] Diese Frage kann aber naturgemäß nicht von einem Täter beantwortet werden, sondern nur von denjenigen, die von einem Verrat betroffen waren. Diese problematische Argumentation verkennt zudem, dass dem Informanten die Verfügung über die Informationen, die er weitergegeben hatte, entzogen war. Gerade wegen der großen Zahl von IM ist es dringend geboten, sich vor Verallgemeinerungen in der Bewertung zu schützen, denn dafür waren sowohl die Motive für die Zusammenarbeit als auch ihre Folgen sehr unterschiedlich. Die Motive für die Bereitschaft, mit dem MfS zusammenzuarbeiten, reichten von der Überzeugung, mit einer solchen Tätigkeit die Stabilität des SED-Staates zu stärken, über materielle Interessen bis hin zu einer erpressten Zusammenarbeit. Auch sind „Qualität“ und Quantität von IM-Berichten höchst unterschiedlich und erfordern in jedem Einzelfall eine sorgfältige Bewertung.

Wenn sich allerdings Pfarrer auf die Zusammenarbeit mit dem MfS eingelassen haben, haben sie damit das Wahrheitszeugnis der Kirche insgesamt beschädigt.

Eckart Giebeler ist offenbar davon ausgegangen, dass alle ihn belastenden Unterlagen vernichtet worden sind. Nur so lässt es sich erklären, warum er einen anderen Weg als die meisten IM wählt, die sich in ihrem Beschweigen verstecken. Er schreibt eine Autobiografie, in der er auch die Anwerbungsversuche des MfS beschreibt, denen er mutig widerstanden habe. Dass dies nicht den Tatsachen entspricht, wird erst deutlich, als MfS-Akten das Gegenteil belegen.

97 Dieses Argument benutzt auch Eckart Giebeler. „Niemals habe ich jedoch bewußt einem Menschen Schaden zugefügt.“ Giebeler, Schreiben an Furian, Brief II, 11.10.1992, ELAB, 15/1989.

Er wählt somit eine Form des Versteckens und Beschweigens, die scheinbar das Gegenteil ist. Er sucht das Licht der Öffentlichkeit, um auf dieser Bühne ein neues Selbstbild zu kreieren und seine Zusammenarbeit mit dem MfS zu verschleiern.

Sowohl Erich Giebeler als auch Eckart Giebeler nehmen für sich in Anspruch, dass sie das ihnen zur Last Gelegte gar nicht getan haben können, da dieses im Widerspruch zu ihrem christlichen Glauben gestanden hätte. So betont Erich Giebeler, dass seine Stellung zu Religion und Kirche ihn immer wieder in Gegensatz zu den weltanschaulichen Grundsätzen der SS gebracht habe. Wegen seiner Bindung an die Kirche und nicht SS-gemäßer Gesinnung habe er freiwillig die günstigere und aussichtsreiche Stellung in der SS-Verfügungstruppe aufgegeben und die Ungnade des Reichsführers SS Heinrich Himmler auf sich genommen.

Eckart Giebeler passt sein biografisches Narrativ dem neuen Erinnerungsrahmen aber nicht erst nach dem Ende der DDR an, sondern bereits nach 1945. Die DDR verstand sich als antifaschistischer Staat mit einer kommunistischen Ideologie, und so machte es sich gut, wenn Giebeler z. B. erklärte, sich dem Dienst in der faschistischen Wehrmacht mithilfe einer kommunistischen Ärztin entzogen zu haben. Als sich der kollektive Erinnerungsrahmen nach 1989/90 erneut wandelt, passt Eckart Giebeler sein Narrativ den neuen Bedingungen opportunistisch an.

Aber während Vater Erich Giebeler sich als Person nur vor der sehr begrenzten Öffentlichkeit einer alliierten Spruchkammer mit seiner Vergangenheit auseinandersetzen musste, wurde Sohn Eckart öffentlich des Verrates bezichtigt. Eckart Giebeler reagiert darauf, indem er sich zum einen gegenüber der Landeskirche erklärt und zum anderen sich in einem Leserbrief öffentlich zu den Vorwürfen äußert.[98]

Das inhaltlich schwerwiegendste Argument, das sowohl Erich Giebeler als auch der Pfarrer Eckart Giebeler anführen werden, um die gegen sie erhobenen Vorwürfe zu widerlegen, ist die Berufung auf ihr Christsein. Der christliche Glaube verhindere nach Giebelers Ansicht grundsätzlich eine Zusammenarbeit mit Geheimdiensten. Für eine jegliche Zusammenarbeit mit Geheimdiensten

98 Vgl. Kapitel 9.5.

„bin ich als Christ untauglich“,[99] betont Giebeler. Deshalb kann er auch entrüstet an Furian schreiben: „MICH [sic!] der Spitzeldienste zu bezichtigen ist eine Unverschämtheit.“[100] Er betont, dass ihm einer seiner theologischen Lehrer mit auf den Weg gegeben habe: „Ein Christ kann kein Spion sein“,[101] und erklärt, dass die „Tätigkeit der Geheimdienste im Allgemeinen von Christen beargwöhnt [wird], weil sich deren Agenten menschlicher Schwächen bedienen und weil sie nur im Verborgenen arbeiten“.[102] Zudem beruft sich Giebeler auf sein Ordinationsversprechen, dem er in seiner Dienstzeit stets „treu geblieben“[103] sei.

Als Pfarrer weiß er ganz genau, welche hohen Güter das Vertrauen und die Verschwiegenheit eines Seelsorgers sind. Das galt in besonderem Maße für Seelsorge-Gespräche mit Gefangenen in der DDR. Nach eigenen Angaben habe er in Gesprächen mit den Gefangenen selbst immer wieder darauf hingewiesen, dass er als Pfarrer verpflichtet sei, über das, was in der Seelsorge besprochen werde, zu schweigen.[104] Anderenfalls könne „die Kirche einem Geistlichen bei Bekanntwerden eines Bruchs des Ordinationsgelöbnisses die Rechte wieder aberkennen“.[105]

In einem Gespräch mit einem Gefangenen benutzt Giebeler nach eigenen Angaben das Bild des Arztes, um die Verschwiegenheitsverpflichtung des Seelsorgers zu unterstreichen. „„Wie der Arzt an den Eid des Hippokrates gebunden ist, muß der Pfarrer seinem Amtseid gemäß über das, was ihm in der Seelsorge anvertraut wurde, schweigen. Ohne diese Verschwiegenheit gäbe es kein Vertrauen. Die Schweigepflicht gilt auch für alles, was ein anständiger Mensch nicht weitersagt, es sei denn der Gefangene hat ihn ausdrücklich von der Schweigepflicht entbunden. Meine priesterliche Beichtverschwiegenheit ist jedoch in

99 Giebeler, Der gefährliche Balanceakt, S. 21ff.
100 Giebeler, Schreiben an Furian, Brief I, 11. 10. 1992, ELAB, 15 / 1989.
101 Giebeler, Christus im Gefängnis der DDR, S. 18.
102 Ebenda.
103 Giebeler, Schreiben an Furian, Brief II, 11. 10. 1992, ELAB, 15 / 1989.
104 Giebeler, Hinter verschlossenen Türen, S. 159.
105 Giebeler, Schreiben an das Ministerium des Innern, Verwaltung Strafvollzug, Religionsausübung im Strafvollzug, 3. 3. 1988, BStU, MfS, BVfS Potsdam, Abt. VII Nr. 5, Teil I, Bd. 1, Bl. 176.

jedem Fall absolut. Wenn Sie also Vertrauen zu mir haben, können Sie ihr Herz vor mir ausschütten.'"[106]

Als Christ habe er den Anwerbungen der verschiedenen Geheimdienste stets widerstanden. Ausführlich beschreibt er in seiner Autobiografie, wie er sich zu den Versuchen der verschiedenen Geheimdienste, ihn zur Mitarbeit zu bewegen, verhalten hat. Eines Tages habe demnach ein „hagerer bürgerlich gekleideter Herr"[107] vor Giebelers Wohnungstür gestanden und sich mit dem Namen Fischer vorgestellt. Er komme vom Ministerium für Staatssicherheit und wolle, dass Giebeler eine fingierte Begegnung mit der Freundin eines Inhaftierten herbeiführe, damit die Stasi über sie an Informationen über deren Vater kommen würde, der als Arzt einen Ausreiseantrag gestellt hatte. Giebeler, den das „Wort Staatssicherheit nicht erschreckte",[108] sei von vornherein klar gewesen, dass er das Spiel nicht mitmachen würde. Er habe versucht, dem Stasi-Offizier deutlich zu machen, dass ein Pfarrer derlei Praktiken ablehnen müsse. Als der Stasimann ihn einen Tag später nach seiner Entscheidung gefragt habe, habe er die Zusammenarbeit mit dem MfS abgelehnt, weil er sein Amt als Pfarrer sehr genau nehme und die „Erwartung des Stasi-Offiziers eine Zumutung für einen Pfarrer"[109] sei, schließlich würde er sich „als Pfarrer unglaubwürdig machen", wenn er Praktiken, wie Fischer sie ihm vorgeschlagen habe, mitmachen würde.[110] Giebeler habe nach eigenen Angaben von Stasi-Offizier Fischer nie wieder etwas gehört.[111]

Giebelers Führungsoffizier von 1961–1967 hieß *Fischer* und war Giebeler nach Angaben der MfS-Akten[112] mit Klarnamen bekannt.

In den beiden weiteren autobiografischen Texten „Christus im Gefängnis der DDR" und „Der gefährliche Balanceakt" beschreibt Giebeler außerdem die

106 Giebeler, Hinter verschlossenen Türen, S. 90.
107 Ebenda, S. 106.
108 Ebenda.
109 Ebenda, S. 111.
110 Ebenda, S. 110.
111 Ebenda, S. 111.
112 Fischer, Auskunftsbericht, 22.5.1962, BStU, MfS, BVfS Potsdam, Abt. VII Nr. 5, Teil I, Bd. 1, Bl. 50.

Versuche des amerikanischen Geheimdienstes CIA[113] (1952), des sowjetischen Geheimdienstes KGB[114] (1961) und des Bundesnachrichtendienstes BND[115] (1979), die ihn zu einer Mitarbeit bewegen wollten und deren Werben er immer widerstanden habe.

113 Giebeler: „Es geschah im Frühjahr 1952. [...] Da traten zwei gut gekleidete Männer an mich heran [...] und stellte[n] sich als Mitarbeiter Central Intelligence Agency der USA vor. ‚Es ist bedauerlich, daß die Pfarrer im Osten so schlecht bezahlt werden. Sie haben viele Jahre studiert und bekommen am Ende weniger als die Hälfte von dem, was ein Arbeiter an Lohn ausgezahlt erhält.' [...] Das erfolgversprechendste Mittel zur Nachrichtenbeschaffung ist immer Geld gewesen. So bot mir der Kahlköpfige Geld an, für den Fall, daß ich seine Organisation unterstützen würde. [...] Schweren Herzens entschloß ich mich, einen Schlußstrich unter das unangenehme Kapitel zu ziehen, indem ich einfach auf das Angebot der Männer am Bahnhof Zoo nicht einging." Giebeler, Der gefährliche Balanceakt, S. 19f.

114 Giebeler: „Der KGB hatte in der DDR einen äußerst wirksamen Geheimdienst aufgebaut. Der sowjetische Geheimdienst konnte dabei auf den Erfahrungsschatz zurückgreifen, den die kommunistischen Führer Deutschlands in der Illegalität während der Hitlerära gesammelt hatten. In keinem anderen Staat entwickelte sich sehr bald der Geheimdienst zu einem derartig teuflischen Machtapparat. [...] ‚Wenn Sie uns Hinweise geben können, die dazu dienen, Straftaten und Provokationen, sowie konterrevolutionäre Ausschreitungen zu verhindern, rufen sie meinen Freund, ihren Anstaltsleiter an'. [...] War ein hoher mit Orden reich dekorierter KGB Offizier so schlecht unterrichtet, daß er einen ordinierten Pfarrer in seinen Spitzelapparat einbauen zu können glaubte?" Giebeler, Der gefährliche Balanceakt, S. 24f.

115 Giebeler: „Dieter M. hatte sich im berüchtigten Stasi-Gefängnis Bautzen II [...] zu mir in die Sprechstunde gemeldet. Wir saßen im Diplomatenzimmer zusammen: Hier empfingen gewöhnlich ausländische Botschaftsangehörige und Mitarbeiter der bundesdeutschen Vertretung in der DDR ihre Schützlinge. ‚Ich war bis zu meiner Inhaftierung beim Bundesnachrichtendienst' eröffnete er mir eines Tages. [...] Der christliche Glaube schien dem Gefangenen durch die Arbeit für einen Geheimdienst in keiner Weise angefochten zu sein. [...] Nach seiner Entlassung bekam ich einen ausführlichen Brief von ihm. [...] ‚Ich lade Sie und Ihre Gattin für eine Woche an den Plattensee nach Ungarn ein. Dort können wir uns endlich unbeaufsichtigt unterhalten'. [...] Würde mir mein ehemaliger Schützling, der mich sogar einmal als seinen Freund bezeichnet hatte, etwas zumuten, was ich mit meinem Gewissen nicht vereinbaren konnte? Hatte er vergessen, daß ich ihm einmal in der Sprechstunde sagte: 'Geheimdienste nutzen die Neigung mancher Menschen aus, ein Doppelleben zu führen. Dafür bin ich als Christ untauglich.'" Giebeler, Der gefährliche Balanceakt, S. 21f.

Aber Giebeler stellt nicht nur dar, wie er sich gegenüber den Anwerbungen der Geheimdienste verhalten habe, sondern gibt nach seiner Erinnerung auch Gefangenen Ratschläge, die zu ihm in die Sprechstunde gekommen seien, ihm von den Anwerbungen durch das MfS berichtet hätten und seinen seelsorgerlichen Rat suchten.

Giebeler habe vermutet, dass das MfS ihn bei manchen dieser Gespräche habe testen wollen. „Offensichtlich wurden mir auch Häftlinge ‚geschickt', die mich mit einer Palette von Fragen testen sollten. Was diesen armseligen Gefangenen wohl dafür an Judaslohn geboten wurde?"[116] Ein Gefangener habe Giebeler von seiner Not erzählt, dass er aufschreiben solle, „was ich über meine Mitgefangenen erfahren habe. Wünsche, Absichten, alles was ich von ihnen höre. [...] Herr Pfarrer, was das Schlimmste ist: Auch über meine Gespräche mit Ihnen soll ich dem MfS berichten. Ich soll immer zum Gottesdienst gehen und hinterher aufschreiben, was mir da aufgefallen ist, was Sie uns gesagt haben, wie andere Gefangene darüber sprechen und was es an besonderen Vorkommnissen im Gottesdienst gegeben hat."[117] Giebeler schildert seine Reaktion auf die Frage des Gefangenen, wie er sich gegenüber dem MfS verhaltenen solle, so: „Mir waren derartige Fragen, die mir von ehrlichen Gefangenen nicht selten gestellt wurden, nicht gerade angenehm. Ich wußte nicht, ob die ganze Geschichte nicht vielleicht erfunden war, um mich im Auftrag der Stasi zu testen. Sollte ich dem Gefangenen den Weg des geringsten Widerstandes zeigen? Aber welcher war das? Ehrlichkeit und Berechenbarkeit haben sich immer noch als beste Berater im Leben erwiesen. [...] Welchen Rat ich dem Gefangenen als Seelsorger zu geben hatte, war mir klar. Aber wie sollte ich ihm diesen Rat erklären? Der leichtere Weg war sicher der, sich die Stasi zum Verbündeten zu machen." Giebeler[118] rät dem Gefangenen: „„Ich kann Ihnen Ihre Gewissen-

116 Giebeler, Hinter verschlossenen Türen, S. 164.

117 Giebeler, Hinter verschlossenen Türen, S. 63f. Das folgende Zitat ebenda.

118 Für Harald Wagner, der 1980 aus politischen Gründen in Brandenburg inhaftiert war, erscheinen diese von Giebeler wiedergegebenen Gespräche ziemlich unwahrscheinlich. „Manche Dialoge sind hundertprozentig, ich will mich vorsichtig ausdrücken: geschönt. Also zum Beispiel die Passage, wo ein Häftling ihn gefragt hat, ob er IM-Mitarbeiter werden soll. Das hätte in der DDR kein Mensch gemacht, zu sagen: Du arbeitest nicht

entscheidung natürlich nicht abnehmen' […] aber für mich könnte die Entscheidung nur lauten: Nein, ich mache nicht mit. Wehret den Anfängen."[119]

In einer weiteren Seelsorgesituation im Gefängnis Hohenleuben schildert ihm – nach seinen Angaben – eine junge Frau, dass sie die Möglichkeit habe, freigelassen zu werden, wenn sie auf ein Angebot des MfS einginge und als Prostituierte auf der Leipziger Messe westdeutsche Männer ausspionieren würde. Giebeler ist auch hier – nach seinen Erinnerungen – ganz klar in seiner Haltung und gibt gegenüber der Gefangenen zu bedenken: „Mit Unlauterkeit und Schmutz sollte man sich die Freiheit nicht erkaufen. Das bringt keinen Segen. […] Bei aller Eindeutigkeit, mit der ich ihr von dem Angebot eines Teufels in unserer Zeit abraten mußte, tat sie mir leid."[120] Giebeler selbst allerdings ist dankbar, dass ihm Gott die Kraft gegeben habe, sich den Anbiederungen und Erwartungen des „Teufels" zu widersetzen.[121] Neben der Berufung auf sein eigenes Christsein und das Ordinationsversprechen scheut Giebeler zu seiner Rechtfertigung nicht den Vergleich mit Jesus Christus.

Den zweiten Brief, den Giebeler am 11. Oktober 1992 nach Ausstrahlung des Filmes „Zu verkündigen den Gefangenen die Freiheit" an Furian schreibt, beginnt er mit zwei Bibelzitaten, die den Kontext beschreiben, in dem er sein Tun als Gefängnisseelsorger verstanden wissen möchte. So habe er vierzig Jahre „eingedenk des Bibelwortes, klug wie die Schlangen und ohn' Falsch wie die Tauben zu sein"[122] gelebt. Im Matthäusevangelium[123] steht dieser Vers im Zusammenhang mit der Ansage kommender Verfolgungen der Jünger Jesu, die wie die Schafe mitten unter die Wölfe gesendet werden würden. In der Parallel-

mit der Staatssicherheit zusammen. Geschweige denn einer, der in einer staatlichen Organisation arbeitet. […]. Also, insofern ist das hundert Prozent nicht richtig, das hat er sozusagen als seine Geschichte erzählt, um irgendwas von sich abzulenken." Interview Wagner mit der Verf., 5.12.2015 in Dresden.

119 Giebeler, Hinter verschlossenen Türen, S. 63.

120 Ebenda, S. 161.

121 Giebeler, Christus im Gefängnis der DDR, S. 32a.

122 Giebeler, Schreiben an Furian, 11.10.1992, Brief II, ELAB, 15/1989.

123 Die Bibel, Matthäus 10,16.

stelle im Markusevangelium[124] wird den Jüngern prophezeit, dass sie um des Namens Jesu willen von jedermann gehasst sein würden. Dieser Leidensankündigung folgt aber die Zusage, dass derjenige, der „beharrt bis an das Ende",[125] selig werde.

Giebeler sei auch das Pauluswort „dem Römer ein Römer und dem Griechen ein Grieche zu werden"[126] wichtig gewesen, erklärt er gegenüber Furian. Unabhängig davon, dass es dieses Pauluswort in der von Giebeler zitierten Form nicht gibt, ist es dennoch ein Hinweis auf sein theologisches Selbstverständnis. Der Apostel Paulus hat sich in seiner Missionstätigkeit auf die jeweiligen Adressaten seiner Botschaft eingestellt. Deshalb sei er u. a. den Juden ein Jude geworden, denen, die unter dem Gesetz lebten wie einer, der unter dem Gesetz stehe, und den Schwachen ein Schwacher gewesen.[127] Um der Verbreitung des Evangeliums willen spricht Paulus die Sprache derer, die er für die gute Nachricht gewinnen möchte. Eckart Giebeler überträgt die paulinische Situation auf seine eigene als Gefängnisseelsorger, in der er sich „des Vokabulars der Herren im SED-Strafvollzug bedienen"[128] musste, da er sonst „überhaupt kein Gehör gefunden"[129] hätte. Dies ist sicher eine zutreffende Beschreibung seiner Situation, sie erklärt aber nur bedingt, warum er neben dem Vokabular z. T. auch die damit transportierten Inhalte übernommen hat.

Auch in anderen Texten greift Giebeler auf biblische Zitate zurück, mit denen er zum einen seine eigene komplizierte Arbeitssituation illustriert und zum anderen diese auch als Erklärungs- und Rechtfertigungsmuster benutzt. Die von Giebeler gewählten Bibelstellen haben als Schwerpunkte die Aspekte der Nachfolge und der Identifizierung mit dem Leiden Christi.

124 Die Bibel, Markus 13, 9–13.

125 Die Bibel, Markus 13, 13.

126 Giebeler, Schreiben an Furian, 11. 10. 1992, Brief II, ELAB, 15 / 1989.

127 Vgl. Die Bibel, 1. Korinther 9, 19ff.

128 Giebeler, Schreiben an Furian, 11. 10. 1992, Brief II, ELAB, 15 / 1989.

129 Ebenda.

Nachfolge

Giebeler sieht seinen Weg in die Gefängnisseelsorge als eine Fügung Gottes, wenn er betont, dass *nicht er*[130] Gefängnisseelsorger habe werden wollen, sondern *„Christus selbst hat gewollt"*,[131] dass er sein Leben den Gefangenen widme. Deshalb sei alles, „was in der Nachfolge Christi" auf Giebeler zugekommen sei, „von IHM gewollt".[132]

Giebeler habe durch „die Überbringung von menschlicher Wärme, durch die Bereitschaft, Gefangene seelsorgerlich zu trösten, ihnen zu raten, ihre Probleme mitzutragen" genauso *„wie der Herr der Kirche, Jesus Christus, unter den Gefangenen am Werk gewesen"* ist, gewirkt.[133] Auch Jesus hätte sich in *„gewisser Weise der Diplomatie"* bedient, *„um seinen himmlischen Vater" zu ehren.*[134] Es hätte deshalb einer Mindestanpassung bedurft, wenn er die *„von Jesus Christus gestellten Aufgaben erfüllen"*[135] wollte. Giebeler lässt offen, welche Geschichten Jesu er vor Augen hat, wenn er von einem diplomatischen Verhalten von Jesus spricht. Auch habe ihn das Bibelwort „tue deinen Mund auf für die Stummen"[136] jedes Mal begleitet, wenn er die Schwelle einer Strafanstalt überschritt.

Leidensgeschichte

Giebeler habe nicht im Traum daran gedacht, „am Ende seines kirchlichen Dienstes so viele blaue Flecken und Narben an seiner Seele" zurückzubehalten. Sie seien für ihn der Beweis, dass er *„für die Sache Jesu gekämpft"* habe.[137]

130 Hervorhebungen durch die Verf.
131 Giebeler, Christus im Gefängnis der DDR, S. 7.
132 Ebenda.
133 Ebenda, S. 4.
134 Ebenda, S. 31.
135 Ebenda.
136 Giebeler, Schreiben an Klasse, Vorsitzender des ÜA der EkiBB, 8.7.1994, Stasi-Überprüfungsausschuss 1992–1995, ELAB, 155, Bl. 2.
137 Giebeler, Christus im Gefängnis der DDR, S. 6.

Als er des Verrats bezichtigt wird, klagt Giebeler darüber, dass für ihn, der zu DDR-Zeiten „für viele der Held" gewesen sei, da er auf der Seite von „Staatsfeinden gestanden" hätte, nun auf das „*„Hosianna*"[138] *das ‚Kreuzige ihn*'" folge.[139] Aber ebenso wie er musste „*auch unser Herr viel erdulden*".[140] Giebeler sieht sich also nicht nur in der Nachfolge Christi, sondern identifiziert sich zudem mit der Leidensgeschichte Jesu, die nun auch sein Leben kennzeichne.

Als Giebeler 1994 vom Überprüfungsausschuss der Berlin-Brandenburger Kirche die ihn betreffenden Akten des BStU zugesendet bekommt, versucht er „*im Aufblick zu Jesus, unserem Heiland*" die Existenz der Stasi-Akten zu erklären.[141] Am 1. Februar 1993 hatte Giebeler einen Brief an Lutz Borgmann, Chefredakteur des *Berlin-Brandenburgischen Sonntagsblattes*, geschrieben. In der Zeitung war zuvor ein Leserbrief von zwei in Brandenburg Inhaftierten abgedruckt worden, in dem sie Giebeler schwer belasteten.[142] Darauf reagiert Giebeler und sendet seine Reaktion in Kopie auch an Propst Furian. Auch hier schreibt Giebeler, dass er im „*Aufsehen auf den Herrn auf der Seite der Ausgegrenzten gestanden*"[143] habe.

Er sei mit „klopfenden [sic!] Herzen in die Kerkerhöhlen der DDR hineingegangen, um Menschen zu retten". Sicher habe er sich dabei auch schmutzig gemacht. Aus dieser Erkenntnis erwachsen aber kein Schuldeingeständnis oder die Übernahme von Verantwortung, vielmehr Giebeler zitiert ein Kinderlied,[144] in dem es heißt: „*Gottes Gnad und Jesu Blut macht ja allen Schaden gut.*"[145]

138 Nach dem biblischen Befund reitet Jesus am Palmsonntag auf einem Esel nach Jerusalem, und die Menschen bereiten ihm einen begeisterten Empfang und riefen „Hosianna, gelobt sei der da kommt in dem Namen des Herrn." Die Bibel, Mk 11, 9.

139 Giebeler, Der gefährliche Balanceakt, S. 32.

140 Giebeler, Schreiben an Klasse, Vorsitzender des ÜA der EkiBB, 8.7.1994, Stasi-Überprüfungsausschuss 1992–1995, ELAB, 155, Bl. 6.

141 Ebenda, Bl. 1.

142 Vgl. Kapitel 9.5.

143 Giebeler, Schreiben an Borgmann, 1.2.1993, ELAB, 15/1989.

144 Lied von Luise Hensel, 1817, in: Internetseite Lieder Archiv, https://www.lieder-archiv.de/muede_bin_ich_geh_zur_ruh-notenblatt_100168.html [12.10.2019].

145 Giebeler, Schreiben an Klasse, Vorsitzender des ÜA der EkiBB, 8.7.1994, Stasi-Überprüfungsausschuss 1992–1995, ELAB, 155, Bl. 2.

Wer in dieser Form Jesus Christus als Legitimierung und Autorisierung des eigenen Verhaltens bemüht, nimmt jeder kritischen Anfrage von vornherein den Wind aus den Segeln. Schließlich kann ein Tun nicht falsch gewesen sein, wenn dieses in der beschriebenen Form in der Nachfolge von Jesus Christus geschah.

„Adam wo bist du" lautet die berühmte Frage Gottes an den Menschen, der sich dieser Frage in je unterschiedlicher Weise stellt. Vater Erich und Sohn Eckart beantworten diese Frage mit den beschriebenen Strategien von Schuldabwehr und Schuldverleugnung. Diese sind – wie dargestellt – durchaus allgemeine, in ihrer Übereinstimmung in zwei Generationen einer Familie entbehren sie aber nicht einer gewissen Tragik.

9.5 „Wertvoller Dienst" oder „Wanzen unter dem Talar" – Mediale Debatten[146]

Die Auseinandersetzung über den Film „Zu verkündigen den Gefangenen die Freiheit" und mit den durch ihn ausgelösten Reaktionen des Brandenburger Justizministeriums und der Berlin-Brandenburger Kirche wird nicht nur innerkirchlich, sondern auch in der Presse fortgesetzt. Die nüchternen Agenturmeldungen des epd stehen neben langen Namensbeiträgen und Leserbriefen.

Auch die Journalisten, die den Film über Giebeler gedreht haben, äußern sich am 16. Oktober 1992, wenige Tage nach der Ausstrahlung ihres Films, unter der Überschrift: „Von Skrupeln keine Spur" in einem zweiseitigen Artikel im *Deutschen Allgemeinen Sonntagsblatt* (DAS). Darin wiederholen sie die bereits im Film geäußerten Vorwürfe und zitieren auch aus MfS- und Staatsakten.

Während Beckmann und Kusch zu diesem Zeitpunkt die Einzigen sind, die Giebelers MfS-Akten und Dokumente des MdI eingesehen haben, können sich alle anderen, die sich innerhalb dieser Debatte zu Wort melden, nur auf ihre eigene Wahrnehmung verlassen. Sie können den Wahrheitsgehalt der im

146 Eine Auswahl von Leserbriefen und Artikeln ist im Anhang dokumentiert.

Film gezeigten und im Artikel zitierten Dokumente ebenso wenig überprüfen wie die Schlüsse, die die Journalisten aus diesen gezogen haben. Die 1992 ohnehin gereizte innerkirchliche Atmosphäre hinsichtlich der MfS-Debatten spielt für die Beurteilung von Giebelers Verhalten außerdem eine Rolle.

Diejenigen, die sich zu Giebeler äußerten, konnten somit für ihre Meinungsbildung zum einen Giebelers Buch, den Film sowie den Artikel von Beckmann und Kusch als Quellen benutzen. Zum anderen berufen sich die Briefeschreiber auf ihre eigenen Erfahrungen und Begegnungen mit dem Pfarrerkollegen oder dem Gefängnisseelsorger.

In der medialen Debatte gibt es kaum Zwischentöne. Die einen solidarisieren sich mit Giebeler und sprechen ihm ihr Vertrauen aus. Die anderen glauben den Äußerungen der Journalisten und kritisieren Giebelers Verhalten scharf. Diese Polarität kennzeichnet die gesamte Debatte um die Stasi-Kontakte von Eckart Giebeler in jenen Monaten, insbesondere da sich Leserbriefe grundsätzlich weniger für differenzierte Betrachtungen als für klare Positionierungen der Verfasser eignen, die sich zu einem dargestellten Sachverhalt entweder zustimmend oder ablehnend äußern.

Zu Wort melden sich Pfarrerkollegen von Giebeler, ehemalige und noch inhaftierte Gefangene, ein Rechtsanwalt, dem Giebeler im Zusammenhang seiner Arbeit begegnet ist, sowie auch Menschen, die den Fall nur aus den Medien kennen und Giebeler nie persönlich begegnet sind. Auch Eckart Giebeler äußert sich in einem Leserbrief zu dem Artikel von Beckmann und Kusch im *Deutschen Allgemeinen Sonntagsblatt.*

Die Entlassung von Eckart Giebeler am 10. Oktober 1992 durch das Brandenburger Justizministerium wird am 11. November von Hans-Jürgen Röder, epd-Korrespondent in Berlin, in einer Agenturmeldung verbreitet. Wenige Tage später veröffentlicht das *Deutsche Allgemeine Sonntagsblatt* den Artikel von Beckmann und Kusch. Über den epd wird am 20. Oktober 1992 auch der Brief des Brandenburger Pfarrkonvents verbreitet, in dem sich seine Mitglieder mit Giebeler solidarisieren.[147] Der Brief wird am 15. November auch im *Berlin-Brandenburgischen Sonntagsblatt* abgedruckt.

147 Vgl. Kapitel 9.2.

Auf die Veröffentlichung dieses Briefes reagiert Siegfried Lange, ehemaliger nebenamtlicher Gefängnisseelsorger, der Giebeler aus dem Konvent der Gefängnisseelsorger kennt. Lange spricht Giebeler sein Vertrauen aus und ist empört darüber, „auf welche Weise die beiden Filmemacher [...] Bruder Giebeler ‚entdeckt' und ‚enttarnt' haben". Dass Giebeler Informationen aus dem Konvent der Gefängnisseelsorger weitergegeben hat, ist für Lange kein Problem, denn „so erfuhr der Staatssicherheitsdienst auf diese Weise wenigstens, was wir dachten und kritisierten". Der nebenamtliche Gefängnisseelsorger schildert zudem, wie er von Eckart Giebeler in seiner Arbeit unterstützt worden sei und wie sich Giebeler für Gefangene eingesetzt habe. Lange wehrt sich zudem „entschieden gegen alle Versuche, Giebeler als Stasispitzel zu *enttarnen*",[148] und schreibt mit großer Hochachtung über Giebeler.

Auch Rechtsanwalt Reymar von Wedel,[149] der später Giebelers Interessen gegenüber dem kirchlichen Stasi-Überprüfungssauschuss und auch gegenüber der Neuruppiner Staatsanwaltschaft vertreten wird,[150] äußert sich am 29. November 1992 im *Berlin-Brandenburgischen Sonntagsblatt*. Für ihn ist „Giebeler ein Zeitzeuge ersten Ranges" und der Film von Beckmann und Kusch „ein weiteres Beispiel für die schlampige oder voreingenommene Arbeit von Fernsehjournalisten".[151]

Auch Giebeler nimmt in einem Leserbrief Bezug auf den Artikel von Beckmann und Kusch im DAS. Am 6. Dezember 1992 wird unter der Überschrift „Stellungnahme"[152] Giebelers Darstellung im *Berlin-Brandenburgischen Sonntagsblatt* veröffentlicht. Er erhebt schwere Vorwürfe gegenüber den Journalisten, für die „das 8. Gebot nicht mehr gelten" würde und denen die „Stasi-

148 Lange, Leserbrief, in: Berlin-Brandenburgisches Sonntagsblatt, 15.11.1992, ELAB, 55.1/203. Hervorhebung durch die Verf.

149 Reymar von Wedel, Die Gefangenen besuchen. Erinnerungen von Eckart Giebeler. 29.11.1992, ELAB, 55.1/203.

150 Vgl. Kapitel 10.

151 Ob Reymar von Wedel seine Einschätzung nach der Lektüre von Giebelers Stasi-Akten revidiert hat, ist nicht bekannt.

152 Giebeler, Stellungnahme, in: Berlin-Brandenburgisches Sonntagsblatt, 6.12.1992, ELAB, 55.1/203.

Akten heilig" seien. Er selbst habe erfahren, wie „die Stasi durch Lug und Trug Menschen ins Verderben brachte. Und er habe sich selbst in Gefahr gebracht, wenn er „Ratsuchenden die Augen dafür öffnete, daß sie zum Spielball des Teufels geworden waren".[153] Giebeler führt in diesem Schreiben die gleichen Argumente an, die er bereits gegenüber Furian gebraucht hatte. In seiner Stellungnahme gibt er allerdings noch eine weitere Deutung, die die Existenz der Stasi-Akten erklären soll. Er habe die Angewohnheit gehabt, seinen Gesprächspartnern vom MdI „Merkzettel zuzureichen", damit sie „seine Wünsche, Beschwerden, Anregungen usw. nicht vergaßen".[154] Was seine Gesprächspartner dann mit diesen Zetteln gemacht hätten, habe nicht in seiner Verantwortung gestanden. Außerdem betont Giebeler noch einmal, dass er in keiner Anstalt einen Zellenschlüssel gehabt habe und seine Gespräche mit Gefangenen in der Regel nur unter Aufsicht hätten stattfinden können. Die Existenz von Tonbandaufzeichnungen wird er wieder mit Abhöranlagen erklären. Am Ende seines Leserbriefes weist Giebeler auf seine Autobiografie hin und fragt: „Vielleicht gehört der Inhalt des Buches schon zur Kirchengeschichte der DDR."[155] Mit dieser rhetorischen Frage sollte Giebeler recht behalten, aber wohl in einer anderen Weise, als er es intendiert und erhofft hatte.

Giebelers „Stellungnahme" veranlasst zwei Gefangene, die 1993 im Brandenburger Gefängnis inhaftiert sind, zu einer Gegendarstellung, die am 31. Januar 1993 im *Berlin-Brandenburgischen Sonntagsblatt* veröffentlicht wird.[156]

Stephan Oertel und Peter Beyer kennen Giebeler seit Jahren als Brandenburger Gefängnisseelsorger und widersprechen seinen Darstellungen ausdrücklich und bezichtigen Giebeler der Lüge. Sie bestätigen „aus eigener Anschauung",[157]

153 8. Gebot: „Du sollst nicht falsch Zeugnis reden wider deinen Nächsten." Die Bibel, Ex 20,16.

154 Giebeler, Stellungnahme, in: Berlin-Brandenburgisches Sonntagsblatt, 6. 12. 1992, ELAB, 55.1 / 203.

155 Ebenda.

156 Stephan Oertel / Peter Beyer, Der „Fall Giebeler", in: Berlin-Brandenburgisches Sonntagsblatt, 31. 1. 1993, ELAB, 55.1 / 203.

157 Ebenda.

dass Giebeler die „Schlüssel[158] sowohl für die Zwischentüren als auch für die Hafträume“[159] besaß. Oertel und Beyer werfen Giebeler vor, dass sowohl seine Stellungnahme als auch sein Buch nicht „von der notwendigen Ehrlichkeit geprägt“ seien.[160] Ihnen erscheint es wichtig, „endlich die Tatsachen zur Kenntnis zu nehmen und ehrlicher mit der Vergangenheit umzugehen“.[161] Die beiden Leserbriefschreiber prophezeien, „wenn man schon heute nicht mehr bereit ist, eigene Geschichte aufzuarbeiten, wird sie noch für viele Jahre für Haß, Zerwürfnis und Mißtrauen sorgen.“[162]

Bereits im November 1992, sofort nach der Ausstrahlung des Filmes über Giebeler, hatte sich Stephan Oertel in der Brandenburger *Gefangenen-Zeitung*[163] in ähnlicher Weise zu dem Fall geäußert. Diesen Artikel leitet Pfarrer Heinz Langhoff am 26. November an Propst Furian mit einem eigenen Kommentar weiter.[164] Auch Langhoff, der jahrelang im „Operativen Vorgang“ „Hugenott“ vom MfS „bearbeitet“ wurde, solidarisiert sich mit Giebeler und übernimmt dessen Position in Bezug auf den katholischen Gefängnisseelsorger. Für Langhoff geht es aber auch um Grundsätzliches. Nicht nur er sehe in Brandenburg, wie der „röm.-katho. Pfarrer seit Monaten dabei ist, die evgl. Seelsorge aus dem hiesigen ‚Knast‘ heraus zu drängen, um dann das freigewordene Terrain zu besetzen“. Der katholische Pfarrer treibe im Zusammenspiel mit dem neuen Personal, „lauter Katholiken aus Westfalen“, ein „böses Spiel“. Langhoff weist Furian außerdem darauf hin, dass „Bruder Giebeler von Bestechungstricks weiß“, mit denen der katholische Seelsorger Aussagen von Gefangenen gegen Giebeler bekommen würde. Da Langhoff die gleichen Argumente wie Giebeler

158 Auch Peter Klam, ehemaliger Häftling in Brandenburg, erinnert sich, dass Giebeler einen Schlüssel hatte. „Er hatte einen Schlüssel, der konnte wirklich überall hin, in die gesamte Anstalt und auch in das Haftkrankenhaus, in dem ich damals gearbeitet habe.“ Peter Klam, Interview mit Verf. am 25. 1. 2016 in Brandenburg.

159 Ebenda.

160 Ebenda.

161 Ebenda.

162 Ebenda.

163 Stephan Oertel, Einer war – wer noch?, in: Gefangenen-Zeitung der JVA Brandenburg, Nov. 1992, ELAB, 15 / 1989.

164 Heinz Langhoff an Furian, 26. 11. 1992, ELAB, 15 / 1989. Das folgende Zitat ebenda.

verwendet, kann davon ausgegangen werden, dass Giebeler Langhoff seine Sicht der Dinge dargelegt hat und Langhoff Giebelers Position übernimmt. Die Auseinandersetzung um Giebeler bekommt nun eine grundsätzliche ökumenische Dimension, in der es darum geht, welche Konfession größeren Einfluss im Gefängnis hat. Offenbar wird nun das Gefängnis – nach Auffassung von Langhoff – zu einem Missionsgebiet, in dem es weniger darum geht, den Gefangenen das Evangelium zu predigen, sondern eher um die Konkurrenz zweier christlicher Konfessionen in der Auseinandersetzung um die jeweils größere Präsenz in einem Gefängnis.

Auf den oben erwähnten öffentlichen Leserbrief von Oertel und Beyer reagiert wiederum Giebeler am 1. Februar 1993, also einen Tag nach dem Erscheinen der Zeitung, mit einem Schreiben an Lutz Borgmann, Chefredakteur des *Berlin-Brandenburgischen Sonntagsblattes.* Giebeler bittet Borgmann ausdrücklich darum, seinen Brief *nicht* zu veröffentlichen, da er ernsthaft befürchte, „die beiden Gewaltverbrecher könnten für Leib und Leben“[165] seiner Familie gefährlich werden. Für Giebeler ist es „ein Unding, Schwerverbrechern in einer Kirchenzeitung Raum zu geben, damit sie einen Pfarrer, der sich sein Leben lang für die Unterdrückten einsetzte, öffentlich verunglimpfen können“.[166] Giebeler spricht zudem den beiden Gefangenen das Recht ab, „einen Pfarrer der Lüge zu bezichtigen“.[167] Außerdem bezichtigt Giebeler erneut den katholischen Gefängnisseelsorger der Anstiftung eines Komplottes gegen ihn.

Die Auseinandersetzung um Giebeler entwickelt sich zu einer Glaubensfrage. Die Briefeschreiber mussten entscheiden, ob sie den Journalisten und den im Film gezeigten Dokumenten sowie den Aussagen der beiden Gefangenen glaubten oder den Worten von Pfarrer Giebeler.

Pfarrer Ulrich Hollop, u. a. Gefängnisseelsorger in Berlin-Moabit und seit 1987 Beauftragter des Westberliner Bischofs für Visitation und Seelsorge, gesteht, dass er „in diesem Fall dem Pfarrer glaube, nicht seinen Anklägern“.[168]

165 Giebeler, Schreiben an Borgmann, 1.2.1993, ELAB, 15/1989.

166 Ebenda.

167 Ebenda.

168 Ulrich Hollop, Wahrheitsfindung. Zum Leserbrief „Der Fall Giebeler“, in: Berlin-Brandenburgisches Sonntagsblatt, 21.2.1993, ELAB, 55.1/203.

Hollop stellt sich die Frage, wem die Veröffentlichung der Leserzuschrift von Oertel und Beyer nütze, und beklagt, dass „hier Rufmord verübt"[169] werde, an dem sich „eine evangelische Wochenzeitung nicht beteiligen"[170] solle.

Hollop erkennt auch die Brisanz der Auseinandersetzung um Giebeler, bei der es um „die Glaubwürdigkeit eines Menschen, […], eines Pfarrers unserer Kirche", darüber hinaus aber auch um die „Glaubwürdigkeit der Kirche" insgesamt gehe. Der Verfasser gibt abschließend zu bedenken, dass Glaubwürdigkeit nicht gewonnen werde durch eine Wahrheitsfindung, „bei der der Mensch selbst auf der Strecke bleibt".[171] Damit hat Hollop eine wesentliche Schwierigkeit der Aufarbeitung von Vergangenheit innerhalb der Kirche benannt. Wahrheitsfindung hat immer auch damit zu tun, dass Schuld von Menschen benannt und bekannt wird. Schuld bekommt ein Gesicht, einen Namen, und Menschen tragen Verantwortung für ihr Tun wie für ihr Lassen. Wie kann also ein Mensch geschützt werden, der schuldig geworden ist und der dennoch nicht nur auf seine Taten reduziert werden kann? Dies ist eine Herausforderung an die Theologie und an die Kirchen. Um ihrer eigenen Wahrhaftigkeit willen müssen die Kirchen Schuld und Täter in ihren Reihen benennen und gleichzeitig dem Täter Wege aufzeigen, die ihm signalisieren, dass er auf Gottes gnädigen Blick und auf die Befreiung von Schuld, die Kraft des versöhnenden Gottes hoffen darf. Die Gefahr für die Kirchen besteht darin, dass sie oftmals Letzteres mehr betonen, um den Preis, dass Wahrheiten verschwiegen, beschönigt oder verdeckt werden.

Neben den beiden in der JVA Brandenburg Inhaftierten äußern sich auch zwei weitere ehemalige Gefangene – beide Theologen –, die Giebeler als Seelsorger im Gefängnis erlebt haben. Die Äußerungen beider unterscheiden sich in der Beurteilung von Giebeler grundsätzlich.

Während für Matthias Storck, der von Oktober 1979 bis Dezember 1980 wegen einer angeblich geplanten Republikflucht inhaftiert war, die Aussagen der Journalisten glaubhaft sind und er somit Giebeler äußerst kritisch betrachtet,

169 Ebenda.
170 Ebenda.
171 Ebenda.

dankt Georg-Siegfried Schmutzler,[172] der von November 1957 bis Februar 1961 wegen sogenannter Boykotthetze in Torgau inhaftiert war, in seinem Leserbrief Giebeler ausdrücklich für „seine unentwegte Gratwanderung im Dienste der Gefangenen".[173] Schmutzler hatte Giebeler drei Jahre lang als Seelsorger in der Strafvollzugsanstalt Torgau erlebt. Er sei nie auf den Gedanken gekommen, der „sensible und ohne jedes Pathos wirkende Pfarrer" könne ein Spitzel sein. Er bestätigt in seinem Leserbrief, dass er mit Giebeler unter vier Augen sprechen konnte. Für Schmutzler waren die im „Knast umgehenden Gerüchte"[174] über eine Spitzeltätigkeit von Giebeler „Horrormeldungen zum Zwecke der Abwendung der Gefangenen von Gottesdienst und Seelsorge". Giebeler habe sich im Gegenteil mit der Stasi im Knast angelegt, damit Schmutzler ein griechisches Neues Testament ausgehändigt werden konnte. Solche „anscheinend kleinen Ereignisse"[175] hätten im Gefängnis eine große moralische Wirkung. In seinem „Plädoyer für Eckart Giebeler" beklagt er, dass die „Stasi-Debatte wilde Blüten" treibe. Nach der „vergeblichen Hexenjagd wider Manfred Stolpe" sei nun „der langjährige Gefängnisseelsorger [...] dran",[176] schreibt Schmutzler in seinem Leserbrief am 13. Dezember 1992 im *Berlin-Brandenburgischen Sonntagsblatt.* Da Schmutzler 1957 inhaftiert wurde, Giebeler sich aber erst 1959 zur Zusammenarbeit mit dem MfS bereit erklärte, waren die entsprechenden Gerüchte im Gefängnis tatsächlich zumindest bis 1959 falsch.

Ganz anders stellt sich die Situation für Matthias Storck dar. Er schildert in einem zweiseitigen Artikel, der am 8. Januar 1993 unter der Überschrift „Wanzen unter dem Talar" im *Rheinischen Merkur* veröffentlicht wird, seine

172 Georg-Siegfried Schmutzler (1915–2003) war ein deutscher evangelisch-lutherischer Pfarrer, der am 5. April 1957 in Leipzig von der Staatssicherheit der DDR verhaftet wurde. Er wurde am 28. November 1957 wegen „Boykotthetze" zu fünf Jahren Haft verurteilt und war bis zu seiner (vorzeitigen) Entlassung am 18. Februar 1961 in Torgau inhaftiert. Vgl. Gerald Wiemers, Georg-Siegfried Schmutzler (1915–2003), in: Internetseite Leipzig lese, https://www.leipzig-lese.de/ndex.php?article_id=733 [9. 10. 2019].

173 Schmutzler, Leserbrief, in: Berlin-Brandenburgisches Sonntagsblatt, 13. 12. 1992, ELAB, 55.1 / 203.

174 Ebenda.

175 Ebenda.

176 Ebenda.

Begegnung mit Eckart Giebeler im Cottbuser Gefängnis.[177] Diesen Text veröffentlichte Storck wenig später in seinem Buch „Karierte Wolken"[178] unter der Überschrift „Fels in Betonbrandung". Storck scheut weder drastische Worte noch Polemik, wenn er über Giebeler schreibt. Für ihn ist der „Mann mit dem Decknamen ‚IM Roland' ein Pfarrer, der aus seiner Mördergrube nie ein Herz gemacht" habe. Und „nachdem sich der Gefängnisseelsorger mehrfach die Hände öffentlich in Unschuld gewaschen hat, mag er nun in aller Ruhe mit Pilatus zu Tische sitzen und lautstark den erneuten Sieg der Lebenslügen über die Wahrheit feiern".[179]

Storck wirft Giebeler vor, mit seinen Berichten an das MfS nicht nur den Namen Jesu Christi verraten, sondern auch „ein paar wehrlose Menschen in trostlose Tiefen" gestoßen zu haben. Außerdem habe Giebeler durch sein Verhalten „die ohnehin schon geschwächte Glaubwürdigkeit der evangelischen Kirche beschädigt".

Zwei ehemalige Gefangene, beide Theologen, kommen nachträglich zu zwei völlig unterschiedlichen Bewertungen über Eckart Giebelers Tätigkeit.

Für Schmutzler bleibt „das [unbeaufsichtigte] Zusammensein" mit Giebeler eine „Oase der Menschlichkeit inmitten der Wüste von Menschlichem und Unmenschlichem".[180]

Allerdings sind die Ehrlichkeit und Glaubhaftigkeit von Giebeler trotz des Filmes nicht infrage gestellt, und insofern behalten Schmutzlers Erinnerungen an Giebelers hilfreiches Wirken im Gefängnis ihre Kraft.

Matthias Storck beschreibt in seinem Buch „Karierte Wolken" einen Gottesdienst, den er mit Giebeler im Cottbuser Gefängnis erlebt hatte. Für ihn waren die „lebensgeladene[n] Worte aus dem Munde des Seelsorgers" die einzige Hoffnung in „diesem toten Haus". Sie wirkten „wie eine Kostprobe aus einer anderen Welt, in der sich Gerechtigkeit und Frieden küssen sollten".[181] Storck habe Gie-

177 Vgl. Kapitel 5.

178 Storck, Karierte Wolken, S. 151–157.

179 Ebenda, S. 156.

180 Schmutzler, Leserbrief, in: Berlin-Brandenburgisches Sonntagsblatt, 13.12.1992, ELAB, 55.1/203.

181 Storck, Karierte Wolken, S. 153.

beler als „gütigen Gefängnisseelsorger und väterlichen Amtsbruder“[182] erlebt. Nach einem Gottesdienst, den Storck besuchen durfte, ließ sich Giebeler den Gefangenen zum Gespräch „zuführen“, der sich zu diesem Zeitpunkt wegen einer angeblichen Anstiftung zur „Meuterei“ in Isolierhaft befand.[183] Anders aber als für Schmutzler, der die Vorwürfe der Journalisten gegenüber Giebeler für ungerechtfertigt hält und der seine guten Erinnerungen an Giebeler bewahrt, verändert sich für Storck nach Ausstrahlung des Filmes auch die Bewertung der Begegnungen mit Giebeler im Gefängnis. Ob Schmutzler zu einem anderen Urteil gekommen wäre, wenn er gewusst hätte, dass Giebeler als IM „Roland“ dem MfS auch über Gefangene berichtet hat, muss offenbleiben, da spätere Äußerungen von ihm zum Thema Giebeler nicht bekannt sind.

Die Frage, in welcher Weise sich die Erinnerung an die seelsorgerliche Begleitung durch Giebeler im Nachhinein verändert hat, kann nicht allgemein beantwortet werden. Es gibt ehemalige Gefangene, die trotz der erwiesenen MfS-Tätigkeit des Seelsorgers daran festhalten, dass die Gespräche mit ihm in ihrer jeweiligen Situation gut und hilfreich waren. So betont Harald Wagner,[184] der 1980 wegen „staatsfeindlicher Hetze“ nach § 106 StGB zu einem Jahr Haft verurteilt und in Brandenburg inhaftiert worden war, dass Giebeler der Einzige war, der sich auf einer persönlichen Ebene mit ihm unterhalten habe. Auch habe Wagner gerne Giebelers Gottesdienste besucht und von ihm theologische Literatur zur Lektüre bekommen. Wagner betont, dass er sich von Giebeler nicht ausgespäht gefühlt habe. Ohne Giebeler wäre das Gefängnis in Brandenburg – trotz aller Ambivalenzen, die auch Wagner gegenüber Giebeler gespürt habe – ein anderes gewesen.

Auch Hartmut Richter, 1975 wegen Fluchthilfe zu 15 Jahren Haft verurteilt und u. a. im Gefängnis Bautzen II inhaftiert, erinnert sich an Gottesdienste und Gespräche mit dem Gefängnisseelsorger. Richter habe bereits während seiner Haft die Vermutung gehabt, dass Giebeler mit der Stasi zusammenarbeite, da er der einzige Pfarrer war, der in Bautzen II Gottesdienste und Seelsorgege-

182 Ebenda, S. 151.

183 Vgl. Kapitel 5.

184 Harald Wagner im Interview mit Verf. am 9. 12. 2015 in Dresden.

spräche durchführen durfte. Deshalb habe sich Richter bei Giebeler zwar über allgemeine Mängel im Strafvollzug beklagt, weil er davon ausgegangen sei,

dass Giebeler dies dem Anstaltsleiter und dem MfS berichten würde, habe ihm aber ansonsten keine persönlichen Dinge anvertraut.[185]

Letztlich wird nur jeder einzelne Betroffene für sich die Frage beantworten können, ob die Begegnungen mit Pfarrer Giebeler in der damaligen Situation ihren Wert und ihre Bedeutung behalten ober ob diese sich durch Giebelers Zusammenarbeit mit dem MfS in einem völlig anderen Licht darstellen. Aber selbst wenn sich die Beurteilung im Nachhinein grundlegend verändert, kann es trotzdem für Gefangene hilfreich und tröstend gewesen sein, im DDR-Gefängnis-Alltag von Giebeler seelsorgerlich begleitet worden zu sein.

Giebelers Unterstützer argumentieren, dass zum einen der schwere Dienst von Eckart Giebeler von außen nicht hinreichend gewürdigt werden könne, zum anderen, dass das Misstrauen, welches das MfS gesät habe, nun späte Frucht tragen würde.

Für Giebelers Kritiker stehen dagegen der Bruch des Beichtgeheimnisses und die Glaubwürdigkeit der Kirche im Mittelpunkt der Diskussion. Für sie bleibt es unverständlich, warum die Kirche nicht die Kraft und den Mut habe, ihre MfS-Verstrickungen schonungslos aufzudecken.

Auszüge von epd-Meldungen und Leserbriefen[186]

Tabelle 5: Leserbriefe und Artikel

Datum	Zeitung / Inhalt
11. 10. 1992[187]	**epd-Meldung, Hans-Jürgen Röder „DDR-Gefängnispfarrer soll ‚Stasispitzel' gewesen sein"**

185 Hartmut Richter im Interview mit Verf. am 27. 2. 2018 in Berlin.
186 Vgl. die Dokumente in Kapitel 12.3.
187 epd, 10. 11. 1992, ELAB, 55.1 / 203.

„Nach den Worten des Berliner Altbischofs Albrecht Schönherr dürfen die zu seiner Amtszeit bekanntgewordenen Verdachtsäußerungen von Gefangenen gegen Giebeler nicht überbewertet werden. Gefangene seien sehr empfindlich und alles was sie irgendwie beeinträchtige, werde ‚gern anderen zugeschoben'." Wie *Altbischof Gottfried Forck, Schönherrs Nachfolger als Berlin-brandenburgischer evangelischer Bischof sagte, seien die Verdächtigungen gegen Giebeler untersucht worden.*[188] *Danach sei Giebeler wieder in den kirchlichen Dienst übernommen worden. „Im anderen Falle hätten wir sagen müssen, wie kommen wir dazu, nachdem er sich dort jahrelang lieb Kind gemacht hat bei der Volkspolizei."*	
12. 10. 1992[189]	**epd-Meldung, Hans-Jürgen Röder** **„Kirche prüft Stasi-Vorwürfe gegen Brandenburger Gefängnispfarrer"**
„Giebeler habe die von ihm 1991 in dem üblichen Personalfragebogen geforderte Erklärung über eine eventuelle Tätigkeit für das Ministerium für Staatssicherheit mit dem Hinweis nicht abgegeben, der Fragebogen berücksichtige die besondere Stellung eines Geistlichen nicht. Er habe zusätzlich darauf hingewiesen, selbst abgehört worden zu sein."	
14. 10. 1992[190]	**epd-Meldung, Hans-Jürgen Röder** **„Ost-Berliner Propst kritisiert Brandenburger Justizministerium"**
16. 10. 1992[191]	**Deutsches Allgemeines Sonntagsblatt** **„Von Skrupeln keine Spur. Wie der Brandenburger Gefängnisseelsorger Eckart Giebeler politische Gefangene aushorchte. Eine neue Dimension in der Debatte um Kirche und Staatssicherheit in der DDR"** Reportage von Regina Kusch, Andreas Beckmann

188 Wie die Verdächtigungen gegenüber Giebeler von der Kirche vor 1992 untersucht worden sind, ist nicht bekannt.

189 epd, 12. 11. 1992, ELAB, 55.1 / 203.

190 epd, 14. 11. 1992, ELAB, 55.1 / 203.

191 Regina Kusch / Andreas Beckmann, in: DAS, 16. 10. 1992, ELAB, 15 / 1989.

<table>
<tr><td>20. 10. 1992[192]</td><td>epd-Meldung, Hans-Jürgen Röder
„Brandenburger Pfarrer sprechen Giebeler Vertrauen aus“
Abdruck des Briefes des Brandenburger Pfarrkonventes vom 14. 11. 1992</td></tr>
<tr><td>15. 11. 1992[193]</td><td>Berlin-Brandenburgisches Sonntagsblatt
„Wertvoller Dienst“
Leserbrief Siegfried Lange, Propst i. R. Stralsund (früher nebenamtlicher Gefängnisseelsorger)</td></tr>
<tr><td colspan="2">„Der Leserbrief von Superintendent Koopmann hat mir den Anstoß gegeben […] um Bruder Giebeler mein Vertrauen auszusprechen. Was da aber in den Film Gott und die Welt gezeigt wurde, kann auch ich nur als Gift bezeichnen. So macht man in unverantwortlicher Weise Menschen fertig, ohne den schweren Dienst zu würdigen, den er jahrelang geleistet hat. Wir bekamen von Giebeler wertvolle Hinweise für unseren Dienst. In diesem Kreis haben wir uns freimütig geäußert. Sollte Bruder Giebeler dies weitergegeben haben, so erfuhr der Staatssicherheitsdienst auf diese Weise wenigstens was wir dachten und kritisierten. […] Doch für Menschen, die nur einmal von außen hineinschauen ist Bruder Giebeler ein enttarnter Stasispitzel. […] Nach diesen Erfahrungen wehre ich mich entschieden gegen alle Versuche, Bruder Giebeler als Stasispitzel zu enttarnen. Auch die Altbischöfe Schönherr und Forck sind für ihren Pfarrer eingetreten.“</td></tr>
<tr><td>15. 11. 1992</td><td>Berlin-Brandenburgisches Sonntagsblatt 15. 11. 1992
„Wahrheitsfindung“
Offener Brief des Pfarrkonventes Brandenburg.</td></tr>
<tr><td>November 1992[194]</td><td>Gefangenen-Zeitung JVA Brandenburg St.O.
„Einer war – wer noch?“</td></tr>
</table>

192 epd, 20. 11. 1992, ELAB, 55.1 / 203.

193 Berlin-Brandenburgisches Sonntagsblatt, ELAB, 55.1 / 203.

194 Gefangenen-Zeitung der JVA Brandenburg, Nov. 1992, ELAB, 15 / 1989.

„G. „hat in jahrzehntelanger Arbeit im Strafvollzug das Vertrauen der Gefangenen mißbraucht. […] Pfarrer G. hat seine Dienste angeboten und sich diese bezahlen lassen. Ich gehe davon aus, dass sein Glauben ebenso geheuchelt war, wie das Verständnis für die Gefangenen. […] Die Einzelperson G. ist dabei überhaupt nicht so wichtig […] Viel mehr Bedeutung hat die moralische Rückendeckung der evangelischen Kirche für Pfarrer G. trotz vielfältiger Hinweise von Gefangenen wie auch aus Kirchenkreisen.“

Weiterleitung dieser Gefangenen-Zeitung durch Pfarrer Heinz Langhoff an Propst Furian[195]

„Beigefügtes Heft signalisiert etwas, was zumindest auch unsere Kirche in Bln-Brdbg. angeht: Nicht nur ich sehe hier in der Stadt, daß der röm.-kathol. Pfarrer seit Monaten dabei ist, die evgl. Seelsorge aus dem hiesigen ‚Knast‘ heraus zu drängen, um dann das freigewordene Terrain zu besetzen. Herr D. […] treibt ein böses Spiel, neuerdings offenbar mit dem neuen Personal: lauter Katholiken aus Westfalen. Bruder Giebeler weiß von Bestechungstricks, um Gefangene auf seine Seite zu ziehen, von ihnen Aussagen gegen ihn – ja und auch solche Texte zu bekommen. Soweit dieser Gefangene (und nicht Herr D. selbst!?) der Verfasser ist.“[196]

29. 11. 1992[197]	**Berlin-Brandenburgisches Sonntagsblatt** **„Die Gefangenen besuchen“** **Rezension von Giebelers Autobiografie „Hinter verschlossenen Türen“ von Reymar von Wedel** (vertritt später Giebeler gegenüber dem kirchlichen ÜA und gegenüber der Staatsanwaltschaft Neuruppin)

„Der ganze Inhalt gehört zur Kirchengeschichte in der DDR, wenn auch nicht im Sinne von Herrn Besier.“

195 Heinz Langhoff, Brief an Propst Furian, 26. 11. 1992, ELAB, 15 / 1989.
196 Über Pfarrer Langhoff berichtete IM „Roland“ jahrelang dem MfS.
197 Berlin-Brandenburgisches Sonntagsblatt, ELAB, 55.1 / 203.

6. 12. 1992[198]	**Berlin-Brandenburgisches Sonntagsblatt** **„Stellungnahme“** Leserbrief von Eckart Giebeler
„Nun suchten Journalisten auch in meiner Vergangenheit nach Verfehlungen. Dabei galt für die das 8. Gebot scheinbar nicht mehr. Die Stasi-Akten waren ihnen heilig. [...] In der Regel saß bei Einzelgesprächen mit Gefangenen ein Aufseher dabei.Wenn ich die Berichte der Stasileute an ihre vorgesetzten Dienststellen lese, erkenne ich viel Wunschdenken und Erwartungen der Chefs. Sie die kleinen Funktionäre mußten Erfolge bringen [...] Wenn ich 1953 geahnt hätte, daß es am Ende meines komplizierten Dienstes an den politischen Gefangenen der DDR Kräfte geben würde, die dafür meine Ehre in den Schmutz treten, wäre ich dem Ruf unserer Kirche in die hauptamtliche Gefängnisseelsorge zu gehen, vielleicht gar nicht gefolgt. [...] Vielleicht gehört der Inhalt des Buches schon zur Kirchengeschichte der DDR.“	
13. 12. 1992[199]	**Berlin-Brandenburgisches Sonntagsblatt** **„Plädoyer für Eckart Giebeler“** Leserbrief von Georg Siegfried Schmutzler (1957–1961 in der DDR inhaftiert)
„Die Stasi Debatte treibt wilde Blüten. Nach der vergeblichen Hexenjagd wider Manfred Stolpe ist nun auch der langjährige Gefängnisseelsorger in den DDR-Knästen von Brandenburg, Torgau u. a. dran. [...] Keinen möglichen Sprecher habe ich bei ihm versäumt. [...] Neben der Begegnung mit dem Anstaltsarzt empfand ich das (unbeaufsichtigte) Zusammensein mit ihm als eine erfreuliche Oase der Menschlichkeit inmitten einer Wüste von Menschlichem und Unmenschlichem. Nie kam ich auf den Gedanken, er könne ein Spitzel sein und im Dienste der Stasi stehen. Auch ein sehr penibles Bedenken der Gespräche mit ihm bot irgendeinen Anhalt für einen solchen Verdacht. Es entlarvte die im Knast umgehenden Gerüchte als das was sie waren: Horrormeldungen zum Zwecke der Abwendung der Gefangenen von Gottesdienst und Seelsorge.“	

198 Berlin-Brandenburgisches Sonntagsblatt, ELAB, 55.1/203.
199 Berlin-Brandenburgisches Sonntagsblatt, ELAB, 55.1/203.

20./27.12. 1992[200]	**Die Kirche** **„Am Rande des Legalen"** **Leserbrief von Stephan Philipp** (nebenamtlicher Gefängnisseelsorger)
„Das Mißtrauen, das zu DDR-Zeiten gezielt gegen ihn [Giebeler] gesät wurde, weil sie sich in unseren Gefängnissen keine stasi-freie Zonen vorstellen konnten, hat späte Frucht getragen: Am 9. Oktober […] zwei Tage vor der Ausstrahlung einer ihn schwer belastenden Fernsehsendung wurde er zu einem Aufhebungsvertrag mit dem brandenburgischen Justizministerium gedrängt."	
8.1.1993[201]	**Rheinischer Merkur** **„Wanzen unter dem Talar"** **Artikel von Matthias Storck** (in der DDR von 10/1979 – 12/1980 inhaftiert)
31.1.1993[202]	**Berlin-Brandenburgisches Sonntagsblatt** **„Der ‚Fall Giebeler'"** **Leserbrief von Stephan Oertel, Peter Beyer** (Inhaftierte der JVA Brandenburg)
„Herrn Giebeler kennen wir noch aus der Zeit vor der Wende und können daher aus eigener Anschauung den Besitz der Schlüssel sowohl für die Zwischentüren als auch für die Hafträume bestätigen und die gegenteilige Aussage des Pfarrers als Lüge zurückweisen […] Wir haben den Eindruck, daß kaum ein Leserbrief von wirklicher Kenntnis der Vorwürfe getragen wird, Tatsachen verschwiegen oder verdrängt werden und die Stellungnahme Giebelers selbst enthält leicht beweisbare Unwahrheiten."	
1.2.1993[203]	**Reaktionen Giebelers auf diesen Artikel** **Giebeler an Lutz Borgmann – Chefredakteur Berlin-Brandenburgisches Sonntagsblatt**

200 Die Kirche, ELAB, 55.1/203.

201 Rheinischer Merkur, ELAB, 55.1/203.

202 Berlin-Brandenburgisches Sonntagsblatt, ELAB, 55.1/203.

203 Giebeler, Schreiben an Borgmann, 1.2.1993, ELAB, 15/1989.

„Es ist ein Unding, Schwerverbrechern in einer Kirchenzeitung Raum zu geben, damit sie einen Pfarrer, der sich sein Leben lang für die Unterdrückten einsetzte öffentlich verunglimpfen können. […] Es ist anzunehmen, daß die beiden Fernsehjournalisten, die den gegen mich gerichteten Film im Oktober gedreht hatten, die beiden Mörder als Sprachrohr für sich benutzt haben. […] Der katholische Anstaltspfarrer hat die katholischen Fernsehjournalisten und die Strafgefangenen schon in der Zeit des besagten Filmes miteinander bekannt gemacht.“

Giebeler an Propst Furian[204]

„Wenn das Sonntagsblatt die beiden gefährlichen Straftäter nochmal zu Wort kommen läßt, die in dem mich diskriminierenden Fernsehfilm neben dem katholischen Pfarrer standen, finde ich das sehr schlimm. Diese Männer haben schließlich – zusammen mit den katholischen Fernsehleuten – das Komplott gegen mich geschmiedet.“

21.2.1993[205]	**Berlin-Brandenburgisches Sonntagsblatt** **„Wahrheitsfindung“** **Leserbrief von Ulrich Hollop** (Berlin) Reaktion auf Lesebrief „Der Fall Giebeler“, 31.1.1993

„Ich gestehe, daß ich in diesem Falle dem Pfarrer glaube. […] Hier wird Rufmord verübt, nicht nur an dem Pfarrer, sondern auch an seiner Frau, an seinen Kindern und an seinen Enkeln. Daran sollte sich eine evangelische Wochenzeitung nicht beteiligen. Natürlich weiß ich, daß es letztlich gar nicht um die Schlüsselfrage geht, sondern um die Glaubwürdigkeit eines Menschen, dieses Menschen, eines Pfarrers unserer Kirche. Die aber wird nicht gewonnen durch eine Wahrheitsfindung, bei der der Mensch selbst auf der Strecke bleibt.“

204 Giebeler, Schreiben an Furian, 1.2.1993, ELAB, 15/1989.
205 Berlin-Brandenburgisches Sonntagsblatt, ELAB, 55.1/203.

Am 18. November 1993 soll ein Gesprächsabend im Berliner Mauermuseum „Checkpoint Charlie“ stattfinden, zu dem Pfarrer Dietmar Linke am 26. Oktober 1992 neben Pfarrer Matthias Storck auch Pfarrer Eckart Giebeler eingeladen hat. Giebeler sagt Linke am 3. November 1993[206] zu und freut sich auf die Begegnung mit Matthias Storck, von dem er annimmt, dass dieser beim Konvent der Gefängnisseelsorger vor Jahren einen Vortrag gehalten habe. Giebeler schreibt nicht nur an Linke, sondern auch an Storck: „Sie werden – wie mir gesagt wurde – als Opfer des Unrechtsregimes dabei sein.“[207] Er, Giebeler, werde „als einer teilnehmen, die [sic!] versucht haben, den Häftlingen als Seelsorger beizustehen.“[208] Giebeler meint sich zu erinnern, dass Storck in Untermaßfeld wenig seelsorgerliche Begleitung erfahren habe, und verwechselt Matthias Storck mit Ulf Liedke, der in Untermaßfeld inhaftiert war und im Gefängnisseelsorgerkonvent im Juni 1989 einen Vortrag gehalten hatte. Storck war in Cottbus inhaftiert, und in diesem Gefängnis hat Giebeler ihn 1980[209] im Arrest besucht bzw. ließ sich Storck „zuführen“.

Giebeler bestätigt auch gegenüber dem Leiter des Mauermuseums, Rainer Hildebrandt, seine Zusage, als Zeitzeuge bei dem geplanten öffentlichen Gespräch teilzunehmen, „immerhin habe er 40 Jahre an der Seite der Opfer gestanden“.[210] Die Veranstalter danken auf dem Einladungsplakat ausdrücklich „insbesondere Pfarrer Eckart Giebeler, daß er als Beitrag zur Vergangenheitsbewältigung – so auch seiner eigenen – sich dieser Diskussion stellen will“.[211]

Wenige Tage später, am 13. November 1993, zieht Giebeler seine erteilte Zusage gegenüber Dietmar Linke – die dieser erst am Tag der Veranstaltung erhalten wird – schriftlich zurück, da ihn die „unlautere Propaganda [gegen

206 Giebeler, Schreiben an Linke, 3. 11. 1993, Archiv der Verf.
207 Giebeler, Schreiben an Storck, 5. 11. 1993, Archiv der Verf.
208 Ebenda.
209 Vgl. Kapitel 5.
210 Giebeler, Schreiben an Hildebrandt, 5. 11. 1993, Archiv der Verf.
211 Einladungsplakat 18. 11. 1993, Archiv der Verf.

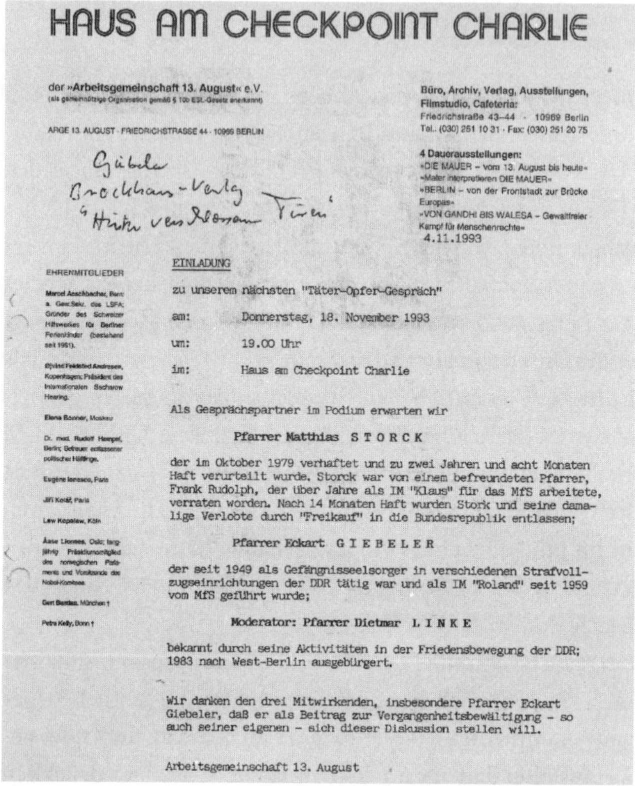

HAUS AM CHECKPOINT CHARLIE

der »Arbeitsgemeinschaft 13. August« e.V.
(als gemeinnützige Organisation gemäß § 10b ESt.-Gesetz anerkannt)

ARGE 13. AUGUST · FRIEDRICHSTRASSE 44 · 10969 BERLIN

Büro, Archiv, Verlag, Ausstellungen, Filmstudio, Cafeteria:
Friedrichstraße 43–44 · 10969 Berlin
Tel.: (030) 251 10 31 · Fax: (030) 251 20 75

4 Dauerausstellungen:
»DIE MAUER – vom 13. August bis heute«
»Maler interpretieren DIE MAUER«
»BERLIN – von der Frontstadt zur Brücke Europas«
»VON GANDHI BIS WALESA – Gewaltfreier Kampf für Menschenrechte«

Giebeler
Brockhaus-Verlag
„Hinter verschlossenen Türen"

4.11.1993

EHRENMITGLIEDER

Marcel Aeschbacher, Bern; a. Gew.Sekr. des LSFA; Gründer des Schweizer Hilfswerkes für Berliner Ferienkinder (bestehend seit 1961).

Øjvind Feldsted Andresen, Kopenhagen; Präsident des Internationalen Sacharow Hearing.

Elena Bonner, Moskau

Dr. med. **Rudolf Hempel**, Berlin; Betreuer entlassener politischer Häftlinge.

Eugène Ionesco, Paris

Jiří Kolář, Paris

Lew Kopelew, Köln

Åase Lionæs, Oslo; langjährig Präsidiumsmitglied des norwegischen Parlaments und Vorsitzende des Nobel-Komitees.

Gert Bastian, München †

Petra Kelly, Bonn †

EINLADUNG

zu unserem nächsten "Täter-Opfer-Gespräch"

am: Donnerstag, 18. November 1993

um: 19.00 Uhr

im: Haus am Checkpoint Charlie

Als Gesprächspartner im Podium erwarten wir

Pfarrer Matthias S T O R C K

der im Oktober 1979 verhaftet und zu zwei Jahren und acht Monaten Haft verurteilt wurde. Storck war von einem befreundeten Pfarrer, Frank Rudolph, der über Jahre als IM "Klaus" für das MfS arbeitete, verraten worden. Nach 14 Monaten Haft wurden Stork und seine damalige Verlobte durch "Freikauf" in die Bundesrepublik entlassen;

Pfarrer Eckart G I E B E L E R

der seit 1949 als Gefängnisseelsorger in verschiedenen Strafvollzugseinrichtungen der DDR tätig war und als IM "Roland" seit 1959 vom MfS geführt wurde;

Moderator: Pfarrer Dietmar L I N K E

bekannt durch seine Aktivitäten in der Friedensbewegung der DDR; 1983 nach West-Berlin ausgebürgert.

Wir danken den drei Mitwirkenden, insbesondere Pfarrer Eckart Giebeler, daß er als Beitrag zur Vergangenheitsbewältigung – so auch seiner eigenen – sich dieser Diskussion stellen will.

Arbeitsgemeinschaft 13. August

Dokument 48: Einladung zum „Täter-Opfer-Gespräch" im Haus am Checkpoint Charlie am 18. 11. 1993

ihn] im vorigen Jahr" tief verletzt habe.[212] Giebeler hat wahrscheinlich erst nach seiner Gesprächszusage realisiert, dass es nicht nur – wie in Linkes Einladung an ihn formuliert – um sein Buch „Hinter verschlossenen Türen" gehen wird, sondern auch um die Stasi-Vorwürfe gegen ihn. Das Gespräch findet somit ohne Giebeler statt.

Zwei Teilnehmer der Veranstaltung kritisieren im Anschluss sowohl das Verhalten von Eckart Giebeler als auch das der Kirche scharf. Lutz-Peter

212 Giebeler, Schreiben an Linke, 13. 11. 1993, Archiv der Verf.

Naumann,[213] der 1972 wegen „staatsfeindlicher Hetze" zu vier Jahren Haftstrafe verurteilt und zum Teil auch im Brandenburger Gefängnis inhaftiert war, zitiert Matthias Storck, der auf der Veranstaltung betont hatte: „Das Schlimmste ist: Auf das kostbarste Gut, das wir als Pfarrer haben – nämlich das Vertrauen der Menschen, unser Handwerkszeug – ist ein großer Anschlag verübt worden. Wer sein Beichtgeheimnis gebrochen hat, ist kein Pastor mehr."[214] Naumann wundert sich deshalb, dass Giebeler immer noch predigen dürfe.

Für Heinrich Polthier ist es Aufgabe der Kirche, „einem Bedrängten – zumal in ihren eigenen Reihen – Hilfe zukommen zu lassen".[215] Aber dieses dürfe nicht dazu führen, dass die Kirche das Problem verdränge und das „Ausmaß von gravierenden Fehlleistungen" beschönige. Am Ende seines Leserbriefes stellt er die Frage, warum die Kirche nicht die Kraft und den Mut fände, „um ihre Verstrickungen mit dem MfS schonungslos aufzudecken und daraus personelle Konsequenzen zu ziehen?"[216]

Da Eckart Giebeler wegen seiner Absage Dietmar Linkes Fragen nicht auf dem Podium beantworten konnte, schreibt Linke ihm einen Brief, in dem er als „Theologe und Pfarrer" seine Fragen formuliert und um Antwort bittet. Linke bezieht sich in einem ersten Komplex auf Giebelers Reflektionen über den DDR-Strafvollzug und die Rolle des Seelsorgers von 1962.[217] Er bittet Giebeler um Auskunft darüber, wie sich sein Selbstverständnis von seiner Arbeit von 1962 mit der Aussage vertrage, dass er nach eigenen Angaben „40 Jahre auf der Seite der Opfer gestanden" habe. Zudem möchte Linke wissen, ob Giebeler Verletzungen der Menschenrechte im Strafvollzug registriert und wie er auf diese gegenüber den staatlichen Organen reagiert habe. Bezüglich der Stasi-Vor-

213 Lutz-Peter Naumann, Archivar, Journalist, vgl. Internetseite Jugendopposition in der DDR, https://www.jugendopposition.de/lexikon/personen/148228/lutz-peter-naumann [16.8.2018].

214 Lutz-Peter Naumann, Das Beichtgeheimnis und die Stasi: IM Pfarrer Giebeler predigt weiter, in: Berliner Morgenpost, 21.11.1993, ELAB, 55.1/203.

215 Heinrich Polthier, Kirche: Den Mut haben, Konsequenzen zu ziehen, in: Berliner Morgenpost, 6.12.1993, ELAB, 55.1/203.

216 Ebenda.

217 Vgl. Kapitel 7.

würfe bittet Linke Giebeler um Auskunft darüber, wie er die Weitergabe von Informationen mit seiner Schweigepflicht und dem Beichtgeheimnis habe vereinbaren können. Linke begründet seine Fragen damit, dass Giebeler „nicht nur Angestellter des MdI war, sondern zugleich Seelsorger", der „diesen Dienst stellvertretend für die Kirche versehen" habe.[218]

Giebeler antwortet Linke am 27. November 1993[219] ausführlich im schon bekannten Duktus seiner Rechtfertigungsmuster, nach denen er sein ganzes Leben „mit Ungerechtigkeiten leben musste". Auch wird er wieder erwähnen, dass er sich dem Dienst in der Wehrmacht[220] entzogen habe. Seinen „uneigennützigen Einsatz für ‚Feinde der Republik'" hätten die Kommunisten mit Kopfschütteln betrachtet. Giebeler werde nie „begreifen, daß ein paar Kirchenleute mich verleumden, weil sie den Akten der Gottlosen Glauben schenken", während „andere ehemalige Gefangene mir liebe Briefe schreiben". Er habe mit seinen an das Ministerium gerichteten Schreiben keinem wehgetan, und außerdem hätten die „Weichensteller im Strafvollzug in der Überzeugung bestärkt werden müssen, daß sie sich auf ihn verlassen können". Ohne dieses Vertrauen hätte man ihm bestimmte Gefangene „nie zugeführt". „Auch Matthias Storck hätte man mir nicht aus dem Arrest in die Sprechstunde gebracht." Giebeler hatte offenbar inzwischen seine Verwechselung von Storck und Liedke bemerkt.

Zu Linkes Frage nach der Zusammenarbeit mit dem MfS erklärt Giebeler mit den von ihm bereits gegenüber Furian ein Jahr zuvor gebrauchten Argumenten, dass er „erst nach der Wende" von seiner Anwerbung durch das MfS erfahren habe, ebenso wie er nicht wusste, dass der vermeintliche Fürsorger Kühne ein Stasi-Agent war, und dass „die Stasi ihm den [sic!] Pseudonym Roland gegeben hatte".

Giebeler schließt seinen Brief an Linke mit der rhetorischen Frage „hätte [sic!] ich dem Ruf der Kirche in diese spezielle Seelsorge nicht gefolgt, wäre mein Leben ruhiger verlaufen. Wer konnte aber 1949 / 1953 einem Bischof Dibelius den Gehorsam verweigern?"

218 Linke, Schreiben an Giebeler, 20. 11. 1993, Archiv der Verf.
219 Giebeler, Schreiben an Linke, 27. 11. 1993, Archiv der Verf.
220 Vgl. Kapitel 3.

Neben den bekannten Argumenten beruft sich Giebeler in diesem Schreiben nun auch auf Bischof Dibelius, dem er den Gehorsam nicht hätte verweigern können. Damit impliziert er zum einen, dass er von höchster kirchlicher Stelle als Gefängnispfarrer eingesetzt worden ist, und zum anderen, dass er diese Arbeit nur aus Gründen des Gehorsams getan hat. Es gibt keinen Hinweis darauf, dass Dibelius mit der Personalie Giebeler befasst war, weder 1949, als Giebeler als Vikar in die Brandenburger Gefängnispfarrstelle entsandt worden war, noch 1953, als die Kirche die Berufung von Giebeler und Bluhm ablehnte. So aber entsteht der Eindruck, Dibelius höchstpersönlich habe Giebeler auf die Gefängnisseelsorgestelle berufen.

Bereits sechs Tage später, am 4. Dezember 1993, schreibt Giebeler erneut an Linke, um diesem einen Weihnachtsgruß zu schicken.[221] Giebeler erklärt seinen frühen Weihnachtsgruß damit, dass „21 Gefangene, die noch einsitzen, und viele, die z. T. schon vor Jahren heimkamen", ihm geschrieben hätten. Jeder wolle eine persönliche Antwort erhalten. „Das kostet mir [sic!] viel Zeit. Daher erlaube ich [sic!] Ihnen schon heute einen Weihnachtsgruß zu schicken." Giebeler erklärt seinen zweiten Brief an Linke damit, dass er nicht möchte, „daß auf Grund unserer Korrespondenz etwas zwischen uns liegt". Offenbar interpretiert Giebeler Linkes Fragen als eine Streitansage und hofft, dass „unser Herr das Zerwürfnis zwischen uns heilen" möge, da es „schlimm [wäre], wenn zwei Brüder, die sich gar nicht kennen, miteinander zürnen".

Das „Zerwürfnis" besteht darin, dass Linke Giebeler kritische Fragen zu seiner Tätigkeit als Seelsorger gestellt und auf eine ehrliche Antwort gehofft hatte. Das Zerwürfnis ist also nicht mit frommen Worten zu heilen, sondern nur durch Giebelers Bereitschaft, die eigene Vergangenheit selbstkritisch und offen zu reflektieren und auf die berechtigten Fragen nicht mit verschleiernden, halb- bzw. unwahren Antworten zu reagieren.

Giebeler führt in seinem Weihnachtsgruß weiter aus, dass die Bergpredigt für ihn der wichtigste Abschnitt in der Bibel sei, und bekennt gegenüber Linke, „Jesu Forderungen zwingen mich dazu, Ihnen die Hand zu reichen."

221 Giebeler, Schreiben an Linke, 4. 12. 1993, Archiv der Verf.

In der von Giebeler zitierten Bergpredigt werden die Friedensstifter seliggepriesen und die Menschen zur Feindesliebe aufgerufen. Giebeler übernimmt somit die Rolle desjenigen, der in Anlehnung an diese Worte Linke großmütig die Hand als Friedensstifter reicht. Giebeler nimmt also denjenigen, der ihn mit Quellen, die im Widerspruch zu seinen Selbstdarstellungen stehen, konfrontiert und damit das von ihm veröffentlichte Bild infrage stellt, als „Feind" wahr. Diese Wahrnehmung verhindert auch in diesem Fall, dass die berechtigten Fragen an Pfarrer Giebeler ihren Adressaten erreichen, und so verhallt auch dieses schriftliche Gesprächsangebot an Giebeler, da er weiter nur seine bekannten Narrative bedient.

Ermittlungen der Staatsanwaltschaft Neuruppin

Während 1995 der kirchliche Überprüfungsausschuss seine Arbeit beendet,[222] beginnt die Staatsanwaltschaft Neuruppin in einem konkreten Fall gegen Giebeler zu ermitteln. Bereits 1993 hatte die Staatsanwaltschaft Potsdam ein Ermittlungsverfahren „wegen politischer Verdächtigung" gegen Giebeler angestrebt und sich in diesem Zusammenhang an die Zentrale Erfassungsstelle Salzgitter gewandt.[223] Dieses Ermittlungsverfahren aufgrund einer Strafanzeige wegen Urkundenunterdrückung wurde 1994 an das Landeskriminalamt Brandenburg, Staatsanwaltschaft Neuruppin übergeben.

1985 vertraute ein Gefangener sein Testament dem Gefängnisseelsorger Giebeler an, weil er annahm, das Gefängnis nicht mehr lebend zu verlassen. Giebeler hatte das Testament umgehend an das MfS weitergegeben. Als der Gefangene Giebeler später bittet, das Testament zu vernichten, weil er befürchtet, dass es in falsche Hände geraten könne, versichert Giebeler, er habe das Testament bereits verbrannt. Als der ehemalige Gefangene von Giebelers Vertrauensbruch aus seinen MfS-Akten erfährt, wendet er sich an die Polizei.

222 Vgl. Kapitel 10.

223 Zentrale Beweismittel- und Dokumentationsstelle der Landesjustizverwaltungen Salzgitter an Staatsanwaltschaft Potsdam, 10.6.1993, Staatsanwaltschaft Neuruppin, 364 Js 185/95.

Zur Klärung des Sachverhaltes lädt das Landeskriminalamt Giebeler am 28. Oktober 1996 vor, damit er zu den Vorwürfen Stellung nehmen kann. Giebeler lehnt es ab, sich zu dem Sachverhalt zu äußern, und schreibt daher am 7. November 1996 an das Landeskriminalamt kurz und knapp: „Ich werde nicht zu Ihnen ins Kriminalamt kommen."[224] Neben seinen gesundheitlichen Beschwerden, die er mit einem Attest belegt, führt Giebeler zur Begründung seiner Aussageverweigerung an, dass er nicht mehr wisse, „was sich konkret im Einzelfall vor elf Jahren ereignet"[225] habe.

Die Staatsanwaltschaft Neuruppin, Schwerpunktabteilung für Bezirkskriminalität und DDR-Justizunrecht, ermittelt vier Jahre in diesem Fall und teilt Giebeler am 21. März 2000 folgendes Ermittlungsergebnis mit: „Sie sind hinreichend verdächtig, als ehemaliger Mitarbeiter der BV Potsdam unter dem Decknamen ‚Roland' 1985 ein in Ihrer Eigenschaft als Seelsorger der StVE Brandenburg vom Strafgefangenen [...] entgegengenommenes Testament [...] an Ihren Führungsoffizier übergeben zu haben. Zudem erklärten Sie im August 1985 dem Geschädigten während einer Sprechstunde auf eine entsprechende Frage wahrheitswidrig, das entgegen genommene Testament zwischenzeitlich verbrannt bzw. vernichtet zu haben."[226]

Der entsprechende Bericht von IM „Roland" befindet sich in den Akten der Staatsanwaltschaft Neuruppin. Es handelt sich um eine Tonbandabschrift, die vermutlich in einem (vernichteten) Band der Berichtsakte II von IM „Roland" archiviert, von der aber eine Kopie der entsprechenden „Operativen Personenkontrolle" zugeordnet wurde. Dafür spricht die handschriftliche Notiz auf der Tonbandabschrift „zur Auswertung in OPK".

Der Staatsanwalt erklärt, er beabsichtige, „gemäß § 153a Abs. 1 Strafprozessordnung[227] vorläufig von der Erhebung der öffentlichen Klage abzusehen",

224 Giebeler an Landeskriminalamt, 7. 11. 1996, Staatsanwaltschaft Neuruppin, 364 Js 185/95.

225 Ebenda.

226 Staatsanwaltschaft Neuruppin, Schreiben an Giebeler, 21. 3. 2000, Bl. 3.

227 Der § 153a StPO ermöglicht es der Staatsanwaltschaft, ein Verfahren vorläufig einzustellen und dem Beschuldigten Auflagen und Weisungen zu erteilen. Erfüllt der Beschuldigte die Auflagen oder kommt den Weisungen nach, wird das Verfahren endgültig eingestellt. Voraussetzung für die Einstellung nach § 153a StPO ist, dass ein hinreichender Tat-

legt aber Giebeler auf, „innerhalb von drei Monaten einen Betrag von 3000,00 DM an eine gemeinnützige Einrichtung zu spenden". Der Staatsanwalt weist Giebeler darauf hin, dass es zu dem von ihm vorgeschlagenen Verfahren nach dem Gesetz der Zustimmung von Giebeler bedarf.

Giebelers Rechtsanwalt Reymar von Wedel, der ihn auch gegenüber dem kirchlichen Überprüfungsausschuss vertreten hatte, beantragt am 27. April 2000, das Verfahren gegen Giebeler ohne Auflagen einzustellen. Von Wedel begründet sein Ersuchen damit, dass die Staatsanwaltschaft davon ausgehe, dass „der Beschuldigte mit dem IM ‚Roland' identisch ist",[228] dies aber nicht bewiesen werde.[229] Außerdem bestreite der Beschuldigte die Vorwürfe der Staatsanwaltschaft und verweise darauf, dass seine Gespräche abgehört worden seien. Es sei nicht klar, wie die Berichte mit der Bezeichnung Roland zustande gekommen seien. Außerdem betont von Wedel, dass die „von der Staatsanwaltschaft angenommene warheitswidrige [sic!] Erklärung, das Testament sei vernichtet worden, nicht strafbar" sei. In einem weiteren Schreiben verweist von Wedel darauf, dass Giebeler nicht in der Lage sei, die geforderten 3000 DM zu zahlen, da er nur 2200 DM aus einer staatlichen Rente erhalte.[230] „Eine kirchliche Pension erhält er nicht, da er niemals Pfarrer der Evangelischen Kirche gewesen ist."[231]

Die Staatsanwaltschaft ändert daraufhin am 16. Juni 2000 ihre Verfügung zugunsten von Giebeler und stellt das Verfahren gegen ihn mit der Auflage einer Zahlung von 1200 DM an das Diakonische Werk Berlin-Brandenburg ein.

verdacht gegen den Beschuldigten besteht, da ansonsten das Verfahren bereits wegen § 170 Abs. 2 StPO eingestellt werden müsste.

228 Reymar von Wedel an Staatsanwaltschaft Neuruppin, 27. 4. 2000, Staatsanwaltschaft Neuruppin, 364 Js 185/95.

229 Seit 1994 war erwiesen, dass Eckart Giebeler und IM „Roland" identisch waren.

230 Seit 1992 erhielt Giebeler eine kirchliche Pension zur Ergänzung seiner staatlichen Rente.

231 Fünf Jahre vorher, als die Kanzlei Reymar und Hasso von Wedel Giebeler gegenüber dem kirchlichen Überprüfungsausschuss vertreten hatte, schrieben die Rechtsanwälte an den ÜA: „Herr Pfarrer Giebeler will sich gegen alle Vorwürfe zur Wehr setzen. Immerhin war er mehr als 40 Jahre für die Kirche tätig." Hasso von Wedel an ÜA, 6. 7. 1995, Stasi-Überprüfungsausschuss 1992–1995, ELAB, 155.

10. Schattenbilder – Stasi-Überprüfung in der Kirche

Die 10. Synode der Evangelischen Kirche in Berlin-Brandenburg befasste sich auf ihrer 3. Tagung vom 13. bis 17. November 1991[1] mit der Frage, wie die Verstrickung von kirchlichen Mitarbeitern und Mitarbeiterinnen hinsichtlich einer Tätigkeit für das Ministerium der Staatssicherheit der ehemaligen DDR aufgearbeitet werden könne. Ziel war es, einerseits den Opfern gerecht zu werden, die unter den Folgen der Tätigkeit des MfS immer noch litten, und andererseits, auch belasteten Mitarbeitern die Möglichkeit zu geben, sich zu offenbaren oder überprüfen zu lassen. Die Synode beschloss, zur Aufarbeitung der eigenen Vergangenheit zwei Ausschüsse einzusetzen: einen Seelsorgeausschuss und einen Überprüfungsausschuss.

Der Seelsorgeausschuss bot unter Wahrung des Seelsorgegeheimnisses allen kirchlichen Mitarbeitern die Möglichkeit, sich diesem mit der Gewissheit anzuvertrauen, dass von den Gesprächen nichts an die Öffentlichkeit dringen würde. Bis zum 29. Februar 1992 hatten alle haupt- und nebenamtlichen Mitarbeiterinnen und Mitarbeiter der EKiBB die Möglichkeit, sich gegenüber den Mitgliedern der Seelsorgegruppe zu offenbaren und ihre eventuellen Verbindungen zum MfS offenzulegen. Auch kirchliche Mitarbeiter, die die begründete Vermutung hatten, dass sie Opfer von Maßnahmen des MfS geworden seien, die durch kirchliche Mitarbeiterinnen oder Mitarbeiter verursacht wurden, hätten sich an die Seelsorgegruppe wenden können.

Neben dem Seelsorgeausschuss wurde ein Überprüfungsausschuss eingesetzt, der mögliche MfS-Kontakte von kirchlichen Mitarbeitern aufgrund von Aktenlagen und Gesprächen bewerten sollte. Die Synode stellte dazu fest: „Wer sich […] zu einer inoffiziellen Mitarbeit anwerben ließ oder eine entsprechende Verbindung einging, wird sich fragen lassen müssen, wie weit er […] seine Verpflichtung zu Dienstverschwiegenheit oder gar das Beichtgeheimnis verletzt hat. Eine solche Verletzung der Verschwiegenheit kann insbesondere dann

1 Schultze, Stasi-Belastungen in den Kirchen?, S. 308.

nicht ohne Folgen bleiben, wenn er dafür ein Entgelt angenommen oder anderen Menschen geschadet hat."[2]

Der Überprüfungsausschuss war berechtigt, beim Bundesbeauftragten für die Unterlagen des Staatssicherheitsdienstes Auskünfte einzuholen. Für die Arbeit des Überprüfungsausschusses der Berlin-Brandenburgischen Kirche wurde ein Kirchengesetz[3] ausgearbeitet, das am 26. April 1992 von der Synode der EKiBB beschlossen wurde.

In diesem Kirchengesetz wurden die Vorgaben des Synodenbeschlusses vom November 1992 rechtlich umgesetzt und konkrete Maßnahmen beschlossen. Dazu gehörte, dass die hauptberuflichen kirchlichen Mitarbeiterinnen und Mitarbeiter sowie die ehrenamtlichen Mitglieder kirchlicher Organe befragt werden sollten, „ob sie sich vom Ministerium für Staatssicherheit der ehemaligen DDR, von einer seiner Vorläufer- oder Nachfolgeorganisationen oder vom Arbeitsgebiet 1 der Kriminalpolizei haben anwerben lassen, sowie welches Ausmaß und welche Folgen ihre Verstrickung gehabt haben".[4] Außerdem sollten auch diejenigen überprüft werden, die sich zwar bereits im Ruhestand befanden, aber in ihren aktiven Berufsjahren Leitungsverantwortung übernommen hatten.

Zu diesem Zweck hatte der Überprüfungsausschuss einen Fragebogen erstellt,[5] dessen Beantwortung allerdings freiwillig war. Falls ein kirchlicher Mitarbeiter die Auskunft verweigerte, bestand zwar die Möglichkeit einer weiteren mahnenden Nachfrage, aber einen Zwang zur Selbstauskunft gab es nicht. Dementsprechend waren für diesen Fall auch keine Sanktionen der Kirchenleitung vorgesehen.

2 Beschluß der Synode der Evangelischen Kirche in Berlin-Brandenburg vom 13.–17. November 1991, in: Schröter / Mechtel, Beiträge zum Umgang mit der Staatssicherheits-Vergangenheit, S. 33.

3 Kirchengesetz über die Arbeit des Überprüfungsausschusses zur Aufarbeitung der Stasi-Problematik (Überprüfungsausschußgesetz) vom 26. April 1992, in: Kirchliches Amtsblatt der Evangelischen Kirche in Berlin-Brandenburg (1992) 7.

4 Schultze, Stasi-Belastungen in den Kirchen?, S. 308.

5 Ebenda.

Der Fragebogen orientiert sich im Wesentlichen an den von den Landeskirchen entwickelten Kriterien zur Beurteilung von MfS-Kontakten.[6] Im ersten Teil werden persönliche Angaben erfragt, bevor in einem zweiten Punkt konkrete Fragen nach der Zusammenarbeit mit dem MfS und ihrer Gestaltung gestellt werden. Die Fragen in diesem Teil beziehen sich u. a. darauf, ob eine Zusammenarbeit mit dem MfS erpresst worden sei. Außerdem wird um Auskunft darüber gebeten, ob die kirchlichen Dienstvorgesetzten über diese Kontakte informiert und ob in einem solchen Fall die kirchlichen Ansprechpartner um Rat und Hilfe gebeten worden seien. Falls es zu einer Zusammenarbeit mit dem MfS gekommen sei, geht es weiter um solche Fragen, ob die Treffen konspirativ stattgefunden hätten, ob dem MfS innerkirchliche Materialien zur Verfügung gestellt worden seien, ob der Mitarbeiter dem MfS mündlich oder schriftlich berichtet habe und ob konkrete Aufträge für das MfS erfüllt worden seien. Zudem wird nach möglichen Vorteilen durch die Arbeit für das MfS gefragt. Im dritten Abschnitt soll der Befragte erklären, dass er die Fragen wahrheitsgemäß und vollständig nach bestem Wissen und Gewissen beantwortet habe und bereit sei, sich durch den Bundesbeauftragten für die Stasi-Unterlagen überprüfen zu lassen. Da der Überprüfungsausschuss allerdings auch unabhängig von dieser Einverständniserklärung das Recht hatte, eine Anfrage beim BStU zu stellen, hat diese Zustimmung eher symbolischen und keinen rechtsrelevanten Charakter.[7]

6 Siehe Kapitel 6.

7 Für die Berlin-Brandenburgische Kirche wurden 861 Überprüfungsanträge an die Behörde des Bundesbeauftragten gestellt. Zu 729 Anträgen gab es keine Hinweise auf eine Zusammenarbeit mit dem MfS. 54 Personen (33 Geistliche, 11 andere kirchliche Mitarbeiterinnen und Mitarbeiter, 9 Kirchenälteste und Synodale, 1 anderweitig ehrenamtlich Tätiger) hat der Überprüfungsausschuss überprüft und die Frage nach Disziplinarmaßnahmen geprüft. Dabei hat der Überprüfungsausschuss 11 Disziplinarverfahren empfohlen, 4 anheimgestellt, 1 abgeschlossen durch Ausscheiden. Bei 9 Personen lagen keine Unterlagen vor oder sie waren vernichtet worden. In diesen Fällen wurden bei 5 Personen von Disziplinarmaßnahmen abgeraten, bei 2 Personen wurde das Bedauern darüber ausgesprochen, dass eine Offenbarung gegenüber Vorgesetzten unterblieben ist, und es wurden 2 Missbilligungen ausgesprochen, dass Dienstvorgesetzte nicht informiert wurden. Vgl. Schröter, Die „Bearbeitung" der Landeskirche Berlin-Brandenburg durch das MfS.

Propst Furian fordert Pfarrer Giebeler am 21. Oktober 1992 schriftlich – angesichts der in der ORB-Sendung gegen ihn erhobenen Vorwürfe – auf, seine Überprüfung beim kirchlichen Überprüfungsausschuss zu beantragen.[8] Einer mündlichen Bitte Furians, sich an den ÜA zu wenden, war Giebeler bislang nicht nachgekommen. Zu diesem Zeitpunkt geht Furian offenbar noch davon aus, dass der kirchliche Überprüfungsausschuss für Giebeler zuständig sei. Später wird Furian diese Ansicht revidieren. Jetzt aber reagiert Giebeler auf Furians Aufforderung und sendet den lückenhaft ausgefüllten Fragebogen, ergänzt durch einen zweiseitigen Begleitbrief und ein dreiseitiges Erklärungsschreiben, in dem er seine Antworten bzw. Auslassungen im Fragebogen kommentiert, an den ÜA. Im Begleitbrief empfiehlt Giebeler den Mitgliedern des Überprüfungsausschusses' die Lektüre seines Buches „Hinter verschlossenen Türen", da dieses ein Bild von ihm und dem Grad seiner „Schuld oder Unschuld als Gefängnispfarrer für politische Häftlinge in der DDR"[9] zeichnen würde. Er verweist auf die komplizierten Rahmenbedingungen, unter denen er als Gefängnisseelsorger in der DDR „in den Kerkern des SED-Staates" gearbeitet habe. Daher sei es schwierig gewesen, das Vertrauen zweier gegensätzlicher Parteien zu gewinnen. Er habe durch Kassiberschmuggel und die Aufnahme strengstens verbotener Verbindungen nach dem Westen seine eigene Freiheit und in den ersten zehn Jahren sogar sein Leben riskiert. Als Leiter des Gefängnisseelsorgerkonventes habe er die Beschwerden und Wünsche der Konventualen direkt an die Verwaltung Strafvollzug weitergeleitet, was von den Brüdern im Konvent begrüßt worden sei.

Giebeler kenne auch teilweise seine „Gauck-Akten", die ihn aufregen würden, da sich in ihnen „Fehleinschätzungen und Lügen" häufen würden und „Wunschbilder von MfS-Funktionären als Fakten zu Papier" gebracht worden seien. Er habe keine Verpflichtungserklärung unterschrieben, und er wiederholt, dass Fürsorger Kühne ihn und seinen katholischen Kollegen ausgehorcht habe.

8 Furian, Brief an Giebeler, 21.10.1992, ELAB, 15/1989.

9 Giebeler, Schreiben an Superintendent Backhaus, 11.11.1992, Stasi-Überprüfungsausschuss 1992–1995, ELAB, 155.

Da für ihn nicht ersichtlich gewesen sei, dass er Informationen an das MfS gegeben habe, werde er den Fragebogen so ausfüllen, „als sei das MdI tatsächlich identisch mit dem MfS gewesen".[10]

Dementsprechend füllt Giebeler den Fragebogen auch aus und beantwortet die Frage, ob er für das frühere Ministerium für Staatssicherheit oder eine vergleichbare Institution tätig gewesen sei, mit der Angabe seiner Anstellung beim MdI vom „1.2.1953 bis zur Wende".[11] Bei weiteren diesbezüglichen Fragen verweist Giebeler auf das dem Fragebogen beigefügte Schreiben, worin er sein Anstellungsverhältnis beim Staat erläutert.

Die Frage, ob es eine Verpflichtung gegenüber dem MfS gegeben habe, beantwortet Giebeler im Begleitschreiben damit, dass er sich zwar zur Geheimhaltung gegenüber dem Strafvollzug verpflichten musste, eine Verpflichtungserklärung gegenüber dem MfS jedoch nicht unterschrieben habe. Er sei mit „Bitten, Beschwerden, Hinweisen und Wünschen" gutgläubig an Offiziere herangetreten, von denen er wusste, „daß sie mir im Interesse meiner Schützlinge halfen".[12]

Die Frage, ob er im Zusammenhang mit MfS-Kontakten Vorteile u.a. in Form von Geldzuwendungen in Anspruch genommen habe, kommentiert er wieder damit, dass die MfS-Zuwendungen an ihn als „Dienstaufwandsentschädigung" deklariert worden seien. Damit habe er „Benzinkosten, Übernachtung usw." für sich und seine Frau, die seine „Kraftfahrerin, Sekretärin und Organistin" gewesen sei, bezahlt. Erklärend fügt er bezüglich seiner Frau hinzu: „Sie mußte ich immer mit ‚durchfüttern'."[13]

Er verneint die Benutzung von geheimen Telefonnummern und dass es Treffen in Anlaufwohnungen des MfS gegeben habe. Auf die Frage, ob er „‚nur für den innerkirchlichen Dienstgebrauch' bestimmte Materialien oder andere

10 Giebeler, Begleitschreiben Fragebogen an ÜA, 11.11.1992, Stasi-Überprüfungsausschuss 1992–1995, ELAB, 155, Bl. 2.

11 Giebeler, Fragebogen 11.11.1992, Stasi-Überprüfungsausschuss 1992–1995, ELAB, 155, Bl. 2.

12 Giebeler, Ergänzungen des Fragebogens, 11.11.1992, Stasi-Überprüfungsausschuss 1992–1995, ELAB, 155, Bl. 3.

13 Ebenda, Bl. 6.

vertrauliche Papiere dem MfS zur Verfügung gestellt“ habe, erwidert er, dass immer wieder Post von ihm abgefangen worden sei. Mit dem Hinweis, dass er der „Verwaltung Strafvollzug – sofern von den Kollegen gewünscht – über die Zusammenkünfte der 22 Gefängnispfarrer berichtet [hat], wenn es darum ging, Missstände und Freiräume für die Seelsorge zu erweitern“,[14] erläutert er die Frage, ob er mündlich oder schriftlich dem MfS berichtet habe.

Abschließend erklärt Giebeler, dass er *nicht* bereit sei, sich durch den Bundesbeauftragten für die Stasi-Unterlagen überprüfen zu lassen. Er „will die Stasiunterlagen nicht nochmal sehen“[15] und „lege auch keinen Wert darauf, daß andere die Vergangenheit noch einmal hochspielen. Es wäre schlimm, wenn heute die Stasi doch noch einen Sieg über mich gewinnen würde.“[16]

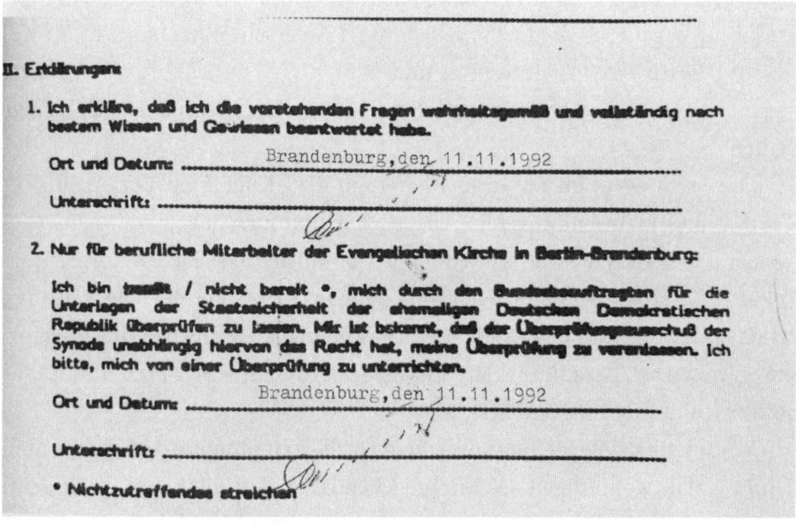

II. Erklärungen:

1. Ich erkläre, daß ich die vorstehenden Fragen wahrheitsgemäß und vollständig nach bestem Wissen und Gewissen beantwortet habe.

Ort und Datum: Brandenburg,den 11.11.1992

Unterschrift:

2. Nur für berufliche Mitarbeiter der Evangelischen Kirche in Berlin-Brandenburg:

Ich bin ~~bereit~~ / nicht bereit *, mich durch den Bundesbeauftragten für die Unterlagen der Staatssicherheit der ehemaligen Deutschen Demokratischen Republik überprüfen zu lassen. Mir ist bekannt, daß der Überprüfungsausschuß der Synode unabhängig hiervon das Recht hat, meine Überprüfung zu veranlassen. Ich bitte, mich von einer Überprüfung zu unterrichten.

Ort und Datum: Brandenburg,den 11.11.1992

Unterschrift:

* Nichtzutreffendes streichen

Dokument 49: Fragebogen des kirchlichen Überprüfungsausschusses mit Giebelers Antworten (Ausschnitt)

14 Ebenda, Bl. 2.

15 Ebenda, Bl. 3.

16 Ebenda.

Ungeachtet dieser Erklärung bittet der Überprüfungsausschuss am 23. November 1992 beim Bundesbeauftragten um Prüfung der Unterlagen des Staatssicherheitsdienstes der ehemaligen DDR in Bezug auf die Frage, ob sich aus den Akten Hinweise für eine hauptamtliche oder inoffizielle Tätigkeit von Pfarrer Giebeler für das MfS ergeben würden.

Während der ÜA immer noch auf eine Antwort des Bundesbeauftragten wartet, informiert Superintendent Koopmann den ÜA im November 1993 darüber, dass der Brandenburger Sozialdiakon P. in seinen Stasi-Akten Berichte gefunden habe, von denen er vermute, dass sie von Giebeler verfasst worden seien. Die entsprechenden Kopien fügt Koopmann bei. Der Superintendent habe nach dem Verdacht von P. gegenüber Giebeler mit diesem darüber ausführlich gesprochen. Giebeler habe, nachdem er alle Fotokopien gelesen habe, erklärt, dem MfS Berichte weder über Herrn P. noch über den Pfarrkonvent übermittelt zu haben.

Im Februar 1994 stellt Furian grundsätzlich infrage, ob der kirchliche Überprüfungsausschuss überhaupt für Giebeler zuständig sei. Hatte Furian Giebeler 1992 sowohl mündlich als auch schriftlich aufgefordert, sich an den ÜA der EKiBB zu wenden, argumentiert er nun gegenüber dem Überprüfungsausschuss, dass seines Wissens Ruheständler in der Regel gar nicht überprüft würden, außerdem sei dies noch ein besonderer Fall, da „Bruder Giebeler Staatsangestellter war und *insofern mit uns überhaupt nichts zu tun hatte*".[17] Furian fragt deshalb den Vorsitzenden des ÜA, Richter Joachim Klasse, ob der Überprüfungsausschuss sich einmal mit Bruder Giebeler befasst habe oder ob der Ausschuss aus den genannten Gründen sich *ebenfalls* für *nicht zuständig* sehe.[18]

In diesem Zusammenhang erwähnt Furian gegenüber dem ÜA auch, dass er bereits im September 1993 von der EKD darüber informiert worden sei, dass sich ein ehemaliger DDR-Häftling „mit den bekannten Vorwürfen gegenüber Pfarrer Giebeler" an die EKD gewandt habe, die diese Anfrage an die EKiBB weitergeleitet hat. Eigentlich wäre es der korrekte Weg gewesen, dass Furian

17 Furian, Brief an den Überprüfungsausschuss der EKiBB, Joachim Klasse, 10.2.1994, ELAB, 15/1989. Hervorhebung durch die Verf.

18 Ebenda.

diesen EKD-Hinweis umgehend auch dem ÜA zur Kenntnis gegeben hätte. Gegenüber dem ÜA erklärt er, dass er „der Sache nicht weiter nachgegangen" sei, „weil der Herr nicht direkt bei uns angefragt hat".[19] Diese Begründung ist absolut fragwürdig, wenn ein von der EKD an die Landeskirche weitergeleitetes Schreiben deshalb nicht ernst genommen wird, weil es nicht direkt an die Landeskirche gerichtet worden war. Sowohl der Absender des Briefes als auch die EKD, die diesen Brief weitergeleitet hat, müssen davon ausgehen können, dass das im Brief geäußerte Anliegen von denen ernst genommen wird, die mit dem Fall befasst sind. In diesem Sinne hatte Otto von Campenhausen im Namen der EKD dem Absender des Briefes auch geantwortet: „Die Angelegenheit des Pfarrers Giebeler wird in der berlin-brandenburgischen [sic!] Kirche geklärt und dienstrechtlich geregelt werden müssen. Ihren Brief werde ich unmittelbar an die zuständige Landeskirche weiterreichen."[20] Die zuständige Landeskirche fühlt sich aber nur begrenzt oder gar nicht zuständig.

Der Vorsitzende des ÜA Klasse antwortet Furian[21] und betont zum einen, dass „Pfarrer i.R. Giebeler von sich aus [auf Drängen von Furian] die Überprüfung beantragt"[22] habe, und zum anderen, dass der Überprüfungsausschuss auch Pfarrer im Ruhestand befragen würde, da diese weiter tätig werden könnten, soweit ihnen nicht die Rechte des geistlichen Standes entzogen worden seien. Klasse geht nicht auf die Argumentation Furians ein, dass Giebeler Staatsangestellter war, sondern bezieht sich in seiner Antwort nur auf die Ruheständler-Regelung, die auch für Giebeler gelte. Zum Zeitpunkt der Überprüfung war Giebeler durch das Brandenburger Justizministerium bereits in den Ruhestand versetzt worden. Nach dem Kirchengesetz vom April 1992 sollten Ruheständler allerdings nur überprüft werden, wenn sie in Leitungsfunktionen tätig gewesen waren. Das wiederum traf für Giebeler nicht zu, es sei denn, die Leitung des Gefängnisseelsorgerkonventes würde als eine solche Leitungsfunk-

19 Ebenda.

20 Von Campenhausen an Absender des Briefes, 15.9.1993, Stasi-Überprüfungsausschuss 1992–1995, ELAB, 155.

21 Klasse, Schreiben an Furian, 23.2.1994, ELAB, 15/1989.

22 Ebenda.

tion anerkannt. Der nebenamtliche Auftrag zur Versorgung der Pfarrstelle Briest wurde zum 31. Dezember 1992 beendet.

Im Februar 1994 geht der Vorsitzende des ÜA also noch davon aus, dass der Ausschuss für Giebelers Überprüfung zuständig sei. Später wird auch der Ausschuss Furians Meinung vertreten, dass eine Überprüfung von Giebeler nicht notwendig sei, da Giebeler nicht im kirchlichen Dienst gestanden habe. Ebenso wie Furian und der ÜA vertritt später auch der damalige Jurist im Berliner Konsistorium, OKR Ingemar Pettelkau, dass der kirchliche Überprüfungsausschuss nicht für Giebeler zuständig war, „da Giebeler nicht Pfarrer unserer Kirche war“ und somit „ein Verfahren nach unserem Disziplinarrecht auch nicht möglich gewesen“[23] wäre.

Kirchenrechtliche Überlegungen kontra öffentlicher Wahrnehmung des Gefängnisseelsorgers

Da Pfarrer Giebeler 1953 für den Dienst als Gefängnisseelsorger, ebenso wie Bluhm, von der Landeskirche beurlaubt wurde, war er somit in der zur Debatte stehenden Zeit seiner MfS-Tätigkeit von 1959 bis 1989 *als Gefängnispfarrer* nicht Pfarrer der Landeskirche. Soweit ist die Argumentation kirchenrechtlich richtig. Gleichzeitig aber verwaltete Giebeler als Pfarrer der EKiBB mit einer nebenamtlichen Beauftragung die Pfarrstelle in Briest und unterstand somit dem Pfarrerdienstrecht der EKU und ab 1982 dem des Bundes der Evangelischen Kirchen in der DDR, sodass für ihn die seelsorgerliche Verschwiegenheit und die Amtsverschwiegenheit galt. Somit muss gefragt werden, ob die Ordination quasi teilbar ist, für die eine Stelle geltend und für die andere nicht zutreffend.

Für die EkiBB steht in ihrer Argumentation Giebelers *staatliche Anstellung* als Gefängnispfarrer im Vordergrund, sodass die Kirche in Bezug auf *diese* Anstellung mit Recht darauf verweisen kann, dass er kein Pfarrer der Kirche war und somit der ÜA nicht zuständig ist. Diese Argumentation vernachlässigt zum einen Giebelers nebenamtliche Beauftragung und zum anderen, dass er

23 Pettelkau, Brief an Verf., 15. 9. 2015.

auch als beurlaubter Pfarrer seinen Dienst „an den Gefangenen in Bindung an das Ordinationsgelübde ausrichten“[24] müsse, wie das Evangelische Konsistorium am 30. Juli 1953 Bluhm mitgeteilt hatte, was auch für Giebeler galt.

In seinem Wirken wurde Giebeler zudem durchaus als ein Pfarrer und Vertreter der evangelischen Kirche wahrgenommen.

Wahrnehmung von Giebeler als Pfarrer der Landeskirche

Auch Giebeler selbst verstand sich als Pfarrer der Kirche,[25] so wie er u. a. in seinem Brief an Furian vom Oktober 1992 betont, dass er „seit dem 1. Oktober 1949 [...] im Auftrag unserer Kirche als Seelsorger an der Seite der politischen Gefangenen“[26] – bei „uneingeschränkter Aufrechterhaltung der Dienstaufsicht der Kirche“ ihm gegenüber – gestanden habe.[27] Außerdem hätten ihn „führende Kirchenvertreter stets unbürokratisch unterstützt und beraten“.[28] Ähnlich äußert er sich auch im Interview mit Günter Wirths in der Zeitschrift *Standpunkt*, in dem er betont: „Es hat seit Gründung der DDR in der Strafanstalt Brandenburg durch mich stets die Präsenz der Kirche gegeben.“[29] Auch der Brandenburger Superintendent und die Kollegen aus dem Pfarrkonvent betrachten Giebeler als einen ihrer Kollegen und erwarten im Zusammenhang mit seiner Entlassung aus dem Dienst im Justizministerium eine eindeutige Stellungnahme der Kirchenleitung.

24 Böhm, Ev. Konsistorium, Schreiben an Bluhm, 30. 7. 1953 (Gleiches gilt für Giebeler), ELAB, 35 / 584.

25 Vgl. auch Giebeler, Begleitschreiben an ÜA: „Der Weg, den ich 40 Jahre mit einem Auftrag der Kirche ging, war einmalig“, 11. 11. 1992, Stasi-Überprüfungsausschuss 1992–1995, ELAB, 155. „Es hat seit Gründung der DDR in der Strafanstalt Brandenburg durch mich stets die Präsenz der Kirche gegeben.“ Giebeler im Interview mit Wirths, in: Standpunkt (1990) 1, S. 13.

26 Giebeler, Schreiben an Furian, 11. 10. 1992, Brief II, ELAB, 15 / 1989.

27 Giebeler, Christus im Gefängnis der DDR, S. 14.

28 Giebeler, Hinter verschlossenen Türen, S. 172.

29 Eckart Giebeler im Interview mit Wirths, in: Standpunkt (1990) 1, S. 13.

Giebeler nimmt zudem (als Gast?) am Konvent der Gefängnisseelsorger teil, den er ab 1984 auch leitet und der regelmäßig Gegenstand seiner Berichte an die VSV und das MfS ist. Außerdem unterstützte die Landeskirche seine Arbeit finanziell. Auch Propst Friedrich Winter sieht in Eckart Giebeler durchaus einen Pfarrer der Kirche, wenn er am 16. Juli 1979 in einem Brief an die Superintendenten der EkiBB schreibt: „Bruder Giebeler ist ordinierter Pfarrer unserer Kirche und zugleich als hauptamtlicher Gefängnisseelsorger tätig."[30]

Auch die Gratulationen zu seinen Ordinationsjubiläen, in denen Bischöfe Pfarrer Giebeler im Namen der Kirchenleitung ausdrücklich für dessen Dienst im Auftrag der Kirche danken, legen den Schluss nahe, dass die Kirche Giebelers Dienst in staatlicher Anstellung durchaus als einen kirchlichen wahrgenommen hat. In die Zeit der begonnenen kirchlichen Überprüfung von Giebeler fällt sein 40-jähriges Ordinationsjubiläum, zu dem ihm Bischof Martin Kruse am 2. Dezember 1993 gratuliert. „Am 29. November jährte sich zum vierzigsten Mal der Tag Ihrer Ordination. Sie haben unter schwierigsten Bedingungen und mit größten persönlichen Belastungen für Sie selbst und auch für Ihre Frau diesen Dienst versehen, und oft genug waren Sie für Menschen ‚drinnen' wie draußen Helfer in der Not. ‚Der aber die Herzen erforscht, der weiß, worauf der Sinn des Geistes gerichtet ist' (Röm 8,27). In dieser Gewissheit haben Sie das Ihnen aufgetragene Amt versehen und so getröstet können Sie auch mit den Anschuldigungen leben, die gegen Sie erhoben wurden."[31] Zehn Jahre später, im Dezember 2003, gratuliert auch Bischof Wolfgang Huber[32] Giebeler zu seinem 50. Ordinationsjubiläum mit folgenden Worten: „Sie haben auf Ihrem Weg auch manche Anfechtung erfahren und Anfragen erlebt. Heute danke ich Ihnen im Namen der Kirchenleitung herzlich dafür, dass Sie sich vor einem halben Jahrhundert in den Dienst des Evangeliums gestellt und *diesen Dienst in unserer Kirche* über einen so langen Zeitraum wahrgenommen haben." Huber dankt Giebeler ausdrücklich dafür, dass dieser seinen Dienst „in unserer Kirche"

30 Winter, Schreiben an Superintendenten, 16.7.1979, ELAB, 35/579.

31 Kruse, Brief an Giebeler, 2.12.1993, ELAB, 15/1989.

32 Huber, Brief an Giebeler, 3.12.2003, ELAB, 15/1989. Hervorhebung durch die Verf.

wahrgenommen hat. Der Bischof geht also davon aus, dass Giebeler im Auftrag der Kirche gewirkt hat.

Beide Bischöfe erwähnen vorsichtig, dass es Anschuldigungen, Anfechtungen und Anfragen an Giebeler gegeben habe. Diese Formulierungen bleiben aber merkwürdig verschwommen und verkennen, dass Giebeler nicht nur das.

Objekt von Kritik, Anfragen und Anfechtungen war, sondern auch als *Subjekt* gehandelt und sein Tun verantwortet hat. Ein wesentliches Element der christlichen Verkündigung und der Seelsorge ist es, auf dem Hintergrund der biblischen Versöhnungsbotschaft Menschen zu ermutigen, vor Gott und den Menschen die eigene Verantwortung zu bekennen und sie auf diesen oftmals sehr schmerzvollen Wegen zu begleiten, um Neuanfänge zu ermöglichen.

Dieser Weg setzt freilich die Bereitschaft voraus, sich den eigenen schuldhaften Verstrickungen mit Offenheit zu stellen. Vielleicht hätte eine mit kirchenleitender, geistlicher Autorität ausgesprochene Einladung, einen solchen Weg der kritischen Auseinandersetzung mit dem eigenen Leben zu wagen, es Giebeler ermöglicht, seine Verfehlungen anders zu reflektieren, als er es in seinen Publikationen und Schreiben getan hat. Ob es solche seelsorgerlichen Gespräche gegeben hat, entzieht sich aus gutem Grund wegen der Verschwiegenheit solcher Begleitung der öffentlichen Wahrnehmung. Da aber Giebeler auch in seiner letzten Publikation 2001 noch an seinem Narrativ festhält, sind Zweifel angebracht, dass er sich selbstkritisch seiner eigenen Geschichte angenähert hat.

Giebeler erhält ab dem 1. November 1992, nach seinem Ausscheiden aus dem Dienst des Brandenburger Justizministeriums, von der Evangelischen Ruhegehaltskasse Darmstadt Zahlungen, die die Differenz zwischen seiner staatlichen Rente und den Pensionen der Pfarrer ausgleichen.[33] Oberkonsistorialrat Pettelkau begründet diese Zahlungen folgendermaßen: „Giebeler war bereits 1953 in den Staatsdienst eingetreten. Er war zu diesem Zeitpunkt noch im kirchlichen

33 Giebeler hatte bereits am 31.1.1992 das Evangelische Konsistorium gebeten, seine Sozialrentenbezüge denen der Pfarrerpensionen aus kirchlichen Mitteln anzugleichen. Er bittet zu bedenken, dass er schon jetzt mit der staatlichen Besoldung schlechter als andere Pfarrer gestellt sei. ELAB, 15/1989.

Hilfsdienst und somit ohne Festanstellung auf Lebenszeit bei der Ev. Kirche in Berlin-Brandenburg. 1953 hatte die Kirchenleitung ihm bzw. seinen Angehörigen eine Versorgungsgarantie für den Fall des Todes oder der Dienstunfähigkeit gegeben. Es war damals nicht vorauszusehen, dass er nahezu 40 Jahre im Staatsdienst verbleiben würde. So wurde ihm nach 1990 zugesagt, dass er bei Dienstende volle kirchliche Versorgungsbezüge unter Anrechnung seiner im Staatsdienst erworbenen Rentenanrechte erhalten werde."[34] Die Kirche hält sich somit an ihre 1953 gegebene Zusage einer Versorgungsgarantie und erkennt Giebelers Anstellung beim MdI und beim MdJ als ruhegehaltsfähige Dienstzeit an. Falls es zu einem Disziplinarverfahren gekommen wäre, hätte dies möglicherweise Auswirkungen auf die Ruhegehaltszahlungen gehabt.

Wahrnehmung durch VSV und Gefangene

Giebeler wurde zweifellos von den Gefangenen und den Bediensteten im Strafvollzug als Pfarrer und Vertreter der evangelischen Kirche wahrgenommen, der in der kirchlichen Amtskleidung, im Talar, Gottesdienste feierte, die Sakramente austeilte, das Evangelium predigte, mit Gefangenen betete und die Bibel auslegte sowie ihnen seelsorgerlichen Beistand anbot.

Die Gefangenen mussten davon ausgehen, dass für ihn das Seelsorgegeheimnis galt. Weil Giebeler für die VSV durchaus auch als Vertreter der Kirche gesehen wurde, konnte sie nach den ersten öffentlichen Stasi-Vorwürfen, 1979, diese Angelegenheit zu einer *innerkirchlichen* erklären.

Die formal-juristische Sicht der Landeskirche kann auf das Dilemma zwischen Giebelers Rechtsstatus und der öffentlichen Wahrnehmung des Pfarrers nur unzureichend reagieren. Der Rückzug der Landeskirche auf die rechtliche Frage vernachlässigt zudem die der öffentlichen Wahrnehmung von Giebeler als Pfarrer der evangelischen Kirche. Auch der ihn 1995 gegenüber dem Überprüfungsausschuss vertretende Rechtsanwalt Reymar von Wedel geht davon aus, dass Giebeler im Dienst der Kirche gestanden habe. Er schreibt am 6. Juli

34 Pettelkau, Brief an die Verf., 15. 9. 2015.

1995 an den ÜA, dass Giebeler sich gegen alle ihm zur Last gelegten Vorwürfe zur Wehr setzen wolle, „immerhin war er mehr als 40 Jahre für die Kirche tätig".[35] Die Kirche hätte sich ggf. unterhalb der Rechtsinstitution eines formellen Disziplinarverfahrens zu Giebelers Wirken in ihrem eigenen Interesse und dem der Betroffenen äußern können.

Für die von Giebelers Verrat betroffenen Gefangenen muss die Distanzierung der Kirche von dem Gefängnispfarrer im Nachhinein wie ein doppelter Verrat wirken. Sie haben ihm vertraut, *weil* er als ein Vertreter der Kirche wahrgenommen wurde und als solcher wirkte. Wenn jetzt die Kirche erklärt, dass der Gefängnispfarrer mit ihr „gar nichts zu tun gehabt"[36] habe, stellt sich die Frage, ob die Gefangenen dann fälschlicherweise davon ausgegangen sind, dass der Pfarrer, der die Gottesdienste und die Seelsorge verantwortete, ein Vertreter der Kirche war. Nach der Argumentation der Landeskirche haben somit die Gefangenen einem falschen Pfarrer vertraut, der sich wiederum nicht scheute, das ihm entgegengebrachte Vertrauen der Gefangenen auszunutzen, um Gesprächsinhalte an die VSV und das MfS weiterzugeben.

Nachdem also grundsätzlich die Zuständigkeit des ÜA für Giebeler infrage gestellt worden war, teilt der BStU dem ÜA am 27. Juni 1994 – mehr als anderthalb Jahre nachdem der Überprüfungsausschuss im November 1992 einen Antrag auf Aktenprüfung zu Pfarrer Giebeler gestellt hat – mit, dass die bisher erschlossenen Unterlagen zu Pfarrer Eckart Giebeler Hinweise auf eine Tätigkeit für den Staatssicherheitsdienst der ehemaligen DDR ergeben würden. Die Behörde des Bundesbeauftragten hatte die Personalakte IM „Roland" Band 1 und 2 sowie die Berichtsakte Band 15 ausgewertet – nicht aber die Akten OV „Hugenott" und OV „Quartett" und die Einzelakten, die Berichte von IM „Roland" enthalten.

35 Von Wedel, Schreiben an ÜA, 6.7.1995, Stasi-Überprüfungsausschuss 1992–1995, ELAB, 155.

36 Furian, Schreiben an den Überprüfungsausschuss der EKiBB, Joachim Klasse, 10.2.1994, ELAB, 15/1989.

54 Kopien aus den oben genannten Akten werden dem Schreiben des BStU an den ÜA beigefügt. Außerdem dokumentiert die BStU-Auskunft Giebelers IM-Kategorien, seinen Decknamen, die MfS-Hauptabteilungen, bei denen er geführt worden war, seine Führungsoffiziere, Berichte und Tonbandabschriften, Zuwendungen, Prämien und Auszeichnungen durch das MfS sowie Einschätzungen der Tätigkeit des IM durch seine Führungsoffiziere.

Dieser BStU-Bericht wird Giebeler vom ÜA umgehend zur Kenntnis gegeben; dieser wiederum reagiert bereits wenige Tage später, am 6. Juli 1994, mit einem sechsseitigen Schreiben. Er zitiert Passagen aus seinen Publikationen, in denen er sich zu seinem Umgang mit dem Werben verschiedener Geheimdienste geäußert hat.[37] Er folgt auch zwei Jahre, nachdem seine MfS-Verbindungen bekannt geworden waren, dem bereits bekannten Muster seiner Argumentation, indem er jegliche Übernahme von Verantwortung ablehnt, die Existenz der Stasi-Akten mit Fälschungen und Abhörprotokollen zu erklären versucht und sich selbst als einen Menschen darstellt, der „unglaubliche Demütigungen“,[38] „viele Schikanen“[39] und „Bespitzelungen in die ganz private Sphäre hinein“[40] erdulden musste. Als neue Erklärung für die Existenz der Berichte führt Giebeler nun zusätzlich an, dass „einige gewesene hohe und höchste Staatsfunktionäre, die kriminelle Handlungen begangen hatten“,[41] ihn in der Sprechstunde aufgesucht hätten. Mitgefangene hätten vermutet, dass diese ihn aushorchen sollten. Giebeler schreibt empört: „Ich bin erbost, wenn mich Akten des verruchten Mielke-Ministeriums, dessen Opfer ich Jahrzehnte betreut habe, nachträglich selbst zum Opfer der Gottlosen machen sollen. Vielleicht sei er als Botschafter unseres Herrn auch zu naiv, um hinter jedem den Teufel zu vermuten.“[42]

Im Hinblick auf die Abschriften von Tonbandberichten, die sich in seinen Akten befinden, erklärt Giebeler, dass er nicht Urheber dieser Berichte sein

37 Giebeler, Schreiben an ÜA, 6.7.1994, Stasi-Überprüfungsausschuss 1992–1995, ELAB, 155.
38 Ebenda, Bl. 3.
39 Ebenda.
40 Ebenda.
41 Ebenda, Bl. 2.
42 Ebenda, Bl. 5.

könne, da er sich erst nach der Einführung der D-Mark (also nach dem 1. Juli 1990) ein Aufnahmegerät gekauft habe.[43] Giebeler vermutet, dass die Tonbandberichte auf Abhöranlagen in seinem Zimmer zurückzuführen seien. So sei „unmittelbar nach der Wende, als die Stasi den Strafvollzug noch nicht verlassen hatte", sein Sprechzimmer im Brandenburger Gefängnis renoviert worden. Giebeler glaubt, dass dabei auch die Wanzen aus den „Wänden herausgemeißelt wurden". Er bekräftigt erneut, dass „es eine kospirative [sic!] Zusammenarbeit zwischen [ihm] und den Machthabern der DDR"[44] nicht gegeben habe. Außerdem fragt er sich mit Bezug auf die ihn betreffenden MfS-Akten, was wohl in den Akten der Gestapo „über seinen väterlichen Freund Harald Poelchau"[45] gestanden haben mag.

Falls es solche Akten über Poelchau gibt, ist es ein Unterschied, ob ein Geheimdienst Informationen *über* einen Menschen gesammelt hat oder ob die Berichte *von* einem Menschen verfasst wurden. Die Präpositionen „über" und „von" machen in diesem Fall einen großen Unterschied.

43 Vgl. Kapitel 4. Bereits 1961 hatte ihm die EKiBB ein Tonbandgerät finanziert und 1973 das Diakonische Werk.

44 Giebeler, Schreiben an ÜA, 6.7.1994, Stasi-Überprüfungsausschuss 1992–1995, ELAB, 155, Bl. 3.

45 Harald Poelchau (1903–1972) wird im April 1933 der erste vom NS-Regime eingesetzte Geistliche in einer Strafanstalt. Er wird zum wichtigen Beistand für die Opfer der nationalsozialistischen Gewalt und begleitet Hunderte zum Tode Verurteilte zur Hinrichtung. Seit 1941 gehört er zum Kreis um Helmuth James Graf von Moltke und nimmt an der ersten Kreisauer Haupttagung teil. Nach dem gescheiterten Umsturzversuch vom 20. Juli 1944 kann er den Angehörigen vieler Beteiligter letzte Nachrichten und Briefe übermitteln. Ab 1946 engagierte sich Poelchau in der SBZ im Gefängniswesen der Zentralen Justizverwaltung. Als Poelchau seine Vorstellungen nicht durchsetzen konnte, ging er in den Westen. Von 1949 bis 1951 war er erneut Gefängnispfarrer in Berlin-Tegel. 1951 ernannte ihn Bischof Otto Dibelius zum ersten Sozial- und Industriepfarrer der Evangelischen Kirche in Berlin-Brandenburg. Dieser Aufgabe widmete sich Harald Poelchau bis zu seinem Tod im Jahr 1972. Vgl. Harald Poelchau (1903–1972), in: Internetseite Kreisau-Initiative, https://www.kreisau.de/kreisau/kreisauer-kreis/mitglieder/harald-poelchau/ 12.10.2019].

Giebeler bittet den ÜA darum, ihn aufgrund seines Alters mit weiteren Fragen „in Ruhe zu lassen“[46] und, wenn diesem Wunsch nicht entsprochen werden könne, ihm die „Steine des Anstoßes schriftlich zu nennen“.[47] Abschließend betont Giebeler, dass sich kaum jemand ein Urteil über ihn bilden könne, da sich keiner in seiner Situation befunden habe. Giebeler bezweifelt damit nicht nur die Kompetenz der Mitglieder des ÜA, sondern auch die aller anderen, die versuchen, sich ein Bild darüber zu machen, wie Giebeler seine Arbeit als Gefängnisseelsorger in der DDR verstanden und gestaltet hat. Da Giebelers Position als staatlich angestellter Seelsorger tatsächlich einzigartig war, könnte nach seiner Argumentation, die voraussetzt, dass jemand sich in einer vergleichbaren Situation befunden habe, kein anderer sein Tun bewerten.

Wenn diese Auffassung, die regelmäßig von Zeitzeugen vertreten wird, sich durchsetzen würde, wäre dies das Ende aller Geschichtsschreibung, die Wahrscheinlichkeiten gerade aus verschiedenen Quellen konstruiert und nur begrenzt den Überlieferungen und Narrativen der Zeitzeugen vertrauen kann. Die erinnerte Vergangenheit beschreibt oftmals weniger das Faktische, aber sie gibt Auskunft darüber, wie in der Gegenwart sich des Vergangenen erinnert werden soll.

Der Überprüfungsausschuss lädt Giebeler trotz seiner Bitte, nicht mehr mit diesem Thema behelligt zu werden, am 26. August 1994 zu einem Gespräch, in dem er auf den Bericht des BStU und auf Fragen der Mitglieder des ÜA reagieren kann. Giebeler nimmt den vorgeschlagenen Termin wahr und bleibt in dem Gespräch bei seinen bekannten Darstellungen, die er bereits schriftlich gegenüber dem ÜA vertreten hat. Er betont, dass er nicht gewusst habe, dass seine Gesprächspartner von der Stasi gewesen seien, und erklärt die MfS-Zuwendungen als Unkostenerstattungen. Die Medaille für treue Dienste der

46 Giebeler, Schreiben an ÜA, 6.7.1994, Stasi-Überprüfungsausschuss 1992–1995, ELAB, 155, Bl. 6.

47 Ebenda.

NVA in Gold,[48] die er 1976 erhalten hat, begründet er damit, dass er drei Gefangene, die drohten, sich mit Benzin zu übergießen und anzuzünden, davon abgehalten habe. In diesem Gespräch bestätigt er allerdings zum ersten Mal, dass die Unterschrift „Roland“ unter den Quittungen echt sei. Im Protokoll des ÜA liest es sich so: „Kl.: Unterschrift ‚Roland‘ unter den Quittungen echt? Gi.: Ja“[49]

Damit fällt seine gesamte Argumentation, dass er niemals mit dem MfS zusammengearbeitet und weder von einem Decknamen gewusst, geschweige denn diesen benutzt habe, in sich zusammen. Mit diesem Eingeständnis ist gleichzeitig verbunden, dass die Berichte, die mit „Roland“ unterschrieben worden sind, die Einschätzungen des IM „Roland“, die Zuwendungen und Auszeichnungen an den IM keine MfS-Fälschungen sind, sondern Auskunft darüber geben, in welcher Weise IM „Roland“ 30 Jahre in Diensten des MfS gestanden hat.

Nach diesem Treffen beschließt der Überprüfungsausschuss eine Empfehlung, die dem Konsistorialpräsidenten der Evangelischen Kirche in Berlin-Brandenburg, Horstdieter Wildner, am 31. August 1994 zur Kenntnis gegeben wird. In Anerkennung des sehr schwierigen und sehr wichtigen Dienstes, den Giebeler in den Strafanstalten der DDR wahrgenommen habe, sei es aufgrund der mit vielfältigen Gefährdungen verbundenen Tätigkeit zu frühzeitigen Kontakten mit dem MfS gekommen, die nach Ansicht des Überprüfungsausschusses nicht zu vermeiden gewesen seien. Allerdings gibt der ÜA zu bedenken, dass Pfarrer Giebeler regelmäßig Zuwendungen und auch Auszeichnungen vom MfS erhalten habe. Der ÜA erkennt an, dass Giebelers Tätigkeit in jeder denkbaren Form überwacht worden sei. Im Hinblick auf seine exzeptionelle Tätigkeit stellt der ÜA trotz der Verstrickungen und Verfehlungen die Einleitung eines Disziplinarverfahrens lediglich anheim, „zumal Pfarrer Giebeler rechtlich nicht im kirchlichen Dienst gestanden hat“.[50] Diese Empfehlung wird auch Giebeler zur Kenntnis gebracht.

48 Die „Medaille für treue Dienste in der NVA“ verlieh das MfS, das keine eigene Medaille für „treue Dienste“ hatte, seit 1956. Die Auszeichnung in Gold wurde nach einer mindestens 15-jährigen Dienstzeit für das MfS verliehen. Da Giebeler sich 1959 zur Zusammenarbeit mit dem MfS verpflichtet hatte, wurde ihm diese Medaille nach 17 Jahren verliehen.

49 Der Überprüfungsausschuss an Konsistorialpräsident, H. Wildner, 31.8.1994, Stasi-Überprüfungsausschuss 1992–1995, ELAB, 155.

50 Ebenda.

Im Februar 1994 war der ÜA noch davon überzeugt, für Giebeler zuständig zu sein. Wenige Monate später erklärt auch der Ausschuss, dass Giebeler rechtlich nicht im kirchlichen Dienst gestanden hat. Aufgrund dieser Annahme hätte das Verfahren somit beendet werden können, denn warum sich mit einem Fall beschäftigen, der nicht in den Zuständigkeitsbereich der Kirche gehört und bei dem deshalb jede Empfehlung für eventuelle disziplinarische Maßnahmen rechtlich immer ins Leere laufen wird? Aber der ÜA legt den Fall nicht zu den Akten, sondern befasst sich auf seiner nächsten Sitzung am 21. September 1994 erneut mit der Personalie Giebeler. Dabei erheben die Ausschussmitglieder erhebliche Bedenken gegen Giebelers mündliche Darstellungen und beschließen deshalb, erneut „Einsicht in alle beim Bundesbeauftragten für die Unterlagen des Staatssicherheitsdienstes der ehemaligen DDR vorliegenden Akten zu nehmen, über das Ergebnis zu beraten und gegebenenfalls die Empfehlung, die nach dem Gespräch am 26. August 1994 ausgesprochen wurde, zu ändern".[51]

Nachdem der Ausschuss zusätzliche MfS-Akten aus seiner Personalakte und der Berichtsakte eingesehen hat, wird der Beschluss vom 31. August 1994 am 13. März 1995 mit folgendem Wortlaut novelliert: „Der Überprüfungsausschuß hält eine Überprüfung der Beziehungen der Evangelischen Kirche in Berlin-Brandenburg zu Pfarrer i. R. Giebeler für dringend geboten. Wenn Giebeler *rechtlich im kirchlichen Dienst* gestanden hätte, hätte der Überprüfungsausschuß *ein Disziplinarverfahren empfohlen.* Der Überprüfungsausschuß hat auf Grund der Aktenlage Anlaß anzunehmen, daß Giebeler von Gesprächen mit Einzelnen berichtet hat. Das Gespräch mit Giebeler hat hierzu keine Klärung gebracht. Giebeler wies wiederholt auf die Fülle von Dankschreiben hin, die er erhalten habe. Der Überprüfungsausschuß hat keinen Anlaß dies zu bezweifeln. Der Überprüfungsausschuß hält es für angebracht, daß Giebeler nicht mehr im Auftrag der Evangelischen Kirche in Berlin-Brandenburg als Pfarrer tätig sein darf. Der Überprüfungsausschuß hält das Verhalten der Evangelischen Kirche in Berlin-Brandenburg gegenüber Giebeler (über viele Jahre keine geistliche Begleitung, keine Hilfen) für

51 Der Überprüfungsausschuss an Konsistorialpräsident, H. Wildner, 23. 9. 1994, Stasi-Überprüfungsausschuss 1992–1995, ELAB, 155.

beanstandenswert. Er regt an, das kirchenleitende Handeln gegenüber Personen, die in äußerst schwierigen Arbeitsbereichen tätig sind, zu überdenken."[52]

Dieser Beschluss wird am 17. März 1995 Giebeler zur Kenntnis gegeben, der innerhalb von zwei Wochen Zeit hat, dazu Stellung zu nehmen. Nach Ablauf dieser Frist werde der Ausschuss den Beschluss mit einer ggf. vorliegenden Stellungnahme von Giebeler an das Konsistorium weiterleiten. Daraufhin beauftragt Giebeler am 25. März 1995 Rechtsanwalt Reymar von Wedel, ihn gegenüber dem Überprüfungsausschuss zu vertreten.[53] Von Wedel wendet sich am 27. März an den ÜA und bittet, die zweiwöchige Frist zu verlängern, damit er die Akten, die dem ÜA vorliegen, selbst einsehen kann. Außerdem kritisiert der Rechtsanwalt es als unzulässig, „eine Empfehlung auszusprechen, von deren Grundlage der Betroffene keine Kenntnis hat".[54] Zudem bemängelt er, dass nach Ansicht von Giebeler die mündliche Anhörung im August 1994 wegen ihrer Kürze nicht ausreichend gewesen sei. Der ÜA bietet von Wedel am 10. April 1995 an, gemeinsam mit Giebeler in die vorhandenen Akten Einsicht zu nehmen. Ob von Wedel und Giebeler die Akten eingesehen haben, geht aus den Schreiben nicht hervor, ebenso wenig, ob die neuerliche Empfehlung des ÜA dem Konsistorium zur Kenntnis gegeben wurde. Allerdings schreibt von Wedel am 4. August 1995 an den ÜA, dass Giebeler ihm mitgeteilt habe, dass die Akten an das Konsistorium übergeben worden seien.

Nachdem Giebeler 1991 eine Überprüfung durch das Justizministerium – mit Unterstützung von Furian – umgehen konnte, weil er sich auf seine Sonderstellung als ordinierter Pfarrer berief, erklärt nun die Landeskirche, sie sei für eine Überprüfung auch nicht zuständig. Die erste Stasi-Überprüfung durch das MdJ wurde also von der Kirche und von Giebeler verhindert, weil er sich selbst als ein Pfarrer der Kirche betrachtet hat und von der Kirche auch als ein solcher vor der Überprüfung durch das MdJ geschützt wurde.

52 Der Überprüfungsausschuss an Giebeler, 17.3.1995, Stasi-Überprüfungsausschuss 1992–1995, ELAB, 155. Hervorhebung durch die Verf.

53 Beauftragung von Wedel durch Giebeler, 25.3.1995, Stasi-Überprüfungsausschuss 1992–1995, ELAB, 155.

54 Von Wedel an ÜA, 27.3.1995, Stasi-Überprüfungsausschuss 1992–1995, ELAB, 155.

Propst Furian wird später zunächst Giebeler auffordern, sich durch den kirchlichen Ausschuss überprüfen zu lassen, um dann später festzustellen, dass die Kirche nicht zuständig sei, weil er im staatlichen und nicht im kirchlichen Dienst gestanden habe. Somit bestreitet die Kirche zum einen die Zuständigkeit des MdJ für die Stasi-Überprüfung von Pfarrer Giebeler und erklärt zum anderen, dass es für eine kirchliche Überprüfung und ggf. ein daraus folgendes Disziplinarverfahren keine Rechtsgrundlage gebe. Giebeler wurde deshalb quasi nur versehentlich durch den kirchlichen Ausschuss überprüft, weil er 1992 Furians Aufforderung, sich an den Ausschuss zu wenden, nachgekommen war.

Die Chronologie der kirchlichen Stasi-Überprüfung

21.10.1992	Furian fordert Giebeler auf, sich an den Stasi-Überprüfungsausschuss der Landeskirche zu wenden
11.11.1992	Brief Giebeler und kommentierter Fragebogen an ÜA
23.11.1992	ÜA stellt Antrag beim Bundesbeauftragten, Überprüfung Giebeler
2.11.1993	Koopmann informiert ÜA über Verdacht von Sozialdiakon P. gegenüber Giebeler
10.2.1994	Furian an ÜA, Frage der Zuständigkeit des ÜA für Giebeler
23.2.1994	Antwort ÜA an Furian
27.6.1994	Antwort BStU bezüglich Giebeler, Akten belegen IM-Tätigkeit
29.6.1992	Gutachten des BStU an Giebeler gesendet
8.7.1994	Stellungnahme Giebeler zu BStU-Gutachten
26.8.1994	ÜA-Gespräch mit Giebeler
31.8.1994	ÜA an Konsistorialpräsident, Empfehlung nach Gespräch mit Giebeler
23.9.1994	ÜA an Konsistorialpräsident, erste Novellierung Empfehlung vom 31.8.1994

17.3.1995	ÜA zweite Novellierung Beschluss 23.9.1994 in Bezug auf Giebeler
Kein Disziplinarverfahren, da Giebeler „nicht im kirchlichen Dienst gestanden“ habe	

Der Theologe und als Vertreter der Kirche Koordinator bei der Auflösung des MfS im Jahr 1990, Ulrich Schröter,[55] hatte sich 1994 in der Zeitschrift *Zwie-Gespräch* unter dem Titel: „Ein Leben. Zwei Bücher. Zwei Gesichter“[56] zu Pfarrer Giebeler geäußert und zitiert in seinem Artikel aus Giebelers Autobiografie „Hinter verschlossenen Türen“. Diesem stellt er Auszüge aus den MfS-Akten gegenüber. Schröter konstatiert, „daß Eckart Giebeler trotz der von ihm klar umrissenen Sicht, wie kirchlicherseits mit dem Phänomen Staatssicherheit umzugehen sei, anders gehandelt hat“.[57] Indem Giebeler das Selbstverständnis der Kirche so präzise in seiner Autobiografie nachzeichne, bestätige er ausdrücklich, dass kirchliche Mitarbeiter genau gewusst hätten, wie sie sich nach den Vorstellungen ihrer Kirche gegenüber dem MfS zu verhalten hätten.

Schröter bat 1994 zudem die Berlin-Brandenburger Kirchenleitung, mit Hinweis auf den Fall Eckart Giebeler zu erwägen, ob die Überprüfung auch auf zur-

55 Ulrich Schröter (1939–2018), Theologe und Oberkonsistorialrat der Berlin-Brandenburgischen Kirche; 1990 Koordinator der Auflösung des MfS; 1991 gab Schröter gemeinsam mit David Gill das Buch „Das Ministerium für Staatssicherheit. Anatomie des Mielke-Imperiums“ heraus. Seit 1991 Beauftragter der Evangelischen Kirchen bei den Ländern Berlin und Brandenburg. 1997 erschien im Trafo Verlag Berlin das von ihm und Dieter Mechtel herausgegebene Buch „Beiträge zum Thema Staatssicherheit und Kirche“, der Band stellt Dokumente der „Täter-Opfer-Gespräche“ zusammen, die von 1990 bis 1995 im Kontext des Zeitschriftenprojektes „Zwie-Gespräch“ stattfanden. Diese Zeitschrift ging aus einem seit Herbst 1990 von Ulrich Schröter initiierten und moderierten Gesprächskreis hervor. Hier trafen sich jeden Monat ehemalige aktive Mitgestalter der DDR, vor allem ehemalige Mitarbeiter des Ministeriums für Staatssicherheit, und einstige Verfolgte bzw. Oppositionelle sowie am Thema Interessierte, um miteinander zu reden, um ihre in den vergangenen Jahrzehnten so gegensätzlichen deutsch-deutschen Biografien zu erkunden, um vergangene und aktuelle Probleme zu diskutieren.

56 Schröter / Mechtel, Beiträge zum Umgang mit der Staatssicherheits-Vergangenheit, S. 107ff.

57 Ebenda, S. 109.

zeit nicht mehr tätige kirchliche Mitarbeiter ausgedehnt werden solle und ob eine Regelüberprüfung angesichts einer innerhalb und außerhalb der Kirche zu beobachtenden Schweigekultur notwendig sei. Außerdem seien in Hinblick auf Eckart Giebeler, eine *offizielle kirchliche Äußerung* und *disziplinarische Maßnahmen* zu erwägen. Nach Bekanntwerden der widersprüchlichen Sachverhalte hinsichtlich des Gefängnisseelsorgers Giebeler, die durch frühere Gerüchte unter den Gefangenen, durch Zeitungsartikel und durch das Buch „Gott in Bautzen" öffentlich geworden seien, erscheint es Schröter unmöglich zu sein, *„daß sich die Kirche weiter dazu schweigend verhält"*.[58]

Schröters Anregungen wurden nicht umgesetzt, da sich aus den oben genannten Gründen die Kirche sich für nicht zuständig erklärte. Das Schweigen kann auch mit der Scheu begründet sein, durch einen weiteren prominenten Stasi-Fall das Ansehen und die Glaubwürdigkeit der Kirche zu beschädigen. Deshalb gibt es bis heute keine öffentliche Erklärung der Kirche zu Eckart Giebeler. Aber die Landeskirche hat durchaus erkannt, dass die Aufarbeitung der Folgen der kommunistischen Diktatur durchaus auch Jahre nach der Friedlichen Revolution ein Thema der Kirche ist.

15 Jahre nachdem der Überprüfungsausschuss der EKiBB seine Arbeit eingestellt hat, befasst sich deshalb die Kirchenleitung der Evangelischen Kirchen Berlin-Brandenburg-schlesische Oberlausitz (EKBO) erneut mit der DDR-Vergangenheit und verabschiedet am 27. Mai 2011 einen Text unter der Überschrift: „Was kann die Evangelische Kirche Berlin-Brandenburg-schlesische Oberlausitz zur Aufarbeitung der Folgen der Kommunistischen Diktatur beitragen?"[59] Darin erklärt die Kirchenleitung, dass die EKBO als Subjekt der Aufarbeitung der Folgen der kommunistischen Diktatur nur dann glaubwürdig sei, „wenn sie sich selbstkritisch und transparent zu der Art und Weise bekennt, wie in

58 Schröter, Ausweitung eines Synodalbeschlusses, Kollegiumssitzung EkiBB, 10.5.1994, Kirchenleitung, 13.5.1994, ELAB, Schröter, Handakte, Bd. 8., Ruheständler. Hervorhebung durch die Verf.

59 „Was kann die Evangelische Kirche Berlin-Brandenburg-schlesische Oberlausitz zur Aufarbeitung der Folgen der Kommunistischen Diktatur beitragen?" Beschlossen von der Kirchenleitung der Evangelischen Kirche Berlin-Brandenburg-schlesische Oberlausitz am 27.5.2011, Archiv der Verf.

den letzten gut zwanzig Jahren in den eigenen Reihen Schuld aufgearbeitet oder verdrängt, Vergebung gewährt oder verweigert, Versöhnung ermöglicht oder verhindert wurde".[60] Um die „kritische Selbstreflexion zu realisieren, wird die EKBO […] einen thematischen Schwerpunkt auf die Aufarbeitung ihrer eigenen Geschichte in der DDR und ihren eigenen Umgang mit ihrer Verflechtung in Schuldzusammenhänge setzen. Die Erkenntnisse dieser Aufarbeitung müssen öffentlich diskutiert und für die Frage nach einer glaubwürdigen Gestalt der Kirche in der Gegenwart fruchtbar gemacht werden."[61]

Diese Selbstverpflichtung der EKBO gilt es auch im Fall von Pfarrer Eckart Giebeler, nach nunmehr fast 25 Jahren, nachdem der kirchliche Überprüfungsausschuss seine Arbeit eingestellt hat, einzulösen. Auch wenn Pfarrer Giebeler in einem besonderen Anstellungsverhältnis gestanden hat, sollte sich die Kirche selbstkritisch befragen, ob sie sich nicht vorschnell selbst aus der Verantwortung entlassen hat, indem sie sich als für nicht zuständig erklärte. Schließlich geht es um das Kernstück pfarramtlichen Wirkens, das mit der Ordination verpflichtend verbunden ist: das Vertrauen, das einem Seelsorger entgegengebracht wird und das als hohes, zu schützendes Gut kirchliches Wirken und Sein auszeichnet. Die Kirche kann nicht dafür verantwortlich gemacht werden, dass Einzelne Grenzen übertreten und „das Wahrheitszeugnis der Kirche"[62] beschädigt haben. Aber sie muss dafür Verantwortung übernehmen, wie sie jenseits von aller Apologetik auch ihre Verflochtenheit in Schuld anerkennt und bekennt.

2015 hat der Bischof der EKBO, Markus Dröge, erneut betont, dass „die Kirche ihre eigene Schuldgeschichte nicht übergehen" dürfe.[63] Denn wer, wenn nicht die christliche Gemeinde kann über die Not menschlicher Schuld

60 Ebenda.

61 Ebenda.

62 Wolf Krötke, Das beschädigte Wahrheitszeugnis der Kirche: zu den Folgen der Einflußnahme des MfS auf die Kirche, in: Vollnhals (Hrsg.), Kirchenpolitik von SED und Staatssicherheit, S. 405–414, hier S. 405.

63 Markus Dröge, Unterwegs zur Versöhnung. Grußwort und Gedanken zum Thema, in: Ulrike Link-Wieczorek (Hrsg.), Verstrickt in Schuld, gefangen von Scham? Neue Perspektiven auf Sünde, Erlösung und Versöhnung, Neukirchen-Vluyn 2015, S. 175–178, hier S. 177.

reden. Und auch über die Zusage von Vergebung, über Heilung und Versöhnung. Damit kann eine innerkirchliche Aufarbeitung hineinwirken in die gesamte Gesellschaft, in der tatsächlich viel aufgearbeitet, aber wenig miteinander geredet wurde.

Exkurs: Die Nutzung der Akten des Überprüfungsausschusses aus archivrechtlicher Sicht

Die Akten des kirchlichen Stasi-Überprüfungsausschusses der Berlin-Brandenburger Kirche konnten mit einer entsprechenden Sondergenehmigung von der Verfasserin eingesehen und ausgewertet werden. Aus der Anfrage, ob diese Akten auch zur Veröffentlichung freigegeben werden könnten, entwickelte sich daraus eine hoch brisante kircheninterne Debatte, womit der Fall Giebeler zu einem archivrechtlichen Präzedenzfall[64] wurde. Da der Entscheidung, die im Zusammenhang mit dieser Diskussion gefällt wurde, grundlegende Bedeutung für die Forschung und die Nutzung der entsprechenden Archivalien zukommt, soll die damit verbundene Debatte im Folgenden kurz dargestellt werden.

In dem Kirchengesetz zur Einrichtung eines „Überprüfungsausschusses zur Aufarbeitung der Stasi-Problematik",[65] das die Synode der Evangelischen Kirche in Berlin-Brandenburg am 26. April 1992 verabschiedet hatte, war in § 11 festgelegt worden, dass die „Fragebögen nach § 2 sowie die sonstigen Ergebnisse der Ermittlungen vom Überprüfungsausschuß [...] zehn Jahre nach Abschluß der Ermittlungen aufzubewahren"[66] sind. Nach „Ablauf dieser Frist

64 Vgl. Wolfgang Krogel, Archivieren statt vernichten nach dem EKU-Archivgesetz 2000. Eckart Giebeler, alias IM „Roland" und die Unterlagen des Überprüfungsausschusses zur Stasi-Problematik als Präzedenzfall für Archive und Forschung, in: Aus evangelischen Archiven 58 (2018), S. 47–58.

65 Kirchengesetz über die Arbeit des Überprüfungsausschusses zur Aufarbeitung der Stasi-Problematik, 26. 4. 1992.

66 Ebenda, § 11.

[seien] die Unterlagen zu vernichten".[67] Statt der gesetzlich festgelegten Vernichtung der Akten wurden diese allerdings 2005 an das Evangelische Landeskirchliche Archiv in Berlin zur Aufbewahrung abgegeben. Warum die Akten nicht vernichtet, sondern an das Landeskirchliche Archiv übergeben worden sind, kann nicht eindeutig geklärt werden. Möglicherweise erkannte die Landeskirche den historischen Wert der Unterlagen für die Forschung und die Aufarbeitung der eigenen Geschichte und wollte diese zwar nicht der Öffentlichkeit zugänglich machen, scheute aber zugleich ihre endgültige Vernichtung.

Wolfgang Krogel, Leiter des Landeskirchlichen Archivs in Berlin, erklärt, dass die Rechtsgrundlage für diesen Schritt die Rechtsauffassung war, „dass die Abgabe an das zuständige Archiv als Löschungsersatz anzusehen ist. Die Abgabe geschah somit im Einklang mit dem geltenden kirchlichen Archivrecht."[68]

Zu Beginn der Forschungen über Eckart Giebeler lagen die Unterlagen des Überprüfungsausschusses noch unter Verschluss und waren weder erschlossen noch für die Öffentlichkeit nutzbar. Deshalb musste in einem ersten Schritt, nachdem die Verfasserin einen entsprechenden Antrag gestellt hatte, entschieden werden, ob die Unterlagen des Stasi-Überprüfungsausschusses der Verfasserin zu Forschungszwecken vorgelegt werden durften. Die Nutzung wurde unter Auflagen gewährt, womit allerdings nicht die Frage einer Veröffentlichung der aus den Akten gewonnenen Erkenntnisse beantwortet war. Diese allerdings waren für die Beurteilung des kirchenleitenden Handelns und auch für die Darstellung von Giebelers Rechtfertigungsstrategien als Teil des Gesamtkonzeptes der Forschungsarbeit wesentlich. Deshalb stellte die Verfasserin im Januar 2018 beim Konsistorium der EKBO den Antrag, die Giebeler betreffenden Akten aus dem Stasi-Überprüfungsausschuss auch publizieren zu dürfen. Durch diese Anfrage wurde eine archivrechtliche Problematik deutlich, in der sowohl die Interessen der Kirche und ihres Archivs, aber auch die der Forschung und Aufarbeitung in Einklang gebracht werden mussten. Der Fall Giebeler entwickelte sich zu einem Musterfall in der Archivgeschichte, denn es stellte sich heraus, dass es um eine grundsätzliche Klärung der Rechtsauffassungen über die

67 Ebenda.
68 Krogel, Archivieren statt Vernichten, S. 48.

Anbietungspflicht und Unterstellung von Verwaltungsunterlagen unter das Archivrecht ging. Entschieden werden musste, ob eine Veröffentlichung aus archivrechtlich noch gesperrten Beständen mit den geltenden Rechtsauffassungen vereinbar sei. Dazu musste eine Einigung bzw. Regelung zwischen dem Konsistorium der EKBO und dem Landeskirchlichen Archiv herbeigeführt werden.

Die Landeskirche erhob zu Beginn dieser kontroversen Debatte ernsthafte Bedenken gegen die Veröffentlichung der Forschungsergebnisse aus den Akten des Stasi-Überprüfungsausschusses und berief sich dabei auf § 11 des entsprechenden Kirchengesetzes, nach dem die Akten zehn Jahre nach Beendigung der Arbeit des Überprüfungsausschusses, somit 2005, hätten vernichtet werden sollen.

Gemäß dem Willen der Synode und somit des Gesetzgebers müssten die Akten quasi nachvernichtet werden, oder das Gesetz müsste mit einem neuen Synodenbeschluss novelliert und die Erhaltung der Akten beschlossen werden. Vonseiten des Landeskirchlichen Archivs wurde demgegenüber argumentiert, „dass die Anbietungspflicht auch für Akten gelte, die eigentlich zur Vernichtung vorgesehen seien und genau für diesen Fall in dem Archivgesetz der EKU in § 5 die Aktenbenutzung durch die anbietungspflichtige Behörde geregelt sei".[69]

Da die Klärung dieser Frage grundsätzliche Aspekte des Archivrechtes betraf, gab das Landeskirchliche Archiv ein Gutachten bei Professor Michael Scholz (FH Potsdam) in Auftrag. Da das Gutachten ohne Einsicht in die speziellen Unterlagen erarbeitet wurde, „stellt [es] somit eine rechtliche Beurteilung der Rechtslage nach allgemeinen Grundsätzen dar".[70]

Die von Scholz erarbeitete Stellungnahme befasste sich mit den zwei grundlegenden Fragen, ob die Unterlagen des Überprüfungsausschusses nach kirchlichem Recht als Archivgut in das ELAB übernommen werden durften und ob eine Einsichtnahme nach geltendem Recht der Evangelischen Kirche Berlin-Brandenburg-schlesische Oberlausitz möglich ist.

69 Ebenda, S. 52.
70 Ebenda, S. 53.

Scholz kommt in seinem Gutachten zu dem Schluss,[71] dass eine spezialgesetzliche Vorschrift, die die Archivierung ausdrücklich ausschließt und als „lex specialis" den archivgesetzlichen Bestimmungen vorgehen würde, im Überprüfungsausschussgesetz nicht enthalten sei. Daraus ergebe sich, dass die Übernahme der betreffenden Unterlagen durch das ELAB nach geltendem Recht rechtmäßig war. Für ihre Nutzung sind somit die Bestimmungen des Archivgesetzes EKU anzuwenden. Für die Notwendigkeit der Anwendung der längeren allgemeinen Schutzfrist gibt es nach Scholz keinen Anhaltspunkt. Wolfgang Krogel betont: „Als Zwischenfazit lässt sich feststellen, dass die Unterlagen des Stasi-Überprüfungsausschusses im Einklang mit dem kirchlichen Recht vom ELAB übernommen wurden. Für ihre Benutzung gelten die Bestimmungen des Archivgesetzes der EKU, insbesondere die §§ 6 bis 8 ArchG EKU. Für die Notwendigkeit der Anwendung der längeren allgemeinen Schutzfrist gibt es keinen Anhaltspunkt."[72]

Das Kollegium der EKBO folgte am 19. Juni 2018 dem Antrag des Landeskirchlichen Archivs und der rechtlichen Bewertung des Experten und fasste folgenden Beschluss: „Das Kollegium nimmt die Absicht des Landeskirchlichen Archivs zustimmend zur Kenntnis, Unterlagen des Überprüfungsausschusses zur Aufarbeitung der Stasi-Problematik nach Maßgabe des kirchlichen Archivrechts Dritten zur Benutzung zur Verfügung zu stellen."[73] Der Verfasserin wurde dieser Beschluss am 26. Juni 2018 von Martin Richter, Jurist und Oberkonsistorialrat im Konsistorium der EKBO, per E-Mail[74] mitgeteilt. Das Landeskirchliche Archiv genehmigte nach den Bestimmungen des Archivgesetzes den Benutzungsantrag der Verfasserin und hat die entsprechenden Unterlagen in die Benutzung gegeben. Somit konnten die Unterlagen des Stasi-Untersuchungsausschusses in diese Studie miteinfließen.

71 Siehe ausführliche Darstellung bei Krogel, Archivieren statt Vernichten.

72 Ebenda, S. 54.

73 EKBO Beschlussantrag der Sitzung vom 19. 6. 2018.

74 „Liebe Frau Dr. Subklew, das Kollegium hat nach nochmaliger Befassung der Nutzung der Unterlagen des Überprüfungsausschusses zur Aufarbeitung der Stasi-Problematik nach Maßgabe des kirchlichen Archivrechts zugestimmt." E-Mail von Dr. Martin Richter an die Verfasserin, 26. 6. 2018.

Unabhängig davon hat diese Kontroverse grundsätzliche Auswirkungen auf die Nutzung der entsprechenden Akten.

Für Archivleiter Wolfgang Krogel bedeutet diese Entscheidung, „dass die Archive auf der Anbietungspflicht zu vernichtender Unterlagen bestehen und diese Unterlagen bewerten und nach archivrechtlichen Vorschriften zur Nutzung bereitstellen“ sollten. Außerdem sei aus seiner Sicht ein Umweg über die vorgesetzte Dienststelle in Zukunft weder nötig noch empfehlenswert, da es dabei aufgrund von Missverständnissen zu Interessenkonflikten kommen kann, die im schlechtesten Fall nur über Verwaltungsgerichte zu klären wären. Deshalb empfiehlt Krogel seinen Kolleginnen und Kollegen in den kirchlichen Archiven, dass diese sich „in Zukunft [...] auf das Ergebnis der Beratungen des Berliner Kollegiums der EKBO berufen“.[75]

Die Nutzung und Veröffentlichung der Forschungsergebnisse aus den Akten des kirchlichen Überprüfungsausschusses haben somit nicht nur für diese Arbeit eine erhebliche Relevanz, sondern auch für zukünftige Forschungsarbeiten.

75 Krogel, Archivieren statt Vernichten.

11. Schattenspiele – ein Fazit

In der Geschichte von Eckart Giebeler und ihren biografischen Implikationen zeigen sich Aspekte jüngerer deutscher Geschichte, die zwar nicht zu verallgemeinern sind, aber dennoch sowohl biografische als auch zeitgeschichtliche Gesichtspunkte beinhalten, die eine allgemeine Relevanz beanspruchen.

Eckart Giebeler gehörte der Generation an, die den Nationalsozialismus und den verheerenden Zweiten Weltkrieg zum einen noch bewusst erlebt und auch erlitten hatte, sich zum anderen nach dem Ende des Krieges neu orientieren und mit den eigenen Irrtümern und denen der Elterngeneration auseinandersetzen musste. Die damit verbundene Infragestellung der eigenen Identität und des selbst verantworteten Verhaltens sowie die daraus resultierenden Fragen hatten keinen Platz im Nachkriegsdeutschland und prägten doch diese desillusionierte und enttäuschte Generation.

Als 19-jähriger Soldat hatte Eckart Giebeler das Grauen des Krieges und der Gefangenschaft erlebt, sein Vater war als NS-Verbrecher angeklagt worden und kehrte auch nach seiner Entlassung aus dem Internierungslager nicht zu seiner Familie zurück.

Eckart Giebeler beginnt eine theologische Ausbildung am Paulinum in Ostberlin und entscheidet sich, – nach der Gründung der beiden deutschen Staaten 1949 – in der DDR zu bleiben, und verzichtet nach Anstellung beim MdI 1953 auch – zumindest formal – auf Kontakte zu seiner Westberliner Familie und zu seinem Vater. Er identifiziert sich mit dem DDR-Sozialismus, sodass er nicht nur bereit ist, sich vom DDR-Innenministerium als evangelischer Pfarrer anstellen zu lassen, sondern auch 30 Jahre für das Ministerium für Staatssicherheit als inoffizieller Mitarbeiter über Gefangene, Kollegen und innerkirchliche Debatten zu berichteten. Seine IM-Tätigkeit findet erst durch die Friedliche Revolution 1989 und die damit verbundene Auflösung des MfS ein Ende.

Der Klappentext von Giebelers 1992 im Brockhaus Verlag veröffentlichten Autobiografie verspricht: „Ein Mann bricht sein Schweigen: Eckart Giebeler, über Jahre einziger hauptamtlicher Gefängnisseelsorger in der DDR, durfte nicht über das sprechen, was er hinter den Mauern der sozialistischen Gefängnisse hörte und sah. Doch nun darf er reden. […] Es ist der Bericht eines Mannes, der für die ihm anvertrauten Menschen viel aufgegeben hat: nicht nur den Kontakt zu nahen Verwandten im Westen, sondern auch ein Stück an persönlicher Sicherheit. Schnell hätte er sich selbst auf der anderen Seite wiederfinden können – als Gefangener. […] Doch er gab nicht auf."[1]

„Nun darf er reden", heißt es. Doch Giebeler schreibt nur über den einen Aspekt seiner Arbeit. Er hat Tausende Gefangene besucht, sie seelsorgerlich begleitet, Gottesdienste in den unterschiedlichen Gefängnissen gefeiert und das Evangelium gepredigt. Er schildert die schwierigen Situationen, in denen sein Glaube und seine Standhaftigkeit auf harte Proben gestellt wurden, und erläutert, wie er mit Gottes Hilfe diese Herausforderungen bewältigt hat. Er berichtet von dankbaren Häftlingen, für die er ein Lichtblick im belastenden Alltag der Gefängnisrealität gewesen sei. Doch darüber, worüber es auch zu reden gilt, schweigt Giebeler bzw. kreiert sein eigenes Narrativ, das ihn als unbeugsamen, mutigen Gefängnispfarrer darstellt, der den Zumutungen des MfS und des Staates zwar nicht furchtlos, aber unbeugsam als Christ und Pfarrer widerstanden habe.

So stand am Anfang der Forschungsarbeiten die Irritation darüber, wie die Widersprüche zwischen Giebelers Selbstdarstellungen und den Staats- und MfS-Akten zu bewerten seien und wie sich Selbst- und Fremdbild zueinander verhalten. Dieser Widerspruch begleitete die Arbeit an dieser Studie als zutiefst irritierendes Moment, da Giebelers Wirken und seine eigenen Reflexionen darüber höchst ambivalent sind. Zudem stellte sich heraus, dass sich nicht nur die Akten und Giebelers Autobiografie widersprachen, sondern dass sich auch in den von Giebeler zu unterschiedlichen Zeiten verfassten Texten gravierende Unterschiede in der Beurteilung derselben Sachverhalte offenbaren. Diese Selbstzeugnisse zeigen, dass Giebeler bis 1989 nicht nur den Strafvollzug in der DDR äußerst positiv bewertet, sondern auch, dass er die dahinterstehende Rechtsideologie mitgetragen hat. Giebeler brauchte für seine Arbeit zweifellos das Vertrauen der Gefängnisleitungen und der Bediensteten im Strafvollzug. Zudem hätte jede Konfrontation mit seinem Arbeitgeber das Ende seiner An-

1 Giebeler, Hinter verschlossenen Türen, Klappentext.

stellung bedeuten können. Er hatte somit keine andere Wahl, als die engen Grenzen zu akzeptieren, die der Staat der Gefängnisseelsorge gesetzt hatte. Diese Akzeptanz und die damit verbundenen Anpassungsleistungen ermöglichten es Giebeler, von 1949 bis 1989 als Gefängnisseelsorger zu arbeiten.

Unverständlich freilich bleibt, warum Giebeler seine positive Sicht auf den DDR-Strafvollzug auch vor seinen Amtsbrüdern innerhalb des geschützten Raumes des Gefängnisseelsorgerkonventes und in kirchlichen Publikationen *offen* vertritt. Dies legt die Vermutung nahe, dass nicht nur der staatliche Anpassungsdruck Ursache für Giebelers positive Darstellungen des DDR-Strafvollzuges war, sondern dass seine Äußerungen wenigstens zum Teil auch seiner eigenen Meinung entsprachen.

Nach der Friedlichen Revolution kritisiert Giebeler das politische System der DDR und die daraus resultierende Rechtsauffassung und die Haftbedingungen in den DDR-Gefängnissen rückblickend mit scharfen Worten. Die Gegensätze, die sich in den von Giebeler vor 1989 und nach 1990 verfassten Texten auftun, können nicht aufgelöst und nur teilweise mit den veränderten politischen Rahmenbedingungen erklärt werden.

Die Akten der Verwaltung Strafvollzug dokumentieren zudem, dass es Giebeler weniger darum ging, die Interessen der Kirche zu vertreten, als die seines Arbeitgebers.

Als z. B. der Kirche nach dem Staat-Kirche-Spitzengespräch vom 6. Marz 1978 verbesserte Bedingungen für die Gefängnisseelsorge von staatlicher Seite zugestanden wurden, gab Giebeler der Verwaltung Strafvollzug (VSV) Hinweise, wie mit den – aus seiner Sicht unberechtigten – Forderungen der Kirche umzugehen sei. Giebeler, der später wiederholt darüber klagen wird, dass er als einziger hauptamtlicher Seelsorger völlig überlastet gewesen sei, unterstützt nicht die kirchlichen Bemühungen, weitere nebenamtliche Seelsorger in den Gefängnissen einsetzen zu können.

Für die Bewertung von Giebelers Diensten für das MfS konnte bisher nur auf seine MfS-Personalakte und Band 15 der Berichtsakte zurückgegriffen werden. Giebeler hatte sich 1959 zur Zusammenarbeit mit dem MfS verpflichtet, der einzige erhaltene MfS-Berichtsband dokumentiert Giebelers Treffen mit seinem Führungsoffizier ab Juni 1989. Für den Zeitraum Mai 1959 bis Mai 1989 lagen somit keine Berichte von Giebeler an das MfS vor. Aufgrund der Ablagelogik des MfS, nach der sich die Berichte nicht nur in der eigentlichen Berichtsakte befinden, sondern Kopien in anderen „Operativen Vorgängen" und „Operativen Personenkontrollen" abgelegt wurden, konnten auch für den beschriebenen Zeitraum MfS-Berichte von Giebeler nachgewiesen werden. Mithilfe dieser Dokumente – die einzigen, die die vorhandene Berichtsakte ergänzen – war somit eine Rekonstruktion von Giebelers MfS-Tätigkeit über einen Zeitraum von 30 Jahren möglich. Anhand dieser Akten konnte nachgewiesen werden, dass Eckart Giebeler von Mai 1959 bis zum November 1989 dem MfS regelmäßig und umfangreich über kirchliche Interna, kirchliche Mitarbeiterinnen und Mitarbeiter sowie über seine Arbeit im Strafvollzug und über Gefangene berichtet hat. Sowohl die Akten als auch Giebelers bis 1989 selbst verfasste Texte legen den Schluss nahe, dass Giebeler sich weniger als ein Mann der Kirche verstanden hat, sondern eher auf der Seite des Staates und dessen Vollzugsorganen stand.

Die vom Staat geforderten Anpassungsleistungen rechtfertigen jedoch in keiner Weise Giebelers umfangreiche Berichte an die Verwaltung Strafvollzug und das Ministerium für Staatssicherheit, in denen er nicht nur Informationen über innerkirchliche Angelegenheiten und Pfarrerinnen und Pfarrer, sondern auch über Gefangene weitergibt. Die Rechtfertigungsmuster von Vater Erich Giebeler und Sohn Eckart nach den politischen Systemwechseln 1945 und 1990 zeichnen sich durch große Ähnlichkeiten im Umgang mit der eigenen Vergangenheit aus. Beide verweigern die Übernahme von Verantwortung für ihr Tun und versuchen mit mehr oder weniger plausiblen Begründungen, ihre Rollen in den jeweiligen Systemen anders darzustellen, als es die Quellenlage und die Beurteilung nach zeitgeschichtlichen Kriterien nahelegen.

Zudem wurde deutlich, dass Eckart Giebeler nicht nur seine DDR-Biografie geschönt, sondern ebenso versucht hat, sich als ein Mensch darzustellen, der bereits in der NS-Zeit widerständig und unangepasst war. So behauptet er u. a., sich mithilfe eines Attests einer kommunistischen Ärztin dem Dienst in der Wehrmacht entzogen zu haben, und begründet mit dieser – von ihm so erinnerten frühen – mutigen und klaren Haltung sein – von ihm so dargestelltes – widerständiges Verhalten in der DDR. Diese die Wirklichkeit ausblendende Wahrnehmung ist ein Kennzeichen von Giebelers Selbstzeugnissen und betrifft sowohl die Zeit bis 1989 als auch die nachfolgenden Jahre.

Im Zuge der Forschungsarbeiten über die Person Eckart Giebeler kristallisierte sich als ein weiterer Schwerpunkt der Untersuchung das kirchenleitende Handeln in Bezug auf Pfarrer Eckart Giebeler heraus.

Bereits als Giebelers Vikarsmentor, Werner Marienfeld, das Gefängnis in Brandenburg 1950 aufgrund von staatlicher Intervention wenige Monate nach Giebelers Dienstbeginn nicht mehr betreten darf, hätte die Kirche Giebeler als Vikar auf eine andere Stelle berufen müssen. Das unklare kirchenleitende Handeln zeigt sich auch 1953 bei seiner Anstellung als hauptamtlicher Gefängnisseelsorger bei der Volkspolizei. Zum einen unterstützt Heinrich Grüber Giebelers Anstellung, Kurt Scharf aber lehnt eine entsprechende Berufung ab. Die Kirche geht einerseits davon aus, dass der staatliche Arbeitgeber alle Ausgaben für Giebelers Arbeit zu tragen habe, stellt Giebeler aber zugleich Dienstwagen, Tonbandgeräte usw. zur Verfügung.

Nachdem Giebelers MfS-Kontakte 1992 öffentlich geworden waren, wird die Frage nach dem Verhältnis der Kirche zu Giebeler erneut relevant. Kirchenrechtlich wird seine Zeit als beim Staat angestellter Seelsorger als nicht im kirchlichen Dienst stehend betrachtet. Zuvor allerdings hatte Giebeler die Stasi-Überprüfung durch das Brandenburger Justizministerium mit Unterstützung der Landeskirche, die Giebeler als einen ihrer Pfarrer bezeichnete, verweigert. Die Kirche spricht dem Brandenburger Justizministerium 1991 das Recht ab, Giebeler zu überprüfen, da er als Pfarrer dem Ordinationsgelübde unterstehe. 1994 wird die Landeskirche erklären, auch der kirchliche Stasi-Überprüfungsausschuss sei für Giebeler nicht zuständig, da er in der fraglichen Zeit von 1959 bis 1989 nicht im kirchlichen Dienst gestanden habe. Deshalb sei der kirchliche ÜA nicht für Giebeler zuständig, und dessen Verstöße gegen das Gebot der Amtsverschwiegenheit und das Seelsorgegeheimnis bleiben für ihn ohne kirchenrechtliche Konsequenzen.

Politische Systemwechsel und geschichtliche Brüche sowie folgende Transformationsgesellschaften sind im Allgemeinen davon geprägt, dass bis dahin Geltendes sich neuen – oftmals kritischen – Bewertungen unterziehen muss. Das eigene Leben, Werte und Ansichten, die Kriterien, die zur Unterscheidung von richtig und falsch galten und notwendig für die selbstverständliche Bewältigung des Alltages waren, werden nun aus einer neuen, veränderten Perspektive wahrgenommen. Für jeden Menschen stellt sich in einer solchen Situation der Neuorientierung die Frage, in welchem Maße das eigene, vergangene Leben von den Zumutungen des Systems geprägt war, in welcher Weise Kompromisse verantwortet und Anpassungen gelebt wurden und auch, welche Verletzungen ihre Spuren in der Biografie hinterlassen haben. Dieser oft schmerzhafte Prozess einer neuen Aneignung der eigenen Biografie, mit dem Gelungenen und dem Unfertigen, mit dem Richtigen und den Brüchen, mit den ungelebten Träumen und den zerbrochenen Hoffnungen, braucht ebenso viel Mut wie einen gesamtgesellschaftlichen Rahmen, in dem dies möglich ist.

Eckart Giebeler stellte sich nach 1990 nicht seinen Schatten, sondern schrieb die eigene Biografie um. Die Chance, die sich ihm mit dem Ende der DDR und den damit verbundenen Befreiungen aus schuldhaften Bindungen und Verpflichtungen bot, hat er nicht wahrgenommen, sondern sein öffentlich publiziertes biografisches Narrativ dem der neuen Zeit angepasst und damit weiter als Schattenspieler agiert, der versucht, seine Schattenbilder an die Wände der Erinnerungskultur zu projizieren. Er hätte auch den anderen Weg wählen können, indem er die Schattenwege mit dem Licht der Wahrheit erhellt hätte. Dann wären die besonderen, hoch komplizierten Bedingungen, unter denen er seine Tätigkeit als hauptamtlicher Gefängnisseelsorger in der DDR ausüben musste, zwar immer noch kein hinreichender Rechtfertigungsgrund für seine Stasi-Mitarbeit und die Berichte an das MdI gewesen, aber zumindest hätte Verständnis dafür entstehen können, in welcher Einsamkeit er seinen Dienst verübt hat und unter welchen permanenten Gefährdungen er seine Rolle finden und definieren musste. Dafür allerdings hätte er zunächst bereit sein müssen, die eigenen Verstrickungen als solche zu erkennen und zu benennen. Das Bekenntnis der eigenen Schuld gehört zu den fundamentalen Inhalten des christlichen Glaubens, und ohne dieses Bekenntnis kann nicht von der vergebenden Liebe Gottes gesprochen werden. Giebelers Buch „Hinter verschlossenen Türen" endet mit dem Satz: „Als Seelsorger an den Opfern eines verbrecherischen Regimes möchte ich jedoch für alle inzwischen einsichtig gewordenen Menschenrechtsverletzer in der ehemaligen DDR ein Gebetswort Jesu am Kreuz abgewandelt nachsprechen: ,Vater, vergib ihnen, denn sie wußten nicht, was sie taten.'"[2] Seine eigene Einsicht in seine schuldhaften Verstrickungen bleibt allerdings begrenzt.

Doch es gibt auch eine Verantwortung der Gesellschaft und besonders auch der Kirche, Räume zu schaffen und bereitzustellen, in denen Schuld bekannt, Verletzungen und Trauer benannt, Zuhören geübt und im besten Fall Vergebung ermöglicht werden kann. Diese Räume und die Möglichkeit, sich im Schutz des seelsorgerlichen Beichtgeheimnisses mit den eigenen Irrtümern auseinanderzusetzen, hat es – im begrenzten Maße – auch nach dem Ende der DDR im vereinigten Deutschland gegeben.

Die christliche Gemeinde ist ein Ort, an dem sich Menschen versammeln, an dem die Freiheit von den Verstrickungen in den Kreislauf von Schuld und Schuldzuweisung erfahren werden kann. Inwieweit Eckart Giebeler diesen Raum genutzt hat, ist nicht bekannt. Allerdings blieb er – wie die Gefangenen im platonischen Höhlengleichnis – in tragischer Weise auf die von ihm selbst kreierten Schattenbilder und deren Schattenspiele in seinen öffentlichen Äußerungen fixiert. Inwieweit er die von ihm an die Wand geworfenen Schattenbilder für die Realität gehalten hat, hätte nur Eckart Giebeler, der am 2. März 2006 verstorben ist, selbst beantworten können.

2 Ebenda, S. 173.

12. Anhang

12.1 Relevante Daten im Berufsleben von Eckart Giebeler

	Ev. Kirche / Diakonie	Jahr	VSV, MdI, MfS	
	Giebeler Vikar bei Pfarrer Marienfeld im Gefängnis Brandenburg	1949		
	Nach Ausscheiden von Marienfeld allein verantwortlich für die ev. Seelsorge im Gefängnis Brandenburg	1950		
Übernahme von Sachkosten für Giebelers Arbeit durch die Landeskirche	Kirche lehnt eine kirchliche Berufung auf die Stelle ab, Ordination vermutlich in Briest	1953	Angestellter der Deutschen Volkspolizei	
		1959	Verpflichtung IM „Roland" Zusammenarbeit mit dem MfS bis November 1989	Zusammenarbeit mit MfS IM „Roland"
	1979 Öffentlich geäußerter Verdacht, Giebeler arbeitet mit dem MfS zusammen			
	Kirche stellt sich hinter Giebeler	1979	für den Staat sind die Vorwürfe gegen Pfarrer Giebeler „innerkirchlich" zu klären	
	1989 / 1990 Friedliche Revolution in der DDR			
		1990	Übernahme in den Dienst des Brandenburger Justizministeriums (MdJ)	

	Kirche unterstützt Giebelers Ablehnung einer Überprüfung durch den BStU	1991	Giebeler verweigert gegenüber MdJ Überprüfung durch BStU
	1992 Giebeler veröffentlicht seine Erinnerungen „Hinter verschlossenen Türen“ Film von Beckmann / Kusch: „Zu verkündigen den Gefangenen die Freiheit“		
	– Protest der Kirche gegen Aufhebungsvertrag – Anerkennung Giebelers Anstellung beim MdI / VSV als ruhegehaltsfähige Dienstzeit und Übernahme in die Besoldung der Ruhegehaltskasse Darmstadt – Befassung des Stasi-Überprüfungsausschusses der Landeskirche mit Giebeler – ÜA beantragt beim BStU Überprüfung von Pfarrer Giebeler	1992	Aufhebungsvertrag mit MdJ
	Weitere innerkirchliche Hinweise auf MfS-Tätigkeit	1993	
		1994	
	ÜA empfiehlt ein Disziplinarverfahren, wenn Giebeler rechtlich im kirchlichen Dienst gestanden hätte	1995	

12.2 Übersichten

12.2.1 Berichte von Giebeler an die Verwaltung Strafvollzug (VSV) über Gefängnisseelsorge – Konvente[1]

Datum	Adressat
Konvent 6. 11. 1975[2]	Ministerium des Innern Verwaltung Strafvollzug
„Pfr. U. legte eine in der Magdeburger Einrichtung vorgetragene Predigt vor. […] Wenn er seine Predigten im SV immer so hält, kann man einschätzen, daß die Tätigkeit an den evgl. Kirchgängern in der StVE Magdeburg einen gewissen **erzieherischen** Wert besitzt. […] Die nächste Tagung der sieben nebenamtlichen evangelischen Geistlichen im SV findet am 22. 4. 1976 statt. Ich werde Ihnen darüber berichten.“	
Konvent 22. 4. 1976[3]	Ministerium des Innern, Verwaltung Strafvollzug, Genossen Major[4] Karger
„Für die VSV mag folgendes von Interesse sein. Der Generalsuperintendent des Sprengels Cottbus, Dr. Forck,[5] ist daran interessiert, Pfr. M. in seiner Tätigkeit in der StVE zu entlasten. Er will über den Bund Evangelischer Kirchen an das Staatssekretariat für Kirchenfragen mit der Bitte um seine Zulassung für die Durchführung von Gottesdiensten in der StVE wenden. […] Aus der StVE-Görlitz wurde Anfang April 1976 eine Strafgefangene entlassen – die ehe sie die Heimreise antrat […] zu einem Pfarrer am Ort ging. Sie wollte ihn davon in Kenntnis setzen, daß die religiöse Betätigung in der StVE durch Verhaltensweisen von SV Angehörigen behindert würde. Wer am Gottesdienst teilnehmen möchte, müsse intensive	

1 Hervorhebungen Verf., kursiv Umschreibungen des Inhaltes.

2 Giebeler, Schreiben, MdI, VSV, 22. 11. 1975, BArch DO 1 / 3581.

3 Giebeler, Schreiben an MdI, VSV, Karger, 29. 4. 1976, BArch DO 1 / 3581.

4 Giebeler, an „Major“ Karger, Karger selbst unterzeichnet mit Oberstleutnant. Offenbar weiß Giebeler nicht genau, welchen Dienstgrad Karger hat, denn andere Schreiben sind an Oberstleutnant Karger adressiert.

5 Forck, Gottfried (1923–1996), Theologe, von 1981 bis 1991 Bischof der EKiBB.

Befragungen über sich ergehen lassen. [...] Die Kirche müsse in dieser Angelegenheit intervenieren, um in Zukunft Behinderungen zu verhindern." *Handschriftlich durch Karger ergänzt*: „Wahrscheinlich gewissenhafte Pflichterfüllung".	
Konvent 23. 10. 1976[6]	Ministerium des Innern, Verwaltung Strafvollzug, Genossen Oberstltn. Kolb
„Zu Beginn trug Pfr. F., Hoheneck, eine Predigt vor, die er in der StVE gehalten hat. Mir haben seine Ausführungen an verschiedenen Stellen nicht gefallen, so daß ich ihn kritisieren mußte. Pfr. F. nimmt Hinweise und Lehren an. **Er braucht nicht zu wissen, daß ich der VSV Einzelheiten über seine Äußerungen berichte**. Es ist richtig, daß Pfr. F. die Aussprache mit Strafgefangenen nicht gestattet wird. Er ist für eine derartige Entfaltung von seiner Person ungeeignet. Außerdem – und das ist das Hauptargument für die Richtigkeit dieser Einschätzung: F. reist auf Grund seiner Kriegsinvalidität in die BRD. [...] Andererseits ist gerade weiblichen Strafgefangenen, die religiöse Betätigung wünschen, durch das Gespräch mit einem Geistlichen oft geholfen. **Eine solche Aussprache hebt – wenn sie richtig geführt wird – den Lebensoptimismus und die Arbeitsmoral.** Dazu folgender Vorschlag: Ich nehme Pfr. F. im Jahr 2 bis 3 Gottesdienste in der StVE Hoheneck ab und gebe jeweils im Anschluss den Strafgefangenen Gelegenheit zu einer seelsorgerlichen Aussprache. Diese Regelung hätte auch den Vorteil, daß bei Ausscheiden von Pfr. F. **zunächst kein neuer Geistlicher für diese komplizierte Einrichtung zugelassen werden muss.** [...] Ich möchte gern gelegentlich mit den Leitern der StVE-Magdeburg und Naumburg sprechen. Es geht um die Frage, ob Pfr. U. seine Sache wirklich ‚gut' macht und ob Pfr. G. bei dem hohen Alter und seiner Senilität im SV noch tragbar ist. [...]	

6 Giebeler, Schreiben an MdI, VSV, Kolb, 16. 11. 1976, BArch DO 1/3581.

Da ich kritische Äußerungen von Tagungsteilnehmern widerlegen konnte, glaube ich, daß die anwesend gewesenen Vertreter der leitenden Kirchengremien (Schneider und Grengel) einen guten Eindruck vom Stand der Religionsausübung in unseren Einrichtungen auf Grundlage der bestehenden Gesetze gewonnen haben. Ich habe der VSV jedes Mal über den Verlauf dieser Tagungen berichtet.“	
Konvent 19.4.1978[7]	Ministerium des Innern, Verwaltung Strafvollzug, Gen. Oberstltn. Karger
„In der sich anschließenden Aussprache stellte der Unterzeichnete fest, daß in vielen Strafvollzugseinrichtungen wenig oder gar kein Interesse an religiöser Betätigung bestünde. Man könne den Eindruck gewinnen, daß es **vor allem die Kirche sei, die ständig drauf dränge, in den StVE durch die Tätigkeit von Geistlichen Einfluß zu gewinnen. Es sei z. B. völlig unsinnig, für jede StVE in der DDR einen Geistlichen benennen zu wollen.** […] Es müßten dann dreißig bis vierzig Geistliche vom MdI bestätigt werden. Der Unterzeichnete beanstandete die Mitteilung in der kirchlichen Presse zum Thema Strafanstaltsseelsorge im Zusammenhang mit dem Gespräch vom 6. März. Die Formulierung sei irreführend gewesen. […] Pfr. M. berichtete, daß er jetzt einmal in der Woche in der StVE Sprechstunden durchführen dürfe. […] Der Unterzeichnete gewann den Eindruck, **daß die Strafgefangenen dem Geistlichen zu viel erzählen, was mit Kirche und Religionsausübung nichts zu tun hat.**“ Außerdem berichtet Pfr. M. über das Gehörte seinem Generalsuperintendenten Dr. Forck „[…] Ich werde am 2. Mai 1978 mit dem Sekretär des Bundes, Stolpe, sprechen und – entsprechend dem Wunsch des Genossen Dr. Kolb die Vorstellungen über die künftige Regelung der Religionsausübung als meine Gedanken vorbringen.“	

7 Giebeler, Schreiben an MdI, 25.4.1978, VSV, Karger, BArch DO 1/3581.

Konvent 31. 1. 1979[8]	(ohne Briefkopf, unterschrieben Giebeler)

„[…] Mit Nachdruck habe ich darauf hingewiesen, daß es den Geistlichen nicht gestattet ist, Mitteilungen, schriftliche Unterlagen, Gegenstände, Lebens- und Genußmittel an SG auszuhändigen oder von SG entgegenzunehmen. Die Tatsache, daß die Aussprachen überwacht werden, habe ich erwähnt, jedoch nicht besonders betont, weil ich den Eindruck hatte, daß man das als selbstverständlich ansah.
[…] Meinen Ausführungen schloß sich eine lange Aussprache an. Die **Anwesenden waren dabei ruhig und diszipliniert.** […]
Pf. M. und Pfr. S. suchen die StVE-en gemeinsam auf.
Ich halte das Aufgebot von zwei Geistlichen für die Durchführung von Gottesdiensten für 4, bzw. 12 SG in Schwarze Pumpe und Rüdersdorf für zu groß. Wenn man sie erzählen hört, kommt man zu der Schlußfolgerung, **daß man ihren Elan überhaupt etwas dämpfen muss.**
Pfr. M. kritisiert, daß ‚man' ihm nicht sagt, weshalb die SG einsitzen. Sein Generalsuperintendent Dr. Forck habe ihn bereits gefragt, wie hoch der Prozentsatz der ‚politischen Gefangenen' sei. Er habe ihm nicht antworten können. Dieser Forck hatte sich früher bei M. schon immer wegen der StVE Cottbus erkundigt. […]
[…] Abgesehen davon, daß man Pfarrer M. vielleicht etwas bremsen muß, machen die zugelassenen Geistlichen alle einen ausgeglichenen Eindruck. **Sie sind auch belehrbar.**[9]
In der StVE-Untermaßfeld gibt es seit über 10 Jahren keinen SG, der religiöse Betätigung wünscht. Dr. H. erscheint das unglaubwürdig. Er möchte seinen Bischof bitten, sich dort einmal einzuschalten. **Er will ihm nahelegen, sich als Bischof einmal für die Durchführung eines Gottesdienstes anzumelden. Ich habe ihm abgeraten.**
Ich finde es gut, daß diese Zusammenkünfte stattfinden. Man erhält dabei einen Ein- und Überblick in die Tätigkeit von ev. Geistlichen im SV, die sicherlich für die Staatsorgane auch von Interesse ist [sic!].“

8 Giebeler, Schreiben, 4. 2. 1979, BArch DO 1 / 3581.
9 Siehe dazu auch Bericht über Konvent vom 17. 10. 1979.

<table>
<tr><td>Konvent
17. 10. 1979[10]</td><td>ohne Briefkopf, unterschrieben Giebeler</td></tr>
<tr><td colspan="2">„Die Pfarrer der Landeskirche Sachsen sind, wie erwartet, schwierig. Das muß besonders im Hinblick auf die StVE'en Bautzen I und Waldheim, wo immer eine größere Anzahl Strafgefangener zum Gottesdienst ging und das individuelle Gespräch suchte, beachtet werden. […]
In der StVE Bitterfeld hat R. einen Strafgefangenen seelsorgerlich besucht, auf den ihn Angehörige aufmerksam machten. Dabei hat der Geistliche im Beisein und mit Einverständnis eines SV-Angehörigen Lebensmittel überreicht. […]
Pfarrer Schneider vom Diakonischen Werk erinnerte daran, daß alle Aussagen, die die Geistlichen bei der Tagung gemacht haben, ausschließlich Informationen für den Kreis und nicht für Außenstehende seien.“</td></tr>
<tr><td>Konvent
22. 10. 1980[11]</td><td>Gespräch am 16. 12. 1980 mit Major Serfas</td></tr>
<tr><td colspan="2">„Pfr. A. erhält mit der Post zugestellte Briefe von SG, die offenbar die Einrichtung illegal verlassen. Es zeigt sich, daß überhaupt viele Briefe von SG in verschiedenen Einrichtungen ungenügend zensiert werden. […]
In Bernsdorf gibt der Pfarrer den SG die Hand und spricht sie mit Herr an. Der Pfarrer von Bützow nennt sie mit Vor- und Nachnamen. […]
Der StEB Hptm. St. in Bautzen I läßt die SG in den Verwahrräumen die sonntäglichen Rundfunk Morgenfeiern hören. Früher wurde das Radio ausgestellt, ehe die Andacht im Rundfunk begann. Die Zahl der SG ist (dadurch?) im Gottesdienst stark angewachsen.“</td></tr>
<tr><td>Konvent
7. 5. 1981[12]</td><td>Ministerium des Innern, Verwaltung Strafvollzug, Genossen Major Serfas</td></tr>
<tr><td colspan="2">„Der Unterzeichnete hat sich bemüht die anwesenden Geistlichen in das Fahrwasser zu bekommen, in welchem sie schwimmen müssen – auf der Grundlage der in Sachen Religionsausübung bestehenden Gesetze und Weisungen. Er stieß meistens auf Verständnis. Und doch muß man aufpassen, daß keiner den Rahmen überschreitet.“</td></tr>
</table>

10 Giebeler, Schreiben ohne Datum, BArch DO 1 / 3581.

11 Gespräch Giebeler mit Serfas, 16. 12. 1980, BArch DO 1 / 3581.

12 Giebeler, Schreiben an Serfas, MdI, VSV, 12. 5. 1981, BArch DO 1 / 3581.

Konvent 10.1981[13]	Verwaltung Strafvollzug, Vermerk über ein Gespräch mit Pfarrer Giebeler
„Herr Pfarrer Giebeler informierte darüber, daß **seitens der Bischöfe offensichtlich kein Interesse vorhanden sei, Weihnachtsgottesdienst in StVE** durchzuführen."	
Konvent 20.10.1982[14]	Verwaltung Strafvollzug, Oberstltn. Serfas
„Die Kritik einiger Geistlicher zu meinen Ausführungen zeigte, wie wenig sich bisher mit der Strafpolitik unseres Staates beschäftigt haben." *Bei diesem Konvent hielt Giebeler nach Diakonie-Archiv-Akten einen Vortrag zum Thema „Strafvollzug aus psychologischer Sicht". Dieser Vortrag ist eine Abschrift aus dem Buch „Strafe – wozu?"[15] von Buchholz und Dähn.[16]*	

12.2.2 Schreiben von Eckart Giebeler an VSV

Datum	**Adressat**
2.1.1976[17]	Arbeitserziehungskommando, Dienststellenleiter, Halle
„[...] Im Anschluss an den Weihnachtsgottesdienst am 28.12.1975 meldeten sich die Strafgefangenen XX. und YY. mit der Bitte den Anstaltsgeistlichen sprechen zu dürfen. Die Genossin, die die Zuführung der Strafgefangenen zum Gottesdienst übernommen hatte, schaltete sich sofort ein, sie müsse dabei sein. [...] Nun sprach mich diese Strafgefangene nach dem Weihnachtsgottesdienst an, weil sie im Januar zum Termin müsse. Man wolle sie ‚überreden' eine Verzichtserklärung abzugeben. Sie wolle von mir einen Rat, wie sie sich als Christin in dieser Sache verhalten solle.	

13 Serfas, Vermerk über ein Gespräch mit Pfarrer Giebeler, 18.11.1981, BArch DO 1/3581.

14 Giebeler, Schreiben an Serfas, MdI, VSV, 1.11.1982, BArch DO 1/3581.

15 Buchholz/Dähn, Strafe – wozu?

16 Vgl. Kapitel 7.

17 Giebeler Bericht über ein Vorkommnis im Zusammenhang mit der Religionsausübung, Arbeitserziehungskommando, 2.1.1976, BArch DO 1/3581.

Ich hätte der Strafgefangenen im Sinne der Staatsorgane, im Interesse des Kindes geraten, das Kind freiwillig abzutreten. Dabei hätte ich mich auf meine Sachkenntnis stützen können. [...] Die Genossin mischte sich jedoch, ohne die Vorgeschichte zu kennen, sofort in das Gespräch ein. [...] Es ist nicht üblich, daß das Gespräch des hauptamtlichen Anstaltsgeistlichen mit Strafgefangenen überwacht wird. Nebenamtliche, von der Kirche besoldete Geistliche werden bei ihrer Tätigkeit in Einrichtungen des SV überwacht. [...] Mit sozialistischem Gruß"	
24. 6. 1976[18]	Ministerium des Innern, Verwaltung Strafvollzug, Genossen Major Karger[19]
Betr. Katholische Religionsausübung in Berlin „[...] Es ist gar nicht so einfach, Ihnen jetzt noch Informationen zu dem katholischen Pfarrer A. zu geben, da ich den diesbezüglichen Merkzettel bereits nach meinem letzten Vortrag bei Ihnen vernichtet habe. Auf die Tatsachen, daß A. in der STVE Berlin tätig war wurde ich durch die Genossin OLtn. Vierjahn in der StV-Abteilung aufmerksam, da er auch dort ohne offizielle Zulassung tätig geworden ist. Durch Zufall [...] stieß ich auf einen jungen Berliner Bürger, der A. gut kannte. Dieser Bürger berichtete – weil ich ihn in dieser Richtung fragte – daß A. bei einer Jugendveranstaltung in Berlin von seiner neuen Tätigkeit beim SV erzählt habe. Die VSV habe ich sofort nach Bekanntwerden der Sache informiert. Mit sozialistischem Gruß Giebeler" *Nicht nur gegenüber der VSV äußert Giebeler seine Bedenken. Am 25. Mai 1976 schreibt Giebeler in der Personalie A. an Frau Dr. Schumann-Fitzner, Abteilungsleiterin beim Staatssekretariat für Kirchenfragen, und begründet seine Bedenken gegenüber Pfarrer A. Er befürchtet, „daß von diesem Mann im Strafvollzug unerwünschte Aktivitäten ausgehen. Die ‚missionarischen Ambitionen' dieses Pfarrers sind bekannt."*	

18 Eine Kopie dieses Schreibens findet sich auch in den MfS-Akten „Motor", BStU, MfS, Potsdam, Reg. Nr. IV / 1262 / 76 „Motor", ohne Paginierung.

19 Giebeler, Schreiben, MdI, VSV, Karger, 24. 6. 1976, BArch DO 1 / 3581.

Außerdem habe A. „bereits jetzt Verbindung zu einer ausländischen Vertretung (BRD) aufgenommen, um auf seine Tätigkeit im SV aufmerksam zu machen“.[20] *Das Staatssekretariat für Kirchenfragen gibt dieses Schreiben an das MdI weiter. Oberstleutnant Kolb notiert handschriftlich, dass das „vorliegende Schreiben ist nicht abgestimmt und deshalb nur als private Meinung von Herrn Giebeler zu werten“ sei.*[21]	
6. 12. 1976[22]	Ministerium des Innern, Verwaltung Strafvollzug, Genossen Oberstltn. Kolb
Bericht über einen Besuch von Bischof Schönherr bei Giebeler: „ Bischof D. Schönherr brachte ein Schreiben in englischer Sprache von AMNESTIE INTERNATIONAL mit, das ihm anläßlich eines Amerika-Aufenthaltes [...] überreicht worden sei. Er gab mir das Schreiben zu lesen, nahm es jedoch gleich wieder an sich. Es handelt sich dabei um den SG Werner Sch.[23] [...] Der SG hat angeblich ein Augenleiden und wird nach Ansicht von Amnestie International medizinisch unzureichend versorgt. Er erhält nicht die richtigen Brillengläser und ist daher nicht in der Lage seine Arbeitsnorm zu erfüllen. Dieses hat Folgeerscheinungen, unter denen er leidet. [...] **Ich habe dem Bischof gesagt, daß er dem Inhalt des Briefes keinen Glauben schenken soll.**[24] Mit sozialistischem Gruß Giebeler“	

20 Giebeler, Schreiben an Staatssekretariat für Kirchenfragen, 25. 5. 1976, BArch DO 4 / 1606, Bl. 240.

21 Kolb handschriftlich, 21. 6. 1976, BArch DO 4 / 1606, Bl. 239.

22 Giebeler, Schreiben, MdI, VSV, Kolb, 6. 12. 1976, BArch DO 1 / 3581.

23 Der Fall Sch. wird auch erwähnt bei: Anja Mihr, Amnesty International in der DDR. Der Einsatz für die Menschenrechte im Visier der Stasi, Berlin 2002, S. 144: „Es handelte sich um den von AI vielfach erwähnten Fall des inhaftierten Chirurgen Werner Schälicke Dieser war ein ehemaliges SED-Mitglied und aktiver Menschrechtsaktivist, der viele Monate in Isolationshaft verbringen musste. Schälicke war 1974 zu sechs Jahren Haft verurteilt worden, weil er unter anderem den damaligen Generalsekretär der UNO, Kurt Waldheim, in einem Brief dazu aufgefordert hatte, die DDR zur Einhaltung der Menschenrechte zu zwingen.“

24 Giebeler hat darüber auch mit Major Czech, Mitarbeiter SV Brandenburg, geredet. Czech als IM „Weekend“ hat dieses Gespräch dem MfS weitergemeldet und darüber eine Notiz angefertigt. „Außerdem habe Schönherr vorgetragen, daß er in den USA von Amnesty International angelaufen worden sei und daß ihm ein Brief übergeben worden sei.“ Giebeler will ihm geraten haben, den Brief offiziell an die Einrichtung in Leipzig zu übersenden. MfS, BV Potsdam, Abt. VII, Abschrift IM „Weekend, 13. 12. 1976“, BStU, MfS, Ast Potsdam, BVfS Potsdam, vorl. Archiv 26 / 89, IV / 877 / 70, Bl. 90.

<table>
<tr><td>23. 11. 1977[25]</td><td>Verwaltung Strafvollzug, Genossen Major Karger</td></tr>
<tr><td colspan="2">„Interessant ist schon folgendes: Der Bischof von Meißen hat seinen Dekanatspfarrern berichtet, die katholische Kirche habe den Versuch unternommen, die Bestätigung eines Geistlichen für eine kleinere StVE zu erwirken. Wenn dieser Versuch gelinge, wäre ein Exempel statuiert und könne man auch für andere StVE um solche Bestätigungen nachsuchen. Ähnliches gilt sicherlich auch für die evangelische Seite. Wenn ein Pfarrer für die StVE-Schwarze Pumpe bestätigt wird, werden weitere Anträge folgen. Schlußfolgerung: **Man muss sich genau überlegen, ob und wo Neubestätigungen erfolgen und weniger vom Wunsch der Kirchen als von dem tatsächlichen Bedürfnis in einzelnen Einrichtungen ausgehen.**
[...]
Der katholische Pfarrer, der für das StVE-Hoheneck bestätigt wurde, hat tatsächlich die Anschriften von SG vom Amtskollegen erhalten. Ich sprach neulich bereits die Vermutung aus.
Mit sozialistischem Gruß Giebeler“</td></tr>
<tr><td>15. 12. 1977[26]</td><td>Ministerium des Innern, Verwaltung Strafvollzug, Genosse Oberstltn. Karger</td></tr>
<tr><td colspan="2">„Ich versuche wegen des SG Theologen den § 34 SVG voll auszuschöpfen, weil dieser SG seinem Bischof genau berichten wird (Dr. Radke, Schwerin), wie weit in der StVE rel. Betätigungsmöglichkeit gegeben ist. **Ich halte das für ein Politikum.“**
Mit sozialistischem Gruß“</td></tr>
<tr><td>6. 3. 1978[27]</td><td>Ministerium des Innern, Verwaltung Strafvollzug</td></tr>
<tr><td colspan="2">„Wenn die Kirche zur Zeit Anträge auf Neuzulassung von Geistlichen für Einrichtungen des Strafvollzuges gestellt haben, in denen sie bisher keine Aktivitäten entfalten konnten, hat das seinen Grund in dem bei kirchlichen Amtsträgern weit verbreiteten Irrtum, den Religionsparagraphen im neuen SVG habe es im alten SVWG[28] nicht gegeben. Darüber hinaus ist man der Meinung, es befände sich eine größere Anzahl Strafgefangener in diesen Einrichtungen, denen die religiöse Betätigung ein Bedürfnis ist.</td></tr>
</table>

25 Giebeler, Schreiben an MdI, VSV, Karger, 23. 11. 1977, BArch DO 1 / 3581.

26 Giebeler, Schreiben an MdI, VSV, Karger, 15. 12. 1977, BArch DO 1 / 3581.

27 Giebeler, Schreiben an MdI, VSV, 6. 3. 1978, BArch DO 1 / 3581.

28 Strafvollzugs- und Wiedereingliederungsgesetz.

<table>
<tr><td colspan="2">Meines Erachtens kann es höchstens darum gehen, daß für diese Einrichtungen Pfarrer genannt werden, an die sich die Leiter der Einrichtungen wenden, wenn Strafgefangene einen Geistlichen zu sprechen wünschen. [...] Eine grundsätzliche Änderung des beschrittenen Weges bei der Realisierung des in § 34,2, SWG[29] verankerten Rechtes auf religiöse Betätigung von Strafgefangen erscheint mir nicht notwendig zu sein.[30]
Mit sozialistischem Gruß Giebeler“</td></tr>
<tr><td>19. 4. 1978[31]</td><td>Ministerium des Innern, Verwaltung Strafvollzug, Genosse Oberst Dr. Kolb</td></tr>
<tr><td colspan="2">„Anliegende Briefe läßt Bischof D. Schönherr mir mit der Bemerkung überreichen, daß er sie ‚schnell‘ zurückerhalten möchte. Ich schrieb sie deshalb für sie ab. Es war einen Zettel des Bischofs hinzugefügt, auf dem – mit der Hand geschrieben – folgende Sätze zu lesen waren: Beiliegende Briefe, die ich ziemlich alarmierend finde, möchte ich Ihnen zur Einsicht übergeben. Was läßt sich da machen? [...] Herzlich Ihr
Schönherr.“</td></tr>
<tr><td>3. 5. 1978[32]</td><td>Ministerium des Innern, Verwaltung Strafvollzug, Genosse Oberstltn. Karger</td></tr>
<tr><td colspan="2">„Gespräch mit dem Sekretär des Bundes der ev. Kirchen, Manfred Stolpe: In der Anlage übersende ich Ihnen das Protokoll meiner Aussprache mit dem Sekretär des Bundes Evangelischer Kirchen in der DDR, Herrn Manfred Stolpe.[33] Wenn er von seinen Vorstellungen nicht abgeht, beabsichtigt er [...] in Sachen Strafanstaltsseelsorge beim Staatssekretariat für Kirchenfragen vorzusprechen. [...]
Mit sozialistischem Gruß Giebeler“</td></tr>
</table>

29 Dieser Paragraf regelte, dass Strafgefangene „bei Zugehörigkeit zu einer Religionsgemeinschaft auf Wunsch religiöse Betätigung ermöglicht“ werden sollte.

30 Eine Kopie dieses Berichtes findet sich im Sinne des politisch-operativen Zusammenwirken (POZW), womit die institutionell geregelte Zusammenarbeit des MfS mit anderen Staats- und Parteiorganen bezeichnet wurde, auch in der MfS-Personalakte von Giebeler, BStU, MfS, BVfS Potsdam, Abt. VII Nr. 5, Teil I, Bd. 2, Bl. 151.

31 Giebeler, Schreiben, 19. 4. 1978, Giebeler beantwortet beide nichtvorliegenden Briefe am 1. 5. 1978, schreibt auch an Schönherr und gibt diese Briefe Karger am 8. 5. zur Kenntnis, BArch DO 1 / 3581.

32 Giebeler, Schreiben an MdI, VSV, Karger, 8. 5. 1978, BArch DO 1 / 3581.

33 Das Protokoll des Gespräches wurde in dem Bestand nicht gefunden.

<table>
<tr><td>8. 5. 1978[34]</td><td>Ministerium des Innern, Verwaltung Strafvollzug, Genosse Oberstltn. Karger</td></tr>
<tr><td colspan="2">„In der Anlage die Durchschläge meiner Korrespondenzen mit Bischof D. Schönherr und den Bürgern […] und […] in Sachen SG in der StVE-Cottbus. Ich habe nach dem Gespräch mit dem Sekretär des Bundes den Eindruck, die Angelegenheit ist für die Kirche damit, ‚vom Tisch gewischt‘.“</td></tr>
<tr><td>7. 7. 1978[35]</td><td>Rat des Kreises Eisleben, Abt. Inneres Genossen Florczak Religionsausübung in der StVE Volkstedt</td></tr>
<tr><td colspan="2">„Mir ist bekannt geworden, daß Sie nach dem Gespräch […] vom 6. März 1978[36] örtlich eine Regelung für die Religionsausübung in der StVE-Volkstedt anstreben.
Ich möchte Sie darauf aufmerksam machen, daß eine solche Regelung nicht mit der Konzeption der Obersten Strafvollzugsbehörde beim MdI übereinstimmen würde […]
Dieses nur als Hinweis für Ihre Tätigkeit.
Mit sozialistischem Gruß“
Handschriftlich auf Brief vermerkt: „Rücksprache mit Gen. Florczak: Es liegt keine weitere Aktivität des Hauses vor – in StVE Volkstedt keine Konzeption bekannt.“
Unterschrift Karger</td></tr>
<tr><td>12. 12. 1978[37]</td><td>Oberstleutnant Genosse Karger</td></tr>
<tr><td colspan="2">„Personalfragen – personelle Absicherung der Strafanstaltsseelsorge. […] Meine Meinung dazu: Die von der Kirche in personeller Hinsicht zu erwartenden Anliegen sind akzeptabel. Es muß jedoch darauf geachtet werden, daß vom Grundprinzip der Lösung des Problems – Zahl der von den Landeskirchen zu nennenden Geistlichen keine Abstriche gemacht werden. Sobald hier einer Landeskirche Konzessionen gemacht werden, werden die anderen Landeskirchen gleiche Ansprüche stellen.</td></tr>
</table>

34 Giebeler, Schreiben an MdI, VSV, Karger, 3. 5. 1978, BArch DO 1 / 3581.

35 Giebeler, Schreiben an Florczak, Rat des Kreises, Abt. Inneres Eisleben, 7. 7. 1978. BArch DO 1 / 3581.

36 In seinen Publikationen spricht Giebeler davon, dass der Vorsitzende der Bischofskonferenz sich mit dem Staatsratsvorsitzenden getroffen habe. Die Bischofskonferenz ist freilich der Zusammenschluss der römisch-katholischen Bischöfe in Deutschland. Offenbar waren Giebeler die Bezeichnungen innerhalb der Evangelischen Kirchen nicht (mehr) vertraut.

37 Giebeler, Schreiben an MdI, VSV, Karger, 12. 12. 1978, BArch DO 1 / 3581.

Der Name Baum war ins Gespräch gekommen, weil die örtlichen Staatsorgane unqualifizierte Versprechungen hinsichtlich der Religionsausübung in Volkstedt gemacht hatten.[38] […] Ich habe OKR Stolpe gesagt: Dr. Forck und Dr. Winter bilden sich ein, in den StVE, die Pfr. M. versorgen wird, sitzen viele SG ein, die religiöse Betätigung wünschen. Meiner Schätzung nach sind es in allen vier Einrichtungen zusammen vielleicht sechs SG, die der Kirche angehören. Niemand hat etwas dagegen, wenn Gottesdienste durchgeführt werden. Voraussetzung ist, daß eine genügende Anzahl SG vorhanden ist, die dieses wünscht. Das wird nicht der Fall sein. Ich glaube bestimmt, daß **nach dem 1. Quartal 1979 bei der Kirche eine Ernüchterung eintritt. […]** Ich habe die bestätigten Pfarrer für den 31. 1. 1979 zu einer Zusammenkunft in Berlin eingeladen. […] Auch auf primitive Dinge muß man wohl hinweisen, z. B. daß es ihnen nicht gestattet ist, schriftliche Unterlagen, Gegenstände, Lebens- und Genußmittel den SG auszuhändigen oder von denselben entgegen zu nehmen. **Ich hoffe, Ihnen mit diesen Ausführungen geholfen zu haben.“**	
1. 7. 1982[39]	Ministerium des Innern, Verwaltung Strafvollzug, Major d. SV Serfas
„Anliegend die Ablichtung des Briefes der Eltern eines in der StVE-Bautzen I einsitzenden SG an den leitenden Bischof D. Krusche. Vielleicht läßt sich dieser Brief auswerten. Mit sozialistischem Gruß“	
1. 11. 1982[40]	Verwaltung Strafvollzug, Oberstltn. Serfas
Aussprache beim Landeskirchenamt Dresden 25. 10. 1982 „Das LKA[41] führt mit ev. Pfarrern, die im Territorium nebenamtlich mit der Religionsausübung in Einrichtungen des Strafvollzuges beauftragt sind, in gewissen Zeitabschnitten Gespräche durch. […] Ich werde zu diesen Zusammenkünften nicht eingeladen. Um herauszuhören, was der Inhalt dieser Zusammenkünfte ist, bin ich am 25. 10. 1982 im LKA gewesen.	

38 Siehe Giebeler, Schreiben an Florczak, Rat des Kreises, Abt. Inneres Eisleben, 7. 7. 1978. BArch DO 1 / 3581.

39 Ablichtung Schreiben, Weitergabe Giebeler, 1. 7. 1982, BArch DO 1 / 3581.

40 Giebeler, Schreiben an VSV, 1. 11. 1982, BArch DO 1 / 3581.

41 Landeskirchenamt.

[…] Das LKA will sich um Nachfolger für Pfr. A. bemühen. **Mein Vorschlag für die VSV:** Dem Anliegen des LKA'es zu 2 / 3 entgegenkommen. Antrag auf Zulassung eines Nachfolgers für A. hinhalten. Schließlich dem LKA vorschlagen, Pfr. V. die Religionsausübung in den StVE'en Görlitz u n d Bautzen I zu belassen.
Damit hätten wir in Sachsen einen Pfarrer weniger im Strafvollzug und die Religionsausübung wäre trotzdem gewährleistet. […]
Ich konnte bei diesem Gespräch u. a. folgendes in Erfahrung bringen:
Die sich um OKR Schleinitz versammelten Strafanstaltspfarrer tauschen […] ihre ‚Erfahrungen' aus. Dabei kommt zur Sprache, daß sie bisweilen auch Angehörige von Strafgefangenen aufsuchen und sich um die Wiedereingliederung kümmern. Ich habe dem OLKR Mendt gesagt, daß eine derartige Betätigung von Pfarrern nicht notwendig sei. Die Wiedereingliederung sei Angelegenheit des Staates. Die Pfarrer sollten sich ausschließlich auf die religiösen Belange der SG konzentrieren. Ich habe vorgeschlagen, mich einmal zu einem solchen Treffen einzuladen. […]
Mein Gesprächspartner schnitt zum Schluß das Problem eines erneuten Bischofsbesuches in einer StVE im sächsischen Bereich an. […]
Ich sagte, Bischof Hempel sei bei den Strafgefangenen auch nicht gut angekommen. SG hätten später gesagt, daß sie zu Weihnachten lieber mit dem Pfarrer Gottesdienst feiern, den sie kennen. Der Bischof sollte überhaupt nicht mehr nach Hoheneck gehen. Auch sei ich der Meinung, für die SG ist das gar nicht so ein großes Ereignis, wenn der Bischof zu ihnen kommt. Im Gegenteil, ein solches Ereignis bringe nur Aufregung und Unsicherheit bei Strafgefangenen mit sich.
Mit sozialistischem Gruß"

17.2.1983[42]	Verwaltung Strafvollzug, Oberst d. SV Martens.

Religionsausübung „Der Präsident der Berlin-Brandenburgischen Kirche, STOLPE, beabsichtigt, sich an den Leiter der StVE-Rüdersdorf wegen einer Besuchserlaubnis zu wenden. Ich gebe Ihnen diesen Hinweis, damit Sie veranlassen können, daß Rüdersdorf die Weichen richtig stellt."

42 Giebeler, Schreiben, an MdI, VSV, Martens, 17.2.1983, BArch DO 1 / 3580.

14.9.1983[43]	Ministerium des Innern, Verwaltung Strafvollzug, Oberstltn. Karger." „Religionsausübung
„Nach unserem Telefonat vor drei Wochen, habe ich den Generalsuperintendent Richter, Cottbus, um eine Unterredung gebeten. Ich habe R. davon überzeugen können, daß es besser ist, wenn den Weihnachtsgottesdienst der Geistliche durchführt, der die Strafgefangenen kennt. Er bemerkte am Rande des Gesprächs, er habe keinerlei Erfahrungen, wie man einen Gottesdienst in einer StVE gestaltet. Darauf habe ich ihm vorgeschlagen, irgendwann im nächsten Jahr mit mir zusammen in der Einrichtung einen Gottesdienst durchzuführen. […] So geht also noch viel Zeit ins Land, bis er sich in dieser Angelegenheit nochmal melden wird."	
3.3.1988[44]	Ministerium des Innern, Verwaltung Strafvollzug
Nachfolgeregelung „Bei Fortbestand meiner körperlichen und geistigen Fitnis [sic!] bin ich bereit, über das 65. Lebensjahr hinaus meine Arbeitskraft als Geistlicher im Strafvollzug zur Verfügung zu stellen – bis mindestens Ende 1993. […] Was meinen späteren Nachfolger anlangt […] bin ich bereit mit dem nötigen Fingerspitzengefühl in diesen Prozeß mit einzugreifen. […] Im Ordinationsgelöbnis verpflichtet sich der Kandidat, die reine kirchliche Lehre zu vertreten. Außerdem verpflichtet er sich, über alle seelsorgerischen Angelegenheiten Stillschweigen zu bewahren. Dasselbe gilt auch für die anderen dienstlichen Angelegenheiten, die ihrer Natur nach oder durch besondere behördliche Anordnung kirchlicherseits als vertraulich gelten. […] Die Kirche kann einem Geistlichen bei Bekanntwerden eines Bruchs des Ordinationsgelöbnisses, die Rechte auch wieder aberkennen. Die politischen- und Sicherheitsanforderungen des Staates an einen hauptamtlichen Strafvollzugsgeistlichen sind der Kirche offiziell nicht bekannt. Für mich steht fest, daß ein Mann, der den aufgezeichneten Ausbildungsweg hinter sich hat, in der Regel so einseitig geprägt ist, daß er erst durch selbst gemachte Erfahrungen eigene Einsichten und politische Erkenntnisse gewinnen muß, um den Aufgaben im Strafvollzug auf die Dauer gewachsen zu sein."	

43 Giebeler, Schreiben, an MdI, VSV, Karger, 14.9.1983, BArch DO 1/3581.

44 Giebeler, Schreiben an Ministerium des Innern, VSV, 3.3.1988, BStU, MfS, BVfS Potsdam, Abt. VII Nr. 5, Teil I, Bd. 1, Bl. 175.

28.3.1989[45]	Leiter der StVE, Brandenburg, Jahn
„Der katholische Pfarrer […] aus Premnitz, der in der StVE die kath. Gottesdienste durchführt, will sich wegen der Versorgung eines SG mit neuen Schuhen an Sie wenden. Ich rate Ihnen, Pfr. […] gegenüber deutlich zu machen, daß er sich nicht in Angelegenheiten des Strafvollzuges einmischen soll. Die Schuhe des SG haben mit Religionsausübung nichts zu tun."	

12.2.3 Gesprächsvermerke der VSV mit Eckart Giebeler

7.12.1973[46]	Oberstltn. Kolb an Oberst Ackermann
„Pfarrer Giebeler hat in einer Aussprache bei Major Mihok gebeten zu prüfen, ob es möglich ist ihm [sic!] auf Grund seiner jahrelangen Tätigkeit im Strafvollzug gehaltlich aufzubessern. Er bekommt gegenwärtig entsprechend der Gehaltsgruppe 9 für Zivilbeschäftigte 960,– Mark Brutto."	
19.1.1976[47]	Vermerk über ein Gespräch des Herrn Pfarrer Giebeler am 16.1.1976, Karger
„Im Gespräch brachte Herr Giebeler folgendes vor: […] Geklärt werden muß noch verbindlich, daß die Gespräche des hauptamtlichen Geistlichen mit den SG nicht der Überwachung unterliegen. Es gibt darüber noch keine Klarheit. […] Es gibt bei denen SG, die einen Ausweisungsantrag [sic!] gestellt haben, andere auffordern es auch zu tun. Häufig wird dieser Aufforderung dann auch entsprochen obwohl gar keine ernsthaften Gründe vorliegen."	
23.11.1977[48]	Vermerk über ein Gespräch mit Herrn Pfarrer Giebeler, Karger
„Giebeler brachte folgende Probleme zum Ausdruck: […] Er teilte mit, daß Herr Pfarrer U. auch SG aufsucht, wenn diese bereits in andere StVE verlegt sind. Er bekommt auch immer eine Sprecherlaubnis	

45 Giebeler, Schreiben an Jahn, 28.3.1989, BStU, MfS, BVfS Potsdam, Abt. VII 953, Bl. 12f.

46 Kolb über Gehaltsgruppe Giebeler, 7.12.1973, BArch DO 1/3581.

47 Karger, Vermerk Gespräch mit Giebeler, 19.1.1976, BArch DO 1/3581.

48 Karger, Vermerk über ein Gespräch mit Herrn Pfarrer Giebeler, 23.11.1977, BArch DO 1/3581.

„Ich hatte den Eindruck, daß Herr Giebeler nicht recht zufrieden ist mit seinem derzeitigen Gehalt. Eine Aufbesserung mußte bisher abgelehnt werden. Dennoch schlage ich vor, eine Gehaltserhöhung um 200,- M nochmals zu überprüfen."	
28.4.1978[49]	Vermerk über ein Gespräch mit Herrn Pfarrer Giebeler, Karger
„[...] Im Gespräch teilte Herr G. mit, daß er am 2.5.78 ein Gespräch mit Generalsuperintendent[50] [sic!] Stolpe [...] haben wird. [...] Herr Giebeler wurde beauftragt, Herrn Stolpe einige Gedanken zu offerieren, die er als die eigenen auszugeben hat Es geht dabei um die bereits abgestimmte Linie der VSV. [...] Im Gespräch wurde mehrfach darauf hingewiesen, **daß Herr Giebeler so verfahren muß, als ob es seine eigenen Gedanken bzw. Vorstellungen sind. Unter keinen Umständen darf etwas anderes sichtbar werden."**	
16.8.1978[51]	Vermerk über ein Gespräch mit Herrn Pfarrer Giebeler in der VSV, Karger
„Herr Giebeler teilte mit: [...] ‚Es mehren sich Fälle, in denen Pfarrer versuchen, mit Strafgefangenen briefliche Verbindungen aufzunehmen. Sie berufen sich dabei auf das Gespräch [...] vom 6.3.1978 und die Formulierung darin, daß der Seelsorge im Strafvollzug mehr Bedeutung beizumessen ist.' [...] Herrn Giebeler wurde gesagt, daß er bei Gesprächen mit Vertretern des BEK darauf hindeuten soll, daß die Landeskirchen auf die Gemeindepfarrer Einfluß nehmen, damit dieses unterbleibt. [...] Auf Empfehlung von Herrn Giebeler sollte den Strafgefangenen als Kirchenzeitung nur die „Kirche" (allgemeine Ausgabe) zum Kauf angeboten werden. Andere Kirchenzeitungen eignen sich dazu weniger, weil häufig darin	

49 Karger, Vermerk über ein Gespräch mit Herrn Pfarrer Giebeler, 3.5.1978, BArch DO 1/3581.

50 Manfred Stolpe war ein DDR-Kirchenjurist, der zum Zeitpunkt dieses Gespräches Leiter des Sekretariats des Bundes der Evangelischen Kirchen in der DDR war. Generalsuperintendent ist ein geistliches Amt, das nicht von einem Kirchenjuristen, sondern nur von Theologen besetzt werden kann.

51 Karger, Vermerk über ein Gespräch mit Herrn Pfarrer Giebeler, 16.8.1978, BArch DO 1/3581.

zwielichtig **kommentiert wird. Das zeigte sich z. B. im Falle ‚Brüsewitz', ‚Defort'[52] und beim Gespräch vom 6. 3. 1978.** Herr Giebeler fühlte sich veranlaßt, eine Erklärung abzugeben. Da er nun auch für die Seelsorge in den StVE Hoheneck und Bautzen II übernommen hat und er selbst in Brandenburg tätig ist, könnte es vorkommen, **daß Ehepartner, die sich beide im Strafvollzug befinden, ihn ersuchen, irgendwelche Nachrichten zu übermitteln oder Verbindungen herzustellen. Das wird er unter keinen Umständen tun."**	
28. 3. 1979[53]	Vermerk über ein Gespräch mit Herrn Pfarrer Giebeler in der VSV, Karger
„Es ist Herrn Giebeler bekannt geworden, daß einzelne Strafgefangene der StVE Cottbus **am 2. Osterfeiertag aus religiösen Gründen nicht arbeiten wollen."**	

52 Wolfgang Defort war am 23. Juli 1973 wegen „Republikflucht" und „staatsfeindlicher Hetze" zu drei Jahren und acht Monaten Haft verurteilt worden. Am Morgen des 13. Januar 1975 gelang ihm die Flucht aus dem Gefängnis Cottbus. Am Abend desselben Tages bittet er den Pfarrer von Forst-Eulo, in dessen Pfarrhaus er sich flüchtete, um Hilfe für seine weitere Flucht. Der Pfarrer bespricht sich mit zwei Kollegen, die Defort zu überzeugen versuchen, die Flucht zu beenden, da die Polizei den Geflüchteten bereits in Forst-Eulo vermutet. Defort will nach Polen und von dort über die Ostsee in den Westen fliehen. Die Pfarrer sehen die Aussichtslosigkeit des Unterfangens wegen des Eisganges auf der Oder und deren Bewachung aufgrund der Flucht und befürchten zudem, dass Unbeteiligte, die von dem Aufenthaltsort von Defort im Pfarrhaus wussten, in der Gefahr standen, durch dieses Wissen selbst in Gefahr zu geraten. Einer der drei Pfarrer informiert die Volkspolizei über den Aufenthaltsort von Defort. Dieser wird nach seinem Freikauf in die BRD schwere Vorwürfe gegen die drei Pfarrer erheben. Vgl. Friedrich Winter, Der Fall Defort: drei Brandenburger Pfarrer im Konflikt: eine Dokumentation, Berlin 1996.

53 Karger, Vermerk über ein Gespräch mit Herrn Pfarrer Giebeler, 28. 3. 1979, BArch DO 1/3581.

14. 6. 1979[54]	Vermerk über ein Gespräch mit Herrn Pfarrer Giebeler
„Herr Giebeler hat von der Leitung der Landeskirche Berlin-Brandenburg Kenntnis erhalten über die diffamierende Pressemitteilung in der ‚Bild-Zeitung' vom 7. 6. 1979. […] Der Propst brachte zum Ausdruck, daß die Kirche über eine derartige Verleumdung über die Tätigkeit eines Geistlichen im Strafvollzug der DDR empört ist. Zugleich wurde Herr G. gefragt, was man dagegen unternehmen sollte. Er antwortete, daß nichts notwendig sei. Da sich die Kirche selbst angegriffen fühlt, ist jedoch mit Aktivitäten zu rechen. Es wurde Herrn Giebeler gesagt, daß, wenn er nochmals gefragt wird, folgendes zu antworten wäre: Die Kirche soll sich mit dem Staatssekretär für Kirchenfragen konsultieren; Bei einer evtl. Dementierung soll weder sein Name noch die StVE genannt werden; Wenn dementiert wird, dann solle man keine Erklärung abgeben, sondern eine scharfe Zurückweisung." 28. 6. 1979 Zusatz: „Nach R. mit Genossen Siegel ist die Kirche nicht an den Staatssekretär für Kirchenfragen zu verweisen um sich zu konsultieren. Die gesamte Angelegenheit ist als innerkirchlich zu betrachten. Ob und wie sie in der Angelegenheit reagiert, liegt in ihrem eigenen Ermessen. Herr Giebeler wurde am 28. 6. 1979 in diesem Sinne orientiert."	
11. 3. 1980[55]	Vermerk über ein persönliches Gespräch mit dem Pfarrer Giebeler, Karger
„Die Bischöfe Schönherr und Hempel hatten zu Weihnachten 1979 die Absicht, erneut in den StVE zu predigen. **Herr Giebeler hatte unter Hinweis auf die Amnestie davon abgeraten. Das hatten die Bischöfe eingesehen."**	

54 Vermerk (ohne Namen) über ein Gespräch mit Herrn Pfarrer Giebeler, 14. 6. 1979, BArch DO 1 / 3581.

55 Karger, Vermerk über ein Gespräch mit Giebeler, 10. 3. 1980, BArch DO 1 / 3581.

<table>
<tr><td>18. 11. 1981[56]</td><td>Vermerk über ein Gespräch mit dem Pfarrer Giebeler, Serfas</td></tr>
<tr><td colspan="2">„Das Gespräch hatte folgenden Inhalt: […]
[…] In diesem Zusammenhang äußerte Pfarrer Giebeler daß die für die Betreuung von Mitgliedern des Bundes Freikirchlicher Gemeinden in der DDR zuständige Pastor D. eine negative Einstellung zur DDR besitzt und diese auch offen zum Ausdruck bringt.“</td></tr>
<tr><td>11. 12. 1981[57]</td><td>Leiter der Verwaltung Strafvollzug, Lustik</td></tr>
<tr><td colspan="2">„Mit Wirkung vom 1. 3. 1978 erfolgte die Eingruppierung der Arbeitsaufgabe – Seelsorger – in die Gehaltsgruppe 12 des Rahmenkollektivvertrages für Zivilbeschäftigte mit dem Anfangsgehalt von 1.400,– M / mtl. Es wird beantragt, das Gehalt für Pfarrer Giebeler […] auf 1.500,– M / mtl. neu festzulegen und die personengebundene Entschädigung von 250,– M / mtl. weiter zu gewähren.“</td></tr>
<tr><td>31. 12. 1981[58]</td><td>Vermerk über ein persönliches Gespräch mit Pfarrer Giebeler, Serfas</td></tr>
<tr><td colspan="2">„Das Gespräch […] wurde zum Anlass genommen, Pfarrer Giebeler darüber zu informieren, daß sein Gehalt mit Wirkung vom 1. 2. 1982 um 100,- M erhöht wird. […]
Pfarrer Giebeler brachte im Gespräch zum Ausdruck, daß gegenwärtig ein Gerücht verbreitet werde, demnach Pfarrämter […] anläßlich Weihnachten Pakete an SG schicken dürften. […] Propst Lange, zuständig für die StVE Stralsund und Bernsdorf, [soll] in seiner kirchlichen Gemeinde ein Rundschreiben verfaßt haben, in dem die Mitteilung gegeben wurde, daß an den Weihnachtsgottesdiensten auch solche SG teilnehmen könnten, die nicht religiös gebunden sind. Dem soll durch den Leiter der StVE Stralsund zugestimmt worden sein. In einer telefonischen Rücksprache mit dem Leiter der StVE Stralsund brachte dieser zum Ausdruck, daß er eine solche Zustimmung nicht gegeben hätte.“</td></tr>
</table>

56 Serfas, Vermerk über Gespräch mit Giebeler, 18. 11. 1981, BArch DO 1 / 3581.

57 Lustik, Leiter der Verwaltung Strafvollzug an Leiter der Verwaltung Finanzen Müller, 11. 12. 1981, BArch DO 1 / 3581.

58 Serfas, Vermerk über Gespräch mit Giebeler, 31. 12. 1981, BArch DO 1 / 3581.

Einschätzungen vor der Verpflichtung		
MfS – Hauptabteilung V/4 (Kirche)		
Datum	**Dokument**	**Verantw. MfS-Mitarbeiter**
10.12.1953[59]	**„Charakteristik Eckart Giebeler“** „Bei vielen seiner Amtsbrüder ist Pfarrer Giebeler nach eigenen Mitteilungen wenig beliebt, wegen seiner fortschrittlichen Einstellung. Er bedauert, daß die Zahl der fortschrittlichen Pfarrer in Brandenburg so gering ist.“	Lucke
25.7.1957[60]	**„Einschätzung Pfarrer Giebeler“** „Giebeler steht im Range eines Majors der Deutschen Volkspolizei. […] Von den übrigen Pfarren unseres Kreise wird G. abgelehnt und hat folgedessen [sic!] auch keinerlei Verbindung zu diesen.“	Kersten
21.4.1959[61]	**„Kontaktgespräch mit Giebeler“** „Mit Pfarrer Giebeler wurde über alle Pfarrer Brandenburgs gesprochen.“	Kühne
22.5.1959[62]	**„Vorschlag zur Anwerbung** *eines geheimen Informators*“ „Aus den bisherigen Kontaktgesprächen ist ersichtlich, daß er die Möglichkeit hat, mit uns zusammenzuarbeiten und uns wertvolles Material zu überbringen. […]	Kühne, Kieback

59 Lucke, BStU, MfS, BVfS Potsdam, Abt. VII Nr. 5, Teil I, Bd. 2, Bl. 30.

60 Kersten, BStU, MfS, BVfS Potsdam, Abt. VII Nr. 5, Teil I, Bd. 1, Bl. 40.

61 Kühne, BStU, MfS, AOP 856/67, OV „Hugenott“, Bd. I, Bl. 64.

62 Ebenda, Kieback, Kühne, Bl. 33.

	Durch seine Tätigkeit mit den Häftlingen besteht die Möglichkeit, ihn vielseitig auszunutzen. […] Dadurch, daß er durch seine Arbeit in verschiedenen Orten umherkommt ist stets seine Arbeit unkontrollierbar, wodurch eine konspirative Trefftätigkeit gewährleistet ist. […] Der Kandidat soll vorerst durch Handschlag verpflichtet werden […] Der Decknamen [sic!] soll vom Kandidaten selbst gestellt werden. Der Kandidat soll speziell auf der Linie der Kirche arbeiten, da er uns wichtige Hinweise aus den Pfarrerkonventen und der Zustellung von Anweisungen seitens des Konsistoriums bringen kann.“	
26. 5. 1959[63]	**„Beurteilung Giebeler“** (vgl. Einschätzung 25. 7. 1957) „Giebeler steht im Range eines Majors der Deutschen Volkspolizei. […] Von den übrigen Pfarren unseres Kreise wird G. abgelehnt und hat folgedessen [sic!] auch keinerlei Verbindung zu diesen.“[64]	Kersten
Beurteilungen und Einschätzungen nach seiner Verpflichtung 1959–1989		
29. 5. 1959[65]	**„Bericht über die Anwerbung eines geheimen Informators“** „Schon in den Kontaktgesprächen machte er von sich heraus den Vorschlag eine engere Zusammenarbeit mit dem MfS zu unterhalten. […] Er machte den Vorschlag, sich alle vier Wochen mit uns zu treffen, um über den Konvent berichten	Kühne, Kieback

63 Ebenda, Kersten, Bl. 100.

64 Identisch mit der Beurteilung 25. 7. 1957.

65 Ebenda, Kieback, Kühne, Bl. 36f.

	zu können, der nur 4 wöchentlich sattfindet." […] Dem GI wurde klargestellt, daß im beiderseitigen Interesse es notwendig ist, über die Zusammenarbeit mit uns zu keiner dritten Person zu sprechen."	
IM-Kategorie GI (Geheimer Informator)		
2.6.1959[66]	**„Beurteilung Giebeler"** „Die reaktionären Pfarrer werden von ihm verurteilt und nicht als Pfarrer geachtet."	Anton
3.6.1959[67]	**„Einschätzung Giebeler"** „In der Strafvollzugsanstalt ist er sehr beliebt und auf Grund seiner Ehrlichkeit und Aufrichtigkeit steht er in einem guten Ruf. Sein Verhalten zur Anstaltsleitung und den Genossen der VP ist als gut zu bezeichnen."	Seidel
27.5.1960[68]	**„Einschätzung Giebeler"** „Der GI ist in seiner Zusammenarbeit mit uns bisher ehrlich, aufrichtig, zuverlässig und gewissenhaft gewesen. Durch die Teilnahme an den Konventen ist er in der Lage, uns internes Material über besondere Vorhaben des Kirchenkreises Brandenburg zukommen zu lassen. Die bisher übergebenen Materialien beweisen die Ehrlichkeit und Aufrichtigkeit zum MfS."	Kühne
22.5.1962[69]	**„Auskunftsbericht"** „Die Anwerbung erfolgte durch Überzeugung. In der bisherigen Zusammenarbeit stellte der IM unter Beweis, daß er	Fischer

66 Ebenda, Anton, Bl. 32.
67 Ebenda, Seidel, Bl. 31.
68 Ebenda, Kühne, Bl. 38f.
69 Ebenda, Fischer, Bl. 48–50.

	ehrlich und zuverlässig mit uns zusammenarbeitet. Als besonderes Ergebnis ist hervorzuheben, daß ein Operativ-Vorgang angelegt wurde und dieser mit Erfolg abgeschlossen wurde.“	
9. 8. 1962[70]	**„Betr. Roland“** „Er ist an einer sichtbaren Anerkennung seiner Arbeit interessiert. [...] Er wurde belehrt, daß unsere Zusammenarbeit keine off. Anerkennung mit sich bringen kann, er aber anderweitig entschädigt wird.“	Fischer
18. 2. 1963[71]	**„Einschätzung Zusammenarbeit IM ‚Roland‘“** „Der IM berichtet laufend über Dinge aus seiner Umgebung und aus dem Strafvollzug, die durchaus interessant und brauchbar sind. Der IM legt Wert darauf, von seiner Dienststelle anerkannt zu werden. [...] gelegentliche Geldzuwendungen sind für ihn auch nicht ein gleichwertiger Ersatz. Er nimmt aber gerne Geld an.“	Fischer
29. 8. 1963[72]	**„Einschätzung Zusammenarbeit IM ‚Roland‘“** „Er sieht ein, daß er nicht offiziell ausgezeichnet werden kann. Seine Bitte ging in die Richtung, daß er bei Gelegenheit einmal etwas höher im Gehalt eingestuft wird.“	Fischer

70 Ebenda, Bl. 51.

71 Ebenda, Bl. 54.

72 Ebenda, Bl. 63.

1964[73]	**„Instruktionen für den IM ‚Roland'"** „Grundlagen schaffen, zum Verbleib im Konvent. Selbst ein reaktionärer neuer Sup. müßte sich überlegen, ob er den IM vom Konvent ausschließt."	Fischer
1964[74]	**„Bericht über Zusammenarbeit"** „In der bisherigen Zusammenarbeit hat sich gezeigt, daß durch die Informationen des IM ständig die kirchliche Situation in Brandenburg, die Angriffsrichtung der Kirchenleitung, sowie die reaktionären Kräfte der Kirche in Brandenburg bekannt würden."	Fischer
7.7.1966[75]	**„Einschätzung"** „Es kann eingeschätzt werden, daß durch eine regelmäßige op. Zusammenarbeit ein GI entwickelt wurde, der als zuverlässig und ehrlich anzusehen ist."	Fischer
MfS-Hauptabteilung XX/4 (Kirche)		
10.2.1967[76]	**„Aktenvermerk über IM ‚Roland'"** „Am 17.2.1967 erfolgte die Einführung des GI in die KW-Brandenburg durch den GHI."	Lüdtke
15.8.1967[77]	**„Auskunftsbericht"** „Er steht in ideolog. Hinsicht fest auf dem Boden der DDR. Die bisherige Zusammenarbeit ist als gut zu bezeichnen. Er ist ehrlich und zuverlässig."	Lüdtke

73 Ebenda, Bl. 61f.

74 Ebenda, Bl. 58–60.

75 Ebenda, Bl. 70–72.

76 Ebenda, Lüdtke, Bl. 73f.

77 Ebenda, Bl. 74.

8. 12. 1967[78]	**„Einschätzung Zusammenarbeit GI ‚Roland'"** „Der GI ist als absolut fortschrittlicher Geistlicher zu bezeichnen. […] Zu den Informationen, die der GI gibt kann festgestellt werden, daß diese konkrete Materialien sind, die dem MfS wertvolle Hinweise geben."	Lüdtke
24. 6. 1968[79]	**„Halbjahreseinschätzung über ‚Roland'"** „‚Roland' muss als bester IM bezeichnet werden, der mir zur Verfügung steht."	„Erich"
12. 1968[80]	**„Jahreseinschätzung über ‚Roland'"** „R. ist ein sehr wertvoller IM, dessen Berichte für das Organ stets operative Auswertbarkeit besitzen."	„Erich"
31. 12. 1969[81]	**„Auskunftsbericht"** „Seine Arbeit für das MfS ist hochqualifiziert, weil G. auf Grund seiner ideologischen Klarheit weiß, auf was [sic!] für eine Berichterstattung es ankommt. […] Er ist gegenwärtig der bestentwickelte IM, der zu meinem Bestand gehört."	„Erich"
30. 6. 1970[82]	**„Einschätzung f. IM ‚Roland'"** „Roland zählt gegenwärtig innerhalb meines Netzes zum aktivsten Mitarbeiter. Neben einer einwandfreien politischen Haltung arbeitet er gewissenhaft für das Organ."	„Erich"

78 Ebenda, Bl. 76.
79 Ebenda, „Erich", Bl. 77.
80 Ebenda, Bl. 82.
81 Ebenda, Bl. 86–88.
82 Ebenda, Bl. 89.

10. 12. 1970[83]	**„Auskunftsbericht“** „Das Ergebnis der bisherigen Zusammenarbeit ist so zu beurteilen, daß Roland innerhalb des Netzes zu den Spitzenkräften steht [sic!].“	„Erich“
30. 6. 1971[84]	**„Halbjahreseinschätzung IM ‚Roland‘“** „Grundlage für seine Mitarbeit ist seine politische Reife und sein überzeugendes Bekenntnis zur DDR, d. h. Roland arbeitet freiwillig und aus Überzeugung. Roland rechnet im Netz [sic!] zu den Spitzen-IM.“	„Erich“
15. 12. 1971[85]	**„Jahreseinschätzung für IM ‚Roland‘“** „Roland rechnet [sic!] zu den Spitzenkräften innerhalb meines Netzes.“	„Erich“
30. 6. 1972[86]	**„Halbjahreseinschätzung für IM ‚Roland‘“** „Er rechnet [sic!] zu den IM im Netz, die entsprechend ihren [sic!] Ergebnissen zu den Spitzenkräften zählen.“	„Erich“
15. 12. 1972[87]	**„Jahreseinschätzung IM ‚Roland‘“** „Roland ist zu den Spitzenkräften im Netz zu rechnen.“	„Erich“
30. 6. 1973[88]	**„Halbjahreseinschätzung IM ‚Roland‘“** „Roland bietet nützliche Informationen aus dem Bereich des Strafvollzuges.“	„Erich“

83 Ebenda, Bl. 97–99.
84 Ebenda, Bl. 105.
85 Ebenda, Bl. 106.
86 Ebenda, Bl. 110.
87 Ebenda, Bl. 111.
88 Ebenda, Bl. 113.

1. 12. 1973[89]	**„Jahreseinschätzung für IM ‚Roland'"** „Auf Grund des sehr alten Kontaktes mit dem MfS und seiner vorbehaltlosen, bewußten Einstellung auf die konsequente Lösung von Aufgaben für das MfS dominiert Roland seit Übernahme des Netzes vor sieben Jahren in [sic!] Spitzenposition."	„Erich"
30. 6. 1974[90]	**„Halbjahreseinschätzung IM ‚Roland'"** „Die mündlichen Berichte werden durch Unterlagen gestützt, die ihm über das Postfach der Superintendenten zugehen und die der IM vorbehaltlos dem Organ übergibt. Anzumerken ist außerdem, daß der IM im Verhinderungsfalle zum Besuch eines Konventes stets eine nachträgliche Abschöpfungsbasis findet, um aufbauend [sic!] informieren zu können."	„Erich"
10. 12. 1974[91]	**„Jahreseinschätzung für IM ‚Roland'"** „Roland zählt zu den bestentwickelten Kräften im Netz."	„Erich"
30. 6. 1975[92]	**„Halbjahreseinschätzung IM ‚Roland'"** „Der IM rechnet zu den Spitzenkräften im Netz."	„Erich"
15. 12. 1975[93]	**„Jahreseinschätzung für IM ‚Roland'"** „Der IM rechnet zu den Spitzenkräften im Netz."	„Erich"

89 Ebenda, Bl. 112.
90 Ebenda, Bl. 114.
91 Ebenda, Bl. 115.
92 Ebenda, Bl. 116.
93 Ebenda, Bl. 117.

22.3.1976[94]	**„Einsatz- und Entwicklungskonzeption für IMF ‚Roland'"** „Der IM ist langjährig inoffiziell für das MfS tätig. Daraus ergibt sich ein enges Vertrauensverhältnis zwischen IM und MfS."	Rintorf
IM-Kategorie IMF (IM der inneren Abwehr mit „Feindverbindung", ab 1979 IMB)		
22.9.1976[95]	**„Einschätzung IMF ‚Roland'"** „Von operativer Bedeutung sind neben den Problemen des Kirchenkreises und der Amtsträger vor allem auch seine Informationen, die den Strafvollzug und die Strafgefangenen betreffen."	Schmidt
15.12.1976[96]	**„Jahreseinschätzung für IM ‚Roland'"** „Neben der Hauptaufgabe übermittelt der IM Informationen über Häftlinge in den von ihm betreuten Haftanstalten."	„Erich"
15.12.1977[97]	**„Jahreseinschätzung für IM ‚Roland'"** „‚Roland' gehört zweifelsfrei zu den Spitzenkräften im Netz."	„Erich"
15.12.1978[98]	**„Jahreseinschätzung für IM ‚Roland'"** „Um bedingt durch seine hauptberufliche Tätigkeit das Vertrauen im Konvent zu genießen hat der IM einen persönlichen Kontakt unter Einschluß der Ehefrauen zum Superintendenten aufgenommen."	„Erich"

94 Ebenda, Rintorf, Bl. 127.
95 Ebenda, Schmidt, Bl.120.
96 Ebenda, „Erich", Bl. 132.
97 Ebenda.
98 Ebenda, Bl. 139.

IM-Kategorie IMV (Inoffizieller Mitarbeiter, der unmittelbar an der Bearbeitung und Entlarvung im Verdacht der Feindtätigkeit stehender Personen mitarbeitet)		
7.6.1979[99]	**„Bericht zum IMV ‚Roland'"** „Auf Grund seiner Möglichkeiten als Seelsorger im Strafvollzug erfolgte mit der HA VII/SV eine Abstimmung über die Abschöpfung des IMV zum Bereich Strafvollzug."	Schmidt
Übernahme des IM durch MfS HA VII (Strafvollzug)		
15.12.1979[100]	**„Jahreseinschätzung über IM ‚Roland'"** „‚Roland' ist gegenwärtig der aktivste IM im Netz. Nicht unerwähnt sollte bleiben, daß Roland auch in der Ferienzeit, wenn keine Konvente stattfinden, mit Informationen aufwartet, d.h. er beschäftigt sich lfd. mit der Situation wie es der Arbeitsplan erfordert."	„Erich"
IM-Kategorie IMS (Inoffizieller Mitarbeiter zur politisch-operativen Durchdringung und Sicherung des Verantwortungsbereiches)		
7.2.1983[101]	**„Beurteilung IM ‚Roland'"** „Die Berichterstattung umfasst [...] Probleme des Strafvollzuges. Die Einschätzung von Persönlichkeitsmerkmalen und Absichten von Strafgefangenen sowie die Aufklärung von Verbindungen innerhalb der DDR und in das NSW dienten."	Thoß

99 Ebenda, Schmidt, Bl. 145.
100 Ebenda, „Erich", Bl. 160.
101 Thoß, BStU, MfS, BVfS Potsdam, Abt. VII Nr. 5, Teil I, Bd. 2, Bl. 6.

18.11.1983[102]	**„Einschätzung der Zusammenarbeit mit dem IM ‚Roland'"** „In der Vergangenheit berichtete der IME ‚Roland' besonders über: Probleme im Strafvollzug, operativ-interessante SG, Informationen Kirche, Probleme und Aktivitäten."	Thoß
IM-Kategorie IMB (Inoffizieller Mitarbeiter der Abwehr mit Feindverbindung bzw. zur unmittelbaren Bearbeitung im Verdacht der Feindtätigkeit stehender Personen)		
4.3.1985[103]	**„Einschätzung des evangelischen Geistlichen Eckart Giebeler"** „Zwischen der Politik unseres Staates, den Aufgaben des Organs Strafvollzug und seiner politischen Haltung sind keine Wiedersprüche erkennbar."	Major Czech alias IM „week-end"
28.5.1985[104]	**„Einschätzung IM ‚Roland'"** „Mit seinen Hinweisen zur Erziehung der SG unterstützt er die Tätigkeit des SV."	Thoß

12.2.5 Treffberichte und Operativ-Pläne OV „Hugenott" und Junge Gemeinde

21.4.1959[105]	**Kühne, Kontaktgespräch mit Pfarrer Giebeler**
„Mit Pfarrer Giebeler wurde über alle Pfarrer Brandenburgs gesprochen. Dazu gab er folgende Einschätzung: Pfarrer L. wurde als einer der reaktionärsten Pfarrer bezeichnet, der in jeder Weise versucht, seine negative Einstellung zu unserem Staat zum Ausdruck zu bringen. Das offenbart	

102 Ebenda, Bl. 67–69.

103 Czech, BStU, MfS, Ast Potsdam, BVfS Potsdam, vorl. Archiv 26/89, IV/877/70, Bl. 281.

104 Thoß, BStU, MfS, BVfS Potsdam, Abt. VII Nr. 874, Bl. 11.

105 Kühne, Auszug aus Kontaktgespräch mit Pfarrer Giebeler, 21.4.1959, BStU, MfS, AOP 856/67, OV „Hugenott", Bd. I, Bl. 64.

sich meist in den Zusammenkünften der Pfarrer, wo die Öffentlichkeit ausgeschlossen ist. L., sowie die Pfarrer P., G., T., B. und einige andere wurden von G. als reaktionäre Schweine bezeichnet. Er betitelte ihre Zusammenkünfte und Konvente als Nes-Kaffee-Kränzchen."	
10. 10. 1959[106]	**Kühne, Treffbericht**
„Vom GI Roland wurde gesagt, daß der Pfarrer L. und P. hier in Brandenburg die größten Schweine sind, hinsichtlich ihrer negativen Einstellung zu unserem Staat. Sie haben zu allen Sachen Einwände und monieren [sic!] auch über alle Dinge. In den Konventen der Pfarrer von Brandenburg kam dies schon mehrmals zum Ausdruck."	
6. 11. 1959[107]	**Kühne, Treffbericht**
Bericht über Kreissynode 2. 11. 1959 *Informationen über Dibelius,*[108] *der Einreiseverbot in die DDR hat und trotzdem in der Ostberliner Marienkirche predigt. Der Präses der Provinzialsynode Berlin-Brandenburg F. erschien als Vertreter der Kirchenleitung. F. sagte zum Abschluss:* „Wir stehen zwischen Dibelius und Mitzenheim[109] und sind uns unseres Weges noch nicht gewiß. […] Aus dieser Synode ist zu ersehen, daß unter den einzelnen Pfarrern kollossale [sic!] Gegensätze bestehen. Besonders in Erscheinung trat der stellv. Superintendent, der klar seine negative Haltung zeigte. Eine positive Haltung nahm Superintendent Lenkitsch ein."	

106 Kühne, Betr. L., Pfarrer, 10. 10. 1959, BStU, MfS, AOP 856 / 67, OV „Hugenott", Bd. I, Bl. 66.

107 Kühne, mündlicher Bericht des GI „Roland", 6. 11. 1959, BStU, MfS, AOP 856 / 67, OV „Hugenott", Bd. II, Bl. 8–10.

108 Otto Dibelius (1880–1967), Theologe, leitete als Bischof bis 1961 / 1966 die Evangelische Kirche Berlin-Brandenburg. Von 1949 bis 1961 war er zudem Ratsvorsitzender der Evangelischen Kirche in Deutschland. Dibelius stand der Regierung der DDR sehr kritisch gegenüber und wurde von dieser u. a. als „Nato-Bischof" bezeichnet, weil er 1956 nach dem Beschluss der Wiederbewaffnung der BRD für die EKD den Militärseelsorge-Vertrag mit der Bundesregierung unterschrieben hatte.

109 Bischof Moritz Mitzenheim (1891–1977) war von 1945 bis 1970 Landesbischof der Evangelisch-Lutherischen Landeskirche von Thüringen und betrieb die Politik des „Thüringer Weges", die – im Gegensatz zu den meisten übrigen ostdeutschen Landeskirchen – Loyalität zum SED-Staat bedeutete. Mitzenheim war deshalb ein wichtiger

14. 12. 1959[110]	Kühne, Treffbericht mit GI „Roland“
Bericht über Pfarrkonvent 14. 12. 1959 *Diskussionen um neues Schulgesetz* „Pfarrer H. brachte eine hetzerische Auslegung des Schulgesetzes“ *Neue Pfarrer stellen sich vor:* „Einstellung von Pfarrer G. kann noch nicht klar aufgezeigt werden, da er jetzt unter dem reaktionären Einfluß des Pfarrer P. steht. [...]“ *Brief eines Pfarrers aus dem Krankenhaus an den Pfarrkonvent.* „Dieser Brief war von einer Hetze durchdrungen, so gab der GI bekannt.“ **Hinweis auf einen Mitarbeiter StVA** „Weiterhin berichtete der GI über eine Person, die in der Schlüsselwache der StVA tätig ist. Hierbei handelt es sich um [...] einen unsicheren Kandidaten, der des öfteren negative Äußerungen hervorbringt, Diese Person ist Katholik und sagt, daß sein Kind nie zur Jugendweihe gehen wird.“	
21. 1. 1960[111]	**Kühne, Treffbericht**
Bericht Pfarrkonvent 18. 1. 1960 Superintendent Lenkitsch liest eine Liste kirchlicher Amtsträger vor, die sich in Haft befinden. L. wird von IM „Roland“ mit den Worten zitiert, dass er Mitzenheim hasse, weil dieser nicht wolle, dass entsprechende Fürbitt-Liste verbreitet werden würde.	
8. 3. 1960[112]	**Kühne, Treffbericht**
„L. ist äußerst wendig und geschickt. [...] Die Ehefrau des Pfarrers L. ist noch viel negativer als er selbst.“	

Ansprechpartner der DDR-Regierungsstellen und wurde 1961 mit dem Vaterländischen Verdienstorden in Gold ausgezeichnet. Er war wegen seines Eintretens für eine Zusammenarbeit mit den staatlichen Institutionen der DDR innerhalb der evangelischen Kirche umstritten.

110 Kühne, Treffbericht mit GI „Roland“, 16. 12. 1960, BStU, MfS, AOP 856/67, OV „Hugenott“, Bd. II, Bl. 6f.

111 Kühne, Treffbericht mit IM „Roland“, 21. 1. 1960, BStU, MfS, AOP 856/67, OV „Hugenott“, Bd. II, Bl. 4f.

112 Kühne, Auszug aus Treffbericht, 10. 3. 1960, BStU, MfS, AOP 856/67, OV „Hugenott“, Bd. I, Bl. 72.

<table>
<tr><td>16. 5. 1960[113]</td><td>MfS-Überprüfungsvorgang 50 / 58 über Pfarrer L. soll in einen Operativen Vorgang umgewandelt werden</td></tr>
<tr><td colspan="2">„Der Ü-Vorgang soll zum Operativ-Vorgang erhoben werden, da es sich erforderlich macht, L. noch eingehender zu bearbeiten.“</td></tr>
<tr><td>16. 5. 1960[114]</td><td>Eröffnung Operativplan OV „Hugenott“</td></tr>
<tr><td>24. 5. 1960[115]</td><td>Kühne, Treffbericht GI „Roland“</td></tr>
<tr><td colspan="2">Bericht über Pfarrkonvent 23. 5. 1960
Generalthema: Ganztagserziehung und sozialistische Schule. „Besonders fiel der Pfarrer P. auf, der sagte, wir müssen kämpfen, daß dieses nicht zustande kommt. […] Man solle die Eltern gegen die Ganztagserziehung beeinflussen, das hat der Bischof angeordnet. […] Pfarrer B. sagte, er wollte schon eine Unterschriftensammlung durchführen, um gegen die Ganztagserziehung Stellung zu nehmen. Die meisten Pfarrer stehen auf dem Standpunkt, und darum muß gekämpft werden, daß die Ganztagserziehung der Kinder unterbunden wird.“</td></tr>
<tr><td>18. 10. 1960[116]</td><td>Fischer, Treffbericht</td></tr>
<tr><td colspan="2">Bericht über Pfarrkonvent
„Pfarrer B., der in reaktionärer Hinsicht bekannt ist, hat in einer Westdeutschen Zeitung eine Filmkritik veröffentlicht oder veröffentlichen lassen, die völlig negativ ist.“
„An den Superintendenten Lenkitsch wurde ein Schreiben des Presbyteriums der reformierten Kirche gerichtet, in dem er aufgefordert wird, die Gespräche mit dem Rat der Stadt abzubrechen […] dem Superintendent [sic!] wird das Vertrauen abgesprochen, weil er eine falsche Loyalität gegenüber dem Staat praktiziert.“</td></tr>
</table>

113 Kühne, Umregistrierung des Ü.-Vorganges 50/58 zum Op. Vorgang, 16. 5. 1960, ebenda, Bl. 78.

114 Kühne, Operativplan, 16. 5. 1960, ebenda, Bl. 75f.

115 Kühne, Treffbericht mit GI „Roland“, 21. 1. 1960, BStU, MfS, AOP 856/67, OV „Hugenott“, Bd. II, Bl. 11–13.

116 Fischer, Treffbericht GI „Roland“, 18. 10. 1960, ebenda, Bl. 14–18.

Kreissynode des Kirchenkreises Anfang Nov. 1960 Tagesordnung: „*Orkunemische [sic!] Arbeit.*“ **Bericht über eine Republikflucht** *Bericht über eine Republikflucht eines Bahnarbeiter-Ehepaares aus Brandenburg. Nachdem erst die Ehefrau mit dem Kind geflohen war, wird der Ehemann von einem Genossen der Trapo*[117] *gewarnt, dass die Flucht bekannt sei. Daraufhin flieht auch der Ehemann in den Westen.* „Es erweckt den Anschein, daß der Gen. von der Trapo an [sic!] der R.-Flucht bewußt oder unbewußt geholfen hat.“	
8. 11. 1960[118]	**Fischer, Treffbericht**
Bericht über Kreissynode (ohne Datum) „Die J. Gemeinde war auf der Kreissynode ebenfalls vertreten. […] Als Sprecher trat auf ein gewisser X., etwa 18 Jahre alt mit Backenbart, der den Mut des reaktionären Pfarrers P. hervorhob.“ L. legt Amt des Kreisjugendpfarrers nieder.	
10. 11. 1960[119]	**„Zusammenfassung des operativen Materials über die ‚Junge Gemeinde‘ in Brandenburg / Havel“**
30. 11. 1960[120]	**„Operativplan zum operativen Material ‚Junge Gemeinde‘“**

117 Die Transportpolizei (Trapo) war die Bahnpolizei der DDR. Sie war als bewaffnetes Organ auf dem Gelände der Deutschen Reichsbahn für Sicherheit und Überwachung zuständig.

118 Fischer, Treffbericht GI „Roland“, 8. 1. 1960, BStU, MfS, AOP 856 / 67, OV „Hugenott“, Bd. II, Bl. 27–29.

119 Fischer, Zusammenfassung des operativen Materials über die „Junge Gemeinde“ in Brandenburg, 30. 11. 1960, BStU, MfS, AOP 856 / 67, OV „Hugenott“, Bd. II, Bl. 23–26.

120 Fischer, Operativplan zum operativen Material „Junge Gemeinde“ in Brandenburg, 30. 11. 1960, ebenda, Bl. 19.

<table>
<tr><th>12. 1. 1961[121]</th><th>Fischer, Treffbericht</th></tr>
<tr><td colspan="2">Bericht über Pfarrkonvent 11. 1. 1961
„Die Kirchenleitung hat ein Verbot ausgesprochen, daß kirchliche Gebäude einschließlich Pfarrhäuser nicht beflaggt werden dürfen, außer mit kirchlichen Fahnen. Das heißt, daß es positiven Pfarrern verboten wird, bei besonderen Staatsfeiertagen die Staatsflagge der DDR zu hissen."</td></tr>
<tr><th>18. 4. 1961[122]</th><th>Kühne, Treffbericht</th></tr>
<tr><td colspan="2">Bericht über Pfarrkonvent 17. 4. 1961
Hauptthema Kirchentag in Westberlin 19. 7.–23. 7. 1961.
„Pfarrer L. zeigt sich von seiner negativen Seite, weil er den Kirchentag in Westberlin begrüßte."
Republikflucht Pfarrer H. „Der IM sagte dazu, daß es anzunehmen ist, daß der Kirchenälteste S. von der Republikflucht des H. gewußt habe, dann die Bevölkerung erzählt daß viele Kisten und Koffer aus der Wohnung gingen, wovon S. gewußt haben muß."</td></tr>
<tr><th>13. 6. 1961[123]</th><th>Fischer, Treffbericht</th></tr>
<tr><td colspan="2">Bericht über Konvent der Gefängnisseelsorger
„Der IM sprach von sich aus über den Nachfolger für den verstorbenen Dr. Fichtner als Leiter der Konvente der Gefängnisseelsorger. […] Den letzten Konvent leitete der Superintendent Zachau, der dafür auch geeignet ist und auf Grund seiner recht positiven Einstellung bei den Gefängnisseelsorgern beliebt ist. Er könne als Nachfolger vorgeschlagen werden. Vorgesehen ist auch noch der Pfarrer S., der nach der Einschätzung des IM ein starker Gegner von Dibelius ist. Dem IM wurde gesagt, daß S. der richtige Mann dafür sein könnte."</td></tr>
</table>

121 Fischer, Treffbericht GI „Roland", 12. 1. 1961, ebenda, Bl. 30–32.

122 Kühne, Treffbericht GI „Roland", 18. 4. 1961, BStU, MfS, AOP 856/67, OV „Hugenott", Bd. II, Bl. 38f.

123 Fischer, Treffbericht GI „Roland", 13. 6. 1961, ebenda, Bl. 40f.

21. 6. 1961[124]	Fischer, Treffbericht
Bericht über Pfarrkonvent 17. 6. 1961 „Am 15. Juli wird in Brandenburg eine Tagung des Friedensrates mit Pfarrern durchgeführt. Zu diesem Zweck sind den Pfarrern sehr große Konzessionen gemacht worden. Sie sollen aus ihren westdeutschen Patengemeinden Besucher einladen. Diese können wohnen, wo sie wollen und können predigen, wo sie wollen. Die westdeutschen Besucher sollen sich auch irgendwelche Betriebe in der DDR ansehen. **Der IM vertrat die nicht unberechtigte Meinung, daß man hiermit jede Kontrolle aus der Hand gegeben hat.**“	
5. 9. 1961[125]	**Fischer, Treffbericht**
Bericht über Pfarrkonvent 4. 9. 1961 *Diskussion der Pfarrer zur Wahl am 17. 9. 1961, IM schreibt Namen der Pfarrer auf, die zur Wahl gehen.*	
10. 10. 1961[126]	**„Sachstandsbericht zum Operativ-Vorgang ‚Hugenott‘“**
„Die bisherigen Ergebnisse der inoffiziellen Arbeit lassen die Schlußfolgerung zu, daß die feindliche Tätigkeit der ‚Jungen Gemeinde‘ im Auftrag des Mitgliedes der Kirchenleitung Berlin-Brandenburg, Pfarrer L. organisiert wurde und deshalb die Konzeption des Nato-Flügels der Kirchenleitung ist. Die Quellenangaben sind zuverlässig.“	
11. 10. 1961[127]	**„Operativplan zum Operativ-Vorgang ‚Hugenott‘“**
„Die op. Informationen wurden vom IM „Roland“ gegeben, der als zuverlässig eingeschätzt werden kann.“	

124 Fischer, Treffbericht GI „Roland“, 21. 6. 1961, ebenda, Bl. 42–45.

125 Fischer, Treffbericht GI „Roland“, 5. 9. 1961, ebenda, Bl. 46–49.

126 Fischer, Sachstandsbericht zum Operativ-Vorgang „Hugenott“, 10. 10. 1961, ebenda, Bl. 57–62.

127 Fischer, Operativplan zum Op.-Vorgang „Hugenott“, 11. 10. 1961, ebenda, Bl. 63–70.

<table>
<tr><td>11. 10. 1961[128]</td><td>Fischer, Treffbericht 11. 10. 1961</td></tr>
<tr><td colspan="2">Bericht über Pfarrkonvent 2. 10. 1961
„Im Treffbericht sind verschiedene ernstzunehmende Probleme ersichtlich, die in dieser konkreten Form erstmalig in Erscheinung treten und zwar:
1. Die Frage der Verteidigungsbereitschaft in der NVA
2. Die theologische Rechtfertigung der Wahlbeteiligung oder Ablehnung,
3. Die neuen Methoden der Arbeit an kirchlichen Ausbildungsstätten und Anleitung der Pfarrer in der Richtung des gemeinsamen einheitlichen Kampfes gegen die DDR. Der IM soll sich darauf vorbereiten, bei dem nächsten Treff alle Pfarrer und andere Personen einzuschätzen."</td></tr>
<tr><td>11. 10. 1961[129]</td><td>„Operativplan zum Operativ-Vorgang ‚Hugenott'"</td></tr>
<tr><td colspan="2">„Die op. Informationen wurden vom IM „Roland" gegeben, der als zuverlässig eingeschätzt werden kann."</td></tr>
<tr><td>24. 10. 1961[130]</td><td>Fischer, Treffbericht</td></tr>
<tr><td colspan="2">Bericht über Pfarrkonvent 23. 10. 1961
Am 6. 11. 1961 findet eine Kreissynode statt. Der IM berichtet über die unterschiedlichen Haltungen der Pfarrer.
„Den Bericht über die Synode abwarten. Dann auf dieser Grundlage eine Kombination ausarbeiten, die maximal operativen Nutzen bringt."</td></tr>
<tr><td>7. 11. 1961[131]</td><td>Fischer, Treffbericht</td></tr>
<tr><td colspan="2">Bericht über Kreissynode, 6. 11. 1961
Darstellung der Diskussionen über Republikfluchten und Mauerbau 13. 8. 1961</td></tr>
</table>

128 Fischer, Treffbericht IM „Roland", 11. 10. 1961, ebenda, Bl. 53–56.

129 Fischer, Operativplan zum Op.-Vorgang „Hugenott", 11. 10. 1961, ebenda, Bl. 63–70.

130 Fischer, Treffbericht IM „Roland", 24. 10. 1961, ebenda, Bl. 79–82.

131 Fischer, Treffbericht IM „Roland", 7. 11. 1961, ebenda, Bl. 91–95.

20. 12. 1961[132]	Fischer, Treffbericht
Bericht über Pfarrkonvent 18. 12. 1961 *Diskussionen im Pfarrkonvent um Westkorrespondenz und Besitz von westlichen Büchern und die damit verbundenen Gefahren. Pfarrer sollen Bücherschränke durchsehen und „nicht linientreue" Bücher vernichten.*	
9. 1. 1962[133]	**Fischer, Treffbericht**
Bericht über Pfarrkonvent 8. 1. 1962 „Thema Wehrdienstverweigerung. Berufung auf Bonhoeffer bewirkt, dass junge Menschen aus Gewissensgründen den Eintritt in die NVA ablehnen würden. Die Meinung des H. ging dahin, diese seine Meinung auch von der Kanzel zu predigen, was aber abgelehnt wird. […] Superintendent Lenkitsch hat sich bis zum letzten gegen H. gestellt und diese Meinung als sektiererisch bezeichnet."	
31. 1. 1962[134]	**Fischer, Treffbericht**
Bericht über Pfarrkonvent 28. 1. 1962 *Der IM berichtet von einem vertraulichen Gespräch mit einem Pfarrer, in dem er erfahren habe, dass gegen einen Pfarrer aus einem anderen Kirchenkreis wegen Unzucht ermittelt werde.* „Diese Tatsache wird wie ein ‚Augapfel' gehütet, damit ja nichts an die Öffentlichkeit dringt. Der IM solle ja keinem davon erzählen."	
1. 3. 1962[135]	**„Zwischenbericht Operativ-Vorgang ‚Hugenott'"**
1. 3. 1962[136]	**„Maßnahmeplan Operativ-Vorgang ‚Hugenott'"**

132 Fischer, Treffbericht IM „Roland", 20. 12. 1961, BStU, MfS, AOP 856/67, OV „Hugenott", Bd. II, Bl. 109–111.

133 Fischer, Treffbericht IM „Roland", 9. 1. 1962, ebenda, Bl. 112–114.

134 Fischer, Treffbericht IM „Roland", 31. 1. 1962, ebenda, Bl. 115–117.

135 Fischer, Zwischenbericht zum Operativ-Vorgang „Hugenott", 1. 3. 1962, ebenda, Bl. 118–122.

136 Ebenda, Bl. 123–126.

<table>
<tr><td>14.5.1962[137]</td><td>Fischer, Treffbericht 14.5.1962</td></tr>
<tr><td colspan="2">Bericht über Pfarrkonvent 30.4.1962
Themen Jugendweihe und Konfirmation
Informationen über einzelne Pfarrer
Maßnahmen: „Op. Bearbeitung des Pfarrers B. einleiten.“</td></tr>
<tr><td>29.5.1962[138]</td><td>Fischer, Bericht über Pfarrkonvent 28.5.1962</td></tr>
<tr><td>31.1.1963[139]</td><td>Fischer, Treffbericht Bericht über Pfarrkonvent 30.1.1963</td></tr>
<tr><td>29.3.1963[140]</td><td>Fischer, Treffbericht Bericht über Pfarrkonvent 25.3.1962</td></tr>
<tr><td>2.5.1963[141]</td><td>Fischer, Treffbericht</td></tr>
<tr><td colspan="2">Bericht über Pfarrkonvent ohne Datumsangabe
Auseinandersetzung über Fragen Jugendweihe – Konfirmation
„B. würde sein Kind zur Jugendweihe gehen lassen. V. brüstete sich über [sic!] seine Erfolge im Kampf gegen die Jugendweihe. Dazu ist zu bemerken, dass V. der Befehlsempfänger seines Schwiegervaters ist. (Sup. in der Kirchenprovinz Magdeburg.)“</td></tr>
<tr><td>20.8.1963[142]</td><td>Sachstandsbericht zum Operativ-Vorgang „Hugenott“</td></tr>
<tr><td>18.9.1963[143]</td><td>Ergänzung des Sachstandsberichtes zum Operativ-Vorgang „Hugenott“</td></tr>
</table>

137 Fischer, Treffbericht IM „Roland“, 14.5.1962, ebenda, Bl. 130f.

138 Fischer, Treffbericht IM „Roland“, 29.5.1962, ebenda, Bl. 137–139.

139 Fischer, Treffbericht IM „Roland“, 31.1.1963, ebenda, Bl. 140–145.

140 Fischer, Treffbericht IM „Roland“, 29.3.1963, ebenda, Bl. 146–149.

141 Fischer, Treffbericht IM „Roland“, 2.5.1963, ebenda, Bl. 150–152.

142 Fischer, Sachstandsbericht zum Operativ-Vorgang „Hugenott“, BStU, MfS, AOP 856/67, OV „Hugenott“, Bd. III, Bl. 6–9.

143 Fischer, Ergänzung des Sachstandsberichtes zum Op.-Vorgang „Hugenott“, ebenda, Bl. 10f.

<table>
<tr><td>18.9.1963[144]</td><td>Operativplan zum Operativ-Vorgang „Hugenott“</td></tr>
<tr><td colspan="2">„Die op. Informationen werden vom IM ‚Roland‘ gegeben, der zuverlässig ist. Es handelt sich um Informationen aus den Pfarrkonventen. […] Es soll der Nachweis erbracht werden, daß L. die Politik des Natoflügels der Kirche durchsetzt und aktive Feindtätigkeit betreibt.
Maßnahmen der Bearbeitung:
IM ‚Roland‘ zur ständigen Kontrolle in den Konventen und zur Beweisführung über feindliche Äußerungen.“</td></tr>
<tr><td>29.9.1964[145]</td><td>Fischer, Treffbericht</td></tr>
<tr><td colspan="2">Bericht über Pfarrkonvent 29. September 1965
Kirchentag in Brandenburg
Maßnahmen:
„Festlegung von Maßnahmen zum Kirchentag.“
Auftrag an den IM: „Der IM orientiert sich auf den Kirchentag. Besonders soll er Delegierte feststellen.“</td></tr>
<tr><td>27.4.1963[146]</td><td>Fischer, Treffbericht</td></tr>
<tr><td colspan="2">Bericht über Pfarrkonvent 26.4.1965
„Mit dem IM wurde eine Verbindungsaufnahme zu dem Pf. H. gesprochen. Aus dem Gemeindekirchenrat des H. sitzt die Person A. in Brandenburg wegen Spionage ein. Dadurch entstand eine Möglichkeit mit H. in Verbindung zu treten. Der IM wurde beauftragt, dies zu organisieren.
Maßnahme: Auswertung des Berichtes für die Information und für den Vorgang ‚Hugenott‘.“</td></tr>
<tr><td>11.5.1965[147]</td><td>Fischer, Treffbericht</td></tr>
<tr><td colspan="2">Bericht über Pfarrkonvent, 10.5.1965
„Der neue Sup. Telschow deutet sein wahres Gesicht an […] Kommunisten machen aus Freiheit Unfreiheit. Die ‚Mauer‘ sei ein Ausdruck der Unfreiheit.“</td></tr>
</table>

144 Fischer, Operativplan zum Op.-Vorgang „Hugenott“, 18.9.1963, ebenda, Bl. 12–14.

145 Fischer, Treffbericht IM „Roland“, 29.9.1964, ebenda, Bl. 33f.

146 Fischer, Treffbericht IM „Roland“, 27.4.1965, BStU, MfS, AOP 856/67, OV „Hugenott“, Bd. II, Bl. 162f.

147 Fischer, Treffbericht IM „Roland“, 11.5.1965, ebenda, Bl. 164–168.

Über Michael Gartenschläger *Informationen über eine Person, über die Gartenschläger versucht hat, zu seiner Mutter Kontakt aufzunehmen. IM „Roland“ gibt Name und Adresse an das MfS.*	
25.5.1965[148]	**Fischer, Treffbericht**
Bericht über Pfarrkonvent, 24.5.1965 „Sup. Telschow berichtet vom letzten Ephorenkonvent: Die Kirchenleitung beschäftigt sich sehr ernst mit der Frage wohin die Kirche in der DDR gedrängt wird. Es wurden gegenüber gestellt, daß einerseits Theologiestudenten zu Spitzeldiensten gezwungen werden, andererseits Pfarrer in der ‚Märkischen Volksstimme‘ schreiben. Christen die aus Gewissensgründen den Wehrersatzdienst ablehnen, eingesperrt werden, andererseits Pfarrer im Rundfunk sprechen. Man sieht hier eine Politik Zuckerrohr und Peitsche. Diskussionen über Wahl und Beteiligung an dieser: IM soll BV ständig über Vorkommnisse im Vorfeld der Wahl informieren. Maßnahme: Sofortige Vorlage für die Leitung. Auswertung des Berichtes für die Information und für den Vorgang ‚Hugenott‘.“	
15.6.1965[149]	**Fischer, Treffbericht**
Bericht über Pfarrkonvent, 14.6.1965 „Sup. Telschow tritt konsequent dafür ein, daß Jugendweihe und Konfirmation unvereinbar sind...Es wurde angekündigt, verstärkte Bibelrüsten in der Zeit der Ferien, d.h. mit Jugendlichen, Ausbau der Seniorenrüsten, Rüstzeiten für den Gemeindeaufbau und ständige Visitationen in den Gemeinden. Ein Anwachsen kirchlicher Aktivität ist zu erwarten. Der IM berichtete, dass er die gestellten Aufgaben erledigt hat. Der IM wurde auf den 17.6.[150] hingewiesen mit der Maßgabe, sofort bekanntwerdende Informationen zu melden.“	

148 Fischer, Treffbericht IM „Roland“, 25.5.1965, ebenda, Bl. 153–161.

149 Fischer, Treffbericht IM „Roland“, 15.6.1965, ebenda, Bl. 169–171.

150 Am 17. Juni jährte sich die Niederschlagung des Volksaufstandes vom 17. Juni 1953.

14.7.1965[151]	Fischer, Treffbericht
Bericht über Pfarrkonvent, ohne Datum „Im Zusammenhang mit der Wahl wetterte Telschow über die atheistischen Schulen und daß mit der Wahl auch die Anerkennung der ‚Mauer' verbunden ist. Der IM brachte zum Ausdruck, daß er sich in einer ungünstigen Situation befinde bei dem Gespräch am 15.9.1965 bei Telschow, wo es um die Teilnahme an der Wahl geht. Da der IM an der Wahl teilnimmt, ist es möglich daß Telschow ihm das sehr verübeln kann. Er wurde so instruiert, daß er darauf antwortet, daß ihm diese Frage noch nie gestellt wurde und bei Lenkitsch die Entscheidung an dieser Frage jedem selbst überlassen war. Er soll aber auch zum Ausdruck bringen, dass er zur Wahl geht."	
24.9.1965[152]	**Fischer, Treffbericht**
Bericht über Pfarrkonvent, ohne Datumsangabe Superintendent Telschow: „Eine offene Wahl kann für einen Pfarrer oder Christen nicht in Frage kommen. [...] Auftrag an den IM: Den Kontakt zur Sekretärin des Telschow festigen, vorhandene Möglichkeiten zur Information abschöpfen."	
18.1.1966[153]	**Fischer, Treffbericht**
Bericht über Pfarrkonvent, ohne Datum „Im Konvent wurde eine neue Schweigeverpflichtung unterschrieben, daß nichts was in der Kirche besprochen wird, nach Außen getragen wird." **– Synode 13.–17.2.1966** **– Bischofswahl** „Es besteht wahrscheinlich die Absicht einen Bischof aus der DDR zu wählen, dem die Möglichkeit eingeräumt wird nach Westberlin reisen zu können."	

151 Fischer, Treffbericht IM „Roland", 14.9.1965, BStU, MfS, AOP 856/67, OV „Hugenott", Bd. II, Bl. 172–174.

152 Fischer, Treffbericht IM „Roland", 24.9.1965, ebenda, Bl. 175f.

153 Fischer, Treffbericht IM „Roland", 18.1.1966, ebenda, Bl. 177–179.

4. 3. 1966[154]	**Fischer, Treffbericht**
Bericht über Strafvollzug „Im Strafvollzug unter Strafgefangenen wird eingeschätzt, daß man Westberliner sein muss, um vorzeitig entlassen zu werden. Diese Erkenntnis führt dazu, daß sich Strafgefangene Gedanken darüber machen, wie sie ihre Haftzeit verkürzen können. Sie versuchen eine andere Staatsbürgerschaft über einen ordentlichen Antrag zu erhalten, um auf diesem Wege eine vorzeitige Entlassung zu bekommen. Es wird versucht, über eine Ehescheidung mit der Öffentlichkeit in Kontakt zu kommen, um ihre Anliegen vorbringen zu können.“	
12. 5. 1966[155]	**Fischer, Treffbericht**
Bericht über Pfarrkonvent, 11. 5. 1966 „Es wurde darüber gesprochen, wie der IM eine Verbindung zur Person J. herstellen kann. Bisher geht es nur über die Möglichkeit über einen gelegentlichen Buchkauf, der aber mit Geld verbunden ist … Diese Frage muss weiter bedacht werden.“	
30. 6. 1967[156]	**Abschlussbericht OV „Hugenott“**

12.2.6 Treffberichte und Operativ-Pläne OV „Quartett“ – Telschow

Datum	Berichtsauszüge
Juni 1965[157]	Telschow zur Auseinandersetzung Jugendweihe
24. 9. 1965[158]	Telschow über Wahlbeteiligung. Es gehe darum, diejenigen zu stärken, die aus Gewissensgründen nicht zur Wahl gehen könnten.

154 Fischer, Treffbericht IM „Roland“, 4. 3. 1966, ebenda, Bl. 180f.

155 Fischer, Treffbericht IM „Roland“, 4. 3. 1966, BStU, MfS, AOP 856/67, OV „Hugenott“, Bd. II, Bl. 182–185.

156 Fischer, Abschlussbericht zum Operativ-Vorgang „Hugenott“, BStU, MfS, AOP 856/67, OV „Hugenott“, Bd. IV, Bl. 38–42.

157 GHI „Erich“, Auszug aus Treffbericht, Juni 1967, BStU, MfS, BVfS Potsdam, 210/86 (Teilvorgang Nr. 2 zum ZOV „Quartett“, Bd. 1), Bl. 83.

158 Ebenda.

<table>
<tr><td>20.5.1967[159]</td><td>Berichtsauszug, Konventsbericht 17.5.1967</td></tr>
<tr><td>14.9.1967[160]</td><td>Bericht über Telschow</td></tr>
<tr><td>15.2.1968[161]</td><td>Bericht über Pfarrkonvent am 14. Februar 1968</td></tr>
<tr><td colspan="2">Diskussionen über die neue Verfassung der DDR von 1968
Telschow kritisiert, dass Artikel 39[162] sehr knapp gehalten sei und konkretisiert werden müsse. Außerdem kritisiert er, „daß den Wehrdienstverweigerern in der neuen Verfassung kein Schutz geboten werde“.</td></tr>
<tr><td>1.4.1968[163]</td><td>Bericht über Pfarrkonvent am 29. März 1968</td></tr>
<tr><td colspan="2">Diskussionen zur Verfassung und zum Volksentscheid
„Telschow brachte zum Ausdruck, daß er nicht an der Abstimmung teilnimmt.“ Die Vorschläge der Kirche zum Verfassungsentwurf seien nicht berücksichtigt worden.
„Der IM schätzt ein, daß an dem Volksentscheid nicht teilnehmen werden der Sup. Intendent Telschow und die Pfarrer G., B., W., R. und F.“</td></tr>
<tr><td>30.4.1970[164]</td><td>Bericht über Pfarrkonvent am 30. April 1970</td></tr>
<tr><td>31.3.1971[165]</td><td>Bericht über Pfarrkonvent am 24. März 1971
Bericht über Kreissynode am 6. März 1971</td></tr>
<tr><td>14.4.1971[166]</td><td>Vermerk Rintorf, Gespräch IMF „Roland“</td></tr>
</table>

159 GHI „Erich“, Auszug aus Treffbericht IM „Roland“, 20.5.1967, BStU, MfS, BVfS Potsdam, 210/86 (Teilvorgang Nr. 2 zum ZOV „Quartett“, Bd. 1), Bl. 82.

160 GHI „Erich“, Auszug aus Treffbericht, 14.9.1967, ebenda, Bl. 89.

161 FO Lüdtke, Auszug aus Treffbericht, Juni 1967, ebenda, Bl. [unleserlich].

162 „Artikel 39 (1) Jeder Bürger der Deutschen Demokratischen Republik hat das Recht, sich zu einem religiösen Glauben zu bekennen und religiöse Handlungen auszuüben. (2) Die Kirchen und anderen Religionsgemeinschaften ordnen ihre Angelegenheiten und üben ihre Tätigkeit aus in Übereinstimmung mit der Verfassung und den gesetzlichen Bestimmungen der Deutschen Demokratischen Republik. Näheres kann durch Vereinbarungen geregelt werden.“ Verfassung der Deutschen Demokratischen Republik.

163 FO Lüdtke, Auszug aus Treffbericht, 1.4.1968, BStU, MfS, BVfS Potsdam, 210/86 (Teilvorgang Nr. 2 zum ZOV „Quartett“, Bd. 1), Bl. 109.

164 GHI „Erich“, Treffbericht, IM „Roland“, 30.4.1970, BStU, MfS, BVfS Potsdam, 210/86 (Teilvorgang Nr. 2 zum ZOV „Quartett“, Bd. 1), Bl. 129–133.

165 FO Rintorf, Treffbericht, IM „Roland“, 25.3.1971, ebenda, Bl. 129–133.

166 FO Rintorf, Treffbericht, IM „Roland“, 14.4.1971, ebenda, Bl. 144.

„Durch Superintendent Telschow erfuhr der IM, daß es einen Beschluss gibt, die Tagesordnung der Provinzialsynode geheim zu halten. Außerdem berichtete Telschow dem IM, dass es zu ‚harten Auseinandersetzungen' mit dem Rat der Stadt, Abt. Inneres, Referat für Kirchenfragen gekommen sei."	
27. 5. 1971[167]	Bericht über Pfarrkonvent am 26. Mai 1971
11. 11. 1971[168]	Bericht über Pfarrkonvent am 25. Oktober 1971
„Telschow berichtet über Ephorenkonvent in Buckow, Schönherr habe gesagt, daß die Zeit und auch die Lage der Kirche in der DDR düster sei. Der Staat habe vor, die evang. Kirche zu einer Kult- und Priesterkirche umzuformen. Die Kirche soll in ein Ghetto gedrängt werden, der Hebel dazu sei die neue Ordnung über die Anmeldung von Veranstaltungen. Außerdem berichtet der IM über Pfarrer, die nicht zur Wahl gehen würden."	
25. 11. 1971[169]	Bericht über Pfarrkonvent am 24. November 1971
26. 1. 1972[170]	Bericht über Pfarrkonvent am 19. Januar 1972
„Behinderungen von ‚christlich gebundenen Schülern'. Sup. Telschow fragt die Anwesenden, nach solchen Behinderungen, Gemeindeglieder sollten diese aufschreiben. General Superintendent Lahr ‚Nach diesen Vorkommnissen kann man nicht mehr vom Recht des Einzelnen und Wohl der Gesellschaft sprechen.'"	
27. 4. 1972[171]	Bericht über Pfarrkonvent am 26. April 1972 „Telschow fordert, jede Diskriminierung von Jugendlichen, die an der Jugendweihe teilnehmen, müsse unterbleiben."

167 FO Rintorf, Treffbericht, IM „Roland", 27. 5. 1971, ebenda, Bl. 152.

168 FO Rintorf, Auszug aus Treffbericht, IM „Roland", 25. 11. 1971, BStU, MfS, BVfS Potsdam, 210 / 86 (Teilvorgang Nr. 2 zum ZOV „Quartett", Bd. 1), Bl. 156.

169 FO Rintorf, Auszug aus Treffbericht, IM „Roland", 11. 11. 1971, ebenda, Bl. 157.

170 FO Rintorf, Auszug aus Treffbericht, IM „Roland", 20. 1. 1972, ebenda, Bl. 159.

171 FO Rintorf, Auszug aus Treffbericht, IM „Roland", 27. 4. 1972, BStU, MfS, BVfS Potsdam, 210 / 86 (Teilvorgang Nr. 2 zum ZOV „Quartett", Bd. 1), Bl. 161.

22. 12. 1972[172]	Bericht IM „Roland“ über ein Gespräch mit Telschow „Telschow berichtet dem IM über ein Gespräch Generalsuperintendent Forck mit Referent für Kirchenfragen über Verweigerung Einreise Bischof Scharf.“
30. 6. 1973[173]	Ständig zu ergänzende Informationen zu Sup. Telschow
15.5. 1974[174]	Zentral-Operativplan zum Zentral-Operativ-Vorgang „Quartett“
3.9. 1974[175]	Aktenvermerk über Durchsicht Teilvorgang Nr. 2 des ZOV „Quartett“
28. 6. 1975[176]	Bearbeitungskonzeption zum Teilvorgang Nr. 2 des ZOV „Quartett“
16. 12. 1975[177]	Schwerpunktvorgänge für Jahresarbeitsplan des Leiters der BV ZOV „Quartett“
11. 11. 1976[178]	Abschlussbericht zum Teilvorgang Nr. II des ZOV „Quartett“[179]

12.2.7 Treffberichte und Operativ-Pläne OV „Quartett“ – Koopmann

Juni 1976[180]	Eigenbericht Situation im Kirchenkreis
15. 12. 1976[181]	GHI „Erich“, „Erarbeitung ständ. diff. Einschätzungen der Konvente und op. interess. Amtsträger“

172 FO Rintorf, Auszug aus Treffbericht, IM „Roland“, 22. 12. 1972, ebenda, Bl. 162.

173 GHI „Erich“, Auszug aus Treffbericht, IM „Roland“, 30. 6. 1973, ebenda, Bl. 165.

174 Roch, Zentral-Operativ-Plan, 15. 5. 1974, ebenda, Bl. 10–12.

175 Wüsteneck, Hauptmann, MfS, Aktenvermerk, 3.9. 1974, ebenda, Bl. 172.

176 Roch, Bearbeitungskonzeption, 28. 6. 1975, ebenda, Bl. 42–45.

177 FO Rintorf, Schwerpunktvorgänge, 16. 12. 1975, ebenda, Bl. 47.

178 Laurisch, Abschlussbericht, 11. 11. 1976, ebenda, Bl. 287–291.

179 Laurisch, MfS, KD Brandenburg, Stellungnahme zur Bearbeitung des Materials Koopmann, 22. 1. 1977, BStU, MfS, BVfS Potsdam, 210 / 86 (Teilvorgang Nr. 5 zum ZOV „Quartett“, Bd. 1), Bl. 39f.

180 IM „Roland“, Eigenbericht, 9 / 1979, ebenda, Bl. 126–130.

181 GHI „Erich“, „Erarbeitung ständ. diff. Einschätzungen der Konvente und op. interess. Amtsträger“, 17. 12. 1976, ebenda, Bl. 144.

15.12.1976[182]	GHI „Erich“, Betr.: „ständ. IM Kontrolle d. Bundes- u. Prov. Synodalen u. operativ interess. Amtsträger sowie Kurzeinschätzungen zu ihrem Auftreten“
17.12.1976[183]	GHI „Erich“, Treffbericht mit IM „Roland“ Bericht über Pfarrkonvent am 8. Dezember 1976
22.1.1977[184]	Stellungnahme zur Bearbeitung des Materials Koopmann
8.2.1977[185]	Operativplan zur OPK „Taktiker“
31.3.1977[186]	Operativer Maßnahmeplan zum Teilvorgang Nr. 5 des ZOV „Quartett“
17.3.1978[187]	Operativer Maßnahmeplan zum Teilvorgang Nr. 5 des ZOV „Quartett“
15.11.1978[188]	Auszug aus Bericht – Konvent 15.11.1978 – Kreissynode in Lehnin
15.12.1978[189]	Kurzeinschätzungen zu op. interess. Amtsträger, Superint. Koopmann

182 Ebenda, Bl. 145.

183 GHI „Erich“, Treffbericht IM „Roland“, 17.12.1976, BStU, MfS, BVfS Potsdam, 210/86 (Teilvorgang Nr. 5 zum ZOV „Quartett“, Bd. 1), Bl. 154–157.

184 Laurisch, Oberstleutnant, MfS, KD Brandenburg, Stellungnahme zur Bearbeitung des Materials Koopmann, 22.1.1977, ebenda, Bl. 39f.

185 Operativplan zur OPK „Taktiker“, 8.2.1977, BStU, MfS, BVfS Potsdam, 210/86 (Teilvorgang Nr. 2 zum ZOV „Quartett“, Bd. 1), Bl. 89–91.

186 Laurisch, Oberstleutnant, MfS, KD Brandenburg, Operativer Maßnahmeplan zum Teilvorgang der KD Brandenburg, des ZOV „Quartett“, 31.3.1977, BStU, MfS, BVfS Potsdam, 210/86 (Teilvorgang Nr. 5 zum ZOV „Quartett“, Bd. 1), Bl. 21–24.

187 Laurisch, Oberstleutnant, MfS, KD Brandenburg, Operativer Maßnahmeplan zum Teilvorgang der KD Brandenburg, des ZOV „Quartett“, 17.3.1978, ebenda, Bl. 25–28.

188 GHI „Erich“, Kurzeinschätzungen zu op. interess. Amtsträger, 15.12.1978, ebenda, Bl. 191.

189 Ebenda, Bl. 187–191.

20.12.1978[190]	GHI „Erich" Treffbericht, IM „Roland" Bericht über Pfarrkonvent am 6. Dezember 1978
27.9.1979[191]	Anlage zum Treffbericht, 25.9.1979 Ro. Eigenbericht Pfarrkonvent 12. September 1979
29.9.1979[192]	Ro. Eigenbericht[193] Bericht über Pfarrkonvent am 12. September 1979 zu Pfarrer G
30.4.1980[194]	GHI „Erich", Anlage zum Treffbericht IMV „Roland" 17.4.1980 – Eigenbericht IMV „Roland" – Bericht über Kreissynode – Bericht über Konvent – Bericht über Strafvollzug – Bericht über kathol. Pfarrer
25.5.1980[195]	Auszug aus Treffbericht Bericht über Pfarrkonvent am 7. Mai 1980
29.9.1980[196]	Ro. Eigenbericht Bericht über Pfarrkonvent 12. September 1980
27.2.1981[197]	Operativer Maßnahmeplan zum Teilvorgang Nr. 5 des ZOV „Quartett"

190 GHI „Erich" Treffbericht, IM „Roland", 20.12.1978, ebenda, Bl. 194–197.

191 GHI „Erich", Anlage Treffbericht IM „Roland" 27.9.1979, ebenda, Bl. 230–232f.

192 Ro., Eigenbericht über Pfarrkonvent, 27.9.1979, ebenda, Bl. 230.

193 Als Eigenberichte werden Berichte bezeichnet, die Giebeler selbst schriftlich verfasst und mit Ro. unterzeichnet hat.

194 GHI „Erich", Anlage zum Treffbericht IM „Roland", 30.4.1980, BStU, MfS, BVfS Potsdam, 210/86 (Teilvorgang Nr. 5 zum ZOV „Quartett", Bd. 1), Bl. 238f.

195 Ebenda, Bl. 241.

196 IM „Roland", Eigenbericht über Pfarrkonvent, Abschrift, 29.9.1980, ebenda, Bl. 224f.

197 Fubel, Oberstleutnant, Leiter KD Brandenburg, Operativer Maßnahmeplan zum Teilvorgang der KD Brandenburg, des ZOV „Quartett", 31.3.1977, ebenda, Bl. 29–31.

9.3.1983[198]	Ro. Eigenbericht 1. Bericht über Pfarrkonvent am 9. März 1983
10.3.1983[199]	Ro. Eigenbericht 2. Bericht über Pfarrkonvent am 9. März 1983
23.4.1983[200]	Ro. Eigenbericht Bericht über Überlegungen zum Kreiskirchentag in Brandenburg, September 1983
21.4.1983[201]	Auszug aus Treffbericht „Roland" vom 21.4.1983. Informationen zu Koopmann, Kirche will einen „Notdienst" einführen, damit Informationen schnell weitergeleitet werden können. IMB erhielt einen solchen Testanruf.
28.5.1983[202]	Ro. Bericht Bericht über Hochzeit in Familie Koopmann
27.9.1984[203]	Auszug aus dem Treffbericht vom 15.9.84. „Superintendent Koopmann orientierte, daß Kirchenangestellte keine staatlichen Auszeichnungen entgegennehmen sollen, wenn diese nicht durch die Kirchenleitung bestätigt ist."
8.12.1984[204]	Ro. Bericht Eigenbericht über Superintendent Koopmann

198 IM „Roland", Eigenbericht, 9.3.1983, ebenda, Bl. 251.
199 Ebenda, Bl. 252.
200 IM „Roland", Eigenbericht, 23.4.1983, ebenda, Bl. 257.
201 MfS, Auszug aus Treffbericht, IM „Roland", 21.4.1983, BStU, MfS, BVfS Potsdam, 210/86 (Teilvorgang Nr. 5 zum ZOV „Quartett", Bd. 1), Bl. 261.
202 IM „Roland", Eigenbericht, 9.3.1983, ebenda, Bl. 262.
203 Auszug aus Treffbericht, IM „Roland", 15.9.1984, ebenda, Bl. 275.
204 IM „Roland", Eigenbericht, 8.12.1984, ebenda, Bl. 276.

12.3 Auswahl Leserbriefe und Artikel

DEUTSCHES ALLGEMEINES SONNTAGSBLATT 16.10.92 -11-

Von Skrupeln keine Spur

Wie der Brandenburger Gefängnisseelsorger Eckart Giebeler politische Gefangene aushorchte. Eine neue Dimension in der Debatte um Kirche und Staatssicherheit in der DDR

VON ANDREAS BECKMANN UND REGINA KUSCH

Es ist eine so wunderschöne Geschichte, die sich der Pfarrer Eckart Giebeler aus Brandenburg zurechtgelegt hatte und sogar in einem Buch für den frommen Brockhaus-Verlag in Wuppertal niederschreiben durfte: wie er 40 Jahre bei Wind und Wetter durch die DDR gefahren sei, überall die Gefangenen zu besuchen und all ihr Leid mitzutragen. So oft hatte er das den Journalisten nach der Wende in ihre Mikrophone und Schreibblöcke diktiert, daß er am Ende den Text seines Buchs auswendig aufsagen konnte. Seit dem vergangenen Wochenende aber will seine Story niemand mehr hören. Die ARD-Reihe „Gott und die Welt" hatte enthüllt, daß Giebelers wichtigste Aufgabe in den vergangenen 40 Jahren gewesen war, politische Gefangene auszuhorchen. Ganz nebenbei hat er noch unzählige Berichte über die verschiedensten vertraulichen Zusammenkünfte in Kirchenkreisen geschrieben. Und es ist ihm gelungen, Kirchenfunktionäre wie Bischöfe in allen Fragen der Gefangenenseelsorge im Sinne der Staatsmacht fernzusteuern. Damit eröffnet der „Fall Giebeler" auch eine neue Dimension in der Stasi-Kirche-Debatte. Was die Kirche bisher für grundsätzlich ausgeschlossen hielt, ist im Bereich der Gefangenenseelsorge passiert: Der Staat bekam das Heft in die Hand!

Eine schillernde Figur war er schon immer gewesen, dieser unauffällige und scheinbar so bescheidene Mann. Jahrzehntelang war Giebeler der einzige hauptamtliche Gefangenenseelsorger in der DDR. Daß sein Dienstherr nicht die Kirche war, sondern die Volkspolizei, war kein Geheimnis. Daß er unter dem Decknamen „Roland" seit 1959 für den Staatssicherheitsdienst spionierte, hatte er immer gut verbergen können. Nur ein einziges Mal hatte es eine Panne gegeben, aber damals half ihm die Kirche, die Konspiration zu wahren. Im Westberliner Boulevardblatt „BZ" war die Meldung erschienen, ein in die Bundesrepublik entlassener Gefangener habe Giebeler bei der Zentralen Erfassungsstelle in Salzgitter als Stasi-Offizier angezeigt. „Herr Giebeler hat von der Leitung der Landeskirche Berlin-Brandenburg Kenntnis erhalten über die diffamierende Pressemitteilung in der 'Bild-Zeitung' vom 7. 6. 1979." Ein Propst Winter gab ihm diese zu lesen, mußten Offiziere der Volkspolizei und des Staatssicherheitsdienstes am 14. Juni zu ihrer Bestürzung erfahren. Doch jede Angst vor einer Enttarnung „Rolands" war unbegründet. „Der Propst brachte zum Ausdruck, daß die Kirche über eine derartige Verleumdung über die Tätigkeit eines Geistlichen im Strafvollzug der DDR empört ist", und fragte, was man dagegen unternehmen könne. Über Giebeler ließen die Überwachungsorgane der DDR der Kirche ausrichten, die Sache solle am besten totgeschwiegen werden. Heute behauptet Winter, einst Propst der Evangelischen Kirche in Berlin-Brandenburg, von der Anzeige in Salzgitter nichts zu wissen. Offenbar hat sich das Konsistorium an die vorgegebene Linie gehalten und ist der Sache niemals nachgegangen – man wollte nichts wissen.

Offiziell sei die Sache nie an die Kirche herangetragen worden, sagte auch der damalige Vorsitzende des Bundes der Evangelischen Kirchen in der DDR, Albrecht Schönherr, als er in der ARD-Sendung auf den Vorfall angesprochen wurde. „Aber ich weiß, daß Gefangene den Verdacht geäußert haben. Nur muß man das wahrscheinlich nicht überbewerten, denn Gefangene sind sehr empfindlich, und alles, was sie irgendwie beeinträchtigt, wird dann gerne anderen zugeschoben", erklärt der Bischof.

Allerdings waren nicht alle kirchlichen Amtsträger immer so vertrauensselig gegenüber Giebeler gewesen. Als der 1953 gemeinsam mit einem Kollegen namens Bluhm die Arbeit als hauptamtlicher Gefängnisseelsorger antreten wollte und dafür einen kirchlichen Auftrag verlangte, widersprach der damalige Propst Kurt Scharf entschieden. In einer Besprechung am 22. Mai 1953 teilte er ihnen kühl mit, sie besäßen nicht sein Vertrauen. Die Kirche könne sie nicht hindern, sich der Volkspolizei zu verdingen. Sie sei bereit, die beiden zu diesem Zwecke zu beurlauben, weiter aber würde sie ihnen nicht entgegenkommen. Trotz erheblichen Drucks von seiten des Ministeriums des Inneren, doch noch einen Auftrag für die beiden Pfarrer auszusprechen, blieb Scharf hart. Giebeler log sich wie so oft in seinem Leben die Situation zurecht: Weil er ja auch früher schon an hohen kirchlichen Festtagen Gottesdienste im Gefängnis Brandenburg-Görden gehalten hatte, behauptete er am 10. Juli in einem Schreiben an die Kirchenleitung Berlin-Brandenburg, den Auftrag bereits längst zu besitzen. Ein knappes halbes Jahr zuvor, am 9. Februar, hatte er von dem gleichen Gremium noch ausdrücklich einen urkundlichen Auftrag für seine neue Tätigkeit verlangt. Ungetrübt von Selbstzweifeln ging Giebeler seinen Weg konsequent weiter und näherte sich bald dem Ministerium für Staatssicherheit an. „Schon in den Kontaktgesprächen machte er von sich aus den Vorschlag, eine engere Zusammenarbeit mit dem MfS zu unterhalten", berichteten am 29. 5. 1959 die Stasi-Offiziere Kieback und Kühne über die Anwerbung des „Geheimen Informators Roland" alias Giebeler. Seitdem wurde „Roland" unter der Registrier-Nummer „3471/60" bei der Stasi geführt, zunächst von der Kirchenabteilung V/4 oder XX/4, später von der Abteilung VII, die für die Überwachung des Strafvollzugs zuständig war. Hatte man ihn zunächst als „GI" klassifiziert, wurde er bald als „IM" bezeichnet. Am 25. November 1981 hat man ihn zum „IME", zum „Inoffiziellen Mitarbeiter-Ermittler" befördert, der auch Sonderaufträge erledigte.

Während die Kirche zeitweilig gezweifelt haben mag, ob Giebeler wirklich einer der Ihren war, konnte sich das MfS von Anfang an sicher sein. „Er ist kein Volltheologe, sondern Prediger und wurde von der Hauptverwaltung Deutsche Volkspolizei als Gefängnisseelsorger angestellt und hat den Dienstgrad Major der VP ... In ideologischer Hinsicht hat er mit der Kirche nichts mehr gemein", urteilte Oberleutnant Fischer in seinem stasiinternen Auskunftsbericht über „Roland" vom 22. 5. 62 rundum zufrieden. Doch auch seine Erwartungen an „Roland" waren hoch: „Die Informationen des IM geben die Möglichkeit, eine breite op(erative) Arbeit auf der Linie Kirche zu organisieren, die bisher dazu geführt hat, eine Anzahl Anwerbungen durchzuführen, feindliche Gruppierungen kennenzulernen und die dazu führen soll, bestimmte Personen zu liquidieren durch den Abschluß des Vorganges."

Die Schnüffelei in der Kirche war zunächst nur schwer möglich. Als Pfarrer im Dienst der Volkspolizei war Giebeler auf lange Zeit isoliert. An Konventen und ähnlichen Tagungen durfte er nur als Gast teilnehmen. So konnte ihn die Stasi zu ihrem Leidwesen anfangs „nicht operativ einsetzen", das heißt Giebeler konnte kaum im Sinne seiner Auftraggeber Einfluß auf Entscheidungen nehmen. Doch im Laufe der Zeit fand er Förderer, die dem verlorenen Sohn halfen, in den Kreis der Getreuen wieder aufgenommen zu werden. Sein vielleicht wichtigster Fürsprecher wurde Albrecht Schönherr. Schönherr kennt Giebeler beinahe seit den Anfängen der DDR. Bevor Giebeler in den Staatsdienst ging, war Schönherr sein Vorgesetzter. Auch danach hatten beide stets ein vertrauensvolles Verhältnis.

-12-

Schönherr öffnete Giebeler innerhalb der Kirche manche Türe, hinter die er gerne schauen wollte.

Im Laufe der Jahre irritierte es schon niemanden mehr, wenn Giebeler selbst auf Besprechungen erschien, zu denen er gar nicht eingeladen war. Im Kirchenkreis Brandenburg geschah bald nichts mehr, wovon „Roland" nichts erfuhr.

Noch interessanter aber waren die Informationen, die er aus dem Bereich Strafvollzug und Gefangenenseelsorge lieferte. Hier konnten MfS und Volkspolizei Giebeler sogar einsetzen, um die Entscheidungen der Kirche in ihrem Sinne zu beeinflussen, so sehr wurde er mittlerweile als Ratgeber von Bischöfen und Kirchenfunktionären geschätzt. Als im Jahre 1978 nach dem berühmten Treffen Honecker/Schönherr die Gefangenenseelsorge neu geregelt wurde, bat Unterhändler Manfred Stolpe Giebeler um einen Termin. „Herr G. wurde beauftragt, Herrn Stolpe einige Gedanken zu offerieren, die er als die eigenen auszugeben hat. Es geht dabei um die bereits abgestimmte Linie der VSV" (= Verwaltung Strafvollzug) heißt es in einem Gesprächsvermerk des Innenministeriums vom 28. 7. 1978. Einen Tag nach dem Treffen informierte Giebeler bereits darüber, wie weit sein Gesprächspartner auf die Vorstellungen der Offiziere eingegangen war und an welchen Punkten hart verhandelt werden mußte.

Noch katastrophaler wirkte sich aus, daß sich immer wieder Bischöfe an Giebeler wandten, wenn sie Hilfeersuchen von Angehörigen erhalten hatten. So bekam Giebeler im Sommer 1982 von Bischof Krusche aus Magdeburg einen Brief in die Hand, in dem die Eltern eines schwerkranken Gefangenen erzählten, ihr Sohn habe ihnen beim letzten Besuch einen Kassiber zugesteckt. Am 1. Juli leitete Giebeler dieses Schreiben „mit sozialistischem Gruß" an den Major des Strafvollzugs Serfas weiter in der richtigen Vermutung: „Vielleicht läßt sich dieser Brief auswerten." Heute berichtet die Mutter des später in die Bundesrepublik entlassenen Gefangenen, ihr Sohn sei seit jener Zeit noch öfter als vorher in den Arrest gesteckt worden.

Als es mit der DDR langsam zu Ende ging, konnte „Roland" seinen Stasi-Offizieren noch melden, daß nun auch der sächsische Landesbischof sich mit ihm traf und ausführlich die Probleme einzelner Gefangener erörterte. So wertvoll für ihn solche Gespräche auch waren, den größten Teil seiner Informationen über Häftlinge besorgte sich „Roland" im unmittelbaren Gespräch. Dabei kam ihm zugute, daß Stasi und Volkspolizei dafür sorgten, daß ihm grundsätzlich die Seelsorge in jenen Anstalten übertragen wurde, in denen die politischen Gefangenen konzentriert waren. Im Stasi-Sonderknast Bautzen II war beispielsweise bis zur Wende nie ein anderer Pfarrer. Am Ende seiner harten Arbeitstage, wenn er in der Tarnung des Geistlichen durch die Gefängniskorridore geschlichen war, schrieb „Roland" dann nicht selten noch mehrere Berichte über einzelne Inhaftierte.

Neben diesen Spitzeldiensten nimmt sich seine Schnüffelei auf dem Konvent der Gefangenenseelsorge beinahe wie ein Lappalie aus. Regelmäßig trug er der Stasi und der Volkspolizei zu, was er auf diesen Treffen zu hören bekam: etwa daß einzelne Pfarrer illegal Briefe von Gefangenen erhielten oder ständig bewußt die Dienstordnung für Anstaltsseelsorger verletzten. Über einzelne „Brüder" hat er gelegentlich regelrechte Dossiers angelegt. Das waren dann die Sonderaufträge für den „IM Ermittler".

Abgeliefert hat er die Berichte im Vier-Wochen-Rhythmus bei konspirativen Treffen, die in den letzten Jahren in seiner eigenen Wohnung stattfanden. Diese ungewöhnlich riskante Arbeitsweise rechtfertigte sein Führungsoffizier Thoß mit dem Hinweis, Giebelers Frau sei ohnehin eingeweiht.

Unangenehm fiel den Stasi-Offizieren an „Roland" nur auf, daß er „sehr materiell eingestellt" war. Gelegentliche Geschenke an Festtagen reichten ihm nicht, obwohl er sich – laut Stasi-Protokoll – „aus Überzeugung" hatte anwerben lassen. „Roland" verlangte immer wieder Bargeld. Seit 1982 bekam er jeden Monat 250 Mark plus 200 Mark Aufwandsentschädigung vom MfS. Zusätzlich legte die Volkspolizei auf Giebelers für DDR-Verhältnisse ohnehin üppiges Gehalt noch 300 Mark für Spesen drauf. Auch ideell wurde der Pfarrer im Staatsdienst reichlich belohnt. Er bekam so ziemlich alles an Ehrenzeichen, was Stasi und Vopo zu vergeben hatten. Seine höchste Auszeichnung war der Vaterländische Verdienstorden in Silber, mit dem er am 40. Jahrestag der Staatsgründung geschmückt wurde. Mindestens von dieser Auszeichnung mußte die Kirchenleitung gewußt haben, denn die Namen der Träger dieses Ordens wurden regelmäßig in der Presse veröffentlicht.

Als Giebelers Auftraggeber so langsam die Kontrolle verloren und immer mehr Pfarrer Kontakte mit Strafgefangenen bekamen, häuften sich die Stasi-Vorwürfe gegen ihn beim Konsistorium Berlin-Brandenburg. Dennoch zögerte der damalige Bischof Gottfried Forch nicht, Giebeler wieder in den Dienst der Kirche zu übernehmen. Obwohl er bereits das Rentenalter erreicht hatte, wurde er weiterhin mit der Gefangenenseelsorge in Brandenburg-Görden betraut. Auch das brandenburgische Justizministerium hatte keine Einwände. Zwar stand in den dem Ministerium vorliegenden IM-Listen auch ein „Roland", der „Mitglied des operativen Dienstes" gewesen war. Doch auf die Idee, daß dies der Anstaltspfarrer sein könnte, der mit Billigung der Kirche seine Überprüfung durch die Gauck-Behörde abgelehnt hatte, kam niemand. Von offizieller Seite zur Rede gestellt wurde Giebeler erst am vergangenen Freitag. Als die ersten Vorabmeldungen zu dem ARD-Film üb[illegible] Agenturen und den Hörfunk gingen, wurde der Stasi-Pfarrer ins Ministerium zitiert. Dort stritt Giebeler alle Vorwürfe ab und verlangte geistesgegenwärtig, sofort einen Auflösungsvertrag unterschreiben zu dürfen. So bleibt ihm die amtliche Überprüfung durch die Gauck-Behörde auch diesmal wieder erspart: Es gibt ja nun keinen Dienstherrn mehr, der diese verlangen könnte.

Vor der laufenden Kamera war es Giebeler nicht gelungen, die durch Hunderte von Aktenseiten belegten Vorwürfe zu entkräften. Ein schlechtes Gewissen habe er nicht, und er gedenke sich auch nicht vor irgendwelchen Menschen zu rechtfertigen, sondern nur vor seinem Herrn. „Mir ist nicht bekannt, daß ich irgendeinen Gefangenen verraten habe!" Mit diesem Satz legte Giebeler eher unfreiwillig offen, wie er all die Jahre mit sich und seinem Tun umgegangen ist und wohl weiter umgehen will.

Ministerium für Staatssicherheit — Potsdam, den 16.04.82

Werter Herr Giebeler

Als Dank und Anerkennung für die langjährige inoffizielle Zusammenarbeit mit dem Ministerium für Staatssicherheit und den dabei erzielten Ergebnissen erhalten Sie ab April 1982 eine monatliche finanzielle Zuwendung in Höhe von 250,- M (zweihundertfünfzig). Im Rahmen der Auftragserfüllung entstehende Unkosten werden Ihnen weiterhin zurückerstattet.

Wir erwarten, daß Sie auch weiterhin alle Kraft für die Erfüllung der Ihnen übertragenen Aufgaben einsetzen.
Für Ihren weiteren Lebensweg wünschen wir Ihnen alles Gute, vor allem Gesundheit, Schaffenskraft und Glück.

Beckmann / Kusch, Von Skrupeln keine Spur, in: Deutsches Allgemeines Sonntagsblatt, 16. 10. 1992

Berlin-Brandenburgisches

Sonntagsblatt

15. 11. 92

Wertvoller Dienst

Zur Meldung „Gefängnisseelsorger enttarnt" in Nr. 41

Der Leserbrief von Superintendent Koopmann in Nr. 43 hat mir den Anstoß gegeben, mich ebenfalls zu Wort zu melden, um Bruder Giebeler mein Vertrauen auszusprechen. Ich bin empört, auf welche Weise die beiden Filmemacher Andreas Beckmann und Regina Kusch Bruder Giebeler „entdeckt" und „enttarnt" haben.

Die Vorgeschichte zu Giebelers Dienst in Brandenburg und anderen Strafvollzugsanstalten ist den beiden vielleicht nicht bekannt oder, was viel schlimmer wäre, sie haben sie verschwiegen. In den fünfziger Jahren hat Propst Grüber als der Beauftragte der EKD mit staatlichen Stellen der EKD verhandelt und erreicht, daß drei Pfarrer den Zutritt zu den Strafvollzugsanstalten bekamen, was vorher keinem einzigen Pfarrer möglich gewesen war. Einer der drei Pfarrer war Eckart Giebeler, der schließlich als einziger in diesem Dienst geblieben ist. Er hatte Zugang zu politischen Gefangenen, die das Gespräch mit ihm wünschten. Bedingung war allerdings, daß Giebeler diesen Dienst als Mitarbeiter des Innenministeriums tat. Daß er dabei auch Kontakt zum Staatssicherheitsdienst erhielt, ist dann folgerichtig. Giebeler hat dies auf sich genommen. Was da aber in dem Film in der Fernsehreihe der ARD „Gott und die Welt" gezeigt wurde, kann auch ich nur als Gift bezeichnen. So macht man in unverantwortlicher Weise einen Menschen fertig, ohne den schweren Dienst zu würdigen, den er jahrelang geleistet hat.

Ich habe Bruder Giebeler in ganz anderer Weise kennengelernt. Eins der Ergebnisse des Gespräches zwischen Honecker und dem Vorstand der Konferenz der ev. Kirchenleitungen am 6. März 1978 war, daß die Leitungen der acht Landeskirchen in der DDR Pfarrer als Gefängnisseelsorger vorschlagen konnten, die für ihren Dienst der Bestätigung durch das Inneministerium bedurften. Ich bin einer dieser Pfarrer gewesen und konnte von Ostern 1979 bis zum Februar 1985 einmal im Monat in Ueckermünde-Berndshof mit Strafgefangenen, die meinen Besuch ausdrücklich gewünscht hatten, zusammen am Tisch sitzen, miteinander sprechen und danach Gottesdienst feiern. Im Höchstfall waren mit mir neun um den Tisch versammelt. Heiligabend 1979 war es ein einziger. Selbstverständlich war stets ein Offizier des Strafvollzugs anwesend. Auf der Hinfahrt war mir immer das Herz schwer, anders auf der Rückfahrt; da war ich erleichtert, froh und erfüllt von den Begegnungen in den Stunden zuvor.

Die Gefängnisseelsorger kamen zweimal im Jahr in Berlin zum Erfahrungsaustausch zusammen. Der Konvent stand unter der Leitung von Pfarrer Giebeler. Das anfängliche Mißtrauen gegenüber einem Zivilangestellten des Inneministeriums wich bald. Wir bekamen von Giebeler wertvolle Hinweise für unseren Dienst, von dem wir uns zunächst gar keine Vorstellung machen konnten. Seine Ratschläge waren uns wichtig. In diesem Kreis haben wir uns freimütig geäußert. Sollte Bruder Giebeler dies weitergegeben haben, so erfuhr der Staatssicherheitsdienst auf diese Weise wenigstens, was wir dachten und kritisierten.

Bei der Förderung eines Strafgefangenen hat mir Bruder Giebeler sehr geholfen. Den Strafgefangenen, mit dem ich Heiligabend 1979 allein war, habe ich nach seiner Entlassung zu begleiten versucht, erfuhr dann aber nach Monaten, er säße in Brandenburg (verschärfter Strafvollzug) und sei zu fünf Jahren Haft verurteilt. Ich wollte ihn wissen lassen, daß ich ihn nicht vergessen hätte, aber wie? An einen Strafgefangenen im verschärften Strafvollzug konnten höchstens Verwandte, die als solche notiert waren, schreiben. Bruder Giebeler hat mir den Weg gewiesen, daß ich eine einseitige Schreibgenehmigung erhielt, d.h. ich durfte schreiben, aber keine Antwort erwarten. Das war schwer. Nach einer Reihe von Monaten wurde daraus eine wechselseitige Schreibgenehmigung.

Monat für Monat erhielt ich von dem Strafgefangenen einen Brief, auf den ich antworten konnte. Der Strafgefangene erhielt keinen Besuch. Für die kranke Mutter war die Bahnfahrt mit mehrmaligem Umsteigen zu anstrengend. Bruder Giebeler hat es ermöglicht, daß ich einen „Doppelsprecher" bekam, d.h. ich konnte meinen Partner für zwei Stunden besuchen und sprechen. Für diesen Besuch hat mir Bruder Giebeler wertvolle Ratschläge gegeben. Ich hätte es sonst wohl auch verkehrt angefangen. Schließlich hat Bruder Giebeler dazu beigetragen, daß der Gefangene zehn Monate früher entlassen wurde.

Ich hatte ihm für die Zeit nach seiner Entlassung einen Arbeitsplatz in einer diakonischen Einrichtung besorgt. Zuvor war der Landesdiakoniepfarrer, zusammen mit der kranken Mutter des Gefangenen, im Auto in Brandenburg. Bruder Giebeler hatte für beide eine Sprechererlaubnis beschafft. Der ehemalige Häftling hat noch heute seinen Arbeitsplatz bei der Diakonie. Doch für Menschen, die nur einmal von außen hineinschauen, ist Bruder Giebeler ein enttarnter Stasispitzel!

Erwähnt sei noch, daß Jahr für Jahr in der Evangelischen Verlagsanstalt das Weihnachtsheft „Der helle Schein" erschienen ist. Dieses Weihnachtsheft war im Buchhandel nicht zu haben. Es war ausschließlich für Strafgefangene, die den Dienst der Kirche annahmen, und für ihre Angehörigen bestimmt. Bruder Giebeler hat diese Hefte verantwortet und herausgegeben. Nach diesen Erfahrungen wehre ich mich entschieden gegen alle Versuche, Bruder Giebeler als Stasispitzel zu enttarnen. Auch die Altbischöfe Schönherr und Forck sind für ihren Pfarrer eingetreten.

Siegfried Lange, Propst i.R., Stralsund

„Wertvoller Dienst". Leserbrief von Siegfried Lange, Propst i.R., Stralsund, in: Deutsches Allgemeines Sonntagsblatt, 16. 10. 1992

UNSERE ZEITUNG

EINER WAR - WER NOCH ?

Am 10.10.1992 wurde von der ARD in der Reihe "Gott und die Welt" der Beitrag "Zu verkündigen den Gefangenen die Freiheit" ausgestrahlt.

Was von vielen Inhaftierten seit langem vermutet und behauptet, von ebenso vielen vehement bestritten wurde, bewieß dieser Film: Die Spitzeltätigkeit des evangelischen Anstaltspfarrers G. Dieser hat in jahrzehntelanger Arbeit im Strafvollzug das Vertrauen der Gefangenen mißbraucht, um Informationen zu erhalten. Wenn man in geringem Maße vielleicht noch nachvollziehen kann, daß sein Angestelltenverhältnis beim Ministerium des Inneren der DDR bestimmte Zugeständnisse erforderte, die aber mit seinem vorgeblichen Glauben kollidierten, so bleibt völlig unverständlich seine IM-Tätigkeit für das Ministerium für Staatssicherheit. Pfarrer G. hat seine Dienste angeboten und sich diese bezahlen lassen. Keine Überzeugung, keine Notwendigkeit war Ursache für diese Spitzeldienste. Ich gehe davon aus, daß sein Glauben ebenso geheuchelt war, wie das Verständnis für die Gefangenen.

Natürlich stellt sich die Frage: "Hat diese Aufklärung, ja Anklage, Sinn?" Sie hat Sinn und gerade Gefangene sollten diesen Sinn besonders deutlich spüren. Es ist eine einfache Rechnung: Wir Inhaftierte haben Schuld auf uns geladen, zu der wir stehen müssen und die wir annehmen sollten. - Bitte schön: all diejenigen, die in der Vergangenheit im politischen System der DDR schuldig geworden sind (auf welche Art auch immer), sollten zu ihrer Schuld ebenso stehen und diese annehmen.

Die Einzelperson G. ist dabei überhaupt nicht so wichtig, wie mancher glaubt. Viel mehr Bedeutung hat die moralische Rückendeckung der evangelischen Kirche für Pfarrer G. trotz vielfältiger Hinweise von Gefangenen wie auch aus Kirchenkreisen. Die Altbischöfe machen keine gute Figur.

Der Film verdeutlicht aber auch ein Problem dieser Zeit: Das Desinteresse der Politik, der staatlichen Stellen, vielleicht der ganzen Gesellschaft, die Vergangenheit sauber aufzuarbeiten - wie schon einmal in Deutschland ist dazu kaum jemand bereit.
Nicht nur dieser Geistliche hat sich schuldig gemacht, auch noch immer im Sold des Staates stehende Vollzugsbeamte sind mit an Sicherheit grenzender Wahrscheinlichkeit stark belastet. Wo aber der Beweis nicht erbracht werden soll, dort werden auch die entsprechenden Nachforschungen nicht vorangetrieben.

Ob Salzgitter, die Gauckbehörde oder andere Archive - genutzt werden diese meist nur von Journalisten, kaum von denen, die Staat und Recht repräsentieren.
Die moralische Pflicht des Staates hat sich auf die Medien verlagert und dies bedeutet, daß an dem negativsten Teil der DDR-Geschichte noch zu lange gewürgt werden muß.
Die Entrüstung der Politiker, die so oft zum Ausdruck gebracht wird, scheint mir geheuchelt, denn gerade die Politik ist es, die die Weichen für die Aufarbeitung der Vergangenheit nicht stellt.

St. O.

Stephan Oertel, Einer war – wer noch?, in: Gefangenen-Zeitung der JVA Brandenburg, November 1992

15.00

Heinz Langhoff
Otto-Ganzer-Str. 15
DDR 18 Brandenburg

Br, 26. 11. 92

Lieber Bruder Furian!

Wir haben bewegten Herzens und mit Dankbar-
keit gehört, wie Sie Bruder Giebeler in schweren Stunde
zur Seite gestanden haben. Darum meinte ich – als ich
beigefügtes Heft las – es Ihnen zuschicken zu müssen
zumal es uns m. E. etwas signalisiert, was (zumindes
auch unsre Kirche in Bln-Brdbg angeht:
Nicht nur ich sehe hier in der Stadt, daß der röm.-kath.
Pfarrer seit Monaten dabei ist, die evgl. Seelsorge aus
dem hiesigen „Knast" herauszudrängen, um dann das
freigewordene Terrain zu besetzen. Abgesehen davon,
daß Herr Dr. sich sicherlich nicht hat von Ihnen legitimieren
lassen, treibt er ein böses Spiel, neuerdings offensichtlich
im Zusammenspiel mit dem neuen Personal: lauter
Katholiken aus Westfalen. Bruder Giebeler weiß von
Bestechungstricks, um Gefangene auf seine Seite zu
ziehen von ihnen Aussagen gegen ihn – ja, und auch
solche Texte zu bekommen wie im beigefügten Heft.
Soweit dieser Gefangene (und nicht Herr Dr. selbst(?))
der Verfasser ist, wäre anzumerken, daß er einsitzt
wegen mehrfachen brutalen Mordes und zwar lebenslg-
lich. – Vielleicht sehen wir uns am 15. Dez.? –
Eine gesegnete Adventszeit wünschen Ihnen
Ihre H. Langhoff
(u.) Frau

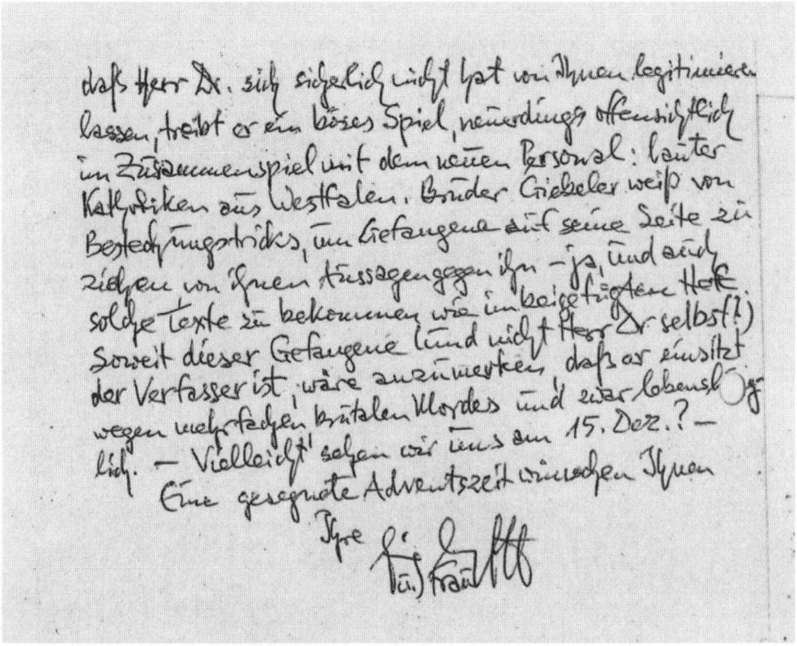

daß Herr Dr. sich sicherlich nicht hat von Ihnen legitimieren
lassen, treibt er ein böses Spiel, neuerdings offensichtlich
im Zusammenspiel mit dem neuen Personal: lauter
Katholiken aus Westfalen. Bruder Giebeler weiß von
Bestechungstricks, um Gefangene auf seine Seite zu
ziehen von ihnen Aussagen gegen ihn – ja, und auch
solche Texte zu bekommen wie im beigefügten Heft.
Soweit dieser Gefangene (und nicht Herr Dr. selbst(?))
der Verfasser ist, wäre anzumerken, daß er einsitzt
wegen mehrfachen brutalen Mordes und zwar lebensläng-
lich. – Vielleicht sehen wir uns am 15. Dez.? –
Eine gesegnete Adventszeit wünschen Ihnen
Ihre
Heinz Langhoff
(u.) Frau

Schreiben von Heinz Langhoff an Propst Furian, 26. 11. 1992

BERLIN-BRANDENBURGISCHES SONNTAGSBLATT 13.12.92

Plädoyer für Eckart Giebeler

Die Stasi-Debatte treibt wilde Blüten. Nach der vergeblichen Hexenjagd wider Manfred Stolpe ist nun auch der langjährige Gefängnisseelsorger in den DDR-Knasten von Brandenburg, Torgau u. a. dran.

Eckart Giebeler habe ich über drei Jahre lang in der Strafvollzugsanstalt Torgau erlebt. Ich habe darüber einiges in meinem Buche „Gegen den Strom“ (1992 bei Vandenhoeck & Ruprecht) geschrieben. Keinen möglichen „Sprecher“ bei ihm habe ich versäumt. Und immer verließ ich den sehr sensiblen und ohne jedes Pathos wirkenden Pfarrer dankbar für ein informatives und sachliches Gespräch. Neben der Begegnung mit dem Anstaltsarzt empfand ich das (unbeaufsichtigte) Zusammensein mit ihm als einen erfreuliche Oase der Menschlichkeit inmitten einer Wüste von Menschlichem und Unmenschlichem. Nie kam ich auf den Gedanken, er könne ein Spitzel sein und im Dienste der Stasi stehen. Auch ein sehr penibles Bedenken der Gespräche mit ihm bot irgendeinen Anhalt für einen solchen Verdacht. Es entlarvte die im Knast umgehenden Gerüchte als das, was sie waren: Horrormeldungen zum Zwecke der Abwendung der Gefangenen von Gottesdienst und Seelsorge. Wenn ich seine Predigten gewichtete, mußte ich feststellen: Er bemühte sich um ein Dolmetschen des Evangeliums in die Situation des Strafgefangenen, er hatte – zumal im Gebet – den Mut auch zu deutlichen gesellschaftlichen und politischen Konkretionen. Er ließ es aber auch nicht an diakonischem Einsatz fehlen. Dafür nur zwei Beispiele.

Eines Tages wurde ich von einem Manne des Vollzugspersonals, der von Zelle zu Zelle ging, vor die erstaunliche Alternative gestellt: „Entweder Kino oder Kirche (Gottesdienstbesuch)“, beides seien „Vergünstigungen“, nur eine davon könne man haben. Pfarrer Giebeler nahm das nicht hin. Er sorgte dafür, daß diese, allem Menschlichen Hohn sprechende Alternative aus dem Verkehr gezogen wurde. Gelegentlich wagte er sogar, sich mit der Stasi im Knast anzulegen. Ein mir von außerhalb des Gefängnisses zugedachtes griechisches Neues Testament, das mir zunächst von der Stasi verweigert wurde mit dem Hinweis: „In diesem Hause wird deutsch geprochen“, wurde mir schließlich infolge seiner Intervention doch ausgehändigt. Freilich nicht lange. Dann zog es der „T 34“ – so der Knast-Name für den Stasi-Offizier – wieder an sich. Giebeler war empört. Er protestierte bei der Leitung der Vollzugsanstalt. Und – was ich kaum für möglich gehalten hatte – erreichte, daß ich das griechische Neue Testament zurückerhielt – bis zur Entlassung.

Nur wer je „gesiebte Luft“ hinter Gittern, zumal zu Unrecht, hat atmen müssen, ermißt ganz, was solche anscheinend kleinen Ereignisse für eine große moralische Wirkung haben. Ich grüße Eckart Giebeler brüderlich und danke ihm für seine unentwegte Gratwanderung im Dienste der Gefangenen.

Georg-Siegfried Schmutzler,
Berlin 61
(als evangelischer Studentenpfarrer in Leipzig zu fünf Jahren Zuchthaus verurteilt)

Georg-Siegfried Schmutzler, Plädoyer für Eckart Giebeler, in: Deutsches Allgemeines Sonntagsblatt, 13.12.1992

Berlin-Brandenburgisches
Sonntagsblatt
6. 12. 92

Stellungnahme

Ich hoffte, nach 40 Jahren nervenaufreibenden Dienstes als Seelsorger an den Opfern des Unrechtssystems endlich in Ruhe leben zu können. Nun suchten Journalisten auch in meiner Vergangenheit nach Verfehlungen. Dabei galt für sie das 8. Gebot scheinbar nicht mehr. Die Stasi-Akten waren ihnen heilig.

Ich habe von Häftlingen immer wieder erfahren, wie die Stasi durch Lug und Trug Menschen ins Verderben brachte. Dabei habe ich mich selbst in Gefahr gebracht, wenn ich Ratsuchenden die Augen dafür öffnete, daß sie zum Spielball des Teufels geworden waren.

Die Ablichtungen in dem Buch „Seid untertan der Obrigkeit“ treffen mich moralisch überhaupt nicht. Es ist kein Schreiben dabei, das ich der Stasi zugeleitet habe. Ich muß jedoch heute annehmen, daß das MdI und das MfS ganz eng zusammenarbeiteten. Vielleicht saß mir bei der Verwaltung Strafvollzug im MdI auch mancher Offizier gegenüber, der wohl die blaue Uniform des Strafvollzuges trug, in Wirklichkeit jedoch hauptamtlich für die Stasi arbeitete.

Gespräche zwischen der Kirche und dem MdI gab es nicht, ebenso wie das Bildungsministerium nicht mit der Kirche verhandelte. Aus diesem Grunde mußte ich im Interesse der Häftlinge selbst mit dem MdI über Gefängnisseelsorge und, wenn nötig, auch über einzelne Gefangene sprechen.

Ich ging den Gang nach Canossa, weil mir die Gefangenen am Herzen lagen.

Ich hatte die Angewohnheit, meinen Gesprächspartnern Merkzettel zuzureichen, damit sie meine Wünsche, Beschwerden, Anregungen usw. nicht vergaßen. Ich tat das auch bei wichtigen Gesprächen mit Pfarrern, Gefangenen, deren Angehörigen, Bediensteten in den Anstalten und auch Beamten der Verwaltung Strafvollzug in Berlin. Was meine Gesprächspartner schließlich mit den Merkzetteln machten, stand nicht in meiner Verantwortung.

Seelsorge an den „Politischen“ war, aus der Optik des Staates gesehen, ein besonderer Risikofaktor. Die Sicherheitsorgane wollten alles im Griff haben. Deswegen konnte ich mich in den meisten Anstalten nur unter Bewachung bewegen. Dem Entgegenkommen des Anstaltsleiters in Brandenburg verdankte ich zuletzt einen größeren Spielraum als in anderen Anstalten. Den Zellenschlüssel hatte ich jedoch nirgends.

In der Regel saß bei Einzelgesprächen mit Gefangenen ein Aufseher dabei. Die politischen Gefangenen hatten strikte Anweisung, mit mir nicht über Rechts- oder Strafvollzugsangelegenheiten zu sprechen. Manchmal versuchten sie es trotzdem. Wo kein Aufseher zu sehen war, wurde die Technik eingeschaltet. Es gab bestimmt hunderte Tonbänder mit Aufzeichnungen von Gesprächen, die ich führte – auch von Telefonaten von zu Hause.

Von meiner „Anwerbung“ für das MfS lese ich in der zweifelhaften Akte – Der Mann, der mich vor 32 Jahren (!) angeworben haben will und darüber einen schönen Bericht schrieb, wurde meinem Kollegen von der katholischen Kirche und mir als „Fürsorger“ vorgestellt. Er war freundlich, gesprächig und hilfsbereit. Über seine Existenz freuten wir uns. Wir ahnten nicht, daß er als Uniformträger des Strafvollzuges in einer ganz anderen Mission tätig war.

Wenn ich die Berichte der Stasileute an ihre vorgesetzten Dienststellen lese, erkenne ich viel Wunschdenken und Erwartungen der Chefs. Sie, die kleinen Funktionäre, mußten „Erfolge“ bringen. Es ist fast erheiternd zu lesen: Ich hatte nicht die Rechte des Geistlichen Standes. Ich war Major der Volkspolizei. Stolpe war Generalsuperintendent. Ich erklärte mich angeblich freiwillig zur Mitarbeit bereit und gab mir dazu noch selbst einen geheimen Namen...

Als Gefängnispfarrer war ich auf die Bediensteten des Strafvollzuges angewiesen! Ohne sie war ich machtlos. Ich mußte sie bitten, mich durch die Türen der Anstalten zu schließen. Sie mußten mir die Gefangenen aus den Zellen holen, für die Einzelseelsorge und für die Gottesdienste.

Ich hatte in den verschiedenen Strafanstalten hundert Kontakte jeden Monat mit Offizieren und Wachtmeistern. Konnte ich immer wissen, wer von ihnen nur zum Schein die blaue Uniform trug? Manche verspotteten mich. Manche hörten mich an, kamen mir entgegen. Einige von ihnen schrieben sicher auch Berichte...

Wenn ich 1953 geahnt hätte, daß es am Ende meines komplizierten Dienstes an den politischen Gefangenen der DDR, Kräfte geben würde, die dafür meine Ehre in den Schmutz treten, wäre ich dem Ruf unserer Kirche, in die hauptamtliche Gefängnisseelsorge zu gehen, vielleicht gar nicht gefolgt. Gott hätte gewiß auch einen anderen Weg für mich gehabt.

Unser Herr ist ein gerechter Richter.

Ich denke, daß mein Buch „Hinter verschlossenen Türen“ (Brockhaus 1992) einen Einblick in meinen Dienst in den Strafvollzugsanstalten des SED-Staates gibt. Vielleicht gehört der Inhalt des Buches schon zur Kirchengeschichte der DDR.

Eckart Giebeler,
Brandenburg

Stellungnahme von Eckart Giebeler, in: Deutsches Allgemeines Sonntagsblatt, 6. 12. 1992

DIE KIRCHE 20./27.12.92

Am Rande des Legalen

Eckart Giebeler: Hinter verschlossenen Türen. Vierzig Jahre als Gefängnisseelsorger in der DDR. R. Brockhaus-Verlag Wuppertal u. Zürich 1992, 176 S., 19,90 DM

Der Filmtitel „Die Einsamkeit des Langstreckenläufers" fiel mir während der Lektüre von Eckart Giebelers Rückblick auf seine Tätigkeit als Gefängnisseelsorger in der DDR ein. Der Leser erfährt manches von persönlichen Begegnungen und Entscheidungen, die Giebeler nur selten mit Außenstehenden reflektieren konnte. Mehr als vier Jahrzehnte hat er in Brandenburg und anderen Gefängnissen Menschen begleitet – ein Marathonlauf, dessen Strapazen und Gefährdungen nur verstehen kann, wer eine gewisse Ahnung von der Wirklichkeit hinter Gittern hat.

Wenn ich als nebenamtlicher Gefängnisseelsorger einmal wöchentlich einen halben Arbeitstag in unserem kleinen Oranienburger Gefängnis verbringe, dann bin ich jedesmal erleichtert, wenn ich dieses Haus wieder verlassen kann. Zugleich begleiten mich aber auch meine Erlebnisse dort; mich belastet, was ich gehört und gesehen habe. Obwohl unsere heutigen Gefängnisse mehr Freiheit und Menschenwürde zulassen als zu DDR-Zeiten denkbar war, ist es so geblieben: Ungerechtigkeit, Einsamkeit, Haß und Gewalt prägen das Leben hinter Gefängnismauern. An diesen Lasten trägt der Seelsorger immer mit, wenn er sich auf die Menschen dort einläßt. Daß Eckart Giebeler sein ganzes Berufsleben diesem Dienst widmete, hat meinen tiefen Respekt.

Rückblick auf die Gefängnisseelsorge in der DDR

Er verzichtete nicht nur auf die Fülle an Freiheiten, die wir kirchlichen Mitarbeiter in der DDR im Gegensatz zu manchen Mitmenschen genießen konnten, sondern er mußte sich auch auf die Spielregeln der DDR-Justiz einlassen. Dazu gehörte an 1. Stelle das Verbot sämtlicher Kontakte ins westliche Ausland. Darüber hinaus begleitete ihn die Sorge, durch einen Fehler die Möglichkeiten der Gefängnisseelsorge aufs Spiel zu setzen.

Viele Kompromisse mußte Giebeler eingehen, wenn dieser Dienst im Gefängnis trotz aller Eingeschränktheit überhaupt möglich sein sollte: Kompromisse mit der herrschenden Weltanschauung, mit der stalinistisch geprägten Führung des Staates und seiner Gefängnisse, mit seinem persönlichen Gerechtigkeitsempfinden, mit seinen eigenen Vorstellungen von sinnvoller Gefängnisseelsorge. „Kompromisse gegenüber dem Staat bin ich nur soweit eingegangen, als sie im Interesse meines Dienstes unbedingt notwendig waren. Dabei bewegte ich mich oft am äußersten Rand des Legalen. Mir ist heute klar, daß ich manchmal auch das Opfer meiner eigenen Gutgläubigkeit geworden bin. Ich hatte nie glauben wollen, daß ich mit großer Perfektion, bis ins Privatleben hinein, überwacht wurde." Eckart Giebeler hat mit diesem Buch das ihm von der DDR-Führung verordnete Schweigen gebrochen.

Die Ereignisse der Wende haben die Möglichkeiten der Gefängnisseelsorge grundsätzlich verändert. Manches Neue konnte Eckart Giebeler seither noch ausprobieren. Über seinen Schatten springen konnte er nicht. Das Mißtrauen, das zu DDR-Zeiten gezielt gegen ihn gesät wurde, mit dem ihm auch manche von sich aus begegneten, weil sie sich in unseren Gefängnissen keine stasifreien Zonen vorstellen konnten, hat späte Frucht getragen: Am 9. Oktober 1992, vier Tage vor seinem 67. Geburtstag, zwei Tage vor der Ausstrahlung einer ihn schwer belastenden Fernsehsendung, wurde er zu einem Aufhebungsvertrag mit dem brandenburgischen Justizministerium gedrängt. Die Einsamkeit des Langstreckenläufers dauert an.

Stephan Philipp

Stephan Philipp, Am Rande des Legalen, in: Die Kirche, 27.12.1992

Berlin-Brandenburgisches
Sonntagsblatt
21. 02. 93

Wahrheitsfindung

Zum Leserbrief in Nr. 5: „Der Fall Giebeler"

Zwei Inhaftierte der Justizvollzugsanstalt Brandenburg bezichtigen den ehemaligen Gefängnispfarrer eben dieser Anstalt der Lüge. Warum nicht? Sie haben das Recht dazu – wenn sie denn im Recht sind. Sind Sie im Recht?

Es geht um den Besitz der Schlüssel. Für den Gefängnispfarrer in der alten Bundesrepublik eine Selbstverständlichkeit. Nicht so in der DDR. Pfarrer Giebeler, Pfarrer im Staatsdienst der DDR, versichert, er habe keinen Zellenschlüssel besessen, vielmehr für jeden Gefangenenbesuch einen Bediensteten um Zuführung bemühen müssen. Die beiden Inhaftierten ihrerseits versichern, sie könnten „aus eigener Anschauung den Besitz der Schlüssel bestätigen". Aussage steht gegen Aussage.

Ich gestehe, daß ich in diesem Falle dem Pfarrer glaube, nicht seinen Anklägern. Und ich frage mich, welches Interesse diese leiten mag. Ist es die Wahrheitsfindung oder, wie sie sagen, das Interesse, „eigene Geschichte aufzuarbeiten?" Wessen Geschichte eigentlich? Die des Pfarrers oder die der Straftäter?

Die beiden Inhaftierten erklären steil und anspruchsvoll: „Pauschale Solidaritätsbekundungen nutzen keinem." Wem nutzt die Veröffentlichung ihrer Leserzuschrift? Dient das der Wahrheitsfindung? Wissen diese beiden, weiß die Redaktion des Sonntagsblattes, was damit angerichtet wird? Hier wird Rufmord verübt, nicht nur an diesem Pfarrer, sondern auch an seiner Frau, an seinen Kindern und an seinen Enkeln. Daran sollte sich eine evangelische Wochenzeitung nicht beteiligen.

Natürlich weiß ich, daß es letztlich gar nicht um die Schlüsselfrage geht, sondern um die Glaubwürdigkeit eines Menschen, dieses Menschen, eines Pfarrers unserer Kirche. Und damit auch um die Glaubwürdigkeit der Kirche, dieser Kirche. Die aber wird nicht gewonnen durch eine Wahrheitsfindung, bei der der Mensch selbst auf der Strecke bleibt. Ulrich Hollop, Berlin 21

Ulrich Hollop, Wahrheitsfindung, in: Berlin-Brandenburgisches Sonntagsblatt, 21. 2. 1993

Berlin-Brandenburgisches
Sonntagsblatt
29. 11. 92

Die Gefangenen besuchen

Erinnerungen von Eckart Giebeler

„Hinter verschlossenen Türen" – Unter diesem Titel hat der langjährige Gefängnispfarrer Eckart Giebeler, Brandenburg, im neuen Buch über seine Erlebnisse in den Haftanstalten der DDR berichtet.

Giebeler war zuletzt der einzige Pfarrer in der DDR, der ständigen Zugang zu den Gefängnissen hatte. Dies beruhte auf einem Anstellungsvertrag mit dem Ministerium des Inneren, den er auf Empfehlung von Propst Heinrich Grüber, den damaligen Bevollmächtigten des Rates der Evangelischen Kirche in Deutschland, unterzeichnet hat. Ohne dies so zustande gekommene Angestelltenverhältnis wäre Giebeler, der schon vorher in den Gefängnissen tätig war, der weitere Zugang gesperrt worden.

Daraus haben kürzlich zwei ARD-Reporter geschlossen, Giebeler sei Offizier und Spitzel des MfS gewesen. Ein weiteres Beispiel für die schlampige oder voreingenommene Arbeit von Fernsehjournalisten, die sogenannte Magazinsendungen produzieren. Von dem Satz „Ich bin gefangen gewesen und ihr habt mich besucht" hatten die Herren natürlich noch nichts gehört. Ebenso hatten sie keine Ahnung, was es bedeutet, jahrelang im Gefängnis, zumal der DDR, zu sitzen.

Als Anwalt konnte auch ich gelegentlich Mandanten in den Haftanstalten der DDR besuchen. Ich weiß daher, daß der Aufenthalt dort schon äußerlich sehr hart war. Selbst einzelne Haftbesuche belasteten den Besucher meist schwer. Wenn ich bedenke, daß Giebeler jahrzehntelang jede Haftanstalt besucht und mit vielen Inhaftierten seelsorgerliche Gespräche geführt hat, ist es mir beinahe unvorstellbar, wie er dies ausgehalten hat. Um so schlimmer, daß er dafür nachträglich noch verleumdet wird.

Wer sich über Einzelheiten des gut lesbaren Buches informieren will, muß es schon selbst lesen. Es sollen nur ein paar Kapitelüberschriften zitiert werden:

Einschüchterung, Spitzel – homosexuell und tätowiert, Ich komme vom MfS, In der Zelle erhängt, Judas im Knast. Die Schikanen durch das Gefängnispersonal und die seelischen Leiden der Gefangenen werden darin ebenso einfühlsam wie eindrucksvoll beschrieben. Der ganze Inhalt gehört zur Kirchengeschichte in der DDR, wenn auch nicht im Sinne von Herrn Besier, und Giebeler ist ein Zeitzeuge ersten Ranges. Jedem Interessierten kann das Buch nur dringend empfohlen werden.

Reymar von Wedel

Eckart Giebeler: Hinter verschlossenen Türen. Vierzig Jahre als Gefängnisseelsorger in der DDR. R. Brockhaus-Verlag, Wuppertal und Zürich 1992, 176 S., 19,90 DM.

Reymar von Wedel, Die Gefangenen besuchen. Erinnerungen von Eckart Giebeler, in: Berlin-Brandenburgisches Sonntagsblatt, 29. 11. 1992

Berlin-Brandenburgisches Sonntagsblatt 31.1.93

Der „Fall Giebeler“

Wir sind beide Inhaftierte der Justizvollzugsanstalt Brandenburg mit langjährigen Haftstrafen. Herrn Giebeler kennen wir noch aus der Zeit vor der Wende und können daher aus eigener Anschauung den Besitz der Schlüssel sowohl für Zwischentüren, als auch für die Hafträume bestätigen und die gegenteilige Aussage des Pfarrers als Lüge zurückweisen.

Der Brandenburger Gefängnisseelsorger Giebeler hat als IM „Roland“ 30 Jahre für das MfS gearbeitet, er hat Gefangenen geschadet, Kircheninterna weitergegeben und Berichte über Amtskollegen gefertigt, so die wesentlichen Vorwürfe.

Der überwiegende Teil der Leserbriefe zum „Fall Giebeler“ versucht, die Ehre des Geistlichen zu retten, und Giebeler selbst ist in Nummer 49/1992 mit einer Stellungnahme an die Öffentlichkeit getreten.

Wir haben den Eindruck, daß kaum ein Leserbrief von wirklicher Kenntnis der Vorwürfe getragen wird, Tatsachen verschwiegen oder verdrängt werden und die Stellungnahme Giebelers selbst enthält leicht beweisbare Unwahrheiten. Pauschale Solidaritätsbekundungen und zweifelhafte Erklärungen nutzen jedoch keinem.

Tatsache ist, daß bereits 1979 Anzeige gegen Giebeler in Salzgitter erhoben wurde und seine kirchlichen Vorgesetzten davon wußten, daß Giebeler mindestens einen Gefangenen (Reiner Schmidt) unter Ausnutzung seiner Funktion und mittels Vertrauensbruch geschädigt hat, und Tatsache ist ebenso, daß dieser geistliche Amtskollegen (z.B: Pfarrer J. Drews) bespitzelte und über sie beim MfS berichtete. Daß der Seelsorger 1991 die vom Justizminsterium geforderte Erklärung über eine eventuelle Tätigkeit für das MfS nicht abgegeben hat (Presseerklärung des Justizministeriums vom 9.10.1992), vervollständigt das Bild nur.

Wenn Giebeler in seiner Stellungnahme behauptet: „Den Zellenschlüssel hatte ich jedoch nirgends“ oder: „Ohne sie (die Bediensteten) war ich machtlos. Ich mußte sie bitten, mich durch die Türen der Anstalten zu schließen“, dann ist dies zumindest für den Brandenburger Strafvollzug und die achtziger Jahre schlichtweg gelogen.

Man kann es drehen und wenden, wie man will, die Recherchen der Journalisten halten allen Zweifeln stand. Giebelers Stellungnahme und noch weniger sein Buch sind dagegen von der notwendigen Ehrlichkeit geprägt. Es liegt uns fern, Giebeler pauschal zu verurteilen und sicher hat er auch manchem Gefangenen Halt gegeben. Das darf aber nicht über seine IM-Tätigkeit hinwegtäuschen.

Uns scheint es wichtig, endlich die Tatsachen zur Kenntnis zu nehmen und ehrlicher mit unserer Vergangenheit umzugehen. Giebeler ist nur ein „Fall“, und wenn man schon heute nicht mehr bereit ist, eigene Geschichte aufzuarbeiten, wird sie noch viele Jahre für Haß, Zerwürfnis und Mißtrauen sorgen.

Stephan Oertel und
Peter Beyer
Inhaftierte der Justizvollzugsanstalt Brandenburg

Stephan Oertel/Peter Beyer, Der „Fall Giebeler“, in: Berlin-Brandenburgisches Sonntagsblatt, 31.1.1993

-4- RHEINISCHER MERKRU 8.1.93 x 6

WANZEN UNTER DEM TALAR

Vor einem Jahr öffnete die Gauck-Behörde ihre Türen und gewährt seither Einblick in die Stasi-Unterlagen. Was einzelne, wie etwa der evangelische Theologe Matthias Storck, in den Akten fanden, verschlägt einem die Sprache. In unserer Ausgabe vom 16. Oktober 1992 berichtete er, wie ihn Pfarrer Frank Rudolph an die Staatssicherheit verriet und er deshalb ins Gefängnis kam. Heute schreibt Storck über die Begegnung im Zuchthaus Cottbus mit dem Gefängnisseelsorger Eckart Giebeler, der ebenfalls in den Diensten der Stasi stand.

Vor genau dreizehn Jahren lernte ich ihn als gütigen Gefängnisseelsorger und väterlichen Amtsbruder: den Pastor Eckart Giebeler. Neulich sah ich ihn unverhofft im Fernsehen wieder. Das löste eine nachhaltige Begegnung mit einem Bündel abgespaltener Erinnerungen aus! Dem pensionierten Geistlichen werden die ierzig schweren Jahre der Seelsorge an politischen Gefangenen sicher tiefere Spuren in die Seele gegraben haben als ausgerechnet das Andenken an einen kleinen Theologiestudenten aus dem Zuchthaus Cottbus. Meine paar Kilo Seelenspeck gehörten damals zum wohlbezahlten Abschaum, den der Menschengroßhändler und Rechtsanwalt Wolfgang Vogel dem damaligen „Klassenfeind" gegen hartes Kopfgeld vor die Füße warf. Pfarrer Frank Rudolph, alias Stasi-Spitzel „IM Klaus", hatte Frau und mir mit einer hinterhältigen Offerte zu einem 14monatigen Urlaub vom richtigen Leben in ausgewählten Stasi-Höllen verholfen.

Als ich Eckart Giebeler das erste und vorletzte Mal sah, versorgte er neben Cottbus die Zuchthäuser Brandenburg und Bautzen und das Frauengefängnis Hoheneck. Er tat das mit großem persönlichen Einsatz und einfühlsamen Tröstungen. Als ein Besuch anstand, dämmerte ich gerade im Arrest vor mich hin. In einem Eisenkäfig von zwei mal drei Metern führte ich ein Schattendasein hinter Milchglasscheiben. Im kühlen Halbdunkel drehte ich unsägliche Runden um einen stinkenden Kübel, immer auf den zerbissenen Lippen, was ich dem zermarterten Kopf entreißen konnte.

Allein mit keinem Buch, keiner Zeitung, keinem Bleistift und keinem Menschen durchraste ich täglich zu Fuß grausame Talsohlen enttäuschter Erwartungen. Das Bett war hochgeschlossen, das Brot ein Schwamm, das Wasser reichlich: morgens als kalte Zichorienbrühe, mittags als lauwarme Suppe, von Fettaugen durchschwommen, abends als ungenießbarer Tee. Nicht genug, daß ich bald stundenlang an den Gittern hoch und runter hangelte wie ein blöd gewordener Affe. Als Isoliergefangenem stand mir die „Vergünstigung Gottesdienst" ebensowenig zu wie die Marmelade zum Schwarzbrot. Mit der Aussicht, einmal eine Stunde lang von der „Freiheit eines Christenmenschen" zu kosten, wäre ich dieser Hölle zwar noch lange nicht entronnen, dem Himmel aber ein gewaltiges Stück nähergerückt. Die Einsicht, daß Hoffnungen keine seien, wenn sie aus Gefangenenträumen gewebt sind, machte ja auch nicht sehr satt! Einzige Nahrung in diesem toten Hause: lebensgeladene Worte aus dem Munde des Seelsorgers! Deren Sprengkraft war nötig, um mit den rohen Finsterlingen fertig zu werden, die schon willkürlich losprügelten, wenn das Bett nicht auf Kante gebaut war.

Es liegt nahe, daß sich fiebernde Erwartung zu einer Art unbedingtem Bedarf hochschaukelte. Wenn mich ein paar Tage vor der Ankunft Eckart Giebelers ein beflissener „Sani" nicht zufällig windelweich gedroschen hätte, wäre mir sein Händedruck versagt geblieben. Dieser „ärztliche Betreuer" mit blauer Mütze und weißem Kittel schlug so lange auf mich ein, bis ich nicht nur freiwillig wieder die Suppe auslöffelte, sondern auch exzellent Meldung machte. „Strafgefangener Nr. 27 wegen Meuterei seiner gerechten Strafe zugeführt!" Weil ich nach dieser Einlage über Schmerzen klagte, wurde ich vorübergehend in die Krankenstation verlegt. Ein mitleidiger Pfleger meldete mich gegen alle Vorschrift zum Gottesdienst. So verschafften mir die unverdienten Prügel evangelischen Zuspruch – den ersten nach mehr als einem Jahr.

Orgelmusik füllte die Seelenlöcher

Die zum Gebet begnadeten Häftlinge in den lächerlich gelbgestreiften Kartoffelkäferuniformen wurden in den verschiedenen Zellenhäusern gesammelt und dann über den Hof getrieben. Die bloße Aussicht, Gottes adventliche Botschaft hören zu dürfen, tauchte die vergitterten Fassaden und grauen Gesichter in ein belebendes Licht. „Wenn der Herr die Gefangenen Zions erlösen wird, werden wir sein, wie die Träumenden . . ." Die geknebelte Sehnsucht verband uns mit dem wandernden Gottesvolk, das durch die Wüste seinen prügelnden Aufpassern entkommen war. Neben den Maschinenpistolen wartete der Pfarrer im Talar: Das Gewand barg nicht, es bürgte. Sein Kommen war wie ein fleischgewordener Sieg über die steinernen Herzen, von denen im Alten Testament die Rede ist. Schon das Erscheinen eines Gottesmannes in dieser Umgebung wirkte wie ein Fels in der Betonbrandung. Den grimmigen Schergen und Schlägern, die sonst auf diesem Hof ihre Gummiknüppelorgien an uns abfeierten, war sein Auftauchen eine bedrückende Niederlage.

Uns war seine Ankunft wie eine Kostprobe aus der anderen Welt, in der Gerechtigkeit und Friede sich küssen sollten. Selbst die Arrest-Wächter, die mich Abend für Abend nackt auf den Flur treten ließen und lachend demütigten, während ich von einer Unterwäsche in die nächste schlüpfte, verschwanden unter dem Kreuz, das notdürftig im Essensraum aufgestellt war: „. . . denn sie wissen nicht, was sie tun." Neben dem Kreuz flackerten zwei große Altarkerzen in der toten Betonwüste, an denen sich die „Gemeinschaft der Heiligen" wärmte – voll lichter Erwartung und glühender Hoffnung. Zusammengewürfelt aus ein paar armseligen Kreaturen, die dem Geistlichen in den Essensraum nachgestolpert waren: entstellt, zerbrochen, zerlumpt und mit zerfetzter Seele! Die Mühseligen und Beladenen des Evangeliums auf dem Weg zu ihrem Heiland!

Ich vergeß' das nie. Ein kleines Tonbandgerät, das Bachsche Orgelmusik quäkte, erfüllte sämtliche Seelenlöcher. Es war, als sängen Engel! Seit zwölf Monaten hatte ich keinen einzigen Takt Musik mehr gehört!

Als ich in dieser vaterlosen Welt die Worte „Im Namen des Vaters" hörte, ahnte ich mehr denn je, was Väter sein können!

Neben dem Altartisch saß knüppelstarrend ein Posten, der nicht wußte, wohin mit Mütze, Mund und Händen. Der Pfarrer hätte stundenlang predigen können. Solange er sich Zeit für uns nahm, waren wir befreit und angstlos. Die tagsüber gemordete Zeit, die nachts auf unsere Schläfen einhämmerte, hörte auf zu sein: „Denn tausend Jahre sind vor dir wie der Tag, der gestern vergangen ist." Für winzige, atemberaubende Ewigkeiten schien der Vorhang zu einer anderen Welt gelüftet. Im vergitterten Wartesaal der Zukunft siegte augenblicklich das Lacheln der Erlösten. Stärker als die stromgeladenen Stacheldrähte und die jaulenden Köter an den Mauern war die uralte Hoffnung auf einen neuen Himmel und eine neue Erde, die uns verband und vorübergehend unsere Wunden schloß. Nie vergesse ich diesen Tisch des Herrn im Angesicht meiner Feinde.

Nach dem Gottesdienst ließ der Pfarrer mich „zuführen". Seit Wochen hatte ich weder Post empfangen, noch war Besuch zugelassen. Allein ohne Wachmannschaft saßen wir in einem kleinen, immerhin tapezierten Raum. Daß es sich dabei um „russische Tapete" (wenig Papier, viel Wanzen) handelte, war uns beiden klar.

Zuerst informierte mich Pfarrer Giebeler über die Gründe meiner Arreststrafe. Während ich mir nicht erklären konnte, weshalb ausgerechnet ich als „Rädelsführer" einer Meuterei beschuldigt wurde, war er bestens im Bilde. Er fragte mich bedeutungsvoll, welcher Teufel mich geritten habe, als ich am Reformationsfest zur Arbeitsbummelei aufgerufen hätte. Bei der Befragung des Kalenders habe man natürlich auf den „angehenden Theologen" als Anstifter schließen müssen, als man den 31. Oktober als in der DDR längst abgeschafften evangelischen Gedenktag entlarvte. Ich müßte die Verstimmung des Personals verstehen. Erstaunt gestand ich, daß die Beschuldigung schon deshalb jeder Wahrheit entbehrte, weil mir verlorenem und vergeßlichem Sünder nicht nur das Datum, sondern auch dieser verronnene Feiertag ganz entgangen war. Ich bat den Pfarrer, mir nun wenigstens den Rückweg in meinen Verhau zu ersparen. Ich neigte nicht dazu, hier als eine Art Mini-Luther und Märtyrer wider Willen im Käfig zu verblöden.

Daran könne er nichts ändern, sagte er in bedauerndem Tonfall. Das Urteil sei ergangen, jetzt gelte es durchzuhalten. Giebeler belehrte mich noch, daß es auch ganz und gar nicht im Sinne von Schrift und Bekenntnis sei, solcherlei waghalsige Zeichen im Knast zu setzen. Auch meine Frau hätte leider heroische Anwandlungen. Nach dem letzten Gottesdienst in der Strafvollzugsanstalt Hoheneck hätte er sie „zuführen" lassen. Sie wäre äußerst aufsässig und mache ihren Eltern großen Kummer. Als ich Näheres wissen wollte, legte er nachdrücklich und bedeutungsvoll den Finger auf den Mund und wies auf die Steckdose. Ach ja, ich hatte ganz vergessen, daß wir abgehört wurden. Deshalb war auch nichts über humanitäre Abtransporte in den Westen aus ihm herauszuholen. Irgendwie war ich enttäuscht, als wir uns verabschiedeten.

Dennoch hat sich der Augenblick unserer Begegnung so in meine Seele eingebrannt, daß ich neben den „Gib dich zufrieden und sei still"-Gesten des Pastors auch Muster und Farbe seiner Krawatte auswendig gelernt habe. Und das Wort „Zuführen"! Dieses verräterische Wörtlein aus der Mottenkiste der Stasi kam mir zwar damals schon seltsam vor. In meiner langmütigen Einfalt habe ich aber 13 Jahre und eine Fernsehsendung gebraucht, um es richtig mißverstehen zu können.

Der väterlich distanzierte Blick des besorgten Seelsorgers von damals erstarrte vor laufender Kamera augenblicklich zum Falschmünzerblick des vertrauten Feindes. Der Cottbusser Talar riß in diesem Moment von oben nach unten auf wie ein Tempelvorhang und gab neben den Schulterstücken des Majors den vaterländischen Verdienstorden in Silber und allerlei staatliche Auszeichnungen frei. Neben dem Altarwächter von damals stand plötzlich ein Mann, der bereitwillig Auskunft darüber gab, kein schlechtes Gewissen zu haben. Sein aus Stasi-Silberlingen und Volkspolizei-Spesen aufgebessertes Pfarrergehalt belastete seinen gesunden Schlaf ebensowenig wie die Psychogramme, in denen er sich über die seelischen Nöte der Gefangenen bereitwillig und einfühlsam erging.

Der Mann mit dem Decknamen „IM Roland" war ein Pfarrer, der aus seiner Mördergrube nie ein Herz gemacht hatte. Wenn die Welt nicht gerade an solchen Leuten zugrunde ginge, wollte lieber nicht glauben, was vor Augen ist. Aber meine gütige Ungläubigkeit wäre ebenso unevangelisch wie die ungute Gutgläubigkeit, die noch immer in Kreisen der evangelischen Kirche nicht ganz vergeblich als Barmherzigkeit feilgeboten wird. Die Vorsichtigen reden von Nachsicht. Die endlich Ungeduldigen sollen zur Geduld verschaukelt werden. Eckart Giebeler ist nicht der erste, der mir nach dem Judaspfarrer Rudolph nun ungestraft mitten in die Seele latscht. Und ein paar tausend Gefangenen dazu!

Nein! Auch so einer vergiftet mir nicht nachträglich die Hoffnung, daß es in all den Verzweiflungen noch etwas gegeben haben müßte, das höher war als alle Unvernunft. Nein! Auch er wird mir nicht mit der unglaublichen Wahrheit das Maul stopfen, daß zwischen all den toten Uniformen, Stiefeln, Betonköpfen und Gummiknüppeln die Lügen das Lebendigste bleiben werden! Auch dieser Pfarrer bleibt mit seinen kurzatmigen Ausreden wie alle seine Mitstreiter im Vorletzten hängen.

Nachdem sich der Gefängnisseelsorger mehrfach die Hände öffentlich in Unschuld gewaschen hat, mag er nun in aller Ruhe mit Pilatus zu Tische sitzen und lautstark den erneuten Sieg der Lebenslügen über die Wahrheit feiern. Ich werde auch weiterhin meine Seelengroschen dafür entrichten müssen. Auch morgen werden Giebeler und seinesgleichen mit der Arroganz der Macht die Fernbedienung leiser zu stellen wissen, wenn ihnen das Geschrei der verschacherten Gefangenen von gestern zu nahe auf die abgebrühte Seele rückt . . .

Ich lasse mir dennoch nicht weismachen, daß es ein göttliches Gesetz sein soll, daß vor den Vätern die Söhne zu sterben haben! Dieser Seelen-Polizist der Stasi war nicht der erste, der trotz sicherer Gewißheit, daß die ewig Gestrigen am ehesten die Foren von morgen zu besetzen verstehen, seinen Platz räumen mußte. Dagegen helfen auch wohlfeile pauschale Selbstamnestie-Versuche und vorschnelle kirchliche Persilscheine nichts. Es wird trotz allen Eifers ein paar Jährchen dauern, bis die Mietlinge in die Vergessenheit der Geschichtsbücher pensioniert werden. Noch verzeichnet die Liste der gefälschten Hirten ständigen Zuwachs:

Glaubwürdigkeit der Kirche beschädigt

Pfarrer Frank Rudolph, Pfarrer Kohlmann, Pfarrer Gartenschläger, Pressepfarrer Jürgen Kapiske, Pressepfarrer Gerhard Thomas, Pressepfarrer Rolf Dieter Günther, Superintendent Reeder, Generalsuperintendent Günther Krusche, Rektor Heiner Fink, Bischof Horst Gienke, und ganz oben: Gefängnisseelsorger und Polizeimajor Eckart Giebeler! Elf ausgewählte Menschheitsretter in göttlicher Verkleidung. Eine grauenvoll graue Sammlung aus der Zeit der Schattensynoden! Manche halten freilich etwas länger. Ich werde sie solange unter dem Mäntelchen der Barmherzigkeit hervor ans Licht zerren, wie mein Kleinglaube eben nicht vermag, aus solchen Fledermäusen Schmetterlinge zu machen. Dennoch: Wenn ich diese stark gekürzte Liste der wortbrüchigen „Diener des Wortes" lese, gerate ich bisweilen in Zweifel: Ist Gott nicht Gott oder die Wahrheit eine Lüge?

Aber ehe ich die ganze Misere nun auch noch Gott in die Schuhe schiebe, bleibe ich lieber bei Ihnen, Herr Major Giebeler: Haben Sie uns am Ende auch nur helfen wollen? Das wäre nicht sehr erfindungsreich. Fast alle kirchlichen Menschenfreunde aus dem MfS wollen ihre Spitzeldienste als selbstlosen Samariterdienst verstanden wissen. Haben auch Sie niemals niemandem geschadet? So jedenfalls hört sich Ihre Beteuerung an: „Mir ist nicht bekannt, daß ich irgendeinen Gefangenen verraten habe . . ."

Einen sehr prominenten Festgenommenen sollten Sie aber in der Eile nicht vergessen: Jesus von Nazareth. In seinem Testament habe ich ihre Sonderaufträge jedenfalls nicht finden können. Mit jahrelangen Berichten, die nun schwarz auf weiß zu lesen sind, haben Sie nicht nur seinen Namen verraten, sondern noch ein paar wehrlose Menschenkinder in trostlose Tiefen gestoßen. Sie haben mit Maulwurfskrallen in den Seelen abhängiger Menschen Wühlarbeit geleistet und dafür Orden von den allmächtigen Totengräbern bekommen. Sie haben die ohnehin geschwächte Glaubwürdigkeit der evangelischen Kirche beschädigt.

Aber: Die vielen Gefangenen, die Ihren eifrigen Einsatz für die Treiber abbekamen, werden auch das noch überleben. Und der Herr, in dessen Nachfolge sich die Opfer solcher kirchlich begnadeten und staatlich ausgezeichneten Spitzel nicht beirren ließen, ist unaufhaltsam unterwegs. Er wird an den Taktikern, Realpolitikern und konspirativen Herrschaften vorbei seinen schmalen Weg zu den Mühseligen und Beladenen weiterhin finden. Der kommende Herr läßt sich auf Dauer von Leuten wie Ihnen weder abführen noch „zuführen".

Matthias Storck, Wanzen unter dem Talar, in: Rheinischer Merkur, 8. 1. 1993

BERLINER MORGENPOST 6.12.93

Kirche: Den Mut haben, Konsequenzen zu ziehen

Zum Thema: „IM Pfarrer Giebeler"

Jahrzehntelang wurde von dem „Seelsorger" in eklatanter Weise das Beichtgeheimnis gebrochen. Über die ihm „anvertrauten" Gefängnisinsassen hat er fein minuziös Aufzeichnungen angefertigt und sie an den Staatssicherheitsdienst weitergeleitet.

Giebelers Auslassungen über die Spitzeltätigkeit, die er offensichtlich ohne besondere Rührung und ohne Zeichen eines Unrechtsbewußtseins vor der laufenden Kamera machte, zeugen von unverständlicher Selbstgerechtigkeit. Menschliches Versagen könnte Mitleid erwecken und es wäre Aufgabe der Kirche, einem Bedrängten – zumal in ihren eigenen Reihen – Hilfe zukommen zu lassen.

Aber nicht, indem sie das Problem verdrängt, und das Ausmaß von gravierenden Fehlleistungen beschönigt. Giebeler bräuchte nicht nur ärztlich-medizinische Behandlung, sondern vor allem eine seelsorgerische Betreuung durch seine Berufskollegen, um auf den rechten Weg geführt zu werden.

Sicher – die Kirche im Sozialismus war nicht nur Stasi. Die übergroße Mehrheit der Kirchenbediensteten predigte und handelte nach dem Prinzip der christlichen Lehre und der Nächstenliebe. Aber warum findet die Kirche nicht die Kraft und den Mut, um ihre Verstrikkungen mit dem MfS schonungslos aufzudecken und daraus die personellen Konsequenzen zu ziehen?

Dr. Heinrich Polthier, Berlin-Zehlendorf

Heinrich Polthier, Kirche: Den Mut haben, Konsequenzen zu ziehen, in Berliner Morgenpost, 6. 12. 1993

Das Beichtgeheimnis und die Stasi: IM Pfarrer Giebeler predigt weiter

BM Berlin, 21. Nov.

Wie war es möglich, daß Geistliche in der früheren DDR die ihnen in Vier-Augen-Gesprächen anvertrauten persönlichen Bekenntnisse von Gläubigen an die Stasi weitergegeben haben? Diese Frage – das Beichtgeheimnis und die Konspiration mit einem Geheimdienst – erörterten zwei Pfarrer im Mauermuseum am Checkpoint Charlie in Kreuzberg vor einem in doppeltem Sinne betroffenen Publikum.

Der geladene und als belastet geltende „Kronzeuge" Eckart Giebeler, langjähriger Gefängnispfarrer der Zuchthäuser von Bautzen, Brandenburg und Cottbus, hatte seine Teilnahme am Donnerstagabend kurzfristig abgesagt. Der Blutdruck. Der Internist „rät mir dringend, jede Aufregung zu meiden", ließ er die Veranstalter wissen.

Giebeler, der seit 1949 als Gefängnisseelsorger in der DDR wirkte, war „nach Aktenlage" seit 1959 Diener zweier Herren. Die Stasi führte ihn als IM „Roland". Unter dem Talar trug er zuletzt die Uniform eines Majors der Volkspolizei. Seine IM-Berichte füllen und sprechen Bände.

Vertrauliches, das er von „operativ interessanten Strafgefangenen" erfuhr, leitete er an die Stasi weiter. Die Mutter eines politischen Häftlings übergab dem weltgewandten Geistlichen ein Kassiber, den der Sohn ihr in Brandenburg zugesteckt hatte. Er klagte über die Haftbedingungen. Die Mutter hoffte auf Linderung. Der Brief landete mit „sozialistischem Gruß" im Anschreiben des Absenders Giebeler bei der Stasi. Die Lage des Häftlings verschlimmerte sich.

Pfarrer Dietmar Linke, den die SED-Behörden 1983 wegen seiner Aktivitäten in der Friedensbewegung aus der DDR herausgeekelt hatten, wußte keine Antwort auf das unglaubliche Verhalten seines „Bruders Giebeler". Jener hatte Linke in der Absage zu dem Podiumsgespräch geschrieben, er hätte „ohne Gottes Beistand" diese Zeit „nicht durchgestanden".

Pfarrer Matthias Storck, der von einem befreundeten Geistlichen mit dem weltlichen Decknamen IM „Klaus" 1979 an die Stasi verraten, zu 32 Monaten Haft verurteilt und nach 14 Monaten für „29 Silberlinge an die Bundesrepublik verschachert" worden war, kam zu dem Schluß:

„Das Schlimmste ist: Auf das kostbarste Gut, das wir als Pfarrer hatten – nämlich das Vertrauen der Menschen, unser Handwerkszeug – ist ein großer Anschlag verübt worden. Wer sein Beichtgeheimnis gebrochen hat, ist kein Pastor mehr." Pfarrer Giebeler predigt weiter – trotz hohen Blutdrucks. *Lutz-Peter Naumann*

Lutz-Peter Naumann, Das Beichtgeheimnis und die Stasi: IM Pfarrer Giebeler predigt weiter, in: Berliner Morgenpost, 21.11.1993.

Abkürzungen

AIM	Archivierte Akte eines Inoffiziellen Mitarbeiters
AKG	Auswertungs- und Kontrollgruppe
BArch	Bundesarchiv
BEK	Bund der Evangelischen Kirchen in der DDR
BL	Bezirksleitung
BStU	Bundesbeauftragter für die Unterlagen des Staatssicherheitsdienstes der ehemaligen Deutschen Demokratischen Republik
BV	Bezirksverwaltung
BVfS	Bezirksverwaltung für Staatssicherheit
DA	Deutschland Archiv: Zeitschrift für das vereinigte Deutschland
DAS	Deutsches Allgemeines Sonntagsblatt
DE	Diensteinheit
EKD	Evangelische Kirche in Deutschland
EKBO	Evangelische Kirche Berlin-Brandenburg-schlesische Oberlausitz
EKiBB	Evangelische Kirche in Berlin-Brandenburg
EKKPS	Evangelische Kirche der Kirchenprovinz Sachsen
ELKTh	Evangelisch-Lutherische Kirche in Thüringen
EKU	Evangelische Kirche der Union
epd	Evangelischer Pressedienst
EVA	Evangelische Verlagsanstalt
FIM	Führungs-IM
FO	Führungsoffizier
GHI	Geheimer Hauptinformator
Gestapo	Geheime Staatspolizei
HA	Hauptabteilung
IM	Inoffizieller Mitarbeiter
IMB	Inoffizieller Mitarbeiter der Abwehr mit Feindverbindung bzw. zur unmittelbaren Bearbeitung im Verdacht der Feindtätigkeit stehender Personen
IME	Inoffizieller Mitarbeiter für einen besonderen Einsatz

IMK	Inoffizieller Mitarbeiter zur Sicherung der Konspiration und des Verbindungswesens – mit verschiedenen Funktionen: a) als Besitzer oder Verwalter konspirativer Wohnungen, b) als Deckadresse oder Decktelefon, c) als Mitarbeiter zur Sicherung der Konspiration anderer inoffizieller Mitarbeiter bzw. bei bestimmten „politisch-operativen Aufgaben".
IMS	Inoffizieller Mitarbeiter zur politisch-operativen Durchdringung und Sicherung des Verantwortungsbereiches
JHS	Juristische Hochschule Potsdam
JVA	Justizvollzugsanstalt
KD	Kreisdienststelle
KKL	Konferenz der Kirchenleitungen des Bundes der Evangelischen Kirchen in der DDR
KL	Kirchenleitung
KPdSU	Kommunistische Partei der Sowjetunion
KSZE	Konferenz über Sicherheit und Zusammenarbeit in Europa
KW	Konspirative Wohnung
KZG	Kirchliche Zeitgeschichte
MdI	Ministerium des Innern
MdJ	Ministerium der Justiz
MfS	Ministerium für Staatssicherheit
NSW	Nichtsozialistisches Wirtschaftsgebiet
NVA	Nationale Volksarmee
OibE	Offizier im besonderen Einsatz
OKR	Oberkirchenrat
OKS	Offizier für Kontrolle und Sicherheit
OSL	Oberstleutnant
OPK	Operative Personenkontrolle
OV	Operativer Vorgang
PID	Politisch-ideologische Diversion
POZW	Politisch-Operatives Zusammenwirken
SED	Sozialistische Einheitspartei Deutschlands

SG	Strafgefangener
StGB	Strafgesetzbuch
StUG	Gesetz über die Unterlagen des Staatssicherheitsdienstes der ehemaligen Deutschen Demokratischen Republik vom 20. Dezember 1991
StVE	Strafvollzugseinheit
SVWG	Strafvollzugs- und Wiedereingliederungsgesetz
VPKA	Volkspolizei-Kreisamt
VSV	Verwaltung Strafvollzug
VVO	Vaterländischer Verdienstorden
WASt	Deutsche Dienststelle für die Benachrichtigung der nächsten Angehörigen von Gefallenen der ehemaligen deutschen Wehrmacht
ZK	Zentralkomitee
ZOV	Zentraler Operativer Vorgang

Dokumenten- und Tabellenverzeichnis

Dokumente

Tabellen

Abbildung

Interviewverzeichnis

Interview	Datum / Ort	Bezug zu Eckart Giebeler
Dr. Ulrich Schröter	24.2.2015 Berlin	(1939–2018), Theologe und Oberkonsistorialrat, 1990 Koordinator der Auflösung des MfS, in diesem Zusammenhang mit der Akte IM „Roland“ befasst
Thomas Giebeler	11.3.2015 Brandenburg	Sohn von Eckart Giebeler
Egbert Jordan	23.3.2015 Cottbus	1980–1989 Mitarbeiter im Strafvollzug Cottbus, Begegnungen mit Eckart Giebeler als VSV-Bediensteter
Bernhard Walter	23.3.2015 Forst	1969–1999 nebenamtlicher katholischer Seelsorger im Gefängnis Cottbus, in dieser Funktion Eckart Giebler begegnet
Dr. Friedrich Winter	2.4.2015 Berlin	Von 1973–1984 Propst der Berlin-Brandenburgischen Kirche, 1986–1991 Präsident der Kirchenkanzlei der Evangelischen Kirche der Union (Ost), Verantwortlich für die Sonderpfarrämter EkiBB, deshalb zuständig für Eckart Giebeler, auch wenn die Landeskirche ab 1994 als sich für ihn – während seiner staatlichen Anstellung – für nicht zuständig erklären wird.

Edith und Christian Dertinger	11.7.2015 (Telefon)	1991 Sachbearbeiterin (Edith Dertinger) und Abteilungsleiter (Christian Dertinger) im Brandenburger Justizministerium
Kuno Pagel	20.8.2015 Brandenburg	1982–1990 Sozialdiakon in Brandenburg / Havel, ab 1990 Sozialamtsleiter in Brandenburg
Dr. Manfred Stolpe	21.8.2015 Potsdam	Von 1969–1981 Leiter des Sekretariats des Bundes der Evangelischen Kirchen in der DDR. Ab 1982 Konsistorialpräsident der EkiBB, 1982 bis 1989 stellvertretender Vorsitzender des Bundes der Evangelischen Kirchen in der DDR. 1990 bis 2002 Ministerpräsident des Landes Brandenburg. Als Konsistorialpräsident Giebelers Arbeit bis 1990 wahrgenommen, ab 1990 war Giebeler im Land Brandenburg angestellt, dessen MP Manfred Stolpe war.
Johannes Drews	27.8.2015 JVA Brandenburg	Seit 1988 nebenamtlicher katholischer Gefängnisseelsorger im Gefängnis Brandenburg, in dem auch Eckart Giebeler eingesetzt war

Prof. Dr. Harald Wagner	9.12.2015 Dresden	1980 in Brandenburg aus politischen Gründen inhaftiert, Begegnung mit Eckart Giebeler als Gefängnisseelsorger
Prof. Dr. Ulf Liedke	18.1.2016 (Telefon)	1981–1983 20-monatige Haftstrafe wegen Wehrdienstverweigerung und Autor der Arbeit „Seelsorge im Strafvollzug“, Interview mit Eckart Giebeler 1988
Peter Klam	25.1.2016 Brandenburg	1985–1990 in Brandenburg inhaftiert, Begegnungen mit Eckart Giebeler als Gefängnisseelsorger
Klaus Becker	8.2.2016 Brandenburg	1989 VPKA-Dienststellen-Leiter Brandenburg, Giebeler im Herbst 1989 kennengelernt
Hartmut Richter	27.2.2018 Berlin	1975 wegen Fluchthilfe verhaftet und zu 15 Jahren Haft verurteilt, 1980 von der Bundesrepublik freigekauft, inhaftiert u. a. in Berlin Rummelsburg und Bautzen II, Begegnungen mit Eckart Giebeler als Gefängnisseelsorger

Quellen und Literaturverzeichnis

Quellen

Landesarchiv Baden-Württemberg, Staatsarchiv (StA) Ludwigsburg

EL 903 / 3 / 3 Bü 1912	Spruchkammer der Interniertenlager: Verfahrensakten des Lagers 75, Kornwestheim, Ludendorffkaserne / 1945–1950 (mit Vor-und Nachakten)
EL 904 / 2 a Nr. 530	Amerikanische Zivilinterniertenkartei 1945–1948
EL 904 / 6 Nr. 1825	Deutsche Interniertenkartei I / Ca. 1946–1948
EL 904 / 6 Nr. 1826	Deutsche Interniertenkartei I / Ca. 1946–1948
EL 904 / 7 Nr. 530	Deutsche Interniertenkartei II / Ca. 1946–1948
EL 904 / 8 Nr. 1173	Patientenkartei der Interniertenlager
EL 904 / 10 Nr. 3717	Kartei über den Arbeitseinsatz der Internierten in den Lagern Ludwigsburg / 1946–1948
EL 905 / 4 Bü 1362	Zentralspruchkammer Nordwürttemberg: Handakten öffentlicher Kläger / 1947–1950

Der Bundesbeauftragte für die Unterlagen des Staatssicherheitsdienstes der ehemaligen Deutschen Demokratischen Republik (BStU)

BStU, MfS, BVfS Potsdam, Abt. VII Nr. 5 (IM „Roland"), Teil I, Bd. 1+2, Teil II, Bd. 15
BStU, MfS, BVfS Cottbus BdL 078
BStU, MfS, BVfS Frankfurt (O), Abt. VII 025
BStU, MfS, BVfS Potsdam, Abt. VII Nr. 874
BStU, MfS, BVfS Potsdam, Abt. VII Nr. 953
BStU, MfS, BVfS Potsdam, KD BRBG 296, Bd. 1
BStU, MfS, BVfS Potsdam, KD BRBG 297, Bd. 3
BStU, MfS, BVfS Potsdam, KD BRBG 764 Bd. 2

BStU, MfS, BVfS Potsdam, vorl. Archiv-Nr. 26 / 89, Reg. Nr. IV / 877 / 70, IM „Weekend".

BStU, MfS, BVfS Potsdam, Reg. Nr. IV / 1262 / 76, IM „Motor"

BStU, MfS, AOP 856 / 67, OV „Hugenott" Bd. I, II, III, IV

BStU, MfS, BVfS Potsdam, AIM, Nr. 140 / 80

BStU, MfS, BVfS Potsdam, AIM, Nr. 443 / 66

BStU, MfS, AGM, Nr. 198, Bl. 307–367

BStU, MfS, ZAIG, Nr. 26648, Bl. 6–70

BStU, MfS, BdL / Dok. 008996

Evangelisches Landeskirchliches Archiv in Berlin (ELAB)

ELAB 1	**Bestand Evangelisches Konsistorium Berlin-Brandenburg (1945–1972)**
ELAB 1 / 921	Gefängnisseelsorge 1956–1959
ELAB 1 / 922	Gefängnisseelsorge 1952–1955
ELAB 1 / 924	Gefängnisseelsorge 1945–1951
ELAB 1 / 925	Gefängnisseelsorge 1960–1962
ELAB 1 / 926	Gefängnisseelsorge 1963–1964
ELAB 1 / 927	Gefängnisseelsorge 1955–1966
ELAB 1 / 928	Gefängnisseelsorge 1966–1967
ELAB 1 / 929	Gefängnisseelsorge 1968
ELAB 1 / 930	Gefängnisseelsorge 1969–1970
ELAB 1 / 931	Gefängnisseelsorge 1970–1971
ELAB 1 / 935	Gefängnisseelsorge 1958–1972
ELAB 1 / 940	Gefängnisseelsorge 1948–1960
ELAB 1 / 941	Gefängnisseelsorge1945–1956
ELAB 1 / 3876	Protokolle und Einladungen der Kirchenleitung der Altpreußischen Union 1953–1954
ELAB 1 / 3297	Bericht zur Gefängnisseelsorge an die EKD 1954

ELAB 15	**Personalakten Pfarrer 1891–2011**
ELAB 15 / 1988	Giebeler, Eckart 1949–1953

ELAB 15 / 1989	Giebeler, Eckart 1983–1994
ELAB 15 / 12605	Giebeler, Eckart 1992–2004
ELAB 15 / 12606	Giebeler, Eckart 2004–2006
ELAB 24	**Bestand Gefängnisseelsorge EkiBB 1953–1989**
ELAB 24 / 45	Strafgefangenenseelsorge
ELAB 35	Bestand Evangelisches Konsistorium Berlin-Brandenburg (Ost) 1953–1993
ELAB 35 / 399	Gefängnisseelsorge 1953–1969
ELAB 35 / 407	Gefängnisseelsorge 1953–1971
ELAB 35 / 409	Gefängnisseelsorge 1946–1970
ELAB 35 / 579	Gefängnisseelsorge 1946–1980
ELAB 35 / 580	Gefängnisseelsorge 1954–1968
ELAB 35 / 581	Gefängnisseelsorge 1952–1970
ELAB 35 / 582	Gefängnisseelsorge 1971–1979
ELAB 35 / 583	Gefängnisseelsorge 1971–1978
ELAB 35 / 584	Gefängnisseelsorge 1956–1958
ELAB 35 / 1697	Gefängnisseelsorge 1980–1986
ELAB 35 / 1704	Gefängnisseelsorge 1980–1986
ELAB 35 / 23251	Giebeler
ELAB 40	**Bestand Kirchenleitungsprotokolle**
ELAB 40 / 011	Kirchenleitung Berlin-Brandenburg, Protokolle und Tagesordnungen 1953
ELAB 40 / 040	Kirchenleitung Berlin-Brandenburg, Tagesordnungen 1953–1954
ELAB 40 / 042	Kirchenleitung Berlin-Brandenburg, Protokolle, 1952–1953
ELAB 55	**Bestand Pressearchiv Person-Leben und Werk 1918–2006**
ELAB 55.1 / 203	Personen Gh - Gk
ELAB 55.1 / 680	Propst Heinrich Grüber 1954–1958
ELAB 55.1 / 683	Propst Heinrich Grüber 1951–1958
ELAB 55.3	Presseamt des ev. Bischofs von Berlin 1945–1971

ELAB 55.3/535	Strafvollzug in der DDR
ELAB	**Bestand 105 Personalakten Pfarrer und Kirchenbeamte Berlin-Brandenburg 1827–2009**
ELAB 127	**Bestand Nachlass Dr. Heinz Bluhm**
ELAB 127/5	Gefängnisseelsorger Dr. Heinz Bluhm
ELAB 127/6	Gefängnisseelsorger Dr. Heinz Bluhm
ELAB 155	Stasi-Überprüfungsausschuss 1992–1995

Evangelisches Zentralarchiv in Berlin (EZA)

Bestand 4	**Kirchenkanzlei der EKD-Berliner Stelle.**
EZA 4/731	Seelsorge in Strafanstalten Dez. 1946-März 1952.
EZA 4/732	Seelsorge in Strafanstalten Oktober 1951-März 1953.
EZA 4/733	Seelsorge in Strafanstalten März 1953-April 1958.
EZA 4/734	Seelsorge in Strafanstalten Mai 1958-Dezember 1973
EZA 4/735	Gefängnisseelsorge in den östlichen Landeskirchen 1949
EZA	**Bestand 7 Bestand Union Evangelischer Kirchen (UEK) und Vorgänger**
EZA 7/1824	Gefängnisseelsorge
EZA	**Bestand 101 Sekretariat des Bundes der Evangelischen Kirchen in der DDR**
EZA	**Bestand 102 Geschäftsstelle der Konferenz der Evangelischen Kirchenleitungen in der DDR 1962–1970.**
EZA 102/317	Gefängnisseelsorge.
EZA	**Bestand 103 Bevollmächtigter des Rates der EKD bei der Regierung der DDR**
EZA 103/100–103	Gefängnisseelsorge.

EZA	**Bestand 104 Kirchenkanzlei der EKD für die Gliedkirchen in der DDR**
EZA 104/954	Seelsorge in Strafanstalten 1954.03–1955.05
EZA 104/955	Seelsorge in Strafanstalten 1955.05–1955.12
EZA 104/956	Seelsorge in Strafanstalten 1955.12–1956.07
EZA 104/957	Seelsorge in Strafanstalten 1956.07–1957.04
EZA 104/958	Seelsorge in Strafanstalten 1957.04–1958.08
EZA 104/959	Seelsorge in Strafanstalten 1958.08–1960.08
EZA 104/960	Seelsorge in Strafanstalten 1960.08–1964.11
EZA 104/961	Seelsorge in Strafanstalten 1965.05–1970.10
EZA 104/969	Konferenz der evangelischen Strafanstaltspfarrer 1963.01–1969.09

ELAB 105/1084 Marienfeld, Siegfried Werner, Restakte

Bundesarchiv (BArch)

Ministerium des Innern der DDR, Stellvertreter des Ministers, Verwaltung Strafvollzug

BArch DO 1/3580
BArch DO 1/3581
BArch DO 1/28559
BArch DO 1/28572

Staatssekretariat für Kirchenfragen, Abt. Rechts-und Grundsatzfragen, Gefangenenseelsorge.

BArch DO 4/1606
BArch DO 4/1727
BArch DO 4/2069

Ministerium der Justiz, Hauptabteilung Strafvollzug (1945–1952).

BArch DP 1/30197

Ehemals Berlin Document Center (BDC)
SS-Offiziers-Personal-Akten, Film No. 11-A.

Dienststelle Koblenz
Bestand der Erfassungsstelle Salzgitter
BArch B 197/21183

Archiv für Diakonie und Entwicklung (ADE)

Bestand Diakonisches Werk, Innere Mission und Hilfswerk der evangelischen Kirchen in der DDR Strafgefangenenseelsorge in der DDR
DWDDR III 247
DWDDR III 248
DWDDR III 249
DWDDR III 250
DWDDR HA II 203
DWDDR D

Archiv Staatsanwaltschaft Neuruppin

Staatsanwaltschaft Neuruppin, 364 Js 185/95

Unveröffentlichte Quellen

Giebeler, Eckart. Der gefährliche Balanceakt. Ein Gefängnispfarrer der DDR erzählt, 2001.
- Christus im Gefängnis der DDR, 1999.
- Strafe – wozu?, Vortrag Gefängnisseelsorgerkonvent 10.11.1985, ADE.
- Strafvollzug aus psychologischer Sicht, Vortrag Gefängnisseelsorgerkonvent 20.10.1982, ADE.

Liedke, Ulf, Gesprächsprotokoll Interview Giebeler, 19. September 1988.

Literaturverzeichnis

Ahrberg, Edda / Konrad-Adenauer-Stiftung, Die Akten und die Wahrheit: 5 Jahre Stasi-Unterlagen Gesetz; Vorträge einer Fachkonferenz, Sankt Augustin 1997.

Alisch, Steffen, Strafvollzug im SED-Staat: das Beispiel Cottbus, Frankfurt u. a. 2014.

Anke, Hans Ulrich / de Wall, Heinrich / Heinig, Hans Michael (Hrsg.), Handbuch des evangelischen Kirchenrechts, Tübingen 2016.

Ansorg, Leonore, Politische Häftlinge im Strafvollzug der DDR. Die Strafvollzugsanstalt Brandenburg, Berlin 2005.

– Strafvollzug an politischen Gefangenen in der DDR. Die Strafvollzugsanstalt Brandenburg-Görden, in: Deutschland Archiv (2002) 5, S. 769–781.
Archiv der Gegenwart, Deutschland 1949 bis 1999, Sankt Augustin 2000.

Assmann, Aleida, Formen des Vergessens. Bd. 9. Historische Geisteswissenschaften Frankfurter Vorträge, 2. Aufl., Göttingen 2016.

– Der lange Schatten der Vergangenheit. Erinnerungskultur und Geschichtspolitik, München 2014.

– / Assmann, Jan / Hardmeier, Christof, Schrift und Gedächtnis, München 1998.

Becker, Ingeborg, Handbuch der Seelsorge, Berlin (DDR) 1983.

Beckmann, Andreas / Kusch, Regina, Gott in Bautzen. Die Gefangenenseelsorge in der DDR, Berlin 1994.

– Von Skrupeln keine Spur. Wie der Brandenburger Gefängnisseelsorger Eckart Giebeler politische Gefangene aushorchte. Eine neue Dimension in der Debatte um Kirche und Staatssicherheit in der DDR, in: Deutsches Allgemeines Sonntagsblatt, 16. 10. 1992.

– Zu verkündigen den Gefangenen die Freiheit – Wie die ostdeutschen Kirchen die politischen Häftlinge betreut haben, D 1992.

Beier, Peter, Am Morgen der Freiheit: eine Streitschrift, Neukirchen-Vluyn 1995.

Beintker, Michael, Unter der Macht der Sünde. Scham, Schuld und Trauer und die christliche Hoffnung auf ihre Überwindung, in: Ulrike Link-Wieczorek (Hrsg.), Verstrickt in Schuld, gefangen von Scham? Neue Perspektiven auf Sünde, Erlösung und Versöhnung, Neukirchen-Vluyn 2015, S. 93–109.

- Öffentliche Schuldkonflikte im Horizont vergebenen Handelns – erörtert am Beispiel der Schulddebatten nach 1989, in: Michael Beintker / Sándor Fazakas (Hrsg.), Die öffentliche Relevanz von Schuld und Vergebung. Perspektiven reformierter Theologie, Debrecen 2012.
- Die Schuldfrage im Erfahrungsfeld des gesellschaftlichen Umbruchs im östlichen Deutschland. Annäherungen, in: Kirchliche Zeitgeschichte (1991) 2, S. 445–461.
- / Fazakas, Sándor (Hrsg.), Die öffentliche Relevanz von Schuld und Vergebung. Perspektiven reformierter Theologie, Debrecen 2012.

Bergsdorf, Wolfgang, Politik und Sprache, München 1978.

Besier, Gerhard, Zwischen Zeitgenossenschaft und Archiven. Methodologische und methodische Probleme der kirchlichen Zeitgeschichtsforschung. Eine Standortskizze, in: Trutz Rendtorff (Hrsg.), Protestantische Revolution? Kirche und Theologie in der DDR: ekklesiologische Voraussetzungen, politischer Kontext, theologische und historische Kriterien: Vorträge und Diskussionen eines Kolloquiums in München, Göttingen 1993, S. 169–194.

- Die Rolle des MfS bei der Durchsetzung der Kirchenpolitik der SED, in: Klaus-Dietmar Henke / Roger Engelmann (Hrsg.), Aktenlage: die Bedeutung der Unterlagen des Staatssicherheitsdienstes für die Zeitgeschichtsforschung, Berlin 1995, S. 98–117.
- / Wolf, Stephan, Pfarrer, Christen und Katholiken: das Ministerium für Staatssicherheit der ehemaligen DDR und die Kirchen, Neukirchen-Vluyn 1992.

Bloth, Peter C. / Daiber, Karl-Fritz / Stählin, Traugott / Wegenast, Klaus (Hrsg.), Handbuch der praktischen Theologie. Bd. 4, Gütersloh 1987.

Bosinski, Gerhard / Toaspern, Paul, Wer mir dienen will: 24 Lebensbilder von Männern und Frauen im Dienst der Liebe, Berlin (DDR) 1978.

Bräuer, Siegfried / Vollnhals, Clemens, In der DDR gibt es keine Zensur. Die Evangelische Verlagsanstalt und die Praxis der Druckgenehmigung 1954–1989, Leipzig 1995.

Brauhnert, Paul / Hübner, Ilja / Polzien, Arno, Der DDR-Militärstrafvollzug und die Disziplinareinheit in Schwedt (1968–1990). Zeitzeugen brechen ihr Schweigen, Berlin 2015.

Buchholz, Erich / Dähn, Ulrich, Strafe – wozu?, Berlin (DDR) 1968.

Bundesstiftung zur Aufarbeitung der SED-Diktatur, Interviews zum Gefängnispfarrer H.-J. Mund, in: Internetseite Bundesstiftung Aufarbeitung, https://www.bundesstiftung-aufarbeitung.de/interviews-zum-gefaengnispfarrer-h-j-mund-6080.html [9.11.2018].
Bundeszentrale für politische Bildung, Auf den Spuren des DDR-Unrechts: Die Behörde Salzgitter, in: Internetseite Bundeszentrale für politische Bildung, 22.11.2016, http://www.bpb.de/politik/hintergrund-aktuell/237863/die-behoerde-salzgitter [8.7.2018].
Dähn, Horst / Halbrock, Christian / Krusche, Günter, Evangelische Kirchen in Ostdeutschland in den vergangenen 15 Jahren, in: Deutschland Archiv (2004) 5, S. 869–879.
Demke, Christoph / Falkenau, Manfred / Zeddies, Helmut, Zwischen Anpassung und Verweigerung. Dokumente aus der Arbeit des Bundes der Evangelischen Kirchen in der DDR, Leipzig 1995.
Dölling, Birger, Strafvollzug zwischen Wende und Wiedervereinigung. Kriminalpolitik und Gefangenenprotest im letzten Jahr der DDR, Berlin 2009.
Dönhoff, Marion, Weil das Land Versöhnung braucht. Ein Manifest II, Reinbeck bei Hamburg 1993.
Domsgen, Michael / Evers, Dirk (Hrsg.), Herausforderung Konfessionslosigkeit: Theologie im säkularen Kontext, Leipzig 2014.
Dröge, Markus, Unterwegs zur Versöhnung. Grußwort und Gedanken zum Thema, in: Ulrike Link-Wieczorek (Hrsg.), Verstrickt in Schuld, gefangen von Scham? Neue Perspektiven auf Sünde, Erlösung und Versöhnung, Neukirchen-Vluyn 2015, S. 175–178.
Eckert, Rainer / Kowalczuk, Ilko-Sascha / Poppe, Ulrike (Hrsg.), Wer schreibt die DDR-Geschichte? Ein Historikerstreit um Stellen, Strukturen, Finanzen und Deutungskompetenz; Tagung vom 18.–20.3.94 in Berlin-Wannsee, Evangelische Akademie Berlin-Brandenburg in Zusammenarbeit mit dem Unabhängigen Historikerverband, Berlin 1995.
Eigler, Gunther (Hrsg.), Platon: Politeia. Der Staat. Kritische Edition, bearbeitet von Dietrich Kurz, griechischer Text von Émile Chambry, deutsche Übersetzung von Friedrich Schleiermacher, 2. Aufl., Darmstadt 1990, S. 554–567

Engelmann, Roger, Zu Struktur, Charakter und Bedeutung der Unterlagen des Ministeriums für Staatssicherheit, Berlin: Der Bundesbeauftragte für die Unterlagen des Staatssicherheitsdienstes der ehemaligen DDR, Abteilung Bildung und Forschung 2012.

– /Vollnhals, Clemens u.a., Justiz im Dienste der Parteiherrschaft: Rechtspraxis und Staatssicherheit in der DDR, Berlin 2006.
– Zum Wert der MfS-Akten, in: Materialien der Enquete-Kommission „Aufarbeitung von Geschichte und Folgen der SED-Diktatur in Deutschland", Bd. VIII/Deutscher Bundestag (12. Wahlperiode), Baden-Baden 1995, S. 243.
– Das MfS-Lexikon Begriffe, Personen und Strukturen der Staatssicherheit der DDR, Berlin 2016.
– Opposition und Widerstand in der DDR. Ein politischer Report, Köln 1984.
– Zur Menschen- und Grundrechtssituation politischer Gefangener in der DDR, Köln 1988.

Engert, Stefan, Diagnose Versöhnung, unvollendet. Die gesellschaftliche Aufarbeitung des SED-Unrechts aus der Perspektive der Transitional Justice Forschung, in: Evangelische Theologie (2014) 5, S. 349–363.

Enquete-Kommission, Aufarbeitung von Geschichte und Folgen der SED-Diktatur in Deutschland, in: Materialien der Enquete-Kommission „Aufarbeitung von Geschichte und Folgen der SED-Diktatur in Deutschland" (12. Wahlperiode des Deutschen Bundestages), Baden-Baden 1995.

Enquete-Kommission „Aufarbeitung von Geschichte und Folgen der SED-Diktatur", in: Materialien der Enquete-Kommission „Überwindung der Folgen der SED-Diktatur im Prozess der deutschen Einheit" (13. Wahlperiode des Deutschen Bundestages), Baden-Baden/Frankfurt u.a. 1999.

Enquete-Kommission Aufarbeitung der Geschichte und Bewältigung von Folgen der SED-Diktatur und des Übergangs in einen Demokratischen Rechtsstaat im Land Brandenburg. Abschlussbericht der Enquete-Kommission 5/1, „Aufarbeitung der Geschichte und Bewältigung von Folgen der SED-Diktatur und des Übergangs in einen Demokratischen Rechtsstaat im Land Brandenburg", Landtag Brandenburg, Referat Öffentlichkeitsarbeit, Potsdam 2014.

Evangelische Akademie Thüringen (Neudietendorf), Hrsg. Stasi-Aufarbeitung in der Thüringer Landeskirche: Dokumentation einer Tagung in der Evangelischen

Akademie Thüringen, Guthmannshausen, 29. September bis 1. Oktober 2006, Frankfurt u. a. 2007.
Fahlbusch, Erwin, Taschenlexikon Religion und Theologie, Göttingen 1983.
Fazakas, Sándor, Schuld und Scham in gesellschaftlichen Transformationsprozessen Mittel-Osteuropas. Bericht aus der Arbeitsgruppe, in: Ulrike Link-Wieczorek (Hrsg.), Verstrickt in Schuld, gefangen von Scham? Neue Perspektiven auf Sünde, Erlösung und Versöhnung, Neukirchen-Vluyn 2015, S. 189–192.
– Versöhnung und Aufarbeitung der Vergangenheit, in: Michael Beintker / Sándor Fazakas (Hrsg.), Die öffentliche Relevanz von Schuld und Vergebung. Perspektiven reformierter Theologie, Debrecen 2012, S. 141–146.
Fichtner, Horst, Grundprobleme der Gefangenendiakonie: Wegweiser in die Wissenschaft vom evangelischen Gefängnisdienst, Berlin (DDR) 1950.
Fischer, Brigitte, Nationalrat der Nationalen Front der DDR, in: Stiftung Archiv der Parteien und Massenorganisationen der DDR im Bundesarchiv, Berlin April 2019, http://www.argus.bstu.bundesarchiv.de/dy6/index.htm [9.10. 2019].
Fricke, Karl Wilhelm, Politik und Justiz in der DDR: zur Geschichte der politischen Verfolgung 1945–1968: Bericht und Dokumentation, Köln 1990.
– Zur Menschen- und Grundrechtssituation politischer Gefangener in der DDR, Köln 1988.
– Humaner Strafvollzug und politischer Missbrauch. Zur Geschichte der Strafvollzugsanstalten in Bautzen 1904 bis 2000, Sächsisches Staatsministerium der Justiz, Dresden 1999.
Fuchs-Heinritz, Werner, Biographische Forschung. Eine Einführung in Praxis und Methoden, Opladen 1984.
Furian, Hans-Otto, Brief an die Gemeindekirchenräte der Ev. Kirche Berlin-Brandenburg die Mitarbeiter im Verkündigungsdienst und Verwaltungsdienst, 27. 12. 1990, Evangelische Kirche in Deutschland und Informations- und Dokumentationsstelle, Recht und Versöhnung, Berlin 1991, S. 26f.
Gemeinschaftswerk der evangelischen Publizistik. Kirche und Stasi: weitere Materialien zu der aktuellen Diskussion, epd, Frankfurt a. M. 1992.
Giebeler, Eckart, Hinter verschlossenen Türen: Vierzig Jahre als Gefängnisseelsorger in der DDR, Wuppertal / Zürich 1992.

– (Hrsg.), Der helle Schein. Verteilblatt für Weihnachten, Berlin (DDR) 1966–1988.
– Elisabeth Fry, in: Gerhard Bosinski / Paul Toaspern (Hrsg.), Wer mir dienen will: 24 Lebensbilder von Männern und Frauen im Dienst der Liebe, Berlin (DDR) 1978, S.131–154.
Gieseke, Jens, Anatomie der Staatssicherheit. Geschichte, Struktur und Methoden. MfS-Handbuch, 2. Aufl., Berlin 1996.
– Das Ministerium für Staatssicherheit: 1950 bis 1989 / 90: Ein kurzer historischer Abriß, Der Bundesbeauftragte für die Unterlagen des Staatssicherheitsdienstes der ehemaligen Deutschen Demokratischen Republik, Abt. Bildung und Forschung, Berlin 1998.
Gill, David / Schröter, Ulrich, Das Ministerium für Staatssicherheit: Anatomie des Mielke-Imperiums, Reinbek bei Hamburg 1993.
Goerner, Martin Georg / Kubina, Michael, Die Phasen der Kirchenpolitik der SED und die sich darauf beziehende Grundlagenbeschlüsse der Partei- und Staatsführung in der Zeit von 1945 / 46 bis 1971 / 72, in: Materialien der Enquete-Kommission „Aufarbeitung von Geschichte und Folgen der SED-Diktatur in Deutschland", Band VI,1 / Deutscher Bundestag (12. Wahlperiode), Baden-Baden 1995, S. 615–874.
Goffman, Erving / Lindquist, Nils, Asyle. Über die soziale Situation psychiatrischer Patienten und anderer Insassen, Frankfurt u. a. 1973.
Graul, Elisabeth, Die Farce, Magdeburg 1996.
Große, Ludwig, Einspruch! Das Verhältnis von Kirche und Staatssicherheit im Spiegel gegensätzlicher Überlieferungen, Leipzig 2009.
Halbrock, Christian, Evangelische Pfarrer der Kirche Berlin-Brandenburg 1945–1961: Amtsautonomie im vormundschaftlichen Staat?, Berlin 2004.
Halbwachs, Maurice, Das Gedächtnis und seine sozialen Bedingungen, Frankfurt u. a. 1985.
Harpprecht, Klaus, Harald Poelchau: ein Leben im Widerstand, Augsburg 2012.
Heinritz, Charlotte, Autobiographien als Medien lebensgeschichtlicher Erinnerungen: zentrale Lebensthemen und autobiographische Schreibformen in Frauenautobiographien um 1900, in: BIOS – Zeitschrift für Biographieforschung, Oral-History und Lebensverlaufsanalysen 21 (2008) 1, S. 114–123.

Henke, Klaus-Dietmar / Engelmann, Roger (Hrsg.), Aktenlage. Die Bedeutung der Unterlagen des Staatssicherheitsdienstes für die Zeitgeschichtsforschung, Berlin 1995.
Hilfswerk der Helfenden Hände Hamburg e. V., Nierenzentrum Reinbek und Geesthacht, in: Internetseite Dialyse Reinbek, https://dialyse-reinbek.de/hilfswerk-der-helfenden-haende-hamburg-e-v/ [15. 2. 2018].
Hirch, Waldemar, Die Glaubensgemeinschaft der Zeugen Jehovas während der SED-Diktatur: unter besonderer Berücksichtigung ihrer Observierung und Unterdrückung durch das Ministerium für Staatssicherheit, Frankfurt a. M. u. a. 2003.
Hollop, Ulrich, Wahrheitsfindung, in: Berlin-Brandenburgisches Sonntagsblatt, 21.2.1993.
Hörtreiter, Frank, Mutige Lebensleistungen, in: Die Christengemeinschaft 65 (1993).
Karau, Gisela, Stasiprotokolle: Gespräche mit ehemaligen Mitarbeitern des MfS, Frankfurt u. a. 1995.
Kittan, Tomas, Das Zuchthaus Cottbus die Geschichte des politischen Strafvollzugs, Cottbus 2012.
Kleines politisches Wörterbuch, Berlin (DDR) 1978.
Klewin, Silke, Wege nach Bautzen II: biographische und autobiographische Porträts, Stiftung Sächsische Gedenkstätten zur Erinnerung an die Opfer Politischer Gewaltherrschaft, Dresden 2003.
Klier, Freya, Oskar Brüsewitz: Leben und Tod eines mutigen DDR-Pfarrers, Leipzig 2013.
Knigge, Volkhard / Frei, Norbert (Hrsg.), Verbrechen erinnern. Die Auseinandersetzung mit Holocaust und Völkermord, Bonn 2005.
Krogel, Wolfgang, Archivieren statt vernichten nach dem EKU-Archivgesetz 2000. Eckart Giebeler, alias IM „Roland" und die Unterlagen des Überprüfungsausschusses zur Stasi-Problematik als Präzedenzfall für Archive und Forschung, in: Aus evangelischen Archiven 58 (2018), S. 47–58.
Krone, Tina / Schult, Reinhard (Hrsg.), „Seid untertan der Obrigkeit": Originaldokumente der Stasi-Kirchenabteilung XX / 4, Berlin 1992.

Krötke, Wolf, Das beschädigte Wahrheitszeugnis der Kirche: zu den Folgen der Einflußnahme des MfS auf die Kirche, in: Clemens Vollnhals (Hrsg.), Kirchenpolitik von SED und Staatssicherheit, Berlin 1996, S. 405–414.
– Mußte die Kirche mit der Stasi reden?, in: Die Zeit, 4.9.1992.
– Die unerledigte Stasi-Debatte, in: Deutsches Allgemeines Sonntagsblatt, 12.11.1993.
– „Welche Möglichkeiten von Schuld zu reden, gibt es aus theologischer Sicht?" Impulsreferat auf dem Kirchentag am 4. Juni 2015 in der Stiftskirche Stuttgart, in: Internetseite Wolf Kroetke, https://wolf-kroetke.de/ansicht/eintrag/188.html [2.1.2018].
Krusche, Werner, „Denkt daran, daß im Herrn eure Mühe nicht vergeblich ist", in: Die Zeichen der Zeit (1991) 1, S. 9–15; Fortsetzung (1992) 2, S. 34–45.
– Kritische Solidarität. Der Weg der evangelischen Kirchen in der DDR, in: Bund der Evangelischen Kirchen in der DDR (Hrsg.), Theologische Studienabteilung, Referat Information und Dokumentation, Informationen und Texte Nr. 3/1990, Berlin 1990.
Lange, Siegfried, Strafvollzugsseelsorge in der ehemaligen DDR, in: Dieter Mechtel/Ulrich Schröter (Hrsg.), Beiträge zum Umgang mit der Staatssicherheits-Vergangenheit: Dokumentation einer Diskussion in der Zeitschrift „Zwie-Gespräch" zwischen 1991 und 1995, Berlin 1996, S. 104–107.
– Wertvoller Dienst, in: Berlin-Brandenburgisches Sonntagsblatt, 15.11.1992.
Liedke, Ulf, Seelsorge im Strafvollzug, IFM Leipzig, Leipzig 1990.
Link-Wieczorek, Ulrike (Hrsg.), Verstrickt in Schuld, gefangen von Scham? Neue Perspektiven auf Sünde, Erlösung und Versöhnung, Neukirchen-Vluyn 2015.
Lübbe, Hermann, Ich entschuldige mich. Das neue politische Bußritual, Berlin 2003.
Lütcke, Karl-Heinrich/Hoffman, Joachim/Passauer, Martin-Michael/Pettelkau, Ingemar (Hrsg.), Verschieden und doch vereint. Das Zusammenwachsen der evangelischen Kirche in Berlin und Brandenburg nach der Wiedervereinigung, Berlin 2009.
Mau, Rudolf, Eingebunden in den Realsozialismus: die Evangelische Kirche als Problem der SED, Göttingen 1994.

Mechtel, Dieter / Schröter, Ulrich (Hrsg.), Beiträge zum Umgang mit der Staatssicherheits-Vergangenheit: Dokumentation einer Diskussion in der Zeitschrift „Zwie-Gespräch“ zwischen 1991 und 1995, Berlin 1996.
Meier, Christian, Das Gebot zu vergessen und die Unabweisbarkeit des Erinnerns. Vom öffentlichen Umgang mit schlimmer Vergangenheit, München 2010.
- Erinnern – Verdrängen – Vergessen. Zum öffentlichen Umgang mit schlimmer Vergangenheit in Geschichte und Gegenwart (Akademievorlesung am 25. 1. 1996), in: Berlin-Brandenburgische Akademie der Wissenschaften (vormals Preußische Akademie der Wissenschaften), Berichte und Abhandlungen (1997) 3, S. 59–99.
- Erinnern – Vergessen – Verdrängen, in: Merkur (1996) 9 / 10, S. 937–952.
Mihr, Anja, Amnesty International und die DDR: die Arbeit von Amnesty International für die Menschenrechte in der DDR von 1961–1989: Katalog zur Wanderausstellung. Germany: Amnesty International, 2002.
Mitscherlich, Alexander / Mitscherlich, Margarete, Die Unfähigkeit zu trauern Grundlagen kollektiven Verhaltens, München 1998.
Moller, Sabine, Vielfache Vergangenheit: öffentliche Erinnerungskulturen und Familienerinnerungen an die NS-Zeit in Ostdeutschland, Tübingen 2003.
Müller, Jörg, Strafvollzugspolitik und Haftregime in der SBZ und in der DDR: Sachsen in der Ära Ulbrich, Göttingen 2012.
Müller-Enbergs, Helmut, Die inoffiziellen Mitarbeiter, Bundesbeauftragte für die Unterlagen des Staatssicherheitsdienstes der Ehemaligen Deutschen Demokratischen Republik, Berlin 2012.
- Inoffizieller Mitarbeiter (IM), in: Internetseite BStU, MfS-Lexikon, https://www.bstu.de/mfs-lexikon/detail/inoffizieller-mitarbeiter-im/ [17. 3. 2018].
Müller-Römer, Dietrich, Die neue Verfassung der DDR (Verfassung der Deutschen Demokratischen Republik vom 6. April 1968 in der Fassung des Gesetzes zur Ergänzung und Änderung der Verfassung der Deutschen Demokratischen Republik vom 7. Oktober 1974), Köln 1974.
Münkel, Daniela, Zusammenwirken, politisch-operatives (POZW), in: Internetseite BStU, MfS-Lexikon, https://www.bstu.de/mfs-lexikon/detail/zusammenwirken-politisch-operatives-pozw [18. 9. 2018].

Munsonius, Hendrik, Ordination und Beauftragung, in: Zeitschrift für Evangelisches Kirchenrecht 58 (2013) 2, S. 159–176.
Naumann, Lutz-Peter, Das Beichtgeheimnis und die Stasi: IM Pfarrer Giebeler predigt weiter, in: Berliner Morgenpost, 21. 11. 1993.
Neubert, Ehrhart, Eine protestantische Revolution, Osnabrück 1990.
– Vergebung oder Weisswäscherei? Zur Aufarbeitung des Stasiproblems in den Kirchen, Freiburg im Breisgau 1993.
Neukamm, Karl Heinz, Wer mir dienen will: 18 Lebensbilder von Männern u. Frauen im Dienst d. Liebe, Moers 1985.
Oertel, Stephan / Beyer, Peter, Der „Fall Giebeler", in: Berlin-Brandenburgisches Sonntagsblatt, 31. 1. 1993.
Pettelkau, Ingemar, Seelsorge im kirchlichen Recht, in: Handbuch der Seelsorge, Berlin 1983, S. 577–593.
Philipp, Stephan, Am Rande des Legalen, in: Die Kirche, 27. 12. 1992.
Platon, Politeia, Stuttgart 1976.
Polthier, Heinrich, Kirche: Den Mut haben, Konsequenzen zu ziehen, in Berliner Morgenpost, 6. 12. 1993
Polzin, Arno, Mythos Schwedt DDR-Militärstrafvollzug und NVA-Disziplinareinheit aus dem Blick der Staatssicherheit, Göttingen 2018.
Poppe, Ulrike / Eckert, Rainer / Kowalczuk, Ilko-Sascha (Hrsg.), Zwischen Selbstbehauptung und Anpassung. Formen des Widerstandes und der Opposition in der DDR, Berlin 1995.
Reemtsma, Jan Philipp, „Wie hätte ich mich verhalten?" Gedanken über eine populäre Frage, München 2000.
Rein, Gerhard, Die protestantische Revolution 1987–1990: ein deutsches Lesebuch, Berlin 1990.
Rendtorff, Trutz, Protestantische Revolution? Kirche und Theologie in der DDR: ekklesiologische Voraussetzungen, politischer Kontext, theologische und historische Kriterien: Vorträge und Diskussionen eines Kolloquiums in München, 26.–28. 3. 1992, Göttingen 1993.

Roggemann, Herwig, Strafgesetzbuch der Deutschen Demokratischen Republik, StGB, vom 12. Januar 1968 i. d. F. des Gesetzes vom 7. April 1977 zur Änderung und Ergänzung straf- und strafverfahrensrechtlicher Bestimmungen 2. Strafrechtsänderungsgesetz, 1977.

Rüdiger, Gisela / Catenhusen, Hanns-Christian, Personelle Kontinuität und Elitenwandel in Landtag, Landesregierung und -verwaltung des Landes Brandenburg. Gutachten für die Enquete-Kommission „Aufarbeitung der Geschichte und Bewältigung von Folgen der SED-Diktatur und des Übergangs in einen demokratischen Rechtsstaat im Land Brandenburg“ (EK5 / 1) Themenbereich III–Personalpolitik – zwischen Kontinuität und Elitenaustausch, Potsdam 2014.

Schacter, Daniel L., Wir sind Erinnerung: Gedächtnis und Persönlichkeit, Reinbek bei Hamburg 1999.

Schmutzler, Georg-Friedrich, Plädoyer für Eckart Giebeler, in: Berlin-Brandenburgisches Sonntagsblatt, 13.12. 1992.

Schreiter, Friedemann, Strafanstalt Waldheim. Geschichten, Personen und Prozesse aus drei Jahrhunderten, Berlin 2014.

Schröder, Richard, Ein Beichtstuhl auf dem Marktplatz wird zum Pranger, in: Marion Dönhoff, Weil das Land Versöhnung braucht. Ein Manifest II, Reinbeck bei Hamburg 1993, S. 15–32.

Schröter, Ulrich, Die „Bearbeitung“ der Landeskirche Berlin-Brandenburg durch das MfS, in: Clemens Vollnhals (Hrsg.), Kirchenpolitik von SED und Staatssicherheit, Berlin 1996, S.191–210.

- „Die Staatssicherheit im kirchlichen Raum. Ein schwieriges Kapitel der DDR-Kirchengeschichte.“ Vortrag 15. 5. 2013 im Theologischen Konvikt, in: Jahrbuch für Berlin-Brandenburgische Kirchengeschichte 70 (2015), S. 291–306.
- Ein Leben. Zwei Bücher. Zwei Gesichter, in: Beiträge zum Umgang mit der Staatssicherheits-Vergangenheit: Dokumentation einer Diskussion in der Zeitschrift „Zwie-Gespräch“ zwischen 1991 und 1995, Berlin 1996, S. 107–110.
- Erfahrungen mit einem Gesprächskreis, in: Ulrike Poppe / Rainer Eckert / Ilko-Sascha Kowalczuk (Hrsg.), Zwischen Selbstbehauptung und Anpassung. Formen des Widerstandes und der Opposition in der DDR, Berlin 1995, S. 344–352.

- Kumpanei? Herausforderungen zu einem Gespräch über wichtige Aspekte kirchlichen Handelns, in: Beiträge zum Umgang mit der Staatssicherheits-Vergangenheit: Dokumentation einer Diskussion in der Zeitschrift „Zwie-Gespräch" zwischen 1991 und 1995, Berlin 1996, S. 40–50.
- Staatssicherheit und Kirche. Eine Zwischenbilanz, in: Beiträge zum Umgang mit der Staatssicherheits-Vergangenheit: Dokumentation einer Diskussion in der Zeitschrift „Zwie-Gespräch" zwischen 1991 und 1995, Berlin 1996, S. 53–60.

Schultze, Harald, Stasi-Belastungen in den Kirchen? Die Debatten in den evangelischen Kirchen zu Befunden und Unterstellungen (1990–1996), Gütersloh 2000.

- Stasi-Überwachung der Evangelischen Kirche der Kirchenprovinz Sachsen. Zwischenbemerkungen aus der Sicht der Forschung, Beilage zum Amtsblatt der Ev. Kirche der Kirchenprovinz Sachsen1 / 1996.

Stengel, Friedemann, Kirchen-DDR-Geschichte zwischen Gedächtnispolitik und Erinnern, in: Abgeschlossen? Stand und Folgen der Aufarbeitung der Geschichte der Kirche in der DDR. Tagung an der Theologischen Fakultät der Martin-Luther-Universität Halle-Wittenberg, 12.–13.6.2015, in: EPD-Dokumentation (2015) 40, S. 4–15.

- Einführung. Erstes Forum zum Bußwort des Landeskirchenrats der EKM vom Buß- und Bettag 2017, in: EPD-Dokumentation (2018) 35: Versöhnung und Aufarbeitung, S. 4–19.
- Aufgearbeitete Vergangenheit? Kirche in der DDR als Problem der Kirche heute, in: Michael Domsgen / Dirk Evers (Hrsg.), Herausforderung Konfessionslosigkeit: Theologie im säkularen Kontext, Leipzig 2014, S. 111–149.

Storck, Matthias, Karierte Wolken: Lebensbeschreibungen eines Freigekauften, Moers 1993.

- Wanzen unter dem Talar, in: Rheinischer Merkur, 8. 1. 1993.
- Wege durch Niemands Land. Rücksichten eines Freigekauften, Moers 1996.

  Stuttgarter Erklärungsbibel: die Heilige Schrift; mit Einführungen und Erklärungen; Bibeltext in der revidierten Fassung von 1984, Stuttgart 2005.

Subklew-Jeutner, Marianne, „Modelle der Aufarbeitung des Unrechts in der DDR", Tagung an der Theologischen Fakultät der Martin-Luther-Universität Halle-Wittenberg, 12.–13.6.2015, in: EPD-Dokumentation (2015) 40, S. 39–46.

Suckut, Siegfried, Anatomie der Staatssicherheit: Geschichte, Struktur und Methoden: MfS-Handbuch, Der Bundesbeauftragte für die Unterlagen des Staatssicherheitsdienstes der ehemaligen Deutschen Demokratischen Republik, Abteilung Bildung und Forschung, Berlin 1995.

– Das Wörterbuch der Staatssicherheit: Definitionen des MfS zur „politisch-operativen Arbeit". Der Bundesbeauftragte für die Unterlagen des Staatssicherheitsdienstes der ehemaligen Deutschen Demokratischen Republik, und Abteilung Bildung und Forschung, Berlin 2001.

– / Süß, Walter, Staatspartei und Staatssicherheit: Zum Verhältnis von SED und MfS, Berlin 2006.

Theologische Studienabteilung beim Bund der Evangelischen Kirchen. Recht und Versöhnung: Texte aus den Kirchen zum Stand der Aufarbeitung der Vergangenheit: Staatssicherheitsproblematik, Berlin 1991.

Thiemann, Ellen, Wo sind die Toten von Hoheneck? Neue Enthüllungen über das berüchtigte Frauenzuchthaus der DDR, München 2014.

Vollnhals, Clemens, Die Kirchenpolitik von SED und Staatssicherheit: eine Zwischenbilanz, Berlin 1997.

– Die kirchenpolitische Abteilung des Ministeriums für Staatssicherheit. (BF informiert 1 / 1997), BStU (Hrsg.), Berlin 1997.

Wedel, Reymar von, Die Gefangenen besuchen. Erinnerungen von Eckart Giebeler, in: Berlin-Brandenburgisches Sonntagsblatt, 29. 11. 1992.

Weispfenning, Walter, Der Umgang mit MfS-Belastungen kirchlicher Mitarbeiter in der Evangelisch-Lutherischen Kirche in Thüringen: ein Bericht im Auftr. des Landeskirchenamtes der Evangelisch-Lutherischen Kirche in Thüringen, Frankfurt u. a. 2006.

Welzer, Harald (Hrsg.), Das soziale Gedächtnis. Geschichte, Erinnerung, Tradierung, Hamburg 2001.

– Der Holocaust im deutschen Familiengedächtnis, in: Volkhard Knigge / Norbert Frei (Hrsg.), Verbrechen erinnern. Die Auseinandersetzung mit Holocaust und Völkermord, München 2002, S. 342–358.
– Das kommunikative Gedächtnis: eine Theorie der Erinnerung, München 2017.
– / Moller, Sabine / Tschuggnall, Karoline / Jensen, Olaf / Koch, Torsten, „Opa war kein Nazi". Nationalsozialismus und Holocaust im Familiengedächtnis, Frankfurt u. a. 2015.
Wensierski, Peter / Jahn, Roland, „Monika Haeger – Stasi-IM unter Freunden", Filme zum Mauerfall, in: Youtube, September 1990, https://www.youtube.com/watch?v=Yfl6WTd4oFk [12.7.2018].
Wiemers, Gerald, Georg-Siegfried Schmutzler (1915–2003), in: Internetseite Leipzig lese, https://www.leipzig-lese.de/index.php?article_id=733 [9.10.2019].
Winter, Friedrich, Der Fall Defort: drei Brandenburger Pfarrer im Konflikt: eine Dokumentation, Berlin 1996.
– Öffentlich Schuld bekennen. Schuld und Vergebung vor und nach der „Wende" im Bund der evangelischen Kirchen (in der DDR), in: Kirchliche Zeitgeschichte 4 (1991) 2: Schuld und Verhängnis, S. 422–445.
Wirths, Günter, Gefängnisseelsorge – ein Interview nach 15 Jahren, in: Standpunkt. Evangelische Monatsschrift (1990) 1, S. 13–15.
Wolf, Christa, Kindheitsmuster, Berlin (DDR) 1976.
Wunschik, Tobias, Honeckers Zuchthaus Brandenburg-Görden und der politische Strafvollzug der DDR 1949–1989, Göttingen 2017.
– Hauptabteilung VII: Ministerium des Innern, Deutsche Volkspolizei (MfS-Handbuch), BStU (Hrsg.), Berlin 2009.
Wüstenberg, Ralf K., Die politische Dimension der Versöhnung: eine theologische Studie zum Umgang mit Schuld, Gütersloh 2004.
Zahn, Hans-Eberhard, Haftbedingungen und Geständnisproduktion in den Untersuchungshaftanstalten des MfS, Der Berliner Landesbeauftragte für die Unterlagen des Staatssicherheitsdienstes der Ehem. DDR, Berlin 2007.

Ziemer, Jürgen, „Grenzen respektieren – Grenzen überschreiten. Theologische und zeitgeschichtliche Aspekte der Gefängnisseelsorge", Vortrag in Schmochtitz, 10. Mai 2016, in: Internetseite PT. theol. Uni Leipzig, https://pt.theol.uni-leipzig.de/fileadmin/pt.theol.uni-leipzig.de/uploads/dokumente/Ziemer_Grenzen.pdf [18.5.2018].
– Seelsorgelehre, 4., neu bearb. und erw. Aufl., Göttingen 2015.

Gesetze / Amtliche Veröffentlichungen

Anordnung über das Genehmigungsverfahren für die Herstellung von Druck- und Vervielfältigungserzeugnissen vom 20.7.1959, in: Gesetzblatt der Deutschen Demokratischen Republik, Teil I, 46/1959, S. 640–642.
Gesetz Nr. 104 zur Befreiung von Nationalsozialismus und Militarismus vom 5. März 1946 (RegBl S. 71 BWGültV 252).
Kirchengesetz über die Arbeit des Überprüfungsausschusses zur Aufarbeitung der Stasi-Problematik (Überprüfungsausschußgesetz) vom 26. April 1992, in: Kirchliches Amtsblatt der Evangelischen Kirche in Berlin-Brandenburg (1992) 7. Strafgesetzbuch der DDR, Gesetzblatt der Deutschen Demokratischen Republik 13/1975, http://www.verfassungen.de/de/ddr/strafgesetzbuch68.htm [15.4.2018].
Strafvollzugsgesetz der DDR 1977 (eigentl. Gesetz über den Vollzug der Strafen mit Freiheitsentzug vom 7.4.1977), in: Gesetzblatt der Deutschen Demokratischen Republik, Teil I, 10/1977, S. 109–117.
Strafvollzugs-und Wiedereingliederungsgesetz der DDR 1974 (eigentl. Gesetz über den Vollzug der Strafen mit Freiheitsentzug und über die Wiedereingliederung Strafgefangener in das gesellschaftliche Leben – SVWG v. 19.12.1974), in: Gesetzblatt der Deutschen Demokratischen Republik, Teil I, 1975, S. 110–118.
Verfassung der Deutschen Demokratischen Republik vom 6. April 1968 in der Fassung des Gesetzes zur Ergänzung und Änderung der Verfassung der Deutschen Demokratischen Republik vom 7. Oktober 1974, Berlin: Staatsverlag der DDR 1989.

Verordnung zur Übertragung der Geschäfte des Strafvollzuges auf das Ministerium des Innern der DeutschenDemokratischen Republik vom 16. November 1950, GBl. 1950 I, S. 1165f.
Vertrag zur Bildung der Landesregierung Brandenburg in der ersten Legislaturperiode des Landtags 1990–1994.
Vertrag zwischen der Bundesrepublik Deutschland und der Deutschen Demokratischen Republik über die Herstellung der Einheit Deutschlands (Einigungsvertrag) „Einigungsvertrag vom 31. August 1990 (BGBl. 1990 II S. 889).
„Hinweise für die Vernichtung von operativen Materialien und Informationen", 22.11.1989, Schwanitz an MfS-Bezirksverwaltungen, BStU, MfS, BdL / Dok 008996.
Pfarralmanach für die Kirchenprovinz Berlin-Brandenburg, 1952 und 1956.